首届中国出版政府奖（图书奖）
首届中国法学优秀成果奖（专著类）二等奖
“十三五”国家重点出版物出版规划项目

中国当代法学家文库·吴汉东知识产权研究系列

知识产权总论

（第四版）

吴汉东 著

中国人民大学出版社
·北京·

2019年7月摄于中央电视台《法治中国说》节目现场

总　序

我与知识产权四十年

从读书到从教，我与知识产权结伴同行已有近四十年。读书、教书、写书，一直秉持学者本色，自诩中国知识产权法学的研究者和传播者；学法、讲法、立法[①]，践行法治理想，是为中国知识产权事业的见证者和推动者（《光明日报》语）。我是“文化大革命”前的“老三届”毕业生（1967级初中毕业生），亦是恢复高考后的“新三级”学人（1977级本科生），自1982年年初从教以来，教研活动从罗马法到民法均有涉猎，而后转向专治知识产权。从我的第一本教材《知识产权法概论》（1986年编著，1987年出版）、第一篇文章《试论〈民法通则〉中的知识产权制度》（1986年）乃至新中国第一篇知识产权专题硕士学位论文（1986年）[②] 开始，我的研究成果多集中于知识产权领域，时至今日已有十多本著作、百余篇论文、百余场讲座。

近四十年来，我致力于知识产权问题研究，专注于两个方面：一是知识产权法律科学的基础理论体系，二是知识产权制度建设的重大现实问题。坚持自由探索与问题导向、坚执学理探究与术用应对、坚守专业研究与学科融通，这是法学工作者应有的学者品格和学术素养。就理论联系实际而言，我认为，知

---

① 笔者曾被选任为湖北省人大常委会委员、湖北省人大法制委员会副主任委员，并作为诸多知识产权法案的咨询专家，参加了地方立法工作和国家立法活动。

② 参见杜学亮主编：《著作权研究文献目录汇编》，北京，中国政法大学出版社，1995。

识产权的学术研究，既不能坐而论道，也不能就事论事，而应是学理研究和应用研究两者的结合。著名教育家蔡元培先生将学术解析为“学理”和“术用”。他认为，“学必借术以应用，术必以学为基本”。我的理解是：知识产权学理研究必须以应用为目标，如果纯粹理论探究而失去应用目的，就没有常青的学术生命活力；知识产权术用研究又要以一定的学理为指引，倘若应用研究缺乏深厚的学理，就没有可持续发展的学术生命基础。因此，知识产权学者一定要把学理研究和应用研究紧密地结合起来，既要避免学理研究中的法学浪漫主义、唯美主义和空想主义，也要防止应用研究中的法律机械主义、教条主义和形式主义。

近四十年来践行此道，虽谓有果却未有大成。2010 年，承蒙中国人民大学出版社不弃，将我的著述列入“中国当代法学家文库”，经过两年的整理、加工，先后有六部著述陆续出版。时隔 5 年，已有出版著述即告售罄，同时新的著述有望成书。在中国人民大学出版社法律分社的精心安排下，我对新老作品进行重要修订和整理，重新结集出版，它们是《著作权合理使用制度研究》、《知识产权总论》、《无形财产权基本问题研究》、《知识产权基础问题研究》（论文集）、《知识产权前沿问题研究》（论文集）、《知识产权应用问题研究》（论文集）、《我为知识产权事业鼓与呼》（演讲、访谈集）。上述作品涉及知识产权基础理论研究和知识产权主要制度研究，同时包括民法乃至法治的相关问题；写作的时间跨度从 20 世纪 80 年代到 21 世纪当下之年，多为 20 世纪 90 年代中期以后的研究成果，反映了我从事知识产权教研工作以及相关法律实务的心路历程。

该系列的出版和再版，得益于各位同行、学生乃至许多读者的帮助和支持。感谢腾讯基金会为文集精装本的出版所给予的大力资助；感谢中国人民大学出版社各位编辑的精心专业指导和辛苦编辑工作；感谢我的学生熊琦博士、李瑞登博士、瞿昊晖博士、锁福涛博士、张颖博士、宋戈博士和博士生刘鑫、周澎、司马航、李安，研究生夏壮壮、万俊、张倩、魏宵林、高婧为文集初版、再版的打印、校对、查找资料所付出的艰辛劳动；感谢全国法学界特别是知识产权界同行、读者对本人著述给予的厚爱与关注。

近四十年来，我一直在知识产权园地教书、写作，但“教习”不为晋仕途，“学究”并非为稻粱谋。微博言：今天做了明天还想做的是事业，今天做了明天还得做的是职业。我以“学术为志业”（马克斯·韦伯语），有幸将自己所追求的事业与所喜欢的职业合为一体，因而是苦中有乐，乐之不疲。我的学术生涯还在继续，我虽已过耳顺之年，但常以“70后”自居。以书为伴，书伴人生；与法同行，法行天下；释放知识产权制度“正能量”，发出知识产权事业“好声音”，这就是我——一个中国知识产权学人的光荣与梦想。

吴汉东

2019年暑期于武昌寓所

第四版序言

《知识产权总论》是本人文集中有较大代表性和一定影响力的著述。近四十年来，我一直以构建知识产权总论体系为己任，试对知识产权研究中最一般、最抽象、最基本的问题进行理论概括和学术总结。从 1986 年编著《知识产权概论》教材中的“总论”，到 2004 年合著《知识产权基本问题研究》一书中的“总论”，再到 2013 年列入“中国当代法学家文库”的“总论”专著，我一直为知识产权总论体系建构而努力。

此次再版，作者对一些章节作了重要修改，同时在“基础理论研究”和“国际保护研究”部分新增两章内容。

期待各位读者审视和指正。

吴汉东

2019 年 8 月于中南财经政法大学文泓楼

第三版序言

知识产权是知识财产私有的权利形态，归类于民事权利体系。“知识产权为私权”，即说明知识产权法律归属的质的规定性；同时，知识产权作为知识类财产的权利形态，与有形的动产、不动产有着明显的差别，从而在权利本体、主体、客体等方面形成了自身的特点，即知识产权有别于所有权的质的差异性。上述问题即涉及基本范畴的研究。从多维角度看，知识产权具有多重属性：在私人层面，它是知识财产的权利形态；在国家层面，它是公共政策的制度选择；较之于其他私有权而言，知识产权具有某种超越私人本位的政策工具的属性。因此，知识产权的学理基础、法律价值、政策目标等，与物权、债权等其他私权应有所不同。上述问题即涉及基础理论的研究。知识产权保护，涉及国际经济、文化、科技、贸易领域的法律秩序。知识产权国际保护制度，以国际公约为基本形式、以国际组织为协调机构，具有一体化、国际化特点，有别于其他私权保护制度。有关知识产权国际保护制度形成的动因与构成、冲突与融合、发展与变革等问题，即涉及国际保护的研究。

知识产权总论，是知识产权研究中最抽象、最一般、最基本的理论概括和总结。“总论”体系的阐释与构建，在理论研究中是一件十分困难的事情。有鉴于此，一些知识产权学者断言，知识产权法没有自己的理论，其意思有二：一是言其太艰深，二是谓其多歧见。笔者认为，正因为如此，知识产权理论研究才展现出有别于传统财产权研究的学术魅力，向知识产权学者提出了理论创新与探讨的学术要求。此外，知识产权总论的研究不仅是理论工作者的学术偏好，也是知识产权制度建设的现实需要。这一理论体系的构建与形成，既是一个学科在学术上成熟的表现，更是相关制度建设得以成功的思想保证。近三十年来，笔者心欲向往之，却未修得正果。20 世纪 80 年代，笔者曾撰写论文《关于知识产权若干理论问题的思考》（载《中南政法学院学报》1988 年第 1 期）、《关于著作权若干问题的探讨》（载《法学研究》1988 年第 3 期），对这一问题有了初步的思考，并在最早编著的专业教材《知识产权法概论》（中国政法大学出版社 1987 年 5 月出版）中构造了“总论”的理论框架。自 20 世纪 90 年代中期以来，笔者对基础理论问题的研究，一直乐此不疲，见诸学术刊物的文章较多，主要有《无形财产权若干理论问题》（载《法学研究》1997 年第 4 期）、《知识产权保护论》（载《法学研究》2000 年第 1 期）、《关于知识产权基本制度的经济学思考》（载《法学》2000 年第 4 期）、《关于知识产权主体、本体、客体的再认识》（载《法学评论》2000 年第 5 期）、《科技、经济、法律协调机制中的知识产权法》（载《法学研究》2001 年第 6 期）、《知识产权的私权与人权属性》（载《法学研究》2003 年第 3 期）、《财产的非物质化革命与革命的非物质财产法》（载《中国社会科学》2003 年第 4 期）、《关于知识产权本质的多维度解读》（载《中国法学》2006 年第 5 期）、《知识产权法律构造与移植的文化解释》（载《中国法学》2007 年第 6 期）、《知识产权的多元属性及研究范式》（载《中国社会科学》2011 年第 5 期）、《知识产权的制度风险与法律控制》（载《法学研究》2012 年第 4 期）等。上述文章反映了笔者对知识产权制度基础理论问题的思索，虽有些观点渐为学界所认可，但依然感到研究深度以及体系化程度不够。近年来，笔者有幸主持教育部人文社会科学研究项目和全国社科基金重大项目，即以总论为题，完成了知识产权基础理论的系统研究。

本书为第三版。知识产权总论在初版中是《知识产权基本问题研究》的内容构成；在二版中成为《知识产权基本问题研究》（总论）的独立部分；三版即以本书形式单独印行。各版次知识产权总论部分皆系笔者独立创作。知识产权总论内容庞杂，问题众多。为此，本书对研究对象进行了科学化的归类和模块化的安排，并遵循内在的逻辑规律，按照基本范畴、基础理论、国际保护的先后顺序对上述内容依次展开研究。时逢本书第三版出版，并列入我的法学研究系列，本人再作修订与补充。

以此奉献给各位读者。

吴汉东

2013 年 7 月于中南财经政法大学文泓楼

第二版序言

自2005年本书出版以来，笔者常怀忐忑之心，深恐拙著篇幅过大，有累于读者。不期承蒙编者与读者错爱，初版印行数千册，一年左右时间即告售罄。又遇首届中国出版政府奖揭晓，该书作为唯一法学类著作入选图书奖（2007年）；更时逢首届中国法学优秀成果奖开评，在三十年以来出版的众多学术成果中，该书忝列二等奖（2008年）。如此殊荣，令笔者不胜惶恐。为此出版社催促再版，同道者勉励修订。在此激励之下，笔者删节谬误，补充新近研究心得，终成二版，奉献于众家。

与初版不同，修订版分为总论与分论两卷，共约九十二万字。其中总论框架变化最大，增补内容最多。知识产权法是一部在理论上有待系统化、成熟化的法律。由于这一制度历史不长，且变动频繁，因而其基本范畴、基本原理、基本问题无一不在探讨之中。二十多年来，笔者从事知识产权研究，兴趣之一即是构建知识产权法律的基础理论体系。总论部分即是笔者长期探讨上述问题的思想总结。这次再版，补充了"知识产权制度的文化解释""知识产权制度的政策科学分析""知识产权制度与反垄断法律""《生物多样性公约》与知识产权保护""《文化多样性公约》与知识产权保护"等问题。上述章节曾在《法学研究》《中国法学》《法商研究》《月旦民商法杂志》等刊物上发表，写入本书时根据教材体例进行了增删和修订。分论部分则主要考虑网络技术、基因技术、集成电路技术等当代高新技术的影响，着力阐述科技创新与制度创新的关系，对各知识产权制度的最新变革作了一些内容补充和观点修正。作者虽有意于此，仍恐力不从心，知识产权制度的现代化问题研究尚需继续努力。

文章千古事，得失寸心知。本书谓为基本问题研究，既涉及基础理论的研究，也包含前沿问题的探讨，反映了我和合作者从事知识产权教学与研究工作的心路历程，在此不揣浅陋而公之于众，恳请各位读者批评与指正。

吴汉东

2009年初春于武昌晓南湖畔

第一版序言

《知识产权基本问题研究》终于定稿、付梓出版了。

20世纪80年代中期，我和闵锋教授合作编著了《知识产权法概论》（1986年内部发行，1987年由中国政法大学出版社出版）。当时的法学界将工业产权置于“经济法”，著作权、发明权、发现权归类于“民法”。我们编著的这本小书，有些创新之处，构建了知识产权制度的完整体系，以至于被称为第一部知识产权法的专门教材，并获得司法部优秀教材奖和湖北省青年社会科学优秀成果一等奖。

20世纪90年代初期，我和曹新明教授组织原中南政法学院知识产权专业教师编写了《知识产权法新论》（由湖北人民出版社于1992年出版），从体系到内容，较以往的教材都有明显的变动。这本书曾被一些高校采用，也被选为湖北省的自学考试教材。

自20世纪90年代中期以来，我受相关机构的委托，先后主编了司法部高等政法院校法学主干课程教材、最高人民法院法官培训教材《知识产权法》（中国政法大学出版社，1998年初版，2004年第3版）、北京大学21世纪法学系列教材《知识产权法学》（北京大学出版社，2000年初版，2003年第2版）、全国自学考试指定教材《知识产权法》（北京大学出版社，2000年初版，2003年第2版）以及教育部普通高等教育“十五”国家级规划教材《知识产权法》

（法律出版社，2004 年出版）。上述教材的编写，承蒙北京大学、中国人民大学、中国政法大学、华中科技大学、西南政法大学、华东政法学院、西北政法学院等高校的知识产权法学者加盟，教材水平得以提高，教材应用范围日趋广泛。

新千年伊始，我开始酝酿和筹划《知识产权基本问题研究》一书。时过 3 年，虽延迟交稿，但总算践约。当然，这本书也是我和我的同事、学生共同研究的成果，其中不少章节已在一些学术刊物上率先发表。该书虽为教材体例，但作者力图反映本领域的最新研究成果，因此有一定的参考价值。

本书由笔者拟纲并修改定稿。其中本人撰写第一编，胡开忠博士撰写第二编、第三编，张今、董炳和博士撰写了第四编。博士研究生肖志远、硕士研究生肖尤丹、杨冠锋、卢海君协助整理文稿、处理文字，在此铭记，以为谢意。

最后，还要感谢全国优秀博士论文作者基金项目给予的资助，感谢法学界诸位同仁及广大读者的关注与指正。

中南财经政法大学知识产权研究中心　吴汉东

2004 年 10 月于武昌南湖

目　录

第一编　基本范畴研究

第二编　基础理论研究

第三编　国际保护研究

细　目

第一编　基本范畴研究

第二编　基础理论研究

第三编 国际保护研究

第一编　基本范畴研究

引　言

范畴是人的思维反映在现实世界的最一般、最本质的联系和关系的逻辑概念。[①] 范畴是学科理论的基本要素，理论的科学性取决于范畴及其内容的科学性。建构范畴体系是一门科学走向成熟的必由之路，所以，范畴体系的建构是十分重要的。[②] 在法理学研究中，法学范畴体系一般分为六类：本体论范畴（即对法的存在及其本质的认识和概括）、进化论范畴（即对法从产生到演化的历史过程及其发展规律的认识和概括）、运行论范畴（即对法的运行操作包括从制定到实现的各个环节的认识和概括）、主体论范畴（即对法律世界的实践主体和价值主体及其相互关系的认识和概括）、客体论范畴（即对法律调整对象以及权利和义务指向、影响、作用的对象的认识和反映）、价值范畴论（即对主体的法需要、法对主体的意义以及法律满足主体需要的认识、评价和概括）。法的一般理论对范畴的类分与描述，对各个具体法学部门都具有指导意义；但后者对前者不宜采取简单地替代使用，即部门法学范畴研究应在秉持法理学范畴的质的规定性的同时，考虑其自身范畴的质的特殊性。

知识产权是一种新型的民事权利，是一种有别于财产所有权的无形财产权。民法所规定的基本原则和一般制度，应适用于各项私权制度，包括知识产权法律。但是，知识产权作为知识类财产的权利形态，与以有形动产和不动产为表现形式的所有权有着明显的差别。本编立足于法律制度层面的静态确权，以权利为基本内核，将知识产权的概念、性质、特征、主体、客体、利用、限制、保护、体系作为基本范畴的主要内容，述及知识产权的构成要素与本质属性、法律关系与运行方式、保护范围与体系框架等。

---

① 参见丕之、汝信：《黑格尔范畴论批判》，1页，上海，上海人民出版社，1961。

② 参见张文显：《法哲学范畴研究》，10页，北京，中国政法大学出版社，2001。

第一章

知识产权的概念

语义是法学理论研究的逻辑起点。知识产权的语义，与知识产权的属性、主体、客体、利用、限制、保护等，构成了知识产权基本范畴研究的主要内容。

在民事权利制度体系中，知识产权的用语是与传统的财产所有权相区别而存在的。英文“Intellectual Property”、法文“Propriété Intellectuale”、德文“Gestiges Eigentum”，其原意均为“知识（财产）所有权”或“智慧（财产）所有权”。将一切来自知识活动领域的权利概括为“知识产权”，最早见于17世纪中叶的法国学者卡普佐夫的著作。后来，这一概念被著名比利时法学家皮卡第所发展。皮卡第认为，知识产权是一种特殊的权利范畴，它根本不同于对物的所有权：“所有权原则上是永恒的，随着物的产生与毁灭而发生与终止；但知识产权却有时间限制。一定对象的产权在每一瞬息时间内只能属于一个人（或一定范围的人——共有财产），使用知识产品的权利则不限人数，因为它可以无限地再生。”① 知识产权学说从此在国际上广泛传播。自1967年《建立世界知识产权组织公约》签订后，知识产权这一概念得到世界上大多数国家和众多国际组织的承认。在我国，法学界曾长期采用“智力成果

---

① 转引自［苏］E. A. 鲍加特赫等：《资本主义国家和发展中国家的专利法》，载《国外专利法介绍》，第1册，2页，北京，知识出版社，1980。

权”的说法。[1] 1986 年《中华人民共和国民法通则》颁布后，我国开始正式采用“知识产权”的称谓。我国台湾地区则把知识产权称为“智慧财产权”。

一、知识产权的定义

在法学范畴研究以至法学争论中，视角的不同往往会导致对同一对象在界定上的差异，很多观点的纷争及至对立往往是由概念、范畴的歧义引起的。[2]概念界定是知识产权研究的第一步，也是进行性质与特征探索的重要基础和开展各论研究的重要前提。[3]

关于知识产权概念的定义方法，主要有“列举主义”与“概括主义”两种："列举主义”的方法，是指通过系统地列举所保护的权项，即划定权利体系范围来明确知识产权的概念；“概括主义”的方法，是指通过对保护对象的概括抽象的描述，即简要说明这一权利的“属加种差”来给出知识产权的定义。关于知识产权的定义，国外著述多采用“列举主义”的方法，我国学者则以“概括主义”的方法为主。

1. 列举主义的界定方法

“列举主义”的方法可广泛见于知识产权国际公约。按照《建立世界知识产权组织公约》第 2 条第 8 款规定，知识产权类型有著作权与邻接权、专利权或（和）发明权、发现权、外观设计权、商标权及其他标记权、反不正当竞争的权利以及其他基于智力活动产生的权利。《与贸易有关的知识产权协定》（以下简称《知识产权协定》或 TRIPs）第一部分第 1 条规定，本协定所保护的知识产权是指第二部分第 1 节及第 7 节所列举的著作权与邻接权、商标权、地理标志权、外观设计权、专利权、集成电路布图设计权、商业秘密权。有学者评价，“《知识产权协定》规定之智能权类型，较符合新兴类型需要，如集成电路之布局设计与未公开信息之保护（包含商业秘密），但其具体类型数据化上，

① 代表性著述有已故著名法学家、中国人民大学教授佟柔先生主编的《民法原理》，该书曾作为全国统编教材，由法律出版社于 1983 年出版。

② 参见张文显：《法哲学范畴研究》（修订版），19 页，北京，中国政法大学出版社，2001。

③ 参见吴汉东主编：《中国知识产权理论体系研究》，44 页，北京，商务印书馆，2018。

因其系属国际性公约，似仍着重于目前较为各国接受之类型，故不能解其为已穷尽列举智慧权之类型”[①]。《知识产权协定》在逻辑上未吸纳《建立世界知识产权组织公约》第2条第8款规定的反不正当竞争权，仅将其作为与知识产权有关的救济措施来对待；且基于“与贸易有关的知识产权”之意，该条约并无穷尽所有知识产权类型之目的。因此，知识产权保护对象在该条约中不可能被完全列举。

除国际公约外，国外也有学术观点采用这一定义方式。在知识产权制度最早诞生地英国，具有学术代表性的剑桥大学 W. R. Cornish 教授在所著知识产权教科书中，通过列举“保护技术发明和设计的专利权”“保护文学艺术创造的著作权”“保护经营标记的商标权”的方式，将它们合称为知识产权。[②] 美国著名学者米勒与戴维斯在 *Intellectual Property*：*Patents*，*Trademarks and Copyrights* 一书中，基于抽象财产概念的考虑，以知识产权的名义列举了专利、商标和著作权三个法律领域。[③]

“列举主义”的方法，具备表述清楚、明确且直观的特点，但也存在一些不足：首先，以列举式说明概念，范围多变，失之烦琐。随着经济社会的发展，知识产权的内容或范围不断扩张，造成了概念的不稳定性，影响定义的科学性。诸如传统知识、商业模式、实验数据等内容能否作为知识产权所保护的客体，学界尚存争议，且国际知识产权条约也未进行相对明确的规定。其次，由于知识产权是个动态的、开放的法律制度体系，列举式难免有遗漏之处。此外，列举式往往难以揭示事物的本质属性，无法准确地将一事物与其他事物相区别。例如，列举式无法回答为什么不同类别的权利可以被统称为知识产权，不同权利之间的内在共同特征是什么等问题。[④]

---

① 蔡明诚：《网际网路智慧财产权的问题与展望——以台湾法律为例》，载《台湾大学法学论丛》，2001（5）。

② See W. R. Cornish, *Intellectual Property*: *Patents*, *Copyright*, *Trade Marks And Allied Rights*, fourth edition, London, Sweet & Maxwell, 1999, p. 3.

③ 参见［美］阿瑟·R. 米勒等：《知识产权法概要》，周林等译，4页，北京，中国社会科学出版社，1997。

④ 参见张勤：《知识产权基本原理》，3～4页，北京，知识产权出版社，2012。

2. 概括主义的界定方法

我国法学界主要采取“概括主义”方法来说明知识产权的概念。长期以来，基于知识产权保护对象即为智力创造成果的抽象认识，我国学者多将知识产权定义为人们对其创造性的智力成果所依法享有的专有权利。① 国际上也有学者作出类似表述，“一般而言，知识产权可以被定义为一种法律观念上的创造物，其与国家授权个人在一定时间内的法定垄断权有关，阻止他人未经授权的使用”②。此外，世界知识产权组织出版的《知识产权阅读资料》对知识产权进行界定时，也采取了概括定义的方式：“知识产权广而言之，意味着智力活动在工业、科学、文学和艺术领域所产生的合法权利。”③ 20 世纪 90 年代以来，有些学者提出质疑，认为以知识产权名义统领的各项权利，并不都是基于智力创造成果而产生的。例如，1992 年在东京召开的国际保护工业产权协定大会（AIPPI），大会将知识产权划分为“创造性成果权利”与“识别性标记权利”。由此可见，知识产权并非全是“智力创造成果”之权。有鉴于此，学者们对定义对象作出了新的概括，代表性的观点主要有三种：（1）“知识产权是基于创造性智力成果和工商业标记依法产生的权利的统称。”④（2）“知识产权是人们对于自己的智力活动创造的成果和经营管理活动中的标记、信誉依法享有的权利。”⑤（3）“知识产权是民事主体依据法律的规定，支配其与智力活动有关的信息，享受其利益并排斥他人干涉的权利。”⑥

“概括主义”的方法高度抽象，表述简要，但其问题关键在于概括是否准确、恰当且具有最大包容性。目前，对知识产权的“概括主义”定义有多种模式，尚未形成完全一致的看法。英国学者科尼什评价“知识产权”这一术语时

---

① 参见吴汉东、闵锋编著：《知识产权法概论》，北京，中国政法大学出版社，1987；郑成思主编：《知识产权法教程》，北京，法律出版社，1993；黄勤南主编：《新编知识产权法教程》，北京，中国政法大学出版社，1995。

② Micheal Blakeney, *Trade Related Aspects of Intellectual Property Rights: A Concise Guide to the TRIPs Agreement*, Sweet & Maxwell, 1996, p. 10.

③ 转引自郭寿康主编：《知识产权法》，5 页，北京，中共中央党校出版社，2002。

④ 刘春田主编：《知识产权法》，3 页，北京，高等教育出版社，2002。

⑤ 吴汉东主编：《知识产权法学》，1 页，北京，北京大学出版社，2000。

⑥ 张玉敏主编：《知识产权法教程》，1 页，重庆，西南政法大学出版社，2001。

认为，“没有任何单独的一个术语能够令人满意地涵摄所有的对象。‘工业产权’在大部分情况下排除了著作权。‘知识产权’则极少描述商标和经营性标记”①。

3. 知识产权定义的其他方式

通过不同角度和侧重点可对什么是知识产权作出不同描述。有学者对知识产权规制对象加以概括和抽象，从精神财富客体的角度将知识产权定义为，“自然人、法人对其在科学技术、文学艺术领域内创造的精神财富，依据法律规定享有的专有权”②。还有学者从信息客体的视角，将知识产权表述为“民事主体对特定有用信息的法定支配权和名誉权”③。

从不同视角得出不同结论是使用不同研究方法的必然结果。学者 Graham P. Cornish 认为：“在人们聚焦的有形世界里，知识产权往往是一个很难把握的概念。由于不属于有形物体，因而从历史上来说，对创造、发明或者思想成果的利用是非常重要的领域，知识产权常常被错过、忽视甚至被拒绝接收。就本质上来讲，知识产权是一个保护人类思想创造的概念，在大多数国家被分割为一系列不同的类型——专利、贸易与服务标识、外观设计权与著作权。”④

4. 知识产权定义的应然方法

从理论上看，不论是传统的“列举主义”“概括主义”还是其他定义方式，对知识产权的定义都非常难以形成一致意见。一个完整的定义应该包含被定义对象的下位共性以及上位概念。⑤ 就知识产权而言，其下位概念中的作品、发明、商标、集成电路布图设计等知识产品的一个最大共性，就是区别于版权书籍、专利产品、商标标识和集成电路板等有体物的无形性。“知识产权”概念糅合了版权、专利、商标等不同客体，认为它们的共同之处在于都具有无形的

---

① W. R. Cornish, *Intellectual Property: Patents, Copyright, Trade Marks and Allied Rights*, 3 (3 rd ed. 1996), Sweet & Maxwell. 转引自金海军：《知识产权私权论》，8 页，北京，中国人民大学出版社，2004.

② 何山林：《世界知识产权源流与著作权比较考略》，载《探索》，1997 (4)。

③ 粟源：《知识产权及其制度本质的探讨》，载《知识产权》，2005 (1)。

④ Graham P. Cornish, YORKSHIRE, *Electronic Information Management and Intellectual Property Right*, Information Service & Use, 2005, Vol. 25, Issue 1, p. 59.

⑤ 参见粟源：《知识产权及其制度本质的探讨》，载《知识产权》，2005 (1)。

特点，且全都出自抽象的财产概念。[①] 在界定知识产权的上位概念问题上，日本学者中山信弘认为："所谓知识财产，是指禁止不正当模仿所保护的信息。具体说来，是人的智力、精神上创作成果的创作物（例如发明与作品）和经营上信誉的经营标识（例如商标和商号）的总称。"[②] 可以认为，从信息角度来审视知识产权是一个比较独特的方法，但就目前而言，将国际立法通行的知识产权与多学科语境使用的信息和信息产权相提并论，有待进一步研究。

对知识产权应当在其本质基础上，采取科学方法进行恰如其分的界定。第一，知识产权是私人财产权。诸如著作权、专利权、商标权等，概为在知识财产之上设定的私人产权，即为特定主体所享有的绝对性、排他性财产权。这与科技奖励制度上具有公有属性的发明权、发现权是不同的。第二，知识产权不等于智力成果权。以知识产权名义所统领的各项权利并非都来自知识领域，亦非都基于智力成果而产生。从权利来源来看，这些权利主要发生于智力创造活动与工商经营活动等领域，其客体由创造性成果、经营性标记、信誉以及其他知识信息所构成。第三，知识产权是法定之权。其产生一般须由法律所认可。并非所有的知识产品，都可以成为知识产权的保护对象。在不同历史时期的不同国家，受经济、科技、文化等因素的影响，知识产权的范围也有差异。换言之，并非所有施加在创造成果和工商业标记上的行为，都可以成为知识产权规制的客体，法律只选择对经济关系有相当影响的一部分关系加以调整。

5.《民法总则》知识产权条款的定义评述

2017 年 3 月通过的《中华人民共和国民法总则》第 123 条规定："民事主体依法享有知识产权。知识产权是权利人依法就下列客体享有的专有的权利：(1) 作品；(2) 发明、实用新型、外观设计；(3) 商标；(4) 地理标志；(5) 商业秘密；(6) 集成电路布图设计；(7) 植物新品种；(8) 法律规定的其他客体。"这即是法律界所称的"知识产权条款"。

---

① 参见［美］阿瑟·R. 米勒等：《知识产权法概要》，周林等译，4 页，北京，中国社会科学出版社，1997。

② ［日］中山信弘：《多媒体与著作权》，张玉瑞译，1 页，北京，专利文献出版社，1997。

“知识产权条款”是《民法总则》对知识产权设立的宣示性、一般性条款，表明了民事权利的体系建构和知识产权的私法回归。该项条款以“列举式”规定＋“兜底”规定的方式，从客体的角度对什么是知识产权进行了定义性描述。在《民法总则》中，诸多财产权条款都有相关的定义说明。第 114 条规定：“民事主体依法享有物权。物权是权利人依法对特定的物享有直接支配和排他的权利，包括所有权、用益物权和担保物权。”第 118 条规定：“民事主体依法享有债权。债权是因合同、侵权行为、无因管理、不当得利以及法律的其他规定，权利人请求特定义务人为或者不为一定行为的权利。”上述条款具备财产权定义的一般构成：（1）以民事主体概称的权利主体，表明它们都是一种“私人的权利”；（2）以物或行为类分的权利客体，表明它们是不同类型“私益的权利”；（3）以支配权与请求权相别的权利属性，表明它们是不同类型但同为“私有的权利”①。“知识产权条款”以“民事主体”“客体对象”“专有权利”的语义构成，从立法层面回答了知识产权定义问题。

“知识产权条款”的知识产权定义有许多可取之处：第一，规定民事主体依法享有知识产权，强调了著作权人、专利权人等私的主体属性，并消除了 1986 年《民法通则》关于商标注册主体资格的限制；第二，从客体列举式角度规定知识产权，且有兜底条款，为知识产权保护范围留下未来发展的制度空间；第三，将知识产权定性为“专有的权利”，以别于具有支配权属性的物权和请求权特性的债权，表明无形财产权的自有品格。诚然，“知识产权条款”本身以及其对知识产权的立法定义存有一定缺憾。正如有的学者所指出的那样，该条款所涉保护对象较多参考《知识产权协定》的有关规定，而对其他国际条约相关规定关注不够，例如《保护工业产权巴黎公约》《建立世界知识产权组织公约》规定的“商号和商业标记”“制止不正当竞争”等。② 这也是“列举主义”立法定义自有的不足。

缺乏制度实证基础的定义只能够在理论上孤芳自赏，而无益于理论研究与制度实践活动，但我们并不认为知识产权研究包括语义范畴的探讨由此会有中

① 吴汉东：《知识产权的多元属性及其研究范式》，载《中国社会科学》，2011（5）。

② 参见李明德：《〈民法总则〉知识产权条款述评》，载《中国知识产权》，2017（4）。

断和止步。知识产权发展过程中的变动性和未来的开放性是相关学科进步和制度建设的基石，需要一直对此保持高度关注。

二、知识产权与无体财产权

在精神领域的民事权利范围中，无体财产权（或称无形财产权，Intangible Property）是知识产权的另一称谓。在一些西方国家，相关立法与学说曾以无体财产权来概括有关智力创造性成果的专有权利。在大陆法系民事权利的传统架构下，民法调整平等民事主体之间的财产关系和人身关系，财产法以有体物为主要对象。但在学者的民法理论研究中，罗马法的无体物往往被作为解读制度产品以至精神产物这些新客体的思想工具。1875 年，德国学者科拉率先提出“无体财产权”的概念，批判了以往的学说将无形物品的权利说成是一种所有权的错误，将其概括为区别于有体财产所有权的另类权利，即“无体财产权”（Immaterial Giiterrecht）[①]，以指称新型的非物质化财产权，即著作权、专利权、商标权等。“无体财产权”这一概念曾为一些国家相关立法文件和学说研究所采用。自 1967 年各国签订《建立世界知识产权组织公约》后，知识产权的概念开始在国际上被广泛使用，但有些西方学者仍继续沿用无体财产权的说法。从词源学上来说，英文 intellectual property 和 intellectual property right 分别指称“知识财产”与“知识产权”，世界知识产权组织编写的专门读物，亦将“知识财产”与“知识产权”联系在一起。[②] 日本学者小野昌延认为“无形产权”（即“无体财产权”——引者注）是德国法律中使用的术语，着眼于财产的法律性质，而“知识产权”是有关精神产品即“知识财产”的权利，也可称为“无形产权”[③]。可以认为，物体财产权是与知识产权相当的另一称谓。

---

① ［日］吉藤幸朔：《专利法概论》，宋永林、魏启学译，405 页，北京，专利文献出版社，1990。

② 参见世界知识产权组织编：《知识产权纵横谈》，4 页，北京，世界知识出版社，1992。

③ ［日］小野昌延：《知识产权 100 点》，李可亮、马庆田译，5 页，北京，专利文献出版社，1992。

1. 超越“知识”语义的无体财产权

知识产权作为罗马法以来私权领域中的一场深刻的制度创新与变革，是知识产品财产化与知识财产法律化带来的财产“非物质化革命”。知识财产是一种新的财产，它不是以往对物进行绝对支配的财产，而是“非物质化的和受到限制的财产”①。“非物质化”的结果，是极大地拓宽了财产法使用的范围，权利的客体涵盖一切可以作为财产看待的物质与非物质对象。在新的科学技术和现代商品经济发展的当代，财产的“非物质化革命”并没有停止，社会财富结构发生更为深刻的变化，“越来越多的财产成为无形且非物质性的”②，“我们有理由给予传统上并不被认为是财产或财产权利的权利更多的关注和保护”③。现代社会经济的发展使得无形财产的地位日益彰显，一些无形财产虽然具有非物质性的特征，但未必与知识、与智力创造有关，质言之，知识产权制度体系难以涵盖众多新的无形财产。这种由现代商品经济的发展与社会财富形态的变化而引起的非物质性财产的扩张，导致知识产权一词在众多无体财产面前已然显得力不从心。我们可以看到：在财产形态中，确实存在着一类具有非物质化特性但又不能归类于知识产权范畴的某些权利；并且随着社会生活的发展，还可能出现其他一些新的无体财产形式，由此我们需要对这些新的财产形态进行体系化整合以求制度化创新。参照国内外经济界关于“无形资产”的类别划分④，法律制度意义上的无体财产权可以包括以下三类：一是创造性成果权，包括著作权、专利权、商业秘密权、集成电路布图设计权、植物新品种权等。二是经营性标记权，包括商标权、商号权、产地标志权、其他与制止不正当竞争有关的识别性标记权等。三是经营性资信权⑤，包括信用权、商誉权、商品化（形象）权等。

在学者的著述中，无体财产权与知识产权所涵盖的范围并非完全相同。在

① ［美］肯尼斯·万德威尔德：《19世纪的新财产：现代财产权概念的发展》，王战强译自《布法罗法学评论》1980年第29期，草末校，载《社会经济体制比较研究》，1995（1）。

② 尹田：《法国物权法》，19页，北京，法律出版社，1998。

③ ［美］罗纳德·波士顿，张礼红译：《美国财产法的当前发展趋势》，载《外国法译评》，1994（3）。

④ 参见蔡吉祥：《无形资产》，深圳，海天出版社，1996。

⑤ 详细内容参见本编第九章“三”。

日本学者小岛庸和所著的《无形财产权》一书中，诸如“商品的形态”“经营上的信用”等都属于无体财产权的范畴，其权项应大于传统知识产权所涉及的类别。[①] 我国民法学者尹田所著的《法国物权法》将无体财产权界分为“经营垄断权”（包括有关智力创造成果的权利和有关区别标记的权利）和“顾客权利”或“营业资产权”（有关吸引顾客的商业信誉的影响而形成的权利）。[②] 郑成思先生认为，在一般人身权与著作权之间，以及标记权、商誉权与著作权之间存在着一个边缘领域，相关权利不宜归属于原有的任何一个范畴，有必要赋予其一种新的权利。上述讨论都涉及超越“知识”的无体财产权问题。[③]

一言蔽之，以知识产权名义统领下的各项权利，并非都来自知识领域，在非物质化财产领域中，尚有许多新的与“知识”无关的权利形态，因此我们需要更高位阶的无体财产权概念来统合，以实现理论创新自足和制度创新需求。

2. 具有“专有”属性的无体财产权

无体财产权与知识产权都是一种专有性的民事权利。相对债权而言，它们与所有权一样，具有排他性和绝对性的特点。第一，无体财产为权利人直接支配并享有利益而无须他人协助；第二，无体财产为权利人独占或垄断而排除他人妨碍。从上述基本属性出发，无体财产权（包括知识产权）与有体财产所有权有着相同的法律效力，即独立支配的自物权、分享利益的他物权以及获得救济的请求权。

笔者自 20 世纪 90 年代以来即主张建立一个大于现行知识产权范围的无体财产权体系，以包容一切基于非物质形态所产生的权利。[④] 笔者认为，诸如商誉权、信用权、形象权等，都是一种具有非物质属性但又不能归类于知识产权范畴的财产权；随着社会生活的日益发展，还可能出现一些更新的无体财产权形式。因此可以考虑，以客体的物质性与非物质性为分类标准，在支配性财产

---

① 参见［日］小岛庸和：《无形财产权》，序言，47 页，东京，创成社，1998。

② 尹田：《法国物权法》，59～65 页，北京，法律出版社，1998。

③ 参见郑成思：《世界贸易组织与贸易有关的知识产权》，44～45 页，北京，中国人民大学出版社，1996。

④ 参见笔者的相关著述：《无形财产权的若干理论问题》，载《法学研究》，1997（4）；《无形财产权制度研究》，北京，法律出版社，2001；《财产的非物质化革命与革命的非物质财产法》，载《中国社会科学》，2003（4）。

权领域概括出有体财产权与无体财产权两种类型。

在这里有必要论述的是财产权的“无体”问题，即“无体”指的是作为客体看待的权利（无体物），还是作为客体看待的精神产品。青年学者袁秀挺博士曾撰文评述笔者的无体财产权理论，其中的许多观点都颇有见地，但是对于他将无体财产权的范围扩充到债权、票据权利的看法①，笔者不能苟同，理由是：第一，有体财产权与无体财产权的分野，是在支配性、绝对性财产权利范畴内进行的。按照德国民法学家拉伦茨的观点，该类权利的客体是第一顺位的权利客体，包括有体物和无体的精神产品，而债权、票据权利（即特别债权）等概为请求性、相对性财产权利。另一德国学者梅迪库斯认为债权与请求权无实质区别，其客体与支配性、绝对性财产权客体有别。② 因此，有的中国学者将债权作为无体财产权看待，实际上是将支配权与请求权混为一谈。第二，债权、票据权利本身在作为权利客体时，可以被视为无体物。有体物与无体物是罗马法、法国法关于客体物的分类，无体物特指除所有权以外的财产权利；德国法规定的物仅为有体物，该国学者有时将精神产品也称为无体物，但强调此类客体应由知识产权法规范，而不由物权法规范。③

由此可以认为，在罗马法、法国法那里，债权等可以以无体物名义作为另类权利（如继承权、股权）的客体，但由这种无体物（即权利客体）不能得出其是无体财产权（即权利本体）的结论；在德国法那里，债权等则不能被视为无体物，因为无体物特指无体的精神产品。总之，对知识产权与无体财产权进行区分，并对上述权利的客体属性作出界定是非常必要的。

三、知识产权与信息产权

在民事权利基本范畴中，知识产权与信息产权是人们讨论的又一重要问

---

① 参见袁秀挺：《正本清源——评〈无形财产权制度研究〉之“基本理论编”》，载《私法》，第2辑，第1卷，北京，北京大学出版社，2002；《知识产权在财产权体系中的定位》，载《华中科技大学学报（社会科学版）》，2003（2）。

② 参见［德］迪特尔·梅迪库斯：《德国民法总论》，邵建东译，68页，北京，法律出版社，2000。

③ 参见孙宪忠：《德国当代物权法》，3页，北京，法律出版社，1997。

题。人类正经历着从工业社会向信息社会转型的时代变革。以微机革命、网络革命和通信革命为主流的新技术革命，将人类社会从工业化推进到信息化的崭新时代，使得知识产权的范围在当代信息社会背景下有向"信息产权"扩充的趋势。20 世纪 80 年代，美国社会学家托夫勒（Alvin Toffler）在其经典著作中阐述了信息与社会变革之间的关系，认为在新技术革命的第三次浪潮下，"我们仍然需要土地、机器这些有形财产，但这些财产已经变成了信息，这是一次革命的转折，改变了财产的形态，将其变为无形"[①]。毫无疑问，在工业社会向信息社会转变的过程中，信息的生产和传播对社会经济、政治、文化等方面的影响不断扩大和深刻，当然也会带来传统法律制度的诸多变革。在信息化过程中，信息与物质、能量一样成为促进经济、技术和社会发展的重要资源，信息人格利益与信息财产利益共同成为具有法律意义的民事客体，信息产权与知识产权同时成为有别于传统物权的新型财产权利。下面试从知识产权理论角度，就信息概念体系的三个基本范畴作一探讨。

1. 作为社会资源的信息

信息和物质、能量并称为人类社会发展的三大资源。在信息理论中，信息具有多种类型。美国学者巴克兰德将信息分为"作为过程的信息"、"作为知识的信息"以及"作为事物的信息"[②]。我国学者汪丁丁亦认为，"知识是理解了的信息"，如果对包含知识的信息无法理解，那么它就只能是信息，而不能是知识。[③] 作为认识论上的信息，是指主体对事物运动状态和状态变化方式的认识以及对此种认识的表达。[④] 以上论述表明，作为知识的信息、具有创造性产物的信息，可能与知识产权或信息产权的客体有关；而自然存在的信息、作为事物的信息，可能与其他民事权利涉及的利益有关，但不会成为知识产权或信息产权的保护对象。

---

① 马海群、葛晓春、李松梅：《知识产权与信息管理》，221 页，哈尔滨，黑龙江人民出版社，1997。

② 转引自周庆山等：《信息法》，2～3 页，北京，中国人民大学出版社，2003。

③ 参见汪丁丁：《制度分析基础讲义Ⅱ》，178～179 页，上海，上海人民出版社，2005。

④ 参见钟义信：《信息科学原理》，47 页，北京，北京邮电大学出版社，2002。

在立法例上，相关国家信息法对什么是信息有所规定。俄罗斯《信息基本法》第 2 条规定，“信息是指关于人、物、事实、事件、现象和过程的与表现形式无关的知识”。美国《统一计算机信息交易法》第 102 条规定，“信息是数据、文本、图像、声音、计算机集成电路布图或计算机程序，以及它们的集合”，并界定“知识”是对事实的实质性理解。由此可见，法律意义上的信息是具有知识内涵的信息，是与表现形式（载体）无关的知识，是具有价值或利益的认识表达。①

2. 作为民事客体的信息利益

私法领域的信息，必须是有价值的信息利益，或为信息人格利益，或是信息财产利益。在信息社会，信息取代物质和能量成为最重要的社会资源，它不但可以为政府决策提供依据，还可以为公司企业产生利润；而从私法角度而言，更是民事主体享有的合法权益。

我国《民法总则》从三个方面规定了受法律保护的信息利益：（1）个人信息。个人信息，也称个人数据，《网络安全法》第 76 条第 5 项对此进行了立法界定：“个人信息，是指以电子或者其他方式记录的能够单独或者与其他信息结合识别自然人个人身份的各种信息，包括但不限于自然人的姓名、出生日期、身份证件号码、个人生物识别信息、住址、电话号码等。”个人信息包括个人的基本身份信息以及位置信息、行为数据等，是作为民事主体的自然人独有的人格利益，对于维护信息主体的人格尊严、人格自由具有重要价值。根据《民法总则》第 111 条规定，自然人的个人信息受法律保护，任何组织和个人应当确保依法取得的个人信息安全，对他人个人信息不得非法收集、使用、加工、传输，不得非法买卖、提供或者公开。（2）隐私信息。民法所规定的隐私包括私人生活秘密和私人生活安宁。② 私人生活秘密属于信息范畴，即法律保护的隐私信息。个人信息与隐私信息有交叉关系。凡个人信息中涉及重要或敏感的部分，属于私人生活秘密信息即隐私。在法律上，隐私是当事人不愿他人

① 参见齐爱民：《私法视野下的信息》，19 页，重庆，重庆大学出版社，2012。

② 参见张新宝：《〈中华人民共和国民法总则〉释义》，219 页，北京，中国人民大学出版社，2017。

知道或他人不便知道的个人信息。隐私是隐私权的保护客体即私人信息秘密，不被他人非法侵扰、知悉、收集、利用和公开，其权益属于人格权的范畴。我国《民法总则》第 110 条对自然人享有的隐私权以及其他人格权作了明确规定。(3) 知识信息，具有创造性意义的信息，或法定知识类的信息，是一种与动产、不动产有别的知识财产或说是信息财产，可以成为知识产权或信息产权的客体。如前所述，在知识产权理论中，学者将上述客体抽象为“智力成果”“知识产品”“与智力活动有关的信息”。知识产权所涉及的对象可视为非物质形态的知识信息。专利法保护的“新的技术方案”提供了某一领域最新技术的信息；商标法保护的“识别性标记”本身就是区别不同商品或服务的信息；而著作权法保护的“独创性表达”，通过报刊、书籍、广播电视、电脑网络等各种媒介的传播，成为人们最主要、最广泛的信息源。在这个意义上说，知识产权法可以称为信息保护法。[①] 我国《民法总则》第 123 条通过客体列举式方式，规定了与物权相区别的无体财产权即知识产权。总体说来，信息利益也可以界分为信息财产利益和信息人格利益，它们分属于不同民事权利所指向的对象。

3. *作为民事权利的信息产权*

信息产权，是在信息社会出现的一种新型财产权形态。这种权利是区别于所有权的无体财产权，虽具有支配性、排他性特性，但其客体是非物质性信息财产；同时，信息产权也是“知识产权上位概念”，有学者认为，其“相比较于知识产权，更具客观性、与时俱进性、包容性等优点”[②]。

在立法例上，对信息产权提供法律保护主要有两种模式：一种是“信息资源所有权模式”，俄罗斯《信息基本法》明确规定，信息资源是财产的组成部分和所有权的客体，该法强调有关信息资源所有权关系交由俄罗斯民法典调整；另一种是“知识产权交易模式”，美国《计算机信息交易法》规定，最终用户对于自己购买的计算机信息所享有的信息产权，不仅包括知识产权，也包

---

① 参见［日］中山信弘：《多媒体与著作权（一）》，载《电子知识产权》，1997（5）；冯晓青：《知识产权法基础理论若干问题研究》，载《湘江法律评论》，第 4 卷，湘潭，湘潭大学出版社，2001。

② 郑成思、朱谢群：《信息与知识产权》，载《西南科技大学学报（哲学社会科学版）》，2006（1）。

括基于许可所获得的支配和控制计算机信息的权利。上述两种模式，采用了传统所有权保护方法和经典知识产权保护方法。有学者认为并不足取，主张建立一种新的独立的信息财产权制度。①

笔者认为知识产权与信息产权是一对具有关联而又有区别的法律概念。在信息财产中，有三种类型的信息与知识财产有关：一是为著作权、专利权、商标权所保护的有创造性价值的知识信息；二是未公开披露而通过保密呈现其财产价值的商业信息；三是处于非专有领域但有价值的信息。需要说明的是，后两者虽为信息财产，但以往并非知识产权的保护对象，1993 年《知识产权协定》明确将“未公开的信息（商业秘密）”纳入知识产权保护体系；1996 年欧盟《关于数据库法律保护的指令》提出了给予由数据或者信息材料汇聚而成的数据库以类似著作权的特别保护。当然这种数据库权利主体是信息材料整理者即数据库制作者，而不是信息材料的所有者、提供者。无论如何，信息财产与知识财产有着千丝万缕的联系，以至于一些学者说道，“知识产权就是信息产权”②。但是作为知识产权保护对象的知识财产，是为与动产、不动产相区别的无形财产，是具备法定保护条件的知识类信息财产。这就决定了知识产权既不同于所有权，又有别于信息产权。不能归类为知识产权客体的某些信息财产，包括：(1) 基于知识产权实施所产生的非物质化信息产品，如电子信息产品、大数据交易信息；(2) 不具备知识产权保护条件的信息产品，如处于公有领域的技术信息、超过法定保护期的思想表达等；(3) 与创造性知识信息无关的信息产品，如事务性信息、金融类信息、网络游戏的虚拟财产等。概言之，知识产权具有某种信息产权属性，但两者并非同一权利类型。在国际上，对信息财产采取“信息资源所有权模式”和“知识产权交易模式”，说明现有法律似乎对信息财产足以提供相应保护。换言之，创设一个独立信息产权的主张目前尚不成熟。

以上只是描述非物质财产领域权利范畴的变化，无意褒贬“知识产权”、“无体财产权”与“信息产权”这几类用语的优劣。鉴于相关国际公约、国内

① 参见齐爱民：《私法视野下的信息》，396 页，重庆，重庆大学出版社，2012。

② 郑成思：《知识产权》，第 3 版，53 页，北京，法律出版社，2005。

立法的规定与我国法学界的约定俗成，我们可以继续沿用“知识产权”的概念，但不要拘泥于传统权利体系的狭隘理解。知识产权概念内涵的分析表明，知识产权与传统所有权是区别无体财产与有体财产之权利形态的不同用语，知识产权与信息产权是有联系但又有区别的非物质性财产权利概念。知识产权概念的外延界定采取列举式，可能难以包容其全部范围，因而采取简要描述的概括方法较为适宜。

第二章

知识产权的性质

关于知识产权的基本属性，我国理论界对此关注不够。20 世纪 80 年代的教科书及相关著述多将知识产权表述为一体两权，即认为知识产权具有财产权与人身权的双重属性；20 世纪 90 年代的知识产权学说，一般从民事权利体系出发，将知识产权区别于财产所有权，对其作出无体财产权的定性分析。上述情形说明，我国学者关于知识产权性质的探讨在不断深化，并趋于理论上的成熟。但是，对知识产权的这种认知仍是不完整的。根据《知识产权协定》与《世界人权宣言》的规定，参照经典学说的有关理论，我们似应从私权与人权这两个方面来把握知识产权的基本属性。

一、知识产权的私权本质

《知识产权协定》在其序言中宣示“知识产权为私权”，以私权名义强调了知识财产私有的法律性质。权利本体的私权性是知识产权归类于民事权利范畴的基本依据。私权是与公权相对应的一个概念，指的是私人（包括自然人、法人和其他组织）享有的各种民事权利。所谓私权，即私的权利，可以从以下几个方面来理解：第一，它是私人的权利。这里的“私人”，特指民事法律关系的主体，即处于平等地位的人。即使国家在某种情况下可以作为民事主体出现，但也与其他民事主体形成相互平等之关系。第二，它是私有的权利。这里的“私有”，意指民事权利为特定民事主体所享有。所有权是特定人直接支配所有物之权利，债权是特定人请求特定人为特定行为之权利。这说明，私权是特定人享有的私人权利，而不是一切人同享的公共权利。第三，它是私益的权利。这里的“私益”，也就是与公益相对应的个人利益。根据私法的原则，允许“个人根据自己的意愿形成相互之间的经济关系和其他关系”①，追求合法的私利。知识产权被归类于私权，在于它具备私权的一般确认标准：它是“关于私人利益方面的各种权利”（利益说）；是“关于平等主体相互之间的权利”（关系说）；是“私法上所确定的权利”（法律说）②。可以说，知识产权的产生、行使和保护，适用民法的基本原则和基本制度。离开了民事权利体系，知识产权就会成为无源之水、无本之木，无法找到其应有的归属。

关于公权与私权的划分，可追溯到罗马法。在古罗马，市民享有一种专属性的权利即“市民权”（status civitatis），其内容包括公权与私权。其中，公权是指市民法规定的选举权（即参与各种议会制定法律和选举官吏的权利）和被选举权（即被选举为官吏或被选举为议员的权利）；私权则包括婚姻权、财产权、遗嘱能力和诉讼权。③ 在古罗马的私权体系中，财产权制度是以“物”为基础的，其对象主要是有体的物质对象（有体物），也包括无体的制度产品（无体物）。④ 在罗马法时期，尚未产生保护精神产物的财产权，即近代意义的知识产权，但是罗马法所留下的私法原理和规则，尤其是“无体物”理论，为后人诠释知识财产法律化提供了重要的思想资料。“无体物”理论的本意，是将特殊之权利视为权利标的意义上的物件，即以主观拟制之物为权利之客体，这意味着对客体物的理解，不应拘泥于直接存在之物、有体存在之物。近代法律对知识财产的确认，标志着财产权从具体到抽象的转变。人们不再将财产的

① ［德］米·科斯特：《私法自治及其限制》，载《中德经济法研究所年刊》，1994年第5期，南京，南京大学出版社，1994。

② 《中华实用法学词典》，326页，长春，吉林大学出版社，1988；《北京大学法学百科全书》，宪法·行政法学卷，149页，北京，北京大学出版社，1999。

③ 参见周枏：《罗马法原论》（上册），99～100页，北京，商务印书馆，1994。

④ 参见陈朝璧：《罗马法原理》（上册），84页，北京，商务印书馆，1936。

范围局限于有体物，而扩大到为数众多的、不具备外在形体的财产，这即是财产的抽象化和非物质化。“就知识产权而论，所论及之物乃抽象物。如我们所知，抽象物并不存在，或者我们可以宣称它不存在。在知识产权中的抽象物采取了一种法律虚拟的形式。”“法律假定在某些抽象物中存在着权利。盘尼西林的分子式和化学结构即是抽象物的例证，许多人需要使用并依赖于这些物。”[①]按照澳大利亚学者 Drahos 的说法，由此产生了基于抽象物而形成的一种新的财产权形式。这就是与传统财产权有别的知识产权。

“知识产权为私权”是近代社会法律革命与制度变迁的结果。知识产权制度的形成，经历了一个由封建特许权向资本主义财产权嬗变的历史过程。封建特许权包括印刷专有权和产品专营权，它以君主敕令或政府令状的形式，授予印刷商以出版独占许可证或赋予经营者进行制造、销售某种产品的权利。特许权的保护是一种“钦定”的行政庇护，而不是法定的权利保护。尔后，由于封建王朝的衰落与私权观念的进化，市民阶级主张对印刷品、专营品应赋予一种新的权利，即“精神所有权”。在英国，出版商试图以自然法思想为基础，赋予自己的专有出版权以新的理论光环，即出版物的垄断性保护不应由国王授予特权才产生，而应基于作者精神所有权的转让而取得。“精神所有权”理论认为，作者与出版商对作品以及将该作品物化的书籍均享有所有权，因而将这种权利视为所有权的一种。[②] 在法国，所有权的绝对概念自 1789 年大革命时期得到确认后，其意义一直有扩大的趋势。这种概念扩张首先表现在知识产权领域，用以“适应其标的和其表现的法律关系及各种各样彼此间完全不同的大量的支配权类别”。在这里，“精神所有权被理解为一种排他的、可对抗一切人的权利，是所有权一种”[③]。对于私权制度构建而言，“精神所有权论”不是一种制度创新，而是一种简单的概念模仿，其理论存在明显的缺陷：第一，将所有

---

① Peter Drahos，A Philosophy of Intellectual Property，Dartmouth Publishing Company Limited，1996.

② See L. Ray Patterson，Stanley W. Lindberg，The Nature of Copyright：A Law of Users' Right，The University of Georgia Press，1991；［日］阿部浩二：《各国著作权法的异同及其原因》，载《法学译丛》，1992（1）。

③ 尹田：《法国物权法》，122 页，北京，法律出版社，1998。

权的概念应用在非物质财富的权利形态上，导致“使它远远超出在技术上对它作准确理解的内容的范围”①。尽管所有权与有关精神产品的权利具有某些共同特征，但后者具有不同的性质，即非物质化的财产权利遵从的应是有别于所有权制度的其他法律规定。第二，从所有权的原来含义来讲，知识财产所有权并非传统意义上的所有权。它未设定于物之上，而是植根于创造性的知识产品，后者是非物质性的另类客体。因此，我们有必要“从单个人的简单物品所有权的财产权概念的束缚中解放出来”，“产生出与有形对象十分疏远的权利形式”②。这一权利形式就是知识产权。知识产权制度的确立，完成了非物质财产的权利形态从特许之权到法定之权的制度变革，变革的结果使得知识产权嬗变为一种新型的私人财产权。

“知识产权为私权”，在制度层面上为私人提供了获取财产的新方式。知识产品是独立于传统意义上的物的另类客体，以知识产品作为保护对象的知识产权是与有体财产所有权相区别的崭新财产法律制度。马克思在叙述经济与法律的关系时说道：“每当工业和商业的发展创造出新的交往形式……法便不得不承认它们是获得财产的新方式。”③ 正是由于商品经济和科学技术的发展与推动，才产生了一种与有体财产不同的新型财产形式。这一制度，最先为近代资本主义国家所承认，尔后为现代各国普遍接受。我们说，知识产权是私权，这种私权实际上是一种无体财产权。将知识产权理解为无体财产权，对于我们准确把握知识产权的体系范围是有重要意义的，这主要涉及发现权、发明权的归属问题。有的学者主张将一切智力创造活动所产生的权利列入知识产权，包括发现权、发明权，其理由是《成立世界知识产权组织公约》已有规定，且我国《民法通则》明确对上述权利给予保护。④ 有的学者甚至认为，不应简单地将知识产权定义为无体财产权，它应该包括无体财产权的知识产权与精神权利的

① ［法］茹利欧·莫兰杰尔：《法国民法教程》，载《外国民法资料选编》，231页，北京，法律出版社，1983。

② ［美］格雷：《论财产权的解体》，载《经济社会体制比较》，1994（5）。

③ 《马克思恩格斯全集》，中文1版，第3卷，72页，北京，人民出版社，1960。

④ 参见刘春茂主编：《中国民法学·知识产权》，2～4页，北京，中国人民公安大学出版社，1997。

知识产权，发现权、发明权即属于后者。[①] 也有学者持相反意见。有的认为，科学发现不宜作为知识产权的保护对象，世界上绝大多数国家的法律及国际公约都没有对科学发现授予私权性质的财产权利。[②] 有的进而认为，诸如发现权、发明权以及其他科技成果权并非是对智力成果的专有使用权，而是一种取得荣誉及获取奖励的权利，该项制度应归类于科技法。[③]

笔者认为，私权是财产私有的法律形态，从知识产权的本意而言，其应属于此类知识财产私有的权利。知识产品是人类在科学、技术、文化等精神领域的创造性产品的总称，并没有采取整齐划一的私人产权形式。就科技成果与某些技术成果（即发现与发明）而言，它们概为非市场机制的产权形式。发现权、发明权制度是通过对科学成果或某些技术成果所产生的社会效益或经济效益进行评价，由国家给予奖励，即颁发发现、发明荣誉证书、奖章和奖金。与此相对应的是，发现、发明成果的所有权名义上属于国家，但实际上任何人可以无偿使用。这是以非市场机制的奖励制度来换取社会对科学成果的公有产权。如果将发现权、发明权等公有产权纳入知识产权体系，那么知识产权的私权属性、知识产权的独占性特征、知识产权的无体财产意义等将不复存在，这一制度架构及其学理基础也就面目全非了。

关于知识产权的基本属性，我国理论界对此认识是不断深化的。但是，无论是"一体两权"、"无体财产权"还是"普通人权"的各种说法，理论界关于知识产权的认识都没有离开私权品性的基本范畴。近年来，有的学者鉴于现代知识产权制度的发展与变革，在肯定知识产权私权属性的同时，提出了知识产权公权化的问题，就是说知识产权已经蜕变为"私权公权化的权利"，或是"兼具私权属性和公权属性"。关于私权公权化的问题，描述的是现代私权发展的一种趋向，即传统私法的权利本位、个人本位的理念有所动摇。私法的公法化缘于国家对经济生活的干预。具体而言，所谓私法的公法化，一是"外化"

---

① 参见郭庆存：《知识产权的属性、范围及有关问题的哲学思考》，载《北大知识产权评论》，第1卷，北京，经济出版社，2002。

② 参见刘春田主编：《知识产权法教程》，3页，北京，中国人民大学出版社，1995。

③ 参见吴汉东主编：《知识产权法学》，2页，北京，北京大学出版社，2000；张玉敏主编：《知识产权法教程》，14页，重庆，西南政法大学出版社，2001。

为新的法律部门、法律制度的出现。例如，国家对雇主与雇员关系的干预产生了劳动法；国家对企业活动的支持与调节产生了反垄断法、反不正当竞争法；国家对生产经营者与消费者关系的干预产生了产品责任法、消费者权益保护法；国家对企业与自然环境的协调产生了能源法、环境法等。二是“内化”为对私法自治原则的限制。私法自治的本意是，私人享有权利、设定义务，实施一切民事行为取决于当事人自己的意思，不受国家和他人的干预。私法自治原则贯穿于各项民事权利制度，它具体表现为财产自主（所有权制度）、合同自由（合同制度）、婚姻自由（婚姻制度）、遗嘱自由（继承制度）、团体设立自由（法人制度）等。私法的公法化，导致私法自治原则受到限制，但这并没有影响民法即私法的本质。同理，国家对知识产权制度的干预，表现为知识产权在权能范围和效力范围方面受到某些限制。从历史上看，知识产权制度从其产生之初发展到今天，一直处于权利保护与限制的法律调整之中。强调国家对知识产权的限制，或建立创造者个人利益的平衡机制，这些举措并不能使知识产权从私权“内化”为私权与公权的混合体。

最后需要指出的是，《知识产权协定》宣称知识产权为私权，强化了发达国家对知识财产进行私权保护的主张，同时又兼顾了发展中国家提出的知识产权的公共政策目标。在西方国家，私权神圣是一项基本的法律原则。承认知识产权为私权，意味着知识产权与其他有体财产所有权一样都处于同样的私权地位，从而在理念和制度上可以为知识产权提供可靠的法律保障。[①] 提高知识产权保护的标准和水平是知识经济条件下促进技术创新和文化创新的需要和必然结果，但以发达国家为主导的这种知识财产私权化在国内法与国际法领域的扩张也可能造成难以预料的后果。一方面，知识财产私权化在国内法领域的拓展，必然导致原来人们所共有的生产、技术、市场知识和技能开始被划归私人领域，知识财富的公有领域相对缩小，从而造成知识创造者的个人利益与知识利用者的公众利益之间的冲突。[②] 另一方面，知识财产私权化在国际法领域的加强，迫使经济、技术、文化处于落后地位的发展中国家不得不接受以扩大私

① 参见孔祥俊：《WTO 知识产权协定及其国内适用》，72 页，北京，法律出版社，2002。

② 参见袁泳：《知识产权法与技术、文化创新》，载《北京大学学报（哲学社会科学版）》，1997（5）。

权保护范围、提高私权保护标准为发展方向的国际知识产权新体制，这势必造成它们与发达国家之间的不平衡。因此，《知识产权协定》在强调“知识产权为私权”的同时，也“认识到各国知识产权保护制度的基本公共政策目标，包括发展目标和技术目标”，“还认识到最不发达国家成员在国内实施法律和管理方面特别需要最大的灵活性，以便它们能够创造一个良好的和可行的技术基础”[①]。但是，与高水平的知识产权私权保护相比，《知识产权协定》对于相关公共政策目标所给予的关注是不够的。国际人权组织认为，由于履行《知识产权协定》与实现经济、社会和文化权利之间存在冲突，因而，各国政府在进行相关立法时，应注意保护知识产权的社会作用符合其国际人权义务。

二、知识产权的人权意义

《世界人权宣言》以及其他主要国际人权公约都赋予了知识产权及相关权利以人权意义。[②] 它包括两个方面的内容，首先是创造者对自己的智力创造成果所享有的权利，其次是社会公众分享智力创造活动所带来利益的权利。这两项权利紧密联系在一起，都是国际社会承认的基本人权。

近代启蒙思想家关于财产权与人权关系的阐述，是知识产权蕴涵人权意蕴的重要思想渊源。从洛克到卢梭都将财产权置入天赋人权的理论框架内，并赋予其独立、核心的重要地位。这一思想的主要特点是：第一，它是建立在抽象的人性论的基础之上的，是人的本质的体现，因而把人权看成是超时代、超社会的普遍权利，是永恒的、不可剥夺的权利。第二，它强调的是个人权利，把个人与社会、国家对立起来。因此，按照启蒙学者的理解，“人权，就是个人针对国家的权力”，或者说，“天赋人权主要是用来对付国家的”[③]。第三，它将财产权视为天赋人权的核心内容，强调维护个人利益，“只有利己主义的个

① 《知识产权协定》序言。

② 参见［美］奥德丽·R·查普曼：《将知识产权视为人权：与第 15 条第 1 款第 3 项有关的义务》，载《版权公报》，2001（3）。

③ ［英］洛克：《政府论》（下篇），叶企芳等译，北京，商务印书馆，1964；［法］卢梭：《社会契约论》，何兆武译，北京，商务印书馆，1982。

人才是现实的人”和“有感觉的、有个性的、直接存在的人”[①]。一言以蔽之：天赋人权就是利己主义的权利，就是私有财产神圣不可侵犯的权利。[②] 在历史上，这种天赋人权理论，对于诠释知识产权的基本属性是有意义的：首先，作为人权的知识产权是“天赋”的，即“与生俱来”的，它不应由国家特许而产生。其次，作为人权的知识产权是“普世”的，即为一种“普遍权利要求”，它不可能是个别或局部的行政保护。概言之，它是资本主义式的财产权，而不是封建特许权。但是，以天赋人权来解说知识产权也有明显的缺陷：知识产权的人权意义，不仅在于知识财产的私人权利保护，而且应考虑知识财产利益的合理分享。仅仅强调前者是不完整的。这是因为，精神生产是以前人积累的知识为劳动资料、以抽象的知识产品为劳动对象的生产活动，劳动者的知识拥有量与创造性思维在劳动过程中紧密结合。[③] 因此，知识产品既是创造者的个人财富，同时又是社会财富的一部分。换言之，知识财产只是在一定条件下、一定范围内才作为独占权利为个人所享有，受到法律限制的利益则是整个社会的共同财富。

不同历史时期的不同法律文件，以不同的立法取向对知识产权的人权意蕴作出了说明。在西方国家，宪法性文件所规定的公民基本权利和自由，即是以实定法的名义反映了自然权利[④]，从而使得知识产权制度本身具有了人权意义。1789 年法国《人权宣言》宣称：“自由交流思想和意见是最珍贵的人权之一，因此所有公民除在法律规定的情况下对滥用自由应负责外，都可以自由地发表言论、写作和出版。”这无疑将著作权提高到基本“人权”的崇高位置。美国宪法的制定者创造了“推广知识、公共领域保留、保护创造者权利”三项知识产权政策[⑤]，其宪法修正案有两个重要条款：一方面规定国家不得制定有

---

① 《马克思恩格斯全集》，中文 1 版，第 1 卷，443 页，北京，人民出版社，1956。

② 关于天赋人权理论的特征描述，可参见郑杭生等主编：《人权史话》，96～97 页，北京，北京出版社，1994。

③ 关于知识产品的社会属性，可参见张和生：《知识经济学》，沈阳，辽宁人民出版社，1992。

④ 参见胡锦光、韩大元：《当代人权保障制度》，1～2 页，北京，中国政法大学出版社，1993。

⑤ 有美国学者认为，上述三项政策中隐含有第四项政策：“进入权”（the right of access）政策，即社会一般成员在一定条件下有权使用著作权作品。See L. Ray Patterson，Stanley W. Lindberg，The Nature of Copyright：A Law of Users' Right，The University of Georgia Press，1991，pp. 49 - 55.

关法律剥夺人民言论、出版的自由以及其他自由权利，另一方面又授权国家制定法律对作者或发明人的专有权利实施一定期限的保护。加拿大的《权利法案》有两条涉及基本人权的规定：一是每个人都拥有自由参加社会文化生活的权利，以享受艺术与分享科学进步的利益；二是每个作者都有权维护其科学、文学及艺术作品所产生的精神利益和物质利益。[①] 在普遍人权的视野中，公民基本权利在知识财产范畴主要有两类：首先是创造者对其知识产品的专有权，即知识产权；其次是社会公众对他人知识产品的利用权，即公众对知识产权专用领域的“进入权”（美国宪法），分享社会精神财富的“参入权”（加拿大《权利法案》）。

在 20 世纪以前，人权问题均由一国权利宣言和宪法加以确定。知识财产保护与知识利益分享的问题，往往依据国家政治、经济、文化等制度的具体情形，以宪法性文件加以规定，是为国内人权。进入 20 世纪以后，以《联合国宪章》为开端，制定了一系列国际性、地区性的人权宪章，使人权成为国际法的调整对象之一，知识产权的相关问题自此具有了国际人权意义。1948 年通过的《世界人权宣言》和 1976 年生效的《经济、社会和文化权利国际公约》，秉承联合国建立的人权原则和标准，参照《美洲人类权利和义务宣言》，提出了知识产权意义上的三项人权，即“参加社会文化生活的权利”“享受科学进步及其产生的利益的权利”“对自己的智力成果享有法律保护的权利”。据资料记载，“社会文化与科学进步”的人权条款被各国普遍接受，但对于知识产权是否作为基本人权，则各国立场不一。主张者认为，联合国有道义和权威来保护各种形式的劳动成果，与有体财产一样，知识财产也需要得到保护；反对者则认为，社会公众享受文化与科学进步的利益与个人对知识的垄断权利不能混为一谈，这种权利有可能约束社会公众对智力成果利益的分享。知识产权条款最终为国际人权公约所接受，主要考虑其有助于实现其他人权，即对创造者权利的保护是社会公众实现文化自由以及获得科学进步利益的基本前提。[②] 应该

---

① See A. A. Reyes，Copyright and Fair Dealing in Canada：Fair Use and Free Inquiry，Ablex Publishing Co.，1980，p. 213.

② 相关资料参见［美］奥德丽·R·查普曼：《将知识产权视为人权：与第 15 条第 1 款第 3 项有关的义务》，载《版权公报》，2001（3）。

指出的是，国际人权公约关于知识产权的三个条款是紧密联系、不可分割的。知识产权制度必须保证创造者的知识产权得到保护，同时还要保证这种权利应该促进而不是约束社会公众参与文化生活与分享科学进步的利益。换言之，创造者的权利与社会公众的权利相互依存，并非相互排斥；尊重创造者的权利，将保证社会公众获得更为丰富的智力成果。国际人权公约对三者关系的描述是宣言性的、概括性的，并未对创造者权利的范围和社会公众的利益分享作出具体规定，但就制度层面而言，这一问题在相关立法中即表现为知识产权的保护与限制。

在人权社会的语境中，知识产权的概念与制度功能有着更为全面而崇高的解释。首先，知识产权被定位为一项普遍的人权。这说明，知识产权不是中世纪的特许之权，而是文明社会的普世之权。平等精神即是知识产权具有人权属性的直接反映。知识产权法中的平等，是一种从事创造性活动的自由选择，是一种取得创造者权利的机会均等，国家有责任向人们提供同等的机会。知识产权作为普遍人权的社会要求是：在一国范围内，任何人都可以凭借创造性劳动而取得权利，一切知识产权主体平等地受到保护；在涉外知识财产关系中，根据共同参加的国际公约或按照对等原则，对外国人实行“国民待遇”的平等保护；在知识产权国际保护机制中，注重对一切民族、种族的智力成果给予平等保护，促进各国科学、技术与文化的发展。其次，知识产权的保护对象是体现人类尊严和价值的智力成果。根据人权理论，诸如文学、艺术、科技等知识产品可以成为商品，但它们首先不是商品。[①] 知识产品是智力创造者从事精神生产的思想结晶，它体现了个人的创造精神，又吸取了前人已有的创造成果；知识产品作为某一领域的系统知识，是以一定形式表现出来的某种自然科学、社会科学的成就，在商品经济的条件下，大多还具有商品的一般属性。[②] 这表明，知识产品只是在一定的条件下才能成为知识产权客体。换言之，法律应限制知识产权的保护范围，有些知识产品应列入私权客体的排除领域。例如，违

---

① 参见［美］奥德丽·R·查普曼：《将知识产权视为人权：与第 15 条第 1 款第 3 项有关的义务》，载《版权公报》，2001（3）。

② 参见张和生：《知识经济学》，294～295 页，沈阳，辽宁人民出版社，1992。

反社会公共利益与公序良俗的知识产品，不受知识产权保护；不具有商品基本属性，或是采用非市场机制保护的知识产品，不能作为私权意义上的知识财产；法定期间届满，享有专有权的知识产品即成为社会公共财富。最后，知识产权的保护模式和水准，应有助于其他人权的实现。就制度功能而言，人权公约要求创造者的权利与“参加文化生活”的权利和“享受科学进步及其产生的利益”的权利保持协调一致，这一人权因素应高于“操纵知识产权法的简单经济运作”[①]。从这一理念出发，知识产权法的价值应体现二元取向的要求。就立法目的来说，即促进科技、文化事业发展与保护创造者利益并重；就专有权利来说，即“保护”与“限制”两者不能偏废。笔者曾将平衡原则概括为现代知识产权法的基本精神。这种平衡包括知识产权所有人权利与义务之间的平衡，创造者、传播者、使用者三者之间关系的平衡，公共利益与个人利益的平衡。[②]

三、私权与人权相统一的法律观

在私权与人权相统一的语境中研究知识产权是有意义的。对知识产权的人权意蕴进行理论假设，在一定程度上体现了尊重知识创造活动和智力成果价值的人文主义精神。在学术界，也有反对将知识产权视为人权的观点存在，有的学者从新人权观点出发，将人权解释为基本性和普遍性、道德性和终极性的权利，但知识产权具有国家授予性和可让与性、经济性和工具性[③]；还有学者认为，创造者权利应当分为两类：一类是作为财产权的知识产权，另一类是作为文化权利的对知识财产的人权。[④] 即使是主张知识产权具有人权意蕴的学者，其论点也不尽一致。有的认为，只要《世界人权宣言》第 17 条没有被废除，将知识产权作为人权加以保护就是天经地义的。作为人权看待的知识产权主要

---

① ［美］奥德丽·R·查普曼：《将知识产权视为人权：与第 15 条第 1 款第 3 项有关的义务》，载《版权公报》，2001（3）。

② 参见吴汉东：《著作权合理使用制度研究》，9～13 页，北京，中国政法大学出版社，1996。

③ 参见宋慧献等：《冲突与平衡：知识产权的人权视野》，载《知识产权》，2004（2）。

④ 参见郑万青：《知识产权与人权的关联辨析》，载《法学家》，2007（5）。

是与表现自由有关的著作权，而不包括具有强烈经济色彩的专利权、商标权。[①] 还有的进一步认为，知识产权之所以被视为人权，在于其具有“发展权”的属性——知识产权制度的终极目的应当是发展——个人的发展、社会的发展、国家的发展以及全人类的共同发展。[②] 笔者认为，启蒙思想家关于财产权与人权关系的阐述，赋予了知识产权以人权意蕴，确立了知识产权制度构建的正当性。国际人权条约关于财产权的规定，为将某些知识产权视为人权提供了国际法依据；至于将知识产权作为发展权这样的特别人权，对于我们建立理想的知识产权制度也有着积极的思想意义。因此，我们不能简单地将知识产权与人权隔绝开来，而要寻求两者的有机关联。总之，在私权与人权的统一范畴中理性地把握与认知知识产权，有助于我们全面考察现代知识产权制度的价值理念和社会功能。

对知识产权进行私权定性分析和人权意义描述，并将其构建在统一的法律价值体系之中，不仅是学者理论上的偏好，更重要的是现实社会发展的需要。国际人权组织注意到：知识产权几乎成为一切经济生活领域的中心。这意味着，涉及知识产权的国际条约、国家法典和司法裁决，对保护和促进人权都有着重大的影响。人权公约所规定的经济、社会、文化权利更是如此。[③] 这种影响有时是负面的，即作为知识产权的人权与作为社会、经济权利的其他人权存在着实际或潜在的冲突。

冲突成因之一：新技术革命对人权的影响。1968 年国际人权会议发表了《德黑兰宣言》，专题讨论了现代科学技术对人权的影响。宣言指出：“当近来的科学发现与技术进展为经济、社会和文化进一步打开广阔的前景时，这些发展却也可能危及个人权利和自由，并需要持续不断地对其予以关注。”德黑兰会议建议联合国组织研究下列问题：（1）鉴于录音技术的发展，对隐私的尊重。(2) 鉴于生物、医学和生物化学的进步，对人格及身心健康的保护。(3) 某些可能影响人们权利的电子产品的使用，及其在民主社会中的使用，应当设定

---

① 参见张乃根：《论 TRIPs 协议框架下知识产权与人权的关系》，载《法学家》，2004 (4)。

② 参见吴峰：《知识产权、人权、发展》，载《上海理工大学学报（社会科学版）》，2005 (3)。

③ 参见［美］奥德丽·R·查普曼：《将知识产权视为人权：与第 15 条第 1 款第 3 项有关的义务》，载《版权公报》，2001 (3)。

的限制。(4) 更具一般性的是在科学和技术发展与人类的智力、精神、文化和道德进步之间应建立的平衡。[①] 科学技术的发展，直接对人格尊严、表现自由、教育权、生命健康权、环境权等产生影响，这些都是国际社会广泛承认的人权，而录音技术、生物技术、电子产品等，无一不是知识产权保护的对象。审查上述科学技术所带来的积极影响与消极影响，处理各项权利之间的冲突，也就成为人权主义者与各国立法者所共同关注的问题。

冲突成因之二：新国际贸易体制对人权的影响。1994 年世界贸易组织的成立和 1995 年《知识产权协定》的生效，进一步强化了全球性的知识产权保护机制。在世界贸易组织的制度框架下，各国立法者不得不按照《知识产权协定》的标准修改其本国法，使知识产权保护融入新的国际贸易体制之中。2000 年联合国促进和保护人权小组委员会发表了《知识产权与人权》的决议，审查了《知识产权协定》对国际人权带来的影响，宣称："由于《知识产权协定》的履行没有充分反映所有人权的基本性质和整体性，包括人人享有获得科学进步及其产生利益的权利、享受卫生保健的权利、享受食物的权利和自我决策的权利，所以《知识产权协定》中的知识产权制度作为一方与另一方的国际人权法之间存在着明显的冲突。"[②] 对于人权社会而言，创造者的权利应视为人权，不论他们是个人、群体还是社团；与此同时，知识产权保护应与维护人类尊严和实现其他人权相一致。人权义务的位阶应高于一切经济政策与协议，具言之，国际知识产权公约的履行，应全面考虑国际人权公约所规定的义务；各国立法保护知识产权，其社会作用应符合国际人权义务。

在一国范围内，知识财产领域各方利益的平衡与协调，是通过知识产权的保护与限制制度来实现的。各国立法者基于本国的社会发展现状，从其经济、文化、教育、科技政策出发，某一时期或注重于保护，而另一时期则强调限制，这些制度设计在不违反国际公约的前提下是不难做到的。问题在于，当今

① 参见联合国促进和保护人权小组委员会：《知识产权与人权》(第 52 次会议决议，2000 年 8 月 17 日)。转引自［美］奥德丽·R·查普曼：《将知识产权视为人权：与第 15 条第 1 款第 3 项有关的义务》，载《版权公报》，2001 (3)。

② 联合国：《国际人权会议的最后行动》。转引自［斯里兰卡］威拉曼特里编：《人权与科学技术发展》，2 页，北京，知识出版社，1997。

知识产权国际公约本身，是否充分考量知识的创造者与使用者之间的相互利益，是否有助于社会和经济以及权利与义务的平衡，则是值得思索的。必须看到，在国际贸易体系中，知识产权已经成为发达国家维护技术垄断地位、保护贸易利益、强化国家竞争优势的强大武器。[①] 世界贸易组织制度框架下的《知识产权协定》，更多地反映了发达国家的利益和要求，结果造成发达国家与发展中国家之间权利、义务的不平衡。

近年来，围绕着知识产权与公共健康问题的争端，在第三世界的力争下，世界贸易组织部长级会议于 2001 年 11 月在多哈通过了《关于知识产权协定与公众健康问题的宣言》。在多哈会议上，以南非为代表的发展中国家关于尊重人的生命权、健康权、维护公共利益的呼吁，得到发达国家在知识产权领域的善意回应。多哈宣言确认了使许多发展中国家和最不发达国家遭受痛苦的公共健康问题的严重性；强调知识产权保护对于新药品开发的重要意义，也承认这种保护对价格的影响以及所产生的忧虑；同意《知识产权协定》不应成为成员国采取行动保护公众健康的障碍，这些行动包括每一成员国享有“强制许可”的权利，认定何种情况构成“国家处于紧急状态或其他极端紧急的情况”的权利，构建自己的“权利穷竭”制度的权利。多哈宣言的诞生是国际知识产权领域的重大事件。首先，它是一个重要的标志，反映了发达国家与发展中国家之间的利益冲突与协调，使得公共健康这一基本人权在知识产权领域得到重视，在一定程度上促使知识产权国际保护更多地考虑经济、技术落后国家的利益。其次，它也是一个良好的开端，昭示着发展中国家的立场、观点在现行的国际知识产权体系下作为主流意识而加以体现，这就进一步引发传统知识、生物多样性、地理标志等更为广泛的权利保护与利益协调的制度空间。

总之，在私权与人权的统一范畴内，进行一国知识产权的制度安排，以至构建整个国际知识产权保护体系，是非常重要而且是必需的。我们有理由相信：私权与人权共融的法律之光，既是保障知识创造者利益、促进精神财富增长的智慧之光，也是维系社会公众利益、推动知识技术传播的理性之光。

---

① 参见高胜：《正义是社会制度的首要价值》，载《中国对外贸易》，2002 (4)。

第三章

知识产权的特征

知识产权特征的描述，在于进一步说明知识产权自身的法律品格，以区别于传统的财产所有权。关于知识产权的基本特征，学者们多有阐述，这些特征的概括在各种著述中虽略有差异，但其基本特征概为“专有性”、“地域性”和“时间性”。其实，这些特征的描述，是相对于其他财产权特别是所有权而言的，并非都是知识产权所独有的，只有客体的非物质性才是知识产权的本质特征。

一、客体非物质性：本质特征

知识产权的客体即知识产品（或称为智力成果），是一种没有形体的精神财富，客体的非物质性是知识产权的本质属性所在。有的学者认为，知识产权与其他财产权利的根本区别在于其本身的无形性，而其他法律特征，即独占性、时间性、地域性等皆由此派生而成。[1] 严格地讲，权利作为主体凭借法律实现某种利益所可以实施行为的界限和范围，概为无外在实体之主观拟制。正是在这个意义上，从罗马法学家到现代民法学家，都将具有一定财产内容的权利（除所有权以外）称为无体物。因此，知识产权与相关权利的本质区别，不

① 参见郑成思主编：《知识产权法教程》，45 页，北京，法律出版社，1993。

是所谓该项权利的无形性，而在于其权利客体即知识产品的非物质性特征。对此，我国台湾学者曾世雄先生与笔者有相同看法：财产权之有形或无形，并非指权利而言，而系权利控有之生活资源，即客体究竟有无外形。例如，房屋所有权，其权利本身并无有形、无形之说，问题在于房屋系有体物；作为著作权，亦不产生有形、无形问题，关键在于作品系智能之物，为非物质形态。[①] 知识产品之无形是相对于动产、不动产之有形而言的，它具有不同的存在、利用、处分形态：第一，不发生有形控制的占有。由于知识产品不具有物质形态，不占有一定的空间，人们对它的占有不是一种实在而具体的占据，而是表现为对某种知识、经验的认识与感受。知识产品虽具有非物质性特征，但它总要通过一定的客观形式表现出来，作为其表现形式的物化载体是有体财产所有权而不是知识产权。第二，不发生有形损耗的使用。知识产品的公开性是知识产权产生的前提条件。由于知识产品必须向社会公示、公布，人们从中得到有关知识即可使用，而且在一定时空条件下，可以被若干主体共同使用。上述使用不会像有形物的使用那样发生损耗，如果无权使用人擅自利用了他人的知识产品，亦无法适用恢复原状的民事责任形式。第三，不发生消灭知识产品的事实处分与有形交付的法律处分。知识产品不可能发生因实物形态的消费而导致其本身消灭之情形，它的存在仅会因期间（即法定保护期）届满而产生专有财产与社会公共财富的区别。同时，有形交付与法律处分并无联系，换言之，非权利人有可能不通过法律途径去“处分”属于他人而自己并未实际“占有”的知识产品。基于上述特征，国家有必要赋予知识产品的创造者以知识产权，并对这种权利实行有别于传统财产权制度的法律保护。

二、专有性：基本特征（一）

知识产权是一种专有性的民事权利。相对债权而言，它同所有权一样，具有排他性和绝对性的特点。关于知识产权的这一属性，法国学者曾展开过纯学术性的近乎刻板的“学究似的讨论”。有的学者认为，无体财产权是一种“产

---

① 参见曾世雄：《民法总则之现在与未来》，151页，台北，三民书局，1983。

权”（所有权）。这种权利所拥有的另一专用术语为“知识产权”，意即“知识所有权”。但多数学者怀疑无体财产权是否为真正的所有权，他们根据该项权利标的及内容的特点，将无体财产权概称为一种垄断权或独占权。[①] 日本学者与多数法国学者的见解是一致的。小岛庸和认为，无体财产权与所有权不同，是一种“全新的特殊权利”，它可以分为“独占权”和“禁止权”。前者是指排他地、独占地支配其客体的权利，该类权利主要有著作权、专利权、商标权、商号权、电路布图设计权、植物新品种权等；后者是指对不正当竞争行为进行制裁的禁止权，该类权利主要涉及商业秘密权、商品形象权、商誉权等。[②] 其实，专有性即排他性和绝对性，是知识产权与所有权的共同特征。两者的区别并不在于前者为“垄断权”，后者为“产权”，其关键性差异应是：前者是“知识财产”的所有权，后者是“有体财产”的所有权。

知识产权的专有性主要表现在两个方面：第一，知识财产为权利人所独占，权利人垄断这种专有权利并受到严格保护。没有法律规定或未经权利人许可，任何人不得使用权利人的知识产品。第二，对同一项知识产品，不允许有两个或两个以上同一属性的知识产权并存。例如，两个相同的发明物，根据法律程序只能将专利权授予其中的一个，而以后的发明与已有的技术相比，如无突出的实质性特点和显著的进步，也不能取得相应的权利。

知识产权与所有权在专有性效力方面也是有区别的：首先，所有权的排他性表现为所有人排斥非所有人对其所有物进行不法侵占、妨害或毁损，而知识产权的排他性则主要是排斥非专有人对知识产品进行不法仿制、假冒或剽窃。其次，所有权的独占性是绝对的，即所有人行使对物的权利，既不允许他人干涉，也不需要他人予以积极协助；在所有物为所有人控制的情况下，也无地域和时间的限制。而知识产权的独占性则是相对的，这种垄断性权利往往要受到权能方面的限制（如著作权中的合理使用、专利权中的临时过境使用、商标权中的先用权人使用等），同时，该项权利的独占性只有在一定空间地域和有效期限内才发生效力。

---

① 参见尹田：《法国物权法》，56～58页，北京，法律出版社，1998。

② 参见［日］小岛庸和：《无形财产权》，5～9页，东京，创文社，1998。

专有性是知识产权的法律特征，但就各类知识产权来说，其表现的形式和内容未尽相同。著作权的专有性表现为权利人对其作品的专有使用权，包括采用复制、发行、展览、表演、广播、摄制、演绎等各种形式独占使用作品的权利。联合国教科文组织编写的教科书将著作权的专有性表述为："除了某些例外情况，作品的再次使用，都只能由作者授权。作者可以分别拥有每一项权利并分别使用每一项权利。每次使用作品，都要根据相应权利取得作者的同意。"[①] 专利权从其字义上说就是权利人对"利"的独占权，即发明创造的专有实施权，包括使用、制造、销售、进口专利产品的权利。专利权的专有性在世界知识产权组织编写的教材中是这样描述的："发明专利权使其所有者处于这样一种法律地位，即只有经过她或他允许，专利发明才可被利用。不经这种许可，利用则是非法的。这样，发明专利所有者就可以阻止他人利用专利发明。这种阻止并不需要专利所有者采取什么行动，只要他不给予许可，利用就是非法的。发明专利所有者阻止他人利用专利发明的权利被称为'专有'权。"[②] 商标权亦称为商标专用权，其权利人的独占使用权和排除他人使用的禁止权构成该类专有权的完整内容。保护知识产权联合国际局起草的《发展中国家商标、商号和不正当竞争行为示范法》将注册商标所取得的权利称为商标专用权（第 4 条），并规定了注册商标所有人享有阻止第三人实施下列行为的权利：一是在有关商品或服务上使用与注册商标相同或近似的标记，而使公众误解的行为；二是无正当理由而对类似注册商标进行其他使用，并造成注册商标所有人利益损害的行为（第 18 条）。[③]

三、地域性：基本特征（二）

知识产权作为一种专有权，在空间上的效力并不是无限的。它受到地域的限制，即具有严格的领土性，其效力只限于本国境内。知识产权的这一特点使

① 联合国教科文组织编：《版权基本知识》，19 页，北京，中国对外翻译出版公司，1984。
② 世界知识产权组织编：《知识产权纵横谈》，93 页，北京，世界知识出版社，1992。
③ 参见国家工商行政管理总局商标局等编：《外国商标法》，北京，中国社会科学出版社，1984。

之有别于有体财产所有权。一般来说，对所有权的保护原则上没有地域性的限制，无论是公民从一国移至另一国的财产，还是法人因投资、贸易而从一国转入另一国的财产，都照样归权利人所有，不会发生所有权失去法律效力的问题。这是因为在有体财产领域，国际上奉行“涉外物权平权原则”，即通过“权利推定”，使在一国取得的动产进入另一国后，只要主体仍对其有效占有，动产进入国可依本国占有制度推定其为合法所有人并加以保护。而知识产权则不同，按照一国法律获得承认和保护的相关权利，只能在该国范围内发生法律效力。由于知识产品的非物质性，权利人无法进行实质性占有，因而无法像有体财产那样因占有而适用“权利推定”，从而使知识产权在域外得到保护。因此，除签有国际公约或双边互惠协定的以外，知识产权没有域外效力，其他国家对这种权利没有保护的义务，任何人均可在自己的国家内自由使用该知识产品，既无须取得权利人的同意，也不必向权利人支付报酬。

一般认为，地域性是知识产权独有的特性。其实，在历史上民事权利的许多领域都存在过地域性。据国际私法学者的研究，在侵权之债领域，侵权诉讼多由侵权行为地法院管辖，适用侵权行为地法；在合同之债领域，也曾因法律的地域性造成法律适用的僵化和判决难以在域外执行。产生这一现象的原因是：当这些权利产生之初，各国大都处于封建闭锁状态，对外经贸往来稀少，偶尔发生的涉外纠纷可以通过其国内法得到解决，因此，没有必要诉诸权利的域外效力。[①] 在这种情况下，上述民事权利不可能不具有一定的地域性。

知识产权的产生与上述制度有着相同的历史背景。在欧洲封建制度末期，原始著作权与专利权都是君主恩赐并作为特许权出现的，因此，这种权利只可能在君主管辖的地域内行使。这种原始知识产权的地域性乃是封建法的地域性体现。随着近代资产阶级法的发展，知识产权才最终脱离了封建特许权的形式，成为一种法定的精神产权。但是，资本主义国家依照其国家主权原则，只对依本国法取得的知识产权加以保护[②]，因此，地域性作为知识产权的特点继

---

① 参见刘家瑞等：《知识产权地域性冲突法评述》，载《中央政法管理干部学院学报》，1998（6）。

② 知识产权保护的地域性，不仅源于各国主权的地域限制，而且在于知识产权授权的地域限制（如经过国家审查、国家注册方能授权）。参见张乃根：《国际贸易中的知识产权法》，52页，上海，复旦大学出版社，1999。

续保留下来。在一国获得知识产权的权利人，如果要在他国受到法律保护，就必须按照该国法律规定登记注册或经审查批准。

从19世纪末起，随着科学技术的发展以及国际贸易的扩大，有关知识产权交易的国际市场也开始形成和发展起来。这样，知识产品的国际性需求与知识产权的地域性限制之间出现了巨大的矛盾。为了解决这一矛盾，各国先后签订了一些保护知识产权的国际公约，成立了一些全球性或区域性的国际组织，在世界范围内建立了一套知识产权国际保护制度。关于知识产权的国际保护有三个重要的原则：第一，最低限度保护原则。即通过各国政府之间全球性或区域性的多边协商，达成某些知识产权保护的实体性国际标准，然后由各国国内法采纳，从而在国际上形成相对统一的知识产权保护制度。在最低限度保护原则的要求下，缔约国关于知识产权的保护在客体范围、权项内容、保护期限方面，不得低于国际公约规定的水平。第二，独立性原则。即缔约国国民就同一知识产品在数国取得的权利，相互独立，互不相涉。在符合国际公约最低保护要求的前提下，该知识产品所有人的权利的保护水平、司法救济方式等，适用提供保护的相关缔约国的法律。依据国际私法理论，著作权保护适用的是“权利要求地法”，工业产权保护适用的是“权利登记地法”[①]。独立性原则表明，相关国际公约并没有突破知识产权的地域性。第三，国民待遇原则。即各缔约国之间在知识产权的国际保护上，相互给予对方国民以平等待遇，使缔约国国民在所有缔约国内享受与其本国国民同等的待遇。国际公约关于国民待遇原则的规定，是对知识产权地域性限制的重要补充和协调。这一原则使得一国承认或授予的知识产权，根据国际公约在缔约国发生域外效力成为可能。但是，知识产权的地域性特点并没有发生动摇，是否授予权利、如何保护权利，仍须由各缔约国按照其国内法来决定。

到了20世纪下半叶，由于地区经济一体化与现代科学技术的发展，知识产权立法呈现出现代化、一体化的趋势，因此，知识产权的严格地域性也受到了挑战。这主要表现在两个方面：（1）跨国知识产权的出现。地区经济一体化，使得一组一组的国家联合起来，实现了商品、资本、人员和劳务在统一大

① 郑成思：《版权公约、版权保护与版权贸易》，16页，北京，中国人民大学出版社，1992。

市场内的自由流通，从而推动相关国家在知识产权保护方面走向统一。例如，1968年比荷卢经济联盟制定的《比荷卢统一商标法》、1977年非洲知识产权组织通过的《班吉协定》等，使得在一国申请或注册的专利或商标，同时在所有缔约国内享有专有权。不过，最有代表性的莫过于欧共体成员国于1991年签署的《马斯特里赫特条约》。为了实现经济一体化目标，欧共体采取的重要行动之一，就是在工业产权与著作权领域建立一个广泛的欧洲保护制度，即在地区经济一体化的推动下努力实现“欧洲共同知识产权的幻想”①。欧洲法院在某一案件中声称，权利穷竭原则②的地域限制必须在共同市场范围内作出解释，即在一个缔约国内首次销售的商品在整个共同体构成权利穷竭。③ 这说明，知识产权跨出了一国地域的限制，已在多国同时发生效力。这在一定程度上动摇了该项权利的地域性特性。（2）涉外知识产权管辖权与法律适用的发展。长期以来，涉外知识产权纠纷一般由权利要求地法院专属管辖。由于卫星技术、网络技术、录制技术的发展，涉及现代技术的侵权行为可能在几个甚至十几个国家同时发生，权利要求地也会相应增加，如果权利人依次在这些地方一一提起诉讼，将会带来极大不便。于是，一种全新的管辖权理论应运而生，即一国法院不仅有权管辖其地域内的知识产权纠纷，而且有权管辖在其他地域发生的相关纠纷。与此相联系，以权利要求地法律作为知识产权的准据法也相应发生变革。在一个侵犯知识产权的行为于几个或十几个国家同时发生的情况下，恪守权利要求地法，将会造成同一案件适用几个或十几个准据法的不合理现象。④ 因此，适用最密切联系地法这种新准据法原则也许是最好的选择。⑤涉外知识产权纠纷的非专属管辖与知识产权法律适用的多元化，都会对这一权

---

① ［德］阿道夫·迪茨：《欧洲共同版权是幻想吗》，载《法学译丛》，1986（4）。

② 权利穷竭原则意味着对于经权利人同意而进入市场的作品原件或复制件，权利人无权控制该作品原件或复制件的二次使用或销售；同理，专利权人制造或经专利权人许可制造的专利产品售出后，权利人无权控制该专利产品的二次使用或销售。

③ 参见吴汉东等：《西方诸国著作权制度研究》，20页，北京，中国政法大学出版社，1998。

④ 参见刘家瑞等：《知识产权地域性冲突法评述》，载《中央政法管理干部学院学报》，1998（6）。

⑤ 20世纪初，国际私法学者华耶（Pillet）、尼波埃（Niboyet）曾主张在知识产权保护上应适用权利要求地法，而权利的产生和存续应受原始国法（即权利的最初授予国法）的支配。参见李双元等：《中国国际私法》，281页，北京，海洋出版社，1991。

利的地域性特点产生重大影响。总之，在当今社会，知识产权的地域性特点依然存在，但已受到巨大的挑战。这一自封建法到现代法所固有的法律特征能否被完全打破，尚有待继续观察与研究。

四、时间性：基本特征（三）

知识产权既不是无限空间的绝对垄断权利，也不是没有时间限制的永恒权利。知识产权时间性的特点表明，这种权利仅在法律规定的期限内受到保护，一旦超过法律规定的有效期限，这一权利就自行消灭，相关知识产品即成为整个社会的共同财富，为全人类所共同使用。

时间性特点是知识产权与所有权的主要区别之一。众所周知，所有权不受时间限制，只要其客体物没有灭失，权利即受到法律保护。依消灭时效或取得时效所产生的法律后果，也只涉及财产权利主体的变更，而财产（有体物）本身作为权利客体的地位并不会发生变化。关于所有权的这一特征，罗马法学家将其概括为“永续性”，即“所有权之命运与其标的物之命运相终始”。它既不像有设定期限的他物权（如抵押权、地役权），也不像具有消灭命运之本质的债权（如合同债权）。[①]“永续性”与绝对性、排他性共同构成所有权的三大特征。其实，所有权的永续性在许多情况下存在着事实不能，这是因为该项权利的永续状态是以其标的物的存在为前提的，倘若该物发生灭失、毁损之情形，原所有权人就可能“无所有”了。与此恰恰相反，知识产权的标的即知识产品，作为一种非物质形态的智力产物则不可能发生毁损、灭失，即具有事实意义上的“永续性”，但法律断然限定该类权利只在一定期间内有效。[②]

知识产权的时间性与他物权、债权的“时间性”也有着完全不同的意义。他物权的设定发生在特定主体之间，如地役权中的供役地所有人与需役地所有人之间，抵押权中的抵押权人与抵押人之间；此外，他物权的设定以所有权的

---

① 参见周枏等：《罗马法原论》（上册），北京，商务印书馆，1994；陈允、应时：《罗马法》，北京，商务印书馆，1931。

② 参见郑成思：《知识产权论》，88 页，北京，法律出版社，1998。

存在为前提，它无法脱离所有权而单独存在。至于债权，则涉及债权人与债务人之间的利益。债以履行、清偿为目的，法律当然不承认债权的永久性。而知识产权的时间性有所不同。按照西方学者的解释，知识产品所有人有权在一定时期内享有垄断使用的利益，但有义务将其智力性成果向公众公开。这是一种社会契约，即以国家面貌出现的社会同知识产品所有人签订的特殊契约。①

知识产权在时间上的有限性，是世界各国为了促进科学文化发展、鼓励智力成果公开所普遍采用的原则。建立知识产权制度的目的在于，采取特别的法律手段调整因知识产品创造或使用而产生的社会关系。这一制度既要促进科学、技术、文化的广泛传播，又要注重保护知识产品创造者的合法利益，协调知识产权专有性与知识产品社会性之间的矛盾。基于此，知识产权制度在实现其促进社会进步、保障权利人利益、实现社会公平等多重价值目标的过程中，只有统筹兼顾，平衡协调各种可能相互冲突的因素，才能真正实现其立法目标。从这个意义上说，平衡原则是知识产权制度自近代法到现代法的基本精神之一。以著作权法为例，早期的《安娜法令》在保护作者权利的同时，也注重维护其他主体的利益和社会公共利益。该法设定了一个所谓的“文学艺术的公共领域”（the public domain for literature），它来自三个方面的规则：（1）规定创作新作品是取得著作权的必备条件（以保护现存作品不被出版商收回）；（2）规定著作权保护期限（以对抗出版商永久著作权的主张）；（3）规定著作权所有人在印刷、出版和出售方面所享有的有限的权利（即作品二次使用时权利穷竭）。② 在《安娜法令》颁布后，出版商不满意这种有限制的版权，曾掀起长达40年的“书商运动”，企图在法定著作权期间届满之后，寻找普通法上的作者的“永久版权”，然后通过转让再一次获得权利，以防止作品进入公有领域。这场漫长的斗争，最后以撤销“普通法版权”的永久禁止令而告终（英国于1911年正式取消这种版权）。③ 与英国不同，美国关于知识产权的时间限制是通过宪法条款规定的。美国宪法规定：“国会有权……对作者或发明人就

---

① 参见《国外专利法介绍》，第1册，12页，北京，知识出版社，1980。

② See L. Ray Patterson, Stanley W. Lindberg, The Nature of Copyright: A Law of Users' Right, The University of Georgia Press, 1991, pp. 49-55.

③ 参见吴汉东：《著作权合理使用制度研究》，12页，北京，中国政法大学出版社，1996。

其个人作品或发明的专有权利，赋予一定期限的保护，以促进科学和艺术的发展。”上述宪法条款被美国学者概括为三“P”政策，即“促进知识的政策”（the promotion of learning）、“公共领域保留的政策”（the preservation of the public domain）与“保护创作者的政策”（the preservation of the author）[①]。其中，“公共领域保留”即意味着对著作权和专利权在时间与范围方面作出限制。

知识产权的时间限制性规定，反映了建立这一新兴民事权利制度的社会需要和公众利益。根据各类知识产权的性质、特征及本国实际情况，各国法律对著作权、专利权、商标权都规定了长短不一的保护期。著作权的保护期限，主要是对著作财产权而言的，即著作权人只能在一定期限内享有对作品的专有使用权和获得报酬权。在历史上，葡萄牙和尼加拉瓜曾有无限期的“永久版权”的规定，但目前除了未发表作品的著作权不受时间限制外，各国著作权法都规定了已发表作品的有限保护期。著作权保护期一般采取作者有生之年加死后若干年的计算方法。如此规定，概以作者终身与作者子女的平均寿命之相加的时间为基础。关于著作人身权，即作者独享的非财产权利，有的国家规定为无限期永远存在（如法国），有的国家则规定其人身权与财产权保护期相同（如德国）。关于专利权的保护期限，各国专利法都作了长短不一的具体规定，其规定依据主要有二：一是社会利益与权利人利益的协调；二是发明技术的价值寿命（即技术生命周期）。专利权期限的长短，直接涉及当事人及社会公众等各方面的利益。保护期间长，有利于鼓励和吸引对长远技术和重大发明的投资，但限制了公众尽早地自由使用发明。相反，保护期间短，公众可以较早地自由使用发明，但不利于鼓励发明创造和吸引对耗资巨大的复杂先进技术的投资。关于商标权的保护期，各国也规定了不同的有效期间。其中，采取“注册在先原则”的国家，商标权有效期自注册之日起计算；采取“使用在先原则”的国家，只有在商标被使用后才能产生专用权，因此，其有效期自使用之日起计算。在知识产权的时间性特点中，商标权与著作权、专利权有所不同，它在有

---

① L. Ray Patterson，Stanley W. Lindberg，The Nature of Copyright：A Law of Users' Right，The University of Georgia Press，1991，pp. 49 - 55.

效期届满后可以续展，通过不断的续展，商标权可以延长实际有效期。法律之所以这样规定，就在于文学艺术作品和发明创造对于社会科学、文化事业的发展有着更加重要的意义，因此必须规定一定的保护期限，使知识产品从个人的专有财产适时地变为人类公有的精神财富。

知识产权的上述特征，是与其他财产权利特别是所有权相比较而言的，是具有相对意义的概括和描述。这并不意味着各类知识产权都具备以上全部特征，或者可以说每一项基本特征都存在着若干“例外”。例如，地理标志权不具有完整意义上的专有性，商号权的地域性具有自己的特殊规定，商业秘密权不受时间限制等。从本质上说，只有客体的非物质性才是知识产权所属权项的共同法律特征。

第四章

知识产权的主体

从权利的角度来看，知识产权的主体即为权利所有人，包括著作权人、专利权人、商标权人等；从法律关系的角度来看，知识产权关系的主体则为权利人及除权利人以外的义务人。本书所称的权利主体，即是各类知识产权的所有人。这里所说的“人”，既可以是自然人，也可以是法人，在一定条件下还包括非法人单位以至国家。与一般民事主体不同，知识产权制度中关于“人”的用语，都是自然人和法人的统称。所谓“著作权人”“专利申请人”“商标注册人”等，实际上都是指享有此类权利的自然人和法人。

一、主体资格概说

知识产权的主体须具备何种资格，他们享有何种权利，这是由国家法律直接规定的。主体资格是民事主体在民法上（包括知识产权制度）的法律人格，是自然人及其组织成为民事主体的法律前提。[①] 法律地位平等与主体人格独立是确认民事主体资格的基本原则。其中，地位平等是人格独立的必要前提，而人格独立则是地位平等的具体表现。

---

① 参见李开国：《民法基本问题研究》，54 页，北京，法律出版社，1997。

在私法关系中，平等原则具体表述为：公民的民事权利能力一律平等；民事主体在民事法律关系中既享有权利，又依法承担义务；民事主体平等地受到法律保护。[①] 知识产权制度的平等精神，既在本质上等同于一般意义上的私法平等原则，但又有着自身的法律品性。这主要表现在两个方面：首先，知识产权制度中的平等，是一种主体从事创造性活动的自由选择，是一种取得创造者权利的机会均等。现代民法奉行的是一种程序意义上的平等观，即只要社会向人们提供了平等的机会，便做到了平等。换言之，平等是机会的平等，至于人们从事民事活动的结果如何，那是由人们的天赋、才能、机遇去决定的事情，应该允许存在差别。[②] 知识产权的原始取得主要来源于主体的创造性行为（包括创作、发明等）。创造性行为属于事实行为，而不是一般意义上的民事法律行为，它不受民事法律行为能力的限制，主体只要以自己的创造性行为完成知识产品，即可以以创造者的身份依法取得权利。其次，知识产权制度中的平等，是一种当事人权利、义务关系的协调，是对社会精神财富的合理分享。知识产权制度的历史发展，经历了从单一权利主体扩充为多元权利主体的过程。在著作权领域，在保护作者权利的基础上权衡公益与私权的关系，在促进科学、文化传播的目标下协调各方主体的关系，是著作权立法的基本考量。就社会精神财富的创造、传播与利用而言，著作权制度设定了创作者、传播者、使用者等多重主体，并规定了他们对作品权益的分享，以至于美国学者将一部现代著作权法描述为协调各方主体权利关系的平衡法。[③] 在专利权领域，由于专有使用、法定许可使用、强制许可使用或自由使用等制度的存在，因而出现了两个或两个以上的主体对同一发明创造分别使用而享有利益的情形。知识产品的社会性和非物质性特征，使得多数主体利用这种智力性成果成为可能。知识产权制度保障和促进社会分配的正义，并把这种分配原则上升为法律上的权利、义务，从而对精神资源进行权威性的公正分配。正是基于上述两点原因，形成了知识产权主体制度区别于一般财产权主体制度的重要特征。

---

① 参见佟柔主编：《民法总则》，16 页，北京，中国人民公安大学出版社，1990。

② 参见彭万林主编：《民法学》，34 页，北京，中国政法大学出版社，1994。

③ See L. Ray Patterson，Stanley W. Lindberg，The Nature of Copyright：A Law of User's Right，The University of Georgia Press，1991，p. 2.

二、原始主体

原始取得，是指财产权的第一次产生或者不依靠原所有人的权利而取得财产权。一般财产所有权的原始取得，有生产、孳息、先占等方式，其原始取得概无主体的特定身份要求，除不动产及个别动产外，亦无须国家机关的特别授权。

知识产权的原始取得则不同，其权利产生的法律事实包括两个方面，即创造者的创造性行为和国家机关的授权性行为。[①] 在知识产品的生产、开发活动中，创作行为或发明创造行为在本质上属于事实行为，任何人都可以通过自己的智力劳动取得知识产品创造者的身份。在私法关系中，身份曾是特权的依托，是平等的对立物。在古代社会的宗法制度下，各个家庭之间的联系多于单个人之间的交往，家庭是法律调整的基本单位。罗马法赋予家长以完全独立的人格，家长所享有的一切公权和私权都是基于特定的身份而产生的。[②] 知识产权主体制度的身份原则与此不同，它具有两个特点：第一，创造者的身份一般属于从事创造性智力劳动的自然人，但在有的情况下也可能归属于组织、主持创造活动并体现其意志或承担相应责任的法人。与古代社会的家长身份以至现代社会的消费者身份、雇佣劳动者身份不同，自然生命体与社会组织体都有可能取得创造者的身份。第二，创造者的身份与一般身份所依存的血缘关系、婚姻关系或其他社会关系无涉，它既是智力创造性活动这一事实行为的结果，又是行为人取得知识产权的前提。在有关权益纠纷中，创造者身份的确认对判定权源、划分权属有着重要的意义。

此外，在知识产权的原始取得中，国家机关的授权行为是权利主体资格最终得以确认的必经程序。授权行为从性质上而言是一项行政法律行为。它与创造性行为一样，对权利的原始取得具有重要意义。借用美国学者的说法：创造

---

① 各种知识产权都须经国家法律的认可，且多数还具有国家授予性的特点。但是，在知识产权体系中，诸如著作权、商业秘密权等，不需要经过国家机关的审查与批准。

② 参见［英］梅因：《古代法》，沈景一译，第5章，北京，商务印书馆，1959。

性活动是权利产生的“源泉”（source），而法律（国家机关授权活动）是权利产生的“根据”（origin）①。知识产权需要由主管机关依法授予或确认而产生，这是由其客体的非物质性所决定的。由于知识产品不同于传统的客体物，不可能对其进行有形的控制或占有，容易逸出创造者的手中而为他人利用，换言之，只要知识产品公布于世，其他人便易于通过非法处分途径而获取利益。因而，知识产品的所有人不可能仅凭创造性活动的事实行为而当然、有效、充分地取得、享有或行使其权益，他必须依靠国家法律的特别保护，即通过主管机关审查批准后授予专有权或专用权。

三、继受主体

在民法学理论上，继受取得区别于原始取得有两个标准：一是意志特征，即继受取得须根据物（或知识产品）的原所有人的意志才能发生；二是权利来源，即继受取得是以原所有人的权利为根据并通过权利移转方式才能发生。在财产所有权制度中，根据一物一权主义的原则，不能在同一个物件上设立两个或数个内容相同的所有权。就继受取得的情形而言，一方让渡了权利，即意味着丧失了权利主体资格；另一方继受了权利，则标志着其成为新的财产所有权主人。此外，根据这一原则，一物之上虽可以存在数个物权（如用益物权或担保物权），但各个物权之间不得相互矛盾。换言之，就一个物件或该物件的某一部分而言，不能设定数个性质相同且彼此独立的物权。②

在知识产权领域，基于继受取得的原因，同一知识产品之上拥有若干权利主体的情形却普遍存在，我们可以大致分为三类：第一，某类权利主体对其知识产品既享有财产权利又享有人身权利时，发生继受取得的权利只能是其中的财产权，即继受主体不能取得专属于创造者的人身权利。这样，就同一知识产

① L. Ray Patterson，Stanley W. Lindberg，The Nature of Copyright：A Law of User's Right，The University of Georgia Press，1991.

② 参见王利明：《民商法研究》，第三辑，191～192 页，北京，法律出版社，1999。

品所产生的人身权和财产权就会为不同的主体所分享。[①] 第二，某类知识产权仅是不完全转让的，继受主体只能在约定的财产权项上享有利益。如所有权与其权能分离一样，在原始主体依然存在的情况下，还会产生一个或数个拥有部分权利的不完全主体，即财产权的诸项权能为不同主体所分享。当然，这种权利与权能的分离，对知识产权与所有权来说有着完全不同的内容和意义。所有权的标的物为独立的特定物，在一定时空条件下只能为某一特定主体所控制和利用。所有权与其权能的分离，意味着占有人即非所有人是物件的实际支配者，而原所有人只能是不直接控制物件的“空虚权利主体”。但知识产权的标的是非物质形态的精神产物，在一定时空条件下可能被多数主体利用，包括原始主体自己使用与授权继受主体共同使用。第三，某类知识产权的转让同时在不同地域范围进行。例如，著作权人分别在数国转让其版权，专利权人在不同国家出卖其专利，就会出现两个或两个以上独立的权利主体。但是，若干受让人只能在各自的有效区域内行使权利，即主体地位独立，权利互不相涉。在这种情况下，虽原知识产权所有人丧失了主体资格，但在不同的地域可能产生若干相同的新的知识产权所有人，即各个继受主体彼此独立地对同一知识产品享有同一性质的权利。

对知识产权来讲，继受取得有着比原始取得更为重要的意义。在商品经济日益发达与财产权逐渐社会化的今天，所有权的行使和实现，往往要通过非所有权途径（如他物权的设定和债权的发生）而进行。正如有的学者所言，社会经济生活的财产关系由静态的所有权中心转化为动态的债权中心，所有权发生各种权利转换而丧失了原有的地位。[②] 知识产权更是如此，其权利价值的实现，并非创造者对知识产品的直接支配，而表现为一个“创造—传播—使用”的过程。在现代信息化社会，社会分工细密，一件作品或发明由创造者本人进行各种形式的使用几乎是不可能的，因此，知识产品所有人往往要借助他人的意思和行为来实现自己的利益。这正是知识产权继受取得区别于所有权相关制

① 在知识产权体系中，著作权为典型的一体两权。在现实生活中，存在着作者保留著作人身权而将著作财产权转让他人的实例。

② 参见董开军：《所有权转换现象研究》，载《法律科学》，1991（1）。

度的社会意义所在。

四、外国人主体资格

民事主体依国籍情况可以分为本国人和外国人。关于外国人的民事地位，古代国家采取不承认主义，即不认为他们享有本国人的权利能力。古罗马认为，凡未沦为奴隶的外国人，虽然有自由人的身份，但不能享有市民法所规定的各种权利。只是随着国际贸易的发展，各国才逐渐采取“相互主义”原则，即根据两国间的条约或法律，彼此相互承认对方的公民享有本国公民在对方所享有的权利。[①] 最早以国内法形式确定外国人享有平等民事地位的是 1804 年《法国民法典》，它规定：“外国人，如其本国和法国订有条约允许法国人在其国内享有某些民事权利者，在法国亦得享有同样的民事权利。”在古典自然法学派的影响下，1829 年《荷兰民法典》也转而采用平等主义，即对外国人原则上给予与本国人同等的待遇。此后，各国法相继确认了国民待遇原则，但对外国人所享有的权利则有所限制。例如，外国人不准取得土地权、采矿权、捕鱼权，不准从事只有本国公民才能从事的某种职业等，这即是有限制的国民待遇。

知识产权制度关于外国人的主体资格有不同的规定。著作权法的通行规定是：外国人创作的作品在一国境内首先发表的，应当享受与该国国民作品同等的保护；不在该国境内首先发表的，则根据相关国家之间的双边条约或共同参加的国际公约，或在互惠基础上给予保护。工业产权法的通行规定是：在本国境内有经常居所或营业所的外国人享有与本国人同等的待遇；在境外的外国人，依照其所属国与本国缔结的双边条约或共同参加的国际公约，或按照互惠原则办理。这些规定说明，知识产权制度主要采取有条件的国民待遇原则，即只要符合上述规定的情形之一，外国人就可以与本国人享有同等的权利，而在权利的范围和内容上不加限制。

国民待遇原则是国际知识产权制度的基本原则。这一原则包括两个方面的

---

① 参见《中国大百科全书》，法学卷，830 页，北京，中国大百科全书出版社，1984。

含义：一是在知识产权的保护上，国际公约的成员国必须在法律上给予其他成员国的国民以本国国民所享有的同样待遇；二是对非成员国国民，只要其作品在国际公约的成员国境内首先发表（著作权法），或在该国有经常居所，或有实际从事工商业活动的营业所（工业产权法），也应当给予其同该成员国国民相同的待遇。国民待遇原则打破了知识产权地域性效力的限制，使一国的权利人在其他国家也得到保护。允许外国人与本国人享有同等的民事地位，旨在保护本国人在国外的知识产权利益不受侵犯，同时也是为了吸引外国先进技术和优秀文化。因此，这一原则得到世界各国的确认。

由相关国际公约确认的国民待遇原则，是“法律面前人人平等”思想在国际法上的体现。它将外国人与本国人都同化为国民，使前者在其选择保护的国家享有与该国国民同等的权利。这就是说，每一合格主体不仅在其本国享有知识产权，而且在任何一个公约成员国也享有相应的权利。国民待遇原则自 17 世纪以来逐渐为各国所接受，时至今日已有诸多变化：一是国民待遇原则的延伸。由于某一公约成员国的国民在其他成员国享有的权利与在本国享有的权利不尽一致，从而产生权利享有的不平衡，因而国际公约要求各成员国相关立法必须达到公约要求的最低标准。这即是国民待遇原则在有关国际公约的扩展。二是国民待遇原则的限制。首先，这种限制来自互惠原则，即针对成员国之间保护水平的悬殊，实行“利益均衡对等”，从而在某些方面不再适用国民待遇原则；其次，由于成员国加入国际公约时有“保留”条款，即对某项权利或几项权利予以保留，从而影响国民待遇原则的适用。这些情况表明，国民待遇原则在一定程度上面临着挑战。①

---

① 关于国民待遇原则的演变，可参见 S. M. Stewart，International Copyrights and Neighbouring Rights，Butterworth and Copublishers Ltd.，1983；曹新明：《试析国际著作权公约中的国民待遇原则》，载《法商研究》，1995（1）。

第五章

知识产权的客体

知识产权的客体，是难以采用罗马法以来客体物的理论作出诠释的。近代德国法哲学家黑格尔曾说，诸如精神技能、科学知识、艺术以及发明等都可以像物那样进行交易并缔结契约，但它又是内部的精神的东西，所以理智上对于它的法律性质感到困惑。[①] 现代法学专家已在财产意义上将“知识”与表达这种知识的“载体”区别开来。他们认为，智力劳动的创造物之所以被称为“知识”财产，在于该项财产与各种信息有关。人们将这些信息与有形载体相结合，并同时在不同地方进行大量复制。知识财产并不包含在上述复制品中，而是体现在所反映出的信息之中。[②] 知识产权客体问题的探讨，旨在描述知识类财产与物质类财产的差异，从而进一步说明知识产权与传统所有权之间产生本质区别的基础。

一、知识产权客体的概念

关于知识产权的客体，是学术界存有争议的一个问题。由于对权利客体概

① 参见［德］黑格尔：《法哲学原理》，范扬、张企泰译，第 43 节附译，北京，商务印书馆，1961；吕世伦：《黑格尔法律思想研究》，32 页，北京，中国人民公安大学出版社，1989。

② 参见世界知识产权组织编：《知识产权纵横谈》，4 页，北京，世界知识出版社，1992。

念的理解不同，从而出现对知识产权客体进行定义概括的差异。一种观点认为，知识产权的客体与对象是不同范畴。知识产权的客体是指基于对知识产权的对象的控制、利用和支配行为而产生的利益关系或社会关系；“知识产权的对象就是知识本身”[①]。这种理论将客体看作是抽象的、理性的范畴，而把对象看成是具体的、客观的范畴。另一种观点认为，知识产权的客体与对象是同一范畴。在多数民法著作中，权利的客体、标的、对象都是作为同一概念来使用的。[②] 基于此，学者们对知识产权的客体进行了不同的概括，较为有代表性的说法有“智力成果”“知识产品”“知识信息”等。

民法学理论认为，民事客体是民事权利和民事义务所共同指向的事物。究竟何为事物？对此有不同的描述，但一般都不将抽象的理性的社会关系作为客体看待。作为民事客体的事物，应该具备以下条件：一是客观性。客体应为体现一定物质利益或精神利益之事物。物的客观性表现为客观实在性，即它是客观化的物质实体；知识产品的客观性表现为可认知性、可再现性，即它是可以客观化的知识体系。二是对象性。客体必须与民事主体之间的权利、义务相联系，即与民事法律关系的内容相联系。在知识产权领域，没有创造性成果或经营性标记、信誉作为客体，权利、义务关系也就无从发生，也就失去了存在的意义。三是可支配性。客体应为主体所控制和利用的事物。这种事物无论是物质形态还是知识形态，都有一定的价值和使用价值，前者为天然存在或人工制造的物质财富，后者则是智力劳动创造的非物质财富。笔者认为，可以在同等概念意义上来认识知识产权的客体与对象。

国外学者对知识产权的客体进行理论概括，尚不多见。苏联民法学者曾试图将精神产品作为区别于物的另类客体。他们根据本国民事立法的精神，把这类权利的客体统称为“创作活动的成果”。这种创作活动的成果分为两类：一类是科学、文学和艺术作品；另一类是发现、发明和合理化建议，包括使工业产品得到技术和美的统一的艺术新处理的工业实用新型技术。[③] 苏联学者所拟

---

① 刘春田主编：《知识产权法》，4 页，北京，高等教育出版社，2000。

② 参见靳宝兰等主编：《民事法律制度比较研究》，64 页，北京，中国人民公安大学出版社，2001。

③ 参见［苏］B. Л. 格里巴诺夫等主编：《苏联民法》（上），177～178 页，北京，法律出版社，1984。

制的“创作活动的成果”的概念有两大缺陷：一是未能抽象概括出知识产权领域中各种权利所指向的共同对象，其分类明显不包括专利、商标等工业产权客体；二是强调客体的智力创造属性，但讳言其财产价值。该种分类将不具有产权属性的发明权、发现权的客体也归入其中，即说明这一学说忽视了精神产品的本质特征。

著名法学家北川善太郎是日本推行“知识产权”概念的倡导者。在传统上，学者们曾用“无体财产权”与“无体财产”的说法来表述相关权利与权利客体。但北川善太郎认为，与《日本民法典》第85条所限定的有体物相比较而言，“无体物”在语感上似乎有些问题，因而不能被普遍接受。为此，他于1988年在《半导体集成电路的法律保护——新的知识所有权的诞生》一文中提出了“知识财产”的术语。[①] 几乎与此同时，其他学者也竞相使用该术语，于是这一概念在日本得以广泛推行。“知识财产”理论认为，智力劳动的创造物之所以被称为“知识”财产，是因为该项财产与各种信息有关。人们将这些信息与有形载体相结合，并同时在不同地方进行大量复制。知识财产并不包含在上述复制品中，而是体现在复制品所反映出的信息之中。[②] 另一日本学者小岛庸和则基于无体财产权的说法，提出了“无体财产”理论。他在《无形财产权》一书中将知识财产与无体财产作为同等概念看待，并将它们指称为知识产权法的对象。他认为，“无形财产本是随着时代的进步而不断产生、发展起来的，即使是现在也还在不断出现的各种新的知识形态产品（原文为知识产物）”[③]。小岛庸和强调无体财产为无体财产法之客体，并将其分为创作（creation）和标记（mark）两类。该类“无形财产与有形财产以及其他的无形财产（如光、电等）相比具有自身的特性”[④]。日本民法奉行“物必有体”的原则，所谓无体财产概指知识产物或智力成果，它们与物（有体物）相对应而存在，分别成为无体财产权（或知识产权）与一般财产所有权的客体。“知识财产”

---

① 参见［日］北川善太郎：《技术革新与知识产权法制》，国家科委政策法规与体制司译，3页，1998。

② 参见世界知识产权组织编：《知识产权纵横谈》，4页，北京，世界知识出版社，1992。

③ ［日］小岛庸和：《无形财产权》，2页，东京，创文社，1998。

④ ［日］小岛庸和：《无形财产权》，2页，东京，创文社，1998。

或“无体财产”的语义强调了客体的非物质性和财产性，无疑有可取之处。但是，从过去到现在，“财产”这个术语被人们经常在不同意义上使用，它有时指财产所有权本身，有时也指所有权客体（即所有物）。[①] 在这种情况下，权利本体与权利客体都采用“财产”一词，容易造成歧义。

20 世纪 80 年代初期，我国许多学者将关于精神财富所享有的权利称为“智力成果权”，因而相应地将这种权利客体归结为“智力成果”，并且强调其价值不能用货币衡量。[②] 这种说法当然存有缺憾，这与其说是理论的缺陷，不如归之于历史的局限。在商品经济特别是技术商品化尚未建立或形成的情况下，法学理论偏重于这类客体的精神属性是不难理解的。总之，智力成果的传统说法，未能突出其本来具有的商品属性和财产价值，没有反映出知识产权客体的本质特征，是应予以检讨与反思的。

笔者曾极力主张建立“知识产品”的理论范畴，即把知识产权的客体概括为“知识产品”。其他学者也从其他学科出发，阐述了知识产品的概念。[③] 所谓知识产品，是人们在科学、技术、文化等精神领域所创造的产品，具有发明创造、文学艺术创作等各种表现形式，它是与物质产品（有体物）相区别而独立存在的客体范畴。上述建议及理论是有着现实社会基础的。1984 年中共中央《关于经济体制改革的决定》与 1985 年《关于科学技术管理体制改革的决定》，不仅对我国现阶段存在着的商品经济作出了正确的说明，而且第一次明确承认“技术在社会商品价值中所起的作用越来越大，越来越多的技术已经成为独立存在的知识形态的商品”（注：着重号系笔者所加）。1986 年我国《民法通则》颁布，正式使用“知识产权”这一概念，以取代“智力成果权”的传统说法。以上论断和规定为知识产品范畴的建立提供了理论基础和法律根据。其实，关于知识产品这一专门术语，已有国外学者作出类似表述，“知识产权”

---

① 根据《牛津英语大辞典》的解释，“property”即“财产”主要有三种含义：(1) 被拥有或可能被拥有的事物，如财富、财物、土地等；(2) 所有权：唯一拥有、享用和使用某物的权利；(3) 归某人合法所有之物：受法律保护而私人享有的有形资产权和无形财产权。

② 参见《民法原理》，383 页，北京，法律出版社，1983。

③ 参见吴汉东、闵锋编著：《知识产权法概论》，34 页，北京，中国政法大学出版社，1987；钱明星：《物权法原理》，26 页，北京，北京大学出版社，1994；张和生：《知识经济学》，294 页，沈阳，辽宁人民出版社，1992。

概念的倡导者、比利时法学家皮卡第曾将知识产权称为“使用知识产品的权利”[1]（注：着重号系笔者所加）。笔者认为，知识产品较之于物和智力成果来说，更能概括知识产权客体的本质特征。物的概念突出的是人身以外的物质对象，它可能是未经加工的自然物，也可能是人类物质劳动的创造物，明显地表现出客体的物质性；而知识产品概括了知识形态产品的本质含义，强调这类客体产生于科学、技术、文化等精神领域，是人类知识的创造物，明显地表现出客体的非物质性。同时，知识产品的内涵突出了它在商品生产条件下的商品属性和财产性质，反映了著作权、商标权、专利权中的财产权利内容；而智力成果作为权利对象的含义，难以明确指向“知识产权”（Intellectual Property）中包含的“知识所有权”的原意，无法揭示非物质财富具有价值和使用价值的商品形态。因此，我们应将知识产权的客体表述为知识产品，而不是物或智力成果。

自进入 20 世纪 90 年代以后，我国一些学者对知识产权客体进行了新的理论概括。有的学者认为，知识产权的对象是以“形式”为存在方式的知识。[2]有的学者认为，知识产权保护的对象是与智力活动有关的非物质性的信息。[3]还有的学者将知识产权保护的客体描述为知识财产和与其相关的精神权益。[4]尽管上述说法在理论界尚未形成一致意见，但这种探讨是富有学术价值的，其基本意蕴表现在以下三点：第一，知识、信息是区别于物的另类客体，属于非物质财富的范畴；第二，知识、信息与人们智力活动有关，产生于知识或精神领域；第三，知识、信息作为民事客体，其意义在于它们构成知识产权法所保护的利益。

二、知识产权客体的分类

传统教科书曾笼统地将知识产权的客体说成是智力创造性成果，已有许多

---

① ［苏］E. A. 鲍加特赫等：《资本主义国家和发展中国家的专利法》，载《国外专利法介绍》，第 1 册，12 页，北京，知识出版社，1980。

② 参见刘春田主编：《知识产权法》，5 页，北京，高等教育出版社，2000。

③ 参见张玉敏主编：《知识产权法教程》，20 页，重庆，西南政法大学出版社，2001。

④ 参见蒋志培：《论知识产权的概念、历史发展及其法律保护的含义》，见 www. civillaw. com. cn。

学者指出这一表述的不足。他们认为，知识产权的客体应分为两类：一类是智力成果；另一类是经营性标记。[①] 考虑到现代社会无形财产的发展状况，我们建议建立一个有别于传统客体范围的新的知识财产体系，即把知识产品具体分为三类：一是创造性成果，包括作品及其传播媒介、工业技术；二是经营性标记；三是经营性资信。其中，第一类发生于科学技术及文化领域，第二、三类产生于工商经营领域。在现行法中，作为知识产权客体的主要是创造性成果和经营性标记。现分别述之：

作品及其传播媒介，泛指文学艺术领域中以不同表现形式出现并且具有原创性的创造成果（著作权客体），以及在传播作品过程中产生的与原创作品有关联的各种产品、物品或其他传播媒介（邻接权客体）。作为著作权客体的作品，可以概括地分为文学作品、艺术作品和科学作品；作为邻接权客体的传播媒介，主要包括艺术表演、音像录制品、广播节目。这类知识产品的共同特点是：它们都是文化领域中的知识创作成果，其与创造者的创作活动和传播活动有关；它们都是创造者思想结晶的客观表现形式，包括文学或符号形式、形象形式、音像形式以及有关的技术表现形式。

工业技术，一般是指在工业、农业、商业等产业领域中能够物化在物质载体上的知识和技能。它是根据科学原理和生产实践经验而发展形成的工艺操作方法与技能，以及与这些方法和技能相适应的生产工具和其他物质设施。工业技术与科学成果不同，科学成果是对人类实践经验和认识的概括与总结，是关于自然、社会和思维的各种理论知识和研究成果。科学和技术都表现为知识形态，属于社会的精神财富。科学的职能在于对自然界（社会或思维）和技术可能性的理解，更具有预见性和深远性；而技术则直接与生产过程相联系，其职能在于对自然界的控制和利用，更具有实践性和应用性。在法律上，工业技术可以表现为取得工业产权的各类专利技术，也可以表现为取得其他知识产权的技术秘密以及受到新型知识产权即工业版权保护的工业产品。

工业标志，一般是指在工业、农业、商业等产业领域中能够标示产品来源和厂家特定人格的区别标记。包括商标、商号、产地名称等在内的工业标志，

---

① 参见刘春田主编：《知识产权法教程》，1 页，北京，中国人民大学出版社，1995。

是人们生活中所见最多的标志。工业标志具有标志艺术的一般特点：(1) 标记性。工业标志的主要职能在于区别商品和生产商品的厂家，使人们易于识别，防止误认。(2) 宣传性。工业标志主要用于工商业活动中，以实现其对特定商品、厂家或产地的宣传效果。(3) 适应性。工业标志能在多种场合使用，不但可以注明在商品或有关材料上，还能使用于多种宣传媒介的制作中。[①] 工业标志作为工业产权和其他知识产权的客体，是企业重要的无形财产。

经营性资信，泛指工商企业在经营活动中所具有的经营资格、经营优势以及在社会上所获得的商业信誉，包括特许专营资格、特许交易资格、信用以及商誉等。从经营性资信的构成来讲，其内在因素是主体的经营能力。经营能力是一个很广泛的概念，包括经济状况、生产能力、产品质量、市场占有份额等[②]，这种经营能力形成了特定主体高于同行业一般企业获利水平的超额盈利能力；其外在因素表现在两个方面：或是来自某一组织或机关授予的资格，或是来自社会公众给予的评价和信赖。该类权利客体所涉及的资格、能力或信誉，包含明显的财产利益因素，但也有精神利益的内容。与文学艺术作品、工业技术、工业标记不同，经营性资信的财产价值尚未完全为人们所认识，相关立法保护显见不足。正因为如此，有学者将此类客体称为正在开发中的无体财产。[③]

三、知识产权客体的基本特点

知识产权客体包括创造性成果、经营性标记、经营性资信等多种表现形式，但它们都具有以下基本特点：

1. 创造性。知识产品与物质产品不同，它不可能是现有产品的简单重复，而必须有所创新、有所突破。创造性是知识产品取得法律保护的条件，而一般财产法并不要求这样。在这里，强调知识产品具有创造性的特点，并不是说物

---

① 参见吴汉东主编：《工业产权法的理论与实践》，6 页，北京，中国政法大学出版社，1989。

② 参见杨立新：《人身权法论》，638 页，北京，中国检察出版社，1996。

③ 参见曾世雄：《民法总则之现在与未来》，137 页，台北，三民书局，1993。

质产品没有创造性。问题的关键在于，创造性是知识产品构成知识产权客体的条件，而物质产品构成有形财产所有权客体时并没有创造性这一要求。就不同具体的知识产品来说，其创造性程度的要求是各不相同的。一般来说，专利发明所要求的创造性最高，它必须是该项技术领域中先进的科学技术成就，它所体现的技术思想、技术方案必须使某一领域的技术发生质的飞跃。著作权作品所要求的创造性次之，它要求作品必须是作者创造性劳动的成果，但任何作品只要是独立构思和创作的，不问其思想内容是否与他人作品相同或类似，均可取得独立的著作权。而商标所要求的创造性仅需达到易于区别的程度即可，即商标应当具有显著特征，便于识别，其文字、图形或其组合应避免与他人的商标构成混同。可见，受保护的对象不同，其要求的创造性也有所不同，依照西方学者的说法，专利权要求发明具有“技术先进性”（或称为“非显而易见性”），著作权要求作品具有“独创性”（或称为“原创性”），而商标权则要求商标具有“可识别性”（或称为“易于区别性”）。

2. 非物质性。知识产品与物质产品不同，它是知识形态的精神产品，虽具有内在的价值和使用价值，但没有外在的形体。非物质性是知识产品区别于有形财产所有权客体的主要特征。所谓非物质性，是指知识产品的存在不具有一定的形态（如固态、液态、气态等），不占有一定的空间。人们对它的“占有”不是一种实在而具体的控制，而表现为认识和利用。某一物质产品，在一定的时空条件下，只能由某一个人或社会组织来实际占有或使用，所有人能够有效地管领自己的有形财产，以排除他人的不法侵占。而一项知识产品则不同，它可以为若干主体同时占有，被他们共同使用。知识产品一旦被传播，即可能为第三人通过非法途径所“占有”。知识产品虽然具有非物质性的特点，但总是要通过一定的客观形式表现出来，使知识产品创造者以外的人能够了解，而这种客观表现形式是对其进行知识产权保护的条件之一。例如，作品表现为文字著述、舞台表演、绘画、雕塑、音像制品等，发明创造表现为文字叙述、设计图表、形状构造等，商标表现为图案、色彩、符号、文字等。这些客观形式的载体，是知识产品的物化。必须明确的是，作为知识产品表现形式的载体，绝不是知识产品本身。知识产品是精神产品，它的效能和价值是其载体所难以全部包括和体现的。

3. 公开性。知识产品与物质产品不同，它必须向社会公示、公布，使公众知悉。公开性是知识产品所有人取得知识产权的前提，而依民事法律的一般规定，有体财产所有人并无将其财产公开的义务。在各项知识产权中，其客体都表现出公开性特征。作者创造作品的目的之一，就是使之传播，并在传播中得以行使权利、取得利益。发明创造者要划定自己的权利范围，就必须公布专利的技术内容。“专利”（patent）的拉丁文“patere”的原意就有“公开”或“打开”的意思，这个词源表明专利的技术内容必须是公开的。商标所有人为了将自己的商品同他人的商品区别开来，就要使用自己的商标标志。无论是在奉行“使用在先原则”的国家，还是在采取“注册在先原则”的国家，要取得商标权，或是首先使用商标，或是首先申请商标注册，这些行为无一不同公开性相联系。一般认为，知识产权的产生条件是：知识产品所有人将自己的作品、发明创造等公布出来，使公众看到，得到其中的专门知识；而公众承认他们在一定时期内有使用、制造其知识产品的专有权利。知识产品是公开的，但任何人都无权加以使用，否则即构成侵权。“知识是公开的，但权利是垄断的”，这即是对知识产品公开性与知识产权独占性的形象描述。西方法学家将这一现象解释为契约关系，即以国家面貌出现的社会同知识产品创造者之间签订的一项特殊契约：创造者有义务将知识产品加以公开，而随之取得一定时期的独占使用权。[①] 需要指出的是，属于知识形态产品的技术秘密并不具有公开性，它是依靠保密来维持其专有权利的。在西方民法理论中，专利技术是一种法定专有权，在保护期内一直发生效力；而技术秘密是一种自然专有权，视权利人保密时间的长短来决定其权利效力。在法律制度中，技术秘密并不受传统知识产权的保护，仅由合同法或侵权法加以调整；但技术秘密具有无体财产的本质特征，现代立法趋势表明，技术秘密现已成为知识产权法的保护对象。

---

① 参见《国外专利法介绍》，第1册，12页，北京，知识出版社，1980。

第六章

知识产权的利用

知识产权的利用，涉及非权利人基于法律规定或合同约定对他人的知识产权进行利用的多种情形。通过该项制度协调知识产品创造者、传播者和使用者之间的利益关系，从而实现个人精神财产的动态利用和社会精神财富的流动增值。

一、知识产权利用的意义

权利的静态支配与动态利用，是财产权制度的两大组成部分。从一定意义上说，知识产权利用是整个精神权利领域最为活跃、最具影响的一项制度。就制度功能而言，其社会意义表现在以下几个方面：

1. 实现知识财产权价值的途径

传统理论偏重于所有权内部的自我满足、自我实现。罗马法将所有权看作是“对所有物的完全支配权”[①]，强调和突出人对物的完全支配、管领和控制。但在商品经济日益发达和所有权逐渐社会化的今天，所有权关系已由人对物的简单支配关系外化为所有权人与非所有人的权利、义务关系。所有权的行使和

---

① 周枏：《罗马法原论》（上册），299 页，北京，商务印书馆，1994。

利益的实现，往往通过非所有权途径（如他物权的设定和债权的发生）而进行。这就是说，社会经济生活的财产关系由静态的所有权中心转化为动态的债权中心，所有权发生各种权利转换而丧失了原有的地位。[①]

与上述变革相适应，知识产权制度从建立之时就植根于知识商品化的基础之上，其财产利益与社会价值的实现，并非表现为权利人对知识产品的支配，而是一个个人创造—他人传播—社会利用的过程。在现代信息化社会，分工细密明确，一项作品或技术由同一主体以所有权的支配方式自行传播或使用几乎不可能。因此，知识产权所有人往往要借助他人的传播或使用来实现自己的利益，才能使得知识产权不仅具有法律意义，而且具有实际价值。这就是说，知识财产权利益的实现，有赖于他人合法利用这一权利的事实发生。

2. 联结创造者、传播者、使用者之间利益关系的桥梁

传统理论偏爱于所有权静态的归属性和本体的完整性。罗马法“基本的出发点是解决财产归属的问题”[②]。支配权被视为所有权的核心和灵魂，其他各项权能的分离都只是暂时的分离，最后都会在支配权的呼唤下重新回归所有权；同时，遵从“一物一权”的古训，同一物上只能存在一个所有权，这一规则保证了财产权利的相对确定，但未能顾及财产动态利用的态势。[③] 在罗马法之后兴起的日耳曼法中，所有权并未被看作是抽象的支配权。日耳曼人基于团体本位的思想，根据各种物的利用形态来分别认可各种权利，即以利用为中心建立了物权体系。[④] 在资产阶级革命胜利后，“因罗马法的个人本位及绝对的所有权观念适合于自由资本主义发展的要求，大陆法系国家逐渐采纳了罗马法的所有权观念”[⑤]。在英美法系国家，日耳曼法对其财产制度则产生了深远的影响。进入 19 世纪下半期以后，所有权的这种绝对性、无限制性，导致个人利益与社会利益之间的冲突日益加剧。因此，个人的所有权观念日渐式微，从

---

① 参见董开军：《所有权转换现象研究》，载《法律科学》，1991（1）。

② 孟勤国：《中国物权制度的基本构思》，载杨振山主编：《罗马法·中国法与民法法典化》，北京，中国政法大学出版社，1995。

③ 参见吕来明：《从归属到利用》，载《法学研究》，1991（6）。

④ 参见［日］我妻荣：《物权法》，3 页，东京，岩波书店，1995。

⑤ 王利明：《物权法论》，217 页，北京，中国政法大学出版社，1998。

而产生了社会的所有权观念和个人与社会调和的所有权思想，即强调所有权的行使应顾及社会公共利益，充分发挥物的效用以增进社会福利。现代财产权制度的立法目的，不仅在于确认权利主体对财产的占有支配，而且意在促进财产的动态利用。通过所有权的动态运行，可以摆脱一物一权的限制，实现不同主体对同一财产各自享有特定内容的权利的情况。

在知识产权领域，基于客体“虚拟占有”和权能多样化的特点，往往出现“一物多权”“一物多主”的情形，知识产权的利用较之有形财产的利用在主体及权能方面更为丰富多彩。首先，由于知识产品具有非物质性特点，知识产权所有人对知识产品的占有只能是“虚拟占有”而非“实际控制”，因而对知识产品的利用必须通过载体这一媒介来实现。同一知识产品可以物化在多个相同或不同载体之上，从而出现多数主体同时使用同一知识产品的状态。其次，各类知识产权的权能具有多样性。有学者根据各种权利蕴涵的权能特点，将其内容作了十分详细的划分，如将专利权划分为专利实施权、许可权、转让权、标记权和其他权利，将商标权划分为商标专有权、转让权、许可权及续展权，将著作权划分为著作人身权、著作财产权和其他权利，等等。[①] 这样，每一权利的每一权能都可以由相同主体或不同主体利用。总之，客体“虚拟占有”与权能多样性的特点在客观上要求弱化知识产权的支配功能而强化其利用功能。因此，立法的重心在于规范知识产权人与各类财产权利用人之间的关系，并强调“为智力发明提供动因的效用与允许他人利用新的有益的智力产品的社会效用应相互平衡”[②]。

3. 限制知识产权行使效力的方式

传统理论偏好于对所有权的绝对性、排他性、永续性等效力特征的概括与抽象。罗马法对所有权没有明文的法律定义，但法学家认为所有权是物权中至高无上的权利。[③] 1804 年《法国民法典》规定，“所有权是对物有绝对无限制地使用、收益及处分的权利，但法律所禁止的使用不在此限”，从而确立了所

① 参见蒋言斌、蒋美仕：《论知识产权的权利体系》，载《知识产权》，1997（4）。

② ［美］迈克尔·D·贝勒斯：《法律的原则——一个规范的分析》，113 页，北京，中国大百科全书出版社，1996。

③ 参见丘汉平：《罗马法》，36 页，上海，上海会文堂新记书局，1935。

有权绝对无限制原则。1896 年《德国民法典》规定所有权的权能“以不违反法律和第三人的权利为限，物的所有人得随意处分其物，并排除他人的任何干涉”。这说明它虽然坚持私有财产不可侵犯的原则，但摒弃了“神圣不可侵犯”以及“绝对”、“无限制”的说法。现代各国民法接受了所有权的观念，但未像罗马法和《法国民法典》那样将所有权作为一项绝对的权利，而是根据社会发展的需要给予适当的限制，包括所有权空间效力的限制、相邻关系的限制、所有权行使方式的限制等。上述限制多表现为对所有权效力的消极限制，而极少表现为对使用人的设权进行限制。

知识产权在创始之初，尽管作为一项自然权利来看待，但从来都不是无限制的权利，以至于有些学者将该项权利称为“有限的独占权利”。知识产权最初受到时间和地域的限制，后来又在权利的行使上受到种种限制；但是这种限制明显不同于所有权的限制。禁止所有权滥用表现为所有权的行使不得妨害他人的合法利益，而禁止知识产权的滥用则往往意味着允许他人以合法方式“适度”进入知识产权所有人的合法利益中。所以，对有形财产的利用仅能以约定方式出现，而对知识产品的利用除约定使用方式外，还存在法定使用方式，如强制许可、合理使用、法定许可使用等。法定使用是在约定使用无法实现的情形下产生的，是法律对知识产权的限制。通过这一限制避免了知识产权的专有性对知识利用的妨碍，确立了社会公众对知识产品的使用权。所以，法定使用表现为对知识产权的一种限制方式。

二、知识产权利用的对象

知识产权利用的对象是知识产品抑或权利，一直是知识产权利用制度中的一个令人困惑的问题。目前的知识产权法律通常以直观的、具体的规则形式，规定了他人对知识产品的利用问题，即采取了主体支配客体的立法语言。这一立法技术也广泛影响到理论界，在目前出版的绝大多数教科书和专著之中，知识产权的利用均表述为作品的利用、专利技术的利用、商标的利用、商业秘密的利用等。诚然，立法者采取知识产品的利用这一表达方式具有直观性、易操作性的特点，但当我们以知识产权法的调整对象作为起始考察点时，不难发现，知识产品的利用与知识产权的利用有着明显的差异，绝不可将二者混为一谈，互相代替。

首先，基于知识产品而产生的知识产权利用关系为人与人之间的关系而非人与物之间的关系。马克思在论及普鲁东的财产权社会观时曾指出："实物是为人的存在，是人的实物存在，同时也就是人为他人的定在，是他对他人的人的关系，是人对人的社会关系。"[①] 马克思的这段话揭示了所有权的本质并非是人对物的关系，而是人与人之间的社会关系。日本学者我妻荣在考察了各项财产在资本主义社会中的功用后指出，在资本主义的经济组织中，所有权的作用已不是利用物质客体，而是将其作为资本，利用资本获得利益，即"所有权的作用不是对物的支配，而是对人的支配"[②]。知识产权的利用关系也具有同等品性，人与知识产品之间的利用关系仅是一种表象，其背后隐藏着知识产品的创造者与传播者及使用者之间的社会关系。所以，我们不应简单地将知识产权表述为"人—知识产品"的关系予以考察，而应正确把握知识产权法调整对象的本质。

其次，知识产品的利用与知识产权的利用存在着天然的不可分割的联系。知识产品属于一项无形财产，人们对于知识产品同样可以实施如同有形资产的"功能性使用"，如阅读散文、吟唱诗歌、在商品上粘贴商标、用专利技术制造机器等。在上述使用过程中，财产权人根据知识产品自身的特点和使用价值而加以利用，往往不需要他人的配合。为此，我们可以认为这是一种知识产权的自我实现、自我满足的过程。在这一过程中，我们不得不正视这样一个事实：知识产品通常必须物化在一定的载体上才能被利用。但是，将知识产品物化在载体之上的过程是一次"惊险的跳跃"，因为他人可能通过对载体的掠夺而攫取智力成果，使知识产品创造者一无所有。在传统民法理论中，作为物的对象必须具有人力可支配性[③]，但凡人力不能支配之物，仅为物理上之物，而非法律上之物。知识产品亦不例外，知识产品的载体具有可控制性，故能成为所有

---

① 《马克思恩格斯全集》，中文1版，第2卷，52页，北京，人民出版社，1957。

② ［日］我妻荣：《债权在近代法中的优越地位》，8页，北京，中国政法大学出版社，1999。

③ 参见梁慧星：《民法总论》，81页，北京，法律出版社，1996。

权的客体，但知识产品的非物质性决定了其不可控性，因而知识产品不能直接成为交易的对象。

创造知识产品的目的在于服务社会、造福人类，因而必须从法律上寻找促成知识产品交易的桥梁，由此便产生了“知识产权”这一制度产品。早在中世纪的欧洲，封建君主就已通过封建特许的方式对知识产品的创造者授予专有性权利，后经资本主义社会的演变，这些专有性特许权逐步上升为受法律保护的专利权、著作权、商标权等知识产权。知识产权制度的确立，使知识产品的创造者得以通过对知识产权的控制来利用知识产品，并排斥他人对知识产品的非法使用，由此，知识产权最终演化为交易的对象。正是在这个意义上，笔者认为，知识产权才具交易的价值。

知识产权演变为交易的对象具有十分重要的意义。第一，知识产品载体的交易与知识产权的交易迥然不同。知识产品载体的交易涉及所有权的转移问题，知识产权的交易涉及知识产权诸项权能的利用问题。例如，专利产品的销售通常涉及产品所有权的转移问题，如果该专利产品是首次销售，则将涉及专利权中销售权的移转问题。知识产权人尽管在控制知识产品的传播时会遇到困难，但可通过知识产权的行使来控制知识产品的载体，如在上例中，知识产权人可通过行使专利权中的“首次销售权”来控制专利产品的销售。就此意义而言，当购买人在享用专利产品中的技术成果时，即涉及对专利技术成果的利用，而这一利用又与专利权的行使密不可分。所以，知识产品的利用实际上与知识产权的行使存在千丝万缕的联系。第二，知识产品的利用与知识产权的利用并非同义。使用人根据知识产品的性质和用途对其进行“功能性使用”（如使用商号于招牌上、演唱歌曲、利用专利技术生产产品等），可能会引起某种法律后果的发生，也可能不引起法律后果的发生。至于当事人如何利用知识产品，法律一般不予考虑。相反，知识产权的利用往往涉及知识产权人与社会公众之间的关系，上述主体之间发生的权利、义务关系，自然应成为法律所调整的范围。第三，知识产品并非全部具有财产意义，只有知识产权才具有财产意义。受历史传统和经济、文化诸因素的影响，知识产品存在着“公有领域”“排除领域”“专有领域”的诸多划分，前两者已成为全社会的公共财富，任何人都可以自由使用；而作为“专有领域”的知识产品的使用才与知识产权人的权利相联系，其使用才具有法律意义。所以，并非一切知识产品都具有财产意义，只有在受到法律保护的知识产品之上所设定的知识产权才能成为他人利用的对象，才具有财产意义。

综上所述，就知识产权利用制度所协调的关系而言，知识产权利用的对象是某种权利而非知识产品；当权利人通过许可使用、转让或质押等方式将全部或部分知识产权移转于受让人时，受让人取得知识产权的全部或部分权能，受让人即可根据知识产品的特点进行“功能性使用”。

三、知识产权利用的类型

知识产权的利用，分为两类：一是基于合同约定而产生的利用，二是基于法律规定而产生的利用。约定使用与法定使用都是财产利用的方式，但两者之间存在着显著的差别：

1. 适用范围不同

约定使用是财产利用的普遍方式，而法定使用是财产利用的特殊方式。所有权与知识产权均为绝对权，除非法律规定，任何人不得擅自使用他人财产；权利人对其财产有自主支配权，亦可通过约定允许他人使用其财产。在意思自治的原则下，财产自主即意味着契约自由，以约定方式利用财产，可以充分尊重财产所有人与使用人的意志自由，保护财产权人的正当权益，促进财产有效而合理的利用。因此，无论是有体财产还是知识财产，约定使用均为一项普遍适用的制度。相反，法定使用仅为财产利用的一种例外。对于有体财产而言，法律极少规定法定使用的情形。尽管所有权的行使受到一定的限制，如相邻关系的限制、国家征收的限制、环境保护的限制等，但这些限制通常表现为所有人不作为的状态，而未上升为使用人的某种物权。我国部分学者认为，相邻权属于不动产物权，依法律规定而直接产生。[①] 但多数学者认为，地役权系相邻所有人与使用人经约定而产生的一项独立物权，而相邻权则是由法律直接规定而产生；后者是对所有权的限制和延伸，因此，相邻权不是一项独立物权，而

① 参见张俊浩主编：《民法学原理》，476页，北京，中国政法大学出版社，1991。

是所有权的内容。[①] 可见，有体财产的法定使用情形极为有限，而且不一定产生相应的物权形态。而知识财产则不同，法定使用既是对知识产权行使效力的限制，也是对约定使用方式的必要补充。通过这种方式，产生了社会公众对知识财产的利用。这种利用基本具备权利的三要素，即利益、自由和意志三种元素，我们可以将使用者依法使用他人知识产品而享有的利益称为“使用者权”[②]。虽然知识财产法定使用的情形较为有限，但其范围较有体财产的法定使用要宽泛得多。

2. 意思自治程度不同

在约定使用中，使用对象、范围、期限、地点等条件皆由当事人自由约定，法律不予干涉。而在法定使用中，意思表示仅在有限的范围内对当事人产生影响。例如，虽法定许可使用中的“授权”由法律直接规定，但使用人仍需支付报酬，其付酬的数额、方式、时间等仍需“意定”。强制许可使用的“授权”则来自主管部门的批准，而支付报酬的有关条款亦可由当事人约定。另外，在合理使用中，意思表示仅在个别的情形中具有效力。[③] 这是因为，法定使用是国家主管机关对知识产权的一种限制，限制得当与否往往关系着知识产权人的切身利益。为此，法律必须详细规定法定使用的情形、方式、地域和期限，以免对知识产权人造成不应有的损害。

3. 主体不同

在约定使用中，授权方为知识产权人，使用方为经知识产权人同意的人。而在法定使用中，不存在知识产权人的授权，使用者为符合法律规定条件的一切不特定的人。例如，合理使用及法定许可使用的主体都是不特定的多数人，强制许可使用的主体为向知识产权主管机关提出申请并取得强制许可证的任何人，范围稍窄。由此可见，有体财产往往事关特定的少数人的利益，故以约定使用为主；知识产权往往与社会公共利益休戚相关，故应施以特定限制，因而

① 参见余能斌、马俊驹主编：《现代民法学》，645 页，武汉，武汉大学出版社，1995；王利明：《物权法论》，420 页，北京，中国政法大学出版社，1998。

② 吴汉东：《著作权合理使用制度研究》，135 页，北京，中国政法大学出版社，1996。

③ 例外情形有，著作权人得以事先声明的方式禁止他人转载或重播其关于政治、经济、宗教问题的时事性文章，禁止他人刊登或播放其在公众集会上的演讲。

在立法上约定使用与法定使用并存。此外，知识产品的非物质性又使其能够同时为不特定的多数人所共享，因而这一品性使法定使用成为现实。

基于合同约定而产生的利用，主要有：

1. 转让。即知识产权所有人将其财产权的全部或部分转让给受让人，从而使受让人成为该知识产品全部或部分财产权的新的所有人的法律行为。承认知识产权的可转让性，是各国相关立法的通行做法，仅在著作权转让的立法例上存有例外。[①] 知识产权的转让，从内容上说，可以分为全部转让和部分转让。所谓全部转让，即知识产权所有人将其财产权全部转让给受让人，使受让人取代原权利人行使对知识产品利用的各种专有权利；部分转让，即知识产权所有人将其财产权部分转让给受让人，而自己同时保留其他使用知识产品的权利。从时间上说，知识产权的转让可以分为无期限转让和有期限转让。所谓无期限转让，即在整个知识产权有效期内将知识产品的财产权转让给他人，受让人行使这些权利直到知识产权保护期终止；有期限转让，即在知识产权保护期内的约定期间转让知识产品的财产权，受让人的使用专有权可因约定期间届满而终止，而该权利到期后仍回归原知识产权所有人。在允许知识产权转让的国家里，一般都奉行自由转让原则，知识产权所有人既可以全部转让，也可以部分转让；但在著作权的转让中，个别立法例对此有所限制。[②]

2. 授权使用。亦称许可使用，即知识产权所有人将其财产权中的全部或部分权能许可他人利用的法律行为。从性质上看，授权使用是一种具有设定权利意图的表意行为，授权使用行为依当事人的意思表示内容而发生效力。这就是说，法律承认授权使用行为之效力，乃在于许可人与被许可人之间形成的效力意思。授权使用这一法律行为通常表现为许可使用合同，知识产权所有人通过许可使用合同可以将财产权中的一项或多项内容许可他人使用；同时，向被许可人收取一定数额的知识产权使用费。这种情况被称为“知识产权许可证贸易”。授权使用是知识产权利用的常见方式，是知识产权所有人实现其财产利

---

① 《德国著作权法》从“一元论”的观点出发，主张著作人身权与著作财产权不可分离。由于著作人身权不可转让，因而著作权也无法单独转让。

② 《突尼斯著作权法》只允许部分转让，不能全部转让，尤其是不能在整个保护期内无限制地全部转让。

益的主要途径。

3. 设定质权。质权是指债权人因债权担保而占有债务人或第三人移交的财产并就该财产优先受偿的权利。一般来说，质权主要是一种动产担保物权。《法国民法典》将质权分为动产质权和不动产质权，没有权利质权之说，这是因为法国民法将债权、知识产权、股权等视为动产或无体动产。因此，动产质权中已含有权利质权。《德国民法典》中的质权则分为动产质权与权利质权，包括知识产权在内的权利，都可以作为质权标的，但学说上多称权利质权为准质权。凡质权依订立合同而产生[①]，设定以后，如合同无特别规定，质权人不得行使或处分该项知识产权，如债权消灭，则知识产权回归出质人。

4. 设定信托。信托本是普通法系的特有制度，即受托人接受委托人交付的信托财产，按照约定的目的进行管理或其他处分的法律行为。在此项法律关系中，受托人实际控制财产，但同时负有义务为委托人的利益运用此项财产。作为信托标的的财产，包括动产与不动产、有体财产与无体财产。信托的作用在于使财产的经营管理与财产的收益享有相分离，从而满足当事人的特殊需要。在信托关系中，知识产权属于受托人，但受托人必须按照信托目的行使权利。目前，设定信托多见于著作权利用的情形，德国、美国、英国、日本等国的著作权集体管理组织即是采用这种利用方式。

基于法律规定而产生的利用，主要有：

1. 合理使用。即在特定的条件下，法律允许他人自由使用知识产品而不必征得知识产权人的同意，也不必向其支付报酬的制度。知识产品是一种特殊的商品，它不仅关系着个人合法财产利益的满足问题，而且与社会科学、文化事业的进步息息相关，因此，各国对知识产权的行使有着严格的限制。凡合理使用，在使用他人知识产品时既不征得对方同意、也不支付报酬，是对知识产权的一种最为严苛的限制。例如，著作权领域中的适当引用，专利权领域中为科学研究和实验而使用、临时过境使用，植物品种权领域中农民自繁自用繁殖材料，集成电路布图设计权领域中为个人学习的使用，等等，都属此类限制。

---

① 《德国民法典》将权利质押分为约定方式和法定方式，但后者“在当代德国民法实践中基本不起作用”。参见孙宪忠：《德国当代物权法》，351 页，北京，法律出版社，1997。

关于合理使用的法律属性，目前有三种学说：一是“权利限制说”。即将合理使用看作是著作权的限制。这一观点是从行为对象而不是从行为主体自身的角度来阐述的，其视角涉及的是著作权人而不是使用人，描述的是知识产权行使的消极内容而不是知识产品使用行为的积极内容。国内外学者多数持此种看法。① 二是“侵权阻却说”。即认为合理使用是知识产权侵害的违法阻却事由。这一观点首先假定合理使用是侵权行为，概因法律的规定，推定其违法失效，因而不以侵害他人知识产权论。美、日及我国台湾地区一些学者有此论述。② 三是“使用者权利说”。即认为合理使用乃是使用者依法享有利用他人知识产品的一种权益。这一观点从合理使用行为主体的角度出发，立足于合理使用是合法行为的认识，将主体这种法定“利益”称为“特权”“权利”。美国学者提出这一理论。③ 有中国学者进一步认为，合理使用既是对他人财产享有的利益，是为使用者权；也是对他人财产设定的负担，是为知识产权的限制。④

2. 法定许可使用。即根据法律的直接规定，以特定的方式使用已发表的作品，可以不经著作权人的许可，但应向著作权人支付使用费，并尊重著作权人的其他权利的制度。法定许可使用仅存在于著作权领域。法定许可使用较之合理使用而言，对知识产权的限制稍为宽松。这是因为，法定许可使用中的使用者多以营利为目的，使用知识产品的数量较大，在市场上与知识产权的授权使用构成了竞争，所以，在法定许可使用中应当维护知识产权人的获益权。从行为主体来看，法定许可的情形除部分涉及原创作者与一般使用者的关系外，其使用者多为表演者、唱片制作者、广播组织者等，即该种许可使用主要涉及

---

① 代表性著述有 John S. Lawrence，Fair Use and Free Inquiry：Copyright and The New Media，Ablex Publishing Co.，1980，p. 271；郑成思主编：《知识产权法教程》，124 页，北京，法律出版社，1986；杨崇森：《著作权法论丛》，177 页，台北，华欣文化事业中心，1983。

② 代表性著述有［日］胜本正晃：《权利的合理使用》，载日本《独协法学》，1977（10）；张静：《著作权法评析》，241 页，台北，水牛图书出版事业有限公司，1983。

③ 代表性著述有 Paul Goldstein，Copyright Principles：Law and Practice，Little，Broun and Company（Canada）Limited，1989，p. 182；L. Ray Paterson，Stanley W. Lindberg，The Nature of Copyright：A Law of Users' Right，The University of Georgia Press，1991，pp. 2，4，193。

④ 参见吴汉东：《著作权合理使用制度研究》，131～135 页，北京，中国政法大学出版社，1996。

著作权人（作品创作者）与邻接权人（作品传播者）的关系。这一制度设定的目的就是简化著作权手续，促进作品广泛、迅速的传播。从行为对象来看，法定许可使用实际上是作品的“二次使用”，这种使用未损害著作权人的发表权。如果著作权人事先声明不许使用的，所谓的法定许可使用亦不能成立。该种声明是一种对法定许可的“保留权”。从行为性质来看，法定许可使用是一种准法律行为。这是一种虽无严格意义的意思表示，但又有向相对人表意之行为，因而发生与法律行为相同后果的法律关系。[①] 许可使用的“授权”意思虽由法律直接规定，但法律并未像规定事实行为那样对此类行为的法律后果作出具体描述。换言之，法律规定必须支付报酬，但付费的数额、方式、时间仍需“意定”；被许可人只要有表意行为，即可认定法定许可使用成立。可见，表意在法定许可使用中是具有法律意义的，因而能产生与许可使用类似的法律效力。

3. 强制许可使用。即在特定的条件下，由知识产权主管机关根据情况，将对知识产品进行特殊使用的权利授予申请获得此项权利的使用人的制度。在国际公约中，强制许可使用又被称为“强制许可证”，属于“非自愿许可”的情形。目前，在著作权领域和专利权领域及植物新品种保护领域，均存在强制许可使用制度。最初，它仅适用于对音乐作品录制唱片之情形，即唱片制作人经主管部门的批准，以支付使用费为代价，得以录制他人的音乐作品而该著作权人不得拒绝，以后才渐渐延及其他领域。[②] 在立法例上，美国 1909 年《版权法》率先以成文法的形式规定了这一制度。强制许可使用制度现为世界各国普遍采用，《保护文学艺术作品伯尔尼公约》与《世界版权公约》都含有该制度的相关条款。同样，其他国际公约及多数国家的专利法中也规定了强制许可制度。《知识产权协定》第 31 条也允许缔约方的法律规定强制许可制度。强制许可使用的功能在于借助强制许可证的方式限制知识产权人的专有权利，确保公众接触、使用知识产品的可能性，以促进整个社会政治、经济、科学与文化的进步。在知识产权法律制度中，合理使用对知识产品的使用人规定有严格的限制条件，使用人能够利用的知识产品的数量极为有限，且知识产权人无法从

① 参见史尚宽：《民法总论》，台北，正大印书馆，1979。

② 参见张静：《著作权法评析》，230 页，台北，水牛图书出版事业有限公司，1983。

这种传播中收取任何利益。而强制许可使用虽与合理使用同为非自愿许可，但有自己特殊的功用，它在维系知识产权人的获酬权的条件下，保证了使用人对知识产品利用的数量与方式的需要。同时，在一些国家，创造者的专有使用权与公众利用作品的需求之间的矛盾往往是通过法定许可制来缓解的，但对于未实行法定许可制的国家（如美国、日本等），解决这一问题则是借助于强制许可使用方式。换言之，强制许可使用具有法定许可使用的替代功能，它均衡了知识产权人与使用人两者的利益，实现了保证创造者权利与促进科学、文化事业发展的立法目的。

第七章

知识产权的限制

知识产权法律的基本功能之一，在于调整权利人行使“专有权利”与促进知识、技术广泛传播之间的矛盾，协调知识财产所有人、传播人与使用人各方利益的关系。就制度规范而言，这些直接关系着知识产权的保护与限制。所谓知识产权的限制，通常是指对知识财产所有人行使其“专有权利”的限制。一般而言，知识产权的地域性、时间性，可以理解为对有关权利的存在空间效力、存续期间效力的限制。本章述及的限制，专指权能效力的限制，即是对知识产权的行使进行限制，对“专有权利”内容的限制。知识产权制度对“专有权利”进行保护并对其设定必要的限制，体现了法律对涉及知识财产的各种利益予以认识并加以协调，即对社会关系的各种客观利益现象进行有目的、有方向的调控，以促进利益的形成和发展。[①]

一、知识产权限制的法理基础

探讨知识产权限制的法理基础，涉及三个问题：一是知识产权法律关系的利益构成，二是知识产权基本属性的“法律悖论”，三是知识产权法的利益平

① 参见孙国华：《论法律上的利益选择》，载《法律科学》，1995（4）。

衡目标。

在知识产权领域，现代国家注重知识产权法律的激励功能，即运用知识产权法律的授权机制，将知识产权与国家发展政策相结合，而一些国家甚至将知识产权上升到国家战略的高度来看待。基于大陆法系传统和现代国家的政策考量，法学家们习惯将权利因素视为知识产权法律关系的本质，但是这并不意味着法律政策一边倒地倾向权利人的利益。应该说，智力成果的社会价值、信息产品的社会共享也是法律所着力实现的目标之一。在这种“权利专有/信息共享”的法律思想支配下，围绕知识产品及其权利形成的主体之间的权利、义务关系，自然成为知识产权法律关系的重要内容。知识产权的限制，即是调整不同主体利益关系的专门制度。其实质归根结底就是如何认识基于知识产品所产生的各种利益并加以合理分配的问题。因此，研究知识产权的限制，应以权利的利益评价为起点。利益是权利的基本要求，它既是权利的基础和根本内容，又是权利的目标指向，是人们设定该项法律制度所要达到的目的（起始动机）。利益是一个客观范畴，“利益决定着法律的产生、发展和运作；法律影响着（促进或阻碍）利益的实现程度和发展方向”①。

在知识产权法律关系中，通常会涉及多种主体的利益。学者们对主体利益曾作过不同的区分。以著作权法律关系为例，有的学者将其分为作者的利益和社会的利益②；有的学者将其分为作品创作者的利益、作品传播者的利益与作品使用者的利益③；也有的学者将其称为作者的利益，出版者、销售者和作品的其他使用者的利益，最终消费者（即一般公众）的利益及社会的利益。④ 一般说来，知识产权法在调整社会关系时，必须考量多个方面的利益，即知识资源提供者的利益、知识产品创造者的利益、知识产品使用者的利益以及社会一般公众的利益，而知识产权法律的效益目标即是实现利益平衡并达到最大化。

---

① 孙国华：《论法与利益之关系》，载《中国法学》，1994（4）。

② 参见郑成思：《知识产权教程》，106页，北京，法律出版社，1990。

③ See L. Ray Patterson，Stanley W. Lindberg，The Nature of Copyright：A Law of Users' Right，The University of Georgia Press，1991，p. 12；吴汉东、王毅：《中国传统文化与著作权制度略论》，载《法学研究》，1994（1）。

④ 参见［美］E. W. 鲍曼、L·克拉克·汉密尔顿：《现代版权概念和版权制度的比较分析》，载《外国法学研究》，1998（3）。

知识产权法律的这种平衡目标及协调功能，表现在其制度规范之中。例如，著作权法规定，在特定的条件下使用已发表的作品，可以不经著作权人许可，不向其支付报酬，但应当指明作者姓名、作品名称，并且不得侵犯著作权人依法享有的其他权利。专利法规定，利用遗传资源完成的发明创造，在申请专利时负有标示来源的义务。由此可见，知识产权法律调整知识资源的提供者、知识产品的创造者、知识信息的传播者以及包括消费者在内的社会公众之间的利益关系。这种利益关系在法律层面就表现为权利、义务关系。各主体利益关系的调整，涉及对知识资源的社会分配，这在法律上表现为权利配置，即通过设定知识产权所有人与其他主体的权利、义务来实现。

知识产权表现为有条件的独占性、有限制的排他性和有限定的时间性。就权能效力来论，知识产权具有独占性与有限性的“二律背反”① 特点，即权利主体对其知识财产是“独占的”，但是这种独占又是受到限制的。这与信息产权设定的“经济学悖论”有着惊人的相似性。经济学家认为：“没有合理的垄断就不会有足够的信息生成出来，但是有了合法的垄断又不会有太多的信息被使用。”② 解决这一经济困境的法律途径，就是在保护知识产权的基础上对该项权利实行必要的限制，由此产生了知识产权独占性与有限性的“法律悖论”。

知识产权的独占性，在英文中通常表示为“exclusive”或“monopoly”，我国知识产权著作将其译为“专有性”或“垄断性”，其含义是指知识产权所有人对其创造的智力成果、在经营管理活动中取得的知识经验或标记，根据法律的规定享有排他性的使用权，任何人未经权利人允许，都不得使用权利人的知识产品（法律另有规定的除外）；对同一项知识产品，不允许有两个以上的同种权利并存。详而言之，知识产权的专有性体现在以下两个方面：一是权利主体的唯一性，同一项知识产品上不允许同时存在两个以上不相容的权利；二是权利行使的排他性，非经权利人允许，他人不得非法使用知识产品。知识产权的独占性来源于法律的直接规定或国家的授予，这是知识产权人利用知识产

① “二律背反”(antinomies)，是18世纪德国古典哲学家康德提出来的哲学基本概念，意指双方各自依据普遍承认的原则建立起来的，公认为正确的两个命题之间的矛盾冲突。

② ［美］罗伯特·考特、托罗斯·尤伦：《法和经济学》，张军译，185页，上海，上海三联书店，1994。

品的法律前提，独占性的重心在于权利人对知识产品利用的控制上。而在有体财产所有权制度中，权利人往往可以凭借自身对物品的实际占有而进行利用，无须通过法律的授予。因此，对于有体财产的利用方式，法律往往不做事前引导而听凭权利人根据意思自治原则进行约定；而对于知识产品的利用，法律常常划定一定的界限要求权利人在特定的范围内行使权利、承担义务。总之，通过这种独占权的授予，极大地补偿了知识产品创造者的劳动消耗，激发了其创造热情，从而促进了整个社会精神文明和物质文明的发展。因此，在知识产权制度中，知识产品创造者的利益是知识产品传播者、使用者利益存在的前提，如果不保护创造者的利益，则其他人的利益将成为无源之水、无本之木。

知识产权的有限性或者说对知识产权效力的限制表现在以下三个方面：一是公共领域保留。知识产权制度设立了知识形态资源的专有领域和公共领域，前者是权利人控制他人使用而行使独占权利所及的范围，后者是非权利人因限制前者所述独占权利而得以自由使用的空间。英国《安娜法令》作为世界上第一部著作权法，即设定了“文学艺术领域的公共领域”（the public domain for literature）。其要义是：规定著作权保护期限（以对抗出版商永久著作权的主张，保证作品在一定期限后得自由使用）；规定著作权人在印刷、出版和出售方面享有有限的权利（即著作权人对作品再次出售时权利穷竭）。[①] 美国宪法的知识产权条款，通过赋予作者和发明者对他们的创造物有限的专有权来促进科学和有用艺术的进步。[②] 其规定的“公共领域保留”（the preservation of the public domain），将创造者的专有权利限制在一定时间和范围之内；此外，隐含的“进入权”（the right of access）政策，还赋予非权利人在一定条件下使用他人知识产品的权利。[③] 在精神生产领域，任何知识产品的创造，无一不是来自对已有知识形态资源的借鉴和利用，因此对这种创造性成果不能给予无限期的独占权利，以阻碍他人进行新的创造。这种对公共领域资源的利用和对专

---

① See L. Ray Patterson, Stanley W. Lindberg, The Nature of Copyright: A Law of Users' Right, The University of Georgia Press, 1991, pp. 49－55.

② 参见冯晓青：《知识产权利益衡平理论》，85 页，北京，中国政法大学出版社，2006。

③ See L. Ray Patterson, Stanley W. Lindberg, The Nature of Copyright: A Law of Users' Right, The University of Georgia Press, 1991, pp. 49－55.

有权利的“进入”政策是符合民法对价原则的。二是权利行使限制。知识产权的行使，涉及权利人控制和利用其知识产品的行为自由，包括行为方式、程度、范围、界限和标准。权利的行使或者说使用知识产品的行为自由是一种有限度的自由，“自由是做法律许可的一切事情的权利，如果一个公民能够做法律所禁止的事情，他就不再自由了，因为其他人也同样有这个权利”①。同时，行为自由附有相应的责任，“自由是制度的某种结构，是规定对权利和义务的某种公开的规范体系”②。这就是说，权利人行使权利的自由，包括使用知识产品的自由和控制知识产品而不使用的自由，而这些自由并不是绝对的、任意的、无约束的。行为自由与自由行为边界的问题，在知识产权制度内部，即是权利的保护与限制；在社会权利体系中，即涉及本权与他权的冲突和协调。例如，在保护数据库著作权的同时，必须充分考量数据主体即隐私权主体的合法权益；因维护公共健康权的需要，有必要对药品专利实施强制许可使用；授予基因技术以专利但须以正当使用为前提，不得损害人们的环境权利。根据“法益优先保护”的原则，诸如隐私权、健康权、环境权等应当居于优越地位而予以特别保护；而对于其他一般权利，也应予以尊重，不能因知识产权的行使而致人损害。三是禁止权利滥用。权利人行使权利本应受法律保护，罗马法上就有“行使自己的权利，无论对于任何人，皆非不法”的观念。法国大革命后，则强调“权利绝对”。社会实践的发展证明，在上述思想的指导下，权利人不正当地行使权利，会给他人造成损害，这将对社会带来不利，于是产生了“禁止权利滥用”的原则。③ 私法原则当然应适用于知识产权领域，尽管知识产权是一种合法的垄断，但权利人行使权利可能产生一些导致市场垄断的行为，即构成知识产权滥用。知识产权滥用，是相对于知识产权的正当行使而言的，意指权利人在行使其知识产权时超出了法律所允许的范围或正当的界限，损害他人利益和社会公共利益的情形。滥用知识产权的行为并不导致知识产权本身的无效。这是因为，权利滥用中的权利本身，即是得到法律肯定和保障实现的利

---

① ［法］孟德斯鸠：《论法的精神》（上册），张雁译，192 页，北京，商务印书馆，1982。

② ［美］罗尔斯：《正义论》，何怀宏、何包钢、廖申白译，192 页，北京，中国社会科学出版社，1998。

③ 参见魏振瀛主编：《民法》，29 页，北京，北京大学出版社，2004。

益，不应包括不合法的“权利”或是不正当获得的“权利”。虽然权利本身并不因滥用而导致无效，但因其滥用可能导致两种法律后果：第一，违反知识产权制度规范，产生私法规制的结果。在私法领域里，知识产权滥用行为本身并非是可以起诉的侵权行为，但权利人由此丧失了请求救济的可能，包括获得权利使用费或金钱赔偿等。第二，违反反垄断法规范，产生公法规制的结果。该类权利滥用属于滥用其市场支配力，限制市场竞争的行为，涉及市场竞争的公共政策，因此有必要以反垄断法加以规制。

利益平衡是知识产权的立法目标，其意指当事人之间、权利与义务主体之间、个人与社会之间的利益应当符合公平的价值理念。知识产权法律的宗旨，在于保护创造者的合法权益，促进知识产品的广泛传播。这种二元价值目标，是以权利保障的激励机制为基础，以利益平衡的调节机制为手段来实现的。知识产权与思想、信息、知识的表述和传播有着密切的关系。在保障创造者权益的同时，必须考虑促进知识广泛传播和推动社会文明进步的公益目标。正如美国学者在评价著作权法时所说的那样，著作权法涉及社会的、政治的、经济的、教育的和艺术的各个方面，它不能专注于作者权利的保护，而应顾及广大使用者的利益。[①] 可以认为，知识产权法律不仅应将目光投向创作者利益，还应同时关注到其他主体利益和社会公共利益。

从利益平衡的价值目标出发，知识产权的限制制度的协调功能应着力于以下几个方面：（1）独占权利与后续创造自由。知识产权所有人对知识产品的独占权不应成为再创造的障碍。知识产品的创造活动是一个绵延不绝的历史过程，现实的知识产品往往是对前人成果兼收并蓄的结果。因此，知识产品的创造者以自己的独占权排斥他人对其知识产品的再创造并不恰当。为此，各国法律中设定了多项制度来保护后人的再创造权。例如，著作权法认为后人对前一作品进行适当引用属于“合理使用”，专利法认为“为科学研究或实验目的而使用”他人的专利技术不为侵权，植物新品种保护法允许“为了科研或实验而繁衍”受保护的植物新品种，等等。（2）个人权利与公共教育政策。发展教育

① See Edward W. Ploma, L. Clark Hamilton, Copyright: Intellectual Property in the Information Age, Routledge and Kegan Paul Ltd., 1980.

事业，为公民提供充分、完善的教育机会，是各国普遍推行的公共政策，而受教育权也是宪法规定的公民的一项基本权利。因此，在保护知识产权所有人的个人权利的同时，不应使这种专有权利成为妨碍公民受教育的屏障。如果对著作权不加以限制，则可能在作者及其子孙受益的同时，社会公众的权利就受到限制，"这实际上是一种权利冲突——作者或所有者及其子孙后代的权利与社会公众获取人类文明的权利之间的冲突"[①]。所以，各国在著作权立法中一般允许为教学目的而自由使用有著作权的作品，但不得用于商业目的。(3) 私人权利与经济发展。利用科学技术的最新成果促进一国的经济发展，不仅是该国人民的共同愿望，而且是发展权这一基本人权的集中体现。为了发展本国的经济，社会总是希望能应用当代最为先进的技术，但这些技术通常都取得了专利权，如果专利权人不愿授权，则社会公众往往难以应用。为了解决这一冲突，各国法律及国际公约规定了对知识产权行使的限制。例如，各国在专利法中一般规定了强制许可、国家在紧急状态下的使用等制度，来促进专利技术的应用；在植物新品种保护法中允许农民自繁自用繁殖材料，以发展农业生产。通过上述限制，确保了一国对最新科技成果的吸收和应用，促进了国家的经济发展。(4) 专有权利与贸易自由。知识产权是一项排他性的专有权利，权利人可以控制知识产品的应用，但这种控制的范围大小、控制的力度轻重，直接影响着知识产品流通的环节与区域。在专利制度创立之初，在西欧曾爆发了一场有关专利制度的大论战，推迟了专利制度的传播。在 1850 年前后，自由贸易的拥护者以反垄断的名义攻击专利制度，认为专利权在国内影响了经济活动，在国与国之间起了类似关税壁垒的作用，阻碍了国际贸易的发展并掀起了取消专利制度的运动。[②] 由此可见，如果无限制地允许知识产权所有人自由行使其权利，则权利人有可能滥用其权利，在知识产品流通的各个环节及各个地域设立重重障碍，阻滞知识产品的流通与传播。为此，各国立法者采取了包括权利穷竭（the exhaustion of exclusive rights）制度在内的各种限制措施。由于"权利穷竭"制度仅允许权利人在商品首次销售时进行控制，因而该理论又被称为

---

① 曹新民：《试论"均衡原理"对著作权法律制度的作用》，载《著作权》，1996（2）。

② 参见汤宗舜：《专利法教程》，10 页，北京，法律出版社，1996。

“首次销售”理论。有关权利穷竭的规定散见于各国著作权法、商标法和专利法等法律之中。通过该制度的确立，大大削弱了知识产权人对知识产品再次流通的控制，有利于贸易的自由往来。

二、知识产权限制的制度构成

各国有关知识产权限制的规定，散见于各类具体制度之中，如著作权的限制有合理使用、法定许可使用、强制许可使用、权利穷竭等，专利权的限制有强制许可使用、专利权穷竭、为科学研究而使用、先用权人的使用、临时过境等，商标权的限制有权利穷竭、在先使用、平行进口等，植物新品种权的限制有为科学实验而使用、农民自繁自用繁殖材料等，集成电路布图设计权的限制有强制许可、善意使用等。在这里，我们不必拘泥于各类具体制度的具体规定，而应进行必要的抽象归纳，现将知识产权限制的制度构成作出如下分类。

1. 基于知识产品权利利用的限制

一般而言，所有人对于自己财产可以根据自己的意愿在法律规定的范围内自由使用，也可以根据法律规定或合同约定交由他人使用，后者即是专有权利的利用。在限制知识产权的情形中，不以所有人授权为据，无须征得其同意即可使用知识产品，是为专有权利利用的限制，主要制度有合理使用和非自愿许可使用。

合理使用是对知识产权最严格的限制。所谓合理使用，是指在法律规定的条件下，不必征得权利人同意，也不必向其支付报酬，基于正当目的而使用他人知识产品的行为。一般而言，使用他人财产须取得所有权人同意并支付报酬，这是有形财产和无形财产使用的通行规则，也是商品等价交换原则在法律中的体现。但是，知识产品是一种特殊的商品，它不仅关系着个人合法财产利益的满足，而且涉及知识传播和科学文化事业的进步，因此，各国对知识产权的行使有着严格的限制。在使用他人知识产品时既无须取得对方同意也不必支付报酬，是对知识产权的一种最为严苛的限制。例如，著作权领域和集成电路布图设计领域中的合理使用、专利权领域中为科学研究和实验而使用、临时过境使用及农民自繁自用授权植物新品种的繁殖材料，等等，都属此类限制。法律对合理使用规定了严格的适用条件：（1）使用需有法律依据。合理使用来自法律的直接规定，而非知识产权人的授权。因此，我们可以这样认为，使用者的权利直接来自法律的规定。（2）使用须出于正当目的。对于合理使用，使用的目的是营利还是非营利，是解决问题的要害。[①] 如果使用者出于营利目的而使用知识产品，那么这种使用目的就有悖于设定知识产权限制制度的初衷；反之，如果使用者出于“学习与研究”“教育”“科学实验”“评论”等非营利目的，则此类使用属于正当使用。（3）使用应有一定的数量限制。由于此类限制剥夺了知识产权人的获益权，因而，如果使用的数量过多，势必会对知识产品的市场销售形成一定的冲击。为此，各国法律都规定了一定的数量限制。例如，在引用他人作品时不得超过一定的数量，为教育目的复制的图书不应超过一定的份数，等等。（4）使用不应对知识产品的市场销售造成潜在的威胁。各国法律从使用的后果上对此进行了限制。例如，农民自繁自用授权植物新品种的繁殖材料可以不经允许且无须付酬，但是，农民仅能自用繁殖材料而不得通过销售与植物新品种的权利人竞争，也不得将繁殖材料无偿送予他人而损害植物新品种的市场销售。（5）使用时不应损害知识产权人的其他合法利益。在此类限制中，法律仅授予使用者一定范围的使用权，使用者应尊重知识产权人的其他合法权利，如引用他人作品时应指明出处，免费表演有著作权的作品时应以适当方式表明作者的身份等。

非自愿许可使用是知识产权限制的重要制度。所谓非自愿许可使用，是指根据法律的规定，无须经知识产权人授权，使用人可以利用其知识产品但应向权利人支付适当报酬的行为。在知识产权领域，非自愿许可使用与自愿许可使用是相对应的两种行为，其区别的关键在于是否需要经过权利人的同意。非自愿许可使用具有以下几个特点：（1）非自愿许可使用须有法律规定的根据。这种许可使用与授权许可使用不同，其使用依据是对知识产权行使的干涉和限制，不是“意定”而是“法定”。如果没有法律的直接规定，非自愿许可使用不得成立。（2）非自愿许可使用，不具有独占实施或使用的性质。它只对权利

---

① See Pierre N. Leval, “Toward a Fair Use Standard”, Harvard Law Review, Vol. 103: 1105, 1990.

人的权利行使构成有限的约束，即在非自愿许可使用存在的情形下，权利人仍可自己使用或许可其他人使用知识产品。(3) 非自愿许可使用人应向权利人支付适当的报酬。使用需要对价，这是非自愿许可使用与合理使用的重要区别所在。非自愿许可使用，以是否经过行政批准程序为依据，可以分为需要批准的非自愿许可使用和不需要批准的非自愿许可使用。[①] 前者是强制许可使用，后者是法定许可使用。诸如著作权的强制许可使用、专利权的强制许可使用、专利权的指定许可使用、集成电路布图设计的非自愿许可使用、植物新品种权的强制许可使用等，都需要经过行政机关的批准才能取得。其中，有的是行政机关根据使用人的申请而被动作出的批准，如为防止专利权滥用而批准的专利强制许可使用（参见我国《专利法》第 48 条）；有的是行政机关根据法律规定的情形而主动作出的批准，如专利权的指定许可（参见我国《专利法》第 49 条）。法定许可使用仅适用于著作权领域，是一种不需批准的非自愿许可使用，即使用人根据著作权法的规定，即可直接使用著作权人的作品，不以行政机关批准为必要（参见我国《著作权法》第 23 条）。

2. 基于知识产品物化载体流通的限制

知识产权是一种合法的独占性权利。在法律允许的范围内，权利人可以决定知识产品的使用，包括使用的方式、地点、时间等，这即是专有权利的效力所在。但是，当非物质性的知识产品以物化载体形式出现之后，知识财产专有权能否对抗物化商品的所有权？这是立法者必须解决的权利冲突问题。一般而言，知识产权人对于其创造的知识产品享有专有权，他可以自主决定知识产品的使用与销售，但是当知识产品附着于物质载体上作为商品出售时，知识产权主体往往希望将权利的垄断效力扩及出售后的商品上，而商品的购买人则凭借其对有形商品的所有权予以抗辩，从而产生了知识产权主体对知识产品享有的专有权与有形财产权主体对知识产品物化载体享有的所有权之间的冲突。解决上述权利冲突的法律之道，就是限制知识产权的垄断效力，维系知识产品物化载体的商品流通，这项制度就是“权利穷竭”。

所谓权利穷竭，是指含有知识产品的商品以合法方式销售或分发出去后，

① 参见陶鑫良、袁真富：《知识产权总论》，231 页，北京，知识产权出版社，2005。

无论该商品再辗转到何人之手，知识产权人均无权再控制该商品的流转，即权利人行使一次即用尽了有关权利，不能再次行使。[①] 由于“权利穷竭”制度仅允许知识产权人在商品首次销售时进行控制，因而该理论又被称为“首次销售”理论。有关权利穷竭的规定散见于各国著作权法、商标法和专利法等法律之中。例如，《德国著作权法》第 17 条第 2 款规定：“一旦作品的原件或复制件，经有权在本法律适用地域内销售该物品之人的同意，通过转让所有权的方式进入了流通领域，则该物品的进一步销售为法律所认可。”可见，只要著作权人曾同意在德国销售其作品，则当作品原件或复制件进入流通领域后，他无权再控制其他人进一步销售其作品。我国《专利法》第 69 条第 1 项规定，专利权人制造或者经专利权人许可制造的专利产品售出后，使用或者销售该产品的，不视为侵犯专利权。也即我国专利法承认专利产品合法投入市场后，专利产品的销售权和使用权在我国“穷竭”。此外，多数国家的法律中也承认了商标权的穷竭问题。

3. 基于在先使用权利、在先权利的限制

在先使用权利，或称为“先用权”，是指某项知识产品的在先使用人，可以对抗就同一知识产品在后取得的知识产权，此时的在先使用对于在后取得的知识产权构成了权利限制。

在专利制度中，在先使用权利被用来保护专利权授予前在先使用该项技术的相关人的利益。我国《专利法》第 69 条第 2 项规定，在专利申请日以前已经制造相同产品、使用相同方法或者已经做好制造、使用的必要准备，并且仅在原有范围内继续制造、使用的，不视为侵权。先用权作为对专利权的一种限制，不仅有利于保护在先发明人或者设计人的利益，而且能够消除因“先申请原则”所产生的某些弊端。如果没有此项制度，只要某个单位或个人就某项发明创造取得了专利权，其他单位或个人即使投入了大量人力、物力、财力或智力完成发明创造，并且在申请日前已开始制造相同产品、使用相同方法或者已经做好了制造、使用的必要准备，也不得继续进行制造或者使用。这既不利于科技进步，也不利于经济发展。所以，专利法通过规定在先使用权利制度而使

① 参见郑成思：《版权法》，272 页，北京，中国人民大学出版社，1990。

专利人的利益和先用权人的利益均得到合理的保护。需要指出的是，在先使用权是法律特别授予先发明人的一项权利，先发明人在行使此项权利时具有严格的限制，即只能在原有范围内继续制造、使用该产品。

在先权利，是指在某一知识产权取得之前即已存在或取得的权利。有学者严格划分了在先权利与在先使用权利，这一区分在理论上是有益的；但是同时认为：在先权利的存在，可能导致在后取得的知识产权的撤销或无效，而不宜视为对在后知识产权的权利限制。[①] 这一判断是值得商榷的。一般而言，在后取得的权利与他人在先权利发生冲突时，可能依法被撤销或宣告无效。例如，专利权人取得的实用新型专利与他人在前取得的实用新型专利属于重复授权，商标权人申请注册的商标标识侵犯他人在前的美术作品著作权，都不是对在后取得的知识产权的限制，而可能直接导致该项权利的消灭。但是也有例外：同样一个标识，某一主体将其作为企业名称在先注册，从而以商号权作为在先权利；而另一主体将其作为商标标识在后注册，并依法取得商标权。在这种情况下，商号权得以在注册登记的行政区域内依原已核定的使用范围继续存在，而不受在后取得的商标权的禁止效力的影响。质言之，该在先权利构成了对在后知识产权的限制。

三、知识产权限制的法律变革

知识产权的限制，是私人利益与公共利益平衡的结果。当然，利益平衡本身是一个动态的过程，总体上处于一种不确定的状态。[②] 因此，当客观条件的变化导致利益平衡的格局发生改变时，知识产权限制制度也会相应发生变革。

1. 国际公约对权利限制的适用原则作出明确规定

国际公约的修订文本以及新缔结的国际公约都规定，对知识产权的限制，不应损害知识产权人的正当利益。《保护文学和艺术作品伯尔尼公约》在1967年修订前仅对著作权的限制作出了总的规定，即该限制“必须符合公平惯例”。

---

① 参见陶鑫良、袁真富：《知识产权总论》，231页，北京，知识产权出版社，2005。

② 参见陶鑫良：《网络时代知识产权保护的利益平衡思考》，载《知识产权》，1999（6）。

1967年斯德哥尔摩修订文本则明确指出："如果认为复制损害了作品的正常使用，绝不允许复制。如果认为复制无损于作品的正常使用，接着应当考察复制是否侵害作者的合法利益。只有在无损于作者的合法利益时，才可能在一定的特殊情况下使用强制许可证或规定无偿使用。可列举出为各种目的而用的照相复制为例。如果复印出大量的份数，那是不允许的，因为有损于作品的正常使用。如果复印相当多的份数用于工业企业，并根据国家的法律支付合理的报酬，那就可以不致无故侵害作者的合法利益。如果复印的份数很少，特别是在个人使用或科学研究使用的情况下，可以允许，并不付报酬。"修订文本强调："本同盟成员国法律得允许在特殊情况下复制上述作品，只要这种复制不损害作品的正常使用也不致无故侵害作者的合法利益。"《知识产权协定》对知识产权的限制提出了总括性的适用原则，即这种限制不应与知识产品的正常利用相冲突，也不应不合理地损害权利持有人的合法利益。可见，该协定要求在尊重知识产品的正常利用、维护权利持有人的合法利益的前提下才能对知识产权给予限制，反之，当现有的限制措施损及知识产权人的合法利益时，则应予以制止。为落实该原则，《知识产权协定》规定了许多具体条款来规范知识产品的使用。

2. 合理使用制度的适用受到限制

西方国家积极采取措施以遏制合理使用规则被滥用，它们修改或限制了原有的合理使用制度，甚至取消了某些领域的合理使用。例如，荷兰1972年颁布《复印法》，删除了"某些为私人使用而自由复制"的条款，德国1985年修订《著作权法》，规定"复制一本书或者一份期刊，如果基本上全部复制的话，只要不是抄写下来，始终须先征得权利人的同意"。此外，奥地利、法国、匈牙利、葡萄牙、俄罗斯等国也先后修改了本国的著作权法，对限制合理使用作了类似的规定。

伴随着合理使用的立法变革，各国加强了对复制权的保护与救济。现代传播技术使得复制作品具有隐蔽性的特点，导致复制权更易受到侵害，也难以采取传统的诉讼保护办法。鉴于此，西方国家转而求助于其他救济方法，其中主要是征收复印版税与录制版税。所谓征收复印版税，是指由一定的机构向从事复印的单位和个人征收版税。在美国、荷兰、瑞典等国，有专门机构向复印者收取使用费。所谓征收录制版税，是指由一定的机构向从事录制的单位和个人征收版税。在德国对于以私人使用或其他自用目的所进行的复制，著作权人有权向上述设备和音像载体的制造商主张报酬；该规定也适用于从事商业进口或再进口上述设备和音像载体的经销商。尽管目前各国规范合理使用制度的做法存在一定的缺陷，如未能充分满足著作权人的要求，但限制合理使用、建立版税征收制度，已成为西方国家著作权立法的一个趋势。

在专利权、植物新品种保护权及其他领域，合理使用规则也受到了同样的限制，如根据临时过境原则所使用的专利产品不得用于出售，为科学研究而使用的植物新品种不得予以扩散等。

3. 法定许可使用范围有所扩大

在新技术革命的冲击下，传统合理使用中的某些类型转变为法定许可使用。自 20 世纪 70 年代以来，德国、英国、瑞典、荷兰、澳大利亚等国，先后创立了一种公共借阅权，即规定图书馆在出租有著作权的图书时，应向作者支付借阅版税。至于个人复制与家庭录制，不少西方国家都采用了版税制。关于录制版税，德国、奥地利、瑞典等国的规定不仅适用于录音、录像设备，而且延及音像空白载体；征收对象除录制设备及空白载体的制造商外，还包括进口上述录制设备及空白载体的经销商；版税受益人则为全体权利人，包括作者及其他著作权人、表演者、音像制作者以及广播组织。关于复制版税，日本、英国、法国、德国、意大利等国都规定，为个人使用目的而复制他人作品，应向著作权人支付法定的报酬。上述新版税的征收，已在部分复制、录制领域内，使合理使用转变成一种法定许可使用。

4. 法定免费使用制度被取消

所谓法定免费使用，是指法律允许特定机构非营利性地使用他人作品，可以不经权利人许可，不向其支付报酬的一种制度。实行法定免费使用制度的，主要是前东欧的几个公有制国家。在这些国家里，广播电台、电视台等都属于非营利性组织，因而要它们向著作权人支付使用费存在着一定的困难；同时，使用作品如需事先征得作者同意又有可能妨碍宣传教育的及时性。在这种情况下，这些国家的著作权法规定，凡是以广播、电视等途径传播已经发表的作品的，均无须取得权利人许可，也不必向其支付报酬。法定免费使用实际上在上述国家属于合理使用的范畴，但其他多数国家未作出这种规定，两个著作权国际公约的最新文本甚至暗示这种规定是不合理的。由于1971年修订的《世界版权公约》已最终杜绝了法定免费使用制度，因而其成员国自此不再可能采用这种作品使用方式，或是只能对本国国民的作品实行免费使用制度。[①]

5. 对国家计划专利许可规定了限制条件

一些国家中的专利法为促进专利技术的推广运用，规定了“国家计划许可使用”制度。我国1992年《专利法》第14条规定，国务院有关主管部门和省、自治区、直辖市人民政府根据国家计划，有权决定本系统内或者所管辖的全民所有制单位持有的重要发明创造专利允许指定的单位实施，由实施单位按照国家规定向持有专利权的单位支付使用费。由于这一规定明显带有计划经济的痕迹并违反意思自治原则，不利于保护知识产权人的合法利益，因而我国2000年通过的《专利法》第14条作了如下限制：“国有企业事业单位的发明专利，对国家利益或者公共利益具有重大意义的，国务院有关主管部门和省、自治区、直辖市人民政府报经国务院批准，可以决定在批准的范围内推广应用，允许指定的单位实施，由实施单位按照国家规定向专利权人支付使用费。”可见，这种国家计划许可使用制度适用时，有条件的限制，即限于对国家利益或公共利益有重大意义的专利技术；也有程序的限制，即报经国务院批准。

6. 强制许可使用条件受到约束

《保护文学和艺术作品伯尔尼公约》和《世界版权公约》严格规定了发放强制许可证的基本条件：如果某成员国依照联合国大会确认的惯例被视为发展中国家，而该国又是两公约的成员国，那么该国就有权利使用翻译和复制许可制度中的权利，且这些国家必须是“由于其经济情况及社会或文化需要，自认为不能在当前作出安排以确保对此公约文本规定的全部权利进行保护”的国家；符合上述标准又希望享受优惠待遇的成员国，必须在参加两公约之时或参加后，通知两公约各自的受托人本国将援用规定的部分或全部权利，必须交存通知书，注明自己希望援用哪种权利。根据公约的有关规定，为了翻译权或复制权所有者的利益，发放许可证时，应付给上述版权所有者一笔公平合理的报

---

① 参见郑成思：《版权法》，269页，北京，中国人民大学出版社，1990。

酬，各成员国应制定条例，保证将报酬传递给著作权人。按照著作权国际公约，发展中国家可以以所谓优惠条款获得翻译权和复制权的强制许可证。但是，由于申请周期长，且手续复杂，加之以“国际可兑换”货币支付的要求，发展中国家实际上难以享受这种“优惠”待遇。此外，《知识产权协定》第31条详细列举了对专利强制许可的限制，这些限制包括：强制许可需一事一议；在合理期间内未能取得专利权人的授权；强制许可使用范围、期限仅限于被授权目的；该强制许可使用是非专有的；该使用应是不可转让的；此使用应支付适当报酬；如导致此类使用的情况已不复存在且不可能再现，该类强制许可应终止等。此类限制条款多达14条，以致有的学者认为，“对于强制使用，与其说是协定规定了权利限制，不如说是规定了对权利限制的限制”①。

7. 权利穷竭制度面临重大变革

权利穷竭制度消除了知识产权专有性对于商品自由流通所产生的负面影响，促进了贸易的发展。但是，权利穷竭制度的滥用，也可能对知识产权人的利益带来损害。为了弥补这一缺憾，有关国家在著作权法中规定了出租权，在专利法中设定了进口权，同时对知识产品平行进口也提出了新的法律思考。

一是出租权问题。在出版业刚刚兴起之时，作品的出租数量不大，对著作权人的利益尚不构成威胁，此时出租业的举办与权利穷竭原则不相冲突。随着新技术革命的发展，作品出租大有取代作品出售之趋势，以致危及著作权人的财产利益，从而引起各国立法者对权利穷竭原则的反思与审视。为此，联合国教科文组织于1984年公布了两条建议性原则及补充意见，供各国在修订关于录制品的专门法律时参考。其主要内容是：著作权人不仅对其原作作品享有著作权，而且对被录制的音像制品中所含有的自己的作品亦享有著作权。这表明著作权人始终有权决定是否允许他人出租这种含有自己作品的录制品，如果录制品不含有著作权的原作，那么第一录制者即对该录制品享有邻接权。这表明邻接权人有权禁止他人转录、复制以至出租其录制品。上述权利应由代表著作

① 郑成思：《世界贸易组织与贸易有关的知识产权》，200页，北京，中国人民大学出版社，1996。

权人或音像制作者的特定组织代为行使。[①] 联合国教科文组织的建议，其主旨在于确认出租权，维护作品创造者与传播者的利益平衡，对社会采用传播技术而对著作权人造成的损害进行补偿。

近年来，出租权作为一项新型权利规定在各国著作权法之中。关于出租权的立法模式主要有两种：一种是将出租视为作品发行的一种方式，将出租权包含于发行权之中。例如，美国《版权法》第 106 条对发行权作了如下解释："通过出售或所有权转移的其他方式，或通过出租或出借，向公众发行有著作权作品的复制件或录制品。"可见，该条所规定的发行权涵盖了出租权。另一种是将出租视为独立的作品使用方式，因而出租权与发行权各自分列。例如，德国《著作权法》第 27 条规定了"复制物的出租或出借"的权利，而第 17 条规定的传播权主要指发行权。可见，两种权利互不相涉。俄罗斯等国的著作权法也作了类似的规定。

出租权的出现，从某种程度上削弱了权利穷竭原则，即对著作权的限制原则进行了反限制。根据权利穷竭原则，作品首次销售后，对于该作品的再次出售、散发或其他方式的使用，著作权人无权控制。该原则可促进商品的自由流通，但是作品的出租并不会引起作品复制件的转移，因而与商品的自由流通无关。立法者通过设定出租权，使著作权人能在作品出售后的一定范围内控制其出租，从而最大限制地保护了著作权人的利益，减少了著作权限制的负面影响。有的学者将该现象看作是"著作权对于所有权限制作用的扩大"，其理由是"由于科技发达的结果，使得著作权所包含的权利和利用的形态大幅度增加，相对的对作品所附着之有体物之所有权的权能或作用加以重大的限制"[②]。也就是说，由于著作权内涵的增加，在著作权与作品原件或其复制件的所有权发生冲突时，所有权的作用受到著作权的重重限制。出租权的设定即属于这一情形。[③] 从立法者原意看，建立出租权制度，在于从经济上给予著作权人补偿，以求社会之公正，并非当然就是著作权效力无限制的扩充。事实上，著作

---

① 参见郑成思：《信息、新型技术与知识产权》，97～98 页，北京，中国人民大学出版社，1986。

② 杨崇森：《著作权法论丛》，207 页，台北，华欣文化事业中心，1983。

③ 参见吴汉东等：《西方诸国著作权制度研究》，204 页，北京，中国政法大学出版社，1998。

权法在设定这一新型权能时就已经为它规定了某种限制，这主要表现在两个方面：一是适用范围的限制。出租权主要限于法律特别规定的作品类型，未延及所有作品。《知识产权协定》第 11 条要求缔约方承认出租权，但将其限定在计算机软件、摄影作品及音像制品的范围内。二是法定许可使用的限制。出租权与著作权的其他权能一样，应准予适用法定许可使用制度。在英国，依其《著作权法》第 66 条规定，“出租人可依国务大臣的命令出租作品而不必取得著作权人授权，但应向其支付合理的报酬”。

在专利法和商标法领域，专利产品的出租和附有商标的商品的出租对知识产权人利益的影响尚不突出，因而绝大多数相关法律未规定这些方面的出租权。

二是平行进口与进口权问题。所谓商品的平行进口，是指未经知识产权人的同意，第三者进口并销售含有知识产权的商品。例如，甲在中国和美国均享有专利权，乙未经甲的允许，将在中国购买的专利复制件进口到美国销售；或者，甲授权丙在美国享有其专利权，乙未经甲或丙的同意，将在中国购买的专利产品进口到美国销售。

平行进口所引起的争议焦点在于：平行进口的商品是否构成对知识产权的侵犯？目前，多数国家的专家在解决平行进口是否合法这一问题时多是从“权利穷竭”原则入手。赞同平行进口的理由是：当权利人首次销售或分发了含有知识产品的商品后，知识产权人的权利即告穷竭，即不得对他人处分该商品的行为进行过分控制。对平行进口持反对观点的理由是：知识产权有地域性，因而知识产权的“权利穷竭”也有地域限制。[①] 因此，当含有知识产品的商品在一国销售或分发后，并不导致该权利在他国的丧失。权利人在他国仍有控制权，因而平行进口同样构成对知识产权的侵犯。

笔者认为，解决该问题的关键是确定“权利穷竭”的效力范围。如果“权利穷竭”的效力仅限于国内，则平行进口会构成对知识产权的侵犯；如果“权利穷竭”的效力延及国外，则平行进口不会侵犯知识产权。从国内外的立法实

---

① 参见郑成思：《世界贸易组织与贸易有关的知识产权》，85 页，北京，中国人民大学出版社，1996；吴汉东主编：《知识产权法》，206 页，北京，北京大学出版社，1998。

践来看，就专利权和著作权而言，多数国家认为权利在一国的穷竭，并不导致其在国际市场上的穷竭。例如，根据中美之间达成的知识产权保护谅解备忘录，中国修订了《专利法》，规定了专利权人的“进口权”，美国专利法中也有“进口权”的规定。近年来，许多国家在专利法和著作权法中所规定的“进口权”，实际上是以立法形式确认了权利穷竭的地域性。“进口权”制度的出现，从一定程度上削弱了“权利穷竭”原则的效力，也是对知识产权限制的反限制。如果对“权利穷竭”无地域限制，则知识产权人即使取得了在某国的专利权和著作权，也会受到来自另一国家的合法专利产品或作品复制件的冲击，损害其经济利益。反之，立法者通过设定“进口权”，明确承认了“权利穷竭”的地域性，使知识产权人得以控制一国的知识产品交易市场，从而保护了权利人的垄断利益，使其权利成为真正的“专有权”。不过，这对跨国贸易还是有一定的阻碍作用。在近年颁布的国际公约中，《知识产权协定》第 28 条明确规定专利权人的“进口权”，实际上是确认了专利权穷竭的地域性；而 1996 年世界知识产权组织的《版权条约》与《表演及录音制品条约》都未能对争议较大的著作权地域性问题达成协议。

与上述情形不同，各国关于商标权是否穷竭的问题争议颇大。墨西哥 1991 年《工业产权法》第 92 条规定了“权利穷竭”原则，该国法院在判例中也认为商品的“平行进口”不会侵犯商标权。澳大利亚法院在 1986 年的判例中裁决“平行进口”可能构成对专利权或版权的侵犯，但不可能构成对商标权的侵犯。与之相反，美国的判例历来认为这种“平行进口”侵犯了商标权，其商标法也不承认商标权在一次使用后会穷竭。对此，我国学者认为，商标是一企业的产品与其他企业的产品和其他企业区别开来的标志，无论将其用在哪个国家，均不应改变，否则会使消费者对同一来源的商品产生“不同来源”的误解，从而不利于市场稳定，也不利于商标权人自己。这与商标权的地域性并不冲突。[①] 但是，这种解释只是讲明了商标的识别作用，并不能完满地解释商标权与平行进口之间的关系问题。笔者认为，无论是专利权、著作权领域的平行进口，还是商标权领域的平行进口问题，其实质都是确定“权利穷竭”的效力

① 参见郑成思：《知识产权论》，343 页，北京，法律出版社，1998。

范围问题。在解决该问题时，立法者需要综合考虑知识产权人对知识财产的垄断利益、经销商对于所购商品所有权的支配利益以及国家在促进商品自由流通上的社会利益等因素。就专利权和著作权而言，知识创造劳动在专利产品和作品的价值中占据十分重要的地位，专利权人和著作权人所投入的创造成本必须通过市场销售才能得到回报。如果承认“平行进口”合法性，则专利权人和著作权人会丧失产品进口国的市场份额，严重损害其利益。为此，许多国家陆续承认了专利权人和著作权人的进口权。而在商标权领域，虽然平行进口也会对商标权人的利益造成一定程度的损害，但这种损害较之专利产品和作品的平行进口所产生的损害要小得多。如果附有合法商标的商品在进口到一国时被裁定为侵权，不免过于苛刻。许多国家从鼓励商品自由流通的立场出发，尚未认定这种平行进口为违法。不过，今后国际社会是否会采取更严格的措施保护商标权，是否会制止商标权领域中的平行进口问题，尚有待观察。

第八章

知识产权的保护

知识产权一经国家机关授予，即受法律保护。由于知识产权及其保护对象的特殊性，传统的财产权保护制度已不能完全适用，因而知识产权制度必须另辟蹊径，采取特殊的手段，才能对知识财产予以有效的保护。

一、知识产权的保护范围

保护知识产权，首先要明确各类权利的效力范围。知识产品是非物质形态的特殊财产，对其所有无法凭借传统民法上的占有方法来控制。第三人对知识产品的利用，是合法还是非法，是否构成侵权，全由法律加以规定。因此，知识产权的有效范围，是确认侵权行为的法律责任和国家机关采取保护措施的依据。对此，法律作出了有别于传统所有权制度的规定。

对于财产所有权来说，其客体为有体的动产或不动产。该类客体本身即可设定权利的保护范围，法律对此无特殊规定。一般而言，有体财产之大小、形状，有体不动产之位置、外观，即可标明此物与彼物的区别，展示本权与他权的界限。法律保护所有权人对其有体财产进行占有、使用、收益和处分的权能，不问客体物的内容、性能、用途、价值如何，所有权人对各个客体物所享有的基本权能是一样的，所有权制度没有所谓界定保护范围的特别条款。

作为知识产权客体的精神产品是一种无体财产，它的保护范围无法依其本身来确定，而要求相关法律给予特别的规定。在限定的保护范围内，权利人对自己的知识产品可以行使各种专有权利；超出这个范围，权利人的权利便失去效力，即不得排斥第三人对知识产品的合法使用。

著作权的保护范围与创作者的思想表现形式相联系而存在。“思想表现形式”，也称为“表现形式”（expression），是著作权理论中最基本的逻辑概念，它在文学艺术和科学创作领域具象为作品。根据现有的学说理论，作者的创作活动被明确地分为两个部分：一部分是存在于作者大脑中的思想，而另一部分是作者的思想表现形式。[①] 这种思想表现形式是作品完成的最终形态，其基本构成要素是以文字、语言、色彩、线条、韵律、舞谱等为表现形式的符号，但它成为法律保护的作品尚需具备两个要件：一是独创性（或称原创性），二是可复制性。这即是作品的“版权性”要求（copyright ability）。在这里，一定的表现形式就是著作权法特定的保护对象。关于著作权法的保护范围，我们可以从以下几个方面来理解：第一，表现形式与思想内容无涉。各国著作权法均遵循一条基本原则，即保护思想的表现形式，而不保护思想内容本身。尽管目前理论界对思想内容与表现形式的构成尚有争议，但可以肯定的是，对作品保护不扩大到任何思想、程序、方法、体系、操作方法、概念、原理或发现，而不论上述内容在作品中以什么形式描述和说明。[②] 第二，表现形式的类型与保护范围相关。作品的类型不同，或者说是表现形式存在差异，其作者享有的财产权则未必相同。根据多数国家的法律规定，作品的类别有文字的、口头的、音乐的、美术的、图形的甚至是电子的。作者对上述作品的使用方式以至享有的权益都受制于作品的类型。例如，口头作品不涉及展览权，图形作品与表演权无关，对美术作品则无法行使演绎权。第三，表现形式不涵盖法律限制的作品。一般意义上的作品在外延上极为宽广，它涵盖了各种各样的作品，甚至包括侵权作品、进入公有领域的作品和不受著作权法保护的作品。其中，后者包

① 参见金渝林：《论“同一作品的两种不同表现形式”》，载《中国版权研究会学术年会论文选编》，22 页，西安，西北大学出版社，1993。

② 参见《美国版权法》第 102 条（b）款。

括两类：一类是依法禁止出版、传播的作品，如反动、淫秽、违反公序良俗的作品[①]；另一类是不适用著作权法的对象，如法律规定及其官方正式译文、时事新闻、通用表格及公式等。

专利权保护范围以专利申请中权利要求的内容为准。专利权客体，乃是发明创造思想具体化之物或方法。其保护范围，应以专利主管机关对于发明创造思想的范围所赋予的意思解释而定。[②] 换言之，以权利要求书为具体解释标准。权利要求书是专利申请的重要文件。在授权前，它是申请人意欲获取专利保护的权项请求；授权后，它是专利局确定专利权保护范围的依据。可以说，专利权人的专有实施权范围，就是根据专利权所覆盖的发明创造的技术特征和技术幅度来确定的。各国立法在确定专利权的保护范围时，有三种原则：第一，周边限定原则。根据这一原则，权利要求书即是专利保护的范围，应当根据权利要求书的文字严格、忠实地进行解释。美国采此立法例。第二，中心限定原则。根据这一原则，解释权利要求时不必拘泥于权利要求书的文字记载，而应以权利要求书为中心，全面考虑发明的目的、性质以及说明书和图纸，将中心四周一定范围内的技术也包括在专利保护范围之内。德国曾采取此立法例。第三，折中原则。即上述两种原则的折中。根据这一原则，专利权的保护范围根据权利要求书的内容确定，说明书和附图可用于解释权利要求。这一原则考虑到专利权人的利益，也照顾了第三人的利益，克服了上述两种原则的不足。我国采此立法例。

商标权的保护范围与核准注册的商标和核定使用的商品有关，其效力在法律中有着明确的规定。一般认为，商标权包括使用权与禁止权两个方面。[③] 前者是指商标权人对其注册商标享有充分支配和完全使用的权利，后者是指商标

---

① 根据著作权自动取得原则，作品（包括违禁作品）自创作完成之日起即依法自动产生著作权。如果某一作品被有关机关依法认定为“禁止出版、传播的作品”，即成为不受著作权法保护的对象。

② 参见何孝元：《工业所有权之研究》，224页，台北，三民书局，1997。

③ 我国有些学者对此分类存有异议。有的认为，未注册商标与注册商标一样，也具有使用权；还有的认为，商标权就其本质而言是一专有使用权，排他权是其当然内容。笔者认为，未注册商标的“使用权”是不完全、不充分的，它的使用只是一种自然的事实，而非法定的权利。当未注册商标与注册商标发生冲突时，前者的继续使用即告非法；同时，注册商标的使用权与禁止权的区别，有助于判明其效力的差异。我国《商标法》对此有明确的规定。

权人禁止他人未经许可擅自使用其注册商标的权利。在法律上区别使用权与禁止权，在于两者有着不同的效力范围。按照立法通例，注册人的专有使用权以核准的注册商标和核定使用的商品为限。这就是说，注册人行使专有使用权受到两方面的限制：第一，只限于商标主管机关核定使用的商品，而不能扩大使用于其他类似的商品；第二，只限于商标主管机关核准使用的文字、图形，而不能超出核准范围使用与其相近似的文字、图形。但是，禁止权的效力范围则不同，注册人对他人未经许可在同一种商品或类似商品上使用与其注册商标相同或近似的商标，均享有禁止权。这就是说，禁止权的效力涉及以下四种情形：第一，在同一种商品上使用相同商标；第二，在同一种商品上使用近似商标；第三，在类似商品上使用相同商标；第四，在类似商品上使用近似商标。应该指出的是，注册商标专有权以核准的文字、图形和核定使用的商品为限，此种限定应是商标权人行使专用权的范围，而不是商标权的保护范围。[①]

二、知识产权侵害行为的对象与属性

关于侵犯知识产权的行为，目前的著作很少从总体方面进行研究，而对各类具体侵权行为的描述则散见于诸法论述之中。对于侵权行为的指向，或者说侵害对象，学者们有不同观点。有的学者强调，侵权行为表现为擅自使用他人的知识产品。根据这一主张，侵犯著作权的行为，是指“未经作者或其他著作权人许可，又不符合法律规定的条件，擅自利用受著作权法保护的作品的行为”[②]；侵犯注册商标专用权，即未经权利人许可擅自使用其注册商标或将该商标的主要部分用做自己的商标，从而造成商标混同，欺骗消费者的行为。[③]有的学者则强调，侵权行为本质上是擅自利用他人的专有权利。他们认为，侵犯著作权，是指“未经著作权人许可，在法律允许的范围之外，擅自使用其著

① 参见何孝元：《工业所有权之研究》，224 页，台北，三民书局，1997。

② 黄勤南主编：《新编知识产权法教程》，448 页，北京，中国政法大学出版社，1995。

③ 参见夏淑华：《商标法要论》，246～247 页，北京，中国政法大学出版社，1989。

作权的行为"[①]；侵犯专利权，即是"未经专利权人许可，实施其专利的行为"[②]；侵犯商标权，是指"不法侵害他人注册商标权"的行为。[③] 笔者认为，凡违反法律规定而损害知识产品所有人专有权利的行为，均为侵犯知识产权。在这里需要说明的是，侵权行为主要表现为对享有专有权利的知识产品的擅自使用，但对该知识产品的擅自使用并不包容所有的侵权行为。例如，在著作权领域，制作、出售假冒他人署名的作品的行为，依法构成对著作权的侵犯。由此可见，侵权行为并非都是直接作用于他人的著作权作品，即是说，它是擅自行使他人的"权利"，而不是使用他人的"作品"。又如，专利权领域中，专利权共有人未经其他共有人同意而许可他人实施该专利技术的行为；商标权领域中，经销明知或者应知是侵犯他人注册商标专用权的商品的行为等。该类行为属于间接侵权行为，虽不因使用知识产品而直接侵权，但因积极诱导或促使他人实施直接侵权，而损害了他人的专有权利。因此，就侵害对象而言，将侵权行为表述为"擅自行使或利用知识产品所有人专有权利"，较之"擅自使用受法律保护的知识产品"这一说法更为确切。

侵犯知识产权的行为属于非法事实行为。在现代民法学说中，学者们主张依事实行为理解侵权行为的性质，认为禁止性规范应"着重违反行为之事实行为价值，以禁止其行为为目的"[④]，甚至主张一切违法行为"恒为特定事实行为"[⑤]。依笔者之见，侵犯知识产权行为与知识产品创造行为同为事实行为，但其性质不同，前者为非法事实行为，后者为合法事实行为。[⑥] 在此，笔者拟就侵权行为所具有的事实行为的一般特征作如下概括：第一，侵权行为不以意思表示为构成要件，是一种客观行为，即业已实施并在客观上对外界造成影响与后果的行为；第二，侵权行为的法律后果依法律的直接规定而发生，不反映

---

① 郑成思主编：《知识产权法教程》，112页，北京，法律出版社，1993。

② 刘春田主编：《知识产权法教程》，250页，北京，中国人民大学出版社，1995。

③ 参见刘剑文主编：《现代中国知识产权法》，289页，北京，中国政法大学出版社，1993。

④ 史尚宽：《民法总论》，296页，台北，正大印书馆，1980。

⑤ 董安生：《民事法律行为》，117页，北京，中国人民大学出版社，1994。

⑥ 有学者曾撰文说明反动淫秽的作品不为法律肯定和保护，其理由在于创作内容违法的作品，即属于无效的民事行为。这一观点有失精当，创作行为与侵权行为一样，不以意思表示为要素，皆为一种法律构成行为。

行为人追求之直接目的，不存在行为人所预期之意思效力；第三，侵权行为因符合法定事实要件而成立。所谓“未经侵权，又无法律许可，擅自行使或利用他人专有权利”，即是侵权法规定的构成要件。因此，该行为在本质上是一种法律构成行为。由于其行为内容非法，因而该行为在法律事实类别中又属于一种非法事实行为。

三、知识产权侵害赔偿的归责原则

归责原则是责令侵权人承担责任的依据。在侵权行为法中，责任有着特定的含义，往往被赋予侵权之债、侵权损害赔偿等规范性内容。我国学者对归责原则属性的表述显见不一，或称为侵权行为的归责原则，或说是侵权行为法的归责原则，或概括为侵权责任的归责原则。有的知识产权专家对归责原则中的“责”作扩大解释，将“停止侵害”与“赔偿损失”都归结为无过错责任之后果。[①] 德国学者拉伦茨（Larenz）认为，归责是指“负担行为之结果，对受害人而言，即填补其所受之损害”。简言之，归责原则应为损害赔偿之归责原则。[②]

两大法系的侵权法都从过错与责任的结合点对侵权行为作出了说明。大陆法系国家关于侵权行为的规定，有两个显著特点：其一侧重于构成要件的规定。侵权行为是债的发生根据之一，当某一行为符合法律规定的构成要件时，就在特定当事人之间产生一种以财产给付为内容的民事法律关系（债）。其二突出了过错（不法性）要件。在侵权行为诸要件中，过错与责任有密切关联，这是由现代民法的基本指导原则之一即过错责任原则决定的。[③] 英美法系国家没有统一的责任要件的立法规定，其归责原则的精神存在于司法判例之中。英国侵权法理论认为，侵权行为导致要求赔偿的民事诉讼。损害赔偿有待于在诉

---

① 参见郑成思：《民法与知识产权》，载《中国知识产权报》，2001－05－23。

② 转引自王泽鉴：《民法学说与判例研究》（5），258～259页，北京，中国政法大学出版社，1998。

③ 参见王家福主编：《民法债权》，北京，法律出版社，1991；江平主编：《民法学》，北京，中国政法大学出版社，2000。

讼中加以确定，是区别于违约、违反信托以及犯罪后果的一种典型赔偿。[①] 上述情况表明，两大法系侵权法的关注点都在于损害与赔偿。过错责任与无过错责任作为归责原则，是两种不同的归责方式：前者是主观归责原则，即以人的主观过错作为确定责任归属的根据，有过错即有责任，无过错即无责任，一般侵权行为适用这一归责原则；后者是客观归责原则，即以人的主观过错以外的某种客观事实作为确定责任归属的根据，只要有特定损害事实存在，即要承担相应责任，法律特别规定的侵权行为方适用此种原则。在侵权法的历史演进中，从加害责任到过错责任，再到无过错责任，所涉及的都是损害是否赔偿、由谁赔偿的问题，其归责原则概为私法赔偿制度中的一项基本规则。

关于侵害知识产权的归责原则，我国法律未作明确规定，法学界对此主张不一。有的学者认为，侵犯知识产权乃是一般侵权行为，主张适用过错责任原则。[②] 此即一元归责原则。多数学者主张在采用过错责任原则的基础上补充适用其他归责原则。此即二元归责原则。其中有代表性的观点主要是两种：一是以无过错责任原则为补充原则。有的学者主张在侵犯知识产权的领域引进无过错责任原则，即未经许可复制或作为直接传播的第一步如表演等利用作品的行为以及未经许可制作、使用发明创造专利的行为，适用无过错原则；对于其他侵犯知识产权的行为则采取过错责任原则。[③] 有文章在论证这一观点时将其概括为：直接侵权行为适用无过错责任原则，间接侵权行为适用过错责任原则。[④] 二是以过错推定责任为补充原则。有些学者主张在适用过错责任原则的基础上补充适用过错推定责任原则，即在认定过错上，采取依证据推定的方法，由侵权人承担举证责任。不能举证或举证不能成立的，始承担赔偿责任。[⑤]

上述三种观点各执一词，尚未在学术界形成共识。现作简要评述：

---

① 参见徐爱国：《英美侵权行为法》，北京，法律出版社，1999。

② 参见刘波林等：《侵害著作权的过错责任》，载《著作权》，1996（4）。

③ 参见郑成思：《侵害知识产权的无过错责任》，载《中国法学》，1998（1）。

④ 参见孟祥娟：《论版权侵权的构成》，载《著作权》，2000（6）。

⑤ 参见吴汉东：《知识产权保护论》，载《法学研究》，2000（1）；蒋志培：《TRIPs 肯定的知识产权侵权赔偿的归责原则和赔偿原则》，载《法律适用》，2000（10）。

过错责任原则以有无过错或过错大小作为确认是否承担责任或承担何种责任的依据，并在一般侵权行为中实行“谁主张，谁举证”的原则。过错责任原则是自然法则，一个人就自己过失行为所造成的损害，应当负赔偿责任，这是当然自明的道理。在侵犯知识产权的领域，适用过错责任原则有着其国内法与国际法依据。我国《民法通则》对侵权行为采取二元归责原则体系：一般侵权行为适用过错责任原则，法律有特别规定的情形方适用无过错责任原则。一般认为，侵害知识产权不属于法律规定的特别情形，因此，应适用过错责任原则（参见《民法通则》第 18 条）。对各国相关立法具有普遍指导意义的《知识产权协定》第 45 条第 1 款规定：“司法机构应有权命令侵权者向权利所有人支付足够的损害赔偿，来补偿侵权者侵犯其知识产权所造成的损失，且侵权者知道或有充足理由知道他正在从事侵权活动。”上述规定表明，知识产权的损害赔偿，其适用条件是侵权人知道或应该知道他从事了侵权活动。换言之，过错责任原则是侵犯知识产权的一般归责原则。但是，全面适用过错责任原则也有值得检讨之处，其原因就在于举证责任的分配问题。过错责任原则采取“谁主张，谁举证”，对原告即权利人多有不便。知识产权所有人在一定期间内享有专有权利，但须将其知识产品公开。这样，权利人既难以控制他人对知识产品的利用，也难以对他人使用中的过错状况进行举证。一些学者对此持批评态度，认为全面适用过错责任原则，是为未经许可的使用人着想过多，而为权利人着想过少。因此，学术界主张对过错责任原则进行修正和补充，从而产生了二元归责原则。

无过错责任原则不考虑行为人的过错与否，在法律明文规定应承担责任的情况下，仅根据损害事实本身即可确认责任。基于这一认识，权利人无须就侵权人的过错进行举证，侵权人也不得以其无过错为由进行抗辩。有学者主张补充适用这一原则，其理由是，适用无过错责任原则有助于解决权利人举证困难之问题，与国际上相关立法趋势保持一致。上述主张值得商榷：第一，现代无过错责任原则是随着工业革命的完成应运而生的，它的重要使命即在于处理现代社会化大生产中诸如高度危险作业、环境污染等致人损害的赔偿责任问题。台湾地区学者王泽鉴先生指出：“无过失责任制度的基本思想，不是在于对具有‘反社会性’行为之制裁。盖企业之经营、汽车之使用、商品之产销、原子能装置之持有，系现代社会必要经济活动，实无不法性之可言。无过失责任之基本思想乃是在于对不幸损害之合理分配，亦即 Esser 教授特别强调之‘分配正义’。”[①] 可见，无过错责任原则主要适用于社会必要经济活动所致之损害，与具有“反社会性”的侵犯他人知识产权行为的性质不符。第二，《知识产权协定》第 45 条第 2 款规定：“司法机构也应有权命令侵权者向权利所有人支付全部费用，可以包含合理的律师费用。在适当的时候，即使侵权者不知道或无合理理由知道其正在从事侵权活动，缔约方也可授权司法机关发布收回其利润的命令，补偿自己的损失。”该项条款是一个选择性条款，“缔约方不采取这一归责原则，也不能认为违反协定”[②]。因此，该条不能作为确认无过错责任的准据法。在法理上，对于第 45 条第 2 款的规定有何意义，学术界存有歧见。有的学者认为上述情形属于同样不以过错为条件的严格责任，有学者认为可以归类为公平责任，也有学者认为可归类于不考虑行为人过错情况的不当得利。总之，并非当然就是无过错责任。[③] 第三，关于国外立法是否确认无过错责任原则，尚需作具体分析。有学者引用德国《著作权法》第 97 条、《商标法》第 14 条关于“受侵害人可诉请对于有再次复发危险的侵权行为，现在就采取下达禁令的救济，如果侵权系出于故意或出于过失，则还可同时诉请获得损害赔偿”的规定，认为该条款即是对无过错责任的确认。其实不然。知识产权与所有权一样，都是对世权、绝对权，可以适用多种法定方式予以保护。其中，请求排除妨碍、请求恢复原状和请求返还原物，是物权之诉；请求损害赔偿，是债权之诉。德国著作权法、商标法上所谓请求排除妨害、停止侵权之诉，概为物权保护方法，其物上请求权当然不以行为人有无过错为条件。这种“无过错”并非同时适用于侵权损害赔偿的债权主张。

过错推定责任原则是对过错责任原则的补充和发展，是后者的特殊表现形式。过错推定责任较一般过错责任严格，但不及无过错责任那么绝对。根据这

---

① 王泽鉴：《民法学说与判例研究》(2)，162 页，北京，中国政法大学出版社，1997。

② 汤宗舜：《知识产权的国际保护》，223 页，北京，人民法院出版社，1999。

③ 在归责原则体系中，大陆法系侵权法分为过错责任、无过错责任和公平责任。英美法系侵权法分为过错责任、严格责任和绝对责任。严格责任并非等同于无过错责任。参见王利明编著：《侵权行为法》，北京，法律出版社，1996；张新宝：《中国侵权行为法》，北京，中国社会科学出版社，1998。

一原则，一旦损害发生，法律推定行为人有过错并要求其提出无过错抗辩，若无反驳事由，或反驳事由不成立，即确认行为人有过错并应承担责任。根据有的学者的分类，过错推定责任分为一般过错推定和特殊过错推定。前者是指法律规定行为人侵害他人人身、财产并造成损害的，应负民事责任，但如果行为人证明其没有过错的，就可推翻对其过错的推定并免除责任；后者是指在某些侵权行为中，法律规定行为人必须证明有法定抗辩事由的存在，以表明自己无过错，才能对损害不承担责任。[①] 就侵犯知识产权行为的性质而言，似应适用特殊过错推定。在各国相关立法文件中，有关“权利的限制”“不视为侵犯专有权的行为”“有关知识产品允许实施的行为”等，概为针对侵犯知识产权诉讼的法定抗辩事由。上述抗辩事由既是过错不存在的理由，也是免除或减轻责任的理由。过错推定责任是介于过错责任与无过错责任之间的责任归责方式。就其以过错作为确定责任的最终依据而言，过错推定责任保持了传统过错责任所具有的价值和功能；就其虽无过错但可能也要承担责任而言，又具有无过错责任的若干特征。可以说，过错推定责任原则的这种平衡、协调作用，能够纠正过错责任原则对权利人举证要求过苛而对知识财产侵权人失之过宽，以及无过错责任原则对权利人保护比较充分而对知识产品使用人失之过严这两者的偏差。

四、侵犯知识产权的法律救济

法律对于知识产权的保护是多层次、多角度的。1994 年达成的《知识产权协定》要求各缔约方应保证此协定所规定的执法程序能依照缔约方国内法得到有效贯彻，以便能行之有效地制止任何侵犯此协定所保护的知识产权的行为。为确保这一目标的实现，该协定详细地规定了侵权救济措施及防止侵权的措施。依各国相关立法通例，从权利救济的途径来讲，受侵害人可采取以下权利保护方法：

---

① 参见王利明等编著：《侵权行为法》，35～36 页，北京，法律出版社，1996。

1. 民事救济措施

与刑事、行政救济措施相比较而言，民法对知识产权的保护更为直接，具有维护权利状态和对权利人所受损害给予经济补偿之作用。一般来说，民法对所有权的保护是通过赋予权利人以请求确认所有权、请求排除妨碍、请求恢复原状、请求返还原物、请求赔偿损失等请求权的方法来实现的。这些请求权除请求确认所有权必须以诉讼方式向法院提出外，其余请求权既可由权利人向侵权人提出，也可由物权人以诉讼方式向法院提出。[①] 对于知识产权的民事救济，权利人当然可以提起上述确认之诉、物权之诉与债权之诉，以维护其受到侵害的权利。但与一般财产所有权不同，在物权之诉中，知识产权所有人并不能援用请求恢复原状、返还原物之传统民事救济措施。请求恢复原状以保护财产不受他人非法损坏为目的，其适用的一般条件是：权利标的须为有体物，该项财产有物质上或价值上损坏事实的存在，损害之物件有修复的可能。但知识产品系非物质形态之精神产物，对其非法使用并不导致对知识产品本身的“损耗”，因而该种权利侵害无法通过有形的“修复”而恢复原状。而请求返还原物是保护物之占有权能的方法，其适用条件是：请求返还的原物须为特定物，该特定物为不法占有人所控制。由于知识产品具有不同于有体物的特性，侵权人无须有形控制而仅凭“认知”即构成“占有”，这种知识或经验的“占有”无法通过“返还”而恢复原有权利状态。因此，知识产权的民事救济不适用请求恢复原状与请求返还原物。

在各国知识产权制度中，民事救济措施最重要的是请求停止侵害与请求赔偿损失。请求停止侵害是一种物权之诉。当知识产权受到损害时，权利人可以请求侵权人停止侵害，也可以请求法院责令侵权人停止侵害。请求停止侵害，既包括请求除去已经产生之侵害，也包括请求除去可能出现之侵害。请求停止侵害与传统民事救济措施之请求排除妨碍相当。需要说明的是，由于知识产品的特性所致，请求停止侵害是排除对权利人行使专有权利之“妨碍”，而不可能是制止对权利客体即知识产品之“侵害”。所谓请求赔偿损失，是一种“债权之诉”。当知识产权受到损害时，权利人可以请求侵权人支付一定数额的金

① 参见彭万林主编：《民法学》，210 页，北京，中国政法大学出版社，1994。

钱予以赔偿。权利人的赔偿损失请求既可以单独提出，也可以在行使“物上请求权”时同时提出。知识产权与传统所有权在损害赔偿方面有着共同的理论与原则，即填补损害。但关于如何填补损害，两种财产权制度似有不同：在侵犯所有权的诉讼中，除法律另有规定或合同另有规定以外，损害赔偿应以“恢复原状”为依归。例如，某甲损害某乙玻璃窗，为恢复原状，某甲应修理或购置同样的玻璃窗，以恢复原来的面貌。此即以赔偿损害之原物，达填补损害之目的。当此种损害填补不能时，代之以金钱赔偿。① 而在侵犯知识产权之诉中，损害赔偿不存在购置同样知识产品，以恢复损害事故未曾发生之原状的可能。换言之，填补损害即意味着金钱赔偿。关于知识财产的损害赔偿额，有两种计算方法：一种是按侵权人在侵权期间因侵权行为所获得的利润计算；另一种是按权利人在侵权期间因被侵权所受到的损失计算。如果权利人的实际损失和侵权人非法所得不能确定的，一些国家的相关制度还规定了法定赔偿数额，即由法官根据侵权行为的社会影响、侵权手段和情节、侵权时间和范围以及侵权人的主观过错程度，判决给予一定数额金钱的赔偿。

2. 刑事救济措施

针对一些严重的侵犯知识产权的行为，许多国家的相关立法都规定了刑事诉讼程序及刑事制裁措施。关于侵犯知识产权罪的类型，《知识产权协定》第6条对各缔约方作了最低要求的规定，即缔约各国或地区至少应制裁假冒商标或剽窃版权作品的犯罪。但其适用条件有二：一是侵权使用达到一定的商业规模，二是非法使用人主观上出于故意。实际上，各国立法关于侵犯知识产权罪的规定，一般都超出了《知识产权协定》的最低要求。我国1997年《刑法》在“侵犯知识产权罪”与“扰乱市场秩序罪”的章节中，规定了侵犯著作权罪、侵犯专利罪、侵犯商业秘密罪，以及损害商业信誉、商品声誉罪等各项犯罪行为。其罪名涉及侵犯知识产权的主要领域。②

关于侵犯知识产权罪的种类，各国立法例有较大差异。有的国家采取概括式，仅对构成犯罪的侵权行为作原则规定，其具体类型往往借助于立法或司法

① 参见曾世雄：《损害赔偿法原理》，16页，台北，三民书局，1996。

② 参见赵秉志主编：《新刑法教程》，470页，北京，中国人民大学出版社，1998。

解释予以确定。[①] 有的则采取列举式，重点排列各类犯罪行为。以著作权法为例，美国、俄罗斯等国仅原则上规定，侵犯著作权构成犯罪的行为应受到刑事处罚，而意大利、德国、英国等国则详细列举了各类应承担刑事责任的犯罪行为。概括式立法体例的优点在于包容性强，可适用于各种具体情形；其不足是弹性过大，有时难以划清罪与非罪的界限。列举式立法体例则清楚明了，易于确定何为罪、何为非罪，但其缺点是难免挂一漏万，使有些未被列举的犯罪行为逃脱刑事制裁。

侵犯知识产权罪与侵犯财产罪在犯罪构成方面略有差别：在主观方面，两者大抵强调只有在故意的情况下才构成犯罪；但个别国家的某些法律规定，侵犯知识产权的过失犯罪人在一定的条件下也要受到刑事处罚。[②] 在主体方面，侵犯财产罪既有一般主体又有特殊主体，但都属于自然人犯罪。所谓单位犯罪，广泛存在于危害公共安全罪，破坏社会主义市场秩序罪，侵犯公民人身权利、民主权利罪，妨害社会管理秩序罪，危害国防利益罪和贪污贿赂罪等章中，与侵犯财产罪无涉。[③] 而侵犯知识产权罪不同，除实施具体犯罪行为的人要承担刑事责任外，行为人的雇主（包括法人或非法人团体）也要受到处罚。

对于严重侵犯知识产权的行为，《知识产权协定》第 61 条规定，缔约方应提供刑事诉讼程序和刑事处罚。可采用的法律补救措施应包括足以起到威慑作用的监禁和/或罚款，其处罚程序应与对具有相应严重性的罪行的处罚程序相一致。在适当的案件中，可采用的措施还应包括充公、没收或销毁侵权物品以及任何其主要用途是用来进行上述犯罪行为的材料和设备。多数国家的相关立法，与该协定所规定的刑事措施基本一致。一般而言，有期徒刑与罚金是两类最基本的刑事救济手段。除此之外，有些国家还规定了扣押、没收和销毁侵权复制物及制作设备等处罚措施。我国 1997 年《刑法》对侵犯知识产权罪规定

---

① 德国、日本等国的刑法理论及司法实践，注重在保持法典稳定性的基础上对相关罪名作扩大解释，以制裁新型犯罪行为。例如，日本刑法没有规定盗窃商业秘密罪，但通过对刑法的解释将这种行为认定为盗窃罪。参见张明楷：《市场经济下的经济犯罪与对策》，17 页，北京，中国检察出版社，1995。

② 参见意大利《著作权法》第 172 条规定。

③ 参见赵秉志主编：《新刑法教程》，622 页，北京，中国人民大学出版社，1998。

了有期徒刑、拘役、管制、罚金等各种刑事处罚。

3. 行政救济措施

对知识产权的保护主要是采取民法保护的方法。但是，某些侵犯知识产权的行为不仅损害了私人权益，也扰乱了正常的社会秩序，侵害了国家与社会公众的利益。因此，这种行为已不仅是对私权领域的侵犯，也是对国家公权领域的侵犯，即构成违反行政法律规范的行为。在这种情况下，行为人不但要对侵权行为承担民事责任，也要对自己违反行政法律义务所造成的后果承担行政责任。

各国一般设有专门的行政管理机关，如版权局、专利局、商标局、工商行政管理局等，或是成立统一的管理知识产权事务的行政部门，如工业产权局、知识产权局等。上述行政管理机关通过相关知识产权审查登记、相关知识产品使用管理、相关知识产品复制品进出境管理等，采取各种行政措施保护当事人的合法权益。

关于行政救济措施，《知识产权协定》要求各缔约方加强各国司法机关的权力，以建立一种对侵权行为的有效威慑。其内容包括：在不给任何补偿的情况下，司法机关有权命令对侵权的商品进行处理，禁止其进入商业渠道，或者将上述侵权商品予以销毁；此外，司法机关还有权命令，将主要用于制作商品的材料和工具进行处理，禁止其进入商业渠道，以尽可能地减少进一步侵权的危险。除上述规定外，《知识产权协定》还规定了海关中止放行制度。当受害人发现有侵权复制品经由海关进口或出口时，可向有关行政或司法机关提供书面申请和担保，由海关扣押侵权复制品，中止该类商品的放行。如果海关查实被扣商品系侵权复制品，则予以没收；如果扣押错误，则申请人应赔偿被申请人的合理损失。各国相关立法所采取的行政救济措施大致与《知识产权协定》的要求相当。具体说来，有训诫（或警告）、责令停止制作和发行侵权复制品、没收非法所得、没收侵权复制品和制作侵权品设备、罚款等。

第九章

知识产权的体系

知识产权制度体系的建构，涉及以下诸多方面的问题：一是知识产权制度在民法体系中的地位，特别是知识产权与传统财产所有权的关系；二是知识产权自身制度体系的形成，主要涉及现代知识产权的基本分类及体系构建的基础；三是知识产权制度体系的未来发展走向，关注从知识产权到无体财产权的财产非物质化变革。笔者在本章试对上述问题进行阐释和探讨。

一、财产权体系中的知识产权制度

财产权是民事权利体系中的基本类别，它是"以财产为标的，以经济利益为内容的权利"[①]，包括物权、知识产权、债权和继承权等。财产权与人身权是民事权利的基本分类，其分类是以民事权利的内容，即民事权利所体现利益的不同作为标准的。

财产权与人身权的区别涉及财产权体系构造的外部问题。基于财产利益与人身利益的差异，我们可以将民事权利概括地分为财产权与人身权。在民事权利体系中采取财产权与非财产权的两分法，是一种传统的分类方法，但这种技

① 江平主编：《民法学》，82页，北京，中国政法大学出版社，1999。

术方法的困难之处在于如何进行权利的“两分”。关于财产权的定义标准，在世界范围内尚未形成统一的认识。法国学者将法律意义上的财产描述为一种“利益”，它能满足人类的物质需要。[①] 德国学者认为只有具有“金钱价值”的权利才属于财产。[②] 由此可见，在多数学者看来，权利的两分法是以有无经济利益为评价标准的。但有的日本学者则采取不直接定义的归类法，即对人格权和身份权进行定义，然后将“其他一切权利”归类为财产权。[③] 笔者认为，无论采取什么方法，它们都是学理上对于民事权利的利益内容和实质意义进行的主观评价。此外，这种分类技术有助于权利制度设计和权利体系构建，在法律规范方面也具有可适用性。总之，两分法虽不是一个完美无缺的分类理论，却是我们构建财产权体系的学理基础。

在财产权体系内部，因具体实现利益或标的的不同，该类权利又有更为具体的划分：（1）财产权的指向是某一“物件”[④]，这种权利被称为对物的权利，即物权；（2）财产权的指向是特定人的“给付”（即履行特定的行为），这种权利被称为对人的权利，即债权。传统上，财产权包括物权与债权两大类。[⑤] 知识产权是后世出现的新型财产权，由于其标的是无形体的精神产品，亦称为无体财产权。上述三类财产权的划分，有着明确的界限：以财产利益的物质性与非物质性为标准，支配性财产权可以分为对物之物权与对知识产品之知识产权。以财产利益的直接支配性与请求履行性为标准，前者产生具有支配权属性的物权与知识产权，后者产生具有请求权特性的债权。在这里，客体的差异性依然是财产权分类的基础。德国学者拉伦茨将权利客体分为两种：一种是指支配权或利用权的标的，又称第一顺位的权利客体；另一种是指主体可以通过法

---

① 参见尹田：《德国物权法》，12～13页，北京，法律出版社，1998。

② 参见［德］卡尔·拉伦茨：《德国民法通论》，王晓晔等译，410页，北京，法律出版社，2003。

③ 参见日本《民事法学辞典》中由岩井万龟撰写的“财产权”条目。转引自谢怀栻：《论民事权利体系》，载《法学研究》，1996（2）。

④ 广义的物，包括有体物与无体物，后者指某些具有财产内容的权利；狭义的物，以有体物为限。罗马法及法国法采广义说，德国法采狭义说。

⑤ 有学者将以无形资格为标的的权利，如渔业权、矿业权；以权利总和之遗产为标的的权利，即继承权，都归类于准物权。

律行为予以处分的标的，亦称第二顺位的权利客体。在拉伦茨看来，第一顺位的权利主体，是不依法律规定而事实存在的标的物，包括有体物与无体的精神产品，前者如动产物和不动产物，后者如作品和发明；第二顺位的权利客体，则是依法律规定而作为客体看待的权利，即将某种财产权利作为一个整体看待的处分标的。[①] 拉伦茨的客体分类理论对于财产权类型的划分不无意义：所有权与知识产权是支配性财产权，其客体无论是否具有物质属性，概为体现一定物质利益或精神利益之事物；有体物表现为客观实在性，知识产品表现为可认知性、可再现性。[②] 借用拉伦茨的说法，该类权利的客体，只能是第一顺位的事实存在之标的。至于债权、继承权以及其他物权，或为请求权之财产权，或为期待权之财产权，或为在他人所有物之上设定之财产权，其客体除一般意义的标的物外，还涉及依法律规定而作为客体看待的权利（无体物）。拉伦茨认为，债务人给付的标的（客体），即是“债务人应该通过他的给付行为提供给债权人的一种‘事物’，例如，使债权人占有某物、取得某物的所有权或取得其他权利、或取得一笔款项及其他由债务人实施的某种‘成果’”[③]。谢怀栻先生认为，继承权所指向的遗产，即取得遗产上的各种权利，包括各种物权、债权等权利的集合。[④] 梁慧星教授等人认为，所有权的客体，只能是有体之物；但他物权则可能以某些财产权作为其客体，如权利用益物权、权利质押物权等。[⑤] 上述观点说明，与所有权、知识产权不同，此类财产权可以以其他财产权即无体物作为其客体。

财产权体系表现了私有财产制度的内部结构，是分成不同部分而又相互联系的一个统一的系统或整体。这就是说，不应把财产权理解为是各式各样财产权的简单总和。必须看到，财产利益基本属性的同一性决定了各种财产权的共同指向，它既是财产制度之间联系的纽带，也是财产法一体化构建的基础；同

---

① 参见［德］卡尔·拉伦茨：《德国民法通论》，王晓晔等译，377～378、404页，北京，法律出版社，2003。

② 参见吴汉东：《财产的非物质化革命与革命的非物质财产法》，载《中国社会科学》，2003（4）。

③ ［德］卡尔·拉伦茨：《德国民法通论》，王晓晔等译，379页，北京，法律出版社，2003。

④ 参见谢怀栻：《论民事权利体系》，载《法学研究》，1996（2）。

⑤ 参见梁慧星：《民法总论》，80页，北京，法律出版社，1996；钱明星：《物权法原理》，26页，北京，北京大学出版社，1994。

时，财产利益表现形态的差异性，既是我们划分不同财产权类型的标准，也是新的财产制度赖以建立的依据。

财产权制度一体化的基础。财产是构建财产权体系的始点范畴。自罗马法以来，人们基于财产的主要构成限于有体物的认识，设定了物质化的财产权制度。在客体物的分类中，有体物固然是有形之动产与不动产，无体物亦是以实在之物为对象的财产权利，可以说，传统的财产权制度就是物质化的财产结构。随着科学技术和商品经济的发展，各种抽象化、非物质化的财产不断涌现，人们对财产的概念有了新的认识。美国学者写道：19 世纪时法院开始认识到，一些无体财产的价值并不一定能与商业场所或有体的商业附属物相联系。在多数案件中，保护当事人的无体财产比保护有体物更为重要，换言之，在许多场合中，要保护的根本不是“物”而是“价值”[①]。20 世纪初，施瓦茨曾列举了“具有重大价值的新型财产”，“这些财产包括商业信誉、商标、商业秘密、著作权、经营利益、特许权以及公平的便利权”[②]。在这里，财产权指向的对象，已不限于有体的物件，也包括无体的事物。无论它们是否具有外在形体，都是具有经济利用价值的利益。正如有的学者所言，我们可以将财产或说是财产利益区分为不同形态的事物，即物质实体、知识本体及其他价值实体。[③]“财产利益”是一切财产权的共同指向，它包含了不同的财产形态，并由此产生了不同的财产类型。概言之，财产概念的整合是财产权制度一体化的基础。在国际上，知识产权多作为财产权看待。从词源学上来说，英文“intellectual property”和“intellectual property right”分别指称“知识财产”与“知识产权”。在有些国家的语境中，“知识产权”还是“无体财产权”的同义语。世界知识产权组织编写的专门读物中，亦是将“知识财产”与知识产权联系在一起的。[④]《知识产权协定》承认“知识产权为私权”，即从保护私有财产

---

① ［美］肯尼斯·万德威尔德：《19 世纪的新财产：现代财产权概念的发展》，载《社会经济体制比较研究》，1995（1）。

② 转引自［美］肯尼斯·万德威尔德：《19 世纪的新财产：现代财产权概念的发展》，载《社会经济体制比较研究》，1995（1）。

③ 参见徐瑄：《知识产权与财产法一体化构建》，载《暨南学报（哲学社会科学版）》，2002（6）。

④ 参见世界知识产权组织编：《知识产权纵横谈》，4 页，北京，世界知识出版社，1992。

的原则出发，将知识产权与所有权作为私人财产权同等看待。[①]

财产权体系的中心制度与内部结构。财产权与人身权的分立以及财产权利的基本分类，是自罗马法以来的民法传统。在不同的历史时期，财产法的重心及其制度安排具有不同的特点。古代罗马法建构的是以所有权为绝对中心的财产法。罗马人以“物”作为客体范畴，在此基础上设计了以所有权形式为核心的“物权”制度，建立了以物权制度、债权制度为主要内容的“物法”即财产权体系。[②] 罗马法的财产权体系，构筑在宽泛概念的客体“物”的基础之上，此处的“物”主要是客观实在之物，也包括主观拟制之物（即权利）。同时，整个财产权体系是由宽泛意义上的所有权来统领，即债权和他物权作为无体物，属于所有人拥有的财产。这是一种以所有权为绝对中心的财产制度。法国民法继承了罗马法的传统，它保留了有体物与无体物的区分，并沿用各种财产权的基本分类。法国民法的财产制度的中心仍是所有权。近代德国民法创立了物权、债权二元结构的财产法。该国民法典关于财产权的制度安排有三个特点：一是债权的独立化。德国法将债权视为区别于物权的对人权而独立存在，并作出专章规定。二是债权的优位化。德国法不再恪守所有权中心的立法体例，将债权编置于物权编之前；债权被看作是所有权成立之前提，而不是规定为所有权取得之方法。三是物权、债权二元结构的体系化。德国法正式确立了物权和债权两大部分。依此模式，任何具体财产权利均可纳入上述权利范畴。现代民法应该构建一个什么样的财产权体系，是各国立法者与法学家努力探求但尚未形成共识的问题。笔者认为，我们可以遵循大陆法系的传统，继续采用物权、债权的称谓，但不必坚执所有权绝对中心的理念，也无须恪守物权、债权的二元结构。这就是说，现代的财产权体系，应是一个开放的制度体系、多元的权利范畴体系。基于上述分析，笔者主张我国的财产权体系包括以下三个部分：以所有权为核心的有体财产权制度，以知识产权为主体的无体财产权制度，以债权、继承权等为内容的其他财产权制度。[③] 在有体财产权范畴中，除

---

① 参见孔祥俊：《WTO知识产权协定及其国内适用》，72页，北京，法律出版社，2002。

② 参见［意］彼德罗·彭梵得：《罗马法教科书》，黄风译，北京，中国政法大学出版社，1992。

③ 关于财产权体系构成，参见吴汉东：《论财产权体系》，载《中国法学》，2005（2）。

所有权外，还应包括土地使用权、农村土地承包经营权、宅基地使用权、地役权、空间利用权、典权、居住权、相邻权以及抵押权、质权、留置权等担保物权；在无体财产权范畴中，除著作权、专利权、商标权、商号权、地理标志权、植物新品种权、集成电路布图设计权、商业秘密权等知识产权外，还应包括商誉权、信用权、形象权等非物质性权利；其他财产权包括债权、继承权以及一些具有独立意义的财产权，如股权、信托权、票据权利等，该类权利有些是请求性财产权，有些则是兼具物权、债权属性的特别财产权。

二、立法文件中的知识产权制度体系

从体系范围看，知识产权制度有广义、狭义之分。

狭义的知识产权制度，即传统意义上的知识产权法，包括著作权（含邻接权）、专利权、商标权三个主要组成部分。一般来说，狭义的知识产权可以分为两个类别：一类是文学产权（literature property），包括著作权及与著作权有关的邻接权；另一类是工业产权（industrial property），主要是专利权和商标权。文学产权是关于文学、艺术、科学作品的创作者和传播者所享有的权利，它将具有原创性的作品及传播这种作品的媒介纳入其保护范围，从而在创造者“思想表达形式”的领域内构造了知识产权保护的独特领域。工业产权则是指工业、商业、农业、林业和其他产业中具有实用经济意义的一种无形财产权，确切地说，工业产权应被称为“产业产权”。以“工业产权”一词来概括产业领域的智力成果专有权，最初始于法国，即法文中的“propriété industrielle”。1789 年的法国《人权宣言》将思想作为精神财产，将其视为“自然和不可废除的人权”，并确认“自由传达思想和意见是人的最高的权利之一”。根据《人权宣言》的精神，法国国民议会于 1791 年通过该国第一部专利法。在此以前，英国和法国都称专利权为“特权”或“垄断权”。当时法国专利法的起草人德布孚拉认为，“特权”或“垄断权”的提法可能会遭到资产阶级革命时期立法会和反封建特权人民的反对，因而提出了“工业产权”的概念。德布孚拉的工业产权理论在 1791 年的法国专利法中得到了充分的反映，“工业产权”一词后来为世界各国所接受，并逐渐成为专利权、商标权等各种专有权的统称。

文学产权（或称著作权）与工业产权的区分是知识产权制度的传统的基本分类。自20世纪60年代起，工业产权与著作权（版权）长期渗透和交叉，因此出现了给予工业产品以类似著作权保护的新型知识产权，即工业版权。[①] 工业版权的立法动因，始于纠正工业产品外观设计享有专利法和著作权法重叠保护的弊端。以后，一些国家为了填补某些工业产品无法保护的空白和弥补单一著作权保护的不足，遂将集成电路布图设计等纳入工业版权客体的范畴。工业版权突破了以往关于著作权与工业产权的传统分类，吸收了两者的部分内容，形成了亦此亦彼的“交叉权利”。这种权利的主要特点是：受保护的对象必须具有新颖性（专利法要求）和独创性（著作权法要求）；实行工业产权法中的注册保护制和较短保护期；专有权人主要享有复制权和发行权，但没有著作权主体所享有的那种广泛权利。

广义的知识产权制度包括著作权、邻接权、商标权、商号权、商业秘密权、产地标志权、专利权、集成电路布图设计权等各种权利。广义的知识产权制度体系，目前已为两个主要的知识产权国际公约所认可。1967年签订的《成立世界知识产权组织公约》将知识产权的范围界定为以下类别：关于文学、艺术和作品的权利（即著作权）；关于人类的一切领域的发明的权利（即发明专利权及科技奖励意义上的发明权）；关于科学发现的权利（即发现权）；关于工业品外观设计的权利（即外观设计专利权或外观设计权）；关于商标、服务标志、厂商名称和标记的权利（即商标权、商号权）；关于制止不正当竞争的权利（即反不正当竞争权）；以及一切在工业、科学、文学或艺术领域由于智力活动产生的其他权利。1994年关贸总协定缔约方签订的《知识产权协定》，划定的知识产权范围包括：著作权及其相关权利（即邻接权）；商标权；地理标志权；工业品外观设计权；专利权；集成电路布图设计权；未公开信息专有权（即商业秘密权）。

《成立世界知识产权组织公约》划定的体系范围，有两点值得注意：一是规定有兜底条款，为以后新的知识产权的入围提供了空间，应为可取之处；二

① 参见郑成思：《版权法》，20页，北京，中国人民大学出版社，1990。

是规定了发明权、发现权，该类权利能否进入知识产权制度体系，留有争议之处。[①]《知识产权协定》所涉权利范围概与国际贸易有关，且多为一些发达国家力主保护的权利，如未涉及传统工业产权公约所规定的商号权。因此，其设定的知识产权体系亦受到一定的限制。

从各国立法来看，单行立法是通行的做法，因此，以知识产权名义概括其权利体系的立法例尚不多见。1942 年《意大利民法典》在保留单行法的同时，在其法典中专章规定了著作权、专利权、商标权、商号权。1995 年《越南民法典》在各知识产权法律被废止之后，以著作权、工业所有权（包含专利权、商标权、地理标志权等）为内容将知识产权单独成编。1986 年《中华人民共和国民法通则》在“民事权利”一章中专节规定了知识产权，包括著作权、专利权、商标权、发现权、发明权以及其他科技成果权。上述立法例对知识产权的体系化作出了各自的努力，但其划定的狭隘体系范围难以适应现代知识产权制度开放式、动态化的发展要求。1992 年法国《知识产权法典》，以专门法典的形式构建了崭新的知识产权制度体系。它将知识产权分为两类：一是文学和艺术产权，规定有著作权、邻接权、数据库作者权等；二是工业产权，规定有工业品外形设计权、发明专利权、技术秘密权、集成电路布图设计权、植物新品种权、商标权以及其他标记权。法国《知识产权法典》是有史以来构建知识产权体系最为完整的一部法律；但是，虽然它囊括了绝大部分知识产权，但并非包含全部知识产权，其体系范围似有进一步完善的余地。

三、发展中的知识产权制度体系

知识产权法是一个开放的、动态的不断创新的制度体系。在现代社会里，由于社会财富形态的变化，财产越来越多地变为无形的和非物质的。我们可以看到，以知识产权名义统领的各项权利，并非都是来自典型的知识财产领域，亦非都是基于智力创造成果而产生。换言之，“知识产权”的用语不过是各种非物质性财产权利的代名词。在这个意义上说，非物质性财产权、无体财产权

---

① 参见本编第一章中“知识产权的定义”部分的内容。

与知识产权并无实质上的差异，它们都是基于非物质性客体而产生的、与传统财产所有权相区别的新型财产权利。

在学理上，相关著述也涉及知识产权的制度体系问题。法国学者马洛里等人依标的之不同，将知识产权分为两类：一类是经营垄断权，以智力创造成果与区别标记为标的，前者包括文学艺术产权（即著作权与邻接权）、专利权、外观设计权、技术秘密（适用民法及反不正当竞争法予以保护）；后者包括商标、商业广告、商业名称、招牌（适用民法及不正当竞争法予以保护）。另一类是顾客权利，即以顾客为营业资产的标的所享有的权利。[①] 顾客权利实质上是顾客对企业的“忠诚”，也即企业对顾客的吸引力。从这一意义上来说，它应是企业所拥有的商誉。法国学者的上述概括，是知识产权制度体系的有益探索。但这一理论有所不足：第一，未穷尽各类权利中的应有制度，如植物新品种权、集成电路布图设计权；第二，某些权利标的的分类有失精当，如将商业广告归类为区别标记，但又试图对其给予著作权保护；第三，顾客权利定性不明，其知识产权特征未能明确概括。英国学者劳森与拉登从财产法的概念出发，将“工业及知识产权”与债权、商业证券、商誉、债券和股票等组合在“无体动产”的类别之中。所谓“工业及知识产权”，包括专利、外观设计、商标、商号以及版权等。[②] 美国学者贝勒斯也有类似的见解，他将知识产权与债权、商业票据、股票、信誉、肖像等都称为“无体动产”[③]。应该指出，上述理论关于知识产权体系范围的描述也是难以令人满意的，其将商誉或者信誉作为另类“无体动产”看待，似有可斟酌之处；同时也未涉及最新技术的有关权利，难免有所疏漏。

笔者主张，泛化意义上的知识产权，其涉及的非物质性财产包括以下两类：

一是知识类财产。该类财产主要由知识、技术、信息等无形财产利益所构

---

① 转引自尹田：《法国物权法》，59～65页，北京，法律出版社，1998。

② 参见［英］F. H. 劳森、B. 拉登：《财产法》，施天涛等译，31～33页，北京，中国大百科全书出版社，1998。

③ ［美］迈克尔·D·贝勒斯：《法律的原则——一个规范的分析》，张文显等译，111页，北京，中国大百科全书出版社，1996。

成，可以分为创造性成果与经营性标记两类形态。创造性成果包括作品及其传播媒介和工业技术。作品及其传播媒介是文化领域中的创造性成果，与创造者的创作活动及传播活动有关，其客观表现形式有文字、符号、图形、形象、音像等。工业技术是指工业、农业、商业等产业领域中能够物化在物质载体上的创造性成果，它通常表现为工艺操作方法与技能，以及与这些方法和技能相适应的生产工具和其他物质设施。经营性标记是指在生产流通领域中能够标示产品来源和厂家特定人格的区别标记，包括商标、商号、地理标志等。上述知识类财产是现代社会中最重要的非物质财富。

二是资信类财产。该类财产是经营领域中诸如商誉、信用、形象等财产化的商业人格利益。从商业信誉、商业形象的构成来讲，其内在因素是主体的经营能力，包括经济状况、生产能力、产品质量、市场占有份额等；其外在因素来自社会因受主体信誉、形象的影响而给予的评价和信赖。此类商业人格利益，包含明显的财产利益的内容，但也有精神利益的因素。资信类财产也是重要的非物质财富。

基于上述非物质财产形态的分析，广义的知识产权制度体系可由如下权利构成：

文学产权。在立法文件中，文学产权指称著作权以及邻接权，广义的著作权包括邻接权。在作品及其传播媒介的权利形态方面，值得重视的是数据库保护问题。出于对制作者在数据库上投资进行保护的目的，国际社会在适用数据库的版权保护、数据库的竞争法保护的同时，正在推进数据库的特殊权利保护。这是一种独立于著作权，又类似于著作权的专门保护制度。[①] 在这种情况下，在文学产权领域将会出现著作权以及与著作权有关的邻接权、数据库专有权等多种权利形式。

工业产权。根据《保护工业产权巴黎公约》（以下简称《巴黎公约》）及其相关公约的规定，列于工业产权范畴的主要有专利权（含外观设计权）、商标权、商号权、地理标志权、反不正当竞争权。《巴黎公约》1967 年斯德哥尔摩文本将专利技术、经营性标记与反不正当竞争列为工业产权的保护对象。工业

---

① 参见薛虹：《网络时代的知识产权法》，93 页，北京，法律出版社，2000。

产权所涉及的领域并不限于工商业，确切地说，工业产权应被称为“产业产权”。由于其覆盖的权项较多，有的学者认为，工业产权实际上泛指著作权以外的所有知识产权。[①] 其实不然，在著作权与工业产权以外，有的知识财产权制度采取的是“单独保护法”或“交叉保护法”，从而构成了下面将会述及的“准专利”或“工业版权”等专有权制度。

知识财产专有权。该类权利是指在传统上既不属于文学产权，又不归类于工业产权的独立知识产权，一般采取“专有权”的形式。知识财产专有权主要有以下三种：第一，植物新品种权。关于植物新品种的知识产权保护有三种模式：一是以专有权形式保护植物新品种，以德国法为代表；二是以专利权形式保护植物新品种，以意大利法为代表；三是兼用上述两种权利形式提供保护。尽管1961年《保护植物新品种国际公约》与1994年《知识产权协定》允许采取上述任一模式来保护植物新品种，但多数成员国倾向于采取植物新品种专有权形式。第二，集成电路布图设计权。集成电路的布图设计，既不是著作权法上的图形作品，又不是专利法上的外观设计，因此，国际社会采取“工业版权”的保护方法。以专有权形式出现的工业版权，吸收了著作权与工业产权的部分内容，形成了亦此亦彼的“交叉权利”。第三，商业秘密权。商业秘密权与工业产权不同，它不具有严格意义上的独占性，也不受地域和时间的限制，其效力完全取决于商业秘密的保密程度。正是由于上述特点，笔者将其归类于特别知识产权制度的范畴。

以上权利即是创造性成果权与经营性标记权，是为现代各国普遍立法所保护的知识产权。

商誉权。商誉（good will）即商业信誉与声誉，它是特定主体商业文化的一种特殊价值形态。在我国的法学著述中，商誉是一个内涵广泛、意蕴中性的概念。[②] 而在经济学理论中，商誉是一种具有经济价值的褒义性概念。近代学者杨众先认为，商誉从英文“good will”的原意而言，“实为良好或亲善意志

① 参见张乃根：《国际贸易的知识产权法》，64页，上海，复旦大学出版社，1990。

② 相关学说参见梁上上：《论商誉和商誉权》，载《法学研究》，1993（5）；朱妹等：《论商誉权的法律保护》，载《现代法学》，1996（1）。

之谓”。就企业而言，乃是企业人事上所发生的良好关系；对社会而言，则是公众对企业的良好评价。[①] 国外法律界的表述与此相同。《牛津法律大辞典》将商誉解释为“某行业拥有的一种优良品质”[②]；英国法院在判例中将其称为“企业的良好名声、信誉和往来关系带来的惠益和优势”[③]。十分明显，我国法学界对商誉的解说有失精确。笔者认为，商誉是一种不依附物质实体而独立存在的财产，属于经营资信类财产的范畴。在非物质财产权利体系中，商誉权虽受反不正当竞争法保护，但在立法例上，其权利类型的定位尚不明确。考虑到商业秘密与反不正当竞争现已纳入知识产权法体系，因而将商誉权视为一种知识产权，应有合理之处。

信用权。在英国《牛津法律大辞典》和美国《布莱克法律辞典》中，信用（credit，trust）与赊购、信贷等交易活动有关，是当事人特殊经济能力（即偿付债务的能力）的表现，其来源于社会对特定主体的评价。[④] 我国法学界对信用的解说与上述学说不同，概指称主体的一般经济能力，并多将其看作是人格利益。[⑤] 其实法律上的信用是指主体依其所具有的偿付债务的能力而获得的社会评价与信赖，这与商誉不同。此外，信用虽不具有物质形态，但其以信用证、资信文件为载体，且能够通过信用交换而获得交易利益，不同于一般人格利益。在权利基本范畴中，信用权是一种资信类的无体财产权。[⑥]

商品化（形象）权。形象（publicity）是个人或社会组织所拥有的各种形象，包括真实人物的形象、表演形象、虚构角色形象、社会组织形象等。这些形象往往与主体自身的姓名（名称）、肖像（形象）、外表（标志）等一般人格

---

① 参见杨时展主编：《中华会计思想宝库》，第 1 辑，北京，中国财政经济出版社，1992。

② ［英］戴维·M. 沃克主编：《牛津法律大辞典》，李双元等译，381 页，北京，光明日报出版社，1989。

③ 转引自关令华：《精神损害的认定与赔偿》，173 页，北京，人民法院出版社，1996。

④ 参见［英］戴维·M. 沃克主编：《牛津法律大辞典》，381 页，北京，光明日报出版社，1989；Black's Law Dictionary，15th edition，West Publishing Co.，1979，p. 331。

⑤ 相关理论参见王利明主编：《民法·侵权行为法》，299 页，北京，中国人民大学出版社，1993；张俊浩主编：《民法学原理》，158 页，北京，中国政法大学出版社，1991；杨立新：《人身权法论》，638 页，北京，中国检察出版社，1996。

⑥ 笔者在国内较早考察过信用权的法律属性，相关论文参见吴汉东：《论信用权》，载《法学》，2001（1）。民法典草案吸收了该文的有关内容，但将信用权归类为人格权。

因素有关，也与主体创造的角色、人物、作品或活动的名称、标题等特别人格因素相联系。[①] 这些人格因素的某些特征，具有“第二次开发利用”的价值。权利人利用自身或虚拟的形象，或他人以合理的对价受让或许可使用该形象，其目的并不局限于该形象的知名度与创造性本身，而在于该形象与特定商品的结合而给消费者带来的良好影响。这种影响能给形象所附载的商品带来广泛的认知度，能给形象的利用者带来一定的经营优势。所以说，这种权利不是人格意义上的一般形象权，而是具有财产价值的商品化（形象）权。商品化（形象）权与传统知识产权关联性极大，但真实形象不是著作权法的保护对象，虚构形象则不符合专利法、商标法的保护条件，因此，该项权利是一项独立的无体财产权。

以上即是经营性资信权，是为泛化的知识产权，或系与知识产权有关的无体财产权。

结　语

知识产权与所有权是区别无体财产与有体财产之权利形态的不同用语，知识产权与“无体财产权”“信息产权”等都是精神领域财产权利的专门称谓。国际公约从私权与人权的不同角度阐明了知识产权的基本属性，知识产权在本质上应是私权与人权的统一。知识产权具有“专有性”“地域性”“时间性”的基本特征，但这仅是具有相对意义的概括和描述，只有客体的非物质性才是知识产权所属权项的共同法律特征。知识产权的主体制度具有自身特点：原始取得的法律事实，包括创造者的创造行为和国家机关的授权行为；继受取得的法律后果，即是在同一知识产品之上出现若干权利主体；外国人的主体资格，则实行有条件的国民待遇原则。关于知识产权的客体，国内外学者曾采用“知识财产”“无体财产”“智力成果”“知识信息”等说法，但较为适宜的表述应为“知识产品”；知识产品包括创造性成果、经营性标记、经营性资信三种类型，

---

① 参见杜颖：《论商品化权》，载梁慧星主编：《民商法论丛》，第 13 卷，北京，法律出版社，2000；董炳和：《论形象权》，载《法律科学》，1998（4）。

它们都具有创造性、非物质性、公开性的基本特点。知识产权利用包括法律规定的利用和合同约定的利用，其对象是某种权利而不是知识产品。知识产权的保护，首先在于明确各类权利的效力范围。知识产权的限制，除地域空间效力、存续期间效力的限制外，主要是对其权能内容效力的限制，诸如合理使用、法定许可使用、强制许可使用、权利穷竭、在先使用、平行进口等，都是知识产权限制的制度构成。知识产权侵害行为是一种非法事实行为，其行为对象是他人的专有权利。知识产权侵害赔偿的归责原则，宜采用过错责任与过错推定的二元归责原则。受害人可采取民事、刑事与行政等多种权利救济手段，但其适用方法与所有权有所不同。知识产权体系的建构，涉及知识产权制度在民法体系中的地位，即以财产权制度一体化为基础，分为传统财产所有权与知识产权。知识产权是一个开放的、动态的、不断创新的制度体系，它包括国际公约认可的著作权、专利权、商标权等典型知识产权，也涉及诸如商誉权、信用权、形象权等泛化知识产权或者说是无体财产权。

第二编　基础理论研究

引　言

知识产权基础理论，是知识产权制度研究中最抽象、最一般的学术概括和总结。在笔者所构建的“总论”体系中，基本范畴所涉及的本体、主体、客体、利用、限制、保护等都是知识产权概念体系中的构成元素，并在知识产权立法文件中都有相应的制度设计；而基础理论所探讨的历史发展、学理基础、文化意蕴、价值目标、政策功能等，主要述及知识产权制度构建的科学性、正当性以及合理性；而对该法与反不正当竞争法、反垄断法、民法相互关系的研究，旨在说明知识产权制度运作的关联性、协调性以及妥当性。这些问题的研究不拘泥于具体制度和具体规范，而着力于对知识产权制度本质的认识与概括，甚至超出知识产权制度本身，在相关法律比较中对知识产权功能进行评价与分析。

知识产权是国际上关于确认、保护和利用知识财产的一种专门法律制度。世界贸易组织《知识产权协定》为各国知识产权立法提供了共同规则，但不同类型和不同发展阶段的国家都有着自己对知识产权理解和诠释的自主话语。从某种意义上说，这是一个国家和民族对知识产权进行制度安排的“话语权力”①。在此，笔者借鉴国际学说理论，立足本土文化资源，试对知识产权基本问题作出自己的学术解读。

① 引自《知识产权的共同规则与自主话语》，载《中国社会科学》，2011（5）。

第十章

知识产权制度的历史沿革

知识产权制度从其产生、发展到变革，至今不过三四百年的时间。在法律制度体系中，知识产权法与科技、经济有着特殊的联系：在工业经济时代，它是近代科学技术与商品经济发展的产物，为资产者提供了获取财产的新方式；在知识经济时代，它是现代科学技术进步与市场经济发展的推进器，成为“知本家”取得知识财富的保护神。从某种意义上讲，一部知识产权制度史，就是法律变革与科技创新、经济发展相互作用、相互影响的历史。

一、近代知识产权法产生的社会条件

知识产权制度是近代科学技术与商品经济发展的产物。一般认为，英国于1623年制定了世界上第一部专利法（《垄断法规》），1709年制定了第一部著作权法（《为鼓励知识创作而授予作者及购买者就其已印刷成册的图书在一定时期之权利法》，即《安娜法令》），法国于1857年制定了第一部商标法（《关于以使用原则和不审查原则为内容的制造标记和商标的法律》），是为具有近代意义的知识产权制度的开端。这些绝非历史的偶然。自17、18世纪以来，资产阶级在生产领域中开始广泛采用科学技术成果，从而在资本主义市场中产生了一个保障知识产品私有的法律问题。资产阶级要求法律确认对知识产品的私人占有权，使知识产品同一般客体物（有体物产品）成为自由交换的标的。他们寻求不同于以往财产法的新的法律制度，以作为获取财产权利的新方式：在与商品生产直接有关的科学技术发明领域出现了专利权，在商品交换活动中起着重要作用的商品标记范畴出现了商标权，在文学艺术作品以商品形式进入市场的过程中出现了著作权。这些法律形式最后又被概括为知识产权。

近代知识产权制度的产生经历了从中世纪末期至资本主义初期长达数百年的孕育。在社会转型的激烈变革中，政治、经济、科技、思想、文化诸方面的发展与变化，或构成这一新兴法律制度赖以生存的土壤，或成为催生这一新型民事权利的动力。（1）新工艺学的出现。从 15 世纪起，随着资本主义生产关系的形成和工场手工业的发展，欧洲各国出现了采用先进技术、制造和使用先进的生产工具和各种机器的社会需求，促使工艺学有了长足的进步。其最大的进步主要体现在与资本主义经济发展密切相关的纺织、采矿、冶金和化学等部门中。① 这些工艺学上的进步为工业文明的出现以及以保护工业文明为使命的知识产权制度的产生奠定了坚实的技术基础。（2）新文化价值观的确立。从 14 世纪至 16 世纪，西欧资产阶级所发动的文艺复兴运动，以复兴古典学术和艺术为口号，反对蒙昧主义和宗教神学，继承古希腊的科学文化，倡导以人文主义为中心的新思想。② 这一新文化价值观激励人们改造现世，研究自然，重视实际有用的知识。文艺复兴中提出的新的文化价值理念，为资产阶级一手将科学技术作为物质武器，一手将私权制度作为法律武器提供了必要的文化思想准备。（3）新政治文明的萌生。在 17 世纪中叶英国资产阶级革命的过程中，从霍布斯、米尔顿到洛克等思想家、政治家都主张主权在民，倡导平等自由，强调私有财产的不可侵犯性。特别是洛克的著作阐明了资产阶级关于财产和政权的原则，概括了英国资产阶级与新贵族在 17 世纪关于财产与政权的争议。③ 以洛克为代表的英国资产阶级政治思想体系的逐步形成，以及受其影响而产生的以孟德斯鸠为代表的 18 世纪欧洲启蒙运动，为欧洲各资产阶级民族国家制

① 参见黎德扬等主编：《科学技术的进化》，83～86 页，武汉，湖北教育出版社，1990。

② 参见王哲：《西方政治法律学说史》，85～86 页，北京，北京大学出版社，1998。

③ 参见周一良等主编：《世界通史》，45 页，北京，人民出版社，1962。

定自己的法律包括知识产权制度，作出了重要的政治思想准备。(4) 罗马法的复兴。自12世纪起，欧洲开始了罗马法复兴的运动。马克思主义经典作家指出："当工业和商业进一步发展了私有制（起初在意大利随后在其他国家）的时候，详细拟定的罗马私法便立即得到恢复并重新取得威信。"① 罗马法的复兴，主要表现为欧洲大陆各国先后兴起的研究罗马法的热潮和15至16世纪欧洲各国普遍采用罗马法的运动。古代罗马法虽无知识产权制度，但是罗马人关于无体财产的概念、公有物的理论、无体物的转让与侵害的学说，与知识产权的财产属性、公共领域、产权贸易、无形侵害等法律原则与规则有着源和流的关系。一句话，罗马私法的复兴，为近代知识产权制度的制定贡献了有益的法律思想资料。

近代知识产权制度植根于当时的物质生活关系。从科技、经济、法律相联结的角度考察，知识产品要成为新型财产权利的标的，或者说是知识财产制度的出现，有赖于以下几个条件：

第一，社会生产的科学技术化。在前资本主义时期，科学和技术一般是分离和脱节的，科学技术应用于生产还只是偶然的和不自觉的行为。那时，技术由平民工匠掌握，技术的进步全凭经验摸索和传统技艺的提高和改进。科学知识则属于贵族哲学家，科学理论常常落在生产实践之后，只是概括和总结实践过程中积累的经验材料。② 从前资本主义末期到资本主义初期，正是自然经济向商品经济进行转化的时期，在这一过程中，劳动产品中占主导地位的体力因素逐渐让位于智力因素，新的生产方式第一次使得自然科学直接为生产过程服务。资产阶级在它最初一百年的统治中创造了巨大的生产力，使科学技术与社会生产紧密地联系在一起。这种有机联系具体表现为科学发现—技术发明—社会生产的一体化。正如马克思主义经典作家所说的那样，"生产过程成了科学的应用，而科学反过来成了生产过程的因素即所谓职能。每一项发现都成了新的发明或生产方法的新的改进的基础"③。

---

① 《马克思恩格斯全集》，中文1版，第3卷，71页，北京，人民出版社，1960。

② 参见赵震江主编：《科技法学》，3页，北京，北京大学出版社，1998。

③ 《马克思恩格斯全集》，中文1版，第47卷，570页，北京，人民出版社，1979。

第二，科学技术成果的商品化。在前资本主义时期，运用科学技术生产的物质产品可以作为商品，但是科技成果本身不是商品。由于科学技术被长期封闭在一个个具体的狭隘行业和独立的家庭作坊中，主要靠自身的经验积累发展着，因而很难进入社会规模的应用和转移。在这种封闭性的社会经济格局里，科学技术缺乏系统性、继承性的发展，而仅具有分散性、经验性的特征。所谓“祖传秘方”、“父传子受”，是小生产者取得技术、掌握技术的主要手段。近代商品经济的发展和资本主义结构的建立，打破了自然经济中技术部门之间及技术与社会联系之间的闭关壁垒。由于商品经济需求的强烈冲击，迫使技术向社会发生大规模转移。资本把科技成果还原成一般等价物，并用纯粹的经济效益来衡量它们的价值，这就使得科学技术从一般技艺和狭隘分工中相对解放出来。根据马克思的劳动价值理论，智力劳动也是一种生产劳动。生产商品不仅是指物质生产中的实物形式的商品，还包括非物质生产中的无形商品，如服务、知识、信息、技术等。[①] 这就是说，在科学技术运用于社会生产的过程中，包括技术、知识、信息在内的知识产品本身（无形商品）与采用知识、信息、技术生产的物质产品（有形商品）都具有同等的商品意义。

第三，知识财产的法律制度化。在前资本主义时期，对有限的科学技术传播和交流，缺乏财产法和契约法的有力保障。商品贸易（包括知识产品与有形商品的交换）必须建立在确定的产权基础上和稳定的交易秩序中，而以重刑轻民、“神事重于人事”为特征的封建法律往往视科技成果的传播和应用为私人琐事，很少以国家的名义直接进行调控。尽管在封建社会的晚近时期，出现有印刷专有权或专营、专卖权，但这是一种封建特许权，而不是资本主义式的财产权。这种封建特许制度的受益者主要是印刷商、企业主以及颁发许可证的统治者，而不是从事智力创造活动的作者、发明者。在有的情况下，封建统治阶级还通过特许制度限制先进思想的传播，迫害进步作者和发明者。[②] 因此，这种封建特许权与近代意义上的知识产权有着性质上的差别。对于知识产品的保

---

① 参见李京文：《迎接知识经济新时代》，39 页，上海，上海远东出版社，1999。

② 参见［美］安守廉：《知识产权还是思想控制：对中国古代法的文化透视》，载梁治平编：《法律的文化解释》，北京，三联书店，1994；吴汉东：《著作权合理使用制度研究》，3 页，北京，中国政法大学出版社，1996。

护，无法简单采用罗马法以来的传统财产权形式。德国哲学家黑格尔认为，诸如精神技能、科学知识、艺术以及发明等，都可以成为契约的对象，而与买卖中所承认的物同一视之。此类占有虽然可以像物那样进行交易并缔结契约，但它又是内部的精神的东西。[①] 因此，知识产品是独立于传统意义上的物的另类客体，换言之，以知识产品作为保护对象的知识产权是与有形财产所有权相区别的崭新法律制度。正是在近代商品经济和科学技术不断发展的推动下，知识产权作为一种私人享有的无体财产权，才得以为资本主义国家所普遍认可和严格保护，并逐渐形成一种独立而严密的法律制度。

第四，知识产权制度的体系化。从古代罗马法到近代民法，所设定的财产权利制度概以有体物为核心展开。在罗马私法体系中，罗马人以“物”作为客体范畴，并在此基础上设计出以所有权形式为核心的“物权”制度，建立了以物权、债权为主要内容的“物法”体系。1804 年的《法国民法典》与 1896 年的《德国民法典》，或承认无体物，但专指具有财产内容的抽象权利；或以有体物为限，没有无体财产的概念。一句话，诸如著作权、专利权、商标权等新型民事权利制度未能进入传统民法典的体系范围。[②] 知识产权是一个属于民法范畴但又相对独立的权利制度体系。将一切来自知识活动领域的权利概括为“知识产权”，最早只是见之于近代一些学者的著述之中，当时的立法文件未对著作权、专利权以及商标权进行体系化的整合。至 20 世纪下半叶，特别是《成立世界知识产权组织公约》缔结之后，知识产权学说得以在国际上广泛传播，以知识产权名义实现知识财产制度体系化的做法得到各国立法者的认同。

上述诸要素，是历史与逻辑的统一，其间既有历史发展的客观规律，又有内在逻辑的联结关系。回溯西方发达国家创建知识产权制度的历程，确乎存在着一条联结科学、经济、法律一体化发展的清晰轨迹：社会生产的科技化→科技成果的商品化→知识商品的产权化→权利制度的体系化。从推动社会进步的角度来说，这一基本线路就是科技发展→经济增长→法制进步的历史进程。

---

① 参见［德］黑格尔：《法哲学原理》，范扬、张启泰译，第 43 节附译，北京，商务印书馆，1961。

② 上述情况在 20 世纪后半叶发生了变化。一些大陆法系国家试图在民法典的框架内，整合一个包括知识产权在内的大一统的财产权制度。对此做法，学者不乏批评意见。详见本编“第十八章”。

二、现代知识产权法发展的基本特点

进入20世纪以后，知识产权法从草创走向成熟，并成为世界各国普遍推行的法律制度。在这一时期，人类社会生活发生了深刻的变化：现代科学技术的飞跃发展，对人类社会的知识生活与文化生活产生了空前巨大的影响；现代商品经济的高度发达，推动着新的国际经济秩序与世界市场的形成。为了回应这一情势的发展，各国立法者不得不"修纲变法"，着力于本国知识产权法律的变革。

1. 传统知识产权的保护范围不断扩大

著作权、专利权、商标权是传统知识产权法的三大基本制度。在保护对象方面，三大知识产权制度都发生了引人注目的变化。

早期著作权的保护领域，拘泥于书籍、地图的狭小客体范围。正是在这个意义上，有人将著作权称为"印刷出版之子"①。至19世纪末，各国著作权法才先后在保护对象范畴上增加了音乐作品、戏剧作品、摄影作品等，延伸了"印刷作品"的含义。进入20世纪后，特别是20世纪下半叶以来，"电子版权"取代"印刷版权"，各种"电子作品"进入传统著作权的保护范围。其主要表现：一是将包括电影、电视、录像在内的"视听作品"，视同一般作品而给予著作权保护；二是将通过同步卫星传播载有节目的信号以供地面广播组织接收并转播的"卫星广播节目"，视为一般广播节目而给予邻接权保护；三是对通过同轴电缆接收和传播的"电缆电视节目"，根据其所含对象的差异而分别给予著作权或邻接权的保护；四是将计算机软件视作一般文字作品，作为著作权的特殊保护对象。② 此外，民间文学表现形式作为著作权的另类客体，也是现代著作权法发展的一个重要表现。

专利权的客体范围，是随着科学技术的进步和经济发展的需要而不断扩大和逐渐明确的。早期的专利制度，从1474年威尼斯共和国《专利法》到1623

① 段瑞林：《知识产权法概论》，28页，北京，光明日报出版社，1988。
② 参见吴汉东等：《西方诸国著作权制度研究》，19页，北京，中国政法大学出版社，1998。

年英国《垄断法规》，其保护对象都表现为技术解决方案的发明。到19世纪，法国于1803年颁布了世界上第一部保护外观设计的地方性单行法规；英国于1843年制定《实用设计法》开始对实用新型给予保护。1883年《巴黎公约》规定，工业产权的客体为发明、实用新型和外观设计。根据对149个国家和地区的统计，法律规定有发明和外观设计两种专利的，计97个国家；规定有发明、实用新型、外观设计三种专利的，计14个国家；仅规定发明专利的，计38个国家。[①] 到目前为止，各国法律以专利形式保护的对象主要是上述三类。除此之外，有些国家还规定了保护植物品种、微生物等。在不适用专利保护的发明创造中，一类是不具备技术方案特征的智力成果，如自然规则、科学原理、自然现象以及经济方法等。[②] 该类客体不能作为专利予以保护，概为各国立法之通例。另一类是基于国家技术、经济发展水平限制而不予以保护的智力成果。对此，各国立法差异较大，但随着形势的发展，该类非专利客体的范围大大缩小。其中，保护化学物质和药品已成为现代各国专利立法的一种趋势。

商标法所保护的对象，是知识产权诸客体中变动最少的一个范围。由于商标是为买主识别商品而使用，因而立法者首先关注的是标记的“可识别性”。从近代法到现代法，关于商标的构成要素的立法规定往往不尽相同。文字、图形或其组合可以作为商标，概为各国立法之通例；除此之外，诸如颜色、声音、形状、地名、数字等能否构成商标要素，国际上尚未形成统一的立法例。但就商标权客体的范围而言，有两个动向值得注意：一是为了推动第三产业的发展，通过商标立法保护服务性行业的区别标记，世界各国大多对服务商标与商品商标给予同等保护；二是对在公众中享有盛誉、具有较高知名度的驰名商标，不管其是否注册，许多国家对其给予特殊保护。

2. 新的财产权权项和新的财产权制度陆续出现

传统知识产权制度的权能不断增加，其财产内容日益丰富多彩。著作权早已走出“出版之权”的狭隘樊篱，与新传播技术相关联，产生了各项“电子版

---

① 参见刘春茂主编：《中国民法学·知识产权》，428页，北京，中国人民公安大学出版社，1997。

② 参见曾陈明汝：《专利商标法选论》，33页，台北，三民书局，1977。

权”，如以传送广播和电视为技术内容的“播放权”，以机械光学电磁为技术特征的“机械复制权”，以摄影、录像、放映为技术表现形式的“制片权”等；与作品传播方式相关联，出现了更加具体、细密的新权项内容，如在复制权中出现了报刊一次或多次刊载图书内容的“连载权”，在演绎权中产生了将文学作品改变为音乐戏剧作品、将平面艺术作品改变为立体艺术作品的“改编权”，在传播权中设定了通过出借、租赁形式向公众发行作品复制件的“出租权”等。专利权则在已有的独占性制造权、使用权和销售权以外，增加了禁止他人非法从境外引入专利产品的“进口权”。

与此同时，在传统知识产权法以外，出现了一些新的独立的知识财产专有权制度，其中最为重要的当推与集成电路技术有关的布图设计权和与生物工程技术有关的植物新品种权。集成电路是微电子技术的核心，它是一种综合性的技术成果，包括布图设计和工艺技术。布图设计是附着于各种载体上的元件和连接这些元件的连线的有关布图设计。集成电路布图设计虽是一种电子产品的图形设计，但不是工业品外观设计，不能进入专利法的保护范围；同时，这种图形设计虽是一种三维配置形态的图形设计，但又不能归类于著作权法意义上的图形作品或造型作品。鉴于此，世界上多数国家采取单行立法方式，并通过相关国际公约如 1989 年《关于集成电路的知识产权条约》，确认赋予集成电路布图设计以独立知识产权或“准专利”的保护。此外，植物新品种作为生物工程技术在植物品种改良方面的重大成就，日益受到各国立法者的重视。目前，对植物新品种的知识产权保护，主要有两种方式：多数国家通过制定特别法来保护植物新品种，也有一些国家在专利法的范围内保护植物新品种。1961 年《保护植物新品种国际公约》与 1994 年《知识产权协定》强调对植物新品种给予保护，但允许缔约方自由选择专利或独立知识产权或二者并用的方式。

3. 经营性标记的财产价值日益受到重视

在整个知识产权法律制度体系中，经营性标记的法律保护起始最早。① 其发展变革虽不及著作权法、专利法那样迅速、剧烈，但在现代社会中也出现了若干重大的变化：第一，经营性标记的范畴形成了以商标为中心的标记族群。

① 相传古罗马法时期就已出现保护商标的规定，准许买主向伪造商标出售货物的卖主提出控告。

除传统的商标外，诸如商号、行业标记、产地标志、质量等级标记（如纯羊毛标记）、质量表彰标记（如“国优”“部优”奖励标记）等都成为具有财产意义且受法律保护的客体。第二，商业名称权（即企业法人的名称权）在商号权的名义下，实现了人身权与财产权的分离。“商号权的无体财产权属性，不仅表现在一个著名的商号可以为商事主体带来商业利益，而且表现在其他商事主体愿意付出对价受让这一权利。”① 第三，域名作为接入互联网的用户在网络上的名称，是信息市场、信息网站中出现的新标记。关于域名的属性，学者间尚有争议。有学者认为，域名是一个独立的标记范畴，不同于互联网用户原有的商号或商标；也有学者认为，域名只是原有标记在网络上的数字化表现，是标记载体的一种互换。摒弃其争议不言，域名日益受到人们的重视并在一些国家谋求取得法律保护，却是一个不争的事实。第四，经营性标记与商业信誉共同构成企业的无体财产。经营性标记往往与特定企业的商誉联系在一起。商誉是关于企业的积极社会评价，它源于多种因素，包括企业的品质、经营人员的素质、与用户的关系等。在诸项经营性标记中，商号是商誉附着的载体，商标及其他标记则是商誉形成的因素。第五，对经营性标记的保护，涉及多个法律部门。一般以专门法（如商标法）为主，由反不正当竞争法以及行政法辅之。在知识产权体系中，有关标记的权利主要是一种工业产权。

4. 商业秘密与反不正当竞争被纳入知识产权体系

与近代法相比，现代知识产权体系是一个十分庞大的法律体系。在传统上，商业秘密与反不正当竞争是作为知识产权保护的例外或补充，而现在却成为知识产权体系中的新成员。

商业秘密是一种无体的信息财产。它与专利技术不同，其权利不具有严格意义上的独占性，也不受地域和时间的限制，权利的效力完全取决于商业秘密的保密程度。正是由于这一特性，商业秘密不包括在传统知识产权体系之中。大陆法系国家曾长期根据合同法或侵权法保护商业秘密，不承认其产权性质；而英美法系国家一般将商业秘密视为无体财产，专门立法予以保护。20 世纪 60 年代，国际商会（ICC）率先赋予商业秘密以知识产权属性，世界知识产权

① 聂卫东：《商业名称的法律保护》，载《法律科学》，1999（3）。

组织在其成立公约中亦暗示商业秘密可以包括在知识产权之中；至 20 世纪 90 年代，《知识产权协定》专门规定“未公开信息”的保护问题，确认商业秘密属于知识产权范畴。

反不正当竞争法与知识产权保护有密切关系。在一国法律体系中，反不正当竞争法一般归类于知识产权法领域。在国际公约中，《巴黎公约》1967 年斯德哥尔摩文本将专利技术、经营性标记与制止不正当竞争列为工业产权的保护对象，1967 年《成立世界知识产权组织公约》将反不正当竞争的权利纳入知识产权的范畴，1994 年《知识产权协定》强调缔约方应遵守《巴黎公约》的有关条款，即确认该公约关于将反不正当竞争作为知识产权组成部分的规定。反不正当竞争之所以归属于现代知识产权法律体系，有以下原因：第一，反不正当竞争法以其他知识产权法的调整对象作为自己的保护对象，即对于侵犯著作权、专利权、商标权的行为予以制裁。因此，在某些情况下会出现法条竞合及优先适用何种法律的问题。第二，反不正当竞争法对于与各类知识产权有关而相关法律不能管辖的客体给予保护，以此弥补单一法律制度产生的“真空地带”。第三，反不正当竞争法对各类知识产权客体的交叉部分给予“兜底保护”，使知识产权的保护对象联结成一个整体。可以说，该法是知识产权领域所涉内容最为广泛的一种法律制度。尽管在当前立法例中，反不正当竞争所涉范围越来越广，扩大到许多与知识产权无关的其他领域，但是以保护知识产权为重点仍是反不正当竞争法的主要任务。

三、当代知识产权法变革的主要趋势

人类社会正处于知识经济的崭新时代。知识经济是以科学技术为第一生产要素的智力经济，它的出现不仅对以往资源经济时代所形成的价值观念、分配原则、生活方式、管理机制、政府政策等带来冲击，而且会引发有关法律规范的这一“游戏规则”的重构。当代知识产权制度正面临着发展与变革、创新与突破的新趋势。

1. 新技术革命与知识产权制度现代化

知识产权是私权法律制度创新与变迁的结果，同时也是直接保护科技创新活动的基本法律制度。知识产权制度从其兴起到现在只有三四百年的时间，但历经从工业革命到信息革命的不同时期，基于科技革命而生，由于科技革命而变，其制度史本身就是一个法律制度创新与科技创新相互作用、相互促进的过程。自英国工业革命以来，大致发生了四次技术革命。第四次技术革命带来了席卷全球的“信息革命”和“知识革命”。它发端于20世纪80年代，至今方兴未艾，其创新标志即是以计算机及网络为代表的信息技术革命和人类基因图谱破译所带来的生物学革命。[①] 作为信息技术革命的产物的因特网，其所组成的“虚拟空间”（cyberspace）是一个无中心的全球信息媒体，它不但改变了人类的生活方式，而且对现行的法律制度构成了挑战。就知识产权制度而言，主要有如下问题：一是“网络版权”。当代著作权制度必须解决的核心问题，就是如何让专有权利有效地“覆盖”作品在网络上的传播。具言之，即是数字化作品的权利保护、保密技术措施的法律保护以及数据库的权利保护这三大问题。[②] 二是“网络标记”。经营标记以数字化的形式出现在网络空间，既涉及传统商标制度的变革（如商标权地域性与因特网国际性的冲突，商标分类保护与网上商标权排他性效力的矛盾，网上商标侵权形式的变化与侵权责任的认定等），又涉及域名保护制度的创新（主要问题有域名登记与审查、域名权的性质与内容、域名权与其他在先权利的冲突、域名权的保护与域名纠纷的处理等）。三是“网络不正当竞争”。当代竞争法需要解决网络传播及电子商务出现的诸多问题，如屏幕显示和网站界面的商业包装、对网上商业秘密采取的保密措施、网上虚假宣传等。[③] 与网络技术相媲美，基因技术被认为是21世纪最伟大的技术之一，人类“可能正处在基因可以解释和决定一切的时代的开端”[④]。诸如“基因食物”“基因药品”“基因疗法”，以及对动植物基因乃至对人类基因的其他开发、利用，将会导致人类本身以及与人类生存环境相关的一系列变化。尽管对基因技术存在着民族习俗、社会道德以及宗教等方面的争议，但许多国家趋于对这一新兴技术给予专利与其他知识产权的保护。基因专

---

① 参见黄亚钧等：《知识经济论》，48～49页，太原，山西经济出版社，1998。
② 参见薛虹：《网络时代的知识产权法》，8页，北京，法律出版社，2000。
③ 参见张平：《网络知识产权及相关法律问题透析》，149～150页，广州，广州出版社，2000。
④ 高建伟等：《论基因的专利法律保护》，载《政法论坛》，2000（4）。

利涉及两大问题：一是界定基因专利保护的范围，包括基因方法、基因产品、转基因动植物新品种、转基因微生物以及“脱离人体或通过技术方法获得”的基因本身；二是明确基因专利的排除领域，特别是克隆人的方法、对胚胎商业利用的方法以及基因序列的简单发现等。总之，新的技术革命给知识产权领域带来了深刻的震荡。知识产权作为一种最具“科技含量”的法律制度，必须在“知识革命”的进程中，不断进行制度创新，从而实现其立法现代化的目标。

2. 新国际贸易体制与知识产权制度一体化

经济全球化是20世纪下半叶世界经济中逐渐形成的主要潮流，它将深刻影响21世纪的格局。[①] 经济全球化，是指各国经济相互依赖、相互渗透不断加深的这样一种世界经济新现象，是对第二次世界大战前殖民体系下的经济体制的根本改变。它要求消除阻碍商品在国家间流通的贸易壁垒和非贸易壁垒，重新规范国际贸易的市场规则，推动国际贸易自由化的进程。

在推动经济全球化的进程方面，世界贸易组织及其前身——关贸总协定扮演着重要的角色。世界贸易组织的基本目标是，通过无条件的最惠国待遇，削减乃至取消关税和其他贸易壁垒，促进全球贸易自由，以便充分利用世界资源和扩大商品的生产和交换。与其他国际公约和国际组织不同，世界贸易组织及其制度框架将知识产权保护纳入国际贸易体系之中。按照美国、日本、欧洲共同体在乌拉圭回合谈判的一份文件中的说法是，在关贸总协定框架内解决知识产权问题，不是知识产权法的协调，而应是消除由于一些国家未能将其知识产权保护制度提高到国际标准而造成的贸易扭曲现象。[②] 显然，发达国家与发展中国家在知识产权方面享有的利益很不平衡，因而在国际磋商和对话中所持立场与既定目标也相距甚远。南北国家围绕知识产权问题所展开的斗争，经过乌拉圭回合谈判，最终形成了包括《知识产权协定》在内的一揽子协定。《知识产权协定》的形成，使知识产权保护成为国际贸

① 参见许明主编：《当代中国亟待解决的27个问题》，11页，北京，今日中国出版社，1997。

② 参见李小伟：《知识产权国际保护体制的变化及其影响》，载香港《信报：财经月刊》，1996（3）。

易体制的组成部分。具言之，即是在世界贸易组织框架内，依赖成员国的国家强制力和世界贸易组织的国际强制力，将成员国所承诺的知识产权保护与无差别的最惠国待遇紧密挂钩。总之，新的国际贸易体制的建立，直接影响着知识产权制度一体化的进程，这标志着当代各国知识产权法进入一个统一保护标准的新阶段。

第十一章

知识产权制度的学理基础

从知识财富到知识产权，不仅是一个制度设计与规范适用的法律问题，也是一个具有深刻理论内涵的学理问题。近现代的法学家、思想家们或是从古代法律文献中挖掘构建知识财产制度的有益思想资料，或是采取经济分析、哲学研究的方法，为知识产权法提供了相应的学理基础。

一、知识产权制度的罗马法基础

知识产权法是近代商品经济和科学技术发展的产物，是罗马法以来财产权领域法律革命与制度变迁的结果。古罗马的财产法体系的构建，是以“物”为基础的，其对象主要是有体的物质对象，也包括无体的制度产物。在罗马法时期，尚未产生保护精神产物的财产权制度即近代意义上的知识产权法，但是其所留下的私法原理和规则，尤其是“无体物”理论，为我们诠释知识财产法律化提供了重要的思想资料。

罗马法学家盖尤斯认为，无体物（incorporales）系“法律上拟制之关系”（quae consistunt in jure），是指没有实体，而仅由法律所拟制的物（即权利），如地役权、用益权等。[1] 罗马法创制的“无体物”理论有以下主要内容：第一，权利系抽象物，概为人们主观所拟制的某种利益，因此被视为区别于有体物之无体物。第二，法律上的无体物，以能用金钱评价为条件。家长权、夫权、自由权等没有财产内容，所以不能视为无体物。第三，所有权虽然系主观抽象而成的制度产品，但罗马人认为该项权利与物同在，并且是最完整之物权，应区别于其他一般财产权利。

“无体物”理论本意是将特殊之权利视为权利标的意义之物件，这是一种开放的财产观，它使人们对客体物的理解，不拘泥于直接控制之物、有体存在之物。罗马法学家的理论贡献，不仅在于他们建立了简单商品经济条件下的财产权体系，更在于这种理论为近代知识产权制度的构建，“提供了一些关键的概念性工具”[2]。

1. “无体物”的非物质性与知识财产的性质

作为权利客体意义上的“无体物”，并非事实存在之物，而是人们主观拟制或说是依法律规定作为客体看待的物。就“非物质化”（dematerialized）特征而言，知识财产（即作为客体的知识产品、精神产物）也具有主观拟制（系人们智力创造）和法律认定（系法律规定或认可）的“无体物”属性。

在知识产权领域，学者一般将知识财产作为“抽象物”（abstract objects）来看待。按照澳大利亚学者 Drahos 的说法，它“依赖于人类精神生活而存在，是由人类思想添附于有形世界之上而产生的物”。它不具有真实形体而是抽象存在的物。[3] 从形而上学的观点来看，抽象物是一个存在的假设范畴。但社会现实需要承认抽象物的存在，当财产扩展至抽象物之时，基于该物即产生了人与人之间的利益关系。“就知识产权而论，所论及之物乃是抽象物。如我们所知，抽象物并不存在，或者我们可以宣称它不存在。知识产权中的抽象物采取

---

① 参见陈朝璧：《罗马法原理》（上册），84 页，北京，商务印书馆，1936；周枏：《罗马法原理》（上册），28 页，北京，商务印书馆，1994。

② Peter Drahos，A Philosophy of Intellectual Property，Dartmouth Publishing Company Limited，1990，pp. 16 - 22.

③ See Peter Drahos，A Philosophy of Intellectual Property，Dartmouth Publishing Company Limited，1996，p. 17.

了一种法律虚拟的形式。" Drahos 认为，"法律假定在某些抽象物中存在着权利。盘尼西林的分子式和化学结构即是抽象物的例证，许多人需要、使用并依赖于这些物"，由此产生了基于抽象物而形成的一种新的财产权利形式。[①] 这即是与传统财产所有权有别的知识产权。根据 Drahos 的考证，抽象物的说法源于罗马法上的"无体物"（incorporcal things），即"不可触及的物体"（intangible objects）。在古典哲学思想中，无体物的概念范畴可以追溯到斯多葛学派。同为人的精神的拟制物，罗马法上的无体物专指作为制度产品的财产权利（除所有权以外），而 Drahos 的抽象物乃是作为知识产品的精神构思，即中介于知识产权关系的材料。尽管存在上述差别，但罗马法学家的理论贡献是具有历史启迪作用的，可以说，"无体物"理论为近代知识产权制度提供了关键的概念性工具。

2. "无体物"的准占有与知识财产的控制

占有是指人对物的实际控制和管理。一般意义上的占有，须以有体物为客体。为此，罗马人创制了"无体物"的"准占有"制度。在罗马法上，准占有的取得，如同占有一样，也具有心素和体素的条件：准占有人须有行使其权利的事实，才视为具备体素；准占有人须有为自己的利益而行使某种物权的意思表示，才构成心素。[②] 在现代民法理论上，准占有又称权利占有，是指以财产权利为客体的占有。严格说来，准占有并非真正意义上的占有，即不涉及特定的有体之物件，不具有某种外人所认识的外观。[③] 准占有的意义在于，在不发生有形控制的情况下，对作为客体看待的权利之管领，也视为法律上的占有。

准占有在后世民事立法中不仅得以沿用，而且有所扩展。例如，《法国民法典》将权利占有的概念延及身份关系，将后者称为"身份占有"；《德国民法典》虽未就权利占有设一般规定，但承认了地役权与人役权的准占有；《日本民法典》则采取概括主义的立法方法，将一般意义上的财产权利作为

---

① See Peter Drahos, A Philosophy of Intellectual Property, Dartmouth Publishing Company Limited, 1996, p. 16.

② 参见周枏：《罗马法原论》（上册），432 页，北京，商务印书馆，1994。

③ 参见江平主编：《民法学》，448～449 页，北京，中国政法大学出版社，2002。

准占有的客体。这说明，“无体物”的占有即权利的占有在立法例中是普遍存在的。

从理论上来说，罗马法上的“无体物”准占有制度，可用于解释知识财产之控制的具体形态。正如前文所述，知识财产相对于有体的动产、不动产而言，具有不同的存在、利用、处分情形：第一，不发生有形控制的占有。由于知识产品不具有物质形态，不占有一定的空间，因而人们对它的占有不是一种实在而具体的占据，而是表现为对某种知识、经验的认识与感受。第二，不发生有形损耗的使用。知识产品必须向社会公示、公布，人们从中得到有关知识即可使用，而且在一定时空条件下，可以被若干主体共同使用。上述使用不会像有体物的使用那样发生损耗，如果无权使用人擅自利用了他人的知识产品，亦无法适用恢复原状的民事责任形式。第三，不发生消灭知识产品的事实处分与有形交付的法律处分。知识产品不可能有因实物形态消费而导致其本身消灭之情形，它的存在仅会因期间（即法定保护期）是否届满而产生专有财产与社会公共财富的区别。同时，有形交付与法律处分并无联系，换言之，非权利人有可能不通过法律途径去“处分”他人的而自己并未实际“占有”的知识产品。基于上述特征，国家有必要赋予知识产品的创造者以知识产权，并对这种权利实行有别于传统财产权制度的法律保护。

3. “无体物”的“似物性”与知识产权的价值实现

在罗马法中，无体物本为人们主观拟制之物，但在物质化财产体系中，这种抽象实体也采取了真实实体的解释与说明，即无体物是以实在之物为对象的财产权；无体物是与有体物相关的抽象物。Drahos 将这一现象称为“似物性”(thing likeness)，即无体物与实体物及物质化财产的相似性和关联性。作为知识产品的抽象物与有形财产物具有紧密联系，Drahos 对此作了两点分析：第一，抽象物并不存在于有形世界，但通过表达而获得其有形性。这是抽象物的形而上的重要特征。Drahos 说道，一个人在主张其享有某一知识产权时，须对权利的客体作具体的说明。说明的方法可以是正式的手续（如专利登记），也可以是非正式的（如商业秘密）。这种说明的结果是，通过实际表达形式，产生了一个有着外在形式的实体。“一个可被表达之物乃是抽象之物”，实际表达之物乃是有体之物。[1] 第二，抽象物通过对相关有体物的控制而具有财产意义。非物质性的抽象物须有客观表现形式，这不仅是该物获得法律保护的条件，也是智力劳动者实现抽象物之财产利益的途径。Drahos 认为，艺术家、作家和发明家为了生存，须将这种无体财产转化为有体财产。"一旦无体物之中的财产权利被法律所承认，在有体物世界里规制物化财产关系的意义将更为重要。"[2] 其意义表现在：抽象物是获取无限种类和数量的有体物之源泉，这些均可以为财产所有人所享有；抽象物是控制再现其本身之有体物的途径，专有权利的授予即可实现这种控制。

4. "无体物"的买卖与知识产权的继受取得

所有权的转让在罗马法中有多种形式，如市民法所有权的转让有要式买卖、拟诉弃权；万民法所有权的转让主要是交付。交付以物件授受、意思合致为要件，是私人财产买卖的最普遍方式，但以有体物为限。无论是动产的单纯交付，还是不动产的简单交付、长手交付、在手交付、易位交付，都是有体物的交付。"无体物"的买卖不能采用标的物交付的方法，为此罗马人创制了"拟诉弃权"（cessio in jure），即采用模拟确认所有权的诉讼而取得所有权的方式，又称"法庭让与"。该方式主要适用于无体物（如继承权、地役权等）的转让。[3]"拟诉弃权"作为所有权的取得方式，显著特点在于它的公开性与程序化，即通过模拟诉讼来确认所有权转让，使得"无体物"的转让获得一种正式的公开程序，而这种程序的公开性使得财产转让更具有效力。

在知识产权领域，基于客体"虚拟占有"和权能多样化的特点，往往出现"一物多权""一物多主"的情形，知识产权的利用较之有体财产的利用在主体及权能方面更为丰富多彩。首先，由于知识财产具有非物质性特点，知识产权所有人对知识财产的占有只能是"虚拟占有而非实际控制"，对知识财产的利用必须通过物化载体这一媒介来实现；同一知识财产可以物化在多个相同或不

---

① See Peter Drahos，A Philosophy of Intellectual Property，Dartmouth Publishing Company Limited，1996，p. 17.

② Peter Drahos，A Philosophy of Intellectual Property，Dartmouth Publishing Company Limited，1996，p. 22.

③ 参见周枏：《罗马法原论》（上册），318 页，北京，商务印书馆，1994。

同载体之上，从而出现多数主体同时使用同一知识产品的形态。其次，各类知识产权的权能具有多样性。例如，著作权包含复制权、出租权、表演权、播放权、演绎权等，专利权分为独占实施权、许可权、转让权、标记权等。这样，每一权利的每一权能都可以由相同主体或不同主体利用。在这种情况下，知识产权的继受取得不能适用标的物“有形交付”、当事人自行交付的方法，而必须采取特别移转方式，即“无体物”的交付规则。美国学者 Versteeg 认为，罗马法关于“无体物”交付的理念与现代法中知识产权移转的原则是相同的，即知识产权的出让须采取书面及其他法定形式，且应由主管机关进行登记或审核。① 可以说，罗马法将公开性和程序化作为无体物转让的特别规制，对以后的知识产权贸易是有借鉴意义的。

5. “无体物”侵害与知识产权的救济措施

罗马法规定了四种形式的私犯，即盗窃②、抢劫、损害、侵辱，概为对财产的侵害与对人身的侵害。其中有关财产的侵害，最初仅指对有形财产即有体物的侵害。随着罗马法的发展，关于有形财产的侵害规则也逐渐适用于无形侵害的情形即对无体物（权利）的侵害。据美国学者考证，罗马法学家 Thomas 对“窃取”（furtum）这种盗窃行为作了这样的解释：“窃取是对物的欺诈性侵犯，包括对物本身或对其使用权或所有权。”在罗马的共和时期，“窃取”的概念扩及“针对剥夺他人财产的所有行为”③。无形侵害不以非法占有标的物为特征，而以非法的“权利占有”（juris possessio）为要件。权利人在遭到无形侵害时，除请求占有令状（主要是禁止令）的救济外，还可以提起罚金之诉、损害之诉和混合之诉。这种无形侵害行为的特征描述与救济措施，为知识产权救济制度的建立无疑提供了有益的学理基础。

就民事救济措施而言，民法对所有权的保护是通过赋予权利人以请求确认所有权、请求排除妨碍、请求返还原物、请求赔偿损失等请求权的方法来实现

---

① See Russ Versteeg, “The Roman Law Roots of Copyright”, Maryland Law Review, 2000.

② 在罗马法中，盗窃是以获利为目的，欺诈地窃取他人的可动物或者经被窃人同意而持有物品的人非法使用或非法侵吞该物。罗马人将盗窃又具体分为窃取、窃用、侵吞。参见［意］彼德罗·彭梵得：《罗马法教科书》，黄风译，402 页，北京，中国政法大学出版社，1992。

③ Russ Versteeg, “The Roman Law Roots of Copyright”, Maryland Law Review, 2000.

的。在这些请求中，除请求确认所有权必须以诉讼方式向法院提出外，其余请求既可由权利人向侵权人提出，也可由物权人以诉讼方式向法院提出。[①] 对于知识产权的民事救济，权利人当然可以提起上述确认之诉、物权之诉与债权之诉，以维护其受到侵害的权利。但与一般财产所有权不同，在物权之诉中，知识产权所有人并不能援用请求恢复原状、返还原物之传统民事救济措施。请求恢复原状以保护财产不受他人非法损坏为目的，其适用的一般条件是：权利标的须为有体物，该项财产有物质上或价值上损坏的事实存在，损害之物件有修复的可能。但知识产品系非物质状态之精神产物，对其非法使用并不导致对知识产品本身的“损耗”，该种权利被侵害后无法通过有形的“修复”而恢复原状。而请求返还原物是保护物之占有权能的方法，其适用条件是：请求返还的原物须为特定物，该特定物为不法占有人所控制。由于知识产品具有不同于有体物的特征，因而侵权人无须有形控制而仅凭“认知”即可构成“占有”，这种知识或经验的“占有”无法通过“返还”而恢复原有权利状态。因此，对知识产权的民事救济不适用请求恢复原状与请求返还原物这两种方法。

由此可见，罗马法关于“无体物”侵害所采取的请求占有令状（即禁止令）、罚金之诉（即惩罚性赔偿）、损害之诉（即损害赔偿），与现代法中的知识产权救济措施有着相通之处。

总之，罗马法的“无体物”理论为近代知识产权制度的创建提供了有益的思想资料，但这并非是直接适用的现成理论。滥用“无体物”的简单结论和忽视“无体物”的理论价值，在学术研究中都是有失偏颇的。

二、知识产权制度的经济学基础

建立在劳动价值论基础上的知识价值论，是我们分析知识产权制度经济品性的基本工具。智力劳动所创造的知识产品与物质产品一样，都是有价值和使用价值的商品，这是知识产品成为知识财产的经济学依据。关于知识产权制度的经济合理性，近现代的思想家们作出了各种各样的解释。

---

① 参见彭万林主编：《民法学》，210 页，北京，中国政法大学出版社，1994。

1. 洛克、斯密的“劳动价值”理论

近代“劳动价值论”的创始人洛克基于自然权利的理论，阐述了劳动是获得私人财产权的重要途径以及劳动使人们获得私人财产权的合理性。在洛克的“劳动—财产”的论述中，有两点值得注意：其一，明确宣称劳动归劳动者所有。这是洛克财产权劳动学说的基础。他基于“每人对他自己的人身享有一种所有权”的思想，提出每个人的身体所从事的劳动和他的双手所进行的工作，“是正当地属于他的。所以只要他使任何东西脱离自然所提供的和那个东西所处的状态，他就已经掺进他的劳动，在这上面参加他自己所有的某些东西，因而使它成为他的财产”①。其二，将财产定义为一种“物化”的劳动。这是洛克分析财产的逻辑起点。他从原始树林的果子掉到地上开始分析，认为“谁把橡树下拾得的橡实或树林的树上摘下的苹果果腹时，谁就确已把它们拨归己用……劳动使它们同公共的东西有所区别，劳动在万物之母的自然所已完成的作业上面加些东西，这样它们就成为他的私有权利了”②。洛克劳动价值学为知识财产找到了合法性基础（劳动属于劳动者个人），同时也使得知识产权具有了人权基础（创造物是自己人格的扩张）。③ 尽管洛克在其著作中述及的仅是一般意义的财产权，但他的学说为后世学者阐述智力劳动与知识产权的关系提供了有益的思想资料。斯密作为资本主义“市场经济准则”的创制人，继受了洛克的劳动财产理论。他认为，人的才能是一种有用的才能，“对于他个人自然是财产的一部分”，这种有用的才能“可以和便利的劳动、节省劳动的机器和工具同样看作固定资本”④。斯密的理论贡献在于他将财产定义为一种劳动的结果，“除了土地上天然生产的物品，一切年产物都是生产性劳动的结果”⑤。这一观点用以说明知识产权制度的功用，即保护智力成果（即智力劳动的凝结）而不是智力劳动本身这一立法目标，是大有裨益的。当然，斯密的

① ［英］洛克：《政府论》（下篇），叶企芳等译，19页，北京，商务印书馆，1964。

② ［英］洛克：《政府论》（下篇），叶企芳等译，19页，北京，商务印书馆，1964。

③ 参见易继明：《财产权及其哲学基础》，载《政法论坛》，2000（3）。

④ ［英］亚当·斯密：《国民财富的性质和原因的研究》（上册），郭大力译，257页，北京，商务印书馆，1972。

⑤ ［英］亚当·斯密：《国民财富的性质和原因的研究》（上册），郭大力译，305页，北京，商务印书馆，1972。

理论也有明显的缺陷。他将劳动分为“生产性劳动”（如工人的劳动、农民的劳动）和“非生产性劳动”（如教师、医师、文人的劳动），前者能“加在物上，能增加物的价值”，后者则不能生产出可以“固定的物品或者可卖的商品”①。这一观点后来遭到萨伊的批判。总之，古典劳动价值学说是基于“物品”与有体财产所有权的经济分析，但这一理论有助于我们认识智力劳动对于知识产权的本源性意义。

2. *萨伊的“无形产品”理论*

19 世纪法国政治经济学家萨伊是斯密理论的解释者、传播者和批判者。无形产品理论的基础是“劳动创造效用”→“效用产生财富”，他认为，“创造具有任何效用的物品，就等于创造财富，这是因为物品的效用就是物品价值的基础，而物品的价值就是财富所构成的”②。在此基础之上，萨伊批判了斯密狭隘的财产观：人的劳动所创造的财产，不仅包括“只限于那些在创造后能和物混合起来的并且在长时间内能保持不坏的价值”——有形体的产品，而且包括那些“没有永久性、一生产出来就立即归于毁灭的价值”——“无形产品”③。被萨伊称为“无形产品的东西”，包括家仆的劳动、医生的劳动、律师的劳动、音乐家和演员的劳动等。这种产品与那些“有形体的产品”是性质相同的产品——都具有价值或者“效用”。斯密理论的错误在于，“他把财富解释为具有可以保存的价值的东西，而不把这名称推及一切具有交换价值的东西。因此，所有一产出便消费掉的东西，都不成为他所谓的财富”④。其实无形产品也是人类劳动的成果，它满足了人们某种的需要，“以至于这些职业如果不存在，社会便不能存在”；同时，为了满足这种需要，人们得使用财富的有形产品来购买无形产品。“生产无形产品的人，通过多次的这种交换行为，可以发财致富。”⑤ 萨伊所称的“无形产品”，在现代社会生活中可以概括地分为两

---

① ［英］亚当·斯密：《国民财富的性质和原因的研究》（上册），郭大力译，304～305 页，北京，商务印书馆，1972。

② ［法］萨伊：《政治经济学概论》，陈福生等译，59 页，北京，商务印书馆，1963。

③ ［法］萨伊：《政治经济学概论》，陈福生等译，126 页，北京，商务印书馆，1963。

④ ［法］萨伊：《政治经济学概论》，陈福生等译，126 页，北京，商务印书馆，1963。

⑤ ［法］萨伊：《政治经济学概论》，陈福生等译，127 页，北京，商务印书馆，1963。

种情形：一是无形的商业性服务，二是无形的知识产品。同为无形产品，对于前者，人们购买的是劳动（包括智力劳动）本身；对于后者，具有交换价值的则是智力劳动的成果。虽然萨伊的理论并未描述同为无形产品的服务活动与精神产物之间的区别，也仅是初步述及“非物质属性”的财产，但他的学说丰富了劳动所创造的财产的内容，揭示了“非生产性劳动”的价值所在，从而为我们构建“知识劳动”→“知识产品”→“知识产权”的理论框架奠定了思想基础。

3. 麦克劳德、凡勃仑的“无体财产”理论

美国经济学家康芒斯在其著作《制度经济学》中评价了19世纪末20世纪初两位著名学者麦克劳德和凡勃仑的“无体财产”理论。麦克劳德在《经济学原理》一书中提出了“有形体的财产”与“无形体财产”的区分。他认为，有一种财产或权利，完全和任何特殊的主体或者被占有的物品分离和分开。虽然产物本身只将在一个未来的时间存在，对那产物出生后的财产权却是现在的，可以买进卖出，和任何物质财产一样。因此，它是财产，在罗马和英国法律中，它叫做无形体的财产，因为它仅仅是一种抽象的权利，完全和任何特殊的实体分开。① 麦克劳德的理论有两个要点：其一，有体财产与无体财产之间存在某种联系。从其所列举的对应关系说来，过去的有形体的财产在未来收益上即表现为各类无形体的财产。例如，不动产土地、房屋是有体财产，但其永久性的每年收益则是无体财产；作为智力创造物化载体的书籍、机器是有体财产，但基于智力创造而获取的版权与专利权则是无体财产。其二，无形体的财产即是一种“债务的所有权”。在他看来，任何所有权都是一种可以交换的“商品”，物质的东西的所有权即是有形体的财产，债务（制度产品）的所有权即是无体的财产。无形体财产不是通过实物占有而享有的财产，而是通过给付实现交换价值的财产（如支付红利、租金，支付版权使用费等）。从麦克劳德的无体财产体系来说，其所指向的对象比较庞杂，既有债权、知识产权等权利本体，又有债券、股票等权利客体。麦克劳德的经济学观点与英美法系中关于

① 转引自［美］康芒斯：《制度经济学》（下），于树生译，25～26、22页，北京，商务印书馆，1962。

“无体动产”“诉体物”的表述在实质意义上有相通之处，可以说，麦克劳德的无体财产学说为英美国家的无体财产权制度体系作了精辟的经济学分析。凡勃仑的理论与麦克劳德的“债务的无体财产说”不同，他作为“第一个人在现代无体财产的概念基础上建立了他的学说”①。其主要观点是：第一，无体财产是对“非物质设备”的资本化。有体财产是“有特殊用途的生产资料”，而无体财产是“非物质的财富，非物质的事实，根据由于占有它们而能获得的利益，加以估价和资本化”。“这种非物质设备存在于工程师和工人的技术能力中。”② 第二，无体财产是未来的买卖能力的现在价值。这种预期的获利能力的买进和卖出构成可卖资本的交易内容。无体的财产或资本比物质产品的交易规模大得多，并产生更大的利润。③ 第三，无体财产是其所有人获取级差利益的手段。对于公司而言，获利能力不是工厂设备的成本而是该机构的商誉。作为现代意义上的商誉，包括“性质大不相同的各种项目”，但它们都是“非物质的财富”“无体的资产”，诸如“已经建立惯例的业务关系、诚实不欺的名声、特权、商标、牌记、专利权、版权、法律保障的或者保密的特别方法的专用权、特殊原料来源的独家控制，这一切给它们的所有人一种造成级差利益的有利条件”。“它们是财富——级差财富。”④ 凡勃仑的“无体财产”理论有其独到之处，他继承了自洛克以来的“劳动价值论”，将非物质财富的产生归结为“工程师和工人的技术能力”，这些人类的能力是“经历不知多少时代，通过教学、传统、经验、实验、研究，不断发展的结果”⑤，从而进一步论证了智力劳动对无体财产的本源关系；他敏锐地观察到无体财产在社会财富中的重要意义。无体财产是一种“级差利益”或“级差财富”，对于企业来讲，“资本

---

① 转引自［美］康芒斯：《制度经济学》（下），于树生译，310页，北京，商务印书馆，1962。

② 转引自［美］康芒斯：《制度经济学》（下），于树生译，324～325页，北京，商务印书馆，1962。

③ 转引自［美］康芒斯：《制度经济学》（下），于树生译，329～300页，北京，商务印书馆，1962。

④ 转引自［美］康芒斯：《制度经济学》（下），于树生译，329页，北京，商务印书馆，1962。

⑤ 转引自［美］康芒斯：《制度经济学》（下），于树生译，320页，北京，商务印书馆，1962。

化的核心不是工厂设备的成本，而是那些机构的所谓商誉”①。但是，凡勃仑的理论也有偏颇之处，他认为包括各种无体财产在内的商誉，“这种资产对社会没有用，只对所有人有好处”②。其理由是，无体财产的价值在于“它们的战略的能力，‘劫持’社会，从而‘无中生有’，不劳而获”。这种分析在“泛无体财产论”的一些场合中也许是适宜的。③ 但就知识产权而言，其保护发明创造人与促进社会进步的制度功能是显而易见的。在这方面，现代经济学的“公共产品”理论作出了更为公允的说明。

4. 考特、尤伦的“知识产品”理论

在知识、信息（包括作品、发明、标记等在内的精神产品）这一非物质资源上界定产品，导源于经济学家关于公共产品与私人产品的理论。美国经济学家考特和尤伦在其经典著作《法和经济学》一书中系统地阐述了知识的公共产品问题：第一，知识产品的个人消费并不影响其他人的消费，无数个人可以共享某一公开的信息资源。如同一辆公共汽车，出资者与未出资者都在乘车，公共汽车公司必须为每个人提供便利。换言之，无体的知识产品以有体的载体形式公开，即可构成经济学意义上的“公用性”④。第二，知识产品的生产是有代价的，但知识产品的传递费用相对较少，对于知识产品的生产者来说，难以通过出售知识产品来收回成本。一旦生产者将其知识产品出售给某个消费者，那个消费者就会变为原生产者的潜在竞争对手，或是其他消费者成为享用该知识产品的“搭便车者”，后者在知识产权领域即是无偿仿制或复制他人知识产品的情形。⑤ 第三，知识产品的生产者很难控制知识创新的成果。如果创造者

① 转引自［美］康芒斯：《制度经济学》（下），于树生译，310、324～325页，北京，商务印书馆，1962。

② 转引自［美］康芒斯：《制度经济学》（下），于树生译，320～329页，北京，商务印书馆，1962。

③ 凡勃仑在《企业论》一书中，对企业以预期获利能力作为无体财产来获得现在价值的现象进行了批判性分析。具体案例参见［美］康芒斯：《制度经济学》（下），于树生译，308～309页，北京，商务印书馆，1962。

④ ［美］罗伯特·考特、托马斯·尤伦，《法和经济学》，张军等译，147、152、191页，上海，上海三联书店、上海人民出版社，1994。

⑤ 参见［美］罗伯特·考特、托马斯·尤伦：《法和经济学》，张军等译，152页，上海，上海三联书店、上海人民出版社，1994。

将其知识产品隐藏起来，那么他的创新活动就不会被承认，从而失去社会意义。如果创造者将知识产品公之于众，他对知识这一无形资源事实上又难以有效控制。在这种情况下，私人市场提供的公共产品（包括知识产品）数量可能小于最优值，即出现信息“不足”现象。第四，鉴于消费者对知识产品的需要，政府有必要在市场上进行干预，即采取特殊的公共政策，以增加所生产的信息数量。信息市场的政府干预表现在两个方面：一是政府自己提供知识产品；二是政府对私人生产的知识产品给予补贴。后者的重要举措就是通过知识产权制度授予知识产品的生产者以独占权。在这个意义上说，著作权就是“为了发给作者奖金而对读者征的税”[①]。考特和尤伦的公共产品理论，从公共产品与私人产权相互关系的角度，阐述了知识产权制度的社会功用在于解决公共性资源的“搭便车”问题，以保障生产者收回对知识产品所付出的投资；建立知识产权制度的经济动因在于，“对财产权的法律保护有其创造有效使用资源的诱因”[②]。正是由于农夫能够获得土地作物的财产权，才有诱因促使农夫支付并尽可能节约耕种土地所需要的成本；正是由于创造者能够取得无形财产的垄断权，才有诱因激励其在知识、信息的生产方面进行投资。

以上几种理论，是近现代以来关于知识产权的主要学说。它们从不同的角度论述了知识产权的权源、功能和意义，表明了不同社会发展阶段所存在的无体财产观念，这些理论为我们认识、评价现代知识产权制度提供了有益的思想资料。

第一，关于知识财产本源性的认识。从洛克、斯密到马克思都建立了自己的“劳动价值学说”，这就为我们解释知识产权的合理性提供了必要的理论基础。资产阶级思想家的财产权劳动学说，蕴涵了近代市民社会的两个基本原则，即财产权私有原则和自由主义原则；而马克思主义经典作家的劳动价值论，则是剩余价值理论的基础。尽管他们的理论具有不同的社会意义，但都正确说明了劳动创造价值、劳动产物属于劳动者的重要意义。长期以来，我们对

---

① ［美］罗伯特·考特、托马斯·尤伦：《法和经济学》，张军等译，191页，上海，上海三联书店、上海人民出版社，1994。

② ［美］罗伯特·考特、托马斯·尤伦：《法和经济学》，张军等译，191页，上海，上海三联书店、上海人民出版社，1994。

劳动价值学说的理解有相当的片面性："一是局限在直接生产劳动，甚至限定在简单劳动——体力劳动上；二是局限在有形商品价值上。"[①] 近代"劳动价值学说"，特别是马克思的劳动价值论，虽然是从生产劳动创造有形商品的分析中产生的，但在知识经济时代，其基本观点仍具有广泛适用的价值。可以说，我们今天所主张的知识价值论，是近代劳动价值论的新发展。"知识价值论"表明：社会劳动既包括体力劳动，又包括智力劳动；生产商品不仅是物质生产中的实物形式的商品，还包括非物质生产中的无形商品（如服务、知识、技术、价值等）；活劳动不仅创造物化商品价值，而且创造知识产品价值。根据上述理论，我们不难得出以下结论：知识产品是智力劳动的产物，智力劳动者应对其知识产品享有财产权。从经济学意义上认识知识财产的本源性是非常重要的。在传统的知识产权理论上，人们基于知识产品具有的非物质性特征必须依靠国家法律特别保护这一情形，顺理成章地得出"知识产权须由国家授予"的结论。诚然，知识产权的原始取得，不能仅凭创造性活动的法律事实即可设定和取得，而需要由国家机关认可或核准。但这一情形并不能否定智力劳动对知识财产的本源性意义。正如美国学者所阐述的那样，智力创造是权利产生的"源泉"（source），而法律则是权利取得的"根据"（origin）[②]。

第二，关于知识产品财产性的认识。近代经济学理论将财产定义为劳动的结果，智力劳动的结果即知识产品当然也是财产。知识产品之所以能够成为知识财产，其经济动因主要有两点：(1) 知识产品的有用性。知识信息是社会中最为有用的资源之一，是社会财富的重要组成部分。知识产品既能作用于人们的精神生活，满足人们精神生活的需要，产生一定的社会效益，也能投入生产领域转化为有形的物质产品，满足人们物质生活的需要，产生一定的经济效益。在商品经济的条件下，知识产品同物质产品一样，既有使用价值，又有价值，是人类辛勤劳动的结果。(2) 知识产品的稀缺性。知识信息不是一种天然生成并取之不尽的资源，其稀缺性首先表现为知识产品生产的长期性、复杂性

---

① 李京文：《迎接知识经济新时代》，39页，上海，上海远东出版社，1999。

② L. Ray Patterson，Stanley W. Lindberg，The Nature of Copyright：A Law of Users' Right，The University of Georgia Press，1991.

和高成本化。整个过程需要社会以至个人的大量投入，并需要长时期的探索性、创造性、连续性的劳动才能实现。其次表现为知识产品创造者的数量稀缺和价值珍贵。创造性人才是知识的生命载体，他们以前人积累的知识元素为劳动资料，以抽象的知识产品为劳动对象进行精神生产劳动。知识产品的生产过程对生产者的智力投入有特殊要求：一是生产者智商高于一般人，能胜任高智力投入的劳动；二是通过文献储存和大脑储存，有相当的知识储备，具备高智力投入的基本条件。对于社会需求而言，此类人才常常存在着供给不足的情况。[①] 基于知识、技术、信息的有用性和稀缺性原因，社会有必要建立相应的知识财产权制度。

第三，关于知识产权价值目标的认识。知识产权制度以保护智力创造者权益为其核心立法原则。智力劳动者是知识产品赖以产生的源泉，不尊重智力创造活动，不维护智力劳动者的合法权益，就会窒息智力劳动者的创造热情，使科技文化事业成为无源之水。同时，维护社会公共利益也是相关立法的基本动机。知识产权与思想、信息、知识的表述和传播有着密切的关系。在保障智力创造者权益的同时，必须考虑促进知识广泛传播和推动社会文明进步的公益目标。正如美国版权法专家在评价美国版权法时所说的那样，著作权法涉及社会的、政治的、经济的、教育的和艺术的各个方面。它不能专注于作者权利的保护，而应顾及广大使用者的利益。[②] 概言之，保护私有知识财产、促进社会知识进步的二元立法原则，是知识产权制度的价值目标所在。就知识产权领域而言，社会在权利界定与分配方面实行“专有区域”（exclusive zones）与“自由区域”（free zones）的划分。[③]“专有区域”在权利资源中涵盖面极广，智力劳动者是这一领地的“独占者”。这一区域的设定，带来智力投资成本的回报，维系智力劳动者的创造激情，因而是有效益的。“自由区域”在权利资源中所

① 关于知识劳动价值的有关理论，可参见张和生：《知识经济学》，沈阳，辽宁人民出版社，1992。

② See L. Ray Patterson，Stanley W. Lindberg，The Nature of Copyright：A Law of Users' Right，The University of Georgia Press，1991.

③ See Edward W. Ploman，L. Clark Hamilton，Copyright：Intellectual Property in the Information Age，Routledge and Kegan Paul Ltd.，1980.

占比例较小，使用者是这一范围的"自由人"，得在法律允许的情况下无偿地、自由地或有条件地利用他人的知识产品。这一区域的构建，并不导致智力创造者的利益损害，却可以减少交易成本或防止价格垄断，促进信息畅通与文化传播，因而也是有效益的。①

三、知识产权制度的法哲学基础

在法哲学领域，从知识财富到知识产权，是一个具有深刻理论内涵的哲学问题。诸如知识成为财产权对象的依据、知识财富占有状态与权利形式、知识产权制度的社会功用及目标等，无一不是知识产权法哲学理论研究的对象。在这一领域，近现代的思想家们都提出了自己的财产权学说，为知识产权制度构建了相应的法哲学基础。

1. 卢梭的"社会公意"理论

卢梭是18世纪法国卓越的启蒙思想家。《社会契约论》作为世界思想史上的重要文献，在政治上，为法国资产阶级民主革命提供了理论纲领；在私法上，则为新兴资本主义的财产权制度构筑了哲学基础。卢梭的财产观不同于以往的"财产自然权利"学说。以洛克为代表的传统财产权理论可以分解为"先占、需求和劳动"三个要素，即"首先，这块土地还不曾有人居住；其次，人们只能占有为维持自己的生存所必需的数量；第三，人们之占有这块土地不能凭一种空洞的仪式，而是要凭劳动与耕耘，这是在缺乏法理根据时，所有权能受到别人尊重的唯一标志"②。卢梭对这种财产权理论进行了批评，在他看来，三要素的满足只是表明占有事实的成立，而不足以表明财产权的成立。在这种批判的基础上，卢梭提出了以社会契约为基础、以社会公意为依据的新的财产观。按照自然法的原则，人们要在完全平等的基础上自愿结合，通过社会契约建立国家，制定法律，以便保护每个人的天赋权利，包括自由、生命与财产。

① 参见［美］罗纳德·科斯：《社会成本问题》，载《财产权与制度变迁》，上海，上海三联书店，1994。

② 转引自［法］卢梭：《社会契约论》，何兆武译，32页，北京，商务印书馆，1980。

他具体描述了人类形成社会契约，进入国家状态后的财产制度："人类由于社会契约而丧失的，乃是他的天然的自由以及对于他所企图的和所能得到的一切东西的那种无限权利；而他所获得的，乃是社会的自由以及对于他所享有的一切东西的所有权。"[①] 在这里，卢梭对自然状态下的自由和权利与社会契约下的自由和权利作了严格的区别。在卢梭的理论视野中，前者仅是一种事实状况的存在，后者才是一种受到保护的法律利益。概言之，自然状态下对物的控制、支配的事实，是无"权利"可言的。卢梭的财产观的核心是社会公意理论。他首先对"公意"与"众意"作出了区分："公意和众意之间经常总有巨大的区别：公意只着眼于公共的利益，而众意则着眼于私人的利益，众意只是个别意志的总和。但是，除掉这些个别意志间正负相抵消的部分而外，则剩下的总和仍然是公意。"[②] 按照他的说法，公意就是多数公民的意见，因为他们为了自身的利益，总要考虑到社会多数人的利益。关于公意与法律的关系，卢梭提出了自己的见解：法律是由国家主权者制定的，由于主权属于人民，因而法律乃是公意的行为，是主权者的行为和"我们自己意志的记录"[③]。简言之，法律体现的主权者（人民）意志就是公意。在这里，卢梭将财产权的依据归结为社会公意。他说："我们必须很好地区别仅仅以个人的力量为其界限的自然的自由，与被公意所约束着的社会的自由；并区别仅仅是由于强力的结果或者是最先占有权而形成的享有权，与只能是根据正式的权利而奠定的所有权。"[④] 十分明显，财产的自然占有状况，只是享有权，它以个人强力或先占为依据。只是在进入国家状态之后，由于体现社会公意的法律所作用的结果，才使得对物的占有事实成为正式的财产权利即所有权。由此可见，关于财产权成立的依据，卢梭的解释较之于他的前人更进了一步。此外，卢梭的理论贡献还在于他关于财产权的正义理念。这主要体现在三个方面：一是财产权利、义务的对等。卢梭主张正义和财产的概念同时产生，把正义和财产权联结在一起，其意义在于创立一种规范，即在社会的范围内尊重他人财产权的习俗。在他看来，

① ［法］卢梭：《社会契约论》，何兆武译，30页，北京，商务印书馆，1980。
② ［法］卢梭：《社会契约论》，何兆武译，39页，北京，商务印书馆，1980。
③ ［法］卢梭：《社会契约论》，何兆武译，51页，北京，商务印书馆，1980。
④ ［法］卢梭：《社会契约论》，何兆武译，30页，北京，商务印书馆，1980。

所有权一经确定，既使得财产成为真正的权利，也同时产生对个人的限制。每个人都天然有权取得为自己所必需的一切。“他的那份一经确定，他就应该以此为限，并且对集体不能再有任何更多的权利。”“人们尊重这种权利的，更多地倒是并不属于自己所有的东西，而是属于别人所有的东西。”① 在卢梭的哲学视野里，财产权受到尊重与保护的社会秩序，是符合正义法则的，这种正义的法则需要人人遵守，“需要有约定和法律把权利义务结合在一起，并使正义能符合于它的目的”②。二是财产权利的平等。在卢梭的财产理论中，平等这个名词绝不是指财富的程度应该绝对相等。他并非要绝对破除现有的个人所有制，因为那是不可能的，而是试图将它限制在最狭隘的界限之内，给它一种措施、一种规矩、一种羁绊，并使它始终服从于公共的幸福。③ 卢梭进一步指出，财产权制度是以社会契约为基础的，“它是公平约定，因为它对一切人都是共同的”；“社会契约在公民之间确立了这样的一种平等，以致他们大家全都遵守同样的条件并且全部应该享有同样的权利。于是由于公约的性质，主权的一切行为——也就是说，一切真正属于公意的行为——就都同等地约束着或照顾着全体公民”④。在这里，财产权的平等应理解为财产者地位的平等、财产权保护的平等。三是财产权制度的目标。“共同利益”“公共幸福”是卢梭在他的财产“社会公意”理论中反复强调的一个思想。财产权的依据来自公意，人民的意志得以公意化与其说是投票表决的结果，不如说是“人的结合在一起的共同利益”，“因为在这一制度中，都必然地要服从他所加之于别人的条件”⑤。卢梭由此得出结论：“公意必须从全体出发，才能对全体都适用；并且，当它倾向于某种个别的、特定的目标时，它就会丧失它的天然的公正性。”“实际上由社会公约而得出的第一条法律，也是唯一真正根本的法律，就是每个人在一切事物上都应该以全体的最大幸福为依归。”⑥ 综上所述，卢梭在《社会契约

① ［法］卢梭：《社会契约论》，何兆武译，31～32 页，北京，商务印书馆，1980。
② ［法］卢梭：《社会契约论》，何兆武译，49 页，北京，商务印书馆，1980。
③ 参见［法］卢梭：《社会契约论》，何兆武译，60～70 页，北京，商务印书馆，1980。
④ ［法］卢梭：《社会契约论》，何兆武译，44 页，北京，商务印书馆，1980。
⑤ ［法］卢梭：《社会契约论》，何兆武译，43 页，北京，商务印书馆，1980。
⑥ ［法］卢梭：《社会契约论》，何兆武译，42～43 页，北京，商务印书馆，1980。

论》一书中所阐发的财产权思想虽多是以土地为例，但亦可用作说明知识产权制度。卢梭关于财产权基础的社会契约论，对近代社会的“专利契约”理论有很大的影响。西方学者将信息公开与权利专有的现象解释为契约对价关系，其思想观点导源于此；卢梭关于财产权依据的社会公意观，分析了公意、法律与财产之间的关系，对财产权制度的说明较之于前人有更多的合理性，这有助于我们理解知识占有的自然状态与知识权利的法律状态之间的区别；卢梭关于财产权的正义观，更是不乏真理性的见解，诸如知识产权的保护与限制、知识信息的传播与权利利用、知识产权制度的公共利益原则等，都可以从这里寻求哲学上的理论支持。

2. 康德的“自由意志”理论

18世纪德国著名哲学家、自由主义法学思想的代表人物康德，从人及人性出发，探讨人的自由意志与天赋权利，并在此基础上论述了权利的意志内容与权利的效力依据。康德在《法的形而上学原理》一书中阐述了他的财产“自由意志”理论：（1）所有权概念与占有事实。康德将占有分为两种形态，即“作为感性的占有（可以由感官领悟的占有）和理性的占有（可以由理智来领悟的占有）。同一个事物，对于前者，可以理解为实物的占有；对于后者，则可以理解为对同一对象的纯粹法律的占有”[①]。在他看来，单纯是感官的占有，尚不足以称之为所有权意义上的“我的”。只有不是以肢体或个人力量来实现对物的占有，而是在观念上将某物视为“我的”的情况下，并且在物与人的事实分离也不能改变人与物的关系的情况下，才能称为所有权。（2）所有权的目的与自由意志。康德认为，为了所有权的目的，主体必须将某物作为一个对象来占有，即将该物视为己有，这个属于所有人意志选择的外在对象，“其本身在客观上必须是没有一位主人的（作为无主物）”。“我通过正式的表示，宣布我占有某个对象，并用我自由意志的行动，去阻止任何人把它当作他自己的东西来使用。”[②] 可以认为，某物要成为权利上“我的”所有物，主体须在主观

---

① ［德］康德：《法的形而上学原理——权利的科学》，沈叔平译，林荣远校，54～55页，北京，商务印书馆，1991。

② ［德］康德：《法的形而上学原理——权利的科学》，沈叔平译，林荣远校，55～57页，北京，商务印书馆，1991。

意志上有将该物作为自己独占物的要求；同时，某物要作为“我的”财产而不受他人侵犯时，主体须是该物真正的占有者或所有者。（3）所有权内容与共同意志。康德提出“外在获得”（所有权取得）的原则：“无论是什么东西，只要我根据外在自由法则把该物置于我的强力之下，并把它作为我自由意志活动的对象，我有能力依照实践理论的公设去使用它，而且，我依照可能联合起来的共同意志的观念，决意把一物变成我的，那么，此物就是我的。”① 由此，康德得出结论：所有权包含着双重意志内容——个人意志的占有和共同意志的占有。当一个人并不直接占有、控制某物却还能够反对他人对该物的占有、控制的时候，这是由于共同意志在发挥作用。所有权的真正奥秘不在于物主对物的自由支配，而是物主在自由支配物时所具有的不可侵犯性。共同意志即是全体社会成员对物主占有、控制某物的行为所持的共识、共认的观念，依康德的说法，“占为己用，在观念上，作为一种外在立法的共同意志的行为，根据这种行为，所有的人都有责任尊重我的意志并在行动上和我意志的行为相协调”②。（4）所有权效力与体现共同意志的普遍法则。康德分析了物主存在的两种意志内容：一是通过言行宣布某种外在的东西是“我的”，其他人有责任不得动用物主对其行使了意志的特定对象；二是包含着物主作出的承诺，即不侵犯其他人占有的外在地属于他人的对象。这种互不侵犯属于他人的东西的保证，是从体现共同意志的普遍法则中产生出来的。“所以，只有那种公共的、集体的和权威的意志才能约束每一个人，因为它能够为所有人提供安全的保证。当人们生活在一种普遍的外在的以及公共立法状态之下，而且还存在权威和武力，这样的状态便称为文明状态。”③ 可见，所有权只有在法律状态或文明社会中才有可能。康德的财产“自由意志”理论，是以有体物与所有权为研究对象的，但其关于自由意志与财产权利的学说，为现代知识财产及其权利制度的确立提

① ［德］康德：《法的形而上学原理——权利的科学》，沈叔平译，林荣远校，72页，北京，商务印书馆，1991。

② ［德］康德：《法的形而上学原理——权利的科学》，沈叔平译，林荣远校，72页，北京，商务印书馆，1991。

③ ［德］康德：《法的形而上学原理——权利的科学》，沈叔平译，林荣远校，68页，北京，商务印书馆，1991。

供了有力的哲学理论依据。据此，我们不难得出以下结论：由于知识产品的非物质性特征，知识产权客体本身不可自然占有，但并不妨碍主体对这一客体“纯粹法律的占有”；知识产品是创造者意志选择的“外在对象”，创造者是这一客体的占有者或所有者，有权将其作为“我的”财产而不受他人干扰；知识产品成为知识财产，并非取决于创造者对其自由的支配，而在于全体社会成员对这种知识财产状态予以承认的“共同意志”；知识产品作为财产权的对象，是经济发展与社会进步的结果。由于知识产品容易逸出创造者的控制，因而知识产权有赖于国家法律的特别保护。

3. 黑格尔的“财产人格”理论

黑格尔是继康德之后又一位伟大的哲学家与唯心主义法学的代表人物。在《法哲学原理》一书中，黑格尔将他的私法思想，构筑在“意志—人格—财产”的基本范畴上，并包装在一种十分复杂的哲学语言之中。黑格尔认为，法的本质是意志自由和权利，而意志自由的直接定在和权利的直接内容是作为自然界的物。按照黑格尔的说法，构成法的意志，一开始仅仅是抽象的或一般的意志；当它自己发展成为实在意志时，“意志就成为单一的意志——人（person)”①。这里指的是各个具体的人。人与人的关系实质上是意志与意志的关系。黑格尔进一步指出，人的本质是人格，而人格就是意志的自由。他强调意志自由的重要性，即“人可以丧失他的生命，但是不能丧失他的自由”②；同时也指出意志自由的限定性，即人格的意义在于每个特定的人都要受到法的规定和限制。③ 在“意志—人格”的理论基础上，黑格尔继而提出具有工具主义特性的财产，以此作为实现自由意志的定在和抽象人格具有客观性的基本形式。所有权理论是黑格尔财产观的精粹所在。关于所有权的概念，他作了两点说明：其一，所有权是自由意志的体现。根据黑格尔的标准说法，“人把他的意志体现于物内，这就是所有权的概念”④。从这一理论出发，人就是自由意志，而自由意志是无限的，对于一切事物（即客体）来说是绝对的。因此，所

① ［德］黑格尔：《法哲学原理》，范扬、张企泰译，45 页，北京，商务印书馆，1961。
② ［德］黑格尔：《美学》，第 1 卷，朱光潜译，203 页，北京，商务印书馆，1982。
③ 参见［德］黑格尔：《法哲学原理》，范扬、张企泰译，45 页，北京，商务印书馆，1961。
④ ［德］黑格尔：《法哲学原理》，范扬、张企泰译，59 页，北京，商务印书馆，1961。

有的物都可以变为人所有。每一个人都有权将其意志变成物，或者将物变成他的意志。按照黑格尔的理论，我们可以认为，诸如技能、知识、艺术、发明等精神产品，在创造者自由意志的支配下，都可以扬弃而成为私人财产。在自由意志的作用下，不仅是实在物，而且包括非物质性的精神产品，都可以变为属于自己的东西。这就为“精神所有权”制度提供了哲学依据。其二，所有权是单个人格的发展。黑格尔在表述所有权的合理性时说道：“所有权所以合乎理性不在于满足需要，而在于扬弃人格的纯粹主观性。人唯有在所有权中才是作为理性而存在的。”① 在黑格尔的哲学世界里，意志的任务是要取得绝对自由。最初阶段的意志是作为人格的自身意识，并寻求置自身于外部世界，即人格需要在世界上获得某些具体的存在形式。因此，所有权的设定，首要的不是满足个人的需要和欲望，而是归结为人格的存在和发展。在一定意义上说，人格就是财产的人格，或者说具象的财产就是抽象的人格；人的人格、理性，只有在财产中才能体现。根据这一理论，我们可以进而言之，精神产品是人类智力劳动的创造物，与特定主体的人格相联系。“精神所有权”使得创造者的人格在知识财产的实现过程中得以存在和发展。十分明显，黑格尔的哲学思想包含对知识产权合理性的解释。此外，黑格尔从“财产人格”理论出发，在所有权的框架内，具体阐述了精神所有权转让及保护的有关问题：（1）精神所有权转让的条件。虽然人身和人的精神不可转让，但与其密切相关的某些东西可以转让。黑格尔对此设置了转让条件，即限于精神能力及其产品的部分转让。黑格尔强调一个人可以把身体和精神的特殊技能以及活动能力的个别产品转让给他人，也可以把这种能力在一定时间的使用转让给他人。在这种情况下，转让的是精神能力的有限定的一部分，它同人的整体和普遍性保持着外在关系，从而不是对人的实体性即整个人格、理智的转让。② 在这里，黑格尔的本意是分析奴隶与雇佣劳动者的区别，不过，在蕴涵人格的财产可以自由让渡的情况下，他强调主体保留独立的人格即人的普遍性是有积极意义的。推而广之，这一理论也是适用于精神财产转让的。知识产权制度允许某一精神产品的全部权利转

① ［德］黑格尔：《法哲学原理》，范扬、张企泰译，50页，北京，商务印书馆，1961。

② 参见［德］黑格尔：《法哲学原理》，范扬、张企泰译，75页，北京，商务印书馆，1961。

让，但并不主张其全部知识产品（包括未来创造的产品）的全部权利转让，其立法规定不仅具有保护创造者的财产利益的目的，而且具有维系其人格独立的功能。(2) 精神所有权转让的对象。财产是意志的产物，可以通过一定的意志行为放弃或让渡，但这种东西必须是可以外化的。黑格尔指出："精神产品的独特性，依其表现的方式和方法，可以直接转变为物的外在性。"[①] 在这里，黑格尔的哲学理论已注意到精神产品的非物质性与可再现性的基本特征，并涉及精神产品本身及其物化载体的问题。黑格尔在不同场合所强调的"外部的定在"、"物的外在性"等，无一不是精神产品可再现性及物化载体的哲学语言表述。按照黑格尔的说法，精神产品分为以下主要类别：一是艺术作品。即把外界材料制成描绘思想的形式。它完全是表现作者本人的独特性，以至于连其仿制品也是仿制者自身的精神和技术才能的产物。二是著作权产品。就其成为外在物的形式而言，与技术装置的发明一样，它属于一种机械方法（书写、印刷、装订等）。在著作权产品中，采用的是一系列抽象符号（如文字），而不是以具体的造型来表达思想。三是发明技术装置。即采取机械装置的方式来表达发明技术的思想。这些机械物的制造方式和方法，属于普通的技艺（工艺）。四是处于艺术作品和工匠产品这两极之间的各种不同阶段的精神产品，如工业品外观设计等。[②] (3) 精神所有权受让者的权利。受让者享有的权利，依各类精神产品的特性不同而不同，特别是与转让者的意志相关。黑格尔将其分为两种情况：一是受让者成为控制精神产品的新所有人，即可以"将其中所展示的思想和包含的技术上的发明变成自己的东西"，同时"占有了就这样表达自己和复制该物的普遍方式和方法"[③]；二是精神产品的创造者"坚持自己仍是复制这种作品或物品的普遍方式和方式的所有人"，在这种情况下，受让者只是这个单一物的完全、自由的所有人，有权将取得物作为样品来完全地使用其价值，但不能侵犯原所有人依法所保留的特有权利。[④] (4) 精神所有权的保护。黑格尔认为，"促进科学和艺术的纯粹消极但又是首要的方法，是保证从事此

---

① ［德］黑格尔：《法哲学原理》，范扬、张企泰译，76 页，北京，商务印书馆，1961。
② 参见［德］黑格尔：《法哲学原理》，范扬、张企泰译，76 页，北京，商务印书馆，1961。
③ ［德］黑格尔：《法哲学原理》，范扬、张企泰译，76 页，北京，商务印书馆，1961。
④ 参见［德］黑格尔：《法哲学原理》，范扬、张企泰译，76 页，北京，商务印书馆，1961。

业的人免遭盗窃，并对他们的所有权加以保护”[①]。黑格尔继而就著作权作品描述了复述与剽窃的界限。他认为，“精神产品旨在使人得到理解，并掌握它而化为己有”。通常，科学、知识的传播，大抵是复述既存的思想。这种复述所采取的形式达到何种程度，可以变成一种可转让的物品，即变成他的所有权？或是这种复述的形式达到何种程度可以认定为一种剽窃？黑格尔感到对这些问题很难作出精确的规定。但是，对于他人创作物仅在形式上作某些变更，或者做点无关紧要的修改，不过是“对他人的所有物打上了多少表面上是自己的东西的印记”，黑格尔对此进行了严厉的批评。

4. 扎霍斯（Peter Drahos）的“抽象物”理论

澳大利亚学者扎霍斯所著的《知识产权哲学》是当代知识产权学界的一部重要著作。作者运用分析哲学的工具，以财产制度的产生、发展及相关理论为线索，重点考察了知识财产作为“抽象物”（abstract objects）的特点及在抽象物上设立知识产权的一般情况，从而提出了有别于传统财产观点的特殊的知识产权理论，为我们在该学科外部认识知识产权法的规律与规则提供了一种新的哲学思路。扎霍斯的“抽象物”理论主要包括以下内容：（1）“抽象物”与罗马法上的“无体物”。抽象物是扎霍斯在知识产权哲学研究中经常使用的一个基本范畴。它“依赖于人类精神生活而存在，是由人类思想添附于有形世界之上而产生的物”。它不具有真实形体而是抽象存在的物。[②] 从形而上学的观点来看，抽象物是一个存在的假设范畴。但社会现实需要承认抽象物的存在，当财产扩展至抽象物之时，基于该物即产生了人与人之间的利益关系。“就知识产权而论，所论及之物乃是抽象物。如我们所知，抽象物并不存在，或者我们可以宣称它不存在。知识产权中的抽象物采取了一种法律虚拟的形式。”按照扎霍斯的说法，财产的有体与无体之分，这种区别不是缘于权利本身，而是由于权利所指向之客体的性质不同而产生。[③] 知识产权被归类于无体财产权。

---

① ［德］黑格尔：《法哲学原理》，范扬、张企泰译，76页，北京，商务印书馆，1961。

② See Peter Drahos，A Philosophy of Intellectual Property，Dartmouth Publishing Company Limited，1996，p. 17.

③ See Peter Drahos，A Philosophy of Intellectual Property，Dartmouth Publishing Company Limited，1996，p. 16.

"法律假定在某些抽象物中存在着权利。盘尼西林的分子式和化学结构即是抽象物的例证，许多人需要、使用并依赖于这些物"，由此基于抽象物而形成一种新的财产权利形式。[1] 这即是与传统财产所有权有别的知识产权。根据扎霍斯的考证，抽象物的说法导源于罗马法上的"无体物"（incorporeal things），也即是"不可触及的物体"（intangible objects）。在古典哲学思想中，无体物的概念范畴可以追溯到斯多葛学派。[2] 同为人的精神的拟制物，罗马法上的无体物专指作为制度产品的财产权利（除所有权以外），而扎霍斯的抽象物乃是作为知识产品的精神构思，即是中介于知识产权关系的材料。[3] 尽管存在上述差别，但罗马法学家的理论贡献是具有历史启迪作用的，可以说，无体物理论为近代知识产权制度提供了关键的概念性工具。（2）抽象物与有体物（有形财产）的关系。在罗马法中，无体物本为人们主观拟制之物，但在物质化财产体系中，这种抽象实体也采取了真实实体的解释与说明，即无体物是以实在之物为对象的财产权；无体物是与有体物相关的抽象物。扎霍斯将这一现象称为"似物性"（thing likeness），即无体物与实体物和物质化财产的相似性和关联性。作为知识产品的抽象物也与有体财产物具有紧密联系，扎霍斯作了两点分析：第一，抽象物并不存在于有形世界，但通过表达而获得其有形性。这是抽象物的形而上的重要特征。扎霍斯说道，在一个人主张其享有某一知识产权时，须对权利的客体作具体的说明。说明的方法可以是正式的手续（如专利登记），也可以是非正式的（如商业秘密）。这种说明的结果是，通过实际的表达形式，产生了一个有着外在形式的实体。"一个可被表达之物乃是抽象之物"，实际表达之物乃是有体之物。[4] 第二，抽象物通过相关有体物的控制而具有财产意义。非物质性的抽象物须有客观表现形式，这不仅是该物获得法律保护的

---

① See Peter Drahos, A Philosophy of Intellectual Property, Dartmouth Publishing Company Limited, 1996, p. 1.

② See Peter Drahos, A Philosophy of Intellectual Property, Dartmouth Publishing Company Limited, 1996, pp. 16 - 17.

③ See Peter Drahos, A Philosophy of Intellectual Property, Dartmouth Publishing Company Limited, 1996, pp. 17 - 25.

④ See Peter Drahos, A Philosophy of Intellectual Property, Dartmouth Publishing Company Limited, 1996, p. 17.

条件，也是智力劳动者实现抽象物之财产利益的途径。扎霍斯认为，艺术家、作家和发明家为了生存须将这种无体财产转化为有体财产。“一旦无体物之中的财产权利被法律所承认，在有体物世界里规制物化财产关系的意义将更为重要。”[①] 其意义表现在：抽象物是获取无限种类和数量的有体物之源泉，这些均可以为财产所有人所享有；抽象物是控制再现其本身之有体物的途径，专有权利的授予即可实现这种控制。（3）抽象物与知识产权制度。知识产权是基于抽象物而产生的一种具有独占性质的财产权。扎霍斯通过对近代英国法的分析，阐述了知识产权制度存在的正当性理由。他写道，个人须通过劳动方能生存。发明者、作者与其他人一样并有权获得报酬。但这种报酬仅仅只能是一个暂时的特许权，超出这一范围的利益即构成对他人劳动的侵犯并违反这个国家的基本法律。换言之，一个发明者或一个作者只能期待某种高于其他人的暂时优势，这一优势的性质乃是一特许权。[②] 扎霍斯提出，绝不能超越这一特许权。因为它可能产生如下后果：一是危及他人自由。允许私人在抽象物上设定独占权利，会形成特定社会中一种“人的依赖关系”（person - dependent relationship）。扎霍斯分析说，当个人独占力量增长时，便会影响他人的消极性自由，即不受干预的权利面临危险。一句话，当财产扩展至抽象物时，便可能存在着利害冲突。他举例说，农夫需要种子来种植稻谷，倘若这些种子系为获得专利权或植物新品种权的抽象物，农夫欲采用这种种子就得事先征得该抽象物所有人的同意。这样就在物质依赖关系之上添加了一层人身依赖关系。由此，扎霍斯作出如下判断：当公众所必需的某些资源作为抽象物而被权利人所控制时，就会在资源依赖关系之外增加一种正式、合法的人身依赖关系。[③] 为此，扎霍斯对在抽象物与财产权之间所建立的法律机制感到忧虑。倘若市民社会对独占权利进行无限制的追逐，抽象物利用中所隐含的人身依赖关系就会产生一

① Peter Drahos，A Philosophy of Intellectual Property，Dartmouth Publishing Company Limited，1996，p. 22.

② See Peter Drahos，A Philosophy of Intellectual Property，Dartmouth Publishing Company Limited，1996，pp. 32 - 33.

③ See Peter Drahos，A Philosophy of Intellectual Property，Dartmouth Publishing Company Limited，1996，p. 159.

种危险，即这种财产权制度在社会共同体中不是促进自由，而是限制自由。在这个意义上，扎霍斯得出结论："知识产权是一种有碍自由的特许权。"[①] 二是威胁分配正义。知识产权的独占性，不仅使得抽象物所有人控制无数个重现同一抽象物的有体物成为可能，而且促使抽象物的所有人去控制更多的抽象物成为可能，这两种情况可能导致少数人利用抽象物的财产权机制去获得那些被社会所普遍依赖的资源。扎霍斯认为，从分配正义的观点看，独占权利的范围应予以限制。[②] 权利扩张造成社会分配的不均衡，是扎霍斯基于现代社会经济分析而得出的一个经验性结论。在他看来，在一些科技领域，拥有某些抽象物需要有高水平的科技能力和大规模的资金投入。当这些抽象物是为社会所普遍依赖的重要资源时，该类抽象物的所有人即意味着拥有巨大的"威胁权力"(threat power)。建立在抽象物独占基础上的"威胁权力"，是一种有着法律后盾的权力形式。当社会在抽象物上创制了财产权利，即可能面临这样一种情景：大量的"威胁权力"集中在少数人手中。[③] 扎霍斯的基本看法是，抽[illegible]上的独占权利增强了个人力量的派别倾向和危险程度，因此有理由[illegible]利的范围加以严格限制，或者将[illegible]霍斯关于"抽象物"的哲学理论[illegible]识知识产权客体的基本属性、分析无体财产与有体财产的[illegible]、探讨知识产权制度的社会功用，提供了新的视角。正如他本[illegible]在该书中"不存在为私人财产寻求正当理由的努力"，而是强调[illegible]权可能产生"威胁权力"，造成分配不均衡的"危险"。当然，这些并不能作为否认知识产权制度存在的理由，扎霍斯无意于此。但是，通过上述分析，我们有必要对知识产权保护现状进行反思，进而确立知识产权法的平衡精神与公益目标。这无疑是扎霍斯的哲学思想所带来的有益启示。

---

① Peter Drahos，A Philosophy of Intellectual Property，Dartmouth Publishing Company Limited，1996，p. 5.

② See Peter Drahos，A Philosophy of Intellectual Property，Dartmouth Publishing Company Limited，1996，p. 5.

③ See Peter Drahos，A Philosophy of Intellectual Property，Dartmouth Publishing Company Limited，1996，pp. 161 - 163.

④ See Peter Drahos，A Philosophy of Intellectual Property，Dartmouth Publishing Company Limited，1996，p. 5.

近现代的思想家们将知识产权制度构筑在形而上学的哲学世界里。形而上学作为一种哲学分析工具，是以超出经验、感觉范围以外的事物本质、来源问题为研究对象的。与经济学家关于“成本效益”的实证研究不同，哲学家以抽象思辨的方法回答了知识产权制度的一般性问题。

第一，关于知识财产的无体性特征。法律对知识财产的确认，标志着财产观从具体到抽象的转变。人们不再将财产的范围局限于有体物，而扩大到为数众多的不具备外在形体的财产，这即是财产的抽象化与非物质化。关于财产的非物质化，早在洛克时期就受到了充分的关注。洛克在其《政府论》一书中，曾在多种含义上表达“财产”的概念：狭义的“财产”指个人所拥有的物质财产，一般用“possessions”、“estates”、“fortunes”和“goods”来表达；而广义的“财产”则称为“property”，它不仅指物质财产，也包括人的身心、生命和自由，甚至包括人的劳动及行为规范。它是个人拥有的总和，包括身心和物质两个方面的内容以及有体和无体两种形态。[①] 而在康德与黑格尔两位德国哲学家那里，财产权与意志、人格有关，物的占有不过是自由意志外化的结果。这一说法极为接近知识财产即是抽象财产的认识。康德关于知识产权的简短论述主要涉及著作权作品。他强调作品是作者的思想和人格的表现，保护知识财产的权利也就是保护作者人格的权利。[②] 从某种程度上讲，作品不是随便一种商品，而是一个人即作者的延伸，作品是人格的反映。[③] 在这里，康德将体现作者人格的智力成果与传统的有体财产作出了区分。黑格尔注意到物化载体与知识产品的差别，将后者称为“通过精神的中介而变成的物”，包括精神技能、科学知识、艺术以及发明等。[④] 此类精神产物需要给予它们外部的“定在”，才能为其他人所认识并成为交易的对象。所以它们并非自始就是直接的东西，只是通过精神的中介把内在的东西降格为直接性和外在物，才成为直接

① 参见梅雪芹：《关于约翰·洛克“财产”概念的一点看法》，载《世界历史》，1994（6）。

② 参见曲三强：《传统财产理论与知识产权观念》，载《知识产权研究》，西安，西安交通大学出版社，2002。

③ 参见刘春田、刘波林：《著作权的若干理论问题》，载《法律学习与研究》，1987（2）。

④ 参见［德］黑格尔：《法哲学原理》，范扬、张企泰译，第43节附译，北京，商务印书馆，1961。

的东西。诚然，现代学者扎霍斯关于"抽象物"的理论概括更具有现代法气息。抽象物是一个存在的假设范畴，或者说是人们主观拟制之物。这一基本范畴导源于罗马法上的无体物，但扎霍斯赋予其有别于制度产品的新的含义，即抽象物是知识产品，是中介于知识产权关系的材料。哲学家们注意到财产形态的变化，并将财产的范围延伸到一切可以利用的物质与非物质对象。但是应该指出，将一切利益、机会、资格等财产化、商品化，将社会权利、人身权等同于财产权利，这是不合时宜的，因为过于宽泛的财产观有可能动摇非物质性财产的科学基础。总之，我们可以将知识财产理解为非物质性财产，但对非物质性财产的范围应予以严格把握。

第二，关于知识产权的合理性理由。知识产权制度的建立，从其社会动因来说，是科学技术与商品经济发展的结果；从制度构建来说，是法律革命与创新的产物。关于知识产权制度的合理性，思想家们对此作出了不同的解释。在经济学范畴里，从洛克、斯密到马克思都建立了自己的"劳动价值学说"。虽然在他们的著述里，研究对象涉及的主要是物质生产与有形商品，但这一学说在论证知识产权的本源性与合理性时有着特别的理论魅力。而在法哲学领域里，"社会公意"理论与"财产人格"理论则为我们探讨知识产权制度的合理性展现了另外的视角。卢梭将财产权的依据归结为体现主权者（人民）意志的公意。法律是社会公意的记录，正义是财产权利的法则。根据卢梭的"社会公意"理论，我们可以找到知识产权制度合理性的一种说法，即实现了权利垄断与知识公开的契约对价关系。按照西方国家一些学者的说法，知识产权制度产生的社会条件是：知识产品所有人将自己的作品、发明公布出来，使公众了解到其中的专门知识；而公众则承认知识产品的所有人在一定时期内享有其中的专门知识。这即是以国家面貌出现的社会与知识产品所有人之间签订的一份特殊契约。① 只有这样，每个人才能享受到更多的财富和安全。哲学家把经过这些协商最终达成的谈判称为"社会契约"，

① 参见［苏］E. A. 鲍加特赫等：《资本主义国家和发展中国家的专利法》，载《国外专利法介绍》，第 1 册，12 页，北京，知识出版社，1980。

因为它建立起社会生活的基本条款。[①] 黑格尔的“财产人格”理论则与洛克的“劳动价值”理论相映成趣。这是因为，知识产权的合理性无论从“人格”方面还是从“劳动”方面解说，在道德上都是可以接受的。在哲学基本范畴中，人格可表达为“自我”“唯一的存在”。人格就是人的资格，人的资格应该是人的个体实践自己的意志的资格。法律上的主体之所以为主体，是因为有人格，但说到底是因为有意志。在法哲学的理论意义上说，人格其实是意志的法律身份，其本质在于它是意志的存在资格。[②] 黑格尔正是在这种意志—人格（“人格就是意志的自由”）的形而上学体系中，描述了他的财产观。黑格尔强调自由意志主要是通过私人财产所有权来表现的。“实现绝对自由是意志的任务”；“意志的任务需要好几个阶段才能完成”；“最初的阶段意志即以人格的形式出现”；“人格须在世上取得某种更为具体的存在形式”；“这个具体的形式通过物的使用而产生了”；“物的范畴中包括智力上的资源、学识和艺术技巧”；上述智力构思“一旦外化，便成为可在法律上占有的物”[③]。黑格尔的上述说法被认为是支持财产权（包括知识产权）存在的观点。在上述复杂的哲学语言中，黑格尔表达了一个简单的含义：财产权对个人的生存是必不可少的。进而言之，在知识产品中分清“你的”和“我的”这一财产权，不仅是人格为了在世上作为意志自由的个人实体或特性而需作出的一种区分，也是个人为了在世界上生存而需要的一种制度形式。黑格尔的人格理论不仅是佐证精神所有权合理性的一种学说观点，而且对近代欧洲大陆知识产权制度的创立在思想上产生了直接的影响。[④]

第三，关于知识产权法的公益性目标。“公共利益”这个概念源于罗马，用古罗马思想家西塞罗的话说，即“人民的利益是最高的法律”。在知识产权

① 参见［美］罗伯特·考特、托马斯·尤伦：《法和经济学》，张军等译，132页，上海，上海三联书店、上海人民出版社，1994。

② 参见李锡鹤：《民法哲学论稿》，22页，上海，复旦大学出版社，2000。

③ c. f. Peter Drahos，A Philosophy of Intellectual Property，Dartmouth Publishing Company Limited，1996，pp. 75 - 82.

④ 近代大陆法系国家将“人格价值观”作为其著作权立法的哲学基础，并建立了与英国“版权法”体系不同的“作者权”体系。参见［日］阿部浩二：《各国著作权法的异同及其原因》，载《法学译丛》，1992（1）。

制度中设定公共利益原则，并非否认知识财产的私权性，而是强调个人独占权利与社会公共利益之间的平衡。对此，哲学家们作出了不同的解释。卢梭将正义理念寓于他的财产观之中。在他看来，所有权的确立，在于构建财产受到尊重与保护的社会秩序，这是符合正义法则的；财产权制度是一种公平的约定，它对一切人都是共同的；为了保持财产权制度的天然的公正性，法律应以全体成员的共同利益为依归。黑格尔从精神生产与知识传播的角度阐述了他的知识产权理念。他认为，“独有于”我们的精神产物一经外化即可能为他人所重制，这不是一个问题，而是一件好事。因为通过占有外化的知识产品，可以产生更多的新的知识产品。知识产品生产的目的在于其为他人所认可，并成为他人学习的基础。在知识的社会传承过程中，“普遍认可的思想”被改造并被赋予新的个人形式。某一知识形式被不同时代的个人所利用、传播，会对其他人的利益有所增进。在人类知识的发展过程中，关于个人如何对其中的知识形式主张权利，黑格尔认为没有“普遍的确定性原则”。依经验而言，他主张在知识系统中划定法律界线，设定某种知识共有物（即“公共领域”），这样有利于保证他人或后代学习的需要。[①] 应该指出，黑格尔强调促进科学、艺术发展的最好办法是保障科学家、艺术家的知识产品不被窃取，但同时又主张应当重视作为共同体的知识共有物。可见，黑格尔的知识产权理念包含有明显的公共利益的思想。扎霍斯在其著述中并未直接叙述知识产权法的公共利益原则，但他描述了在抽象物上设立知识产权的后果。他承认知识产权存在的合理性，但又担心在不完美社会中建立这种制度会导致不利的后果，即个人独占权利的增长，会在产生物的依赖关系的同时出现人的依赖关系；权利的范围如不加以限制，则有可能造成分配的不均衡。扎霍斯的警示，无疑隐含着在知识产权制度中确立平衡精神与公益原则的主张。关于公共利益原则与法律制度的关系，当代美国法哲学家埃德加·博登海默有过更为精辟的论述。他认为，“共同福利”这一术语是一个无处不用的概念工具，它是用来标明外部界限的，而在分配和行使个人权利时绝不可以超越这一界限，以免全体国民遭受严重损害。他主张个人

① See Peter Drahos, A Philosophy of Intellectual Property, Dartmouth Publishing Company Limited, 1996, pp. 75 - 82.

权利与社会福利之间应创设一种适当的平衡。个人权利的实现固然深深植根于人格的需要与倾向，但对权利进行某种限制同样是公共利益的需要。[①] 上述观点虽是就公益性原则与一般法律正义而言，但对于我们理解知识产权制度的价值目标与功能作用不无启迪意义。

---

① 参见［美］埃德加·博登海默：《法理学——法哲学及其方法》，邓正来、姬敬武译，296～297页，北京，华夏出版社，1987。

第十二章

知识产权制度的文化分析

知识产权文化是一种有包容性、开放性和多维性的法律文化，是一种具有个人本位、自由精神、理性追求的私法文化。知识产权文化有狭义与广义之分，前者由观念文化和制度文化组成，后者专指意识层面的文化。根据美国学者温博格等人的说法，法律文化是人们对待法律制度、法律机构的态度、信仰、评价、思想和期待。[①] 具言之，知识产权文化即是人们关于知识产权现象的观念和行为模式的总称。本章以此为概念工具，探讨西方知识产权法律制度的文化基础，分析中国知识产权法律的文化要求，并对当代知识产权文化的改造与重构提出自己的看法。

一、西方知识产权法律构造的文化基础

西方国家知识产权制度的产生，经历了从中世纪末期“封建特许权”至资本主义初期“私人财产权”的长达数百年的孕育。在社会转型的激烈变革中，政治、经济、科技、思想诸方面的发展与变化，构成了这一新兴法律制度赖以生存的社会条件。

---

① 参见刘作翔：《法律文化理论》，36 页，北京，商务印书馆，1999。

文化与法律相伴而生。知识产权制度是知识产权文化的物化凝结，而知识产权文化则是知识产权制度的思想基础。从 14 世纪至 16 世纪，西欧资产阶级所发动的文艺复兴运动，以复兴古典学术和艺术为口号，反对蒙昧主义和宗教神学，继承、利用古希腊的科学文化，倡导以人文主义为中心的新思想。[①] 文艺复兴中提出的新的文化价值理念，为资产阶级一手将科学技术作为物质武器，一手将私权制度作为法律武器提供了必要的文化思想准备。从 17 世纪到 19 世纪，是西方国家知识产权制度相继建立和形成的时期。制度创新有赖于法律观念的进步。创造者对自己的智力成果享有私人权利，能够随意处分知识财产，是资产阶级革命时期形成的现代知识产权观念。审视这一时期知识产权制度的立法文件，字里行间无不浸透着自然法学派崇尚权利和个人自由、追求人的理性的价值观念。这即是知识产权法律构造的人文基础和精神主张。

1. 个人主义精神（individualism）

个人主义“这一概念包含着多种思想、观点和学说，它们的共同要素都是以‘个人’为中心。作为与‘集体’相对的‘个人’可以用多种方式表达”[②]。从研究视角和概念规定出发，个人主义可以分为价值论的个人主义和方法论的个人主义。[③] 价值论意义上的个人主义，涉及有关个人权利的主张。具言之，强调个人的自由和权利，主张以个人为价值本位的思想体系，认为在个体与群体、个人与社会的关系上，个人或个体具有无可置疑的优先性，群体或社会只是保障个体自由和权利的手段或工具。个人主义的价值观即是社会和政治理论中的“原子论”。这种理论认为“社会由个体组成，旨在实现主要是为个人的目标，对个人及其权利予以优先权，这种权利存在于任何一种特定形式的社会生活之前”。该观点起源于 17 世纪并且出现于霍布斯及洛克的“社会契约”理论及后来的功利主义学说中。“原子论”不仅植根于哲学的传统，也具有经济学上的意义。“占有的个人主义”认为，它基于“这样一个概念，即个人本质

---

① 参见王哲：《西方政治法律学说史》，85～86 页，北京，北京大学出版社，1998。

② ［英］戴维·米勒、韦农·波格丹诺编：《布莱克维尔政治学百科全书》，邓正来译，“个人主义”条目，353～354 页，北京，中国政法大学出版社，1992。

③ 关于个人主义价值论与个人主义方法论的分类，可参见易军：《个人主义方法论与私法》，载《法学研究》，2006（1）。

上是他自身或其能力的所有者”[①]。方法论上的个人主义，则是“强调对作为社会存在的个人或个人行动的社会性质”进行研究的一种社会理论。[②]具言之，这一理论以个人作为学科分析的基点和基本研究单位，通过对单个人行为的分析，展开该学科的一般原理以及规律性问题的分析。方法论的个人主义是一种关于解释的学说。在社会科学或历史中，这种解释方法起着基础或基石的作用。关于个人的事实或其特征的表达，即他们的品格、目标、信仰和行为，必须能够经常或最终用“个人”的术语来解释。[③]从洛克、休谟、斯密到哈耶克所主张的个人主义方法论，涉及哲学、政治学、经济学、法学等一系列领域。哈耶克认为，个人主义的本质特征，首先是一种社会理论，“它不仅构成了我们理解经济生活的基础，而且也为我们理解大多数其后的社会现象奠定了一个基础”。这是“古典政治经济学做出的一项伟大发现”[④]。

价值论的个人主义和方法论的个人主义在社会理论的研究中尽管存在着概念与视角的差异，但其基本观点和主要内容是一致的。在私法领域中，近代个人主义的价值观，亦是近代民法的本位观。梅因在《古代法》一书中就古代法到近代法的转变提出过两个基本判断：一是从身份到契约，另一是从家庭到个人。[⑤]近代思想家将个人本位的确立，称为“人的发现”“人的解放”。而方法论意义上的个人主义或者说个体主义的分析范式，在私法中的运用直到今天仍具有现实意义。可以说，“私法对私人、私人利益、私权、私人自治、自己责任等的强调，都是方法论个人主义的直接要求”[⑥]。

个人主义的精神主张，是近代私法构造的文化基础。由此，笔者概括出个人主义精神在近代社会私法关系中所表现的基本特点：第一，人是独立的、自由的。在近代社会，每个人都是独立的、神圣的，即使国家也是由个人所组

---

① 刘作翔：《法律文化理论》，36页，北京，商务印书馆，1999。

② 参见邓正来：《哈耶克方法论个人主义的研究》，载［英］冯·哈耶克：《个人主义与经济秩序》，邓正来译，24页，北京，三联书店，2003。

③ 参见［英］戴维·米勒、韦农·波格丹诺编：《布莱克维尔政治学百科全书》，邓正来译，“个人主义”条目，353～354页，北京，中国政法大学出版社，1992。

④ ［英］冯·哈耶克：《个人主义与经济秩序》，邓正来译，12页，北京，三联书店，2003。

⑤ 参见［英］梅因：《古代法》，沈景一译，96～97页，北京，商务印书馆，1984。

⑥ 易军：《个人主义方法论与私法》，载《法学研究》，2006（1）。

成，法人亦是个人的集合体。因此，在私法领域，人与人之间没有隶属关系。根据这一特点产生了近代民法的第一个原则，即人格独立原则。第二，人与人是平等的。人与人之间享有平等的法律地位，任何个人不受其他人的支配。正如有的学者所言，近代私法关系的基础，一是基于宗法家庭解体而形成的平等性的人身关系，二是基于自然经济式微而形成的互换性的商品关系。[①] 根据这一特点而产生了近代民法的第二个原则，即权利平等原则。第三，人与人之间的私人关系是不受干预的。在近代社会，影响或支配私人关系的力量只有国家和法律。对于私人之间的关系，国家更多的是一种保护，尽量不加干预。对私法关系的尊重和保护产生了近代民法的第三个原则，即私法自治原则。

知识产权从本质上讲，属于私权范畴。近代西方国家在自由资本主义的土壤上，构造了自己保护知识财产的法律殿堂，这些无一不笼罩着个人主义精神的神圣光芒。知识产权是一种私人财产权。知识产权不是君权神授的结果，而是基于作者、发明者创造性活动的本源。近代知识产权立法使这种权利从公法领域进入私法领域，由特许专有权转变为法律规定的可转让的知识财产权，这是罗马法以来财产领域的一场非物质化革命。[②] 同时，知识产权也是私有的权利，这里的“私有”意指知识产权为特定的民事主体所享有，是特定人享有的私人权利，而不是一切人同享的公共权利。[③] 个体是市民社会的基本构造单位，是具有独立人格的权利享有者。在近代著作权立法中，尽管英国《安娜法令》规定保护作者与出版商，但出版商的权益是派生的而非本源性的权利；法国著作权法则极力推崇作者的中心地位，对作者即自然人、作者即第一著作权人作出了完善的规定。

2. 自由主义精神（liberalism）

自由主义是近代西方国家和一些受欧洲文化影响的国家中流行最广、影响

---

① 参见梁慧星：《从近代民法到现代民法》，载《中外法学》，1997（2）。

② 参见吴汉东：《财产的非物质化革命与革命的非物质财产法》，载《中国社会科学》，2003（4）。

③ 科研奖励制度意义上的发明权、发现权，并非私人产权，而是以非市场机制的奖励制度来换取社会对科学成果的公共产权。除 WIPO 公约对发明权、发现权有宣示性规定外，从近代到现代绝大多数国家立法例及国际公约都不将上述权利视为具有私权品性的知识产权。

最大的思维方式。[①] 自由精神可追溯至古希腊古罗马的城邦生活。从西塞罗到亚里士多德都描述过古典意义上的市民社会，即“自由而平等的公民，在一个合法界定的法律体系下所结成的伦理政治共同体”[②]。自由主义是城邦生活的精神支柱，其基本特征是：城邦是自由人的共同体，其以公民权利为基础，每个人都是自己的主人，而不是别人的奴隶；法律是城邦的生命，受到主体自由公民的自愿支持。城邦的使命即是最大限度地满足每个人自由的需要。应该指出的是，古希腊古罗马自由精神的形成，奠基于自由公民的身份，而不是近代意义上的个性自由与解放。

在中世纪的漫长岁月里，自由精神在欧洲国家得以延续。在政治方面，人们坚信法律独立于政府并居于政府之上，这种“据法自由”或“法律下的自由”（freedom under the law）被视作一种自然法的观念。而在经济领域，在基督教哲学家的努力下，形成了自由主义的政策体系。[③] 至 18、19 世纪，自由精神在西方国家发展到极致，形成了博大精深的自由主义思想和理论体系。自由主义的概念在不同的时间和地域表现为不同的形式。例如，世俗阶级的自由主义不同于宗教世界的自由主义，霍布斯、洛克的古典自由主义有别于格林、霍布豪斯的新社会自由主义。此外，自由精神还表现在不同的社会领域，包括思想自由、政治自由、经济自由等。[④]

自由主义思想在近代私法文化形成中的重要成果是“人的发现”，即个性自由、个人能力发展与个人主体地位的一系列主张。哈耶克在为意大利《新世纪百科全书》撰写的“自由主义”条目中，系统阐述了有关自由主义的法律观念：第一，自由主义与自然权利。私权的保障以自由主义宪政为前提，自由主义宪政思想以自然权利与权力分立这两个观念来表达，即主张个人享有不受剥

① 参见［英］戴维·米勒、韦农·波格丹诺编：《布莱克维尔政治学百科全书》，邓正来译，“自由主义”条目，415～418 页，北京，中国政法大学出版社，1992。

② Jean L. Cohen，AndrewArato，Civil Society and Political Theory，Press of MIT，1992，p. 84. 转引自何增科：《市民社会概念的历史演变》，载《中国社会科学》，1994（5）。

③ 参见［英］冯·哈耶克：《哈耶克文集》，邓正来译，56～57 页，北京，首都经济贸易大学出版社，2001。

④ 参见［英］戴维·米勒、韦农·波格丹诺编：《布莱克维尔政治学百科全书》，邓正来译，“自由主义”条目，415～418 页，北京，中国政法大学出版社，1992。

夺的权利或自然权利（如自由权、财产权、安全权利等），强调权力分立并反对任何无限权力或主权性权力。第二，自由主义与法律正义。私法的合理性以一定的正义观为基础。自由主义只关注交换正义，而不关注所谓的分配正义。前者是一种自然分配正义，基于自生自发秩序而形成的自然分配状态；而后者是一种唯社会论主张，是由某个权力机构发出单一的需求命令而形成的强制分配状态。第三，自由主义与平等。平等是主体参与私法关系的法律要求。自由主义的传统精神即是反对歧视性待遇，主张主体之间的形式平等。这种平等，是一种参与私法关系的自由选择，是一种取得私人权利的“机会平等”，而不必是私法活动结果的相同即实质平等。第四，思想自由与物质自由。有关思想与物质的自由主张，是私法自治原则的精神内核。自由主义的一个核心信念，即是鼓励人与人之间的思想交流。由思想自由所保障的知识进步，以及人们认知能力的提高，是自由主义的精神目标。此外，经济领域的行动自由，即是保障人们行为目的的实现所需的手段（或资源）之可获得性，与思想自由一样具有重要的意义。①

以个人自由为基石所构建的私法体系，彰显了私法自治或意思自治的精神主张。私法自治原则强调权利的主体即是意思的主体，实施一切民事行为皆取决于当事人自己的意思，不受国家和他人的干预。这一原则的精神贯穿于各项民事权利制度，它具体表现为财产自主（所有权制度）、合同自由（合同制度）、婚姻自由（婚姻制度）、遗嘱自由（继承制度）、团体设立自由（法人制度）等。思想自由是自由主义精神的核心内容，也是近代知识产权法律构建的灵魂所在。思想自由本是一项政治性权利，其内容包括创作自由、学术自由、艺术自由、言论自由、出版自由等。思想自由较早出现在1789年法国《人权宣言》中。该宣言第11条规定：“自由传达思想和意见是人类最宝贵的权利之一。因此，每个公民都有言论、著述和出版的自由。”美国宪法的制定者创建了“推广知识传播、公共领域保留、保护创造者权利”三项知识产权政策。②

---

① 参见［英］冯·哈耶克：《哈耶克文集》，邓正来译，48～49页，北京，首都经济贸易大学出版社，2001。

② See L. Ray Patterson, Stanley W. Lindberg, The Nature of Copyright: A Law of Users' Right, The University of Georgia Press, 1991, pp. 49 - 55.

上述宪法文件的规定都深刻地体现了思想自由的精神主张，而封建特许权制度缺乏这种思想自由的精神内涵。以著作权制度为例，早期的出版特权与封建国家审查制有着紧密的联系。印刷业在欧洲的出现，不仅催生了特许出版权，也引发了政府对印刷出版物的控制和审查。当时的封建国家规定作品在发表前必须提交政府审查，经过审查的出版许可与出版特权得到巧妙的结合。尽管出版特权是一个私人权利概念，本身并非为政治需要所创设，在封建专制主义的条件下却成为思想审查的工具。《安娜法令》的出现，摒弃了封建特许出版与封建图书审查制度，深刻地体现了促进作品传播、保障思想自由的法律价值。[①] 正是在这个交汇点上，具有财产意义的知识产权原则与显示政治意蕴的思想自由原则得以共存于近代西方国家的宪法文件之中。

3. 理性主义精神（rationalism）

理性主义是西方法律文化的重要内容和特征，它既是价值理性，又是工具理性。价值理性是社会正义的基本含义之一。“正义是社会制度的首要价值”[②]，人的本质是理性的动物。理性是世界里一种万能的力量，所有的人类都受这种理性力量的约束。合乎自然和理性的法，即是体现了正义价值的法。工具理性是人们评价社会制度正义性的一种重要依据。人类可以运用理性发现所有事物的本质，并能够以语言、词汇等工具将感知的本质固定下来。法学家对工具理性的掌握，才得以建立一套完整的、精细的、自以为合理的法律制度。

在社会理论研究中，“理性的”与“合理的”曾经可以互换使用，这两个术语都源于同一个拉丁词根“ratio”。理性作为人类信仰和行为的属性，不仅表现为人们坚持某一信念并为这一信念提供支持的理由，更重要的是，“准备根据反对的主张对它加以重新估价，那么他就是理性地坚持这个信念”[③]。上述所言是一种实践理性，即根据人为目的的价值取向来识别、判断何为理性。

---

① 参见吴汉东：《著作权合理使用制度研究》，修订版，84～86 页，北京，中国政法大学出版社，2005。

② 沈宗灵：《法、价值、正义、利益》，载《中外法学》，1993（5）。

③ ［英］戴维·米勒、韦农·波格丹诺编：《布莱克维尔政治学百科全书》，邓正来译，“理性”条目，630～631 页，北京，中国政法大学出版社，1992。

另一种是不具功利主义色彩，超出一己私欲的理性追求，即是纯粹理性。在法律观念上，其判断标准表现为强调“理”的本来意蕴，称为“合乎道理”“合乎真理”“合乎规律”。我国学者一般认为，“理性”或“合理”包括两层意思：一是指合乎人类主体的必然性与规律。人在本质上是自然性和社会性的统一，因此人总是按照自身的内在规定性和本质行事，来寻求自身的需要和目的的实现，它包括人在社会和自然中的主体地位、人的需要和利益、价值和目的以及实现上述需求的条件。合理性的这些内涵即构成法律的本质内容。二是指合乎社会历史和自然世界之必然性和规律。前者合理性的内容表现为整个社会的发展与进步，后者的合理性内容表现为人与自然的关系的秩序化、协调性。概言之，社会的进步与发展，人与自然的统一和谐，乃是蕴涵于法律之中的理性目标。①

理性精神与自由精神并不是对立的。关于理性精神，近代社会理论研究有两种错误倾向：一种是完全无视理性的作用，即忽视理性作为一种批判工具的存在，将自由精神绝对化为自由放任主义；另一种是完全无视理性的限度，即把所有的人类制度都看作是意识刻意创造的产物，将理性精神看作是文明自由的对立物。按照哈耶克的说法，一方面，自由主义理论并不是反理性的理论，它反对的只是那种宣称“理性”万能和建基于其上的“设计”社会发展的唯理主义欲求。另一方面，与唯理主义不同，真正的理性主义（从古典的理性主义到现代的批判理性主义）并不反对自由主义。在制度设计与安排方面，“理性本身是需要加以限制的”，即要警惕把某种合理模式强加于社会的危险，这样会扼杀作为社会逐步改进的自由。②

从亚里士多德、托马斯·阿奎那到孟德斯鸠都强调理性在文明发展过程中所具有的作用。这种理性精神对罗马私法到近代民法的形成和发展有着重要影响。在古希腊古罗马，众多思想家、法学家皆极力倡导自然法精神，以追求一种合乎自然和理性的实在法。亚里士多德首先提出了自然法的概念，以后斯多

① 参见乔克裕、黎晓平：《法律价值论》，31 页，北京，中国政法大学出版社，1991；严存生：《公平、改革、法律》，载《法律科学》，1990（2）。

② 参见［英］冯·哈耶克：《哈耶克文集》，邓正来译，199～222 页，北京，首都经济贸易大学出版社，2001。

葛学派进一步提出自然法体现人的理性的观点。罗马法法学家从实践理性精神出发，用以论证万民法与市民法的地位。彼德罗·彭梵得在《罗马法教科书》中写道：自然法是指“不是为体现立法者意志而产生的法律”，古罗马学者保罗称自然法“永远是公正和善良的”①。在罗马法体系中，万民法是各族共有的法律，市民法是一族的特殊法律，因此万民法合乎自然法的本性，其地位应高于市民法。中世纪经院哲学是理性主义的，其代表人物托马斯·阿奎那的理性主义思想为中世纪出现的研究罗马法的高潮和罗马法复兴运动提供了方法论基础。他认为，人的理性是普遍的，但无论是纯粹理性还是实践理性都容许存在例外，因此受理性指导的自由也容许例外。② 从理性精神出发，自然法是不变的，无论何种法律都应具有理性的自然倾向；但自然法也容许例外，即具有一定程度的可变性，这是新的法律的合法性基础。理性主义在 17 世纪至 19 世纪得到了充分的弘扬。近代思想家从格老秀斯、孟德斯鸠到卢梭等，在理性精神的指引下，都提出了具有新的思想内容的自然法学说。这种学说的一般公式是：人类原是处于自然状态之中，由代表人类理性、正义的自然法所支配，享有各种自然权利，即天赋人权；为了更好地享有这种权利，他们通过社会契约，建立了政府。近代理性主义强调法律的统一性，并把法律统一的基础归结为正义、平等、自由、尊严、幸福权利等。③ 在这种情况下，法律不再屈从于人的意志的偶然性，而应体现长期稳定的规律性的东西，成为普遍适用的一般规则。概言之，法律的精神实质是主观性与客观性的统一，即法律不仅要体现立法者的主观意志，更要体现这种国家意志所追求的社会客观规律。我们看到：近代法学家和法律改革家们，正是通过这种理性的力量得以发现一个理想的法律体系，并力图将各种各样的自然法规则和原则纳入一部法典之中。④ 理性主义为近代法律的体系化、法典化提供了重要的思想基础。

---

① ［意］彼德罗·彭梵得：《罗马法教科书》，黄风译，13～15 页，北京，中国政法大学出版社，1992。

② 参见严存生主编：《新编西方法律思想史》，74 页，西安，陕西人民教育出版社，1999。

③ 参见俞荣根：《自然法学说献疑》，载《台湾研究》，1990（1）。

④ 参见［美］E. 博登海默：《法理学—法哲学及其方法》，邓正来等译，64 页，北京，华夏出版社，1987。

知识产权是创造者维护知识财产私有的权利主张，亦是人们促进知识传播的理性追求。知识产权的私权性质说明了它与所有权具有的相同属性。但是就法律价值目标而言，两者是有区别的。在传统私法理论中，所有权被描绘成私人对所有物绝对支配和排他独占的权利。尽管法律出于公共利益和社会秩序的考虑，对所有权的行使作出了某种限制，但在这种限制的范围内，所有权的时间效力、地域效力、权能效力却是无限的。可以说，在古典所有权理论及近代立法文件中，所有物所涉及的领域是一个绝对化的私权领域。知识产权则不然，在其制度建立之初，就存在着知识产权保护与限制的问题，即是在保护创造者权利的基础上寻求个人利益与社会利益的平衡。1709 年《安娜法令》在规定保护作者权利的同时，又设定了一个“文学艺术的公共领域”（the public domain for literature）[①]。这表明知识产权并非绝对的财产私有权，它具有有条件的独占性、有限制的排他性和有期限的时间性的基本特征。以合理使用为核心的知识产权限制制度，被称为一项“理性的公平主义原则”，“该规则充满公平正义观念并具有弹性而无法定义”[②]。在近代西方国家，立法者围绕着保护创造者私权和促进知识传播的二元目标来规制知识产权，尽管因地、因时而有规范差异，但关于知识产权保护、限制与反限制的法律调整一直都是立法活动的重要方面。

二、中国知识产权法律移植的文化要求

法律移植是近代各国进行立法活动时所采用的一种重要方法。所谓法律移植是指“一个国家或地区，将其他国家或地区的法律吸纳到自己的法律体系之中，并予以贯彻实施的活动”[③]。从法律移入的角度来看，法律移植可以分为两种：一是主动的积极型法律移植。即表明法律移植的直接的或根本的动因来

① L. Ray Patterson，Stanley W. Linberg，The Nature of Copyright：A Law of Users' Right，The University of Georgia Press，1991，pp. 49 - 55.

② Willam F. Party，Fair Use Privilege in Copyright Law，Washington D. C，The Bureau of National Affairs，Inc.，1986，p. 4.

③ 王立君：《法律移植的界定》，载《法学论坛》，2004（2）。

自于社会内部，是法律移入国或地区自主选择和自觉移植外国法。中世纪欧洲法律的和平进化得益于罗马法的传播，是关于法律移植的主动选择。自12世纪起，欧洲开始了罗马法的复兴运动。马克思主义经典作家指出："当工业和商业进一步发展了私有制（起初在意大利随后在其他国家）的时候，详细拟定的罗马法私法便立即得到恢复并重新取得威信。"① 罗马法的复兴，主要表现为欧洲大陆各国先后兴起的研究罗马法的热潮和15世纪至16世纪欧洲各国普遍采用罗马法的运动。二是被迫的消极型法律移植。即表明法律移植的直接或根本动因来自社会外部的压力，法律移入国或地区很少有自主选择的余地。亚洲国家在近代成为西方文明的接受国，包括接受其法律规则，即是关于法律移植的被动接受。亚洲国家对西方法律的移植是从19世纪后半叶开始的，其政治背景是西方国家对亚洲的殖民化。"在宗主国眼里，把自己的法律移植到殖民地国家是天经地义的，是对殖民地国家的恩泽。而对殖民地国家来说，接受这样的法律移植则带有屈辱的成分。"②

在法律制度的历史上，知识产权是罗马法以来"财产非物质化革命"的制度创新成果，也是西方国家三百多年来不断发展成长的"制度文明典范"。发展中国家的知识产权法则是在特殊历史条件下建立的，在很大程度上是"逼我所用"即外力强加的结果。一般认为，中国建立知识产权保护制度始于清朝末年。它虽是清政府实行新政，向西方学习的产物，但更多是帝国主义列强施加压力的结果。近一百年来，知识产权制度作为"舶来品"引入中国，不仅存在一个"理性选择"的过程，更有一个"法律本土化"的过程，即外来制度如何在本土"扎根"与"内化"的过程。新中国成立以后，通过二十多年来的法律移植，我国已经迅速建立起比较先进的知识产权法律体系，但是这一制度似乎没有完全实现其预期的政策目标和法律效益，这即是学者所谓的"知识产权法律移植中的递减效应"③。影响制度实施目标的实现，既有法律因素，如制度选择所涉及的法律理念、法律内容，以及法律形式等是否具有先进性、合理性

① 《马克思恩格斯全集》，中文1版，第3卷，71页，北京，人民出版社，1960。
② 信春鹰：《法律移植的理论与实践》，载《北方法学》，2007（3）。
③ 宋志国：《我国知识产权法律移植中的递减效应原因探析》，载《政治与法律》，2006（5）。

以及科学性，又有非法律因素，即制度实施所涉及的经济技术发展状况、政府公共政策体系以及社会环境、文化条件等，是否具有一致性、协调性以及相适应性。法律的文化解释认为，“移植规则的深层含义在于移植文化，也即规则和制度的移植必须要有文化的支持”①。笔者认为，影响中国知识产权法律实施效益的文化动因主要有：

1. 中国传统文化影响的历史惰性

知识产权法的形成，是近代社会法律革命和制度变迁的结果。与西方国家不同，中国封建特许权制度的存在与近代知识产权法的产生缺乏历史的链接，中国未能完成这一历史性转变，其社会原因是多方面的，其中传统文化心态和思维模式就是一个重要的障碍性因素。

个人主义的精神主张是近代私法构造的文化基础。从本质上说，私法文化包括知识产权文化的发展，就是私法上人格体的发展。然而，中国的传统文化是以个体农业为基础，以宗法家庭为单位，以伦理纲常为核心的传统文化。在这种文化土壤中，人的主体性无法得到应有的肯定。个人既要依附于国家，还必须依附于家庭，也即所谓的“亲亲”“尊尊”“亲亲父之首”。因此，个人是包融于外物之中的，人只有在整体性中（家族、集团或国家），才能昭示自己的存在和全部意义，个人的意志、情感也只有在群体关系中体现出来。总之，以儒家文化为核心的中国传统文化，主张的“不是以公民为基本单位的个人权利本位，而是以家庭为单位的人伦义务本位”②。质言之，一个没有独立人格的人，是无法主张自己的精神权利的。

自由主义的思想原则是近代私法构造的精神内核。以文化意识和文化政策为存在形式的思想自由和经济自由，是知识创造活动和知识财产化赖以存在的一般条件。自由是一种权利，是一种受法律保护的权利。③ 但是，在中国传统社会里，既没有西方国家历史上的自由民阶层，也没有以自然法为基础的自由

---

① 信春鹰：《法律移植的理论与实践》，载《北方法学》，2007（3）。

② 俞荣根：《对中国古代法文化的反思》，载李楯编：《法律社会学》，168页，北京，中国政法大学出版社，1999。

③ 孟德斯鸠认为，“自由是做法律所许可内一切事情的权利”。参见［法］孟德斯鸠：《论法的精神》，张雁深译，154页，北京，商务印书馆，1992。

思想。礼作为人的日常生活的行为准则，其实质是否定个性的，是与个人的创造力、思索力和革新精神相背离的。因此，礼“不可能成为权利的保障，更不能成为自由的尺度”[①]。此外，“民可使由之，不可使知之”的愚民思想和“犹禁擅镌”的文化专制政策，将庶民置于受统治者绝对支配的地位，其结果是窒息了个人的思想自由。[②] 而且，在传统文化看来，精神产品的创造，只是格物、致知、修身、养性的一种自我的修养过程。因此，人们往往刻意淡化自己的权利意识。经世济国之作，有待于智者去阐扬，而不能将其据为私有。所谓“文章不为稻粱谋”，“君子不言利”等即是这一思想的反映。

理性主义的精神追求是近代私法构造的价值目标选择。理性是自然法最基本的精神所在，而自然法就是人类理性本身。自然法与理性互解。此外，自然法也是一种以自然哲学和认识论为依据的知识理性，具有“求知”“求真”的传统。上述所言即形成这样一个公式：自然法＝理性＝知识。[③] 中国的传统文化也不乏理性精神，儒家也是理性主义的，但它与西方的理性精神相去甚远。儒家理性是一种人伦理性，不假外求，靠主体对宇宙人生体认得来；缺乏外向的“求知”、“求真”传统，因而不具发展性；儒家理性以道德说教为基础，其倡导的和谐精神是从内在达至外在的过程，必须控制的是人的内在行为，因此道德说教是唯一手段；儒家理性的追求目标在于“修身、齐家、治国、平天下”，实现身、家、国、天下的融合，而不是凭借对工具理性的掌握，调整、评判主与客、灵与肉、人与自然、人与国家的紧张关系。在这种理性的支配下，人们在自己的知识财产受到侵犯的时候，往往尚和谐、求无讼，不敢提出权利的主张。

法律文化是有惰性的。中国的传统文化遗产愈见深厚，其消极精神因素的沿袭就愈见顽固。建立在个人主义、自由主义、理性主义基础之上的西方知识

---

① 梁治平：《中国法的过去、现在与未来》，载李楯编：《法律社会学》，193 页，北京，中国政法大学出版社，1999。

② 思想自由、科技应用、商品经济发展是近代知识产权法产生的社会条件。中国封建文化专制政策，通过特许权制度限制言论自由，具有强烈的反著作权思想色彩。参见宋元放等：《中国出版史》，233 页，北京，中国书籍出版社，1991。

③ 参见俞荣根：《对中国古代法文化的反思》，载李楯编：《法律社会学》，168 页，北京，中国政法大学出版社，1999。

产权法，移植于义务本位、专制主义、人伦理性的中国传统文化土壤之中，难免会产生“水土不服”的法律异化后果。

2. 社会认同法律移植的现实障碍

西方知识产权法是在西方社会和文化基础上发展起来的，是一个自然演化的过程，它历经了文艺复兴（Renaissance）、宗教改革（Religion Reform）、罗马法复兴（Recovery of Rome Law）的“三 R”运动和资产阶级革命几百年的文化准备。一般认为，英国于 1623 年制定世界上第一部专利法即《垄断法规》、于 1709 年制定第一部著作权法即《安娜法令》，法国于 1857 年制定第一部商标法即《关于以使用原则和不审查原则为内容的制造标记和商标的法律》，是为具有近代意义的知识产权法律的开端。在近代西方国家，对知识产权制度的接纳，大多是法律移植的结果。这种法律移植实质上是“法律变革和广义立法的一种表达方式”[①]。它具有两个基本特征：第一，知识产权法律移植是西方各国基于自身发展需要而主动接受的。对知识财产的保护，西方国家大抵经历了从封建特许权过渡到资本主义式财产权的过程。随着资本主义制度在西方社会的确立，各主要资本主义国家自 18、19 世纪以来先后开始了知识产权立法活动。其中最具代表性的有：美国 1790 年《联邦版权法》、法国 1793 年《作者权法》、德国 1837 年《保护科学和艺术作品的所有人反对复制或仿制法》；美国于 1790 年、法国于 1791 年、德国于 1877 年先后制定的专利法；英国于 1875 年、美国于 1870 年、德国于 1874 年先后颁布的商标法等。这些都是当时西方国家社会变革和法律制度变迁的自发性结果。第二，知识产权法律移植是在相同或相似法律文化的西方国家间完成的。无论是发源地，还是移植地，各西方国家都有着相同或相似的文化传统。在著作权领域，英国奉行“商业著作权”学说，将相关立法构筑在“财产价值观”的基础之上；而法国和德国则将“人格价值观”作为其立法的思想基础，从而建立了与英国“版权法体系”不同的作者权体系。[②] 西方国家在接受知识产权法律的过程中虽然立法风格各异，但崇尚自由、崇尚知识、崇尚个人权利的文化传统却是相同的。

---

① 刘星：《重新理解法律移植》，载《中国社会科学》，2004（5）。

② 参见［日］阿部浩二：《各国著作权法的异同及其原因》，载《法学译丛》，1992（1）。

知识产权法律移植在中国有着完全不同的情景。近代中国引入知识产权制度，是一种“被迫性移植”。其间虽有实行新政的内在需求，但更多的是外国势力强加所致，因而“制度舶来品”缺乏社会认同的文化基础。一般而言，“从异质化形态上移植外来法律，势必引起两种文化的碰撞和摩擦，本土法律文化必定会对外来法律产生顽强的抗力”[①]，从而造成法律与社会的脱节。近代日本出于“维新”的内在要求移植德国法律，其本土文化与发源地文化存有相当大的差距，因而导致法律实施效果落后。鉴于此，日本政府曾借助政治权威推行从上而下的法律文化改造活动[②]，力图达致新的社会认同，为法律移植构建应有的文化基础。必须看到，历史却没有给中国提供这样的机会。辛亥革命摧毁了封建政治统治，但在思想文化领域没能战胜封建势力而形成科学、民主、法治的新文化观。一句话，知识产权法律在中国历史上既没有制度传承，也缺乏文化土壤。

现代中国对知识产权规则、原则的采纳，在一段时期则是一种“被动性移植”。我国在知识产权立法之初，尚属于主动的积极性的法律移植，即根据自身的发展需要，对知识产权作出有选择性的制度安排。例如，基于本国经济科技发展现状的考虑，专利保护水平不是太高；由于国际文化交流不对等，因而未参加国际版权保护体系。但自 90 年代以来，由于新的国际贸易体制的形成，知识产权保护的国际环境发生了很大的变化。作为世界贸易组织成员的中国仅用了十多年的时间，其知识产权立法就完成了从本土化向国际化的过渡。由于“被动性移植”的原因，我国对新的知识产权国际保护制度的社会认同感不足。其原因有如下两个方面：一是对法律移植的差异性认识。本土社会成员对法律移植的接受，存在着不同的具体价值期待，或支持法律移植，或反对法律移植。[③] 我们承认，知识产权保护是现代国际贸易领域的游戏规则。世界贸易组织各缔约方必须遵从，而对移植对象无选择余地。同时也应看到，现今知识产

① 潘大松：《中国近代以来法律文化发展考察》，载李楯编：《法律社会学》，北京，中国政法大学出版社，1999。

② 参见付静坤：《法律移植与法律文化——以民法修订为中心》，载《深圳大学学报（人文社会科学版）》，2003（6）。

③ 参见刘星：《重新理解法律移植》，载《中国社会科学》，2004（5）。

权国际保护制度，过多地顾及和参照发达国家的要求和做法，确实存在着国家间的利益失衡。这一状况使得法律移植总是引起本土社会的不同意见，因而在中国缺乏足够而普遍的社会认同基础。二是对法律移植的有限性需求。法律一般总是从发达国家向需要规则的欠发达国家移植而不是相反，法律移植被认为是促进接受国某一法律领域发展的最有效手段。但是，知识产权立法的基础是国情，发达国家对于知识产权的保护都有一个从低水平到高水平的缓慢过渡期。而中国失去了这一必要的过渡阶段，因而从政府到企业对制度建设准备不及，制度运用经验不足。这种本土社会内在需求和制度消化能力的欠缺，影响了法律移植的有效性。

3. 法律本土化过程中的文化缺失

本章所指的法律本土化，即是强调在法律移植时应对受移植的法律作出合理处理与嫁接，使其能渗入移植国国民的精神和理念之中，进而在本土被理解、消化和接受。法律本土化也就是法律移植本土运动的过程。①

知识产权是发展中国家迈向新型工业化道路的制度选择。对外国法制或国际法制的引进，存在一个"法律本土化"的问题，即外来的知识产权原则和规则如何在本国"扎根"与"内化"。本土化要求进行法律移植时，不能仅仅是对外来法律制度的形式再现，而且要在研究其法律理念的基础上实现文化再造。可以说，"法律精神在法的发展和改革中起着关键性作用，是移植国与被移植国法律之间配合、同构、兼容的思想尺度，也是外来法律本土化得以成功的先导"②。在构建知识产权法治秩序的过程中，物质的、技术的法律制度，即法治的"硬性"系统，相对而言是比较容易移植的，但它若要真正发挥其应有的作用和价值，则必须同时植入相适应的精神、意识和观念，即法治的"软件"系统予以奠基和支持。③ 总体而言，作为知识产权法律移植，我们引进了这一制度的外形，但在理性领域尚缺乏与之相对应的文化基础，也许这是知识产权政策目标实现的障碍性因素。笔者认为，有两个问题值得重视：

---

① 参见肖尧辉：《法律移植及其本土化现象的关联考察》，载何勤华主编：《法的移植与法的本土化》，115页，北京，法律出版社，2001。

② 宋志国：《我国知识产权法律移植中的递减效应原因探析》，载《政治与法律》，2006（5）。

③ 参见张洪峰：《法的世界化与本土化指正及其超越》，载《福建法学》，2005（1）。

一是本土化过程中的法律精神构造。知识产权法律本土化，不能原封不动地套用国际规则或是照抄照搬他国的经验和模式；而是要立足于本国实际情况，能动地转化他国规则为本国具体制度，或理性选择外来法律而移入本国法律创设过程之中。[①] 这个过程既是对人类法律文明的理性追求过程，也是本土法律文化的自我构造过程。知识产权法律进入中国只有一百年的时间，进入社会大众生活只是近一二十年的事情。笔者以为，我国知识产权法律的建构，这一成就是举世瞩目的（前世界知识产权组织主席鲍格胥博士语）。但是，知识产权文化的形成，这一过程并不是一蹴而就的。知识产权的文化养成，意味着外来文化的转化以及对本土文化的改造。“崇尚创新精神、尊重知识产权”，作为法律移植及本土化的基本理念，其既有“以人为本、私权神圣”的西方文明的先进思想，也包含“利益均衡、和谐共赢”的本土传统的合理内核。必须看到，外来法律赖以依存的精神基础，未能随着移植而本土化；同时，本土的文化精神也未能加以改造而现代化。这些即是本土化过程中法律文化改造的缺失现象。

二是本土化过程中公众意识同化。知识产权不仅是一种物化的法律规范，更应是公众的一种理念、精神和信仰，公众意识是知识产权法律的思想基础。卢梭曾经谈到公众法律信仰的重要性，认为这是一切法律之中最重要的一种，“这种法律不是铭刻在大理石上，也不是铭刻在铜表上，而是铭刻在公民的内心里，它形成了国家的真正宪法；它每天都在获得新的力量，当其他的法律衰落或消亡的时候，它可以复活那些法律或替代那些法律，它可以保持一个民族的创新精神”[②]。可以说，公众的法律信仰是存在于社会生活中的活的知识产权法律。中国知识产权法律移植的时间不长，本土化过程刚刚开始，这些主要是凭借政府的公共力量推动和知识精英的思想先导活动进行的，大多数民众对法律移植的关注是松散的，且是基于自身利益的关注来间接地对法律移植作出反应。这说明，在本土化进程中，物化法律规范已经建立，但活的法律信仰尚未形成。

---

① 参见公丕祥：《全球化与中国法制现代化》，载《法学研究》，2000（6）。

② ［法］卢梭：《社会契约论》，何兆武译，46页，北京，商务印书馆，2003。

三、当代知识产权法律文化的改造与重构

法律文化是一个国家法制的内在逻辑，体现了法制的内在生命精神。[①] 在当代中国，知识产权法律移植的本土化过程，也是法制现代化的过程。法律制度的创新与变革，需要相应的法律文化的改造与重构，即以新的法律认知取向、法律情感取向、法律评价取向，作为现代法制的文化底蕴。

知识产权的文化创新，以对人文主义精神的认同为特征。当代人文主义是对古典自然法精神的发展，“是指以人权保障为最高理念，体现以人为本位、以权利为本位的价值观念”[②]。因此，近代思想家所倡导的个人精神、自由精神和理性精神，依然是现代私法文化的精神支柱。但是，在现代法制的条件下，上述精神主张应有着新的解释和说明。一是关于个人主义与法律本位。近代个人主义的价值观，即是近代私法的本位观。从近代到现代，私法经历了旧个人本位到新个人本位的变化。近代私法的个人本位是个人主义思想下的个人本位，由个人组成的社会旨在实现个人的目标。而现代私法的新个人本位是社会观念中的个人本位，强调个人为独立主体的同时，亦应向社会负责，尊重作为社会成员的其他个人。在知识产权法律制度的转换中，“私的本位是不变的理念”[③]，但其主体的内涵已有变化。知识产权是私的权利，但在现代法中已由单一权利主体发展到多重权利主体。私人即是处于平等地位的人，包括智力成果的创造者、传播者、使用者。在这个意义上说，知识产权法也是协调三者权利的平衡法。[④] 二是关于自由主义与权利协调机制。自由精神是知识产权法的本质要求。一方面，思想自由是知识创造、知识权利产生的前提，知识产权法律即是以自由精神为基石构建的；另一方面，意思自治作为私法原则，以法律的名义彰显了自由主义的精神内核。从上述理论我们可以认识到，知识产权

---

① 参见公丕祥：《法制现代化的概念架构》，载《法律科学》，1998（4）。

② 屈茂辉：《中国民法典的基本理念》，载《求索》，2002（5）。

③ 易继明：《私法精神与制度选择》，178页，北京，中国政法大学出版社，2003。

④ See L. Ray Patterson，Stanley W. Linberg，The Nature of Copyright：A Law of Users' Right，The University of Georgia Press，1991，pp. 49－55.

保护是思想自由（包括创造自由、言论自由等）得以实现的私法要求。依照美国学者的形象说法，知识产权与思想自由可以看作是一枚硬币的正反面。前者涉及财产所有权问题，后者则具有社会政治权利属性。它们之所以联结在一起，在于两者都与知识的传播有关，不过一个注重利益，一个注重自由。[①] 现代私法在弘扬自由精神的同时，对思想自由的内涵作了进一步的扩充。思想自由不仅是创造者的自由，这种自由依赖于知识产权的保护；同时也是广大使用者交流思想、传播信息资料的自由，这种自由表现为知识产权的限制。三是理性主义与立法目标。理性精神体现了对社会正义的追求，这一价值观亦是评价社会制度是否正义的一种重要依据。在知识产权领域，权衡私权与公益的关系是相关立法的基本考量，表现了对正义价值目标的理性追求。传播知识、促进文化与科技发展，是公共利益所要求的，符合法律正义；而以私权的形式为创造性活动提供补偿，满足了社会对智力成果的需求[②]，这也符合法律正义。问题在于，理性主义在知识产权制度的运行过程中没有得到应有的张扬。由于知识财产私权化的扩张，在国内法层面，使得知识财富的公有领域相对缩小，造成知识产品创造者与利用者之间的权利冲突；而在国际法领域，迫使发展中国家接受高水平保护的新体制，导致它们与发达国家的利益失衡。综上所述，个人主义、自由主义、理性主义，须以新人文主义精神为基础进行重构或强化，以此作为知识产权文化创新的重要内容。

知识产权文化的发展，是多元法律文化的互动过程。知识产权法作为“制度文明的典范”，是各国创建知识财产制度、促进经济科技发展的经验体现，具有高度的共通性和可移植性。知识产权制度的一体化、趋同化的发展趋势，就是美国学者弗里德曼所称“现代法律文化正在征服世界”的现象。[③] 从法律文化的元素构成来看，主要有三个方面：一是全球共同的法律文明成果。知识产权国际保护制度应是一个各主权国家相互接近、相互认同、相互联结的全球

① See L. Ray Patterson, Stanley W. Linberg, The Nature of Copyright: A Law of Users' Right, The University of Georgia Press, 1991, pp. 49 - 55.

② 参见［美］吉利思·达维斯：《权利集体管理中的公共利益》，载《版权参考资料》，1990 (2)。

③ 参见［美］劳伦斯·弗里德曼：《法律制度》，李琼英等译，242 页，北京，中国政法大学出版社，1994。

法律机制和国际准则，这是不同国度的社会主体所创造的调整规则和所积累的调整经验之有机聚合，体现了人类法律实践的普遍性的历史定则，反映了人类的法律智慧和对理性的追求。[①] 这种法律文化，不应是西方中心主义的，当然也不可能是民族沙文主义的。知识产权原则、规则在全球范围的普遍适用性，须以各国社会成员普遍而共同的法律信仰为思想基础。将人类共信的法律价值理念导入我们的精神家园，这是中国知识产权文化发展中的重要任务。二是西方先进的法律文明经验。西方国家是知识产权的创制者，也是这一制度运行的最大受益者。他们的成功之处在于，以私法精神作为私法制度形成的基础，并在私法制度运行中贯彻私法精神的主张，从而达到私法精神与私法制度的契合。以个人精神、自由精神、理性精神为支柱的私法理念，可以简单地归结为“私的本位”或“私的精神”。从近代法到现代法，知识产权就一直生长在这种法律精神的殿堂之中。移植与吸收西方先进的文化元素，是中国知识产权文化构建的突出问题。三是中国传统文化中的合理成分。中国传统文化总体上呈现出公法文化极端发达和私法文化极度落后的特征，有学者将其归结为价值上的团体本位、规范上的义务主导、人治精神和无讼倾向等。[②] 传统文化的历史惰性，对于中国知识产权文化养成有着消极的影响。但是，我国传统文化也存在其应有价值。正如学者所描述的那样，“那种富于人情味的和谐功能、那种防微杜渐的内省模式、那种因事制宜的情节理论，其实或多或少含有超越时代的意义”[③]。也有学者对中国传统文化的内容进行整理和概括，其中“注重整体精神”“向往理想人格”“勇于创造、革故鼎新”等[④]，与鼓励知识创新、提倡知识利益分享的知识产权文化理念也有一定的联系。传统文化作为一种固有的行为方式和观念模式，其影响无处不在、无时不有，不可能弃如敝屣。借助本土文化所提供的经验系统和概念系统，服务于法律文化建设有两个意义：首

---

① 参见公丕祥：《全球化与中国法制现代化》，载《法学研究》，2000（6）。

② 参见张中秋：《中西法律文化比较研究》，南京，南京大学出版社，1999。

③ 季卫东：《中国法文化的蜕变与内在矛盾》，载李楯主编：《法律社会学》，北京，中国政法大学出版社，1999。

④ 参见李兴成：《传统文化与新时期传统文化》。转引自郭民生：《创新型国家与知识产权文化》，见 http：//www. sipo. gov. cn/dfzz/henan/tslm/xsll/200604/t20060421 _ 86488. htm，2007 年 8 月 10 日访问。

先，对传统文化与现代制度的结构要素进行分析、鉴别，或是梳理、整合，选择传统文化的积极之处，以推动现代制度的有效运行；或是导入影响意识观念的现代制度，凭借功能机制促进传统文化转型。其次，对传统文化和外来文化进行分析、比较。即在法律移植和本土化过程中，对西方法律文化的某些因素作出自己的理解、翻译和使用，或者在理论上被赋予新的意义，或者在实践中呈现出新的意义。① 总之，中国知识产权文化系统需要吸收人类共同的法律文明成果，移植西方先进的法律文化理念，整理中国传统文化的合理内核，在多元文化的相互作用、相互影响过程中实现改造和重构。

知识产权文化的现代化转型，需要一般社会条件的综合作用。推动法律文化的变革与转型，其主要根源来自一定社会内部存在的处于变化状态中的经济和社会条件。通过这些条件的综合作用，形成法律文化再造的运动能量和运动方向。② 下述社会条件，既有内生动力，也有外生变量，具体说来，有以下几个方面的内容：

（1）知识经济市场的原动力。知识产权法是科学技术和商品经济发展的产物。在市场的作用下，科学技术与商品经济的结合，即是科学技术成果的商品化。根据马克思的劳动价值理论，智力劳动也是一种生产劳动。生产商品不仅是指物质生产的实物形式的商品，还包括非物质生产中的无形商品，如服务、知识、信息、技术等。③ 这就是说，在科学技术被运用于社会生产的过程中，包括知识、技术、信息在内的知识产品本身（即无形商品），与采用知识、技术、信息生产的物质产品（即有形商品）都具有同等的商品意义。基于市场经济的内生力量，必然产生以个人本位、自由精神、理性主义为特征的法律文化。从这个意义上说，"任何一个国家，只要经济上致力于发展现代市场经济，致力于推动其经济的现代化发展，致力于建构本国的市场经济体系，其法律文化就必然或快或慢地走向现代化"④。由此我们可以认为，从历史范畴讲，近

---

① 参见黄文艺：《多元法律文化互动的多元透视》，载《吉林大学社会科学学报》，2001（1）。

② 参见李声炜：《中国传统法律文化现代化转型若干动因考察》，载张文显主编：《法学理论前言论坛》，第2卷，北京，科学出版社，2003。

③ 参见李京文：《迎接知识经济新时代》，39页，上海，上海远东出版社，1999。

④ 李声炜：《中国传统法律文化现代化转型若干动因考察》，载张文显主编：《法学理论前言论坛》，第2卷，北京，科学出版社，2003。

代知识产权文化，也就是西方法律文化；但从社会范畴讲，现代知识产权文化，更是知识经济市场条件下的法律文化。知识产品的商品化、市场化、产业化，要求构建与之相适应的知识产权文化和知识产权法律。知识产权文化所倡导的"私的精神"，并非是西方国家的"文化专利品"，而应是市场经济所要求的"文化精神产品"。从这点讲，中国知识产权文化的转型，是现代化而不是"西方化"。

（2）政策制度环境的保障力。知识产权法是一种社会政策工具，即政府以国家的名义，通过制度配置和政策安排对知识产权资源的创造、归属、利用以及管理等进行指导和规则。知识产权政策的基本功能，具有明确的目标取向。美国学者弗兰克·费希尔认为，无论公共政策通过何种途径而形成，都要涉及实现的目标以及实现这些目标的手段。[①] 这告诉我们，任何公共政策的制定和实施总是与一定的政策目标相联系的。在公共政策体系中，与知识产权政策相关联的其他制度，如文化教育政策、产业经济政策、科学技术政策、对外贸易政策等，共同地服务于促进知识创新和知识财富增长的任务目标。这种政策制度环境的营造，对于良好法律文化的形成具有重要的作用。日本在近代对德国式民法的选择，在现代对美国式宪法的引入，无一不是凭借政治权威，包括相关政策制度的推行，以改造其原有的法律文化，从而极大地提升了日本法律文化的承载力。[②] 在中国，推行"尊重知识、崇尚创新、保护精神产权"的新价值观，在一定时期内其普遍性和有效性还存在着许多缺陷。借助制度的强制性和政策的保障力，使创造者感受到知识产权的价值和其利益受到保障，使其他社会成员利用智力成果的行为得到规范和约束，是一个非常重要的举措。这即是政策制度规制与文化理念倡导的结合。[③]

（3）文化宣传教育的引导力。法律文化教育与宣传，是实现知识产权法律

---

① 参见［美］弗兰克·费希尔：《公共政策评估》，吴爱明等译，3 页，北京，中国人民大学出版社，2003。

② 参见付静坤：《法律移植与法律文化—以民法修订为中心》，载《深圳大学学报（人文社会科学版）》，2003 (6)。

③ 参见刘华等：《我国公民知识产权意识调查报告》，载吴汉东主编：《中国知识产权蓝皮书》，北京，北京大学出版社，2007。

现代化转型的重要任务。在全社会普及知识产权知识，培养公众的知识产权的权利观念和规则意识，必须采取强有力的推进措施和支撑手段。根据学者调查研究的结果，公众获取知识产权知识的途径，主要是工作中的接触和学习、新闻媒体的宣传报道、学校教育、推广普及等。① 日本在此方面的做法可资借鉴，日本文部科学省要求涉及法学的大学学院及知识产权相关的专科学院要培养知识产权专业人才；特许厅要求全面实施知识产权教育，为社会各阶层、中学和普通成人编写知识产权教材，召开讨论会，组织知识产权教育研究；经济产业省组织产学研联合开发知识产权课程（2003 年出版了 50 万套标准教材）；日本发明与创新协会自 1974 年以来，就为学龄儿童成立了发明俱乐部，已经在全日本的 47 个县建立起 159 个这样的俱乐部，并增进和当地政府部门、教育部门、学校以及公司企业的理解和合作。发明与创新协会举办知识产权知识进修、发明表彰、发明创新展、发明竞赛和发明俱乐部等一系列活动；通过这一系列措施，努力营造了一个充分尊重和理解知识产权文化的社会环境。② 在我国的实践中，可以通过强化青少年的知识产权教育，在学校教育中创建各种知识产权教育模式，以培养青少年的创新能力、创新思维和变革意识；通过加强知识产权宣传普及提高全民尤其是企业的知识产权意识和能力，进而完善知识产权市场环境和提升综合竞争力；通过加强知识产权研究，为丰富知识产权学术思想提供理论支持。③

---

① 参见刘华等：《我国公民知识产权意识调查报告》，载吴汉东主编：《中国知识产权蓝皮书》，北京，北京大学出版社，2007。

② 参见沈文庆：《科技发展与知识产权》，载《中国科学基金》，2005（3）。转引自孟奇勋、李昌钰：《知识产权文化建设探讨》，载《知识产权》，2006（3）。

③ 参见刘华、周莹：《我国知识产权建设的层次与目标》，载《知识产权》，2006（3）。

第十三章

知识产权制度的价值分析

知识产权的法律价值目标与法律作用机制，不仅以立法目的和制度规定的形式存在于知识产权法律文件之中，而且也应以运作规范和行为规则的形式体现在知识产权法律适用和法律活动之中。从上述理念出发，知识产权的法律价值分析，主要述及有关法律价值的概念工具、目标内容以及实现途径。

一、知识产权法律价值的概念工具

价值是主体需要与客体适应、满足主体需要之间的一种特定关系。法律价值则是人与法律之间的一种需要与满足的特定关系。正如马克思所指出的那样，"'价值'这个普遍的概念是从人们对待满足他们需要的外界物的关系中产生的"①。法律作为人创造的客体即制度产品，当然与人存在着一种价值关系，它越能满足人的各种需要，便越具有价值，反之则呈零价值或负价值。

法律价值的研究有两个方面的任务：一方面是观察现实法律价值的实践表现，即是法律价值化；另一方面则是如何在法律中设定主体价值，使法律真正成为"价值体"，即价值法律化。② 人们对法律价值的研究，源于法律理想与

① 《马克思恩格斯全集》，中文 1 版，第 19 卷，406 页，北京，人民出版社，1963。

② 参见谢晖：《价值法律化与法律价值化》，载《法律科学》，1993 (4)。

现实、应然与实然的对立。可以认为，法律价值即是人类法律理想的价值化选择，是价值这一哲学范畴的法律化表现。法律价值是历史的、阶段性的和选择性的。对于不同的历史时期和客观实际，法律价值反映出不同的倾向和选择。法律价值的研究，既是立法活动的需要，也是法律实施的需要。从严格意义上说，立法活动是在一定法律价值观指导下的国家行为，为了使法律理想的目标与实现的目标无限接近，必须深入探讨法律价值理论；同时，法律价值还是执法活动的指引，同一法律规定在不同法律价值指导下具有不同的执法后果。法律价值也是守法的思想条件，法律仅靠强制是不可能维持长久的。由于法律理想价值总是高于法律现实价值，因而它还是法律演进的持续动力。目前法律价值的多元化趋势，必然引起法律价值间的冲突，这就要求我们通过立法和司法活动来解决，即进行价值的协调、判断和选择。

关于法律价值的概念，尽管众说纷纭，但诸多学说有一个共同的基点，即法律价值反映着人与法的关系，必须在人与法的关系中认识法的价值。具言之，法律价值概念包含有“法律与主体的关系”“法律对主体的效应”“主体对法律效应的评价”三个元素，有学者将其概括为“法价值是标志着法律与人关系的一个范畴，这种关系就是法律对人的意义、作用或效用与人对这种效用的评价”①。还有学者进一步对法律价值的含义作出层次化的表述：一是法律促进哪些价值；二是法律本身具备哪些价值；三是各种价值发生矛盾时，法律根据什么标准对它们进行评价。②

从法律价值概念的内涵界定出发，我们可以基本厘清知识产权法律价值的基本研究内容：一是知识产权法律价值的基础来源。法律价值的主、客体关系是建立在一定的基础框架之内的，法律价值的形成与评价必然受到社会价值、文化价值和经济价值的影响。知识产权法作为调整知识财产关系的制度规范，必然在特定的文化、社会和经济环境下产生与之相适应的评价方式、价值目标、实现途径。在早期的知识产权法律构建中，文化价值和经济价值始终构成了知识产权这一崭新私权制度的基本价值来源。以发达的商品经济为基础，以

① 严存生：《法律的价值》，28页，西安，陕西人民出版社，1991。
② 参见沈宗灵：《法·正义·利益》，载《中外法学》，1993（5）。

良好的创造性文化为背景，知识产权法律所保障的以智力创造为核心的知识产品才会得以商品化、财产化。同时，也只有在丰富的私权文化的环境下，才会将早期的特许印刷、专营权演化为具有私人产权的制度模式，并反过来促进其赖以生存的文化经济环境的进一步完善。当法律与环境达到和谐时，也正是法律价值得以最好彰显和最佳实现之时机。对于法律价值的研究如果脱离了必要的基础来源研究，则会显得虚无而散漫。二是知识产权法律价值的评价主体。评价主体是价值判断的核心，没有主体的价值关系是毫无意义的；而在不同主体的立场上，价值评价也会大相径庭。在这里，我们必须秉持主观性与客观性的辩证统一，即法律价值既需要借助主体的评价而形成相对稳定的价值目标和有关主、客体关系的描述，同时也需要一种超越主体的绝对指向，将评价主体相对剥离而塑造客观性价值目标。在知识产权法的产生、发展与变革过程中，评价主体总是根据不同的历史时期和社会背景来调整相关法律的价值目标。从时间维度看，有早期出于控制市场而追求的秩序优先，也有当今全球化条件下所强调的正义优先，这些法律价值成了不同历史时期知识产权法赖以建构和变化的思想基础。在国际范围内，发达国家强势地将秩序优先的制度规则打造成国际主流范式的基本内容，以维护其知识产权保护的秩序优势；而发展中国家力图改变现有知识产权秩序中不尽公平、合理的状况，以正义价值为主流评价思想，推动国际知识产权制度的变革。无论各国评价立场如何，国际社会总是要将私权保护与利益平衡这些普适的法律价值转化为知识产权法的思想基础。三是知识产权法律价值的实现途径。价值目标研究是法律价值研究的核心内容，价值目标和与之相适应的价值体系，构成了法律的目的性价值和手段性价值的统一。价值目标将抽象的价值关系表达为更为具体的权利、义务关系。在知识产权法律中，价值目标的分析必然彰显知识产权区别于其他制度所蕴涵的自身价值，同时，知识产权法律所追求的价值目标也必然与其上位的价值概念紧密相连。例如，正义价值对于知识产权日益扩张的现实，在法律理论层面上起到了制衡作用，越来越多的新制度和制度研究都着眼于不同于以往简单经济利益分析的效率价值本位，而是强调以制度的合理性和正当性作为价值判断的依据。在知识产权制度规范设计层面，以正义价值为内涵的权利限制和公共领域体系，越来越多地发挥了利益平衡与权利保障的作用。与价值目标休戚相关的价值实现，也同样是法律价值研究的重要内容。价值实现是价值理论的末端环节，也是连接价值理论同制度结构的纽带。知识产权法律价值的实现，与其他制度的价值实现具有明显的差异。这就是说，与知识产权制度相左的价值和观念，始终伴随着知识产权法律的存在，价值目标的实现在制度层面存在诸多问题。例如，知识产权文化和法律移植之间的不协调导致一些发展中国家出现了明显的制度排斥和水土不服，法律的权威和价值受到了严重的挑战和阻碍。对于知识产权法律价值的研究，需要将结论放置于价值实现之上。

二、知识产权法律价值的目标内容

基于法律价值概念的层次分析，我们可以看到，法律制度的性质、目的及功能体现在其法律价值之中。各层次含义有别，但又密切相连。法律促进哪些价值，实际上是法律的本质与目的的问题；法律本身有什么价值，实际上是指法律不仅作为实现一定目的的手段，同时其本身也有特定的价值；法律所促进的各类价值之间或同类价值之间必然会有矛盾，因而就有对它们进行评价、协调、选择的问题。古今中外的思想家、法学家提出过各种各样的法律价值，但归纳起来，主要有正义、自由、平等、安全、秩序、效率等。知识产权的法律价值，既有作为一般法的普适价值，也有作为部门法的特别价值。现分述如下：

1. 知识产权法的正义价值

“正义是社会制度的首要价值”[①]，实现正义即是创设知识产权法律的第一目标。在西方法律思想史上，正义观念与自然法理论相伴共存。从一定意义上说，自然法即是一种追求正义秩序的信念，其成为人定法权利赖以存在和有效的根据。在近代立法中，知识产权被描述为一种自然法上的权利。它基于创造者的智力活动而自然产生，摆脱封建特许束缚而法定存在，因而是符合正义的。反之，无视创造者权利的存在，他们的智力活动投入就无法得到补偿，精神生产领域将陷入无序状态，整个社会也就无正义可言。

正义价值的阐释，描述了知识产权法律的正当性基础，进言之，知识产权

---

① 沈宗灵：《法·正义·利益》，载《中外法学》，1993（5）。

法律的产生、变革和发展，都要经受正义理论的历史审视和现实评判。就一般法律的品性而言，知识产权法律蕴涵着以下正义价值：

（1）平等主体的人格正义。法律人格，即作为主体享有权利和承受义务的资格。平等性是主体地位界定中的法律正义。恩格斯认为，“平等——正义”。“平等是正义的表现，是完善的政治制度或社会制度的原则”[①]。知识产权法的平等精神，既在本质上同于私法平等原则，又有着自身的价值内涵。首先，知识产权的平等，是一种从事知识创造活动的自由选择，表现为取得创造者权利的机会均等。任何人只要通过创造活动取得智力成果，即可依法享有相应的知识产权。其次，知识产权的平等，是一种当事人权利、义务关系的对等，意味着各利益主体都处于独立地位，在正义的范围内实现知识产权利益结构的有序化。在知识产权法的权利体系中，各主体对知识产品分别享有专有使用、授权使用、法定许可使用以及合理使用等不同利益。各项法律制度将分配原则具体化为法律上的权利、义务，从而对知识资源进行权威性的公正分配。最后，知识产权的平等，意味着对外国人的平等保护。依国民待遇原则，著作权法奉行“作者国籍”或“作品国籍”原则，工业产权法奉行“居所原则”或“国籍原则”，或是在互惠基础上给予外国人以权利保护。知识产权法的国民待遇原则，是国际法上“法律面前人人平等”思想的体现，它将本国人与外国人同化为国民，使后者在其选择保护的国家享有与该国国民同等的权利。

（2）利益均衡的分配正义。利益分配，在法律上意味着权利的配置和安排。公平性是知识财富分享中的法律正义。公平是一种主观的评价，判断公平与否，一般是从正义的角度，以人们公认的价值观、是非观作为标准，包括人们公认的经济利益上的“公正”“合理”。[②] 在传统私法领域，对公平原则有着经典的法律语言表述，即主体之间公平相待，交换应该是有偿互利的；经济利益合理照顾，在法定范围内应该兼顾各方当事人的利益；财产责任合理分担，当权利人的财产利益受到损害时，应该得到同等价值的补偿。而在知识产权领域，公平原则是知识财富分配正义的体现，在制度设计上即是对创造者、传播

① 《马克思恩格斯全集》，中文1版，第20卷，668页，北京，人民出版社，1971。

② 参见张新宝：《民事活动的基本原则》，22页，北京，法律出版社，1986。

者、使用者三者利益的协调，这种法律平衡与协调主要表现在以下两个方面：第一，知识资源的专有领域与非专有领域。知识产权的保护对象是知识产品，但并非所有的知识形态都是知识财产的权利客体。立法在知识资源范畴中划分了两类区域：一是专有领域，创造者对此享有独占使用与获得利益的权利；二是非专有领域，包括知识产品的"公有领域"与权利客体的排除领域，所有人对此类知识资源可以自由使用。第二，知识产权的独占性与有限性。知识产权是一种独占性权利，具有绝对性、排他性的特点；同时，该权利又是一种限制性权利，受到地域、时间及权能的限制。知识产权法的权利配置，实质上是一种对知识资源的利益分享，以至于美国学者将这一法律描述为协调创造者、传播者、使用者权利的平衡法。①

（3）权利安排的秩序正义。法律秩序，是指法律必须具有一定的稳定性、连续性以及法律规范之间的相互妥协性。② 有序性或者说妥当性是秩序正义的价值要求。知识产品即知识产权客体具有非物质性特点，对其本身不可能自然占有和有形控制，因此需要法律对知识财产状态作出"纯粹法律的占有"③ 的制度安排，给予逸出创造者控制范围的知识财产以特别的保护，这就是知识产权法以权利安排为中心所建立的知识产品创造、流转和使用的法律秩序。知识产权法追求的正义秩序，主要包括以下内容：一是权利的界定秩序。即在无体的知识资源之上确定明确的产权边界，以体现国家统一法则来维系知识财产的稳定状态。二是权利的交易秩序。即通过知识产权利用制度，规范产权交易活动秩序，促进知识技术的传播和利用。三是权利的保护秩序。即以督促义务人履行义务、追究侵权人承担责任等措施，保障权利人充分行使自己的权利。权利保护是秩序正义内涵中最为重要的内容。

2. 知识产权法的效率价值

对法律的经济分析，为我们认识、评价知识产权的制度功能提供了新的思

---

① See L. Ray Patterson, Stanley W. Lindberg, The Nature of Copyright: A Law of Users' Right, The University of Georgia Press, 1991, p. 2.

② 参见李龙主编：《良法论》，95页，武汉，武汉大学出版社，2001。

③ ［德］康德：《法的形而上学原理——权利的科学》，沈叔平译，68页，北京，商务印书馆，1991。

维方式。法律经济学的核心思想是“效率”。它认为，“法律所创造的规则对不同种类的行为产生隐含的费用，因此这些规则的后果可当作对这些隐含费用的反应加以分析”[①]。追溯法律制度发展的历史，我们不难发现，正义一直是法律基本的价值目标，如同真理相对于思想体系而言，正义是法律制度的首要价值。[②] 然而，正义价值并不能完全涵盖法律的效益价值，正义的最终实现并不等同于效益最大化的成就。法律经济分析的结果表明，植根于经济生活之中的法律不仅应具备维系社会正义的职能，还应担负起实现权利资源有效配置、促进社会财富增加的使命，于是，正义与效率构成了当代法律的双重价值目标。从某种意义上说，一切法律问题归根结底都是经济关系的反映与要求，任何法律无不体现经济方面的基本规律和原则。从立法要求来说，只有反映客观规律性的东西才是正确的，还市场经济法律以其客观自身规律的本性，这是市场经济规律的第一要义。[③] 但是，某一法律制度是否准确表现社会的经济生活的条件，是否胜任促进社会经济发展的功能，还有待于一种效益评价，即对法律制度的经济分析。这就是说，应从经济的角度探讨法律制度的基本精神，并以效益最大化为目标来推动法律制度的改革。

效率是知识产权法产生的思想基础，也是知识产权法追求的价值目标。诸多知识产权制度的建立以及实施，都可以从效率原则中得到解释：专利权的效率基础与财产权的动态原理一样，“对财产权的法律保护有其创造有效使用资源的诱因的经济功能”[④]。具言之，没有专利权，信息产品“不足”的现象将十分严重，专利权的授予发挥了激励作用；但是，如果专利授权门槛过低，则会产生无效益的垃圾专利。对技术成果授予专利并为专利授权设定必要的门槛条件，有助于激励技术创新并提高专利技术的利用价值，从而保持专利制度的效率；著作权的效率功能，体现在创作—传播—使用的法律链环中，立法者从产生私人产权与促进知识传播的二元立法宗旨出发，通过著作权保护、利用、

① ［美］罗伯特·考特、托马斯·尤伦：《法和经济学》，张军等译，13 页，上海，上海三联书店、上海人民出版社，1994。

② 参见乔克裕、黎晓平：《法律价值论》，160 页，北京，中国政法大学出版社，1991。

③ 参见江平：《罗马法精神与当代中国立法》，载《中国法学》，1995 (1)。

④ ［美］波斯纳：《法律之经济分析》，22 页，台北，“商务印书馆”，1987。

限制等三大制度安排，以实现信息资源优化配置的效率目标；商标权的制度收益，在于“通过给定统一质量的保证而节约消费者的寻找成本”[①]。寻找成本实质上是一种交易成本，是消费者在作出购买产品决策之前对产品质量进行调研而支出的成本。商标具有标识商品来源和体现商品声誉的基本功能，对其进行权利配置必须考虑收益与成本的关系。在采用“先使用制”国家，商标权的取得以“使用”为前提，并且是“充分的使用”而非“象征的使用”[②]，这是效率原则的要求；而在采用“先注册制”国家，商标权的取得以注册为条件。一个未使用而受到保护的注册商标，虽未在使用中实现收益，但“先注册制”的审查及管理成本低于“先使用制”，因而“先注册制”也是符合效率价值目标的。

知识产权法的效率价值追求，在制度设计方面体现为合理与有效的权利配置，即是使各方主体在权利体系中达致一种均衡状态。在微观经济学那里，均衡是指每一方都同时达到最大目标而趋于持久存在的相互作用形式。[③] 均衡是一种普遍的社会现象，在经济活动中，每个人都想通过交换获得能提供最大满足欲望的能力的物品组合；他们彼此之间就欲望的满足形成一定的价格，互相制约，逐步达到需求等于供给，从而出现价格不再变动而持久不变的情形，这是一种使社会财富持续、高效递增的状态。均衡是知识产权法效率目标对制度安排的基本要求，意在知识产权的保护与限制中寻求均衡，消除知识产品的创造者、传播者、使用者之间的利益冲突。在均衡状态的权利配置中，创造者的权利是第一位的权利，是本源性权利。法律授予创造者以私人产权，为权利人提供了最经济、有效和持久的创新激励动力；传播者的权利是知识传播过程中的次生权利，是相关性权利。这在著作权中表现得特别明显。传播者是创造者与使用者之间的桥梁，他们的智力或物力的投入，是提高知识资源使用效率之必要；使用者的权益在制度安排中也应有合理的位置。在精神生产活动中，使用者是已有知识产品的消费者，但也可能是未来智力成果的创造者。赋予使用

---

① 程啸：《知识产权法若干基本问题之反思》，载《中国人民大学学报》，2001（1）。

② 李明德：《美国知识产权法》，288页，北京，法律出版社，2003。

③ 参见［美］罗伯特·考特、托马斯·尤伦：《法和经济学》，张军等译，22页，上海，上海三联书店、上海人民出版社，1994。

者在一定范围内自由使用他人知识产品的权益，既保证了社会公众接触和利用知识产品的机会，也会促进精神财富的不断增长。总之，创造者权利、传播者权利、使用者权利的相继产生与完善，即是立法者寻求最大化满足各方面利益需求，进行知识资源分配和相应权利配置的均衡结果。

3. 知识产权法的创新价值

知识产权法是科技、经济和法律相结合的产物，它在实质上解决了“知识”作为资源的归属问题，是一种激励和调节的利益机制。在这个意义上说，知识经济时代也同时意味着是一个知识产权的时代。知识经济是以科学技术为第一生产要素的智力经济。知识经济发展的动力在于科技创新活动，科技创新离不开产权制度创新。① 可以认为，知识产权法本身即是私法领域制度创新的结果；同时，知识产权法的价值目标当以创新为主导。

（1）创新理论是知识产权制度创新的思想基础。美籍奥地利经济学家熊彼特最早把“创新”理论引入经济学研究领域。20 世纪初，熊彼特在《经济发展理论》一书中首先提出了“创新理论”。在他看来，“创新”是在生产体系中引入生产要素和生产条件的新组合。20 世纪 50 年代以来，后人在其“创新理论”的基础上发展了技术创新理论和制度创新理论两个分支。前者认为，科学技术对经济发展的作用主要是通过技术创新实现的，而后者认为技术性因素和制度性因素构成了经济增长的两大要素，其中创新的制度是激励技术创新活动、推动经济增长的关键。② 制度创新一般是指制度主体通过新的制度构建以获得追加利益的活动，它是关于产业制度、产权制度、企业制度、经济管理制度、市场运行制度等各种规则、规范的革新。制度创新有多种形式，但每种创新都会导致某个领域的制度变迁。在新制度经济学理论中，制度变迁被理解为用一种效率更高的制度替代另一种制度的过程。它包括两种类型：一是“诱致性制度变迁”，即制度构建的变更或替代，或者是新制度的创造，由个人或一群人自发倡导、组织或实行。二是“强制性制度变迁”，即由政府命令、法律

① 参见吴汉东：《科技、经济、法律协调机制中的知识产权法》，载《法学研究》，2001（6）。
② 参见林炳辉：《知识产权制度在国家创新体系中的地位和作用》，载《知识产权》，2001（3）。

以及各项政策的引入所实现的。[1] 在创新体系中，制度创新居于基础和保证地位。知识创新（包括科技创新和文化创新）立足于科技、文化、经济一体化目标，是一种为促进经济发展而进行的新技术应用与商业化的活动，它离不开相应制度的保障、规范和约束。知识产权是私权法律制度创新与变迁的结果，同时也是直接保护知识创新活动的基本法律制度。

（2）创新价值是知识产权法的价值灵魂。法律价值观随着法律制度的不同以及发展阶段的不同而有所不同。在特定的时代背景下，特定的法律制度会包含若干不同的价值项，而且其各自的价值侧重点也有所不同。例如，刑事立法体现了秩序、正义；民法直接规定了平等、诚信；而经济法侧重表现为“效率”；在知识经济时代，知识产权制度所体现的价值存在着独立的主导性价值，即创新价值。[2] 这是因为，当代经济的发展着重依靠知识和信息的生产、分配和使用，“创新”业已成为知识经济时代的主要特征，从而得到了前所未有的重视和发展，任何主体要在以高新技术为依托的竞争中立于不败之地，首先要善于运用“创新”，因此创新已成为人类行为选择的标准之一。创新不仅反映了人与自然的关系，而且反映了人与人的关系、个人与社会的关系，其业已成为一个具有普遍意义的关系范畴。同时，“创新”作为一个“历史观”意义上的概念，还凝结着人类的理想追求。历史观要回答和解决历史发展过程中的根本动力、机制和规律问题，而创新发展存在于广阔的社会实践领域与久远的历史运动过程之中。总之，“创新”这一概念是对知识经济全面而精要的解释，因此可以视为知识产权法的基本价值范畴。

（3）创新价值体现在知识产权政策制定与立法活动之中。国家通过其政策法律中包括知识产权的制度设计，将创新这一行为上升为“规划理性”的法律价值[3]，体现了作为法律价值主体的人在法律价值发现中的能动性干预和控

---

① 参见［美］R. H. 科斯等：《财产权利与制度变迁：产权学派与新制度学派译文集》，陈剑波等译，上海，上海三联出版社，1994。

② 参见陈谊、汪天亮：《试论知识产权法的价值定位——创新》，载《行政与法》，2004（9）。

③ 在法哲学理论中，人的理性可以分为“实践理性”和“规划理性”。前者是接受性理性，表现为道德经过长期教化而被人们自然接受为价值；后者是能动性理性，即在特定情况下人为地设计出符合规律的价值。

制。必须看到，知识产权法以基于创新所产生的社会关系为主要调整对象，体现了尊重创新、保护私权的主旨。例如，专利权制度保护的是新技术发明的第一次商业应用并获得经济效率，也即保护的是“创新”这种“技术商品化”的进程；著作权制度主要保护各类作品的第一次出版并获得相关收益，可以理解为保护的是“作品商品化”的“创新”结果；商标权制度保护的是一种标志性权利，商标标志本身可能不具有创新性，但其实际上保护的是这种标志作为商标的第一次运用以及第一个获得商标权的主体的利益，以及由此涉及的由于消费者对这种“第一次”的认同所获得的利益。我们还要看到，知识产权法在界定私人产权的同时，还创建了“知识产品公开”“在先权利保护”等制度，这些制度既促进与保护权利人的个人创新行为，又同时考虑到社会创新发展的连续性和创新成本的合理性。此外，知识产权法还通过“保护期限制”“权利穷竭制度”等规范，对权利人的专有权利予以必要的限制，使得私人独占的知识产品适时地进入公有领域，以激励人们不断进行新的创造活动。

综上所述，创新是知识产权法创制的原因和追求的目标，在这一法律价值的实现过程中，其法律本身也实现了制度创新与变革。因此，创新价值是知识产权法在知识经济时代背景下所体现和追求的主导价值。

三、现代知识产权法的基本价值观

知识产权法从草创走向成熟，历经近四百年，现已成为世界各国普遍推行的法律制度。在这一时期，人类社会生活发生了深刻的变化：现代科学技术的飞跃发展，对人们的知识生活与文化生活发生了空前巨大的影响；现代商品经济的高度发达，推动着新的国际经济秩序与世界市场的形成。为了回应这一情势的发展，各国立法者不得不“修纲变法”，着力于本国知识产权法律的变革。与此同时，知识产权法律价值观念也发生了重要的变化，即从早期的分配伦理到后来的创造伦理，再从创造伦理到现代的发展伦理。如果说，近代知识产权法是以财产秩序和分配正义为价值立场的话，那么，现代知识产权法基于法律全球化和经济一体化的原因，更多地转向以创造正义和发展秩序为核心的价值体系。

1. 法律价值的基准

现代知识产权法确立了以私法神圣和利益平衡为核心的价值评价基准。在知识产权的立法宗旨中，体现了保护创造者合法权利与促进知识产品广泛传播的二元价值目标。就基本制度功能来说，即是调整创造者行使专有权利与促进知识资源充分利用的矛盾，协调创造者、传播者与使用者三者的利益关系。从上述价值目标出发，现代知识产权法应当确立以下基本法律观：

一是私权神圣原则。私权是与公权即国家权力相对应的一个概念，指的是私人、个人（包括自然人与法人）所享有的各种民事权利。私权神圣强调包括知识产权在内的各种私人权利受国家法律的特别尊重和充分保护。私权神圣是人权主义思想的必然反映。“所谓人权主义即是21世纪的人文主义，是以人权保障为最高理念，体现以人为本位、以权利为本位的价值观念，将私人权利作为人权的基础权利。”[①] 具言之，知识产权法的建构是以下列思想原则为基础：第一，以私权领域为依归。知识产权是知识类无形财产的权利形态，其基本属性与财产所有权无异，都应归于民事权利的范畴。人权保障的任务首先在于全面维系人的各项私权，私权保护是政治权利、社会权利等其他人权实现的基础。第二，以权利制度为体系。知识产权总会有若干程序法、公法的规定，但依然是以实体法为基础的私权制度。诸如权利取得程序、权利变动程序、权利管理程序、权利救济程序等，概以创造者权利为中心，从而形成私权领域中的独特的法律规范体系。第三，以权利中心为本位。所谓法律本位，是针对权利、义务之关系而言的。就知识产权制度而言，在权利、义务这个统一体内，是权利决定义务，而不是义务决定权利。质言之，知识产权法是以权利为本位，在规范方法上是以授权性规范为主要内容，其立法的重心则是强调创造者权利的保护。

二是利益平衡原则。利益平衡是指当事人之间、权利与义务主体之间、个人与社会之间的利益应当符合公平的价值理念。利益平衡是民法精神和社会公

① 屈茂辉：《中国民法典的基本理念》，载《求索》，2002（5）。

德的要求，也是“人权思想和公共利益原则的反映”①。权利的基本要素首先是利益，利益既是权利的基础和根本内容，又是权利的目标指向，是人们设定该项法律制度所要达到的目的（起始动机）之所在。因此，知识产权法所强调的利益平衡实质上是同一定形态的权利限制、权利利用制度相联系的。从人权主义的角度来说，知识产权法所追求的利益平衡精神主要表现在以下两个方面：第一，本权与他权。创造者的权利即知识产权应为本权，是对知识财产依法进行全面支配的权利；传播者、使用者的权利则为他权，是根据法律规定或本权人的意思对他人知识财产进行有限支配的权利。根据利益平衡原则，本权与他权的关系表现为：主体之间公平相待，交换应该是有偿互利的，但合理使用除外；知识财产利益合理分享，在法定范围内应该兼顾各方当事人的利益，这具象为创造者权利、传播者权利、使用者权利三者之间的协调。第二，私益与公益。出于公共利益目标，应对创造者的专有权利进行必要的限制，以保证社会公众对知识产品的合理利用。利用他人的知识产品，或是基于表现自由的目的，或是基于公共教育的需求，或是基于社会公共卫生与生活的必要，这些都是正当的、合理的，其本身都是人权公约所要求的。对此，国际知识产权组织的一位高级官员的解释是：“公共利益这种良好愿望本身包含着这样一种含义，多数人的利益高于个人的利益，任何一个公民都应该为了全社会的共同利益而放弃个人私利。”②

2. 法律价值的选择

在当下法律价值目标的设计与实践中，各国对知识产权法律价值的评价和关注已经逐步从普适价值过渡到特殊价值上。作为价值主体的立法者，由于处于不同的社会背景和国家发展阶段，在对待业已形成的知识产权价值进行具有主体性的选择和评价时，也将这样的价值评价带入具有自身特色的法律制度之中。现代知识产权法律的价值已经从西方文化价值向世界文明价值转变，传统知识产权制度的西方模式正经历着由于价值移植和价值实现而出现的大量修正

① ［美］奥德丽·R·查普曼：《将知识产权视为人权：与第15条第1款第3项有关的义务》，载《版权公报》，2001（3）。

② ［美］杰力恩·达维斯：《权利集体管理中的公共利益》，冯晓东译，载《版权参考资料》，1990（2）。

和调整。例如，传统知识的知识产权保护、生命健康权与药品专利保护等问题都在制度层面直观地反映了现代知识产权法律价值的重要震荡，这样的震荡并不是如同极端激进的反知识产权主义者那样意图颠覆业已存在并发挥重要作用的法律制度，而是希望重新考察知识产权法产生的基本价值内容、知识产权法蕴涵的价值目标以及正确选择知识产权价值移植和价值实现的方式，将传统的知识产权法的价值体系进行符合现在社会、经济和文化环境要求的改造和变革，与时俱进地保障知识产权法的存在和价值实现。

从价值主体的角度来看，处于相对弱势的发展中国家与处于优势地位的发达国家所秉持的基本法律观，构成了现代知识产权法律价值的主要冲突。这主要反映在对于发展伦理、分配伦理的不同法律主张上：发展中国家希望通过知识产权法融入国际社会的经济法律秩序之中，并充分享受由于世界文明和科技发展带来的收益，并认为知识产权法不应通过私权的手段和垄断的方式设置新的技术壁垒和权利鸿沟，知识产权法应当更好地促进全人类的科学技术和文化、经济的发展，更为合理地分配知识产权资源；发达国家基于对现有优势地位的维护，更多时候是利用知识产权现有的规则体系，限制和排除对知识产权资源再次分配的企图，并从本国利益的角度强调知识产权创造伦理和财产伦理的正当性和优先性。于是，知识产权所体现的私权属性和人权属性发生了明显的价值冲突，发展中国家对于知识产权人权属性的强调与发达国家对于知识产权私权属性的重视形成了相对鲜明的价值观差异。

四、知识产权法律价值的实现途径

一般而言，知识产权法律价值的实现，需要一定社会条件的综合运用。这种社会条件，包括政治、经济、文化、教育等多个方面以及法律本身；其中既有内生动力，也有外在变量，诸如知识经济市场的发育、政策制度环境的孕育、法律文化氛围的培育等，都是知识产权法律实现的重要条件。在这里，主要述及知识产权法的作用机制，即知识产权的制度功能与价值目标之间的关系。

知识产权法的各项基本制度，围绕着法律价值目标，发挥着保护权利、平衡利益、推动科技进步和经济增长的社会功能。知识产权法的作用机制表现在以下几个方面：

1. 产权界定与创新激励机制。知识产权法是一种对知识产品有效的产权制度安排。知识产品是关于科学、技术、文化等精神领域的创造性智力成果的总称，其类别具有多样性，因此不能采取单一的产权形式。在知识产品中，科学成果与某些技术成果采取的是非市场机制的产权形式，政府往往通过特别的法律手段，以支撑和激励创造者的精神生产活动。对上述科技成果所建立的是经济学家所谓的优先权（priority）报酬系统，这是一种与优先权有关的各类报酬奖励制度。[①] 这一制度首先是科学发现与技术发明的命名权，其次是发现、发明奖金的获得权。该制度的实质是赋予发现人、发明人取得“命名”与奖金报酬的权利，作为这种收益的对价支出，社会获得对该项科技成果的公有产权。这即是发现权、发明权制度。在广义上，发现权、发明权也归属于知识产权。如前所言，上述权利不是私人财产权，而是一种科技奖励制度。就主要知识产品而言，概以采取私人产权的形式。界定私人产权的对价条件是：发明创造者将自己的智力成果公布出来，使公众看到、了解到其中的专门知识，而社会则承认其在一定时期有独占使用其知识产品的专门权利。[②] 知识产品是公开的（公共产品属性），但知识产权是垄断的（私人产权属性）。知识产权法通过授予发明创造者以私人产权，无疑是“给天才之火添加利益之油”，为权利人提供了最经济、有效和持久的创新激励动力，保证了科技创新活动在新的高度上不断向前发展，从而促进了创新成果所蕴藏的先进生产力的快速增长。

2. 产权交易与资源配置机制。知识产权法的首要的立法目的是界定相关产权，保护发明创造者的合法权益；同时又要规制产权交易，促进知识、技术的广泛传播与利用。依照经济学的供给与需求理论，智力创造活动也是一种生产活动。精神生产的目的同样是交换，只有经过交换，个人才能获得各类物品的最佳组合，达成效用或利益的最大化。就科技创新活动而言，新技术的商品

---

① 参见袁志刚：《论知识的生产与消费》，载《经济研究》，1999（6）。

② 参见［苏］E. A. 鲍加特赫等：《资本主义国家和发展中国家的专利法》，载《国外专利法介绍》，第1册，12页，北京，知识出版社，1980。

化与市场化是一个关键环节，也是其根本目的。如果一项发明创造完成后不尽快付诸实施，就可能被新的技术取代，从而变成无经济效益的技术。产权交易在相关法律上表现为知识产权的利用，其主要制度就是授权使用、法定许可使用和合理使用。授权使用，亦称许可使用，即知识产权所有人授权他人以特定方式对其知识产品进行使用。在国际上，这一交易行为被称为许可证贸易。许可使用合同的经济功能是：总结人们的交易习惯，规定统一的交易规范和术语，避免当事人每每就交易问题订立繁琐的合同条款，从而减少交易成本，便于当事人达成合意。法定许可使用与强制许可使用都是一种非自愿许可使用方式。前者是指根据法律直接规定的方式有偿使用已公开的知识产品，国际上将该交易方式称为“法定许可证”；后者是指根据国家主管机关特别授权方式有偿使用已公开的知识产品，国际上将该交易方式称为“强制许可证。”。上述两种交易实际上是国家安排下的“合作博弈”，其目的在于减少交易的信息成本（发现谁进行交易、进行什么交易和怎样进行交易）与谈判成本（讨价还价取得授权），使当事人合作成功进行交易的可能性大为增加。[①] 合理使用是知识产权利用的特殊情形，它是在法律规定的条件下，不必征得权利人同意，又无须向其支付报酬，基于正当目的而使用他人知识产品的制度。自由而无偿使用的范围，在信息资源中所占比例很小，概为知识利用与传播之必要。与前述几种许可使用不同，合理使用中使用者与创造者的权利交易不是“一对一”的对手交易，而是社会制度安排下的特定创造者与不特定的使用者之间就信息资源分配所进行的交换。总之，知识产权的交易制度，旨在调整信息生产者、传播者、使用者的权利配置关系，以实现科技进步和经济增长的最优效益。

3. 产权限制与利益平衡机制。知识产权的限制，是对权利人的专有权利进行的限制，其功能在于通过产权的适度限制，平衡权利人与社会公众之间的利益，确保社会公众接触和利用知识产品的机会。现代产权制度不能仅将其支撑点构筑于精神产品保护的静态归属之上，而要在确认创造者占有与支配知识财产的同时，促进精神财富的动态利用。经济学曾对信息产权的设定提出一个

---

① 参见［美］罗伯特·考特、托马斯·尤伦：《法和经济学》，张军等译，上海，上海三联书店、上海人民出版社，1994。

悖论：由于信息产权的垄断性，一方面会刺激信息的生产者去开发新信息，另一方面也会出现垄断信息的生产者索取高价使信息无法被充分利用。这一问题就是“没有合法的垄断就不会有足够的信息生产出来，但是有了合法的垄断又不会有太多的信息被使用”①。解决这一困境的法律途径，就是在保护知识产权的基础上对该项垄断权利实行必要的限制。产权的保护与限制涉及不同主体的利益，其制度设计既要着眼于社会发展的总体目标，也要正确判定利益选择的主次关系。当前有两个因素值得考虑：一是从国情出发。一般来说，发展中国家与发达国家在保护水平与产品利用方面存在着立场差距。发展中国家对知识产权采取何种限制以及限制的力度，应以国际公约所规定的最低保护标准为宜，从本国的经济、科技发展现状出发，不宜简单照搬发达国家的现成规定。二是适应新技术发展的要求。由于新技术的出现，知识产品的利用方式发生很大的变化，法律必须对社会利益的划分重新进行调整，注重对权利人利益的保护。这一情况即是对知识产权限制的本身进行限制。

4. 产权保护与市场规范机制。知识产权法保护的是产权化的创造性智力成果。生产经营者拥有技术和品牌，仅是一种自然占有或事实占有，仅是表明其取得某种科技优势和经营优势；只有获得技术与品牌的知识产权（如专利技术与注册商标）才能受到法律的保护，从而形成法律意义上的独占性“占有”，才能把这种科技优势、经营优势转化和提升为市场竞争优势，以对抗一切假冒、仿制和剽窃的侵权行为。打击侵权行为，既是对产权所有人的利益保护，也是对市场竞争秩序的规范管制。侵犯知识产权的行为直接发生于精神产品的生产、传播、消费过程之中。在法律实施效益不高的情况下，该类侵权行为的滋生与蔓延会影响创造者生产、开发知识产品的积极性，从而导致整个社会福利水平的下降。对此，经济学观点是调节有关产权交易及保护的成本、收益的关系，促使理性的经济人放弃侵权以及其他违法行为。② 就现阶段知识产权领域而言，法律制度直接决定侵权行为法定成本的高低，它设计并规范关于侵权

---

① ［美］罗伯特·考特、托马斯·尤伦：《法和经济学》，张军等译，185 页，上海，上海三联书店、上海人民出版社，1994。

② 参见吕忠梅等：《经济法的法学与经济学分析》，369 页，北京，中国检察出版社，1998。

行为的制裁与惩罚方案、措施、办法等。如果相关制度对某侵权行为规定的惩罚偏轻，该行为的法定成本自然就偏低，从而就会弱化侵权的惩罚性功能，侵犯知识产权的行为就会屡禁不止。从现代各国的知识产权立法情况来看，加大对侵权行为的惩处力度概为通行做法，如增加有关严惩侵权行为的刑事制裁条款，明确规定侵权行为的法定赔偿额，完善行政处罚措施等。这一立法趋势实际上是立法者对侵权行为的成本与收益比例关系的调整，意在从制度安排上制止侵权行为的泛滥，规范产权交易市场，维护竞争秩序。

5. 产权管理与政府引导机制。知识产权管理，是国家机关依法对产权的取得、利用等行为进行审查、监督、协调、服务等活动的总称。产权管理是知识产权制度区别于其他财产权制度的标志之一。此类管理活动的存在，既有着传统运行机制的历史影响，也是知识财产自身特性的反映，同时也体现国家对民事活动领域的适度介入。有关知识产权的各项管理活动，体现了国家相关立法的宗旨与目的，形成了政府在私权领域推动科技进步和经济增长的引导机制。具体来说主要表现在以下几个方面：一是政策目标机制。政府在知识领域产权的保护与管理过程中，首先扮演的是政策制定者的角色。① 知识产权制度本身就是国家经济、科技、文化政策的一部分。对何种知识产品提供产权保护，或给予何种水平的保护，当然要取决于国家总的政策目标。同时。国家制定的发展规划与具体政策，如科技发展规划、文化政策、产业政策、投资政策、外资政策等，都会不同程度地涉及知识产权问题。因此，通过政府的政策指引，有利于实现促进社会发展和知识产权立法目标。二是科学审查机制。除著作权自作品完成之日起自动取得外，多数知识产品需要由国家主管机关进行专门审查。实行审查制，可以将公共领域的技术、违反公序良俗的技术排除在专有权利保护的领域之外，从而提高知识产权授予的质量；此外，也可以对无形的知识财产进行产权边界的确认，明确产权的范围与归属，从而实现智力成果的产权化。三是信息通报机制。在保护产权的前提下，要求权利人公开自己发明创造的内容，这即是专利文献制度。信息公开实际上是技术创新资源的配置方式。利用知识产权信息资源，可以避免重复投入，节约研究经费，提高技

① 参见陈传夫：《论知识产权制度的政府策略》，载《科技与法律》，2000 (1)。

术创新起点，实现技术的跨越式发展。四是行为监督机制。知识产权的利用，一般包括权利人自己利用、许可他人利用、转让他人利用等多种情形。国家主管机关的管理活动，旨在规范产权交易行为，维护市场秩序，保护当事人合法权益。五是行政救济机制。在知识产权领域，国家行政部门有权对违法行为采取行政救济手段，或是对违法行政相对人给予行政处罚，或是责令侵权人赔偿受害人的利益损失。

第十四章

知识产权制度的风险理论分析

在风险社会的语境中，知识产权法既是一种制度文明，也是一种可能存在的制度风险，诸如文化风险、生态风险、基因技术风险、网络风险等，主要是知识产权制度的“内生性”风险。如何克服现行知识产权法律制度与法律秩序的先天性缺陷和潜在危机，提高风险防范意识，增强风险识别能力，寻求风险治理机制，是国际知识产权界共同面临的时代问题。知识产权制度风险的法律治理必须秉持价值理性与工具理性统一、权利观念与责任观念统一、法律控制与技术规制统一等理念，并通过传统知识保护、公共领域保留、开放存取及知识共享协议、知识产权创新奖励等制度的替代和补充，形成一个应对风险社会的观念体系和制度系统。这是应对知识产权制度风险的法律举措，也是实现知识产权制度价值目标的法律变革路径。

一、风险社会理论与知识产权问题研究

风险社会研究是当代哲学社会科学的重要理论构成。1986 年，德国学者乌尔里希·贝克在《风险社会》一书中，首次在学理上提出了“风险社会”的概念。贝克认为，人类面临着威胁其生存的由社会所制造的风险。西方社会中主导性的经济制度、法律制度和政治制度不仅卷入风险制造，而且参与了对风

险真相的掩盖。现代化正在成为它自身的主题和问题，因此变得具有反思性。[①] 该学说后来通过英国学者安东尼·吉登斯、斯科特·拉什[②]等人的发展，形成了一个影响深远的学术理论。由此，风险社会引入了20世纪后期和21世纪社会科学界的新语义范畴，风险社会问题成为一个跨国际、跨世纪、跨学科研究的重要领域。

"风险"是风险社会理论的基本范畴，是这一理论体系构建的基点。其实风险与人类共存，但现代意义上的风险，其内涵与结构较之以往有根本性的变化：一是风险的"人化"。随着人类活动的频率的增多、活动范围的扩大，其决策和行动对自然界和人类社会本身的影响也极大地增强，因而风险结构从自然风险占主导逐渐演变成人为的不确定性风险占主导。概言之，人类成为风险的主要生产者，即风险的"人化"。二是风险的"制度化"。人类具有冒险的天性，也有寻求安全的本能。与市场有关的诸多制度为冒险行为提供了激励，而现代国家建立的各种制度则为人类的安全提供了保护。无论是冒险取向还是安全取向的制度，其自身都带来了运转失灵的风险，即风险的"制度化"[③]。在风险社会理论领域，理论家们存在客观主义与主观主义的立场对立。前者认为，风险是全球化时代毋庸置疑的客观社会事实，这表明我们正处于从古典工业社会向风险社会的转型之中；后者则认为，由于人们都意识到的风险的增加和加剧而导致了风险社会，风险社会可以视为人们主观意识的结果。无论秉持何种立场，风险社会理论家们都试图表明，在全球化时代，关注风险、应对风险已成为社会发展不可回避的现实。

风险社会特征是风险社会理论的重要论述。在风险社会理论中，风险社会这一概念并不是社会发展类型的某一历史分期，也不是某个具体社会和国家的现实发展阶段，而是对当今人类时代问题的理论概括与形象描述。具体说来，现代风险具有以下特征：（1）风险的内生性。人为风险越过自然风险成为风险

---

① 参见［德］乌尔里希·贝克：《风险社会》，何博闻译，南京，译林出版社，2004。

② 代表性著述有：［英］安东尼·吉登斯：《失控的世界：全球化如何重塑我们的生活》，周红云译，南昌，江西人民出版社，2000；［英］斯科特·拉什：《经济全球化时代的风险文化与风险社会》，载薛晓源等主编：《全球化与风险社会》，北京，社会科学文献出版社，2005。

③ 杨雪冬：《风险社会理论述评》，载《国家行政学院学报》，2005（1）。

的主导内容。伴随着人类的决策和行为，诸如工业制度、法律制度、技术和应用科学的运用，带来新类型风险，即制度化风险和技术性风险。(2) 风险的全球性。风险社会是一种“全球风险社会”，风险的空间影响超越了地理边界和社会文化的边界。风险的全球性伴生于全球化的浪潮，正如吉登斯所言，“在全球化的时代里，风险的影响被普遍化了”[①]。贝克将风险的全球性归结为人类文明决策运用所导致的“全球性”后果。[②] (3) 风险的多样性。作为人为风险，其孕育与发生受到人文、社会、经济、政治等多种因素的影响。可以说，“风险是多元的”[③]。社会理性与科学理性的“知识断裂”，导致了现代性的诸多负面性，从这个角度讲，贝克提出知识经济就是“风险经济”，知识社会也就是“风险社会”，他将风险分为经济风险、政治风险、文化风险，并在此基础上提出了“信任风险”[④]。

规避和应对各种全球化风险是风险社会理论研究的主要任务。在应对方略方面，贝克、吉登斯表现出制度主义倾向，即在其风险社会理论中突出制度性和规范性的东西，其理想之途是在制度失范的风险社会建立起一套有序规则，以达到风险预警与控制的作用；道格拉斯、维尔德韦斯则立足于主观主义立场，认为实在的风险本身并不重要，关键在于是谁认知并强化了风险意识。在风险应对方面，他们主张通过环境保护运动、绿色运动在内的亚政治运动去防范和化解风险。[⑤] 在这里要指出的是，风险社会理论家们并不是完全从否定意义上来理解风险，而是强调风险具有二重性：即风险意味着不确定性、危险性，同时风险也是社会发展、创新的动力源泉。[⑥]

---

① ［英］安东尼·吉登斯、克里斯多弗·皮尔森：《现代性——吉登斯语谈录》，尹宏毅译，7页，北京，新华出版社，2001。

② 参见［德］乌尔里希·贝克：《“9·11”事件后全球风险社会》，王武龙编译，载《马克思主义与现实》，2004 (2)。

③ 张秀兰：《认识风险——社会科学的视角》，载［英］尼克·皮金等编著：《风险的社会放大》，5页，北京，中国劳动社会保障出版社，2010。

④ 薛晓源等：《全球风险世界：现在与未来——德国著名社会学家的风险社会理论创始人乌尔里希·贝克教授访谈录》，载《马克思主义与现实》，2005 (1)。

⑤ 参见庄友刚：《风险社会理论研究述评》，载《哲学动态》，2005 (9)。

⑥ 参见［英］安东尼·吉登斯：《第三条道路及其批评》，139页，北京，中共中央党校出版社，2002。

在社会学界，风险社会理论是在反思、批判现代性的理论背景下兴起的，其理论动机在于审视和反思工业现代化所带来的危机和后继问题，并由此建构社会现代化的更新理论。这一理论为我们研究和把握当代社会的发展命运展示了新视野，这是一种人类反思自身的新思路。如何认识非物质性风险（或说是制度性风险）对人类社会生存和发展的影响，如何把握全球化风险所引发的道德、文化、法律等问题，这些都构成风险社会理论发展的新领域，同时也为法律制度包括知识产权研究提供了新的分析工具。

对风险社会问题的法学研究，其重点是法律制度与法律秩序。这是因为“社会应主要根由法律来治理”，“现代社会之所以必须主要根由法律来治理，乃是因为法律规范与其他社会规范比较，有社会稳定和发展所必需的一系列优势”[①]。贝克说道：“法律制度的价值和意义就在于规范和追寻技术上的可以管理的哪怕是可能性很小或影响范围很小的风险和灾难的每一个细节。”[②] 而法律秩序则是法律制度实行和实现的效果，即是社会生活基本方面的法律和制度化。正如尚巴所言，“法律秩序是法的实践方面，即在社会关系中执行和实现了法”[③]。由此可见，现代社会是法治社会，制度风险及风险的法律控制是风险社会法学研究理论的基本内涵。

知识产权是历经三百多年成长的制度文明典范，但在风险社会理论的语境中，这种制度文明可能成为一种制度风险。这种风险具有“人为的不确定性”，其原因来自人自身，即是由现代性的推进所引致、造就的人对自身的威胁。[④] 知识产权是激励和保护知识创新的法律，亦有现实或潜在的制度风险，它或是技术—经济或法律决策导致的风险，或是法律所保护的科技文明本身所带来的

---

① 张文显主编：《马克思主义法理学——理论、方法和前沿》，341～342 页，北京，高等教育出版社，2003。

② ［德］乌尔里希·贝克：《从工业社会到风险社会——关于人类生存、社会结构和生态启蒙等问题的思考》（上篇），王武龙编译，载《马克思主义与现实》，2003（3）。

③ ［苏］T.M. 尚巴：《法律秩序与民主》，常玢等译，载《法学译丛》，1987（4）。

④ 参见［德］乌尔里希·贝克：《世界风险社会》，吴英姿译，137 页，南京，南京大学出版社，2004。

风险。[①] 质言之，知识问题是现代性风险的根本成因，制度选择的实质是基于风险的决策。如果说，“风险就是知识中的风险”[②]，那么，我们也可以认为，风险社会中的知识产权即是可能存在的风险。风险社会的知识产权问题研究，主要涉及以下几个方面：

1. 知识产权决策的制度化风险研究。风险社会中的风险的含义依赖于这样的一个事实，即文明的决策可能触发全球化进程中的一系列问题和一连串的风险[③]，质言之，“风险以决策为先决条件”[④]。南北国家对知识产权制度的选择，有着不同的历史背景。发达国家的知识产权制度虽不乏法律移植的结果，实质上却是“法律变革和广义立法的一种表达方式”[⑤]，既是基于自身发展的需要，且有相当基础的文化传统。而对于发展中国家而言，知识产权立法则没有制度传承，也缺乏文化土壤，外力强加的法律移植，往往带来法律实施效益不足的“风险”。在当今国际贸易体制中，知识产权保护的国际环境发生了很大变化，即所有国家包括发展中国家都必须按照国际公约规定的高水平保护知识产权，换言之，发展中国家缺乏发达国家所经历的知识产权保护逐步提升和缓慢过渡的成长期，因而政府对制度的构建准备不及，其政策运用经验不足，同时社会缺乏规则意识，形成“对制度性的规则的制度化违背”[⑥]。这即是规则“运转失灵的风险”，其结果使得保护创新的风险“制度化”转变成“制度化”风险。[⑦]

2. 知识产权客体的技术性风险研究。风险社会是一个高度技术化的社会，科学技术的高度发展既是风险社会的特征，也是风险社会的成因。现代社会中的风险是“被制造出来的风险”，是由我们不断发展的知识对这个世界的影响

① 参见成伯清：《“风险社会”视角下的社会问题》，载《南京大学学报（哲学社会科学版）》，2007（2）。

② ［德］乌尔里希·贝克：《风险社会》，何博闻译，64页，南京，译林出版社，2004。

③ 参见［德］乌尔里希·贝克：《“9·11”事件后全球风险社会》，王武龙编译，载《马克思主义与现实》，2004（2）。

④ ［德］乌尔里希·贝克：《世界风险社会》，吴英姿译，4页，南京，南京大学出版社，2004。

⑤ 刘星：《重新理解法律移植》，载《中国社会科学》，2004（5）。

⑥ ［美］罗伯特·默顿：《社会研究和社会政策》，林蒙仁译，北京，三联书店，2011。

⑦ 参见杨雪冬：《风险社会理论述评》，载《国家行政学院学报》，2005（1）。

所产生的风险。[①] 马克斯·韦伯形象地指出，人类在不久的将来注定会生活在“技术知识的囚室”[②]。知识产权制度具有鲜明的现代化特征，立法者总是意图通过法律制度的现代化去推动科学技术的现代化。现代知识产权法保护的网络技术和基因技术，是知识革命中最具有代表性和影响力的时代技术。对以私权形式存在的网络版权和基因专利，给予尊重和保护是必要的。这种对知识体系和技术性知识的信任，在风险社会中是人们获得和持有本体性安全的基础和保证。[③] 但是，风险与信任是交织在一起的，且两者都与现代性有关。从“反思的现代性”出发，对知识产权所保护的先进技术仅为信任是不够的，这是因为，知识技术本身的有限性即是一种风险。具体表现在：一是权利边界冲突带来的风险。例如，在网络版权领域，专有权利与公共领域的界定、数字内容与传播技术的关系、智力成果与传统文化资源的联系等，都是网络技术带来的法律问题或者说社会风险。二是技术独占使用带来的风险。例如，在基因专利领域，对基因食物、基因药品以及动植物基因乃至人类技术基因的开发、利用，都会导致人类本身以及人类生存环境的变化。这种变化主要是改善和进步，但也寓含着负面效应。

3. 知识产权运作的全球性风险研究。风险社会实际上是“全球风险社会”。经济全球化、科技全球化、信息全球化乃至治理机制的全球化，不可避免地带来风险的全球性。反全球化主义者认为，全球化正在催生另一种形态的帝国体制：互联网是“信息帝国主义”，世界贸易组织是“市场帝国主义”，国际货币基金组织是“金融帝国主义”，而联合国是“政治外交的帝国主义”[④]。贝克对此作出了自己的判断：全世界面临着社会认同解体、价值利益冲突、主体组织对立、国家立场对峙、生态环境破坏等不确定因素，这些危机与发展遍

---

① 参见［英］安东尼·吉登斯：《失控的世界：全球化如何重塑我们的生活》，周红云译，24 页，南昌，江西人民出版社，2000。

② 转引自［英］安东尼·吉登斯、斯科特·拉什：《自反性现代化》，赵文书译，74～75 页，北京，商务印书馆，2001。

③ 参见许斗斗：《技术知识与风险社会》，载《中共福建省委党校学报》，2005（9）。

④ 薛晓源等：《全球风险世界：现在与未来——德国著名社会学家的风险社会理论创始人乌尔里希·贝克教授访谈录》，载《马克思主义与现实》，2005（1）。

布全球，形成对人类生存的新威胁。[①] 知识产权制度的国际化，亦是全球化的伴生物，它实现了知识产权保护规则的普遍适用性，也导致了制度风险的全球性：一是南北国家知识产权利益的失衡。正如学者所指出的那样，这是一种明显向发达国家倾斜的国际知识产权体制，其结果是发展中国家的智力产品被搁在了公共领域，而发达世界的智力产品被紧紧掌握在私人公司手中。[②] 二是知识产权与国际人权的冲突。联合国人权促进小组委员会发表文件，宣称“由于协定的颁行没有充分反映所有人权的基本性质和整体性”，“所以知识产权制度与国际人权法存在着明显的冲突”[③]。《知识产权协定》在其制定及推行过程中显见种种不足，国际社会不乏质疑、争议的声音，其焦点即是协定的合理性、妥当性问题。诚然，当代知识产权国际保护制度具有正向性的作用，但是也有现实或潜在负效应因素。在风险社会中，“运用我们的文明的决策，我们可以导致全球性后果”[④]。

二、知识产权的制度化风险和技术性风险

知识经济的发展和网络、基因技术的应用，深刻地改变了知识产权的生存环境。这一判断依赖于以下两点事实：第一，知识产权所保护的最新技术，在造福人类的同时也加大了人类危害自身的可能性，“从技术—经济‘进步’的力量中增加的财富，日益为风险生产的阴影所笼罩”[⑤]。这即是技术的负面性与风险的不确定性的联系。第二，传统社会治理体系包括知识产权制度，无力解决工业社会过度发展而产生的社会问题。“我们所体验到的那种无能为力并

① 参见薛晓源等：《全球风险世界：现在与未来——德国著名社会学家的风险社会理论创始人乌尔里希·贝克教授访谈录》，载《马克思主义与现实》，2005（1）。

② See Anupam Chander，Madhavi Sunder， “The Romance of the Public Domain”，92，Calif. L. Rev.，pp. 1348 - 53.

③ UN Commission in Human Rights：Intellectual property and Human Rights，2000，E/CN1. 4/Sub. 2/2000/7.

④ ［德］乌尔里希·贝克：《“9·11”事件后全球风险社会》，王武龙编译，载《马克思主义与现实》，2004（2）。

⑤ ［德］乌尔里希·贝克：《风险社会》，何博闻译，6页，南京，译林出版社，2004。

不是个人失败的标志，而是反映出我们的制度无能为力。我们需要重构我们曾经有过的这些制度，或者建立新的制度。”① 这即是法律的确定性与风险的不确定性的背离。可以说，现行知识产权的法律制度和法律秩序存在着先天缺陷和潜在危机：

1. 文化风险与文化多样性问题

文化全球化是经济全球化的伴生物。“文化全球化不仅意味着文化的全球整合，也孕育着文化的冲突。”② 国家文化安全与世界文化多样性问题是社会风险在文化领域的表现形式。在文化全球化和文化产业全球化的今天，我们面临着一个“风险文化的时代”。英国学者斯科特·拉什为此警告说：“始料不及的风险和危险将不再是由工业社会的物质化生产过程中所产生的风险和危险，而是从信息领域、从生物技术领域、从通讯和软件领域产生出的新的风险和危险。”③ 当今时代的“文化风险”，即表现为民族国家文化主权的弱化和传统文化的边缘化。在全球范围内，许多民族、部落的传统文化与所谓的主流文化、强势文化一直存在着某种紧张状态，这一情况，不仅存在于南北文化之间，而且也表现在欧美文化内部。④

与经济全球化相伴而生的文化全球化，并不能消解文化的民族性和多样性。当今世界的情况是，一万多个不同的社会群体生活在二百多个国家之中。就一国内部而言，许多国家都是多文化、多民族的，维护文化的多样性，主要在于对少数人群体权利的尊重；但就国际社会而言，文化的多样性意味着语言、宗教以及生活方式的差异性，承认这种文化多样性就是承认不同国家文化主权的独立性和自主性。“尊重不同文化的平等地位，尊重不同文化的多样性和它们丰富的活力，尊重完成发展的不同路径”⑤，这既是实现文化多样性的

① ［英］安东尼·吉登斯：《失控的世界：全球化如何重塑我们的生活》，周红云译，15页，南昌，江西人民出版社，2000。

② 肖庆：《“风险社会”理论视角下的国家文化安全问题》，载《文化艺术研究》，2011（4）。

③ ［英］斯科特·拉什：《风险社会与风险文化》，载《马克思主义与现实》，2002（4）。

④ 参见薛晓源：《全球化与文化产业研究》，载林拓主编：《世界文化产业发展前沿报告》（2003—2004），9～10页，北京，社会科学文献出版社，2004。

⑤ 前联合国秘书长、世界文化与发展委员会主席佩雷斯·德奎利亚尔语。转引自联合国教科文组织、世界文化与发展委员会：《文化多样性与人类全面发展》，3页，广州，广东人民出版社，2006。

伦理基础[①]，也是国家文化主权原则的法律要求。

以《知识产权协定》为核心的国际保护体系的制度缺陷在于，它极力保护的是文化表现形式的独创性、新颖性，而忽视了文化表现形式的多样性。我们看到，现代欧美文化类型以其“现代性”为特征称雄于世界。从文化的角度看，欧美文化对各地原住民文化、传统文化的同化，日益蚕食着世界文化的多样性；从法律的角度看，西方国家主张的法律精神及其制度准则，已经成为国际社会生活的指南。[②] 在知识产权领域，欧美文化类型在知识产品的现代化生产中，以各种“智力创新”的形式得到欧美国家主导的国际知识产权制度的周延保护。与此相反，知识产权制度对不同的文化类型即“智力源泉”却缺乏必要的法律涵养，这一制度“只能保护知识财产上的财产利益而难以保护其同时存在的文化利益”[③]。

在现行知识产权制度框架下，以危及文化多样性为表现形式的文化风险主要表现在以下两个方面：一是凭借科技、资本等优势，少数国家以知识产权名义进行的文化创作、生产、传播行为，对其他类型的文化表达和知识形式等进行不当占有和利用，损害文化的多样性，特别是非主流文化、传统部族文化、少数人群体文化的存在和发展。二是通过国际文化市场，少数国家以知识产权名义不断扩大本国文化的影响力和文化出口的贸易额，形成了合法形式的文化垄断，使得许多国家的多样性文化在生存和发展方面遭遇着前所未有的困境。可以说，以知识产权为后盾的文化全球化和全球化的文化产业正挤压着多样性文化的生存空间，从而构成风险社会中的文化风险。

2. 生态风险与生物多样性问题

生物多样性蕴涵着生态、遗传、社会、经济、文化等价值，保护生物多样

---

① 世界文化与发展委员会认为，多元化（pluralism）是全球伦理的基本原则，其意思是指“文化多元化是人类社会的基本特征，而且无处不在，无时不在。民族认同是对抗全球化压力的一个正常的健康有益的反映”。参见联合国教科文组织、世界文化与发展委员会：《文化多样性与人类全面发展》，3页，广州，广东人民出版社，2006。

② 参见严永和：《论传统知识的知识产权保护》，61～62页，北京，法律出版社，2006。

③ 有学者认为，知识产权不能充分保护文化多样性。对于在文化类型之间的占有和利用中引起的财产损害，知识产权法作出了回应；而对于所造成的文化损害，知识产权法则没有相应的补偿机制。See Rebecca Tsosie, “Reclaiming Native Story: An Essay on Cultural Appropriation and Cultural Rights”, Spring 2002, 34 Ariz. St. L. J. 299.

性是全人类共同关切的问题。生物多样性的危机或说是物种资源的破坏，其根源主要不是自然灾害，而是人为的不确定性，即“制度化风险”。

在现行知识产权体系中，授予专利的条件仅规定为创造性、新颖性和实用性，材料来源不是可专利性的要件，即生物技术专利的获取，可以不考虑生物技术的基因来源。当代生物技术产生的特点之一，即是对资源的依赖性与资源的信息化。正如有的学者所言，在生物技术时代，谁掌握了地球上有限的遗传资源，谁就能在生物经济的发展中取得主动，从而成为新的财富拥有者。①

现实状况表明，发达国家与发展中国家分别处于生物技术与资源的两端，全世界80%的生物资源都位于发展中国家，而95%的生物技术专利为发达国家所控制。② 长期以来，在生物资源“国家主权”缺失的情况下，在现行知识产权的制度框架里，南北国家生态权益出现重大失衡：发展中国家的生物资源优势不能在专利申请中得到体现，也不能获得使用专利的优势；相反，高水平的专利权保护，提高了发展中国家输入的成本。③

国际生态环境的愿景目标是：“保护生物多样性、可持续地利用生物多样性，公平合理地分享使用多样性资源的利益。”④ 1992年《生物多样性公约》确定的以生态和环境保护、遗传资源保存和开发为一体的发展主旨，并没有在世界贸易组织及《知识产权协定》的框架内得到协调与回应。少数国家甚至推行双边主义，专门就生物技术的高水平保护签订协议，以达到其预定的“TRIPs—Plus”目的。⑤ 人们有理由担心，上述制度或政策的缺陷，使得“全世界面临着生态破坏危机的巨大风险与高度的不稳定性”⑥。

---

① 参见朱雪忠等：《基于遗传资源所产生的知识产权利益分享机制与中国的选择》，载《科技与法律》，2003 (3)。

② 参见冯飞：《我国与发达国家生物产业化差距超15年》，见 http：//news.163.com/10/0623/08/69RNIN7F000146BC.html，2012年2月14日访问。

③ 参见孙法泊：《论生物技术国际知识产权保护》，载《政法论丛》，2007 (6)。

④ 《生物多样性公约》序言。

⑤ See Grain，TRIPs-Plus Through the Back Door：How Bilateral Treaties Impose Much Stronger Rules for IPRS on Life Than the WTO，Grain Publications，July 2001.

⑥ 薛晓源等：《全球风险世界：现在与未来——德国著名社会学家的风险社会理论创始人乌尔里希·贝克教授访谈录》，载《马克思主义与现实》，2005 (1)。

3. 基因技术风险与人类社会安全问题

风险社会是一个高度技术化的社会，科学技术的高度发展即是风险社会的特征，也是风险社会的成果。所谓技术风险，是指人类在利用技术时违背技术自身规律而产生的社会风险。[①] 违背技术自身规律的行为，有时是出于人类认识能力的局限，有时则是出于某种利益的考量。例如，基于政治需要或经济效益的目的，明知利用某一技术会带来不利后果，但仍然作出技术行为选择。无论如何，所放弃的利益就是技术可能引起的社会风险。

风险社会中的基因技术风险，是由于基因技术利用而造成社会损失、危及社会安全的一种潜在的可能性状态，主要表现在以下几个方面：一是人类生态环境风险。在现实社会中，人为环境风险超过自然环境风险而成为风险的主要内容。环保主义者担心地认为，在基因产生的巨大商业利益面前，人类对基因技术有可能失控或滥用，其结果是物种的灭绝或性状改变、生态平衡遭到破坏，从而引发生物安全问题。二是人类社会秩序风险。随着人类基因图谱的破译，人类遗传资源密码得以揭示，当技术发展到能够阅读个人基因组时，可被用于对人的健康、智力及潜在素质的测试。倘若人类基因信息被不适当地利用，就会产生"基因歧视"，有可能危及人类自身安全。三是转基因食品风险。转基因技术已经孕育出优质、高产、抗病虫害的农作物，转基因食品正在影响着人们的饮食消费。与此同时，世界舆论也在关注转基因作物过量地制造某种外源的蛋白质，有可能危及人类健康。这即是基因时代的食品安全问题。

知识产权制度理直气壮地对基因技术授予专利，却对基因技术风险束手无策。通过法律规范阻止基因技术滥用行为是必要的，但其作用是有限的。我们必须正视现行知识产权的制度缺失，建立一整套社会治理体系，才可能走出基因时代的技术风险。

4. 网络风险与信息社会安全问题

信息全球化是建立在网络社会化的基础之上的。网络构成了我们这个时代新的社会结构、形态与模式。正如曼纽尔·卡斯特所言，"作为一种历史趋势，信息时代的支配性功能与过程日益以网络组织起来。网络建构了我们社会的新

① 参见王学忠：《技术社会风险的法律控制》，载《科技与法律》，2008 (4)。

社会形态”[①]。网络社会在本质上是一个风险社会。网络技术的发展对社会、文化、政治、经济、法律等有着潜在的影响，其结果所产生的不确定性已变得难以控制。可以认为，“网络社会所蕴含的数字化不仅引起一场产业革命，同时也引发社会革命”[②]。

网络风险是来自网络技术与网络著作权本身的“内生性”风险。主要有三大问题：一是制度信任的风险。“风险社会不仅仅是一种事实概念，更是一种文化概念。”[③] 网络环境秩序的治理，有赖于权力机构以正式方式建立并保证实施的正式制度，这主要是法律制度，同时也借助于诸如习俗、惯例、道德伦理等具有社会规范形式的非正式制度。我们看到，对于日益泛滥的网络侵权和人数众多的侵权群体，正式建立的法律制度表现得无能为力。在网络环境中，每一个网民的每一次鼠标点击都可能构成侵权，但法律很难加以制裁。其结果是对著作权的“制度化违背”成为常态，代之而起的是“非正式制度（潜规则）”的生成，“正式的规则或制度名存实亡”[④]。在这种情况下，法律与其他社会规范不但背离，而且产生了冲突。可以认为，著作权文化认同缺乏，是一个法治信仰问题，而在风险社会理论中则是一种制度信任危机。二是技术保护措施的风险。在网络环境下，信息的传播便捷且广泛，数字技术的出现弱化了著作权人对其作品的控制力。为应对数字作品的非法传播而强化权利人控制其作品网络传播的能力，技术保护措施被纳入著作权制度。有学者认为，如果技术保护措施被普遍应用，可能会限制网络信息传播的巨大能量，也可能潜在地摧毁公众与私人之间存在的利益平衡。在数字版权管理或者技术保护措施取代销售许可合同的情况下，还可能妨碍公众对信息的接触或获取。[⑤] 三是“数字鸿沟”的风险。在全球范围内，各国间数字技术的运用及其程度有很大差异，这种网络发展的不均衡性，即是“数字鸿沟”问题。网络时代数字鸿沟的存在

---

① ［美］曼纽尔·卡斯特：《网络社会的崛起》，夏铸九等译，569页，北京，社会科学文献出版社，2003。

② 刘挺：《网络社会的法律控制》，载《宁夏大学学报（人文社会科学版）》，2008（5）。

③ 薛晓源等：《全球风险世界：现在与未来——德国著名社会学家的风险社会理论创始人乌尔里希·贝克教授访谈录》，载《马克思主义与现实》，2005（1）。

④ ［美］罗伯特·默顿：《社会研究和社会政策》，林蒙仁译，北京，三联书店，2011。

⑤ 参见高富平：《寻求数字时代的版权法生存法则》，载《知识产权》，2011（2）。

及其扩展必将导致众多的风险和危机，涉及各个社会领域。在版权产业界，诸如影视、音乐、广播、游戏、动漫、出版等数字内容产业占据主流和支配地位，而生产数字内容产品的许多核心技术乃至技术标准，多为发达国家和他们的跨国公司所掌握。根据《聚焦"第四差别"——中欧数字鸿沟比较研究》一书所提供的数据，2007 年中欧数字鸿沟的综合指数为 0.69，这意味着中国的信息化总体发展水平和应用水平比欧盟落后 69%。[①]"网络时代的数字鸿沟扩大了社会的不平等现象"[②]，不仅表明了南北国家拥有著作权的利益失衡，而且意味着这些国家的民众接触和获取信息的能力差距。

三、知识产权制度构建中的风险意识

知识产权制度的风险研究，从其识别、评价到治理，每一过程的理论思维都应是客观事实分析与主观价值判断的综合。知识产权制度发展路径的选择，其实是基于风险的政策抉择。在知识产权法律制度与法律秩序的建构中，提高风险防范意识，增强风险认识能力是非常重要的。

中国知识产权制度是在特殊历史条件下建立的，在很大程度上是"逼我所用"，即外力强加的结果。但是根据自身发展的需要，这一制度现已变成"为我所用"的政策工具，即作为建设创新型国家的制度选择。对外国法制或者国际法制的引进，是一个"理性选择"的过程，更是一个"法律本土化"的过程，即外来制度如何在本国"扎根"与"内化"的过程。[③]问题在于，知识产权制度在发展中国家未能完全实现其预期的政策目标。影响制度效益目标实现的，既有法律因素，如制度选择所涉及的法律理念、法律内容以及法律形式等，是否具有先进性、合理性和科学性；也有非法律因素，即制度实施所涉及的经济技术发展状态、政府公共政策体系以及社会环境、文化条件等，是否具备一致性、协调性和相适应性。上述不确定因素，即是风险社会的知识产权风

① 参见张新红等：《聚焦第四差别：中欧数字鸿沟比较研究》，北京，商务印书馆，2010。
② 庄友刚：《网络时代与风险社会》，载《淮阳师范学院学报》，2004 (4)。
③ 参见张洪峰：《法的世界化与本土化之争及其超越》，载《福建法学》，2005 (1)。

险。“通过法律化解风险，通过法律吸纳风险”，“将风险社会置于法治社会的背景之中”[①]，我们有必要对风险社会中的知识产权制度进行合理的建构和更新。对于中国而言，在接受知识产权这一制度文明的同时，必须克服知识产权所可能带来的制度风险，在知识产权国际化潮流中强调本土性，在知识产权现代化过程中注重阶段性。具体而言，我们应当持有如下风险法律理念：

1. 价值理性与工具理性的统一

价值理性与工具理性是哲学中两个相对的概念，其最直接、最重要的渊源是德国社会学家马克斯·韦伯所提出的“合理性”理论。韦伯将合理性分为两种，即价值（合）理性和工具（合）理性。前者是指“主观相信行动具有无条件排他的价值，而不顾后果如何、条件怎样都要完成的行动”[②]，关注的是属于目的和结果的价值；后者是指“以能够计算和预测后果为条件来实现目的的行动”[③]，其核心是追求功利的动机所驱使的效率。在韦伯的理论中，工具理性是启蒙精神、科学技术及理性自身演变和发展的结果，然而随着工具理性的极大膨胀，在追求效率和实施技术的控制中，理性由解放的工具退化为统治自然和人的工具。[④] 这是一种技术理性和价值理性的冲突：在资本主义社会，技术的提高是技术理性高扬的结果，而人的异化则是把人作为目的的价值理性走向衰落的表现。风险社会理论对此有着相似的看法。贝克认为，传统现代性的重要知识原则就是“科学理性”，正是这种表面“全知全能”实则“片面垄断”的工具理性，造就了现代社会的全面问题。社会成为经济社会，国家成为“技术国家”，“工业理性和技术的蚕食耗尽了日益现代化的本质”，“使人类的充满生机的关系成为工具理性”[⑤]。可以说，科学理性在宣称自身价值中立的同时，也将其与体现更广泛社会价值的“社会理性”对立起来。[⑥]

---

① 杨春福：《风险社会的法理解度》，载《法制与社会发展》，2011（6）。

② 陈志刚：《马克思的工具理性批判思想》，载《科学技术与辩证法》，2001（6）。

③ 陈志刚：《马克思的工具理性批判思想》，载《科学技术与辩证法》，2001（6）。

④ 参见［德］马克斯·韦伯：《新教伦理与资本主义精神》，于晓、陈维纲等译，141～142页，北京，三联书店，1987。

⑤ ［德］乌尔里希·贝克：《世界风险社会》，吴英姿译，103～107页，南京，南京大学出版社，2004。

⑥ 参见许志晋等：《论风险社会的科学技术发展》，载《中国科技论坛》，2007（2）。

在法学研究中，价值理性与工具理性的关系，表现为实质正义与形式正义、法律目标与法律手段之间的关系。一些法律制度的设计和安排，将作为手段的工具理性当作目的，将作为目的的价值理性当作手段，从而带来诸多的社会问题。现代知识产权的制度风险，在一定程度上就源自“工具理性的越位”和“价值理性的缺位”[①]。国际知识产权保护的制度安排，较多反映了强势主体高水平保护知识产权的利益诉求，使得形式公平的知识产权规则掩盖着南北国家利益失衡的实质不公平。知识产权既是私人产权，又是公共政策。基于知识产权两种属性的关系，英国知识产权委员会作了很好的诠释：无论怎样称呼知识产权，我们最好将它视为公共政策的一种手段，授予个人或者机构一些经济特权，以实现更大的公共利益，而这些特权只是一种目标实现的手段，其本身并非目标。[②] 可以认为，寻求全球知识产权风险的治理机制，改革现行知识产权保护制度，其基本思路应是工具理性与价值理性的统一。这里的“价值理性”，包括知识产权创造和利用中的各方利益平衡、知识贸易中的南北国家利益调整以及知识传播中的公共利益的实现。

2. 权利观念与责任观念的统一

知识产权是知识类财产的权利形态，包括义务功能要求在内的权利观，是当代法理念的核心范畴，知识产权制度的构建和运行是以这一核心范畴为基础的。风险社会的法律应对有两个重要概念，一是“法律的确定性”，二是“风险的不确定性”。在风险社会中，法律所授予的权利旨在最大限度地抵消由于风险所带来的冲击和侵害，或者说偏重于对确定性价值的追求和确认。[③] 知识产权立法的本来目的，在于合理界定权利与义务的范围，明确本权或他权的构成，通过权利行使来实现其确定性的利益。但在当代新技术的影响下，传统法律体系下的权利确定性边界变得模糊不清，从而带来种种不确定性的风险。对知识产权正当性及其边界的质疑，成为知识产权制度遭遇时代挑战的突出问题。[④]

---

① 高明亮：《论比较法学中的价值理性》，载《比较法研究》，2006 (5)。

② 参见英国知识产权委员会：《知识产权与发展政策相结合委员会关于知识产权的报告》，6 页。

③ 参见杨春福：《风险社会的法理解度》，载《法制与社会发展》，2011 (6)。

④ 参见熊文聪：《后现代主义视角下版权正当性及其边界——从个体权利到基于商谈的共识》，载《政治与法律》，2010 (6)。

这里的“权利边界”，涉及智力成果“专有领域”与“公共领域”的划分，创造者权利与传播者权利的划分，创造者、传播者权利与使用者权利的划分。其不确定性的风险可能来自权利的扩张或滥用，也可能由于权利的侵害或冲突。在风险社会理论视野中，知识产权法的权利观应该包括如下内容：权利应该有确定性范围，权利应该受到尊重和保护，权利应该被谨慎和正当地行使。

在知识产权领域，举凡权利的滥用与义务的违反，都会涉及责任的承担。在法学理论中，由于侵犯法定权利或违反法定义务而引起的，由专门国家机关认定并归结于有责主体的带有直接强制性的义务，即为法律责任，又称为“第二性义务”[①]。与上述学说不同，风险社会理论中的责任有两个特点：第一，有责主体是广义的，它包括技术产品创造者（对禁止研发的技术产品承担产品责任）、技术产品评估者（对技术产品负面效应或副作用的评价承担专家责任）、技术政策的制定者（对技术产品的社会风险承担决策责任）。多重责任主体制度，旨在防止贝克所批判的“有组织不负责任”情形的出现。第二，权利个体的责任是宽泛的。诸如技术滥用、技术误用以及利益博弈下的技术选择使用等，都是引起技术社会风险的行为，其中有构成权利滥用和义务违反的法律责任，有的则可能是一种“公众批判”的道义责任。

在风险社会中，知识产权制度主张的法律理念，应是权利观与责任观的统一。诚然，这是对权利者即知识产权所有人的要求，即主体在享有权利、承担义务的同时，应履行其责任，并将责任理念贯穿于知识的创造、传播与利用过程中。进言之，这更是对权力者即知识产权管理人的要求。政府在风险社会的角色定位表明，决策即风险，决策者即责任者。因此，在知识产权风险治理机制中，政府应当秉持权力与责任相统一的理念，并将责任理念贯穿于权力运作的始终。

3. 法律控制与技术规制的统一

现代社会的风险防范与治理，需要人类构造新的价值理念与新的知识体系。对知识产权的制度化风险与技术性风险，可采取法律控制与技术规制的综合治理机制。

---

① 张文显主编：《马克思主义法理学》，377页，北京，高等教育出版社，2004。

法律控制是风险治理机制的重要手段。“法律可通过建立有组织的社会制裁手段，来确保人们对正当行为的基本要求的服从（其中包括可能使用强制力）。”① 知识产权法律具有激励知识创新的制度功能，其私权的扩充与保护即是激励机制的法律表现。但是从风险理论出发，立法者必须重视控制风险功能的法制化。具言之，知识产权法律要强化权利客体排除、禁止权力滥用、限制权利行使等制度；相关法律对技术的研究、使用和传播应建立限制机制、禁止机制以及惩戒机制，以作为上述知识产权法律的补充。

技术规制是风险治理机制的重要措施。技术规制表现为法律规范、政策规定和伦理规则等。风险社会理论指引下的技术规则有以下特点：风险规避的主要路径，是事先预防而不是事后补救（即从技术研究开始规制，以预防技术产生的负面效应或副作用）；风险规避的基础范式，是从技术研发到应用过程的责任制度（包括社会道义责任、科学伦理责任和法律责任）；风险规避的重要措施，是奉行技术民主原则（包括技术信息适度公开和公众参与公众决策）。②

法律控制与技术规制的风险观告诉我们，防范知识产权的制度化风险和技术性风险，不仅涉及传统知识产权的制度改造，而且要求构建以规避风险为指引、以知识产权为导向的公共政策体系，同时形成以全面理性（包括社会理性与科学理性）为基本内涵的科技伦理规范。

四、知识产权的制度风险与法律应对

面对风险社会，现行知识产权制度的“先天缺陷”日益凸显，陷入了一场前所未有的危机与挑战。人们对知识产权制度产生了“信任风险”，质疑其正当性与合理性，甚至出现了“专利废除论”“著作权死亡论”等极端观点。③ 笔者认为，知识产权制度不会走向消亡，但是必须进行法律变革；知识产权制

① ［美］E. 博登海默：《法理学—法律哲学与法律方法》，邓正来译，391 页，北京，中国政法大学出版社，2004。

② 关于以技术批判理论为基础的技术规制，参见刘铁光：《风险社会中技术规制基础的范式转换》，载《现代法学》，2011（4）。

③ 参见王太平：《知识产权制度的未来》，载《法学研究》，2011（3）。

度可以继续存在，但是需要相关制度补充。

知识产权制度应对知识革命作出回应，重点解决网络技术、基因技术带来的诸多问题，避免规则缺失所带来的“不确定性”。问题一：新的知识形式对传统知识产权客体的挑战。这主要表现为知识产品形式的变化和知识产权客体范围的扩大。著作权客体经历了从传统的“印刷作品”到现代的“模拟作品”、“电子作品”再到当代的“数字作品”与“网络作品”的不断演进；专利权客体从以往的微生物、动植物品种发展到今天的基因技术；域名作为数字化经营性标记，成为商业标记领域最新保护对象。问题二：新的知识财产对传统知识产权范围的突破。这既表现在原有权项内容的拓展，如著作权领域出现的信息网络传播权、数据库作者权；也表现在新的财产权利类型的增加，如介于著作权与工业产权之间的集成电路布图设计权，具有准专利性质的植物新品种权。问题三：新的知识利用方式对传统知识产权规则的改变。新技术不仅带来知识产品利用的新途径，同时也要求法律制定相应的新规则。在网络版权领域，对保密技术措施的正当性、合理性考量，对网络作品传播者、消费者的责任界定，无一不是法律难题。而在网络商标领域，法律则面临商标权地域性与因特网国际性的冲突，商标分类保护与网上商标权排他效力的矛盾。问题四：新的知识权利观念对传统知识产权制度的动摇。生物技术的出现，使发现与发明的界限变得模糊，“专利只能授予发明而不能授予发现”的传统理论遭到了质疑。[①]“传统资源权”概念的出现，使得人们在关注现有智力成果权利的同时，也要考虑传统智力资源的保护。应该指出的是，上述问题并不是知识产权制度变革的全部内容，但也许可以视为法律再造的重点和难点。

知识产权制度变革的重心，在于相关制度的补充和替代。这些制度或是弥补知识产权的制度缺陷，或是植入知识产权制度体系，或是替代知识产权发挥制度功能，以此形成一个应对风险社会的制度系统。相关补充和替代制度主要有：

1. 传统知识保护制度

按照世界知识产权组织的说法，传统知识是指基于传统所产生的文学、艺

---

① See Joseph M. Reisman, Physicians and Surgeons as Inrentors: Reconciling Medical Process Patent and Medical Ethics, Berkeley Technology Law, California University.

术或科学作品，表演，发明，科学发现，外观设计，标记、名称及符号，未公开的信息，以及一切来自产业、科学、文学艺术领域内的智力活动所产生的基于传统的创新和创造。① 传统知识是现代语境下的概念，以此说明与现代知识相互区别的知识类型。“现代知识是一种世界性的知识，建立在西方的科学、哲学和社会经济制度之上，是当今世界占据主流地位的知识类型；而传统知识则是一种地方性知识，是特定的人群为应对特定社会生态环境而发展起来的知识类型，相对于现代知识的普遍性，传统知识则表现出强烈的多样性。”② 传统知识的保有和传承使得地球的生物多样性和文化多样性得以延续，是人类社会可持续发展的重要基础。现行知识产权制度的保护对象限于最新知识即智力创造成果本身，而不能涵盖传统知识即智力创造源泉，这种保护机制忽视了对文化与知识多样性保护的原则，导致一些国家或地区、一些民族或种族应有权利的丧失。近年来，国际社会十分重视传统知识的保护问题，并对这种制度安排进行了有益的探讨：一是采用现行制度保护。知识产权现有形式下的保护方式包括著作权及邻接权（以民间文学艺术表达为主的传统知识为保护对象）、专利权（以与遗传资源的利用、开发有关的产品和方法为保护对象）、植物品种权（以改进原生状态物种的新植物品种为保护对象）、外观设计权（以传统的手工艺产品为保护对象）、商标权（以含有传统知识的商品或服务所采用的个体或团体标记为保护对象）、地理标志权（以各类天然、传统和工艺品所采用的社区标志为保护对象）、反不正当竞争（以未公开的传统知识为保护对象）。③ 二是采用专门制度保护。一些学者和非政府组织强烈建议的方法是建立一种专门制度，即为适应传统知识的本质和特点而创设独立的法律制度。关于专门制度的法律属性，即是否属于知识产权保护机制的范畴，国际上有不同的认识。有的认为这是一种“专门的知识产权制度”，尽管它的学理基础、规

---

① See WIPO, Intellectual Property Needs Expectations of Traditional Know ledge and Holders, WIPO Report on Fact-Finding Missions on Intellectual Property an d Traditional Know ledge (1998—1999), Geneva, April 2001, p. 25.

② 李发耀：《多维视野下的传统知识保护机制实证研究》(自序)，北京，知识产权出版社，2008。

③ 参见［阿根廷］Carlos M. Correa：《传统知识与知识产权》，国家知识产权局译，见www. biodiv-ip. gov. cn。

范方法与典型的知识产权制度有较大的差异；也有的认为，这种制度“处于现行知识产权体系的保护之外，它实际上归属于国际社会正在讨论的一个更为宽泛的权利系统——传统资源权”，“如果说现行知识产权制度是对智力创新的激励，那么传统资源权就是对智力源泉的涵养”[①]。对传统知识的保护，事关国际协调机制的运作，目前尚存有许多争议，是风险世界不确定性因素之一。其结果不仅反映一种新的利益格局的形成，同时也昭示未来知识产权国际保护制度的发展方向。

2. 公共领域保留制度

公共领域是典型的“知识共有物”，即知识产品的非专有领域。公共领域制度在知识产权法中的适用，最早可追溯到英国1623年《垄断法规》和1709年《安娜法令》。根据规定，当专利权和著作权的保护期限届满，原来受保护的知识产品即进入公共领域。后来的美国宪法在著名的知识产权三项政策中，专门规定了“公共领域保留”（the preservation of the public domain），将知识产权限制在一定期间和范围之内。[②] 公共领域保留的制度设计，无疑是一道界分公共利益与私人利益各自范围的“分水线”。知识产权本质上为私权，但法律对知识产权的保护并不是最终目的，它还承担着实现公共利益的价值目标。可以说，知识产权立法的二元宗旨，构成公共领域保留制度的现实基础。学者大抵认为，国内法框架下的公共领域主要包括三个部分：一是保护期间届满的知识产品；二是不具备实质要件的知识产品；三是人类共有的知识，包括不受保护的“思想”以及有关科学、数学等理论知识。在国际公约体系中的公共领域，主要包括可以自由复制的表达形式、可以自由使用的科学技术、暗含在市场中可以自由使用的标记和符号、可以自由应用于产品的具有功能性和审美性的设计以及思想和即时性新闻等。[③] 但是，我们看到，在现代知识产权制度发展过程中，私人知识财产权得以扩张，知识财富的公共领域却不断缩小，从而

---

① 龙文：《论传统知识产权权利的实现形式》，载国家知识产权局条法司编：《专利法研究》（2004），北京，知识产权出版社，2005。

② See L. Ray Patterson, Stanley W. Lindbery, The Nature of Copyright: A Law of Users' Right, The University of Georgia Press, 1991, pp. 49 - 55.

③ 参见张艳梅：《国际知识产权条约体系下的国际公共领域研究》，载《当代法学》，2011（4）。

造成权利拥有者的个人利益与知识利用者的公众利益之间的冲突。有学者指出，知识产权成为了一种将循环使用的公共信息变成私有垄断信息的工具。①这种制度化风险，“可能是源于近些年来立法者和政府偏向于对著作权的保护以牺牲公共领域为代价，对受保护领域的强调导致对公共领域的忽视”②。面对风险社会的知识产权法，必须重塑这一制度。公共领域保留，不仅体现了法律对涉及知识产权的各种利益重新认识并加以协调，其实也是法律对专有权扩张的风险进行识别并加以控制。

3. 开放存取运动与知识共享许可协议

解决权利扩张与利益失衡，是风险社会知识产权制度完善的一个难题。美国学者认为，知识的过分产权化如同对自然资源的过多掠夺，会使已有生态系统遭到破坏。因此，要遏制知识不断私有的趋势，通过知识共有以维持知识生态系统的良性运转。③ 为维系知识共有空间，国际社会的一些团体或个人，采取了“亚政治”运动④，其中最有代表性的即是开放存取与知识共享。开放存取（open access）是国际学术界、出版界、图书情报界为了推动科研成果利用互联网自由传播而采取的运动。按照 2001 年“布达佩斯开放存取协议”的说法，“对某文献的‘开放存取’，即意味着它在 Internet 公共领域里可以免费获取，并允许任何用户阅读、下载、复制、传递、打印、搜索超链接该文献，也允许用户将其通览并为之建立索引，用作软件载入数据或其他任何合法用途”⑤。在开放存取运动中，文献作者或著作权人授权用户免费使用的是学术文献，且以教学、研究、学习为目的。该运动在互联网空间搭建了一个“知识共有”的平台，促进了学术文献的交流和传播，是有别于传统著作权制度的知

① 参见［澳］彼得·达沃豪斯、约翰·布雷斯韦特：《信息封建主义》，刘雪涛译，192 页，北京，知识产权出版社，2005。

② 冯晓青：《著作权法中的公共领域理论》，载《湘潭大学学报（哲学社会科学版）》，2006（1）。

③ See Henry C. Mitchell，The Intellectual Commons：Toward an Ecology of Intellectual Property，Maryland Lexington Books，2005，pp. 67 - 173.

④ 在贝克的风险社会理论中，以“社会理性拥护者”为基础的全球“亚政治”，是指“外在于并超越国家—政府政治体制的代表性制度的政治”，是应对风险社会的“知识行动”。参见［德］乌尔里希·贝克：《世界风险社会》，吴英姿译，50 页，南京，南京大学出版社，2004。

⑤ 刘海霞等：《开放存取研究进度述评》，载《图书与情报》，2006（1）。

识利用模式。“知识共享许可”（creative commons license）也是针对现行著作权制度而创制的，是以“反版权”为思想基础的开源软件许可证由软件产业向其他文化产业的延伸。由“知识共享组织”于2001年成立的这种著作权许可方式，其对象包括所有著作权法所保护的作品，著作权人可选择某一许可方式授权他人使用其作品，被许可人必须接受该许可方式所设定的限制条件。可以认为，开放存取运动与知识共享协议，“是对传统的著作权授权许可方式的革新，它为作品的自由、广泛传播以及作品的再创作提供了一个崭新的机制”[①]。

4. 知识创新奖励制度

专利制度的弊端是风险社会知识产权“制度化风险”的典型表现。针对“专利质量降低、专利诉讼爆炸、专利灌木丛、专利竞赛”等制度缺陷，人们也在寻求作为制度补充的风险治理机制。对知识创新的激励与保护，专利法是主要但并非唯一的法律形式，其辅助机制即创新奖励机制有两种类型可作选择：一是与专利制度相衔接的“专利奖赏制度”。在专利奖赏制度下，由国家向专利人支付相当于社会价值的金钱补偿后，其发明专利归国家所有，进入公有领域。[②] 这一制度主要适用于独占权保护有可能产生重大社会影响的技术领域，如事关公共健康的制药领域、专利过于密集以致影响技术创新的特殊领域等。二是与专利制度相并行的“发明奖励制度”。发明奖励制度即是通过对科技成果的社会效益或经济效益进行评价，由国家给予精神和物质上的奖励，其发明成果所有权名义上属于国家，但实际上任何人可以无偿使用。这种非市场机制的奖励制度也是对专利制度的补充。

知识产权的法律之光，当为保护私人知识财产的智慧之光，更是为了维护社会知识进步的理性之光。探讨知识产权制度的修订与完善、补充与替代，是国际知识产权界共同面临的时代问题，这不仅是应对知识产权制度危机的风险控制举措，也是实现知识产权制度价值目标的法律变革路径。

---

① 杨红军：《版权许可制度论》，中南财经政法大学2007年博士学位论文。

② 参见刘友华：《专利制度的未来模式：替代、革新抑或全球化》，载《华南师范大学学报（社会科学版）》，2011 (4)。

第十五章

知识产权制度的政策科学分析

知识产权制度是政府公共政策的重要组成部分，其政策功能在于维护知识权利的正义秩序和实现知识进步的效益目标。近代英国和现代美国是知识产权政策的有效运作者。发展中国家须在国际贸易体制的框架内，基于成本效益的分析，作出知识产权制度的选择安排。中国知识产权法律的百年史，是一个从被动移植到主动决策的政策发展史。在建设创新型国家的总政策目标引导下，知识产权政策必须调整、完善和提高。

一、公共政策体系中的知识产权制度

就国家层面而言，“知识产权制度是一个社会政策的工具”[①]。是否保护知识产权，对哪些知识赋予知识产权，如何保护知识产权，是一个国家根据现实发展状况和未来发展需要所作出的制度选择和安排。知识产权是西方发达国家三百多年来不断发展成长的制度文明，对促进经济发展、推动科技进步、繁荣文化和教育起到了重要作用。知识产权制度已成为一国走向现代化的必然政策选择。

① 刘华：《知识产权制度的理性与绩效分析》，46 页，北京，中国社会科学出版社，2004。

公共政策是政策科学领域里经常使用的术语，它是指“以政府为主的公共机构，在一定时期为实现特定的目标，通过政策成本与政策效果的比较，对社会的公私行为所作出的有选择性的约束和指引，它通常表现为一系列的法令、条例、规定、规划、计划、措施、项目等”①。从这一定义出发，知识产权制度在公共政策体系中也是一项知识产权政策：

第一，知识产权政策的决策主体。美国学者伍得罗·威尔逊认为，“公共政策是由政治家，即具有立法权者制定的，而由行政人员执行的法律和法规”②。知识产权政策，实质上是在国家层面制定、实施和推进的，具言之，即政府以国家的名义，通过制度配置和政策安排对于知识资源的创造、归属、利用以及管理等进行指导和规制。公共政策主体的主要活动包括：一是制定法律、法规，以产权形式对相关知识财产提供保护。关于知识产权制度的设计，在作为一国独立的法律时，立法者仅仅考量本国的经济、科技、文化和教育的发展水平即可；但在知识产权国际保护制度形成之后，内国法往往受制于法律一体化潮流的影响，立法者在制度选择和安排方面必须考虑一体化与本土化之间的协调。二是提供实施条件与手段，建立包括司法裁判、行政管理、社会服务等在内的配套机制。知识产权虽是市场机制的产权形式，但不能没有政府机制的调控。由于知识产品的非物质性特点，司法机关、行政机关、社会服务机构等在知识产权的取得、利用、保护、管理方面应采取“作为”的方式进行干预，才能保证知识产权制度的实施效益。三是以相关公共政策作为支撑，共同服务于“总政策”③ 目标。在公共政策体系中，促进经济增长和社会发展的任务目标，并不是知识产权政策独立承担的，上述目标取向也体现在其他公共政策中。同时，知识产权政策的某些规范，在其他公共政策中也有所体现，知识产权政策的实施也有赖于其他公共政策予以配合。与知识产权政策相关联的公共政策主要有文化教育政策、产业经济政策、科学技术政策、对外贸易政策

① 吴鸣：《公共政策的经济学分析》，4 页，长沙，湖南人民出版社，2004。

② 转引自伍启元：《公共政策》（上册），4 页，台北，“商务印书馆”，1985。

③ 总政策是指在公共政策体系中处于统率地位，对于一个国家的社会运行起着根本性和决定性指导作用的政策。它是一种影响全局的政策，并贯穿于特定历史时期，始终具有较强的总括性和稳定性，参见吴鸣：《公共政策的经济学分析》，5 页，长沙，湖南人民出版社，2004。

等。作为政策决策主体的政府，其任务在于制定和健全政策，统一和协调政策。

第二，知识产权政策的调整功能。政策科学理论认为，实施公共政策都会面临一个“谁是政策的受益者，谁是政策的受损者”的问题。所以公共政策常常需要在各种利益的冲突之间达到某种均衡，以保证公共政策的顺利实施和社会的稳定发展。[①] 知识产权政策事关知识财产利益的分配和调整。作为“利益相关者”，涉及知识产品的创造者、传播者、利用者之间的权利、义务关系；作为“利益分享者”，则要考虑创造者专有权利与社会公共利益之间的平衡。知识产权是知识财产私有的法律形态，因此，在权利、义务关系上，以权利为本位，在规范方法上以授权性规范为主要内容，在立法中心上以保护创造者权利为首要。同时，知识产权也是知识利益分享的法律工具，通过权利限制、权利利用的制度设计来调整权利主体与义务主体之间、个人与社会之间的利益关系，即是“对社会关系的各种客观利益现象进行有目的、有方向的调控，以促进利益的形成和发展”[②]。从上述调整功能出发，知识产权制度即形成“私权神圣”和“利益平衡”两大基本法律观。在知识产权制度中，强调“利益平衡”原则有着特别的意义。利益平衡是指当事人之间、权利主体与义务主体之间、个人与社会之间的利益，应当符合公平的价值理念。利益平衡是民法精神和社会公德的要求，也是“人权思想和公共利益原则的反映”[③]。知识产权制度强调利益平衡，旨在保护创造者利益的同时保证社会公众对知识产品的合理利用。这种利用或是基于表现自由的目的，或是基于公共教育的需求，或是基于公共卫生与社会生活的必要。美国学者将现代著作权法描述为协调各方利益的“平衡法”[④]。这一结论是适用于整个知识产权制度的。

第三，知识产权政策的目标取向。美国学者弗兰克·费希尔认为：“不论

---

① 参见吴鸣：《公共政策的经济学分析》，3页，长沙，湖南人民出版社，2004。

② 孙国华等：《论法律上的利益选择》，载《法律科学》，1995（4）。

③ ［美］奥德丽·查普曼：《将知识产权视为人权：与第15条第1款第3项有关的义务》，载《版权公报》，2001（3）。

④ L. Ray Patterson，Stanley W. Lindberg，The Nature of Copyright：A Law of Users' Right，The University of Georgia Press，1991，p. 2.

公共政策是通过政治辩论还是正式投票来形成，都牵扯到对要实现的目标以及实现这些目标的手段两个方面。”[①] 公共政策的制定和实施总是与一定的政策目标相联系。一般来说，公共政策的总体目标是保持社会稳定，维护社会公正，促进社会发展。但不同的公共政策又有自身的具体目标指向，解决某些具体的公共问题。就知识产权政策而言，正义和效益应是其追求的价值目标，“正义是社会制度的首要价值”[②]，实现正义即是知识产权制度创设的第一目标。在近代立法中，知识产权被称为一种自然法上的权利，它基于创造者的智力活动而自然产生，摆脱封建特许的束缚而法定存在，因而是符合正义的；反之，无视创造者权利的存在，他们的智力投入就无法得到补偿，精神生产领域将陷于无序状态，整个社会也就无正义可言。植根于经济生活之中的知识产权制度，不仅要实现正义目标，还应担负起实现智力资源有效配置、促进社会非物质财富增加的使命。这种效益价值目标，在知识产权领域解说为知识、技术、信息的广泛传播，并通过智力成果的独占使用（创造者权利）、授权使用、法定许可使用（传播者权利）、合理使用（使用者权利）等各项制度而得以实现。推言之，知识产权制度的宗旨在于维护知识权利的正义秩序，实施知识传播的效益目标。

关于知识产权政策存在的合理性，经济学家往往以成本收益理论作为其分析工具。按照新制度经济学的理解，任何制度的产生和选择都是人们对其成本和收益进行比较的结果，换言之，对知识产权进行制度安排，应能带来知识财富增长的净收益。知识产权政策之所以必要，是因为选择其来解决知识产品问题，较之于市场自行解决，所产生的社会成本较低。按照科斯的观点，政府的公共政策只是一种在解决市场问题时社会成本过高的情况下所作出的替代选择。[③] 在知识产品上界定产权，导源于知识产品的公共产品属性。与私人产品不同，公共产品在消费上无对抗性，它可能在一定时空条件下为不同主体所同

---

① ［美］弗兰克·费希尔：《公共政策评估》，吴安明等译，3页，北京，中国人民大学出版社，2003。

② 沈宗灵：《法·正义·利益》，载《中外法学》，1993（5）。

③ 参见［美］罗纳德·科斯：《社会成本问题》，载《财产权利与制度变迁》，上海，上海三联书店，1994。

时使用，如同一辆公共汽车，出资者和未出资者都在乘车。公共汽车公司必须为每个人提供便利，却无法辨别出乘车人是否付费，那些没有为公共产品消费而出资的人，被法经济学称为“搭便车者”[①]。知识的生产是有代价的，而知识的传递费用相对较小，一旦知识产品出售给某个消费者，其他消费者就可能成为该知识产品的“搭便车者”。这种现象即是“无偿地复制他人的作品的情形”[②]。鉴于此种情形，政府有必要对知识产品市场进行干预，即采取特殊的公共政策：一是政府自己提供知识产品；二是政府对私人提供知识产品给予补贴。后者的重要举措就是通过知识产权制度授予知识产品创造者以独占权。

以上对知识产权的政策科学分析，是静态的和内向的，其理论成立须以两个假设条件为基础：第一，知识产权政策有赖于一般社会条件的成就。这就是说，影响知识产品生产、传递、利用的基本条件必须具备，包括知识产权政策赖以存在和有效实施的经济、科技、文化、教育等物质设施和社会环境，以及基于知识产权政策导向而配套形成的相关公共政策体系。如果上述条件得不到满足，知识产权政策就不能达到预期的效果，甚至产生负面的影响。第二，知识产权政策仅仅是基于一国内部状况的考量。知识产权政策在作为一国独自立法时，政府只需考虑本国发展状况而自行作出制度安排即可。但在知识产权国际保护制度形成以后，国内法往往受制于法律一体化潮流的影响，一国制定的知识产权政策就有可能背离或超越“国情”，并不一定为立法者带来预期的收益。必须看到，在不同时期的不同国家，上述两个假设条件是很难全部满足的。因此，世界各国特别是发达国家多从维护本国利益的立场出发，对知识产权保护采取实用主义的态度，不断调整和改善其知识产权政策。

二、各主要国家对知识产权制度的政策选择

知识产权是罗马法以来财产权制度变革与创新的结果，也是西方国家三百

---

① ［美］罗伯特·考特、托马斯·尤伦：《法与经济学》，张军等译，147页，上海，上海三联书店、上海人民出版社，1994。

② ［美］罗伯特·考特、托马斯·尤伦：《法与经济学》，张军等译，152页，上海，上海三联书店、上海人民出版社，1994。

多年来不断发展成长的“制度文明典范”。在近代社会，知识产权制度是欧美国家促进经济发展、推动科技进步、繁荣文化和教育的政策工具；在当代社会，知识产权制度则成为创新型国家维系技术优势、保护贸易利益、提升国际竞争力的战略政策。

近代英国是推行知识产权政策的成功典范。它是传统知识产权制度（主要是专利法和著作权法）的发祥地，也是欧洲工业革命的策源地。这些并非历史的偶然，英国知识产权制度的形成经历了一个由封建特许权向资本主义财产权嬗变的历史过程。封建特许权包括产品专营权和印刷专有权。产品专营权由皇室所授予，成为各种行会垄断生产和流通的特权；印刷专有权仅是一种行政庇护，其受益者主要是出版商。1623 年《垄断法规》宣布废除特许权制度，同时对新技术、新领域的发明与引进作出了类似专利制度的新规定。1709 年《安娜法令》则是一部“旨在授予作者、出版商专有复制权利，以鼓励创作的法规”，其目的在于保护和激励人们对创造作品和兴办出版业进行投资。在 17、18 世纪的英国，重商主义政策为知识产权立法提供了重要的思想基础。《垄断法规》鼓励新技术的发明及其应用，专利的目的不是形成贸易垄断，而是通过暂时的“垄断权”实现技术进步和产业发展；《安娜法令》将印刷专有权改造成资本主义的“产权”，它奉行 copyright 单一财产性的理念，以及包含版权期限、版权效力和价格的控制条款，多是出于商业贸易的考虑。[①] 近代英国知识产权法作为一种产业、商业政策和科技、文化政策的有机组成部分，为 18 世纪 70 年代开始的工业革命奠定了重要的制度基础。对此，美国经济学家、诺贝尔经济学奖获得者诺思作出了如下评述：18 世纪的英国之所以获得持久的经济增长，均是起因于一种适于所有权演进的环境，这种环境促进了从继承权、完全无限制的土地所有制、自由劳动力、保护私有财产、专利法和其他对知识财产所有制的鼓励措施，直到一系列旨在减少产品和资本市场缺陷的制度安排。诺思在对 14 世纪中国与 17、18 世纪英国作出比较分析后，指出工业革命的动向，即那时英国拥有作为产权制度的一种特殊范畴，即知识产权制

---

① See L. Ray Patterson, Stanley W. Lindberg, The Nature of Copyright: A Law of Users' Right, The University of Georgia Press, 1991, p. 2.

度，这种制度保护了发明创造者的利益，刺激了发明创造者的热情，从而使得发明得到大量涌现并带来浪潮般的技术革新，从而启动了工业革命并创造了现代经济增长的奇迹。[①] 近代英国发展的事例告诉我们：在不出现外来压力的干扰下，一国根据自身现实状况和发展需要来保护知识产权是最为适宜的，这是一国走向现代文明的明智的政策选择。

现代美国是知识产权政策的有效运作者。美国建国虽然只有两百多年的历史，却是世界上最早建立知识产权制度的国家之一。美国独立后即在 1787 年宪法中规定了版权和专利权条款："国家有权指定法律，对作者或发明人就其个人作品或发明的专有权利，赋予一定期限的保护，以促进科学和艺术的发展。"上述宪法条款被美国学者称为知识产权制度的"3P"政策：（1）促进知识传播的政策（the promotion of learning）；（2）公共领域保留政策（the preservation of public domain）；（3）保护创造者的政策（the protection of author）。[②] 根据宪法规定，美国政府于 1790 年颁布了专利法和版权法。但是，美国早期的知识产权政策，深刻地贯彻了实用主义的商业激励机制：对内，保护私人知识财产，以暂时的垄断授权换取科技与文化的发展；对外，以知识产权为政策工具维护国家利益，采取了明显的本国保护主义的做法。例如，不保护外国人作品，放任涉外盗版行为；对外国人申请专利收取高额费用，以保护本国技术；长期拒不参加由欧洲国家发起制定的《伯尔尼公约》，积极推动自己主导的美洲版权联盟。两次世界大战以后，随着美国世界强国地位的形成，美国完成了从低水平保护向高水平保护的转变，并力图将知识产权保护的美国标准推广为各国普遍通行的国际标准。特别是 20 世纪 80 年代以来，美国的知识产权政策作了如下重大调整：一是在国内建立了促进知识经济发展、科学技术创新的政策体系。美国在其政策体系中，重视知识产权的规制与导向作用。例如，多次修订完善其专利法，加强对技术产权的保护。除此之外，为激励技术创新，还颁布了《发明人保护法》《技术创新法》；为鼓励成果应用，则制定

---

① 参见［美］道格拉斯·诺思、罗伯斯·托马斯：《西方世界的兴起》，厉以平、蔡磊译，23 页，北京，华夏出版社，1999。

② See L. Ray Patterson，Stanley W. Lindberg，The Nature of Copyright：A Law of Users' Right，1991，pp. 49－55.

了《政府资助研发成果商品化法》《技术转让商品化法》等，由此构成了一个涵盖知识产权创造、应用和保护的完整法律制度。同时，美国强调知识产权制度与产业政策、科技政策、文化政策的有机整合。例如，通过政策联动，推动产业结构调整和传统产业改造，扶持“半导体芯片、计算机、通信、生物制药”等“朝阳产业”，发展“软件、唱片、电影”等文化产业。正是由于政府政策的有效实施，使美国得以形成专利大国与品牌大国的知识产权优势，从而巩固了美国作为经济、科技强国的世界领先地位。二是在国际上实施知识产权保护与对外贸易直接挂钩的政策举措。出于在全球贸易中维护本国利益的需要，美国积极将自己的智力资源优势转化为知识产权优势，并将知识产权优势转化为国际市场竞争优势，其使用的政策手段就是将知识产权保护与国际贸易体制紧密地结合起来。在 20 世纪 90 年代中期以前，美国主要是凭借国内的《综合贸易法》中“特别 301 条款”和《关税法》的“337 条款”，把给予贸易对手的最惠国待遇与要求对方保护美国的知识产权直接挂钩，对所有不保护、不完全保护、不充分保护知识产权的国家进行经济威胁和贸易制裁；在 1994 年《知识产权协定》生效以后，美国更多的是依赖缔约方的国家强制力和世界贸易组织的国际强制力，将缔约方所承诺的高水平的知识产权国际保护与享有无差别的最惠国待遇紧密联系起来。在这一进程中，美国推动许多国家以版权形式保护计算机软件，要求发展中国家对药品发明授予专利，并在国际上倡导半导体芯片的专门保护等，美国的这些主张后来都反映在国际贸易体制的规则之中。值得指出的是，进入后《知识产权协定》时代以来，美国还先后与欧盟、日本、澳大利亚等国进行谈判，以双边自由贸易协议的形式，谋求比《知识产权协定》更高水平的保护。2004 年美国政府报告明确地阐明了该国的基本政策立场：“从美国立国基础来看，保护知识产权始终是一项创新的支柱。”“一个健康正确的强制性的国内和国际知识产权结构必须被维持。”[①] 总的说来，在知识产权领域，美国坚定奉行其国内既定政策并不断将其推广为国际规

---

① Innovate America：Thriving in a World of Challenge and Change，National Innovation Initiative Interim Report，Council on Competitiveness，2004，p. 7. 转引自《世界高等教育：改革与发展趋势》，第 3 辑，北京，国家教育行政学院印，2006。

则。可以说，美国是对现代知识产权保护制度影响最大的国家。

进入 21 世纪以来，发达国家在其知识产权政策中竞相确定了符合本国实际和服务国家利益的战略目标。如前所述，美国作为世界上的“科技领先型国家”，建立了体系完善的知识产权制度，且不断提高知识产权保护水平，扩大知识产权保护范围，并在知识产权国际事务中强制推行其美国价值标准。在“技术赶超型国家”中，日本制定了“知识产权战略大纲”，出台了《知识产权基本法》，“推进实施创造、保护、利用知识产权的政策措施，振兴科学技术，强化国际竞争力”①。澳大利亚推出了旨在推进本国知识产权战略的“创新行动计划”，并在“澳美自由贸易协议”的基础上，于 2005 年进行了新一轮知识产权法的修订。在“引进创新型国家”中，韩国确立了 2015 年成为亚洲地区科研中心、2025 年成为科技领先国家的发展目标，通过修纲变法，保护本国的优势产业和高技术产业，逐渐重视本国知识产权的涉外保护，其立法接近美、欧、日的基本政策立场。可以说，知识产权制度已经成为发达国家维护其技术优势、提高国际竞争力的战略政策。

相形之下，发展中国家则处于相对被动的地位。政策科学理论认为，公共政策是有一定限度的，如果某一公共政策所产生的社会成本较高，就可能难以达到预期的目的，甚至可能带来不利的后果。对于发展中国家而言，根据自己的经济、科技发展阶段选择适宜的知识产权政策，对自己是最为有利的。公共政策的经济分析表明，“对财产权的法律保护有创造有效使用资源的诱因”②，知识产权的适度保护可以为发展中国家带来知识财富增长的收益。不过，这一自行选择因为国际环境的变化已经变得不可能。发展中国家面临的现实问题是：各国知识产权立法已经进入一个统一标准的新阶段。在国际化、一体化潮流的指引下，各国立法必须遵循国际公约的“最低保护标准”，这种“最低保护标准”的实际意义，在于知识产权保护原则及基本规范的一致性，它与知识产权保护水平并无绝对的关联性。但是，与知识产权国际保护制度的草创阶段

---

① 日本政府第三期科学技术基本计划（2006—2010 年）第三章。转引自《世界高等教育：改革与发展趋势》，第 3 辑，北京，国家教育行政学院印，2006。

② ［美］罗伯特·考特、托马斯·尤伦：《法和经济学》，张军等译，191 页，上海，上海三联书店、上海人民出版社，1994。

不同，现今国际公约的"最低保护标准"即一致性标准，实质上体现了权利范围的高度扩张和权利保护的高水平。概言之，它更多地顾及和参照了发达国家的要求和做法，在很多方面超越了发展中国家的经济、科技和社会发展的阶段。知识产权保护是国际贸易体制的基本规则，对此，发展中国家别无选择。当然，发展中国家在适用国际通行的高水平知识产权制度时，须尽力降低社会成本，争取利益最大化。笔者认为，在成本收益方面有两个问题值得考虑：一是参加经济全球化的收益应能支付或者高于进入知识产权一体化的成本。在知识产权国际保护方面，发展中国家既担心高水平保护会造成沉重的财产和行政负担，但又不得不面对新国际贸易体制带来的压力。发展中国家之所以参加世界贸易组织，最终接受包括知识产权保护在内的国际贸易新规则，有着自己的利益考量：加强知识产权保护是必须支付的成本，但发展中国家由此获得无差别的最惠国待遇，取得发达国家在"乌拉圭回合谈判"中承诺的某些优惠政策（如关税减免的宽限期、知识产权的"强制许可"等），并在未来国际贸易和知识产权国际保护的论坛上取得一些话语权，这些是发展中国家在合作博弈中的重大收益。二是知识产权政策实施所带来的未来发展收益将高于现实所支付的必要成本。加强知识产权保护，对于发展中国家特别是新兴的工业化国家来说，不仅是来自国际社会的压力，也是出于经济发展和科技进步的内在要求。有效实施知识产权政策，建立相关公共政策体系予以配合，提供实施知识产权创造、管理、保护、运用的物质条件和社会环境，将有助于实现知识财富增长和社会经济发展的最终"目标取向"。对此，英国知识产权委员会认为："从长远的观点来看，在发展中国家，如果能使文化产业成果的其他条件得到满足，更强的私权保护将有助于激励当地的文化产业。"[①] 这说明，传统的发展中国家要走上新兴的工业化发展道路，必须通过完善知识产权制度为本国经济、社会发展提供持久动力，在国际竞争中争取主动。这是以必要的现实成本来换取未来的重大收益。

发展中国家如何在世界贸易组织的框架内选择适合自己需要的知识产权保

---

① 英国知识产权委员会：《知识产权与发展政策的整合》（2000 年），国家知识产权局条法司编译，109 页。

护体制，是一件十分困难的事情。2005年联合国报告认为："保护知识产权是技术创新的一个重要方面，但过于保护性的体制也会对创新起到负面作用。"①为此，联合国千年项目的专家，基于不同国家的发展水平，提出了一个知识产权调整的三级体制：A级——这些国家要遵守《知识产权协定》的所有规定，包括法律框架和"有效的执行"条款，人均GDP超过5 000美元的发达国家应属于此类；B级——适用于人均GDP在1 000美元至5 000美元的国家，这些国家要在《知识产权协定》下，采取所要求的整个法律框架，可能需要少量的强制执行；C级——人均GDP在1 000美元以下的国家，应该在《知识产权协定》下建立需要的法律框架。② 专家意见表明，在遵守国际公约最低保护标准的基础上，发展中国家可以根据自己不同的发展阶段，选择不同保护水平的知识产权制度。③ 来自世界银行学院的报告，有着类似的建议："在大多数低收入国家里，其科技管理组织机构都很疲软，根据《知识产权协定》的规定条件，知识产权保护并不是引起增长的一个重要的决定因素。相反，快速增长与软弱的知识产权保护有着更大的联系。在科技水平先进的发展中国家里，有些证据表明，知识产权在特定的发展阶段上显得很重要，但是，那个阶段要一直持续到某一国家完全加入到上层中等收入发展中国家的行列。"④

上述分析告诉我们，高水平的知识产权保护并不利于那些发展水平较低的国家，因为在这种制度框架下，他们难以获得发展所需要的科学技术。反之，进入到工业化阶段的发展中国家，加强知识产权保护，对于激励科技创新、促

---

① UN：Innovation：Applying Knowledge in Development. 转引自《世界高等教育：改革与发展趋势》，第3辑，北京，国家教育行政学院印，2006。

② See UN：Innovation：Applying Knowledge in Development. 转引自《世界高等教育：改革与发展趋势》，第3辑，北京，国家教育行政学院印，2006。

③ 在遵循国际公约最低保护标准的基础上，发展中国家进行知识产权制度选择，应做到"阶段论"与"范围论"的结合。"阶段论"是指知识产权的保护水平和一个国家的经济和社会发展的水平相适应，而不能落后于或者超出某一历史阶段的科技和经济发展所决定的知识产权的保护水平；"范围论"是指知识产权的保护范围要和一个国家的经济和社会发展的水平相适应，不能不适当地缩小知识产权保护范围，也不能不适当地扩大知识产权保护范围。具体内容参见吴汉东：《后TRIPs时代知识产权的制度变革与中国的应对方略》，载《法商研究》，2005（5）。

④ World Bank Institute，Jean Eric Auburt：Promoting Innovation in Developing Countries：A Conceptual Framework. 转引自《世界高等教育：改革与发展趋势》，第3辑，北京，国家教育行政学院印，2006。

进文化繁荣、实现经济健康发展的最终目标是至关重要的。总之，知识产权作为一种政策工具，并非是发达国家的专用品，发展中国家欲善谋工业化、现代化之事，当善用知识产权政策之器。

三、近现代中国关于知识产权制度的政策安排

知识产权制度是近代商品经济和科学技术发展的产物，西方发达国家早在17、18世纪就开始了本国的知识产权立法进程，比中国早两三百年，即使印度、巴西这样的发展中大国，它们建立知识产权制度也比中国早一百年。中国知识产权制度的历史，是一个从“逼我所用”到“为我所用”的制度变迁史，也是一个从被动移植到主动安排的政策发展史。

笔者认为，这一“百年史”可以分为四个阶段：

1. 被动性接受。一般认为，中国知识产权保护制度始于清朝末年。它虽是清政府实行新政，向西方学习的产物，但更多的是帝国主义列强施加压力的结果。1898年，清帝在变法改革运动中颁布了我国历史上第一部专利法规《振兴工艺给奖章程》，但不久之后由于“戊戌变法”的失败而夭折。此后，清政府根据1902年《中英续议通商行船条约》、1903年《中美通商行船续订条约》的知识产权条款，在外国人的帮助下制定了《商标注册试办章程》（1904年）、《大清著作权律》（1910年）。这些法律自清末适用至民国初年。以后的北洋政府、国民党政府直接取材于外国法，先后制定了著作权法、专利法和商标法等。在国际范围内，被动移植并非是旧中国特有的现象，诸多发展中国家以往都有此类经历。例如，以印度为代表的前英国殖民地在英国统治时直接适用英国版权法，以后的印度1914年版权法即是以英国1911年版权法为蓝本的。对于发展中国家而言，建立知识产权制度的时间往往较晚，其实施的物质基础及社会环境等条件并不具备，在很大程度上受到外来压力的影响。在这种情况下，相关法律很难体现出促进社会发展的总体目标，其政策效应一般很难发挥。

2. 选择性安排。新中国成立后，政府曾颁布过一些行政规章来保护知识产权，但30年来并没有严格意义上的法律制度。中国实行改革开放政策以后，

从 20 世纪 70 年代末至 90 年代初，加强了知识产权立法工作，先后制定了《商标法》(1982 年)、《专利法》(1984 年) 和《著作权法》(1990 年)，初步建立了知识产权法律制度体系。这一时期的知识产权立法，是一种有选择性的制度安排。笔者认为原因在于：一是立法工作艰巨，准备时间不长，主要知识产权法律虽已制定，但其他知识产权制度未及考虑；二是基于本国经济、科技发展现状的考虑，知识产权保护水平不是太高，如专利权的范围有所限制、计算机软件的保护也未采取国际通行的标准；三是由于国际文化交流的不对等，加之《著作权法》刚刚实施，因而未能参加国际版权合作。这种根据本国的不同发展阶段、不同发展状况作出的选择性制度安排对于中国是有益的，在国际上也是有先例可以援引的。例如，美国自 1790 年制定版权法后，基于其文化、教育落后于欧洲国家的现实考量，对外国作品长期不予保护，且游离于 1886 年伯尔尼联盟长达 102 年之久，直到 1988 年才宣布加入《伯尔尼公约》；日本在明治维新后于 1885 年公布了《专利法》，但基本实施的也是低水平的专利政策，其在长达 50 年的时间里排除药品及化学物质专利，并为本国企业吸收外国技术提供制度便利。这说明，任何一个国家，在其知识产权制度发展史上，都有一个从“选择保护”到“全部保护”、从“弱保护”到“强保护”的过渡期。在国家经济社会发展水平不高的情况下，这种低水平的知识保护的过渡期是非常必要的。

3. 调整性适用。自 20 世纪 90 年代初至 21 世纪初期，中国知识产权的制度进入到一个发展与完善的重要阶段。中国在“入世”前，全面修订了《著作权法》(2001 年)、《专利法》(1992 年、2000 年)、《商标法》(1993 年、2001 年)，颁布了《植物新品种保护条例》(1997 年)、《集成电路布图设计保护条例》(2001 年) 等，使知识产权保护标准和水平达到了《知识产权协定》的要求。总之，中国仅仅用了十多年的时间，就实现了从低水平保护向高水平保护的转变，完成了本土化向国际化的过渡。其中的动因除了有中国对履行国际条约义务的承诺外，也有中国寻求自身发展的需要。在国际层面，1992 年的《中美关于保护知识产权的谅解备忘录》、1995 年的《中美保护知识产权协议》，客观上加快了我国知识产权制度国际化的进程。特别是 1994 年形成的世界贸易组织《知识产权协定》，对中国知识产权立法产生了直接的影响：在

“知识产权国际化”的背景下，中国不可能通过不保护外国人的知识产权来发展本国的经济、科技与文化；同时，在“国际贸易知识化”的体制中，中国也不可能孤立于世界之外，从而摆脱由发达国家主导的知识产权国际保护的格局。在国内层面，中国作为一个新兴的工业化国家，加强知识产权保护是其推动经济发展和科技进步的内在要求。在制度安排方面，由被动到主动是经济增长型国家的必然选择，它往往有助于政策总目标的实现。这一时期的几次法律修订，基本实现了制度创新的现代化过程。2001年《著作权法》的修订，增加了实用美术作品、杂技美术作品等客体，加强了对计算机程序的保护，补充了出租权、信息网络传播权等权利内容；1992年和2000年《专利法》的修改，将药品、化学物质等纳入专利客体范围，延长了专利权保护期限，增加进口权、许诺销售权等新权利，同时对强制许可进行严格的限制；1993年和2001年《商标法》的修改，将商标权的保护范围由商品商标扩大到服务商标，增列注册商标的构成要素和商标注册人的适用范围，加强对驰名商标的保护；此外，于1997年、2001年分别制定了《植物新品种保护条例》和《集成电路布图设计保护条例》。可以说，中国知识产权立法关注现代科学技术的发展，努力通过法律制度的现代化去推动科学技术的现代化。

4. 主动性决策。为了进一步加大知识产权的保护力度，推动知识产权制度建设，中国于2004年、2005年分别成立了“国家保护知识产权工作组”和“国家知识产权战略制定工作领导小组”。以此为契机，中国知识产权制度建设迈入了战略主动的新阶段。2006年1月，胡锦涛总书记在全国科学技术大会上提出了建设创新型国家的战略目标。同年5月，胡锦涛总书记在中央政治局集体学习时强调：“加强知识产权制度建设，提高知识产权创造、运用、保护与管理能力，是增强自主创新能力、建设新型国家的迫切需要。”这一论断表明，中国已经站在战略全局的高度，重新审视知识产权制度的功用和地位。基于当今国际科技、经济的发展趋势和创新型国家的发展经验，中国将通过制定和实施国家知识产权战略，有效利用知识产权制度，以此作为缩小与发达国家的差距，实现跨越式发展的政策抉择。

关于知识产权制度的政策调整，是由建设创新型国家的总政策目标决定的。所谓创新型国家就是把提高自主创新能力作为基本战略，大幅度提高知识创新能力，以此形成竞争优势的国家。目前，世界上公认的创新型国家有二十个左右，包括美国、日本、芬兰、韩国等。这些国家的共同特征是：创新综合指数明显高于其他国家，科技进步对经济发展的贡献率在70%以上，研发投入占国内生产总值的比例一般在2%以上，对外技术依存度一般在30%以下。[①]中国要建设成为创新型国家，实现长期持续发展的目标，有一个发展模式的选择问题。在过去相当长的历史时期里，我们以劳动密集型产业参与国际分工，这对于促进经济增长和扩大就业发挥了重要作用，但是随着劳动力以及环境资源成本的逐步提高，长期处于低端产品环节的深层次矛盾日益尖锐。例如，我国人均自然资源相对稀缺，耕地资源只有世界人均水平的1/3，淡水资源只有1/4，石油资源只有17%，天然气资源只有13%，相对充裕的煤炭资源也只占到世界人均水平的42%。[②] 这说明，中国绝不可能走资源耗费型的发展道路。此外，在当今“发达国家出技术、出知识，发展中国家出人力、出资源”的国际经济格局中，西方发达国家无论是基于维系技术优势的利益考量，还是出于意识形态的政治偏见，都不愿将真正的核心技术转让给中国。上述情况说明，中国也不可能走技术依赖型的发展道路。面对这种国际发展大趋势和自身基本国情，中国只能走技术进步和知识创新的发展道路。技术创新、文化创新或者说知识创新必须以制度创新为支撑。我们看到，那些自主创新能力较强的国家和跨国公司，都拥有属于自己的核心技术，并且重视运用知识产权推动技术的研究、开发和更新，以提升国家的核心竞争力，增强企业市场竞争力。例如，美国的创新能力居于世界前列，在计算机技术、网络技术、生物技术等领域具有明显的优势。凭借知识产权制度的有力保障，美国的电子产业、软件产业、生物工程产业和网络产业等“朝阳产业”迅速崛起和扩张。同时，世界上技术创新能力强的跨国公司，总是拥有以自主知识产权为存在方式的代表性技术，例如，索尼公司的微型化电子技术、飞利浦公司的光学介质技术、英特尔公司的芯片制造技术等。中国与发达国家的差距，主要在于技术能力、创新能力的差距，说到底也就是自主知识产权数量规模特别是质量水平的差距。中国是世

---

① 有关数据参见钱俊生主编：《自主创新与建设创新型国家》，北京，中央党史出版社，2006。

② 参见梅永红：《自主创新与国家利益》，载《求是》，2006（10）。

界第一人口大国，但是丰富的劳动力资源尚未转化为智力资源；中国是世界制造业大国，有两百余类商品的产量位居世界第一，但其产业优势并不明显。与发达国家相比，我国产业的比较优势在于廉价的劳动力，最大的差距在于缺乏科技实力、创新能力，体现为缺乏核心技术专利、版权精品和知名品牌。目前，我国的产业结构调整、经济增长方式转变、技术升级和企业改造已经进入关键阶段。在此情况下，以知识产权制度作为实现创新型国家建设目标的战略支撑，完成从“中国仿造”到“中国制造”再到“中国创造”的转变，对于中国未来的发展具有重要的战略意义。

第十六章 知识产权制度的发展理论分析

在发展理论中，经济增长、知识创新与法治建设应是一个相互作用、相互促进的协调机制。经济增长对社会变革起着决定性的作用，带来了社会物质财富的快速增长，也引起了社会生活方式的巨大变化。在知识创新、经济增长、法治建设的协调体制中，经济处于中轴的地位，知识与法律为之进行曲线偏向摆动。其中，知识创新是经济增长的动力机制，法治建设则是经济增长的保障机制。知识产权法作为财产非物质化革命的法律文明，表现了制度创新的本质属性；同时知识产权法是为创造性成果的激励和调节机制，宣示了知识创新的价值目标。

一、创新发展视野中的知识产权制度

现代经济发展的实质在于创新。熊彼特的发展理论认为，经济发展的基本观念是创新，因而将创新作为“经济发展理论的核心”①。知识产品的商品化、产业化及由此形成的知识经济市场，是知识产权制度建立和运作的原动力。这是因为，知识生产活动立足于科技、文化、经济一体化的目标，是一种新知识

---

① ［美］约瑟夫·熊彼特：《经济发展理论》，叶华译，363页，北京，中国政法大学出版社，1999。

的创造和利用的市场化活动，它离不开相应制度的法律规范和约束。概言之，基于知识经济发展的内生动力，必然会产生知识产权的制度需求。制度创新是知识产权法律得以生存和发展的本质属性所在，而知识创新亦成为知识产权法律的立法宗旨和价值目标。在人类社会的创新活动中，知识产权表现了其制度创新本质和知识创新功能。

知识产权具有制度创新的内在品性。知识产权法是知识（科技、文化）、经济和法律相结合的产物，其产生、变革和发展的历史即是知识创新与法律制度创新相互作用、相互促进的历史。在新制度学派那里，“技术进步和制度演变都看成是一种创新过程”①。美籍奥地利经济学家熊彼特最早提出“创新”的理念。20世纪初，熊彼特在《经济发展理论》一书中首先提出了“创新理论”。在他看来，“创新”是在生产体系中引入生产要素和生产条件的新组合，包括：引进新产品；引用新技术；开辟新市场；控制原材料新供应来源；实现新企业组织。② 20世纪50年代以来，诺思、科斯等学者在熊彼特创新理论的基础上，分析了制度创新的需求与供给，研究了知识创新与制度创新的关系、国家的制度创新职能以及制度创新在经济发展中的作用，从而构建了系统的制度创新学说。在制度经济学看来，制度创新一般是指制度主体通过新的制度构建以获得追加利益的活动，是关于产业制度、产权制度、企业制度、经济管理制度、市场运行制度等各种规则、规范的革新。知识产权的制度创新，意味着传统财产权规范的变革和新的财产权模式的出现，质言之，知识产权本身即是罗马法以来财产权领域的一场非物质化革命。

知识产权具有知识创新的基本功能。知识产权是精神生产、智力创新、知识经济发展下的制度安排。舒尔茨在述及制度所具有的经济服务功能时说到，人的经济价值的提高产生对制度的新的需求，一些政治和法律就是用来满足这些需求的。③ 知识产权法的制度功能是，为创新活动进行产权界定并提供激励

---

① 汪丁丁：《制度创新的一般理论》，载《经济研究》，1992（5）。

② 参见［美］约瑟夫·熊彼特：《经济发展理论》，何畏、易家祥等译，73页，北京，商务印书馆，1990。

③ 参见［美］舒尔茨：《制度与人的经济价值的不断提高》，载［美］R.科斯等：《财产权利与制度变迁》，刘守英等译，上海，上海三联书店，1999。

机制，为创意产业进行资源配置并提供交易机制，为创造性成果进行产权保护并提供市场规范机制。

知识产权法以基于创新所产生的社会关系为主要调整对象，体现了尊重创新、保护智力成果、规制知识经济市场秩序的主旨。创新发展目标的实现，在法律规范设计中主要表现在以下三个方面：一是知识产权保护与私人创新激励机制。知识产权法是一种对知识产品有效的产权制度选择，这一制度通过授予发明创造者以私人产权，为权利人提供了最经济、有效和持久的创新激励动力，保证了创新活动在新的高度上不断向前发展，从而促进了创新成果所蕴藏的先进生产力的快速增长。知识产权法不仅是激励机制，也是约束机制。规范市场主体行为、打击侵权行为，既是对产权所有人的利益保护，也是对市场竞争秩序的规范管制。在法律实施效益不高的情况下，侵权行为的滋生与蔓延会影响创造者生产、开发知识产品的积极性，从而导致整个社会福利水平的下降。对此，制度经济学的观点是调节有关产权交易及保护的成本、收益的关系，促使理性的经济人放弃侵权以及其他违法行为。① 二是知识产权限制与社会创新发展机制。知识产权的限制，是对权利人的专有权利行使的限制，其功能在于通过对产权的适度限制，平衡权利人与社会公众之间的利益，确保社会公众接触和利用知识产品的机会。现代产权制度不能仅将其支撑点构筑于精神产品保护的静态归属之上，而要在确认创造者占有与支配知识财产的同时，促进精神财富的动态利用。知识产权法的制度安排，在界定私人产权的同时，还规定了“知识产品公开”“在先权利保护”“合理使用”等规则，既促进与保护权利人的个人创新行为，也顾及社会创新发展的连续性和创新成本的合理性。此外，知识产权法还通过“保护期限制”“权利穷竭制度”等规范，使得私人独占的知识产权适时地进入公有领域，以满足人们从事新的创造活动的需求。三是知识产权利用与创新成果交易机制。知识产权利用是连接知识产品创造者、传播者和使用者之间的法律纽带，旨在规制不同主体的产权交易行为，促进知识产品的动态利用和精神财富的流动增值，其主要制度就是授权使用、法定许可使用和合理使用。依照经济学的供给与需求理论，精神生产或者说知识

① 参见吕忠梅等：《经济法的法学与经济学分析》，369 页，北京，中国检察出版社，1998。

形态资源开发的目的是交换，只有经过交换，个人才能获得各类物品的最佳组合，达到效用或利益的最大化。

创新是知识产权法的价值灵魂。制度创新本质与知识创新功能在知识产权法中具有内在的契合性。在知识产权法的制度创新活动中，作为立法者的国家，是制度产品的最大供给者，“他从事的是社会制度的创新，而不是单纯的商业创新；他谋求的是社会经济的整体增长，而不是个别企业的超额利润”[①]。其制度创新的职能主要是：制定知识财产的法律法规，对知识创新成果的取得、运用和交易进行有效的产权制度安排；提供知识资源的法治环境，建立包括司法裁判、行政管理、社会服务等在内的运行体系和机构；服务经济增长和社会发展的总目标，建立以知识创新为导向的政策制度体系，促进知识产品的商业化、市场化和产业化。在知识产权法的知识创新功能中，主要通过法律规定创新发展目标以及实现目标的规范路径，以实现保护私权、激励创新的主旨。例如，专利权制度保护的是新技术发明的第一次商业应用并获得经济效率，即保护的是“技术商品化”的创新成果；著作权制度保护各类作品的第一次出版并获得相关收益，可以视为保护的是“作品商品化”的创新结果；商标权制度保护的是以商业标志为载体、以商品声誉为内容的财产利益。商标标志本身可能不具有创新性，但其实际上保护的是这种标志作为商标的第一次运用以及第一个获得商标权的主体利益，以及由此涉及的由于消费者对这种“第一次”的认同而获得的利益。[②] 我们还要看到，知识产权法在界定私人产权的同时，创建了“知识产品公开”“在先权利保护”等制度，既促进与保护权利人的个人创新行为，又同时考虑到社会创新发展的连续性和创新成本的合理性。此外，知识产权法还通过“保护期限制”“权利穷竭制度”等规范，对权利人的专有权利予以必要的限制，使得私人独占的知识产品适时地进入公有领域，以激励人们不断进行新的创造活动。总的来说，知识产权与知识创新相联系而存在。知识产权法源于创新而生，是为财产权制度革新的产物；基于创新而变，当以激励知识创新为价值目标。可以认为，坚持制度创新与知识创新，这

---

① 黄新华：《制度创新的经济学理论》，载《理论学刊》，2004（1）。

② 参见吴汉东：《知识产权法价值的中国语境解读》，载《中国法学》，2013（4）。

是知识产权法的历史过程和时代使命。

二、现代国家对知识产权发展模式的战略选择

在发展理论中，知识产权被认为是促进经济发展的制度工具。基于各国的经济发展理念，国际社会对知识产权制度功能有着不同的解读：一种是“以自由看待发展”，此类经济发展观认为，知识产权对经济发展的贡献应表现在增强一国的基础性实力，以提高国民生活质量为目标。[①] 另一种是“以增长看待发展”，此类的经济发展观认为，知识产权政策对经济发展的贡献应表现在增进贸易自由、增加国际投资和通过技术转让提高发明效率。[②] 从两类经济发展的侧重点来看，前者强调人的全面发展，认为经济发展是人类发展所需要的前提之一，经济发展只有与其他发展目标相配合才能发挥其所应有的作用；与此不同，后者强调的是狭义的经济发展，即把经济效率与经济收益视为经济发展的主要目标，经济发展目标本身与其他社会目标基本无涉。

尽管不同的经济发展理论对知识产权制度功能有着不同的思想认知，但在现代各国的发展实践中，知识产权无一不是知识经济发展的制度工具，即通过知识产权制度来提升知识创新能力，形成核心竞争力，实现社会经济跨越式发展。对此，世界知识产权组织总干事 Kamil Idris 认为，知识产权是经济发展的强有力的武器。[③] 进入后 TRIPs 时代，美国、欧盟、日本和韩国等发达国家（地区）或是创新型国家竞相确立知识产权战略目标，通过知识产权制度推行和政策运用，维护本国的技术优势、贸易利益与核心竞争力。具体表现在以下三个方面：第一，综合国力体现——知识产权优势就是国家实力优势。一国综合实力包括经济、科技、军事等硬实力和文化软实力，这些在法律层面上表现为自

---

① See Martha C. Nussbaum, *Capabilities and Human Right*, 66 Fordham L Rev. 273 (1997), p. 286.

② See Daniel J. Gervais, *Intellectual Property, Trade & Development: The State of Play*, 74 Fordham L Rev. 505 (2005), pp. 528 - 534.

③ See Kamil Idris: *Intellectual Property: A Power Tool for Economic Grouth*, http://www.wipo. Int/about-wipo/en/dgo/wipo_pub_888/index_wipo_pub_888.htm l, visited on Sep. 14, 2008.

主知识产权的数量、规模和质量水平。知识产权拥有状况已成为衡量一国实力强弱的重要指标。第二，发展战略选择——知识产权战略就是强国实现战略。在近代社会，知识产权制度是欧美国家推进经济发展、推动科技进步的政策工具；在当代社会，知识产权制度成为创新型国家维护技术优势，实现转型发展的战略决策。以知识产权制度创新和政策创新来推动知识创新，以知识产权战略作为强国富强战略，是发达国家和新兴工业化国家普遍采用的发展战略。第三，国际竞争工具——知识产权竞争就是世界未来竞争。在国际贸易中，知识产权已经成为遏制竞争对手的重要工具。我们看到，知识产权既是一种保护私人知识财产利益的产权制度，同时也是国际经贸领域通行的法律准则。国际知识产权制度近 200 年来的发展史，即是发展在先的国家运用知识产权限制、控制发展在后的国家的变迁史。可以认为，知识产权保护是国际经贸领域东西方国家竞争的焦点问题，自主知识产权是维系国家核心竞争力的战略武器。

纵观经济全球化的国际背景和知识革命的时代背景，我们可以看到，知识产权不仅是一种法律制度，也是一种发展方略。发达国家之间在推进国际知识产权立法与执法水平问题上的战略合谋，发达国家与发展中国家之间在知识产权保护问题上的利益冲突，以及发展中国家自身在寻求符合本国经济发展路径问题上的知识产权制度选择，已彰显出一国知识产权战略在解决国际与国内问题上的双重意义。

在国际层面，知识产权保护已然成为国际贸易领域的基本制度构成。我国知识产权战略的实施，必须为应对当今知识产权国际保护制度的变革提供政策保障。知识经济的出现与发展，导致社会分配方式和社会控制权的变迁。美国学者拉兹洛指出："在 20 世纪末和 21 世纪初，规定世界上权力与财富性质的游戏规则已经改变。权力不再以诸如某个组织的权威之类的传统标准为基础，财富的含义正在从诸如黄金、货币和土地之类有形的东西转移开去。一个比黄金、货币和土地更灵活的无形的财富和权力基础正在形成。这个新基础以思想、技术和通讯占优势为标志，一句话，以信息为标志。"① 知识经济的出现与发展，是以知识产权为制度基础和政策支撑的，其特征之一表现为知识产权国际贸易的重要性以及知识产权侵权问题的普遍性。从国际贸易的角度来看，

① ［美］E. 拉兹洛：《决定命运的选择》，李吟波等译，6 页，北京，三联书店，1997。

以知识产权为支撑的高新技术产业和文化产业已经成为发达国家的经济支柱，保护知识产权就是维持发达国家及其产业的重大经济利益；但从侵权问题出发，高成本生产的知识产品一旦进入知识产权保护水平不高的国家，就会面临低成本的盗版与仿造。这种高成本生产和低成本复制之间冲突的加深，使得知识产权保护的一体化推进成为发达国家关注的最重要的国际问题。因此，在发达国家的竞争战略中，知识产权保护往往是其中的关键组成部分。发达国家不断通过多边、双边甚至单边途径，提高国际知识产权的保护标准与执法水平，最终目的乃为本国的优势产业塑造商业环境，取得竞争优势。

在国内层面，知识产权保护是为本国创新发展战略的重要制度支撑。世界各国对知识产权制度的选择和考量，表现了某种超越私权属性的国家利益本位与公共政策立场。纵观近现代世界经济与社会的发展，人们不难发现这样一个事实：凡是知识进步与经济繁荣的国家，无一不是知识产权制度健全与完善的国家。在近代社会，知识产权制度是欧美国家促进经济增长，推动科技进步的政策工具；在当代社会，知识产权制度成为创新型国家维护技术优势，实现创新发展的战略武器。近代英国是知识产权制度的最早制定者。它是专利法与著作权法的发源地，也是欧洲工业革命的策源地。近代英国知识产权法作为一种产业、商业政策和科技、文化政策的有机组成部分，为18世纪60年代开始的工业革命奠定了重要的制度基础。现代美国是知识产权制度的有效运作者。20世纪被称为“美国世纪”。美国成为世界强国的发展路径，在一定意义上即是知识产权政策推动创新发展的过程。2004年美国政府报告阐明了该国一直奉行的基本政策立场：“从美国立国基础来看，保护知识产权始终是一项创新的支柱。”[①] 据美国官方网络消息，奥巴马政府先后于2009年和2011年两次发布“国家创新战略”，并明确提出知识产权法是一个国家推动创新、保护创新的重要制度。该国专利商标局将制定“21世纪国家知识产权战略”，并推动其成为“国家创新战略”的重要组成部分。[②] 当代韩国是知识产权战略的强力推行者。

---

① Innovate America：“Thriving in a World of Challenge and change”，*National Innovation Initiative Interim Report*，Council on Competitiveness，2004，p. 7.

② 参见USPTO：《美国将制定21世纪国家知识产权战略》，载《电子知识产权》，2010（10）。

韩国作为“东亚经济奇迹的领航者”，1997 年提出“创意韩国”的发展理念，1998 年制定“文化韩国”的发展战略，将知识产权作为一种战略工具，成功地从一个工业化国家转变为创新型国家。从近代英国、现代美国到当代韩国，其经济增长与社会发展的事实告诉我们，知识产权法是制度创新促进知识创新的法律典范，是国家转型发展战略的制度文明。

三、中国“新发展理念”与知识产权事业发展

知识产权是国家现代化发展的一种制度标志。正如学者所言，“所有知识产权法律都是其所处社会和经济政治环境的产物”[①]。自知识产权制度问世以来，欧美国家就是这一制度最早的推行者，也是最大的受益者。知识产权制度本是西方地缘环境中产生的法制文明，在“欧洲中心主义”的解读下，被喻为现代化过程的必需品，成为社会历史进步的一个“标准样板”[②]。毋庸置疑，在经济全球化时代，世界贸易组织塑造了多边贸易体制的法律秩序，《知识产权协定》为各缔约方提供了知识产权保护的统一规则。但是，不同程度的国家都有着自己对知识产权制度安排的思想认识和目标指引。换言之，在遵从国际公约“最低保护标准”原则指引下，各国可以在知识产权制度建设方面自主进行思想表达，即在现代化、国际化的大趋势下，知识产权制度建设呈现出多元性的不同发展样态。中国知识产权制度建设，一方面要消解制度经验积累不足、法治精神构造不力的历史背负，以实现现代法治的时代性跨越；另一方面又要在一体化的基础上构建适合本土国情的法律体系和政策体系，以此达致成为知识产权强国的战略性目标。改革开放以来，中国对知识产权的接受并未止步于制度引进，而是注重制度学习和吸收，逐步将其融入国家创新体系之中。概言之，知识产权已然成为知识创新活动、知识产业发展和知识市场秩序的基

---

① Alison Firth, *The prehistory and Development of Intellectual Property System*, Sweet & Maxwall, 1997, P. 3

② 刘星教授认为，某些权力框架模式，在现代性观念的掩护下，视作“前进性”的发展目标，成为一种具有特定利益驱动的制度推广，从而忽视了他者在不同历史条件下的权利配置要求。参见刘星：《现代性观念与现代法治——一个诊断分析》，载《法制与社会发展》，13 页，2002 (3)。

本法律制度。中国知识产权建设的理论与实践，对于发展中国家在国际社会构建多元现代化模式是有着示范意义的。

新时代中国特色社会主义发展观为中国知识产权制度建设提供了重要的思想基石和思想引领。“新发展理念”有着“创新、协调、绿色、开放、共享”等丰富内涵，涉及经济、科技、文化、环境等社会发展多个方面，是对我国改革开放以来发展思想和实践以及国际先进经验和理论的重大突破。为破解发展难题，增强发展动力，厚植发展优势，习近平提出“坚持以人民为中心的发展思想”，强调“贯彻创新发展理念、建设现代化经济体系”[①]。中国知识产权制度的时代构建，必须坚持新发展的核心理念，强调人本主义的“创新发展”、公平正义的“协调发展”、人与自然和谐的“绿色发展”、面向世界的“开放发展”、利益平衡的“共享发展”，以此保持知识产权制度发展的正确方向。

在传统国际主流思想体系中，发展是以经济效益为主要目标的发展，知识产权被认为是促进经济增长的制度工具，其贡献率的评价标准表现为促进贸易、投资自由和提高技术转让效益。[②] 新发展理念告诉我们，发展是以经济为龙头、联动社会各方面因素协调发展的过程，它包括经济发展、社会发展与制度发展等多个层面。[③] 因此，知识产权的制度功用，在解决知识财富增长的“经济问题”的同时，还应当考虑“人的问题”、资源环境的“社会问题”。从新发展理念出发，我们应当厘清和明确知识产权事业发展的基本思路：一是坚持“以人民为中心”的发展思想。坚持“以人民为中心”的发展思想就是把增强人民福祉、促进人的全面发展作为发展的出发点和落脚点。[④] 这一政治命题在法价值意义上即是“人本主义”。知识产权制度的人本主义，旨在保护创造者权利的基础上，让全社会分享知识产权事业带来的经济和社会效益，是为

---

① 《决胜全面建成小康社会　夺取新时代中国特色社会主义伟大胜利——习近平同志代表第十八届中央委员会向大会做的报告摘登》，载《人民日报》，2017-10-19，1版。

② Daniel J. Gervais, *Intellectual property, Trade & Development: the State of play*, 74 Fordham L. Rev. 505 (2005), pp. 528-534。

③ 杨生平：《五大发展理念：中国特色社会主义的新发展观》，载《中国特色社会主义研究》，22页，2017 (2)。

④ 参见中共中央宣传部编著：《习近平总书记系列重要讲话读本（2016年版）》，127页，北京，学习出版社、人民出版社，2016。

“个人的发展、社会的发展、国家的发展以及全球人类社会的共同发展”①。二是以“创新度”“协调度”“和谐度”“开放度”为发展评价标准。应将发展动力的“创新”水平、发展方式的“协调”尺度、发展质量的“绿色”标准、发展环境的“开放”程度，作为知识产权事业发展状态及其成效评价的标准。

在“新发展理念”的指引下，中国知识产权事业发展形成了总体战略、政策方针、规划布局的实现路径和效益评价的一整套知识经验体系。在方法论上，从思想理念到制度构成的转换，主要表现在以下三个方面。

一是谋划国家知识产权发展战略。知识产权战略是为公共政策体系中的“总政策”，或者说是政策战略化的载体，它是主体通过规划、执行、评估等战略举措，谋求战略目标实现而采取的全局性、整体性的谋略和行动安排。战略应是一国处理知识产权事务的基本出发点，是关于知识产权问题的整体性谋略和全局性安排。在知识产权法律推行、知识产权政策运用的过程中，知识产权战略处于一种统率和引领地位，并以一定的价值理念和功能目标为引领。在制度规范体系中，发展战略对一个国家的社会运行起着根本性和决定性的指导作用，在特定的历史时期，始终具有较强的总括性和稳定性。②

到目前为止，我国已基本实现《国家知识产权战略纲要》（2008 年）的预期目标，成为有世界影响力的知识产权大国。当下我国知识产权事业已处于新的历史方位，正由知识产权大国向知识产权强国迈进。按照国家“两步走”战略部署，为加强知识产权与国家总体目标的战略协同，我国将制定面向 2035 年的《知识产权强国战略纲要》。知识产权强国建设是为贯彻新时代社会主义法治观和发展观而作出的战略部署和顶层制度设计，是国家深入实施知识产权战略的阶段转折和目标提升。③ 面对新时代、新形势、新要求，国家知识产权战略发展方向及其战略重点将要作出相应变革和调整，即在知识产权发展实力和治理能力方面，达致“制度建设完善”“创造能力领先”“产业发展先进”

① 吴峰：《知识产权、人权、发展》，载《上海理工大学学报（社会科学版）》，31 页，2005（3）。

② 参见吴鸣：《公共政策的经济学分析》，5 页，武汉，湖北人民出版社，2004。

③ 关于知识产权强国的阶段划分，参见韩秀成：《知识产权强国战略制定工作思路研究》，载申长雨主编：《迈向知识产权强国之路》（第二辑），6～7 页，北京，知识产权出版社，2017。

“环境治理优良”[①]，使我国成为创新型和法治化的现代化国家。

二是制定知识产权事业发展规划和年度推进计划。制定国民经济和社会发展“五年规划”，是中国通过中期规划安排和政策资源配置，以实现经济和社会发展目标的实践经验和制度优势。改革开放以来，“五年规划”的基本定位，是为宏观经济活动提供框架性指导，为政府履行公共服务职责提供依据。可以认为，“五年规划”既是国家现代化治理的基本手段，也是评价国家治理成效的重要依据。2016 年，中国首次将知识产权发展规划纳入国家“五年发展规划”之中，即成为国家的重点专项规划。今后知识产权事业发展规划，应以国民经济和社会发展“五年规划”和面向 2035 年的《知识产权强国战略纲要》为依据，明确阶段性的中期规划目标、重点任务和主要措施。年度推进计划则根据当年发展形势和发展需要而制定，往往列举重点事项作为计划内容，是落实和分解五年规划目标的具体政策文件，也是调整和细化近期工作的行动方案。中国、日本、韩国等国都有制定知识产权年度推进计划的成功经验。

三是完善以知识产权为导向的公共政策体系。建立以知识产权为导向、多种政策协调的制度体系，是许多国家，特别是发达国家提升自主创新能力、增强国家竞争优势的普遍做法。在中国，与知识产权相关的公共政策包括：通过知识产权运用，促进产业结构调整与优化，发展战略性新兴产业的“产业政策”；通过知识产权扶持，培育地方特色经济，形成促进区域经济协调发展的“区域政策”；激励文化创新活动，推动文化事业繁荣和版权产业发展的“文化政策”；提升自主创新能力，发展科学技术，形成知识产权核心竞争力的“科技政策”；转变贸易发展方式，完善对外贸易领域知识产权管理体制、预警应急机制、海外维权机制的“贸易政策”；推进知识产权素质教育，形成培养知识产权专门人才的“教育政策”。此外，诸如财政、金融、投资、政府采购、能源、环境保护等政策，也会涉及知识产权问题。总而言之，我们应注意借鉴创新型国家的政策发展经验，有效发挥自身制度的优势和政策力量，为知识产权战略目标的实现提供必要的政策环境。

---

① 参见张志成、吴汉东：《在线访谈：新形势下加快知识产权强国建设》，见 http：//www.gov.cn/wenzheng/talking01/20151231ft190/，2015－12－31。

第十七章

知识产权制度与反不正当竞争

在私法领域探究知识产权法与反不正当竞争法的关系，意在说明反不正当竞争法的特殊功能，即对知识产权行使的保护和对知识产权滥用的规制。从法律形式来看，知识产权法与反不正当竞争法似乎是两种相互冲突的制度设计，前者旨在维护知识财产所有人的“垄断权利”，而后者则是限制或消除某种“垄断地位”①。其实，两者应有着共同的立法目标，即保护合法权利、促进社会进步。其不同之处在于，知识产权法是通过保护知识财产所有人的合法权益、鼓励知识创新来实现这一目标；而反不正当竞争法则是通过制止非法竞争行为、维护市场竞争秩序来达到上述目的。所以，我们应当处理好具有独占属性的知识产权与反不正当竞争的关系。

一、市场竞争与竞争法

竞争是经济活动的常态，是商品经济的本质属性。商品经济中的竞争，应

① 富田彻男认为，“从本质上说，知识产权是为了不让竞争对手销售自己的产品或商品而拥有的一种垄断顾客的权利。在实施这种权利的过程中，需要有主动购买自己产品的顾客和廉价销售同样商品的竞争对手”；授予这种垄断权的根据，“限于在发明者或创作者付出相当劳动，公开其成果，用于服务社会目的等情况下承认其垄断”。[日] 富田彻男：《市场竞争中的知识产权》，廖正衡等译，13、20页，北京，商务印书馆，2000。

该是一种正当的、有规制的竞赛，它要求竞争者之间必须地位平等，同时遵守公平、诚实信用的基本法则。不正当竞争违反了市场竞争原则，破坏了竞争的有序化，因而世界各国都十分重视对反不正当竞争的法律调整。

不正当竞争有广义、狭义之分。广义上的不正当竞争包括垄断行为、限制竞争行为和其他违反商业道德行为在内的所有破坏竞争的行为。狭义的不正当竞争是指除垄断行为、限制竞争行为以外的损害竞争的行为。[①] 在反竞争行为中，垄断行为和限制竞争行为，表现为妨碍甚至完全排除、阻止市场主体进行竞争，如滥用市场支配地位、经营者集中等，其行为具有竞争的“限制性”特点；而狭义的不正当竞争行为，主要是以违反诚实信用原则的不正当手段从事经济活动，如商业混淆、虚假宣传、侵犯商业秘密等，其行为具有竞争的“不正当性”特点。

何谓不正当竞争，相关国际公约与各国立法对此界定不尽相同。《巴黎公约》规定：凡在工商业事务中违反诚实的习惯做法的竞争行为构成不正当竞争的行为。世界知识产权组织拟定的《发展中国家商标、商号和不公平竞争行为示范法》认为：违反工业或商业事务中诚实做法的任何行为即为不正当竞争。在各国立法例中，有的采用“概括式规定加列举式规定”的方法，如德国法将不正当竞争行为表述为“在营业中为竞争目的采取的违反善良风俗的行为”，同时列举了不正当竞争行为的具体类型；有的则单纯采用列举式方法，如日本法即罗列了 6 种“不公正交易方法”。在立法例中，我们可以看到，“诚实信用”“善良风俗”等伦理准则是评判不正当竞争行为的基本标准，不同国家采用了诸如“交易习惯”（比利时、卢森堡）、“诚信原则”（西班牙、瑞士）、“职业道德”（意大利）、“善良风俗”（德国）等类似表述。这说明，不正当竞争行为实质上是一种违反平等公正、诚实信用的竞争规则的非法行为。

我国《反不正当竞争法》1993 年颁布，后经 2017 年、2019 年两次修正。该法第 2 条对经营者的正当行为和不正当行为作出了规定。其中，第 1 款规定“经营者在生产经营活动中，应当遵循自愿、平等、公平、诚信的原则，遵守法律和商业道德”；第 2 款规定“本法所称的不正当竞争行为，是指经营者在

---

① 参见徐孟洲、孟雁北：《竞争法》，236 页，北京，中国人民大学出版社，2008。

生产经营活动中，违反本法规定，扰乱市场竞争秩序，损害其他经营者或者消费者的合法权益的行为”。上述两个条款是判断不正当竞争行为的法律依据，由此我们可以将不正当竞争行为的特点概括如下。

1. 不正当竞争行为的主体是经营者。不正当竞争行为的实施主体是市场交易中的经营者。所谓经营者是指从事商品生产、经营或者提供服务的自然人、法人和非法人组织，既包括依法登记成立并具有法人资格的企业、事业单位、社会团体，也包括依法登记并不具有法人资格的合伙企业、独资企业等经济组织，还包括从事经营活动的个人合伙、个体工商户和农户等。

2. 不正当竞争行为发生在生产经营活动中。只有在生产经营活动中即在市场竞争中才能产生不正当竞争行为，这一特征是不正当竞争行为与一般民事侵权行为的区别所在。例如，对企业名誉权的侵犯，侵权人与受害人无市场竞争关系时应以一般侵权行为论，只有在生产经营活动中诋毁、排挤竞争对手才构成不正当竞争。①

3. 不正当竞争行为违反了法律和商业道德。不正当竞争行为违反法律，主要指市场竞争行为主体违反了法律所明文禁止的具体不正当竞争行为，如商业混淆、商业诋毁、虚假宣传、侵犯商业秘密等。不正当竞争行为违反商业道德，旨在强调市场竞争行为主体不得违背自愿、平等、公平、诚信的原则，凡是违背这些基本原则的交易行为，都是不正当竞争行为。

4. 不正当竞争行为造成了危害社会经济秩序的后果。不正当竞争行为的危害后果主要表现为扰乱市场竞争秩序，损害其他经营者或者消费者的合法权益。不正当竞争是一种有目的的排他性或伤他性的行为，是以侵害相关竞争对手合法权益为直接目标的行为，其行为的后果是阻碍市场竞争运行机制，扰乱市场经济秩序。反不正当竞争法的立法目的即是鼓励和保护公平竞争，制止不正当竞争行为，保护经营者和消费者的合法权益，以保障和促进市场经济的健

① 在有的国家，经营者实施不正当竞争行为，可能产生一般侵权责任与不正当竞争民事责任的竞合。德国民法学者认为，不正当竞争构成《德国民法典》第823条第1款（因故意或者过失，不法侵害他人的生命、身体、健康、自由、所有权或者其他权利）规定意义上的侵权行为，即任一经营者享有对其已经设立或者经营的营业的某种绝对权利，该权利属于上述条款规定的“其他权利”。因此，受害人有权要求不正当竞争行为人承担侵权责任。

康发展。

不正当竞争行为与垄断行为、限制竞争行为都是竞争法的规制对象。竞争法是调整经营者之间竞争关系，规制不正当竞争行为，建立公正合理竞争秩序的法律制度体系。如同不正当竞争行为的广、狭义之分一样，广义的竞争法包括反垄断法和反不正当竞争法，而在狭义上仅涉及反对不正当竞争的内容。由于各国政治状况、经济发展水平以及法律传统的不同，其相关立法的法律名称与法律规范内容有较大差异。就有关反不正当竞争的立法模式而言，归纳起来有以下几种类型：

1. 专门立法模式

大陆法系国家多采用专门立法模式，即采取分别立法体例，制定专门的反垄断法和反不正当竞争法，代表性国家有德国、日本、瑞士、希腊、韩国等。在世界上，德国于 1896 年制定了第一部专门的反不正当竞争法，被学者喻为现代竞争法产生的一大重要标志。① 该法于 1909 年进行第一次重大修订，此后又修订了十多次。1957 年，德国制定《反限制竞争法》，这就形成了反不正当竞争与反垄断分别立法共同构成竞争法体系的立法模式，对日本、韩国以及我国的竞争立法产生了重大影响。② 在专门立法模式下，反不正当竞争法通常被定位为民事特别法，从而与属于经济法之列的反垄断法相区别。

2. 合并立法模式

苏联东欧国家以及其他一些国家、地区采取了反不正当竞争法与反垄断法两法合一的体例。此种立法模式即是将反垄断、反限制竞争和反不正当竞争合并立法。其代表性立法例有波兰 1990 年《禁止垄断行为法》、匈牙利 1996 年《禁止不正当市场行为和限制竞争法》、俄罗斯 2006 年《联邦竞争法》、澳大利亚 1974 年《贸易行为法》、加拿大 1985 年《竞争法》以及我国台湾地区 1991 年“公平交易法”等。台湾地区“公平交易法”的规范内容主要包括“自由竞争法”（反垄断）和“公平竞争法”（反不正当竞争）。在上述国家或地区，立法者注重反垄断法与反不正当竞争法两法的共性，因此采取合并立法方式。在

① 参见王先林：《竞争法学》，56 页，北京，中国人民大学出版社，2009。

② 参见郑友德、万志前：《德国反不正当竞争法的发展与创新》，载《法商研究》，2007（1）。

法理上，该竞争法具有经济法与民事特别法的双重属性。

3. 分散立法模式

个别英美法系国家既无形式意义上的反不正当竞争法，也无统一的竞争法典，其相关规范散见于各种法律之中。早期英国的竞争法，存在于为数众多的判例法和制定法之中，包括普通法上的合同法、侵权法、消费者保护法、商业标示法等。20 世纪下半叶以来，英国开始规范竞争行为的专门立法，现行法主要有 1973 年《公平交易法》、1998 年《竞争法》。美国独树一帜地采取以反垄断内容为主的分散立法模式。美国国会于 1890 年通过了世界上第一部竞争法，即《谢尔曼法》[①]，是为现代竞争法产生的最主要标志。[②] 此后，美国又相继制定了《克莱顿法》《联邦贸易委员会法》《罗宾逊—帕特曼法》等。该类法律以反垄断为主，但也涉及反不正当竞争规范。此外《蓝哈姆法》（商标法）、《统一商业秘密法》也含有规制不正当竞争的内容。

我国于 1993 年和 2007 年分别颁布了《反不正当竞争法》和《反垄断法》，采取分别式立法模式。《反不正当竞争法》于 2017 年 11 月、2019 年 4 月作出两次修正，特别是《反不正当竞争法》2017 年修正案将旧法中的一些限制竞争行为和市场垄断行为条款从该法中剥离出去，再次确定并优化了我国竞争法的分别式立法模式。在竞争法体系构架中对反垄断与反不正当竞争分别立法，有利于规制不同种类的非法竞争行为，实现保护自由竞争和公平竞争的不同法律功能。一般而言，对垄断行为的规制多为行政干预和处罚，而对不正当竞争行为的规制则以民事救济为主（必要时辅以行政制裁）。从这一认识出发，对于我国反不正当竞争法的地位，可以作出两点判断：第一，它是民法的组成部分。一些经济法学者认为，“经济法就是以竞争法为核心而发展起来的法律规范”[③]；“竞争法作为经济法的一个组成部分”，并不是与宏观调控法相区别的“市场规制法”[④]。笔者认为，我国反不正当竞争法不能替代广义的竞争法而定

---

① 该法因提案者参议员约翰·谢尔曼而得名，全称为《保护贸易和商业不受非法限制和垄断侵害法》。

② 参见王先林：《竞争法学》，55 页，北京，中国人民大学出版社，2009。

③ 种明钊主编：《竞争法》，48 页，北京，法律出版社，1997。

④ 王先林：《竞争法学》，35 页，北京，中国人民大学出版社，2009。

义为“经济宪法”。与知识产权法一样，反不正当竞争法是一种以综合性法律规范、多样性法律制裁为主要特征的专门法律，其立法主旨在于保护经营者和消费者的合法权益、制止不正当竞争行为，因而并不影响该法作为民法体系组成部分的基本属性。第二，它是民事特别法。我国反不正当竞争法在法律体系中的定位，并不像德国法、日本法那样简单归类于民事特别法和特殊侵权责任法。它不仅调整平等经营主体之间的竞争关系，而且规定了维护市场经济秩序的立法目标，体现了国家对社会经济生活的干预和调整。我国反不正当竞争法的基本任务，在于维护公平、规范的市场竞争秩序，因此其政策目标既要保护公平竞争，又要保护消费者利益。与传统民法不同，反不正当竞争法反映了现代民法“私法公法化”“私法社会化”的变革趋向。

二、反不正当竞争法与知识产权法的关系

关于反不正当竞争法与知识产权法之关系，涉及它们在私法领域中的地位及其关联性问题，这是我国近年来法学理论研究的一个热点问题。相关法律的一般关系分析，有必要从权利属性以及与权利有关的行为属性出发，即以知识产权与反不正当竞争的法律品性作为问题研究的基点。

知识产权是特定主体对知识财产所享有的一种专有权。权利的“专有性”，在英文中通常表示为“exclusive”或“monopoly”，我国知识产权著述将其译为“独占性”或“垄断性”。基于专有性即法定垄断性的特性，知识产权在形式上可视为一种合法的“垄断权”。这种合法垄断表现在两个方面：第一，知识产权是国家为激励创新、促进知识财富增长而创设的制度产品，其“存在”本身即属于竞争法的除外领域，即知识产权作为“合法垄断”，不是反不正当竞争法的规制对象；第二，知识产权是基于智力创造成果所设置的私人产权，其权利主体进行智力劳动或投资是为竞争目的，或在竞争过程中产生智力成果，知识产权保护有助于增强权利主体的市场竞争力。[①] 但是，知识产权的“使用”如果构成滥用行为，就会受到反不正当竞争法的制裁。

① 参见王源扩：《浅论与知识产权有关的反竞争行为及其法律控制》，载《政法论坛》，1996（4）。

反不正当竞争是经营者遭受利益损害时得以请求救济的权利。1967 年《成立世界知识产权组织公约》在第 2 条“知识产权”项下，列举了作品、发明、标记等智力活动领域中产生的权利，其中包括“制止不正当竞争”。受公约影响，在一段时期，我国一些学者采用“反不正当竞争权”或“禁止不正当竞争权”的说法，强调反不正当竞争权是知识产权的一部分，与专利权、商标权、著作权处于并列位置。[①] 对“反不正当竞争权”，有学者提出质疑，认为其曲解了反不正当竞争的法律性质，其“既无特定的客体，又无积极的权利内容”，不宜作为著作权、专利权、商标权以外的一种新的权利。[②] 笔者认为，“反不正当竞争权”在语义上容易产生误解，如果作为“权利”看待也只能在规定的意义上使用。这是因为，反不正当竞争只是一种救济权，它是基于原权利（如基于有体财产而产生的所有权、基于知识财产而产生的知识产权、基于合同而产生的债权）而派生的权利，其目的在于救济被侵害的原权利。[③] 就其实质属性而言，所谓反不正当竞争权是权利受到侵害后，权利人请求侵权人承担民事责任的主张或诉求。此外，反不正当竞争法对知识产权的保护，只是其法律调整功能的有限部分，受该法规制的不正当竞争行为中有许多与知识产权无涉。因此，将反不正当竞争视为一种积极权利，甚至将其归类为知识产权本身，这种观点是值得商榷的。

尽管知识产权与反不正当竞争具有本原权利与救济权利之分，但两部法律无论是在功能目标还是在保护对象方面都有相通之处，其一般关系在学术界有不同认识，主要有以下两种代表性观点。

一是独立说。该学说认为知识产权法与反不正当竞争法虽然有紧密联系，但不能因此融为一体，即知识产权法不能涵盖反不正当竞争法的全部，反不正当竞争法也不可能囊括知识产权法的所有内容。[④] 有学者进一步指出，两法在

---

① 参见文希凯：《制止不正当竞争与工业产权》，载《知识产权》，1991（3）；郑成思：《关贸总协定与知识产权》，载《中国法学》，1993（3）。

② 参见韦之：《论不正当竞争法与知识产权法的关系》，载《北京大学学报（哲学社会科学版）》，1999（6）。

③ 参见魏振瀛主编：《民法》，40 页，北京，北京大学出版社，2000。

④ 参见马文耀主编：《知识产权法评述和展望》，156 页，北京，专利文献出版社，1997。

价值取向、作用机制、立法技术等方面各具特色，反不正当竞争法属于经济法，知识产权法属于民商法[①]。也有学者将反不正当竞争法归类为与专利法、商标法相平行的“第三工业产权法”[②]。还有学者从商标权益保护着手，认为知识产权法和反不正当竞争法是并列与同位关系，它们分别有独立的保护对象、规制方式、效力范围和保护重点。[③]

二是补充说。该学说认为知识产权法与反不正当竞争法形成了相辅相成的互动关系，在某种意义上，反不正当竞争即是知识产权法律体系的有机制度构成；换言之，知识产权也是反不正当竞争法的重要规制内容。我国诸多学者认为反不正当竞争法为知识产权提供兜底保护。[④] 日本学者满田重昭认为反不正当竞争法是商标法的补充保护法，即该法为不受商标法保护的未注册商标提供补充保护。[⑤]

笔者赞成补充说，即反不正当竞争法具有对知识产权提供保护的补充功能，这在德国法中被称为“竞争法上的智力成果保护”。在这个意义上说，反不正当竞争法可以归类于知识产权法律体系之中，其理由是：第一，反不正当竞争法以其他知识产权法的调整对象作为自己的保护对象，即对于侵犯著作权、专利权、商标权的行为予以法律制裁。因此，在某些情况下会出现法条竞合及优先适用何种法律的问题。第二，反不正当竞争法对与各类知识产权有关而相关法律不能管辖的客体给予保护，以此弥补单一法律制度产生的“真空地带”。第三，反不正当竞争法对各类知识产权客体的交叉部分给予“兜底保护”，使知识产权的保护对象联结起来形成一个整体。可以说，该法是知识产权领域所涉内容更为广泛的一种法律制度。尽管在当前的立法例中，反不正当

① 参见孙颖：《论反不正当竞争法对知识产权的保护》，载《政法论坛》，2004 (6)。

② 李顺德：《试论反不正当竞争法的客体和法律属性》，载《知识产权研究》，第 8 卷，北京，中国方正出版社，1999。

③ 参见郑友德、万志前：《论商标法和反不正当竞争法对商标权益的平行保护》，载《法商研究》，2009 (6)。

④ 参见韦之：《论不正当竞争法与知识产权法的关系》，载《北京大学学报（哲学社会科学版)》，1999 (6)；杨明：《试论反不正当竞争法对知识产权的兜底保护》，载《法商研究》，2003 (3)；蒋慧：《论竞争法对知识产权的兜底保护》，载《学术论坛》，2007 (2)。

⑤ 参见［日］满田重昭：《知识财产法》，东京，青林书院，1997。转引自郑友德、万志前：《论商标法和反不正当竞争法对商标权益的平行保护》，载《法商研究》，2009 (6)。

竞争法的调整范围已越来越广，扩大到许多与知识产权毫无关系的其他领域。但是，保护知识产权仍是反不正当竞争法的重要任务。

反不正当竞争法与知识产权法的关系，不是等同关系，不能相互替代，而是相互配合、补充地发挥法律功能。正如世界知识产权组织在 1988 年所宣传的那样，“反不正当竞争法实际保护着专利法、商标法等专门法所保护不到的那些应予保护的权利”[①]。反不正当竞争在对知识产权提供保护时与专门的知识产权制度有所不同：专门制度是“基本权利法”，即以专有权利为中心，形成主体、客体、内容、取得、行使、限制以及救济的规范体系；而反不正当竞争法是“行为规制法”，即以维护市场竞争秩序为核心，对各种利用知识产权的行为作为市场行为进行规范，构建了一个“不正当竞争行为”与“反不正当竞争行为”的规范体系。现对反不正当竞争法与专门知识产权法的关系简述如下。

1. 反不正当竞争法与商标法。在知识产权法律体系中，两者关系最为密切也最为重要，以至于有学者说，商标法与反不正当竞争法在商标权益的保护上呈并列关系。反不正当竞争法主要是对未注册的知名商标提供反混同保护，而商标法偏重于对驰名商标的反淡化保护。[②] 在商业标记领域，反不正当竞争不仅对假冒商标行为进行规制，而且规制对象包括擅自使用知名商品的特有名称、包装、装潢以及与此相类似的标记。此外，在非类似商品上使用他人注册商标（包括注册商标和非注册知名商标），或在商品销售中以自己的商标取代相关商品的他人商标（即“反向假冒”行为），都可以依据反不正当竞争法进行处理。

2. 反不正当竞争法与专利法。就技术领域的法律保护而言，专利法与反不正当竞争法有着不同的功能，前者对技术成果授予专利权，后者则对技术成果采取商业秘密保护。此外，两者也有交叉之处：当一项技术发明申请专利后，获得授权前，可以援用反不正当竞争法予以“临时保护”；当一项外观设

① 转引自王先林：《竞争法学》，49 页，北京，中国人民大学出版社，2009。

② 参见郑友德、万志前：《论商标法和反不正当竞争法对商标权益的平行保护》，载《法商研究》，2009 (6)。

计保护期间届满，如果属于知名的产品外观，可以请求反不正当竞争法提供“继续保护”。需要注意的是，当技术成果权益纠纷遇到法律竞合时，一般应先适用专利法，在专利法未作规定时才考虑适用反不正当竞争法。

3. 反不正当竞争法与著作权法。较之商标法、专利法与反不正当竞争法的关系，著作权法与反不正当竞争法的关联性较弱。在有些国家中，冒用他人的作品名称或标题，对作品中的虚构形象进行商业利用等，都可认定为与著作权有关的不正当竞争行为。

三、与知识产权有关的不正当竞争行为

就行为的法律属性而言，不正当竞争是一种民事侵权行为。这一行为不仅侵害了合法经营者的利益，而且也损害了广大消费者的利益。前者涉及经营者拥有的知识产权、商业人格权、经营权等，“不正当竞争行为有时侵害特定竞争对手的利益，如商业混淆、商业诋毁、侵犯商业秘密等；有时侵害不特定竞争对手的利益，如商业贿赂、虚假宣传、不当有奖销售等”①。后者是指消费者享有的人格、财产、安全的利益，如商品信息的知悉权、商品购买的选择权、商品的公正交易权等。诸如商业混淆、虚假宣传的不正当竞争行为有时是直接损害了消费者的利益，而侵犯商业秘密、商业诋毁等不正当竞争行为则是在侵害经营者利益的同时间接地侵害了消费者的利益。

就行为的侵害后果而言，不正当竞争行为也是一种损害公共利益的行为。这一行为除了侵害作为一般民事主体的经营者、消费者的私人权益外，还直接破坏了市场经济的最基本机制即竞争机制。竞争机制代表的是国家所维系的市场经济秩序和社会公共利益。在许多国家的立法中，对不正当竞争行为除了进行民事救济外，还可能适用行政处罚或者刑事制裁。关于违法侵权行为的法律责任，反不正当竞争法与知识产权法有相同之处。

关于不正当竞争行为的具体类型，有关国际公约或文件对此有着详细的列举与概括的描述。世界知识产权组织草拟的《发展中国家商标、商号和不正当

---

① 转引自王先林：《竞争法学》，98页，北京，中国人民大学出版社，2009。

竞争行为示范法》，列举了 12 种不正当竞争行为：（1）贿赂竞争对手的买主，以获得和保持他们的回顾；（2）通过间谍活动或贿赂其雇员，获取竞争对手的商业秘密或交易秘密；（3）未经许可而使用或公开竞争对手的“技术秘密”；（4）引诱竞争对手的雇员，以破坏他们的雇佣合同或使他们离开雇主；（5）以提起专利或商标侵权诉讼威胁竞争对手，而这种威胁是欺诈性的，并以减少竞争对手的交易量和阻止竞争为目的；（6）联合抵制贸易以阻止或妨碍竞争；（7）倾销，即以低于成本的价格销售，并有阻止或压制竞争的意图或后果；（8）给消费者造成一种印象，即他正在获得一个以优惠条件购买商品的机会，而事实并非如此；（9）依样模仿竞争对手的商品、服务、广告或贸易的其他特点；（10）鼓励或利用竞争对手的违约行为；（11）进行与竞争对手的商品或服务作比较的广告宣传；（12）违反不直接涉及竞争的法律，以获得超过竞争对手的不正当的利益。该组织于 1993 年、1996 年分别草拟的“对反不正当竞争的保护”的综合性文件及《反不正当竞争示范法》，则将不正当竞争行为概括为：（1）混淆商品或服务的来源；（2）以夸大等方式进行欺骗，使人对所提供的商品或服务产生误解；（3）贬损竞争对手；（4）侵犯商业秘密；（5）不合理地利用他人已被消费者承认的成果；（6）以对比方式做广告；（7）有奖销售等其他行为。上述条款较为全面地囊括了不正当竞争行为的各个方面。在一些国家的竞争法中，与知识产权有关的不正当竞争行为往往是相关立法的重点，如商品假冒行为、欺骗性宣传、商业诽谤行为、侵犯商业秘密、滥用工业产权专有权的行为等，而贿赂销售、不当有奖销售等多交由其他法律调整。

不正当竞争行为的具体类型在我国的相关立法中有一个变迁的过程。我国 1993 年《反不正当竞争法》共列举了 11 种不正当竞争行为，其中包含了一部分限制竞争行为和垄断行为。1993 年《反不正当竞争法》制定之时，市场经济在我国尚在发育之中，还不存在制定反垄断法的必要性，但市场竞争中已经出现了一些必须加以规制的市场垄断行为，如公用企业排除竞争行为、行政垄断行为、低价倾销行为等，因此立法者认为有必要将这些市场垄断行为“暂时”地纳入 1993 年《反不正当竞争法》，待时机成熟后再另行制定《反垄断法》。[①] 2007 年我国制定了专门的《反垄断法》，两法所规制的不正当竞争行为有重叠之处。因此，《反不正当竞争法》2017 年修正案，将市场垄断行为从不正当竞争行为具体类型中删除，并回应互联网经济发展趋势新增“互联网不正当竞争行为”，共规定了 7 种具体的不正当竞争行为，分别是：商业混淆行为、商业贿赂行为、虚假宣传行为、侵犯商业秘密行为、不当有奖销售行为、商业诋毁行为、互联网恶意干扰行为。在我国现行法所列举的 7 种不正当竞争行为中，下列情形可归属于知识产权领域。

1. 商业标志混淆行为

商业标志混淆行为是指在市场交易中，经营者擅自使用与他人商业标志相同或者近似的标志，使其生产经营的商品或者提供的服务与他人的商品或者服务发生混同，或是明示或者暗示其生产、经营的商品或者提供的服务与他人存在某种联系而发生混淆的行为。对此类不正当竞争行为，有学者也称之为“欺骗性交易行为”“商品仿冒行为”“擅自使用他人商业标记的行为”。我国行政执法部门在习惯上将其称为“仿冒行为”，《巴黎公约》则表述为“混淆行为”[②]。《巴黎公约》第 10 条之二列举了三类不正当竞争行为，其中第一项就是混淆行为，即“对竞争者的营业所、商品或者工商业活动造成混淆的一切行为”。世界知识产权组织《反不正当竞争示范法》规定了“混淆商品或者服务的来源”，并列举了有关混淆的事项，包括（1）商标，无论是否注册；（2）商号；（3）商标或商号以外的商业标志；（4）产品的外观；（5）商品或者服务的表述；（6）著名人士或者众所周知的虚构形象。由此可见，混淆行为是上述商品或者服务混同、消费者误认行为的概称。笔者认为，“商业标志混淆”这一称谓，对相关不正当竞争行为作了较为准确的概括，强调了混淆者与被混淆者的主体竞争关系，突出了表示商业来源与指示商业关系发生混淆的侵权行为特征，比较符合国际公约与我国反不正当竞争法的立法本意。

根据 1993 年《反不正当竞争法》，商业标志混淆行为可以分为两种，即商

---

① 参见王学政：《中国反不正当竞争法的理论与立法经验》，载刘春田：《中国知识产权二十年》，北京，专利文献出版社，1998。

② 邵建东编著：《竞争法教程》，53 页，北京，知识产权出版社，2004。

业主体混同行为和商品（包括服务）虚假标示行为。前者是指擅自使用他人商业标志，不正当地利用他人的商业信誉或商品声誉，使其生产经营的商品或者提供的服务与他人的商品或者服务相混淆，致使消费者发生误认的行为，其对应的法律规定是1993年《反不正当竞争法》第5条第1—3项。后者是指在商品的质量、荣誉、产地或者来源以及商品的其他成分等方面作出不真实的标示，致使其他经营者或者消费者发生误认的行为，其对应的法律规定为1993年《反不正当竞争法》第5条第4项。因为商品虚假标示行为与虚假宣传行为有重合之处，《反不正当竞争法》2017年修正案在进一步完善虚假宣传禁止条款的基础上，将商品虚假标示行为从商业标志混淆禁止条款中删除，也即依据现行法，商业标志混淆行为仅指商业主体混同行为。

《反不正当竞争法》2017年修正案将商业标志混淆条款从1993年旧法第5条修改为现行法第6条。该条规定，商业标志混淆行为包括以下四种情况：（1）擅自使用与他人有一定影响的商品名称、包装、装潢等相同或者近似的标识；（2）擅自使用他人有一定影响的企业名称（包括简称、字号等）、社会组织名称（包括简称等）、姓名（包括笔名、艺名、译名等）；（3）擅自使用他人有一定影响的域名主体部分、网站名称、网页等；（4）其他足以引人误认为是他人商品或者与他人存在特定联系的混淆行为。与1993年旧法相比，商业标志混淆的现行法规定表现出三个变化。其一，优化了该法条与其他法律规定的衔接。因为假冒注册商标行为已由《商标法》专门规定，所以现行法将“假冒他人的注册商标”从商业标志混淆条款中删除。其二，受保护的商业标志种类增多。根据以往法律实践经验和当前经济发展新形势，现行法对企业名称、姓名作出示例性列举，新增社会组织名称，增设专门条款规定域名、网站名称、网页等。其三，法律规定更加灵活。在现行法的4种商业标志混淆情形中，前3种采取示例性列举的立法方式，列举对象均以“等”字收尾，而最后1种是专门的兜底条款，这是一种典型的开放型立法模式。

2. 虚假宣传行为

虚假宣传行为是指经营者利用广告或者其他方法，对其商品或者服务作与实际情况不符的虚假宣传，或引人误解的宣传，欺骗、误导消费者。在国际公约与文件中，虚假宣传行为又称为“误导公众”（misleading the public）。《巴黎公约》第 10 条之二“不正当竞争”条款中列举了三种不正当竞争行为，其中规定“在经营商业中使用会使公众对商品的性质、制造方法、特点、用途或数量易于产生误解的表示和说法”，即是“误导公众”的国际法依据。《反不正当竞争示范法》第 4 条第 1 项对“误导公众”作了一般性规定，即“凡在工商业活动中对企业或其活动，尤其对由此种企业所提供的产品或者服务误导或者可能误导公众的行为或者做法，应构成不正当竞争”。第 2 项作了列举性规定，即误导可能产生于广告或宣传，尤其是下列事项：（1）产品的制造过程；（2）产品或者服务时特定目的的适合性；（3）产品或者服务的质量、数量或者其他特性；（4）产品或者服务的地理来源；（5）对产品或者服务所承诺或者提供的条件；（6）产品或者服务的价格或者价格的计算方式。

我国《反不正当竞争法》对虚假宣传行为作了明确规定。1993 年《反不正当竞争法》第 9 条第 1 款规定“经营者不得利用广告或者其他方法，对商品的质量、制作成分、性能、用途、生产者、有效期限、产地等作引人误解的虚假宣传”；第 2 款规定“广告的经营者不得在明知或者应知的情况下，代理、设计、制作、发布虚假广告。”2017 年《反不正当竞争法》修改案将虚假宣传条款修改为现行法第 8 条，该条第 1 款规定“经营者不得对其商品的性能、功能、质量、销售状况、用户评价、曾获荣誉等作虚假或者引人误解的商业宣传，欺骗、误导消费者”；该条第 2 款规定“经营者不得通过组织虚假交易等方式，帮助其他经营者进行虚假或者引人误解的商业宣传”。对于虚假宣传行为，旧法与现行法的相同之处是，法律条文均由直接虚假宣传行为（第 1 款）和间接虚假宣传行为（第 2 款）构成。与旧法相比，现行法的主要变化有以下两点。其一，在直接虚假宣传行为中，1993 年法律之“引人误解的虚假宣传”修改为 2017 年法律之“虚假或引人误解的商业宣传”，也即“引人误解”和“虚假宣传”的关系由定语限定关系修改为并列选择关系。其二，在间接虚假宣传行为中，法律条文突出“组织虚假交易”这一虚假宣传帮助行为，主要目的在于规制电子商务领域的“刷单”行为。最高人民法院《关于审理不正当竞争民事案件应用法律若干问题的解释》从司法实践出发，还认定了虚假宣传的几种特殊情形：“一对商品作片面的宣传或者对比的；二将科学上未定论的观点、现象等当作定论的事实用于商品宣传的；三以歧义性语言或其他引人误解的方式进行商品宣传的。”可以认为，我国关于“虚假宣传”的立法规定和司法解释与“误导公众”的国际法条款是一致的。

根据上述规定，我们可以对虚假宣传行为的概念作出进一步分析：首先，虚假宣传的手段包括广告以及其他方法。虚假宣传所采用的宣传手段主要是广告形式，诸如报纸、杂志、广播、电视、广告牌、宣传栏等各种广告媒介。换言之，上述广告媒介特别是大众传播媒介往往是商业宣传的主要载体，因此虚假广告即是虚假宣传的主要方法，正是在这个意义上，有的学者将此类不正当竞争行为指称为“虚假广告行为”[①]。其次，虚假宣传的内容涉及有关商品或者服务的重要信息。其表现形式有两类：一是与实际情况不符的虚假宣传。例如，将一般产品夸大为名牌产品，将国产商品宣传为进口商品，将人工合成材料冒充为天然材料等。二是引人误解的虚假宣传，即通过宣传上的渲染手段导致用户和消费者对商品的真正情况产生错误联想，从而影响其对商品的选择。再次，虚假宣传导致了购买者误解的危害后果。虚假宣传行为是一种欺骗性交易行为，使消费者产生误解而作出交易决策；同时也是违法的广告行为，其依靠虚假宣传而获得竞争优势，损害了其他经营者的利益。

关于虚假宣传行为为何归类于与知识产权有关的不正当竞争行为，我国学术界对此未曾提及。笔者认为，经营者是通过传播某种不真实的信息以影响消费者的购买决策，从而获取市场竞争优势和经济利益，这种行为损害了同类行业经营者的利益，因此构成不正当竞争行为；进而言之，这种行为损害的是同行业竞争者的“顾客权利”，因此可以视为与知识产权有关的不正当竞争行为。在法国民法理论中，无体财产权从总体上包括两类：一是以智力成果与经营性标记为标的的传统知识产权，二是以顾客为标的的“顾客权利”。所谓“顾客权利”即是一种“营业资产”（fond de commerce），其部分是有体的，即利用商品、工具等有体财产吸引顾客；部分是无体的，即利用商业名称、商标、专利等无体财产吸引顾客。“营业资产价值取决于其对顾客的吸引力，当顾客被他人‘夺走’后，营业资产便不复存在。”[②]“顾客权利”是以顾客为营业资产

① 邵建东编著：《竞争法教程》，98 页，北京，知识产权出版社，2004。

② 关于法国“顾客权利”的理论，参见尹田：《法国物权法》，63～65 页，北京，法律出版社，1998。

的标的所享有的权利，其实质是顾客对企业的“忠诚”，也即企业对顾客的吸引力。“顾客权利”应该属于“经营性资信权”的范畴。在现代财产权体系中，存在着一些具有非物质属性的财产权利，不能简单地说它们是知识产权，但它们又与知识产权有关。我们应该秉持一个开放的财产观，将知识产权看作是一个动态的、变化的、发展的制度体系。在这个意义上，我们将虚假宣传行为归类于与知识产权有关的不正当竞争行为，在法理上是有根据的。

3. 侵犯商业秘密行为

侵犯商业秘密行为是指以盗窃、利诱、胁迫或者其他不正当手段获取他人商业秘密的行为。商业秘密是一种无体的信息财产。1993 年《反不正当竞争法》第 10 条概述了商业秘密的定义，即“不为公众所知悉、能为权利人带来经济利益、具有实用性并经权利人采取保密措施的技术信息和经营信息”。1995 年国家工商行政管理总局出台的《关于禁止侵犯商业秘密行为的若干规定》对商业秘密的内涵作了进一步阐释，即所谓技术信息和经营信息，包括设计、程序、产品配方、制作工艺、制作方法、管理诀窍、客户名单、资源情报、产销策略、招投标中的标的及标书内容等信息。上述列举式规定未能准确而周全地描述商业秘密的范围。随着市场经济和互联网产业的发展，诸如股东身份、股权比例、用户数据等也具有了秘密信息和商业价值属性。可以认为，以技术信息和经营信息的细目式列举规定，已难以准确反映商业秘密保护的对象，在实践中缺乏必要的规范适用弹性。有鉴于此，2019 年修订的《反不正当竞争法》在“技术信息”和“经营信息”的基础上增加了“等商业信息”的兜底表述，即采取了列举式＋概括式的立法定义。根据《知识产权协定》的有关规定，作为商业秘密保护的信息，必须具备以下条件：(1) 在一定意义上属于秘密，也就是说，该信息作为整体或作为其中内容的确定组合，并非通常从事有关该信息工作的领域的人们所普遍了解或容易获得的；(2) 因其属于秘密而具有实用价值；(3) 合法控制该信息之人，为保密已经根据有关情况采取了合理的措施。

关于商业秘密的法律保护，各国采取了不同的立法例，有的制定专门的单行法，有的适用一般侵权责任法，有的规定在反不正当竞争法中。长期以来，大陆法系国家主要是根据合同法或侵权责任法保护商业秘密，不承认其产权性质。而英美国家的法律传统，则是以专门立法形式保护商业秘密。在成文法体系中，美国1978年《统一商业秘密法》、英国1981年《保护秘密权利法案》确定了商业秘密的财产权地位。20世纪60年代，国际商会（ICC）率先将商业秘密的产权属性定位为知识产权。1967年《成立世界知识产权组织公约》，列举了知识产权的各种类型，其兜底条款“在工业、科学、文学或艺术领域里一切其他来自知识活动的权利”隐含着对商业秘密权的承认；到了20世纪70年代，世界知识产权组织草拟的各种知识产权示范法都已规定了商业秘密法律制度；时至20世纪90年代，世界贸易组织《知识产权协定》将商业秘密称为“未公开信息”，将其正式纳入知识产权体系之中。

一般认为，商业秘密制度是在英美国家的司法实践中发展起来的，尔后又为大陆法系国家所接纳。伴随着商业秘密制度的历史发展，其法律构建的思想基础经历了从合同理论、侵权理论到反不正当竞争理论再到产权理论的嬗变过程。

无论是大陆法系还是英美法系，其早期的商业秘密保护理论概以“合同理论”（the contract theory）为基础。当时的理论界、司法界虽承认商业秘密的财产性质，但未将其纳入绝对权与支配权（如所有权）范畴，而更多地将其看作是对人权与相对权（如债权）的对象。大陆法系国家强调以合同理论作为构建商业秘密保护的思想基础，尤其重视明示合同在司法实践中的作用，其典型的商业秘密诉讼往往以书面合同的出示及内容决定案件的判决效果。除明示合同外，美国则在其普通法司法实践中发展了事实上的默示合同概念，即以证明双方当事人默示同意的客观事实，推定当事人之间存在限制使用商业秘密的合同。后来，美国普通法又创制了“准契约”（quisi contract）或称为“法律上的默示合同”（the contract implied in law）的理论。与事实上的默示合同不同，它无须借助证明默示同意的事实来推定合同关系的存在，而是由法律基于保护商业秘密需要而拟制特定的合同关系。从明示合同到事实上的默示合同再到法律上的默示合同，其商业秘密保护的约束力皆在权利人与相对人之间。对此，世界知识产权组织出台的《关于反不正当竞争法保护的示范规定（注释）》对合同理论作了明确的阐释：“与秘密信息有关的契约性义务可在口头或书面合同中明确，典型的是在雇主与雇员之间的合同中明确，或者设有明确的合同，亦可由雇佣关系来推定。此种关系可同样存在于商业伙伴之间或雇主与承包人之间。”从合同理论中，我们可以看到，商业秘密所有人主张的皆是对人权，即商业秘密保护所指向的是相对人的忠诚义务。正如1831年英国大法官Vice在Morision诉Moot一案中所指出的那样，原告是否因为该指令获得了比专利权更多的利益尚不确定，但可以确定的是原告获得了对人权而非对世权。[①]

侵权理论即是“破坏保密关系的侵权行为理论”（the breach of confidence theory of tort liability），这是美国商业秘密法律领域一度颇为流行的理论。该理论认为，因泄露或使用商业秘密而破坏秘密关系的行为是一种侵权行为，侵权行为人应承担责任。1939年美国《侵权行为法重述》中部分地接受了“破坏保密关系的侵权行为理论”，该法第757节规定：任何人泄露或使用他人因信任他而透露给他的商业秘密而构成失信的，即应向该他人承担责任。侵权理论较少重视信息的财产属性、受保护的信息范围等问题，而将关注的焦点集中在当事人之间的商业秘密关系之上。换言之，该理论不依赖合同中保密义务的存在，甚至不依赖商业秘密的存在，关键是考察保守秘密信息的法律责任是否存在。

与侵权理论相关的“反不正当竞争理论”（the countering unfair competition of theory），是大陆法系国家商业秘密保护领域在相当长时期所采取的一种学说。例如，德国将商业秘密之保护规定于反不正当竞争法之中，而该法立法目的在于防止企业为竞争目的而为不正当竞业行为，亦为维持竞争秩序；日本在其反不正当竞争法修正案中，增加商业秘密保护条款，其立法目的在于防止不正当竞业行为，维持公平竞争秩序。[②] 在商业秘密保护制度的学说思想中，德、日的反不正当竞争理论与美国的侵权理论有相通之处，即对侵犯商业秘密行为采取法律制裁的措施都是侵权责任。不同之处在于，大陆法系国家反不正当竞争理论认为，未经许可而公开使用他人商业秘密的行为，损害了正常的竞争秩序。对商业秘密给予反不正当竞争权的保护，其着眼点不仅在于对单

① See Melvin F. Jager，Trade Secrets Law，Clark Boardman Company，Ltd.，1985.

② 参见徐玉玲：《营业秘密的保护》，3页，台北，三民书局，1993。

个竞争者利益的保护，而且延及整个社会的利益。它克服了侵权理论过于依赖保密关系而存在的局限性，因而扩大了调整的范围。

自20世纪50年代以来，“产权理论”（the property）开始兴起，逐渐成为国际社会保护商业秘密的主流学说。这一理论对商业秘密赋予产权形式并提供法律保护。所谓商业秘密权，不再是一种受合同法或侵权法保护的法益，而是法律上认可的“无体产权”（intangible property）或“知识产权”（intellectual property）。产权理论在英美法系的衡平法司法实践中延续了一个多世纪，其司法判例对商业秘密的财产属性有着精辟的阐述。在美国，1868年Peabody诉Norfolk一案判决书宣称：“对制造工艺方面的发明或者发现，无论是否构成专利权的保护对象，权利人对其进行保密，这种做法固然对公众或对善意获得有关知识的人没有独占权，但是权利人毕竟有某种财产，衡平法院将禁止他人违反所承担的合同或者保密义务而擅自使用或向第三人披露的行为。”① 此后，1897年U.S.诉American Bell Telephone案、1953年Ferroline Corp.诉DAF Corp.案、1983年Ruckelshaus诉Monsanto Company案等都承认了商业秘密的财产属性。其中，有的判决明确肯定：“我们处理的是一种知识产权，事实上是一种对所创造的知识的财产权。”② 对商业秘密提供产权保护，虽已成为各国普遍的制度设计，但这种产权理论与大陆法系传统物权理论存在矛盾。其问题有二：一是商业秘密权的排他性问题。所谓产权，无论是有体财产所有权还是无体财产所有权，皆具备排他性的法律特征，奉行“一物一权”的基本原则。而在商业秘密领域，数个主体可能拥有相同的技术信息或经营信息，从而存在着数个商业秘密权共存，即产权排他性不足的问题。我们必须认识到，商业秘密保护的产权理论，不应拘泥于有体物所有权之格。信息财产不同于有体财产，它既不具有占有控制的绝对性，又有失去占有的易逝性。法律赋予商业秘密以产权，是以先占原则为基础、以激励信息生产投资为目的而在信息社会作出的一种制度安排。③ 其实，相对意义上的独占性属性，在其他知

---

① Peabody v. Norfolk 98 Mass452 (1868).

② Ferroline Corp. v. DAF Corp., 207 F. 2D912 (7th cir. 1953).

③ 参见［美］罗伯特·考特、托马斯·尤伦：《法和经济学》，张军等译，185页，上海，上海三联书店、上海人民出版社，1994。

识产权领域也有不同程度的存在。例如，同一发明可由一个或数个发明人在不同国家申请并取得各自的专利权，同一商标可由不同主体在非类似商品上同时取得商标注册。可以说，现代商业秘密制度，乃至整个知识产权法律，是对传统物权制度进行理论创新与制度创新的结果。二是商业秘密权的公示问题。众所周知，为了保护交易安全及满足物权的排他性要求，物权变动必须公示，即动产物权的公示方式为交付与占有，不动产物权的公示方式为登记。无体财产权与有体财产所有权同为绝对权，其权利变动须有一定之公示方式。诸如，专利权、商标权虽无须遵循传统变动公示之方式，但其转让与许可皆须进行登记。但是，商业秘密的产权化是具有秘密性之技术信息的产权化，其产权变动在法律上并无登记要求。在无体财产或知识财产体系中，唯有商业秘密权所保护的技术信息，虽有信息财产之属性，但不具公开性之特征，反而法律上对此规定了秘密性之要求。因此，权利变动公示规则在商业秘密保护领域应视为一种例外，但并不足以否认商业秘密的产权属性。

4. 商业诋毁行为

商业诋毁，或称为商业诽谤，是指经营者采取编造、传播虚假信息或误导性信息等不正当手段，损害竞争对手的商业信誉和商品声誉，以削弱其竞争实力的行为。我国《反不正当竞争法》对商业诋毁行为作了明确规定。1993 年《反不正当竞争法》第 14 条规定“经营者不得捏造、散布虚伪事实，损害竞争对手的商业信誉、商品声誉”。2017 年《反不正当竞争法》修正案将该条修改为现行法第 11 条，即“经营者不得编造、传播虚假信息或者误导性信息，损害竞争对手的商业信誉、商品声誉”。依据现行法，商业诋毁行为的表现形式有两种：一是编造虚假信息或误导性信息，既包括无中生有、凭空编造全部虚假信息，也包括恶意歪曲、扩大部分事实或者虚构部分信息的情形；二是传播虚假信息或误导性信息，可以是书面的，也可以是口头的，既包括向特定的用户或者同业经营者传播，也包括向不特定的人群传播。编造、传播虚假信息或误导性信息的常见手法有：刊登对比性广告或声明性公告等，贬低竞争对手声誉；在商业交易中，向业务客户或者消费者散布贬低竞争对手的信息；唆使或收买某些人，以客户或消费者名义进行投诉，败坏竞争对手声誉；通过举行商业会议或发布商业信息的方式，对竞争对手的商品质量进行诋毁等。在这里，编造、传播的内容应当是虚假信息或误导性信息。如果内容是真实无误的，即使对他人的声誉、信誉造成影响，也不构成商业诋毁行为。

根据《巴黎公约》第10条之二第3款第2项规定，商业诋毁被限定为虚伪陈述；而《反不正当竞争示范法》第5条，将商业诋毁解释为“任何虚伪的或者没有根据的表述”。我国1993年《反不正当竞争法》依《巴黎公约》的规定，采取了“虚伪陈述”的说法，将商业诋毁行为限于“捏造、散布虚伪事实”。但是，最高人民法院曾在《关于审理不正当竞争民事案件应用法律若干问题的解释（征求意见稿）》中对虚伪事实作了扩大解释，即包括“其他引人误解的事实”。国家工商管理总局在起草反不正当竞争法修订建议稿时，考虑将“虚伪事实”的表述修改为“虚假或者引人误解的信息”。2017年修改《反不正当竞争法》时，在这一建议的基础上，商业诋毁行为被修正为“编造、传播虚假信息或者误导性信息”。

商业诋毁损害的是竞争对手的商业信誉和商品声誉。在法律概念范畴中，商业信誉和商品声誉应称为商誉。商誉是经营者商业信誉与声誉的总称，其由传统的人格利益嬗变而来，但又不同于人格权意义上的名誉和荣誉。法律上的商誉应指民事主体因其生产经营活动中具有的经济能力而在社会上所获得的积极评价。具言之，经济能力是企业在生产经营活动方面的综合能力，是商誉的主观要件；社会评价应是褒义的肯定性评价，是商誉的客观要件。

关于立法例，各国有所不同。在英美法系国家，商誉权的保护制度主要是通过判例建立起来的，英国判例创设了包括“action for passing off”在内的各种不同形态之诉讼以对抗商品假冒、损害竞争对手利益的行为，其中一些特别程序即是针对诽谤或损害他人商誉的行为而设定的。在美国，侵犯商誉权的行为涉及不正当竞争，法院将“商誉”（goodwill of a trade or business）看作是一种“财产权”（property right）而给予保护。基此信誉所可能发生之期待（probable expectancies）亦然。① 在大陆法系国家，主要是沿用侵权法或反不正当竞争法来保护商誉。德、日等国采用竞争法保护商誉权有两个特点：第一，承认商誉包含有财产利益，但并未完全接受产权理论。日本学者小岛庸和

---

① 参见曾陈名汝：《专利商标法选论》，178页，台北，自版，1997。

强调该类权利是一种反不正当竞争权，仅具有禁止权效力，因而与著作权、专利权、商标权等独占权不同。[①] 第二，侵权人与受害人系竞争对手，形成竞争关系。所谓竞争关系，即是作为竞争活动中的生产经营者的关系。至于生产经营者，不分自然人与法人。

在商誉权的国际保护领域，知识产权国际公约主要是从制止不正当竞争的角度对商誉权提供保护。《巴黎公约》1967 年斯德哥尔摩文本列举的三种特别应予以禁止的行为，即包括商业诋毁行为；1967 年《成立世界知识产权组织公约》规定了知识产权中的反不正当竞争问题，但对不正当竞争行为未作具体规定。1993 年世界知识产权组织制定的《反不正当竞争示范法》规定了诋毁商誉的不正当竞争行为。从国际公约的立法精神来看，归属于知识产权范畴的反不正当竞争权主要是一种禁止权，作为不正当竞争行为的侵权对象的商誉权应是具有财产权性质的民事权利。

商誉权作为一种民事权利，已为法学界所认同，但该项权利究竟归类于何种权利范畴尚存有争议。概括说来，关于商誉权之法律属性，有人格权说、复合权说、知识产权说三种学说。人格权说理论的要点在于将商誉权归类于人格权，以区别于具有经济内容的财产权，主张这一理论的学者又有两种不同观点：一是“单一人格权说”，认为商誉属于法人名誉内容的一部分，商誉权即属于法人名誉权的重要组成部分。如果说商誉权与名誉权有何区别的话，仅是因加害人及侵害方式的不同而由不同的法律加以调整。“当一个企业的名誉被一般人（即非竞争对手）侵害时，其所侵害的是名誉权；当一个企业的名誉被其竞争对手以反不正当竞争法等规范的手段侵害时，其所侵害的是商誉权。”[②] 二是“特别人格权说”，认为商誉权虽然存在无形财产权性质，但财产性只是其非本质属性，只有人格权才是它的本质属性。商誉权的客体包括精神利益与财产利益，但后者不是直接的财产利益，而是含于商誉利益之中。因此，商誉权是一种有别于相关权利的特别人格权。[③] 复合权说理论主张“知识产权兼人

---

① 参见［日］小岛庸和：《无形财产权》，43 页，东京，创文社，1998。

② 张新宝：《名誉权的法律保护》，35 页，北京，中国政法大学出版社，1997。

③ 参见王娜加：《论侵害商誉权及其法律救济》，载《内蒙古师大学报》，1999（1）。

格权说”，认为商誉权兼具人身性（即人格权）和财产性（即知识产权）属性。侵害商誉权的行为不仅侵犯了权利主体的知识产权，同时也侵犯了其人格权。这种侵权行为是一种竞合侵权。[①] 第三种理论主张“知识产权说”，认为商誉权应归类于知识产权，它具有人身性和财产性双重属性，与专利权、商标权、版权相似。其理由在于商誉是人的脑力、智力的创造物，与各种各样的信息有关，而且这些信息与各种有体物质相结合，因此符合知识产权的固有特征。[②]

笔者认为，商誉是一种非物质形态的特殊财产，由此所生之权利当为财产权。“人格权说”的理论缺陷在于忽视以至于否认该种权利的财产性。“单一人格权说”否认法人名誉权与商誉权的本质差异，其理由很难成立。商誉为具有价值形态的财产利益，已从表现为一般人身利益的名誉中分离出来，并受到法律的特别保护。这种新型的民事权利显然有别于人身权范畴中的名誉权。“特别人格权说”将商誉权归类于人格权，虽然承认却淡化了商誉权的财产内容。商誉权虽然具有人格权的某些属性，但它并非是该项权利的本质属性。商誉权是财产权，已为经济界、法律界的相关文件所肯定。在国际会计界，无形资产作为虚拟的、无实体形态的资产，其范围即包括传统的知识产权和与知识产权相关的其他无体财产权，如特许经营权、商誉权。[③] 在国际多边投资协议中，商誉与版权、专利、商标都是可以用于投资的资产形式。[④] “复合权说”承认商誉权具有财产权与人格权的双重内容，其主张有可取之处。但“知识产权兼人格权说”与“知识产权说”都将商誉权归类于知识产权，其法律依据与法理基础不足。在商事法学那里，商誉权被称为商事人格权，具有财产利益内容，也有精神利益因素。这是一种资信类财产权，与著作权、专利权、商标权等相比较而言，其不具备传统知识产权的基本特征，即表现了非确定的地域性、非法定的时间性、非恒定的专有性。[⑤] 在相关国际公约和诸国立法例中，商誉权并不是一项知识产权，而多为反不正当竞争法的保护对象。因此，笔者认为，

---

① 参见关令华：《精神损害的认定与赔偿》，172、177页，北京，人民法院出版社，1996。

② 参见梁上上：《论商誉与商誉权》，载《法学研究》，1993（5）。

③ 参见蔡吉祥：《无形资产》，深圳，海天出版社，1996。

④ 参见郑新建：《试论商誉权的法律属性》，载《河北法学》，2000（1）。

⑤ 参见吴汉东：《论商誉权》，载《中国法学》，2001（3）。

商誉权与信用权、形象权等，都是一种具有非物质性属性但又不能归类于知识产权范畴的财产权，是与所有权有别、与知识产权有关的无体财产权。

四、我国反不正当竞争立法中的知识产权问题

我国《反不正当竞争法》自1993年实施以来，对于鼓励和保护公平竞争，制止不正当竞争行为（包括与知识产权有关的不正当竞争行为），保护经营者和消费者的合法权益，保障市场经济的健康发展，无疑起到了积极的作用。2017年、2019年，《反不正当竞争法》进行了两次修改，解决了一些法律文本原来存在的问题。不过，现行《反不正当竞争法》仍有诸多不足，现着重就反不正当竞争立法中的知识产权问题略作如下分析。

1. *竞争法分别立法模式与禁止知识产权滥用*

1993年，我国反不正当竞争法立法之初，奉行的理论基础是“综合调整模式”。根据这种立法模式，反不正当竞争法并不是单一的规制不正当竞争行为的专门法，而是一部包括反不正当竞争、反限制竞争以及某些反垄断行为在内的综合性法律。在该法所列举的11种不正当竞争行为中，通常认为公用企业限制竞争、行政性限制竞争、低价倾销、搭售行为、串通投标行为归属于反限制竞争和反垄断的范畴。随着我国于2007年出台《反垄断法》专门规制限制竞争和垄断行为，我国竞争法立法模式已经进入分别式立法道路。2017年《反不正当竞争法》修改，将旧法中的限制竞争行为和市场垄断行为删除，进一步确立和优化了我国分别式的竞争法立法模式。鉴于此，知识产权滥用问题应该交由作为公法的反垄断法规制，而不应由反不正当竞争法调整。对知识产权的法律规制，包括私法规制和公法规制两种：前者首先表现为知识产权法自身规范（如地域限制、时间限制、权能限制）对知识产权行使的限制，其次体现在民法基本原则（如诚实信用原则、禁止权利滥用原则、公序良俗原则）对知识产权滥用进行约束；后者则是在反垄断法的框架内来解决知识产权滥用问题。知识产权虽然被视为“合法垄断权”，其权利本身当然不能假定为反垄断法所指向的“市场支配力”。但是，知识产权与其他财产权一样，在适用法律时并不特别地免于反垄断的审查，即知识产权不能构成反垄断法的“除外领

域”。概言之，根据我国竞争法立法模式，知识产权滥用问题应交由反垄断法处理。

2. 经营者资格限定与竞争法调整的主体范围

现行《反不正当竞争法》规定的不正当竞争行为的主体是“经营者”，即从事商品生产、经营或者提供服务的自然人、法人和非法人组织。将侵权行为主体限定为经营者，这一规定的不足之处已招致学界的批评。对此有学者认为，对何为经营者可分别从主体资格和主体行为的不同角度进行界定。前者是经营活动的法定资格，依此观点，侵犯商业秘密的企业职工、商业贿赂的法定代表人或者经办人、无照经营者则不能包括在内；后者强调从事经营活动的行为，行为人即是“经营者”。可以说，依后者理解更具合理性和可行性。[①] 这种扩大解释，有助于对现行法的适用。但是，未来对反不正当竞争法的修改，应在调整的主体范围方面作出全面的修改。将侵权责任主体即不正当竞争行为主体，从“经营者”扩大到所有从事市场经济活动的主体，即从事市场交易行为者，就是反不正当竞争法规制的对象；同时对于权利或权益主体即不正当竞争行为的受害人，不必强调其“经营者”资格，而泛指拥有知识产权的一切主体（包括作品名称或标题的创作者、非专有技术成果的发明者、未注册商标的所有者等）。对权利主体资格与侵权责任主体资格不作限定，可以使反不正当竞争法真正成为“不管法”，发挥其对知识产权“兜底”保护的作用。[②] 值得注意的是，《反不正当竞争法》2019 年修正，对商业秘密的侵权主体作出了重大修改，即规定“经营者以外的其他自然人、法人和非法人组织实施前款所列违法行为的，视为侵犯商业秘密”。该新增条款将非经营者拟制为商业秘密的侵权主体，是不正当竞争行为主体范围扩大的一种表现。

3. 侵权行为列举式规定与概括式条款的增列

现行《反不正当竞争法》对于不正当竞争行为采取列举式规定，既没有一般性适用的概括条款，也没有扩展适用空间的“兜底”条款，存在着明显的封闭性缺陷。就立法技术而言，概括式与列举式并举是现代各国相关立法的通行

① 参见王先林：《竞争法学》，97 页，北京，中国人民大学出版社，2009。

② 参见郑成思：《知识产权论》，262～267 页，北京，法律出版社，2003。

模式，即在列举典型侵权行为类型的清单的同时，规定一个关于侵权行为的概括条款，并授权执法机关根据该条款认定社会生活中新出现而法律未能详尽列举的侵权行为。有的学者认为，我国《反不正当竞争法》第2条第2款规定的“本法所称的不正当竞争行为，是指经营者在生产经营活动中，违反本法规定，扰乱市场竞争秩序，损害其他经营者或者消费者的合法权益的行为”，就是一个一般性条款。笔者认为，该项条款缺乏一般性条款的必备要素。这是因为，根据该款规定，只有“违反本法规定”的行为，即该法明确规定的7种具体行为，才是不正当竞争行为。可以认为，该款规定只是一个定义性规范，不足以在侵权行为类型清单外作扩大解释之用。因此，未来的《反不正当竞争法》在第2章“不正当竞争行为”中，除了列举规定典型的不正当竞争行为类型之外，应该增加关于不正当竞争行为认定的一般性条款。

4. 反不正当竞争法与相关民事立法的衔接、协调

基于公平与正义的共同立法目标，知识产权与反不正当竞争法在调整功能上表现为互动与协调。在这里，知识产权保护是两部法律功能互补的连接点。郑成思教授曾经说道，“单行的知识产权法与反不正当竞争法之间并不存在一个谁挤占了谁的位置的关系问题，而是后者（或后一部分内容）对前者如何给予补充的问题”。就知识产权保护来说，单行知识产权法在水平上是“强保护”，在范围上是“窄保护”；而反不正当竞争法在水平上是某种“弱保护”，在范围上则是“宽保护”[①]。这说明两部法律在功能上是互补的，但在法律形式上是独立的。在我国，反不正当竞争法对知识产权保护的规定有三种类型：一是知识产权本身（如商标权）已有单行立法规定，反不正当竞争法仅提供补充保护；二是对于与知识产权有关的其他权利（如商业秘密权、商誉权、形象权等），尚无单行法加以规定，反不正当竞争法提供了专门保护；三是对于与知识产权有关的财产权益（如作品名称、标题，知名商品的名称、包装、装潢等），相关单行法未作规定的，反不正当竞争法提供了兜底保护。上述分析表明，反不正当竞争法所涉及的知识产权及相关权益，在民事立法中可作出如下制度安排：有的须另行制定专门法律、法规，如商业秘密保护法规；有的可在

① 郑成思：《知识产权论》，264页，北京，法律出版社，2003。

民事基本法中作出原则规定，如商誉权；有的则交由反不正当竞争法作出列举式规定。

五、网络知识产权中的反不正当竞争

网络技术与基因技术是 21 世纪最具代表性、最具影响力的新技术。网络技术的出现，不但改变了人类的生活方式和社会经济的发展模式，而且对当代各国的法律制度提出了挑战。正是在这个意义上，人们赋予知识产权制度以鲜明的时代技术特征，将其称为“网络知识产权”。在网络版权领域，对数字化作品的权利保护，对保密技术措施正当性、合理性的考量，对网络作品传播者、使用者的责任界定，无一不是法律难题[①]；在网络商标领域，法律则面临着商标权地域性与互联网国际性的冲突，以及商标分类保护与网上商标权排他效力的矛盾[②]；在网络不正当竞争领域，商业活动从现实世界进入虚拟空间，所涉法律问题无可避免。由于网络具有高科技性、虚拟性与即时性的特点，网络环境下不正当竞争行为的技术特性明显、实施速度快捷、危害范围广泛且结果严重。有学者指出了其中须解决的诸多问题，如屏幕显示和网络界面的商业包装、对网上商业秘密的保密措施、网上虚假宣传等。[③] 这些问题不仅损害了相关经营者的合法利益，而且严重地破坏了网络经济秩序，需要各国反不正当竞争法给予回应。

我国《反不正当竞争法》2017 年和 2019 年两次修改，对互联网领域出现的一些新型不正当竞争行为作出了积极回应。总体而言，两次法律修改涉及互联网不正当竞争的有关内容有四处。其一，2017 年修正案在现行法第 6 条第 1 款“经营者不得实施下列混淆行为，引人误认为是他人商品或者与他人存在特定联系”之下，新增一项“擅自使用他人有一定影响的域名主体部分、网站名称、网页等”。其二，2017 年修正案在现行法第 8 条第 2 款规定“经营者不得

① 参见薛红：《网络时代的知识产权法》，北京，法律出版社，2000。

② 参见吴汉东等：《走向知识经济时代的知识产权法》，北京，法律出版社，2002。

③ 参见张平：《网上知识产权及相关法律问题透析》，广州，广州出版社，2000。

通过组织虚假交易等方式，帮助其他经营者进行虚假或者引人误解的商业宣传”，这里强调“组织虚假交易”这一特殊虚假宣传帮助行为，其主要目的在于规制电子商务领域存在的“刷单”现象。[①] 其三，2019 年修正案在现行法第 9 条第 1 款“经营者不得实施下列侵犯商业秘密的行为”之下，增加了以“电子侵入”手段获取权利人的商业秘密。其四，2017 年修正案增设“互联网不正当竞争行为”专门法条，即现行法第 12 条，该条被称为《反不正当竞争法》在互联网时代的“标杆条款”[②]。第 12 条规定经营者不得利用技术手段，通过影响用户选择或者其他方式，实施下列妨碍、破坏其他经营者合法提供的网络产品或者服务正常运行的行为：（1）未经其他经营者同意，在其合法提供的网络产品或者服务中，插入链接、强制进行目标跳转；（2）误导、欺骗、强迫用户修改、关闭、卸载其他经营者合法提供的网络产品或者服务；（3）恶意对其他经营者合法提供的网络产品或者服务实施不兼容；（4）其他妨碍、破坏其他经营者合法提供的网络产品或者服务正常运行的行为。

《反不正当竞争法》的两次修改，对互联网领域的一些不正当竞争行为规制作出了有益的制度回应，这将有助于我国互联网经济的健康发展。不过，相关问题的研究分析并不因此而止步。一方面，必须承认现行法关于互联网不正当竞争问题的制度回应依然有限，实践中还有许多待解问题需要我们予以关注；另一方面，必须明白“徒法不足以自行”，与互联网不正当竞争相关的法律规范适用还需要理论知识予以支援。当下问题的研究，重点在于解决网络环境下反不正当竞争法所面临的知识产权保护问题，现择其要而述之。

1. 侵害网络域名的行为

与域名有关的不正当竞争有两种表现形式：一是域名抢注行为，二是域名指引失灵行为。这两种行为都与网络上的域名使用有关，其后果即是对他人商标、商号或者商誉等商业标志权益的损害。

域名抢注行为，是指域名申请人将他人享有在先合法权益的商业标志作为

① 参见《全国人民代表大会法律委员会关于〈中华人民共和国反不正当竞争法（修订草案）〉修改情况的汇报》。

② 孔祥俊：《反不正当竞争法新原理・分论》，529 页，北京，法律出版社，2019。

其域名注册使用的行为。域名是经营者在网络空间的身份代码。在电子商务活动中，由于域名具有某种标志识别功能和商业利用价值，因而其已经成为企业在互联网上争夺的资源和财富。现实生活中的域名抢注者，多次针对他人知名商标、商号或其他商业标志而抢注，且抢注数量众多，并以公开出让而谋取利益为目的。域名抢注行为构成网络环境下的不正当竞争：首先，域名抢注行为严重损害了正常的竞争秩序和交易秩序。对于行为人而言，抢注行为即是投机行为，注而不用，注而为卖，旨在谋求域名出让所带来的经济利益；对受害人而言，抢注行为即是侵权行为，商业标志的合法所有人往往会陷入商业被动，无法将其品牌效应延伸至网络空间。其次，域名抢注行为构成了对驰名商标及其他知名商业标志的淡化。所谓商业标志的淡化，是指对于他人的驰名商标、商号的商业性使用，不正当地降低或弱化了该标志指示和区别有关商品或者服务的能力。[①] 反淡化的法律措施，即是将驰名商业标志的保护扩展到非类似的商品或服务上。当前司法实践已经将抢注域名而导致商业标志淡化作为一种不正当竞争行为加以规制。总之，域名抢注行为具有明显的非正当性和违法性，是一种损害商业标志权利人合法权利、谋取非法商业利益的不正当竞争行为。

域名指引失灵行为，是指通过“埋设”技术手段，如超文本链接、加框技术、Meta 标记等，以削弱他人域名指引作用，不正当地利用他人商业信誉的行为。超文本链接、加框技术、Meta 标记等是网络技术发展与应用的产物。在网络不正当竞争领域，行为人利用上述技术手段，或是通过超链接使得用户无须通过域名访问网站即可在互联网上获取信息，弱化域名指引功能；或是通过加框链接，将他人信息“拉进”自己的网页，损害他人商业利益；或是通过无标记设置方法，埋置他人商业标志的关键词，在用户查询中“搭便车”，造成信息搜索的误导。当然，使用上述网络技术并不当然构成不正当竞争行为。在司法实践中，对网络经营者不正当竞争行为的认定通常要考虑来两个因素：一是设链者与被链者之间是否存在竞争关系，二是是否造成用户的混淆，即是否对被链信息来源发生误认，或者误以为设链词与被链词之间存在关联。

---

① 参见李明德：《美国反不正当竞争法研究》，267 页，北京，中国方正出版社，2003。

2. 网络虚假宣传行为

网络虚假宣传行为是虚假宣传的特殊形式，且在当下是不正当竞争的主要形式。与传统的虚假宣传相比较而言，网络虚假宣传具有以下两个特点：一是行为责任主体。一般而言，虚假宣传行为的主体有两类，即商品或服务的经营者（广告主）和广告业务的经营者（广告人）。反不正当竞争法意义上的“广告业务的经营者”包括代理、设计、制作、发布广告的经营者。在网络条件下，作为虚假宣传行为的主体之一，传统的广告业务的经营者已为网络服务商所代替。网络平台现已成为极具价值的广告发布平台，网络服务商取代传统媒体而担当了广告经营者的角色。因此，在构成不正当竞争的网络虚假宣传行为中，网络服务商就成为侵权主体之一。二是行为表现形式。网络广告的宣传形式不同于传统媒体形式。诸如报纸、杂志、广播、电视等媒体一般是直接将广告内容展现在消费者面前，而网络广告可采用多种形式，除弹出窗口广告、网页广告外，随着搜索引擎技术的兴起，出现了竞价排名、主题推广等搜索广告形式。这些广告形式，既是一种网络商业服务模式，也可能引发不正当竞争。总之，搜索引擎服务商应被视为广告业务经营者，即具有行为主体资格；搜索广告形式即是网络环境下的广告宣传形式。至于其是否承担不正当竞争行为的连带责任，应适用“通知—删除”[①] 规则来判断其是否存在主观过错，进而认定其应该承担的法律责任。

3. 网络商业诋毁行为

在网络信息时代，互联网技术平台成为重要的信息平台，诸如BBS、博客、微博等都是提供信息内容的传播手段；同时也是实施商业诋毁的主要载体，信息接收者往往成为信息的发布者，使得网络商业诋毁行为难以控制。商业诋毁的不正当竞争行为在网络空间的出现和蔓延，对现行法律带来了挑战，其主要问题是：第一，网络传播具有双向互动的特性，商业诋毁行为的主体已不局限于有竞争关系的经营者，网络用户、网络服务商或主动或被动参与，使

---

① 我国《侵权责任法》第36条第2款规定了网络服务商的“通知—删除”义务，即网络服务提供者在接到侵权通知后，应按照通知及时删除相关侵权信息，否则应承担责任。有关论述可参见吴汉东：《论网络服务提供者的著作权侵权责任》，载《中国法学》，2011（2）。

得侵权法律关系十分复杂。对此，我国反不正当竞争法借鉴瑞典、比利时等国的做法，将并无竞争关系的行为主体也作为法律规制的对象。第二，商业诋毁表现形式限定过窄，无法规制网上诸多商誉侵权行为。世界知识产权组织《反不正当竞争示范法》认为，商业诋毁行为有两种：一是采取虚假说法的行为。我国《反不正当竞争法》对此已作规定。二是采取不当说法的行为，即不公正、不准确、不全面地陈述客观事实。[①] 例如，在电子布告版上刻意散布竞争对手遭受处罚的记录，在比较广告中对同类产品使用贬损性言词，在未有科学定论的情况下片面宣传某些产品的毒副作用。根据《反不正当竞争示范法》的规定和现实需要，我国反不正当竞争法在修改时已作出更为广泛的规定。

4. 侵害数据库的行为

数据库特别是电子数据库是网络时代信息储存与利用的重要载体，往往须借助电脑和软件才能获知。所谓数据库，是指“经系统或有序安排，并可通过电子手段访问的独立的作品、数据或其他材料的集合，其主要功能在于向用户提供一定的信息”[②]。

数据库保护是当今各国知识产权法中一个备受关注的问题。1995 年欧盟部长理事会正式通过《关于数据库法律保护的指令》，对数据库提供两种保护：凡是具“原创性”的数据库，通过著作权法给予保护；凡是“非原创性”的数据库，通过特殊权利给予保护。后者是“对特定对象在并没有满足可版权性要件的情况下所提供的类似于版权的保护”[③]，质言之，这是一种反不正当竞争的保护。在欧盟的推动下，世界知识产权组织于 1996 年出台了《数据库公约草案》，该草案采取特殊权利保护模式，即这种保护及于独立数据库本身及其内容，但不及于生产、运行或维持数据库的计算机程序。[④] 同年，美国就数据库保护也进行了相关立法。该法案赋予数据库制作者以“提取”（以任何方式

---

① 有关论述可参见吴汉东：《论商誉权》，载《中国法学》，2001 (3)。

② 董炳和：《数据库法律保护在中国——兼评中国法院审理的两起涉及数据库的案件》，载郑成思主编：《知识产权研究》，第 8 卷，北京，中国方正出版社，1999。

③ 卢海君：《版权客体论》，284 页，北京，知识产权出版社，2011。

④ See Basic proposal for the Substantive Provisions of the Treaty on Intellectual Property in Respect of Databases, WIPO Doc. CRNR/DC/6 (Aug 30, 1996), Article 1.

将数据库内容转移到另一种介质上)、“再引用”(以发行、出租、在线传输等方式向公众提供数据库内容)等权利，并以“盗用原则”对数据库提供反不正当竞争保护。[①]

我国现行知识产权法律对数据库提供较为有限的保护。《著作权法》第14条规定，“汇编若干作品、作品的片段或者不构成作品的数据或者其他材料，对其内容的选择或者编排体现独创性的作品，为汇编作品”。这说明，体现独创性的数据库可以受到著作权保护，而不具独创性的数据库则游离在权利保护之外。对此，我国反不正当竞争法似可参考欧盟的做法，对非原创性的数据库等“边缘性作品”提供特殊权利保护。

5. 关于软件的不正当竞争

网络环境下与软件有关的不正当竞争行为主要有两类：一是通过“反向工程”获得信息而不正当利用的行为，二是利用软件技术手段干扰和损害竞争对手同类软件的行为。上述行为处于著作权法、专利法无力调整的“真空地带”，必须求助于反不正当竞争法。

在计算机领域，“反向工程”是指为了学习、研究某一软件的性能，开发与之兼容的产品，或者为了确定原作是否合理，软件及其复制品的所有人从软件的目标代码出发，通过反汇编方式寻找源代码的活动。关于软件“反向工程”的合法性，目前已成为国际上研究的热点问题。在美国，依其《版权法》第107条的规定，软件的合理拥有者可以通过“反向工程”(即反汇编、拆卸等方式)获取软件的思想、运行方法、行为因素等，但由此获得的信息不得用于独立创作程序、取得互补性以外的目的，或者给予他人，或用于开发、复制以及市场推广与该程序具有实质性相似之表达的程序。[②] 在我国，著作权法无法对软件的技术内容提供保护。如果有人将通过“反向工程”获取的信息作不当利用，就会淡化软件的独创性，损害权利人的利益。在这种情况下，反不正当竞争的保护不失为一种补救措施。

---

① See Database Investment and Intellectual Property Antipiracy Act of 1996, H. R. 3531, 104th Cong, 2d Sess.

② 参见陈传夫：《高新技术与知识产权法》，117页，武汉，武汉大学出版社，2000。

在网络服务业，通用和常规软件的兼容是软件产业发展的内在要求，也是保护消费者权益的基本举措。经营者在开发和推行自己的软件时，应该恪守商业道德和法律规则。在软件从产品到服务的转变过程中，一些软件经营者利用软件服务的特征，恶意不兼容同类软件、强制卸载竞争对手的合法软件，以及干扰、破坏、阻止和屏蔽他人软件的正常运行。[①] 这即是因所谓“流氓软件”“恶意软件”所引发的不正当竞争。此类纠纷具有以下特点：技术手段隐蔽，经营者以软件正常冲突为名掩盖其与竞争对手软件不兼容的主观恶意；主体身份隐蔽，经营者诱导甚至迫使第三人直接实施不当行为以掩盖自己操纵不正当竞争的主体身份；意思表达隐蔽，经营者以免费提供软件的合法形式掩盖其削弱竞争对手而谋取利益的非法目的。上述情形无法简单援用反不正当竞争法的经典类型和传统规则来处理，需要在制度改革创新与法律修订完善方面给予回应。

述及网络知识产权的反不正当竞争，列举式的讨论针对的是主要的问题但往往不是全面的问题，其中有些是法律规定的不正当竞争行为在网络环境下出现的问题，有些则是法律未及规定却是与网络有关的不正当竞争的新问题。无论如何，这些都应是未来反不正当竞争法着力考虑的问题。

---

① 参见侯霞：《网络环境中新型不正当竞争行为的法律规制》，载《安徽工业大学学报（社会科学版）》，2010（1）。

第十八章

知识产权制度与反垄断

知识产权是一种“合法垄断”，其“存在”本身即是反垄断法的除外领域。但是，知识产权的“使用”如果构成滥用行为，在某一特定市场形成支配地位，限制了该市场的竞争，就会受到反垄断法的规制。

一、知识产权法与反垄断法的一般关系

一般而言，在法律的基本分类中，知识产权法与反垄断法分属于不同的领域。知识产权法是有关私人知识财产的法律，当属私法；而反垄断法谓为“经济宪法”，具有鲜明的公法属性。[①]

关于知识产权法与反垄断法的关系，过去人们主要是强调两者之间的矛盾。从法律功能来说，知识产权法是保护独占使用的，承认“合法垄断”的；

---

① 上述归类分析是基本的，但并非绝对的。知识产权法是以综合性法律规范、多样性法律制裁措施为特征的专门法律，在立法文件中含有程序法规范、行政管理规范和刑事处罚规范，但这种公法规范内容的存在，并不影响其作为私法体系组成部分的本质属性。参见吴汉东：《知识产权立法体例与民法典编纂》，载《中国法学》，2003（1）。而反垄断法本质上虽为公法，但其调整的竞争关系是市场经济关系中的一种。反垄断法主要用公法的方法，即禁止、命令、承认、指定等，调整原本由私法调整的领域，这就使得该法又具有私法的某种特性。参见曹士兵：《反垄断法研究》，10页，北京，法律出版社，1996。

相反，反垄断法是保护自由竞争的，反对垄断的。美国是现代反垄断法的发源地，也是现代知识产权制度最发达的国家。两部法律之间的关系，在美国一直是个争论不休的话题。长期以来，知识产权法所强调的独占使用与反垄断法所保护的自由竞争之间存在着明显的冲突。从 20 世纪 30 年代至 70 年代，美国反托拉斯法在限制知识产权方面充当了积极的角色，法院亦倾向于将知识产权特别是专利与垄断联系在一起，认为知识产权很少能成为反托拉斯法规制的例外。[①] 一句话，知识产权法与反垄断法似乎是对立的，法律所保护的知识产权即是反垄断法律所规制的对象。正如美国法院在 1981 年 United States 诉 Westinghouse Elec. Corp. 一案中所指出的那样，"一种法律创立和保护垄断的权利，而同时另一种法律则力求禁止这样的垄断权"。美国反托拉斯官员在 1985 年曾作出如此评述：早期对知识产权保护的敌对似乎是一种基本不正确认识的结果，即认为反垄断法与知识产权法的目标之间有一种内在的经济冲突。[②]

自 20 世纪 80 年代以来，人们开始寻求知识产权法与反垄断法之间的结合与平衡。在美国，芝加哥学派提出了经济自由主义和社会达尔文主义的新经济结构理论，对反托拉斯思想的变革带来了重要影响，其标志即是两个"反托拉斯指南"文件的出台。1988 年，美国司法部发布了《国际经营活动中的反托拉斯执行指南》，对知识产权许可问题采取"合理原则"的分析方法，缩小了"本身违法原则"的适用范围。1995 年，美国司法部与联邦贸易委员会联合发布了《关于知识产权许可行为的反托拉斯指南》（以下简称 1995 年"指南"），规定对大多数许可行为应适用"合理原则"，强调了知识产权法与反托拉斯法存在推动技术发展与增进消费者福利的共同目的。

进入 21 世纪以后，美国社会更加注重知识产权法与反托拉斯法的协调关系。2002 年，美国司法部与联邦贸易委员会共同举办了主题为"关于知识经济时代竞争政策与知识产权法"的系列听证会，并于 2003 年由联邦贸易委员

---

① 参见宁立志等：《美国反托拉斯法中的专利权行使》，载《法学评论》，2005（5）。

② 转引自郭德忠：《专利许可的反垄断规制》，21～22 页，北京，知识产权出版社，2007；刘茂林：《知识产权法的经济分析》，94 页，北京，法律出版社，1996。

会发布了《促进创新：竞争与专利法律政策的适当平衡》的报告，提出“竞争政策和专利制度都是联邦政策中影响创新的重要因素”。在此基础上，美国司法部与联邦贸易委员会于2007年又出台了《反托拉斯执法与知识产权：促进创新和竞争》的报告（以下简称2007年“报告”），进一步厘清了对一些知识产权行为过分严格适用反托拉斯法的传统认识，提出在反托拉斯法与知识产权保护的交叉领域，将继续以“合理原则”指导反托拉斯执法，确保在保护竞争的同时，维护知识产权保护对创新的激励作用，以达到知识产权法与反托拉斯法之间的平衡。①

从两个指南的发布到两个报告的出台，反映了美国在知识产权领域进行反托拉斯执法立场和原则的重大变化，上述情况对于我们认识知识产权法与反垄断法的一般关系具有重要的参考价值。总体而言，知识产权法与反垄断法具有内在的统一性，在规制知识产权垄断行为方面是一种互动和协调的关系。具体说来，表现在以下两个方面：

1. 共同的政策目标。知识产权法与反垄断法的共同立法目标是促进创新和改善消费者福利。法律的制定和实施，总是与一定的政策目标相联系的。就制度功能而言，知识产权法和反垄断法即是国家创新政策的组成部分。知识产权法能够为创新提供激励机制。在市场经济条件下，创新者所支付的成本应该能够收回，甚至实现盈利。知识产权法即赋予创新者在一定时期内对其创新成果享有专有权，其他人要想利用其创新成果，必须征得其同意并支付费用，这样就为创新者提供了最经济、有效和持久的创新激励动力。对于反垄断法而言，保护竞争或维护竞争秩序是其存在的根源和内在精神。反垄断机制的基本功能在于：以保护自由公平的竞争来促进创新和经济发展。一个有效的反垄断机制，可以消除滥用垄断地位的行为，即减少进入市场的障碍，从而促进竞争；而一个有活力的竞争机制，又可以激发创新能力，进而推动创新活动。鉴于此，有学者曾形象地说明两部法律在激励创新方面是殊途同归的：反垄断法用竞争性市场的“大棒”（即不创新的企业就要遭淘汰）来促进鼓励初始创新

---

① 参见宁立志等：《美国反托拉斯法中的专利权行使》，载《法学评论》，2005（5）；王先林等：《反垄断执法与知识产权保护之间的平衡》，载《知识产权》，2007（6）。

的市场结构；知识产权法则用有限专有性及由此获得的利益（“胡萝卜”）来鼓励初始创新。反垄断法通过保护在专有性的知识产权以外的竞争机会来促使后续创新；知识产权法则通过要求初始创新的公开以及为后续创新者提供“合理使用”和不受知识产权“滥用”的权利来促使后续创新。[①] 就制度宗旨而言，知识产权法与反垄断法都表现了增进消费者福利的价值目标取向。知识产权法一方面通过鼓励创新，促进经济发展，为消费者提供更多、更新的选择；另一方面又通过制裁假冒等侵犯知识产权的行为，使消费者免遭交易中的损害，达到保护消费者的目的。同样，反垄断法通常将消费者福利的增减作为判断市场行为是否构成垄断的标准之一。与现代私法着眼于保障形式的自由与平等不同，反垄断法体现了实质正义的法律精神，注重对那些形式上、表面上公平而实质上不公平的情况加以矫正。[②] 可以说，反垄断法对垄断状态的控制，对市场进入壁垒、市场份额及其他限制竞争行为的规制，深刻地体现了其维护自由公平竞争秩序、为消费者提供最大限度选择权的目的。

2. 互补的调整功能。知识产权法与反垄断法在调整功能上的互动与协调，在于对权利滥用行为的规制。禁止权利滥用是现代社会普遍践行的法律理念，亦是现代各国法律普遍规定的法律原则。权利滥用的实质在于权利人以不公平、不适当的方式行使其权利。对知识产权滥用的法律规制，包括私法规制和公法规制两种。[③] 前者是一种内部限制：首先表现为知识产权法自身规范的限制。除规定有权利正当行使的一般原则外，法律还通过地域限制、时间限制、权能限制（包括合理使用、法定许可使用、强制许可使用）等具体制度，使知识产权的效力在一定条件下受到限制。其次表现为民法基本原则的限制。主要是指受民法中诚实信用原则、禁止权利滥用原则以及公序良俗原则的限制。民法基本原则是贯穿于各种民事法律制度的基本原则，亦是民法调整的社会关系与民法观念的综合反映。知识产权作为一种民事法律制度，应以上述基本原则

---

① 参见王先林：《知识产权与反垄断法——知识产权滥用的反垄断问题研究》，84～85页，北京，法律出版社，2001。

② 参见［日］丹宗昭信等编著：《现代经济法入门》，谢次昌译，50页，北京，群众出版社，1985。

③ 参见梁慧星：《民法总论》，251页，北京，法律出版社，1996。

为指导；在其调整平等主体之间的知识财产关系时，理应体现民法基本原则的精神。对知识产权滥用行为而言，民法基本原则的法律规制功能表现为以下两点：一是约束功能，即知识产权行使活动受民法基本原则约束，违反上述基本原则的民事活动不受法律保护；二是补充功能，即在作为成文法的知识产权法不敷使用时，对权利滥用行为可以加以一定程度的控制，起到补充法律漏洞的作用。[①] 后者是一种外部限制，即在反垄断法的框架内来解决知识产权滥用问题。无论是知识产权法的自身规范还是民法基本原则对知识产权滥用的限制，都受到私法本身性质和手段的局限，在这种情况下必须借助于公法的介入。反垄断法作为国家干预市场竞争行为的产物，体现了公法的社会本位属性，因而在规制知识产权滥用行为方面具有特别的功效和作用。知识产权作为私权，从其产生之初，这一法律属性一直没有改变。但是，为了协调与平衡个人私益与社会公益之间的关系，在一定情况下，国家也会对私权进行必要的干预和调整，知识产权如同其他私人财产权一样，也概莫能外。美国 1995 年“指南”认为，知识产权的权利行使行为既不应享有免于反托拉斯法审查的特别优惠，也不应受到特别的怀疑。这一观点是可取的。反垄断法对知识产权领域的介入，有必要从两个方面加以把握：第一，将知识产权与其他财产权同等对待，适用相同的反垄断法原则。知识产权虽具有区别于其他财产权的诸多特点，但在适用法律上并不特别地免于反垄断法的审查，即各种财产权都应适用统一的标准和法律原则。在这一意义上，知识产权并不能构成反垄断法的“除外领域”。第二，对知识产权滥用行为的规制不等于对知识产权“合法垄断”的否认和排除。知识产权虽然被视为“垄断权”，但对此不能假定为反垄断法规制的市场支配力，申言之，基于知识产权所形成的市场支配力本身并不当然构成违法。只有行使知识产权超过法定界限，造成损害他人利益和社会公共利益的后果，才能视为反垄断法所规制的“权利滥用”。

从总体上说，知识产权法与反垄断法是一种既对立又统一的关系。知识产权在本质上构成一定程度的垄断，而反垄断法的规制对象则是一定的垄断行

① 关于民法基本原则的功能作用，可参见魏振瀛主编：《民法》，22～23 页，北京，北京大学出版社，2000。

为，从立法旨趣来说，两者似乎存在着冲突之处。但是，在一国法律体系中，知识产权法与反垄断法不仅有着促进创新和改善消费者福利的共同政策目标，而且在规制知识产权滥用方面具有互动和协调的法律功能。反垄断法关注的不是具有“合法垄断”属性的知识产权本身，而是表现为滥用市场支配力的知识产权行使行为。概言之，知识产权滥用问题是知识产权保护与反垄断审查之间的法律连接点。

二、反垄断法对滥用知识产权行为的认定

知识产权滥用，是相对于知识产权的正当行使而言的，意指权利人在行使其知识产权时超出了法律所允许的范围或正当的界限，损害他人利益和社会公共利益的情形。滥用知识产权的行为并不导致知识产权本身的无效。这是因为，权利滥用中的权利本身，即是得到法律肯定和保障实现的利益，不应包括不合法的“权利”或是不正当获得的“权利”。虽然权利本身并不因滥用而导致无效，但因权利滥用可能导致两种法律后果：一是违反知识产权法规范，产生私法规制的结果。在私法领域里，知识产权滥用行为本身并非是可以起诉的侵权行为，但权利人由此丧失了请求救济的可能，包括获得权利使用费或金钱赔偿等。二是违反反垄断法规范，产生公法规制的结果。该类权利滥用属于滥用其市场支配力、限制市场竞争的行为，涉及市场竞争的公共政策，因此有必要依反垄断法加以规制。上述情况表明，知识产权滥用行为可能在私法与公法领域发生，权利滥用行为并不必然违背反垄断法而受其规制，而违背反垄断法行使权利的行为肯定是滥用知识产权的行为。[①] 在这里，判断标准是以反垄断法中的市场结构性要素作为基础的，包括市场支配力、市场份额、市场进入难易度等。无论是美国法还是欧盟法，大抵是结合市场结构来规范知识产权滥用问题的，即滥用知识产权应具备以下要件：“与知识产权相关的相关市场的界定；在相关市场中具有市场支配地位；采取了反竞争的方法维持或强化这一地

① 参见许春明：《阻止专利大棒——浅谈专利权滥用的法律规制》，载《中国发明与专利》，2007（8）。

位（滥用行为），具有消除竞争的效果或危险；不能根据其他正当理由获得正当性。”[①] 下面试分述之：

1. 相关市场

相关市场的界定，是认定市场支配力的前提。这是因为，在认定知识产权导致的市场支配地位时，必须证明很少存在知识产权所保护的技术或产品的替代品，以至于权利人有能力在相关市场上限制有效竞争的事实。在这里，相关市场范围的定义，是反垄断法审查的重要环节。

相关市场是与具体案件有关系的市场，即在具体案件中，竞争关系或者限制竞争行为发生在这个市场。界定相关市场的范围，需要考虑以下两个因素：第一是相关的产品市场，即在具体案件中，被告的产品或服务与哪些产品或服务存在竞争关系。第二是相关地域市场，即被告销售其产品或服务的地理范围。也就是说，在这个地域范围内，相关的产品或服务存在着竞争。[②]

（1）相关的产品市场。受知识产权影响的市场可以分为“产品市场”、“技术市场”和“开发创新市场”。根据《欧共体竞争法中界定相关市场的通告》第 7 条的规定，相关产品市场是指根据产品的性能、用途及其价格，从消费者的角度可以相互交换或者相互替代的所有产品或者服务。[③] 在这里，相关产品市场界定的关键在于确定某一特定产品是否有替代品的存在。关于产品市场与产品替代性关系的分析，美国法院提出了两个因素[④]：一是合理交换性。即主要看产品之间在购买渠道、性能和价格方面是否具有可相互替代性，所有具有替代关系的产品构成了同一个市场。美国 1995 年“指南”不再假定有知识产权就可以定义相关产品市场，从而确认替代品在判断市场支配力中的意义。考虑到替代品在消费者购买决策中的作用，扩大了相关产品市场的范围，从而在

① 韩立余：《反垄断法规范知识产权滥用的特点和局限——以欧美微软案为视角》，载《暨南学报（哲学社会科学版）》，2007（2）。

② 参见王曙光：《知识产权人拒绝交易的反垄断法分析》，载《北京工商大学学报（社会科学版）》，2007（1）。

③ 参见王晓晔：《欧共体竞争法》，77 页，北京，中国法制出版社，2001。

④ 美国最高法院在“布朗鞋公司案”判决中指出：“一个产品市场的范围取决于对合理交换性的利用或者对产品本身和其替代产品之间的交叉弹性需求。”参见［英］约翰·亚格纽：《竞争法》，徐海等译，56 页，南京，南京大学出版社，1992。

一定程度上减少了因拥有知识产权即获得市场支配力的可能性。二是需求交叉弹性。即某一特定产品价格的变化，影响消费者选择产品变化的可能性。凡是具有竞争关系的产品就属于同一个市场。需求交叉弹性表明：如果一个产品的价格上涨太多或供应受到限制，消费者将转而购买替代品，这即是需求交叉弹性高，难以显示供应者有市场支配力；如果对该产品存在着普遍需求，消费者不能或不愿转而购买替代品，这即是需求交叉弹性低，显示供应者较之替代品提供者具有更大的支配力。①

（2）相关的地域市场。受知识产权影响的地域市场，与产品有效竞争存在的地理范围有关。根据《欧共体竞争法中界定相关市场的通告》第 8 条的规定，相关地域市场是指相关企业供给或者购买产品或者服务的地域，且它们在这个地域内的竞争条件基本上是一致的。② 根据欧美国家的实践，界定地域市场只是在考虑产品合理交换性和需求交叉弹性时，为其确定一个适当的地域范围。相关地域市场的范围可能是国内某一地区，或某一国家，或若干国家组成的经济区域（如欧盟），或世界范围（如微软垄断案判决③）。确定地域市场的方法主要是考察产品的销售范围（通常以产品的销售范围等同于地域市场范围），并以消费者能否方便地选择竞争产品为补充（主要因素是产品运输成本和产品特性），此外还受到消费者偏好和政府管制的影响。

2. 市场支配地位

在相关市场拥有支配地位，是对滥用市场支配地位违法行为予以制裁的基础。欧美国家的法院或仲裁机构，不再将拥有知识产权假定为具有市场支配力。知识产权法对某一智力成果赋予专有权利，不同于反垄断法意义上的市场垄断。美国 1995 年“指南”认为，拥有受保护的知识产权并不当然具有市场支配力。2007 年“报告”强调，尽管从理论上部分知识产权可以形成垄断，

① 参见王先林：《知识产权与反垄断法——知识产权滥用的反垄断问题研究》，198 页，北京，法律出版社，2001。

② 参见王晓晔：《欧共体竞争法》，80 页，北京，中国法制出版社，2001。

③ 在微软垄断案中，地区法院法官杰克逊即是以全球范围作为确定微软的英特尔兼容个人电脑操作系统许可证这种产品的相关地域市场的。参见方兴东主译：《微软罪状——美国法院政府诉微软一案事实认定》，39 页，北京，中国友谊出版公司，2000。

但在现实中很少有知识产权能够真正形成垄断，因为在一般情况下知识产权所保护的技术或产品总是存在可替代的技术或产品。因此，仅仅具有知识产权这一事实不能推导出具有市场支配力的结论。① 由于知识产权本身不等于市场支配地位，因而对拥有知识产权的企业是否具有市场支配力的分析，必须遵循界定市场支配地位的一般标准。

市场支配地位，又称市场优势地位或市场控制地位，是指企业在特定市场上所具有的某种程度的控制力量，即在相关的产品市场和地域市场上，拥有决定产品产量、价格和销售等各方面的支配能力。欧盟委员会引用了欧盟法院对市场支配地位的定义，即企业享有的使其能够制止相关市场上的有效竞争的经济力量地位，该地位使其具有在相当程度上独立于其竞争者、客户以及最终的消费者行为的力量。② 美国 1995 年“指南”将市场支配地位解释为：在相关市场上将价格维持在竞争水平以上或者将产量维持在竞争水平以下达一个较长时期而仍能盈利的能力。市场支配地位的认定，主要是从市场份额和市场进入障碍两个方面来考察的。

（1）市场份额。即特定企业所控制的某一相关市场的百分比，这是确定市场支配地位最为重要的因素。美国法院、欧盟委员会在微软公司案中都是从分析其市场份额着手，即根据微软操作系统在相关市场中的高市场份额，认定微软公司在微机操作系统市场中占有市场支配地位。需要说明的是，不同国家对市场份额的认定方法不尽相同。大陆法系国家多以成文法形式明确规定市场份额的“警戒线”。例如，德国《卡特尔法》第 19 条规定，如果一个企业占有 1/3 以上市场份额，即可推定其具有市场支配地位。日本《禁止私人垄断及确保公正交易法》第 2 条规定，一个事业者的市场占有率超过 1/2，或者两个事业者各自的市场占有率的总和超过 3/4 的，构成垄断状态。作为判例法传统国家的美国主要通过司法实践来调整市场份额标准，并形成了一整套系统的数学分析模型。

---

① 转引自王先林等：《反垄断执法与知识产权保护之间的平衡》，载《知识产权》，2007（6）。

② 转引自韩立余：《反垄断法规范知识产权滥用的特点和局限——以欧美微软案为视角》，载《暨南学报（哲学社会科学版）》，2007（2）。

（2）市场进入障碍。即市场的新进入者比现有的市场主体要付出任何较大的经济成本。[①] 这是界定企业是否具有市场支配地位的一个重要因素。一般来说，在进入障碍较高的市场上，潜在的竞争者进入市场的可能性较小，而现有的拥有优势份额的企业将更容易被视为占有市场支配地位。在认定市场进入障碍时，单一的产品市场往往会有被认定为具有市场支配地位的危险。对于拥有知识产权的企业而言，当相关市场被缩至一项知识产权所覆盖的一种产品时，该知识产权排除替代品的事实本身，即意味着该企业实际垄断状态的形成。在哈金（Hugin）案中，法院认定哈金为有关哈金备用零件的唯一供应商，利普顿（Lipton）和其他类似企业的生存依赖于这种备用零件的供应，因而包含在该零件中的知识产权就是一个进入障碍，并由此成为哈金加强市场支配地位的一个因素。[②]

上述两个因素分析的意义表明：市场占有份额越高，形成市场支配地位的可能性越大；市场进入障碍越多，确认市场支配地位的可能性就越大。

3. 滥用市场支配地位

对于拥有知识产权的企业而言，市场支配地位本身并不违法。美国波斯纳法官认为，“通过合法手段获得垄断地位不是违反反托拉斯法的行为，这些合法手段包括技术创新并通过知识产权法获得竞争方面的保护。”[③] 作为权利人的企业，只有在滥用这种市场支配地位时，才会受到反垄断法的禁止。对滥用行为进行确认，这是对知识产权的权利人进行反垄断审查的关键。

由于市场支配地位的存在有合法与违法之分，在其之间作出明确区分是很困难的，因而，各国反垄断法多是采取列举主义方法，根据本国情况罗列滥用市场支配地位的若干行为类型；或是由法院通过判例对权利滥用行为进行一般性描述。后者的解释在一定程度上说明了滥用市场支配地位行为的性质和特点。

欧盟法院在滥用行为定义中强调“阻碍竞争”这一概念。法院认为，“滥

---

① 参见孔祥俊：《反垄断法原理》，533页，北京，中国法制出版社，2001。

② 参见王晓晔：《欧共体竞争法》，北京，中国法制出版社，2001。

③ 引自王先林等：《反垄断执法与知识产权保护之间的平衡》，载《知识产权》，2007（6）。

用支配地位的概念是与具有市场支配地位的企业的行为相联系的概念。有关企业由于存在着这种地位，不仅影响了市场结构，而且通过采取与商业交易中产品或服务的正常竞争所不同的手段，具有妨害现存市场上竞争程度的维持或者竞争发展的作用”[①]。在微软案中，法院认定微软公司拒绝提供兼容性信息，具有消除竞争的危险，对于技术创新和消费者福利产生了不利影响。欧盟法院的认定方法表明，只要具有市场支配地位的企业阻碍潜在的竞争者进入市场，或者运用了企图从其经营业务的市场上将现行的企业加以排除的方法，即违反了《建立欧洲共同体条约》（以下简称《欧共体条约》）第 82 条关于滥用行为的规定。[②] 美国法院采取了“排他性”概念来描述滥用行为。具有市场支配地位的企业，只有通过排他性行为获得或维持垄断，或谋求获得或维持垄断时才是违法的。这表明了认定滥用行为的一般原则：第一，垄断者的行为必须具有反竞争的效果，即必须损害竞争过程并因而损害了消费者的福利；第二，必须证明垄断者的行为确实具有必要的反竞争效果，其损害的是反垄断法所旨在防止的那类损害。[③]

在欧美国家的司法实践中，对滥用行为也存在着责任豁免的情形。被指控滥用市场支配地位的企业可以就有关指控进行抗辩，其中促进技术创新、维护消费者利益等都可以成为滥用行为的抗辩理由，但被告不能以知识产权作为其滥用行为的抗辩理由。

三、知识产权滥用行为的构成与类型

知识产权的滥用，涉及知识产权的利用和行使问题。权利主体一般通过转让或许可使用的方式，让渡自己的权利，以获取一定的收益。知识产权的许可使用往往采取许可证协议方式。由于许可证协议的客体是知识产权，而且被许

---

① 阮方民：《欧盟竞争法》，195 页，北京，中国政法大学出版社，1998。

② 《欧共体条约》第 82 条规定：一个或者多个在共同市场内或者其中的相当一部分地域内占有优势地位的企业滥用这种地位的任何行为，可能影响成员国之间贸易的，因与共同市场不相容而被禁止。

③ 参见韩立余：《反垄断法规范知识产权滥用的特点和局限——以欧美微软案为视角》，载《暨南学报（哲学社会科学版）》，2007（2）。

可方只能在一定时期、一定地域内使用指定的技术、商标或作品，因而这种协议多含有一些限制性条款。此类条款如在合理的范围内，可以有效防止被许可人或者第三人侵犯知识产权的行为，或者有利于知识产权得到有效的使用；反之，此类条款则有可能限制或者阻碍竞争，损害被许可人以及其他人的合法利益。[①] 在后一种情况下，即构成知识产权滥用。

反垄断法意义上的知识产权滥用行为，是指知识产权主体不适当地行使其权利，在特定市场实行排他性控制，从而损害他人合法利益或者社会公益的行为。所谓"排他性控制"，即是通过各种滥用市场支配地位的行为（垄断行为），形成了实质性限制竞争的状态。所谓"不适当行使权利"包括两种情形：一是权利人的行为超出了法律规定的范围。权利行使须在法定范围之内，如果该行为超出法律设定的限度，并且不合理地限制了竞争，就可以依据反垄断法对其加以禁止。二是权利人的行为造成对市场竞争的阻碍和限制。权利的行使虽在自身范围之内，但对市场竞争带来不应有的限制时，该行为仍受到反垄断的追究。[②]

根据美国、日本、欧盟等国家或地区的做法，反垄断法规制的知识产权滥用行为主要有以下几种类型：

1. 固定价格。即有竞争关系的行为人通过协议确定、维持或者改变价格的行为。知识产权本身是一种法定的垄断权，因此权利人具有设定价格的合法基础，可要求被许可方遵从权利人的价格要求。但是这种特殊性是有限度的，如权利人与被许可方签订交叉许可协议并设有固定价格条款，或者双方当事人通过控制特定市场、限制竞争以求得回报，上述做法都会被视为违背反垄断法。

2. 分配市场。即有竞争关系的当事人通过协议分割市场（包括地域市场或产品市场）、客户的行为。美国 1995 年"指南"规定划分市场或客户的行为适用"本身违法原则"；欧盟第 240/96 号规章将过度的地域限制、出口限制和

---

① 参见王晓晔：《知识产权滥用行为的反垄断法规制》，载《法学》，2004（3）。

② 参见张瑞萍：《反垄断法应如何对待知识产权》，载《清华大学学报（哲学社会科学版）》，2001（4）。

分配客户的限制规定为“黑色清单”条款，归于反垄断法的禁止之列；以后的第 772/2004 号规章对分配市场行为作了更为详尽的规定，但同时也列举了不适用“本身违法原则”的 7 种横向竞争对手分配市场的行为。[①]

3. 交叉许可。即两个或多个知识产权人之间订立的相互许可使用对方所拥有的知识产权的协议。合理的交叉许可，可以通过互补性技术的一体化安排，减少交易成本，有利于产品及时投入市场、消除封锁性地位以及避免高成本的侵权诉讼等，从而带来促进竞争的好处。[②] 但是，当知识产权人利用交叉许可协议限制竞争，尤其是用于固定价格或分配市场时，则会因本身违法而受到反垄断审查。

4. 专利联营。即两个或多个专利权人将他们的专利权或委托代理权集中在一个专门的法人实体或组织，并通过该法人实体或组织向其成员或他人授予许可。与交叉许可一样，人们对专利联营也有正反两方面的评价：正当的专利联营，通过允许对各权利人拥有的专利的互惠使用，增加了该专利的使用价值，或促进了专利权人之间的技术交流，从而具有促进竞争的影响。[③] 但是，如果专利联营对成员施加专利经营方面的种种限制，或者排除其他人参加联营或限制其他联营的建立，就实质性地限制了特定产品市场上的竞争，即可能构成反垄断法意义上的权利滥用。

5. 多重许可。即一个专利权人向多个相对人授予专利技术使用权的许可协议。当专利权人提出的共同条件为非独占性地授予多个被许可人使用权时，通常不会产生反垄断法的违反问题。如果许可人与多个被许可人之间达成一致，共同限制专利产品的价格、产量、销售等，因而限制了市场竞争，即构成对反垄断法的违反。

6. 搭售。即知识产权人作为卖方强制买方当事人购买、接受或使用与指定产品（结卖品）无关的其他产品（搭卖品）的商业行为。就产品性质和交易

---

① 上述例外规定可参见郭德忠：《专利许可的反垄断规制》，72～74 页，北京，知识产权出版社，2007。

② 参见郭德忠：《专利许可的反垄断规制》，74 页，北京，知识产权出版社，2007。

③ 参见王先林：《知识产权与反垄断法——知识产权滥用的反垄断问题研究》，283 页，北京，法律出版社，2001。

习惯而言，上述两类产品并无必然关联，买方为得到想要的产品而不得已购买其他产品，即构成反垄断法上的搭售。搭售是滥用市场支配地位的重要形式。它一方面限制了消费者的选择自由，另一方面又阻碍了其他经营者的竞争自由。在商业交易中，如果搭售行为系出于保证技术的正常性能、确保产品质量和消费者安全的目的，则应视为可被允许的搭售。

7. 独占性交易。即知识产权人在许可协议中限制被许可人不得出让许可、分销或使用对被许可技术构成竞争的其他技术。独占性交易，又称为排他性交易，在专利许可协议中是不竞争义务，应根据“合理原则”进行评价。当独占性交易所涉及的产品具有市场支配力，且形成当事人之间的共谋，从而产生排斥第三方技术的结果时，即会受到反垄断审查。对独占性交易进行基于“合理原则”的评价时，应着重分析该交易是为了“促进技术标准所有人对技术的进一步发展”，还是会“排斥相互竞争技术的实施和发展，或是禁止这些技术之间的竞争”①。

8. 回授。即在许可协议中，被许可人同意将其对许可技术所作出的改进技术，给予原许可人使用。一般而言，非独占性回授既允许被许可人自己使用改进技术，又可以向其他人许可，因而具有促进竞争的效果；同时这种安排向双方当事人提供了一种共同承担风险的方法，使许可人享有基于许可技术进行改进创新的好处。在这种情况下，回授是允许存在的。但是，独占性回授不允许被许可人向他人许可而只能向原许可人单方面回授，且当许可人具有相关市场的支配力时，则属于反垄断法意义上的限制性商业行为。

9. 拒绝许可。即知识产权人利用法律授予的专有权利，拒绝授予其竞争对手合理的使用许可，从而排除竞争，以巩固和加强自己垄断地位的行为。一般而言，具有市场支配地位，且经营者违反不得拒绝供应产品的义务，从事了排他性经营行为，即可能受到反垄断法的规制，而不论这种支配地位与知识产权是否有关联。反垄断法将拒绝许可认定为滥用知识产权的行为，有三个限制条件：其一，权利人拥有生产某一新产品的知识产权，同时市场上没有实际的或潜在的替代产品存在；其二，权利人没有正当理由，而拒绝许可竞争者使用

① 唐要家：《研发创新中的知识产权与反垄断》，载《科学管理研究》，2006（9）。

其知识产权以生产该种新产品；其三，消费者对新产品有需求，且权利人生产的新产品与其他经营者生产的新产品存在竞争关系。[①] 在这种情况下，拒绝许可行为即构成知识产权滥用。

四、规制知识产权滥用行为的比较法分析

对知识产权滥用行为进行规制，是反垄断法的一项重要任务，国际社会和各国立法者为此作出了不同程度的努力。从《巴黎公约》到世界贸易组织《知识产权协定》都含有促进许可使用、防止权利垄断的原则性条款，对各国相关立法有一定的指导作用。在对知识产权滥用的规制方式上，各国反垄断立法存有差异，有的无专门规定（如美国、欧盟），有的只作原则规定（如日本），但其共同做法则是由专门执法机关制定具体指导性文件。其中，美国司法部和联邦贸易委员会联合发布的《知识产权许可的反托拉斯指南》、欧共体委员会颁布的《有关技术转让的第240/96号和第772/2004号规章》、日本公正交易委员会颁布的《专利和技术秘密许可协议中的反垄断法指导方针》等颇具代表性。

1. 知识产权国际公约对滥用行为的规制

为防止知识产权的滥用，知识产权国际公约采取了两项措施：一是规定了公共利益原则，以此作为整个知识产权国际保护制度普遍适用的准则。各缔约国在国内立法时可依据这一原则，规定对知识产权限制的若干例外情形。二是规定以许可使用为主要内容的知识产权限制制度，授权各缔约国采取适当措施规制权利滥用。可以说，绝大多数知识产权国际公约对防止权利滥用行为作了一般性规定，但并未提供严格意义上的反垄断法律制度。

（1）公共利益原则的规定与适用。公共利益原则是指知识产权的保护和权利行使，不得违反社会公共利益，应保持私人利益和公共利益之间的平衡。[②]

---

① 欧盟法院在1996年迈吉尔案终审判决与2004年微软案初审判决中，表述了拒绝许可的认定规则。有关资料可参见王先林：《知识产权与反垄断法——知识产权滥用的反垄断问题研究》，226～231页，北京，法律出版社，2001；郭德忠：《专利许可的反垄断规制》，161～163页，北京，知识产权出版社，2007。

② 参见吴汉东主编：《知识产权国际保护制度研究》，25页，北京，知识产权出版社，2007。

《知识产权协定》在题为“原则”的第 8 条规定：1）缔约方可以在其国内法律及条例的制定或修订中，采取必要措施以保护公众的健康和营养，以及促进对社会经济与技术进步至关重要的部门的公共利益，但该措施应当与本协定的规定一致；2）可采取适当措施防止权利持有人滥用知识产权、采取不合理地限制贸易或对国际技术转让造成消极影响的行为，但该措施应当与本协定的规定一致。世界知识产权组织《版权条约》在宣言中宣称：有必要按《伯尔尼公约》的精神，实现保护作者的权利与广大公众的利益（尤其是教育、研究和获得信息的利益）之间的平衡。《表演和录音制品条约》在序言中就表演者、录音制品制作者与社会公众之间的利益平衡，也作出了相同的表述。在知识产权国际公约中，公共利益目标涉及公共健康、社会发展、表现自由、公共教育等，上述目标的实现在知识产权法内部，是通过权利的限制与利用制度得以保证的。可以认为，公共利益原则为私法领域规制权利滥用行为提供了国际法准则。

（2）权利限制制度的规定与适用。知识产权限制是知识产权国际公约的一般规定，也是各国知识产权法的基本制度。这一制度设计，旨在防止权利滥用，促进知识传播和技术利用，维护公共利益。《巴黎公约》规定，各缔约国有权颁发强制许可证，以防止出现专利权人不积极或不充分实施专利的情况；并且规定，在颁发强制许可证后仍不足以防止专利权人对专利滥用的情况下，可以宣布专利无效。《伯尔尼公约》考虑到发展中国家的实际情况，为了使发展中国家在不过分增加经济负担的情况下获得对外国作品的合法使用，特别规定了若干优惠条款，包括翻译强制许可和复制强制许可。《知识产权协定》在题为“对许可合同中限制竞争行为的控制”一节中，专门规定了限制竞争的滥用行为。根据协定第 40 条的规定，其内容包括：1）独占性回授条件；2）禁止对有关知识产权的有效性提出异议的条件；3）强迫性的一揽子许可证。与以往的国际公约不同，《知识产权协定》有很大的突破，上述规定是一个典型的反垄断条款，旨在规制限制竞争的行为。国际上通称的竞争法和竞争政策，实际上就是反垄断法和反垄断政策，并不包括私法意义上的反不正当竞争法。[①] 上述条款规定了有限的适用范围，直接涉及反垄断法规制的内容。关于

---

① 参见孔祥俊：《WTO 知识产权协定及其国内适用》，329 页，北京，法律出版社，2002。

知识产权滥用行为的认定，《知识产权协定》则授权缔约方在其国内立法中根据“特定情况”进行具体规定，并以例示主义方法列举了“独占性回授条件”“禁止对知识产权有效性提出质疑的条件”“强迫性一揽子许可”三种滥用行为。应该指出的是，《知识产权协定》关于滥用行为的反垄断规制是比较笼统的。在协定的谈判与缔结中，发展中国家关于禁止权利滥用的建议文本并没有完全被接受，而发达国家提出的强化知识产权保护的主张则得到了充分的实现。

2. 美国对知识产权滥用的反垄断规制

美国称反垄断法为反托拉斯法，由国会以制定法形式颁布，多规定法律原则，较少涉及审查规则。美国1890年《谢尔曼法》被认为是世界上最早的反垄断法，而对知识产权滥用行为进行规制的法律却首推1914年《克莱顿法》。该法第3条规定，禁止以某种条件销售商品，“不管是专利的还是非专利的”。

除国会立法以外，法院判例也是美国反托拉斯法的重要组成部分。在长期的审判实践中，美国法院对滥用知识产权行为的认定形成了两种不同的原则：一是“本身违法原则”。即依据某些行为的性质及必然后果，只要其发生即可认定违法，无须进行具体审查。该类行为包括搭售、固定价格、联合抵制、瓜分市场等。二是“合理原则”。即根据某些行为的具体情况，进行反垄断审查，以决定其是否具有违法性。该类行为通常有以控制市场为目的的知识产权交易、非独占性回授规定、拒绝许可、交叉许可等。[①]

美国反托拉斯法的执行机构为司法部和联邦贸易委员会，其负责对知识产权滥用行为开展案件调查、提起诉讼或者进行处理。该执法机构往往分别或共同发布一些执法指南或规则。其中，1995年“指南”反映了美国政府对知识产权与反托拉斯关系的最新思考和基本执法政策。该“指南”适用于专利、版权、商业秘密的许可行为，其基本理念是确认知识产权法与反托拉斯法“具有促进创新和增进消费者福利的共同目标”。“指南”还确立了三项基本原则：(1) 就反托拉斯审查而言，执法机关将知识产权与其他类型的财产同样对待；

---

① 参见宁立志等：《美国反托拉斯法中的专利权行使》，载《法学评论》2005（5）；孔祥俊：《WTO知识产权协定及其国内适用》，334页，北京，法律出版社，2002。

（2）执法机关并不推定知识产权产生反托拉斯法意义上的市场支配力；（3）执法机关承认知识产权许可行为能促使企业将各种生产要素结合起来，因而一般是有利于竞争的。上述政策阐释了执法机关对知识产权许可合同方面反托拉斯法违法行为的追究原则，使以往思想上的分歧和实践中的不同做法有了形成共识的基础，也为公众判断其许可合同行为是否违反反托拉斯法提供了指导。[①]继1995年“指南”公布12年之后，美国司法部和联邦贸易委员会又出台了2007年“报告”。这份报告集中反映了美国执法机构在知识产权领域实施反托拉斯法的最新主张，其目的是更好地解决知识产权保护与反托拉斯执法之间在知识经济时代的平衡关系，以保证上述法律实现“鼓励创新、勤勉和竞争”的共同目标。2004年美国政府报告强调了该国的基本政策立场：“从美国立国基础来看，保护知识产权始终是创新政策的一项支柱。”[②] 正是基于对鼓励创新的特别关注，2007年“报告”主张执法机关运用合理原则的方法来分析绝大多数知识产权行为，尤其要重视对行为结果的分析。相对以往而言，2007年“报告”体现出对知识产权的某种程度的倾斜，即对知识产权所有人的某些“排他性”行为更加宽容，这些以往可能受到反托拉斯审查的行为，现在被明确排除在审查范围之外。[③] 对知识产权滥用行为的反垄断审查，美国执法机关和法院似乎有所弱化，这与欧盟执法机关和法院所持的积极态度形成鲜明的对比。微软垄断案在美国的处理结果异于欧盟，即是对2007年“报告”政策主张的事实性说明。

3. 欧盟对知识产权滥用的反垄断规制

欧盟通常将反垄断法称为竞争法。欧盟竞争法是一种具有某些国际法特性的法律体系，即具有优先于成员国竞争法适用的效力。为保证欧盟竞争法的实施，欧盟建立了包括欧盟委员会和欧洲两级法院在内的一整套执法、司法体

① 参见王先林：《知识产权与反垄断法——知识产权滥用的反垄断问题研究》，112页，北京，法律出版社，2001。

② Innovate America：Thriving in a World of Challenge and Change，National Innovation Initiative Interim Report，Council on Competitiveness，2004，p. 7. 转引自《世界高等教育：改革与发展趋势》，第3辑，北京，国家教育行政学院印，2006。

③ 参见王先林等：《反垄断执法与知识产权保护之间的平衡》，载《知识产权》，2007（6）。

制。欧盟竞争法的实体规范最集中地体现在《欧共体条约》的第 3 条、第 85 条、第 86 条之中。[①] 其中，第 3 条规定了建立竞争保护机制、使之不受扭曲的原则；第 85 条系禁止或在一定条件下豁免反竞争性协议的规定；第 86 条是禁止滥用市场支配地位的规定。

在长期的实践中，欧盟竞争法确立了知识产权“存在权”与“使用权”相区别的原则。欧洲法院在其判例中阐释了这一原则的基本内容，即《欧共体条约》所保护的只是知识产权的“存在”，而对知识产权的“使用”，则应受到条约有关禁止性规范的约束。为此，欧洲法院在欧盟竞争法与知识产权法之间划分出三个法律范畴：一是知识产权的“存在”形式，即成员国当局确定授予知识产权的条件。这是《欧共体条约》第 85 条、第 86 条所不涉及的领域。二是得到允许的知识产权行使形式。它要结合知识产权法所授予的权利和《欧共体条约》第 85 条、第 86 条所施加的限制来加以确定；三是受到禁止的知识产权行使形式，它要由《欧共体条约》第 85 条、第 86 条的禁止性条款加以确定。[②]

为适用《欧共体条约》中的竞争法规范，规制知识产权许可协议条款，欧盟委员会颁布了若干条例规章，其中比较重要的是 1996 年《对技术转让协议适用条约第 85 条第 3 款的第 240 号规章》（以下简称第 240/96 号规章）和 2004 年《对技术转让协议适用条约第 81 条第 3 款的第 772 号规章》（以下简称第 772/2004 号规章）。第 240/96 号规章反映了欧盟在《知识产权协定》生效之后平衡竞争法与知识产权法之间冲突的政策倾向，其立法背景同于美国 1995 年“指南”颁布的情形。该规章于 1996 年生效，有效期 10 年，是对 1984 年《专利许可协议集体豁免规章》和 1988 年《技术秘密协议集体豁免规章》的合并和全面修订，适用于专利、技术秘密和其他知识产权的许可协议。该规章的主要内容有：(1)“基本豁免”条款。凡符合规定条件并在豁免范围内的技术许可协议，不受《欧共体条约》第 85 条的禁止。(2)“白色清单”条款。凡此类条款列举的技术许可协议，即使在某些情况下有可能限制竞争，也

---

① 《欧共体条约》第 85、86 条，后修订为第 81、82 条。

② 参见阮方民：《欧盟竞争法》，282～283 页，北京，中国政法大学出版社，1998；王先林：《知识产权与反垄断法——知识产权滥用的反垄断问题研究》，126 页，北京，法律出版社，2001。

可予以豁免。该条款共有 18 种。(3)“黑色清单”条款。凡此类条款列举的技术许可协议不予豁免，或是说含有任何一项限制性条款的许可协议皆不予豁免。在这里不得援用合同无效的可分性原则。该条款共有 7 种。(4)“灰色清单”条款。凡不属于“基本豁免”范围和“白色清单”之内，又不是“黑色清单”所列的许可协议条款（如订立合同时强迫被许可人购买某些商品或服务，或是规定被许可人对转让专利的有效性提出异议等），其当事人可将许可协议事项通知欧共体委员会，如后者在规定期限内未提出异议，即视为获得豁免。第 772/2004 号规章反映了欧盟在知识产权领域反垄断的最新政策，成为欧盟确定技术许可协议合法性的最新标准。与第 240/96 号规章相比，该规章扩大了适用范围，除专利及技术秘密外，还涉及诸如版权、工业设计权、商标权等其他知识产权；改变了规范的框架结构，去除“白色清单”和“灰色清单”，只保留“黑色清单”的核心限制条款，凡有此条款的协议不得豁免；列举了许可协议不可含有的限制性条款，不但提高了法律的可预期性和实施的便利性，同时为企业提供了自我认定的新举措，帮助企业调整市场行为，避免进入非法垄断。①

4. 日本对知识产权滥用的反垄断规制

日本的反垄断法规制具有强烈的产业指导政策倾向。在技术许可协议管制方面，采用了反垄断执法机关与企业之间事先协商和事后谈判制度，以及广泛的适用除外规定。日本的反垄断制度框架由立法机关通过的法律和执法机关颁布的“指导方针”构成。日本《禁止私人垄断及确保公平交易法》（以下简称《禁止垄断法》）制定于 1947 年。该法有两个条款直接涉及知识产权领域：一是适用除外条款。根据该法第 23 条规定，该法不适用于被认为是行使著作权法、专利法、实用新型法、外观设计法或商标法规定的权利的行为。即将依法行使知识产权的行为纳入《禁止垄断法》适用除外领域。二是禁止滥用条款。该法第 6 条规定，事业者不得签订其内容含有不正当交易限制和不公正交易方法事项的国际协定或国际合同。根据该条规定，日本公平交易委员会于 1968 年发布了《国际许可协议的反垄断指导方针》，规定了 9 项不公正的国际许可

① 参见郑友德等：《欧盟知识产权滥用的反垄断问题研究》，载《法学评论》，2006 (6)。

协议限制条款和 5 项在国际许可协议中不被视为不正当限制的条款。该指导方针适用于专利、实用新型和技术秘密的国际许可协议。

1989 年，日本公平交易委员会颁布了《关于管制专利和技术秘密许可协议中的不公平交易方法的指导方针》。该“指导方针”提出了分析许可协议条款正当性的适用标准，其既借鉴了欧盟法的做法，将许可协议的限制条款分为“白色条款”（12 项）、“灰色条款”（10 项）和“黑色条款”（5 项）；又参考了美国的经验，对权衡特定类型限制的必要性与对竞争不利影响的可能性方面，采取“合理原则”进行分析。

1999 年，日本公平交易委员会再次修订了“指导方针”，对知识产权领域的反垄断问题提出了全面、系统的指导意见。修订后的“指导方针”的主要内容包括：（1）说明了在知识产权领域适用《禁止垄断法》的基本问题。对作为典型技术交易的专利和技术秘密许可协议适用《禁止垄断法》，归纳了三种主要限制条款类型，即可以确认构成滥用的“黑色条款”、可以逐案评估的“灰色条款”、可以进行豁免的“白色条款”。（2）对《禁止垄断法》第 23 条进行了适用解释。该条确认依据专利法行使权利的行为不受《禁止垄断法》的约束。但是该行为在其他方面如被认为与知识产权法鼓励创新的目的相违背，即不再是依专利法行使权利，并要适用《禁止垄断法》。对适用《禁止垄断法》的行为依“指导方针”进行评估，以确定其属于不合理贸易限制、私人垄断还是不公平交易。（3）对许可协议中的不合理贸易和私人垄断进行了阐释。在专利许可协议中，包含了对地域或使用领域的限制，或双方当事人采取交叉许可的形式，或多方当事人达成专利联营协议时，如果被用以相互限制商业行为，成为导致反竞争结果的手段，这些行为即是违反《禁止垄断法》。（4）对许可协议的不公平交易方法进行了阐释。当许可协议中的限制并不被认定为依专利法行使权利的行为，或是经《禁止垄断法》第 23 条的审查，虽为权利行使行为但仍被认为应适用《禁止垄断法》时，可依“指导方针”的具体规定进行评估以确定其是否属于不公平交易方法。①

① 参见王先林：《日本关于知识产权滥用的反垄断控制及其借鉴意义》，载《知识产权》，2002（2）。

五、我国对知识产权滥用行为规制的立法评述

在我国，对知识产权滥用行为的法律规制，几乎同步于知识产权保护的制度创建。除了《民法通则》（1986年）以及《商标法》（1982年）、《专利法》（1984年）、《著作权法》（1990年）等法律中含有私法意义的内部规制条款外，相关法律、法规及司法解释也从不同角度涉及对知识产权滥用行为的规制问题。

早在1980年，国务院就颁布了《关于开展和保护社会主义竞争的暂行规定》，明确提出“在经济活动中，除国家指定由有关部门和单位专门经营的产品以外，其余的不得进行垄断，搞独家经营”。1983年，国务院发布的《中外合资经营企业法实施条例》第46条规定，技术转让协议不得含有为中国的法律、法规所禁止的不合理的限制性条款。1987年制定的《技术合同法》（后被1999年《合同法》所取代）第21条规定，非法垄断技术、妨碍技术进步或者侵害他人技术成果的技术合同无效。1993年制定的《反不正当竞争法》第二章列举了11种应予禁止的不正当竞争行为，其中公用企业滥用独占地位、行政部门滥用行政权力、倾销、搭售、串通投标等限制公平竞争的5种行为，通常被视为垄断行为。1997年通过的《价格法》第14条规定的“相互串通、操纵市场价格”“为了排挤竞争对手或者独占市场，以低于成本的价格倾销”“提供相同商品或者服务，对具有同等交易条件的其他经营者实行价格歧视”等不正当价格行为，实际上也属于垄断行为。1999年颁布的《招标投标法》第6条、第18条、第31条就禁止“以任何方式非法干涉招标投标活动”“对潜在投标人实行歧视待遇”“限制投标人之间的竞争”等行为进行了明确规定，具有反垄断的法律意义。《对外贸易法》2004年修正案增加了“与对外贸易有关的知识产权保护”专章，在强调“保护与对外贸易有关的知识产权”的同时，特别作出规定：“知识产权权利人有阻止被许可人对许可合同中的知识产权的有效性提出质疑、进行强制性一揽子许可、在许可合同中规定排他性返授条件等行为之一，并危害对外贸易公平竞争秩序的，国务院对外贸易主管部门可以采取必要的措施消除危害。”这一规定含有规制知识产权滥用行为的内容，对

于维护外贸领域公平竞争秩序，保障知识产权正当行使具有重要意义。总体说来，上述含有反垄断内容的法律规范，散见于各种立法文件，比较零散，缺乏系统性；原则性强，缺乏可操作性；对垄断行为未作具体定义，缺乏规范性。

2007年通过的《中华人民共和国反垄断法》是我国基本的反垄断法律制度。该法对“垄断协议”“滥用市场支配地位”“经营者集中”三种垄断行为进行了定义说明和构成认定，并在“附则”一章中专门规定：“经营者依照有关知识产权的法律、行政法规规定行使知识产权的行为，不适用本法；但是，经营者滥用知识产权，排除、限制竞争的行为，适用本法。”这一条款表明：行使知识产权的正当行为是为反垄断法所豁免的，即知识产权本身是被允许和保护的“合法垄断”，前述规定即为反垄断法规制的除外条款；与此同时，滥用知识产权以排除、限制竞争的行为，即构成反垄断法意义上的非法行为，此处“但书”即为反垄断审查的适用条款。该法与日本《禁止垄断法》和我国台湾地区“公平交易法”有所不同，不仅强调依法行使知识产权的行为应予豁免，而且明确规定滥用知识产权行为也应受到反垄断法的审查，从立法技术层面上说，应更有可取之处。

我国《反垄断法》对知识产权领域权利滥用问题的规定是原则性的，不可能具体阐述知识产权与反垄断之间的复杂关系；该法对垄断行为的定义及认定也是一般性的，并未对知识产权领域的非法垄断问题进行具体说明。因此，有待于从两个方面进行立法补充和完善：一是修改现行知识产权法律，增设规制滥用知识产权行为的专门制度，即明确、细化有关知识产权滥用的规定，既可使其作为知识产权行使的“禁用条款”，为权利人正确利用和支配知识财产提供法律准则；同时也可作为侵权诉讼中被控侵权人的抗辩事由，使其能够对抗知识产权滥用的恶意诉讼。二是制定反垄断审查的指南或规章，专门适用于知识产权滥用行为，即参照美国、欧盟、日本等国的做法，由国务院设立的反垄断委员会就知识产权领域的反垄断规制问题，制定专门的指南或规章，对反垄断审查的对象、方法、程序等具体规则作出详细规定，以便于执法机关在工作中适用，为市场主体约束、规范自身行为提供法律指引。

第十九章

知识产权制度与民事立法

知识产权法的地位，是指它在整个法律体系中所处的地位，即它是否作为一个独立的法律部门或是归类于何种法律部门。对此，我国学者曾有不同看法：

有的学者认为，知识产权法是一种综合性的法律制度，与民法、经济法、行政法、国际法都有着广泛的联系，因此不能简单将其划归某一法律部门。笔者认为，知识产权法的调整对象是平等主体因创造或使用知识产品而产生的财产关系和人身关系，其调整手段和适用原则，主要是民法的手段和原则。调整对象及其方法是识别、判断部门法属性的主要标准，至于行政法、刑法以及其他属性的法律规范，在知识产权法中所占的比例很小，不足以影响该法的性质。从现在立法通例来看，除刑法典、民法典等基本法外，单行或专门法律制度一般都是采用多种调整手段，但总是会基于其调整对象而采取一种主要调整手段。因此，强调知识产权法是一种综合性法律制度，而不进行部门法归类，其理由是不充分的。

有的学者主张，知识产权法是一个独立的法律部门，因为各项知识产权制度已经构成一个相对完整的族系，法国知识产权法典的出现即是未来该法与民法普遍分立的征兆。笔者认为，知识产权是民法对知识形态的无体财产进行法律化、权利化确认的结果，是从物的所有权中分离出来的新的、独立的财产权形态。客体的非物质性固然是知识产权的本质特性，但其民事权利或私权的属性与物权、债权等并无实质性差别。可以说，知识产权法并没有独特的、仅属于其自己所有的调整对象与调整手段，因而不具备成为独立法律部门的条件。

多数学者认为，知识产权法属于民法的范畴。至于知识产权制度与未来民法典之关系，却存有不同看法。不少学者主张在民法典的框架内，整合一个包括知识产权在内的财产权体系，其理由是：知识产权的保护手段基本是民事性质的，应将这一权利与其他财产权等同看待，并纳入民法典进行规范；国外已有民法典规定知识产权之立法例，我国《民法通则》在“民事权利”中，亦专节规定了各类知识产权，因此这一制度应成为民法典的组成部分。[①] 笔者对此有不同看法，下面试作简要分析。

一、近代民法典编纂与知识产权制度产生

自英国 1623 年《垄断法规》、1709 年《安娜法令》、法国 1857 年《商标法》问世后，随着资本主义制度在西方的确立，各主要资本主义国家自 18、19 世纪以来都开始了知识产权的立法活动。其中最有代表性的立法例有：美国 1790 年《联邦版权法》、法国 1793 年《作者权法》、德国 1837 年《保护科学和艺术作品的所有人反对复制或仿制法》、日本 1899 年《著作权法》；美国于 1790 年、法国于 1791 年、德国于 1877 年、日本于 1885 年先后制定的专利法；英国于 1875 年、美国于 1870 年、德国于 1874 年、日本于 1884 年先后颁布的商标法。上述知识产权立法与近代民法典编纂都未发生直接的联系。英美法系国家有着自己的法律传统，没有形式意义上的民法即民法典。英美学者在学术上将私法分为合同法、侵权行为法、财产法、信托法、家庭法等部分，上述规范在法律形式上以判例法或制定法的形式存在。无论在英国还是在美国，知识产权法都表现为制定法的形式，历来都是一种独立的财产法律制度，并不

① 有关观点参见翟云岭等：《中国法学会民法经济法研究会 1999 年年会综述》，载《中国法学》，1999（6）；赵中孚等：《1999 年民商法研究的回顾与展望》，载《法学家》，2000（1）。

涉及民法典编纂的问题。大陆法系国家继承了古罗马法典化的传统。作为近代范式民法典的《法国民法典》与《德国民法典》，其编纂活动分别完成于 19 世纪初叶与末期，其民法典体系取材于罗马法的《法学阶梯》或《学说汇编》，而知识产权立法早在民法典编纂之前大体就绪，且这些新兴的财产制度又多为英国的“舶来品”。因此，近代欧洲大陆的范式民法典未能将知识产权制度纳入其体系之中。

二、现代民法典体例对知识产权制度的接纳

自 20 世纪以来，大陆法系的一些国家尝试将知识产权制度编入本国的民法典，并在 90 年代兴起的第二次民法典编纂运动中形成高潮。其代表性法典有：

1. 意大利民法典。意大利民法典在大陆法系的法典化历史中占有重要地位。1865 年意大利民法典主要效仿的是法国模式，1942 年民法典在部分保留原法典痕迹的同时，有了新的突破和发展。① 知识产权作为一种新问题、新关系、新制度，被规定在民法典的“劳动”编中。该法典第六编冠名为“劳动”，实际是关于劳动关系、公司（合伙）、合作化、企业、知识产权、竞争与垄断等规范的混合编。意大利民法典所涉及的知识产权主要为著作权、专利权、商标权、商号权。其中，标志性权利规定在名为“企业”的第八章。创造性权利规定在题为“智力作品权和工业发明权”的第九章。意大利民法典关于知识产权的规定有两个缺陷：第一，该类规范是关于知识产权的原则性规定，民法典强调有关权利的取得、行使及存续期间由特别法加以规定。实际上，在民法典的相关规定之外，各种知识产权专门法依然存在。知识产权在民法典中的规定，缺乏实际操作的意义。第二，知识产权在民法典中的制度安排，分设为“企业”与“作品权和发明权”两章，此类体例设计无疑割裂了知识产权的完整体系。同时，现代知识产权法已成为门类众多、权项庞杂的规范体系，民法

① 参见桑德罗·斯奇巴尼为意大利民法典中译本所作的前言，引自《意大利民法典》，费安玲、丁玫译，北京，中国政法大学出版社，1997。

典仅规定了四类知识产权，显见其体系的包容性不足。

2. 荷兰民法典。荷兰是新民法典编纂运动的杰出代表。它在糅合“法学阶梯体系”与“潘德克顿体系”的基础上形成了具有独特风格的荷兰民法典结构。1992年荷兰民法典分为10编，第九编是“智力成果权”。根据立法计划，“智力成果权”即知识产权包括当时拟定的专利、商标、版权、商号等。其中，具有私法性质的条文被纳入第九编，那些具有行政、程序法和刑法性质的条文则另置他处。民法典中关于知识产权编的设计，后来由于立法技术上的困难而被取消。[①] 另一重要原因是，自《马斯特里赫特条约》签订之后，欧盟一直致力于制定一个适用于所有成员国的“欧共体法”。自荷兰民法典颁布后，欧共体先后制定了统一商标法、专利法以及其他知识产权条例，所有的成员国需要与其保持一致，而不能进行补充和修订。[②] 荷兰学者认为，在这种情况下，将上述法律搬到新民法典第九编是不合适的。[③]

3. 俄罗斯民法典。苏俄民法曾对前社会主义国家产生广泛影响。1922年苏俄民法典有关财产权的各编分别是所有权、债权、继承权，没有涉及知识产权。1961年的苏联民事立法纲要及后来的俄罗斯加盟共和国民法典进行重大修改，在第四编、第五编、第六编中分别规定了著作权、发现权和发明权，但这三编并没有总括为“知识产权”编，同时它将包括专利权、商标权的工业产权排除在外。1991年的苏联民事立法纲要拟定7编。其中，与知识产权有关的有两篇，即著作权与“创作成果的权利”，后者包括专利权、外观设计权、商标权、商号权、合理化建议作者权、商业秘密权、植物新品种权。[④] 1994年俄罗斯联邦民法典[⑤]不完整地再现了这一纲要所设计的模式，拟定的知识产权编为第五编，冠名为“著作权和发明权”。事实上，1992年9月，俄罗斯已经

---

① 参见徐国栋：《民法典草案的基本结构》，载《法学研究》，2000 (1)。

② 参见吴汉东等：《西方诸国著作权制度研究》，333～335页，北京，中国政法大学出版社，1998。

③ 参见［荷兰］亚瑟·S·哈特坎普：《荷兰民法典的修订：1947—1992》，载《外国法译评》，1998 (1)。

④ 参见余先予主编：《俄罗斯民商法与冲突法》，124页，北京，世界图书出版公司，1995。

⑤ 俄罗斯联邦民法典第一部分于1994年通过，1995年生效；第二部分于1996年通过，同年生效；第三部分涉及知识产权，正在起草之中。

以特别法的形式颁布了《专利法》和《商业标志法》。这部被称为独联体国家的“示范民法典”，尚未完成世人关注的“知识产权编”，准备草拟的该编也仅仅涵盖部分知识产权制度，缺乏体系的完整性。

4. 越南民法典。1995年越南民法典是后社会主义国家民法典编纂运动的产物。该法典以专编系统地规定了知识产权，并在法典于1996年生效之时，废止了1989年《工业所有权保护法》、1994年《著作权保护法》、1988年《引进外国技术法》。越南没有像意大利、俄罗斯那样采取基本法与特别法并用的方法来规定知识产权，这在世界立法例中是不多见的。越南民法典第六编名为“知识产权和技术转让权”，含“著作权”“工业所有权”“技术转让”三章。其中：第一章“著作权”，规定了著作权与邻接权；第二章“工业所有权”，规定了专利权、商标权、地理标志权；第三章“技术转让”，规定了技术转让的标的、技术转让权以及技术转让合同。应该说，越南民法典在知识产权立法体例中颇具代表性，是迄今为止关于知识产权的规定最为集中、完善的一部民法典，但它的示范作用也是有限的。该法典仅仅规定了传统的主要知识产权类型，而对新兴的知识产权制度没有回应；同时，该法典似乎像其他民法典一样，无力解决实体法与程序法的关系问题，有关知识产权的程序性规范、行政法与刑法规范只能交由单行条例或其他法律部门来完成。①

从立法技术来说，上述民法典的起草者采取了两种方式：一是将知识产权的相关规则全部纳入民法典，这无疑是法律规范的位置平移。由于涉及诸多公法规范的处理，这一方式难以适用于工业产权制度（如越南法）。二是从各类知识产权抽象出共同适用规则和若干重要制度规定在民法典中，但同时保留各专门法。此类方式在一定程度上保留了私权立法的纯洁性与形式美，但其实质意义不大，且在适用中多有不便（如意大利法）。总体说来，现代民法典对知识产权制度的接纳，是具有历史意义的，却是不足效法的。

① 有关越南民法典的规范及越南立法概况，可参见米良译：《越南民法典》，昆明，云南大学出版社，1998；徐中起主编：《越南法研究》，昆明，云南大学出版社，1997。

三、现代知识产权立法的通行做法

单行立法是世界上绝大多数国家知识产权立法的通行做法，这一体例在英美法系国家是以专门法律制度的形式出现的，在大陆法系国家则表现为民事基本法之下的民事特别法。

20世纪末，采取单行立法传统的法国将23个与知识产权有关的单行法规整理汇编成统一的法典，这即是1992年《法国知识产权法典》。有学者认为，该法典是世界上知识产权保护领域的第一个法典，有可能成为21世纪知识产权法与民法普遍分立之典型。① 法国知识产权的立法成就是值得重视的，但是该法典并没有改变其作为民事特别法的基本地位和本质属性。首先，在法国，知识产权法与民法、商法依然是特别法与基本法的关系。法国决定对知识产权采取单独立法的方式后，十分注重处理其与民法、商法等一般法的关系问题，并取得较好的效果。例如，知识产权是一种无体财产权，民法典关于有体财产权的很多规定不能直接适用于知识产权；为保护作者权益免遭损害，对契约自由进行了大量限制；有关智力创作的劳动合同不影响作者享有精神权利和思想权利；有关著作权与婚姻和继承的关系也存在不同于一般法的特别规定。除上述例外规定外，作为民法典的基本法所规定的普遍原则仍然是适用的。② 这说明，《法国知识产权法典》与《法国民法典》是体系分立的两部法典，但并非是地位平行的两部法典，它们仍是一种特别法与基本法的关系。可以说，知识产权法典虽冠名为法典，但并没有改变其民事特别法的基本地位。其次，《法国知识产权法典》是专门法规系统化的特殊形式。一般意义的法典，不是已有规范性文件的简单汇总，而是在原有法律规范基础上经过加工、整理而成的系统化的法律文件。法国立法者将知识产权的各种单行立法进行整合、编修，实现了法典编纂的基本要求。《法国知识产权法典》在立法技术上有两个优点：

---

① 参见郑成思为法国知识产权法典中译本所著的“序”，载《法国知识产权法典》（法律部分），北京，商务印书馆，1999。

② 参见黄晖为法国知识产权法典中译本所著的“译者序”，载《法国知识产权法典》（法律部分），北京，商务印书馆，1999。

一是体系完整。该法典规定了文学和艺术产权（包括著作权、邻接权、数据库作者权）与工业产权（包括外形设计权、发明专利权、技术秘密权、集成电路布图设计权、植物新品种权、商标权以及其他标志权）。二是内容协调。该法典较好地处理了各项知识产权制度的内部关系，避免了原单行立法出现的各种冲突。但是《法国知识产权法典》显然遗漏了法典编纂的一个要素，即缺乏各项知识产权制度共同适用的原则和规则。

以法典形式出现的法国知识产权制度，在相关立法体例上并没有走出多远，从世界范围来说，民事特别法仍然是大陆法系国家知识产权立法的首选模式。笔者以为，作出以上选择，主要是出于以下几点理由：第一，现代知识产权法是一个综合性的法律规范体系。知识产权制度从其产生之初，即是以综合性法律规范、多样性法律制裁措施为其主要特征的专门法律，它与作为民法典的民事基本法有着显著的差别。知识产权制度本为保护创造者权利之实体法，但在立法中一般规定有权利取得程序、权利变动程序、权利管理程序、权利救济程序等，即在实体法中规定了程序法的内容，程序法依附实体法而存在；知识产权制度本为规范个人知识财产权利之私法，但在立法中多设有行政管理、行政处罚及刑事制裁等公法规范①，在立法技术上具有私法与公法规范相结合的特点。诚然，知识产权法律规范的特殊性，并不影响其作为民法体系组成部分的本质属性；但是，从知识产权规范的特殊性出发，则需要在民法典之外对这种综合性法律单独立法。第二，现代知识产权法是一个开放式的法律规范体系。与近代法所涵盖的著作权、专利权、商标权相比，现代知识产权法已是一个十分庞大的法律体系，借用《成立世界知识产权组织公约》的规定来表述：它是一切在工业、科学、文学或艺术领域由于智力活动所产生的权利制度的总和。② 自新技术革命从20世纪中叶兴起，知识经济不仅孕育了“知识＝财富”

① 参见刘春茂主编：《知识产权》，13页，北京，中国人民公安大学出版社，1997。

② 几个主要国际公约对知识产权的范围有不同表述。概括起来，可以分为两类：一是创造性成果权，包括著作权、邻接权、数据库作者权、专利权、外观设计权、集成电路布图设计权、商业秘密权、植物新品种权；二是经营性标志权，包括商标权、商号权、地理标志权、域名权。此外，反不正当竞争、商誉权、商品化形象权也被归类于广泛意义上的知识产权范畴。至于发明权、发现权是否属于知识产权，我国学术界尚有争议。

的新的财产观，而且促生了新的知识财产制度。这主要表现在两个方面：一是“边缘保护法”，即采用专利权和著作权的若干规则，创设了一种新的专有权制度，集成电路布图设计专有权即属此类；二是“单独保护法”，即为特殊的知识产品设定“准专利”或类似其他知识产权的保护，植物新品种权、域名权，即属此类。在新的知识产权制度相继出现的同时，旧的相关制度也逐渐演变成为知识产权法律体系的新成员，其中最具意义的就是商业秘密与反不正当竞争。上述情况表明，现代知识产权法正处于不断发展、变革的过程之中，如将这种频频变动的法律置于一个需要相对稳定的民法典之中，显然是不适宜的。第三，现代知识产权是一个不断创新的法律规范体系。现代化、一体化是知识产权立法的两大趋势，前者缘于现代科学技术的发展，后者受制于新国际经济秩序的形成。正是基于上述情况，自 20 世纪 70 年代以来，知识产权法处于频频修订之中。据资料记载，发达国家的著作权法平均不到 10 年即修改一次。[①]《法国知识产权法典》颁布后的 6 年间先后 12 次进行修改和增补。[②] 中国《商标法》、《专利法》自制定后分别于 20 世纪 90 年代初和新千年伊始进行了两次重大修改。需要说明的是，在中国，这些法律修改活动都是在专门法的形式下完成的，而具有系统化、稳定性特征的民法典，则不具备上述便利。

四、我国知识产权制度的立法选择

我国民法典是否接纳知识产权制度，学者们的意见大抵可以分为反对派与赞成派两派。其中，反对派有两种观点，一种是维持目前单行法体例，另一种是单独编纂知识产权法典。不管何种模式，都应为民法典的特别法（其观点参见前文）。赞成派也有两种观点，一是在民法典中系统规定知识产权制度，即将该类制度平行移植到民法典而成为“知识产权编”；二是仅在民法典中作一般性规定，但同时保留民事特别法的体例。笔者曾经反对将知识产权制度编入

---

① 参见吴汉东等：《西方诸国著作权制度研究》，27 页，北京，中国政法大学出版社，1998。

② 参见黄晖为法国知识产权法典中译本所著的“译者序”，载《法国知识产权法典》（法律部分），北京，商务印书馆，1999。

法典，尔后根据情势变化提出知识产权“入典”的第二种主张。①

笔者作出上述修正，主要是出于以下考虑：第一，知识产权是私权。对此，世界贸易组织的《知识产权协定》在其前言中已作明确宣示。知识产权虽是知识类无体财产的权利形态，但其基本属性与财产所有权无异，都应归类于民事权利范畴。将无体财产权在民法典中予以反映，有助于与有体财产权形成完整的、丰富的财产权利体系。第二，知识产权是受民法典保护的权利。知识产权法虽含有若干程序法、公法性的规定，但依然是以实体法为基础的私法制度，隶属于民法这一法律部门。民法典作为民事基本法，在法律分类上具有更高的位阶和权威。在民法典中对知识产权进行明确定位，有助于维系这一权利的神圣不可侵犯性。第三，知识产权已在我国民事基本法中作出原则规定。1986 年《民法通则》第五章第三节专门规定了知识产权，但仅为著作权、商标权、专利权及其他科技成果权的列举性、宣示性条款，无其他实体性规定。《民法通则》集中而概括地描述了知识产权基本制度，并将其与其他财产权及人身权合为“民事权利”专章，在当时被称为民事立法上的创举。考虑到立法体例的传承性，未来中国民法典对知识产权作出一般性规定，并无不可。第四，知识产权国际组织的建议。2000 年年末在上海举行的中国知识产权论坛上，来自世界知识产权组织（WIPO）的权威人士称：WIPO 并不赞成在民法典中详细规定知识产权问题，作出此类立法例的国家如意大利、俄罗斯、越南等正在反思这个问题；但是 WIPO 认为，在民法典中就知识产权问题作出一般规定是可以的，也是有益的。

民法典中的“知识产权编”，仅是一般性规定，其相关条款的规定应考虑遵循以下规则：首先，民法典所规定的基本原则与一般制度，应适用于各项权利制度，包括知识产权制度。基于上述规范的普遍适用性，“知识产权编”不另作规定。其次，“知识产权编”所规定的一般条款，应是从各项知识产权制度中抽象出来且共同适用的，该编并不影响相关民事特别法的独立存在。最

① 参见吴汉东主编：《知识产权法》，北京，中国政法大学出版社，2002；吴汉东：《知识产权制度不宜编入我国民法典》，载《法制日报》，2002－09－29；吴汉东：《知识产权立法体例与民法典编纂》，载《中国法学》，2003（1）。

后，“知识产权编”着力描述的应是该类制度与其他民事权利制度的不同之处，即基于知识产权特性所体现的一般性规范。具体说来，可包括知识产权的性质、范围、效力、利用、保护等。[1]

结 语

知识产权制度是近代科学技术与商品经济发展的产物，也是私法领域制度创新的结果。进入20世纪以后，知识产权法从草创走向成熟，并不断发展与完善。新技术革命引发的现代化、新国际贸易体制带来的一体化，是当代知识产权法变革的主要趋势。知识产权制度有着自己的学理基础。罗马人创制的“无体物”及其相关学说，为知识产权制度提供了关键性的概念工具和有益的思想资料。经济学家基于知识价值理论，对知识产权制度的经济合理性作出了各种说明与解释。哲学家则以形而上学为分析工具，以“社会公意”“自由意志”“财产人格”等理论回答了知识产权制度的一般性问题。知识产权文化是一种具有个人本位、自由精神、理性追求的私法文化，是知识产权制度赖以构建的思想基础。中国知识产权文化需要移植西方法律文化的先进理念，整理中国传统文化的合理内核，在多元文化的相互作用和影响中实现改造和重构。知识产权的法律价值，既有作为一般法的普适价值，也有作为部门法的特别价值，包括正义价值、效率价值、创新价值等。由此，“私权神圣”与“利益平衡”构成了知识产权制度的基本法律观。知识产权的各项基本制度，围绕着法律价值目标，发挥着保护权利、平衡利益、促进科技进步和经济增长的社会功能。在风险社会的语境中，诸如文化风险、生态风险、基因技术风险、网络风险等，都是知识产权制度的“内生性”风险。我们应该秉持“价值理性与工具理性的统一”、“权利观念与责任观念的统一”、“法律控制与技术控制的统一”等风险法律理念，对知识产权制度采取补充和替代的风险应对措施。就政策科学角度而言，知识产权制度是政府公共政策的重要组成部分，其政策功能即在

---

① 笔者草拟的知识产权条款共8条。具体内容参见吴汉东：《知识产权立法体例与民法典编纂》，载《中国法学》，2003（1）。

于维护知识产权的正义秩序和实现知识进步的效益目标。知识产权法与反不正当竞争法虽为不同的制度设计，但两者的立法目标相同，后者对知识产权的保护具有补充功能，诸如商品假冒行为、虚假宣传行为、商业诽谤行为、侵犯商业秘密行为等，都是反不正当竞争法规制的对象。知识产权法与反垄断法有着共同的政策目标、互补的调整功能。知识产权的"存在"本身是反垄断法的除外领域，但滥用知识产权的行为则要受到反垄断法的规制。知识产权法属于民法范畴，其立法例有单行法体例、单独法典体例以及民法典归化体例。中国知识产权法，宜在民法典中作一般规定，同时保留各民事特别法。

第三编　国际保护研究

引　言

国际保护是知识产权理论研究的独特领域，其研究有别于基本范畴的描述和基础理论的分析，也不同于著作权、专利权、商标权等具体制度分论。笔者将其纳入“总论”体系，主要基于以下两点考虑：首先，国际保护研究是在国际视阈中对知识产权总体制度的研究，述及知识产权国际保护体制的成因、发展与变革，评介主要知识产权国际公约的规范内容及特点。这种研究应是动态性、整体性的理论与实证分析。其次，国际保护研究是以多维视角对国际知识产权制度的冲突与融合、博弈与合作进行研究，它借助法学、国际关系学、政策科学等理论工具，试对国际知识产权秩序进行解构与反思。这种研究应是批判性、对策性的“中国解读”。概言之，本编尝试以一种全局性、战略性的思维方法，探讨知识产权国际化进程中的重大问题。

国际知识产权制度迄今只有一百多年的历史。无论是早期的《巴黎公约》《伯尔尼公约》，还是现今的《知识产权协定》，尽管都是各国合作博弈的结果，但无疑是在西方国家主导下订立的，秉持了一种西方中心主义的范式。进入后TRIPs时代以来，南北国家基于各自的立场，对知识产权利益的协调与分享提出了新的要求，从而产生了知识产权国际立法的不同立场和主张。在这一发展变革的态势下，从国际正义的价值理念出发，修正西方中心主义的国际立法倾向，构建更加公正、合理的知识产权国际秩序，是中国学者从事国际保护研究的重要取向。

第二十章

知识产权国际保护制度概述

知识产权国际保护，是现代知识产权制度的当然内容。知识产权国际保护制度，兴起于19世纪80年代，现已成为国际经济、文化、科技、贸易领域中的一种法律秩序。它以《巴黎公约》《伯尔尼公约》《知识产权协定》等代表性的国际公约为基本形式，以世界知识产权组织、世界贸易组织等相关国际组织为协调机构，对各国知识产权制度进行协调，从而在知识产权领域形成国际性的法律规则与秩序。这意味着各国独自产生的知识产权法，在知识产权国际保护的框架下，已经进入一体化、国际化的新的发展阶段。

一、知识产权国际保护制度的成因

从一般意义上讲，知识产权的国际保护制度是指以多边国际公约为基本形式，以政府间国际组织为协调机构，通过对各国国内知识产权法律进行协调并使之形成相对统一的国际法律制度。

知识产权国际保护制度的形成，标志着知识产权立法步入了一个新的历史阶段，即各国独自产生的知识产权制度，在知识产权国际保护的框架下，逐渐走上一体化、国际化的道路。从制度史上说，知识产权国际保护并不是随着知识产权制度的产生而产生的，它是国际经济贸易关系不断发展的产物，也是知识产权制度自身变革的结果。这一制度的建立有以下两个原因：

1. 国际经济贸易的发展与知识产权地域性限制的克服

知识产权的基本特征之一在于它的地域性。这种地域性表现在两个方面：首先，按照一国法律获得确认和保护的知识产权只在该国范围内发生效力，超出这一地域限制，作为该国保护对象的知识财产便被视为公有领域的知识资源；其次，按照一国法律获得确认和保护的知识产权，非经他国的国内法程序，不能得到该国保护。这意味着权利人不可能援引本国法在他国维护自己的知识产权利益，他国没有义务对另一国所授予的知识产权给予保护。在知识产权领域出现国际条约之前，任何人要想在其他国家获得知识产权保护是非常困难的。地域性特征"使得知识产权具有分割市场，阻碍国际贸易发展的内在本质"[①]。随着科学技术的日益进步和工商业的迅速发展，在国际经济贸易不断扩大的同时，知识产权贸易市场也开始形成。许多知识产品打破一国界限流入其他国度，促进了各国之间的科技与文化交往。这样，知识产权的地域性限制与知识产品的国际性需求之间出现了巨大的矛盾。在这种情况下，国际社会谋求对知识产权保护问题进行国际协调，以最大限度地消除知识产权地域性对国际经济贸易秩序的妨碍，其结果导致以多边国际条约为核心的知识产权国际保护体制的形成。

2. 知识产权保护的国际协调与国内法单独体系的改变

知识产权的保护，最初由国内法规定，现在依然归结为国内法问题。这是因为，知识产权国际保护制度所表现的国际公约，最终要通过国内法程序，才能在一定国家内发生法律效力。[②] 知识产权制度从国内法单独保护体系走向国际法一体保护体系，是国际社会对知识产权保护进行协调的结果。传统理论认为，知识产权国际保护有四种途径：一是单方保护，即一国通过其国内立法，单方面对外国知识产权实行保护；二是互惠保护，即根据互惠原则，以外国保护本国知识产权为条件对等保护该外国知识产权；三是双边条约保护，即通过两国政府之间的双边协商，达成双方接受的知识产权保护制度；四是多边条约保护，即通过各国政府之间全球性或区域性的多边协商，形成包含有知识产权

---

① 万鄂湘主编：《国际知识产权法》，13页，武汉，湖北人民出版社，2001。

② 参见张乃根：《国际贸易的知识产权法》，53～54页，上海，复旦大学出版社，1999。

实体性国际标准与程序性国际规则的多边国际条约，并通过各缔约方的国内法加以推行的知识产权国际保护制度。[①]

严格来讲，前两种方式仅是一般意义上的知识产权涉外保护，且建立在国内法的基础之上。例如，在单方保护方式中，法国 1852 年版权法令宣布对一切作品给予保护；在互惠保护方式中，美国、西班牙、瑞典等国著作权法规定有互惠原则。以上都属于国内法的单独保护体系。笔者认为，后两种方式才是本来意义上的知识产权国际保护制度。这种通过国际协调所产生的国际保护制度，旨在克服基于各国主权的地域限制所带来的知识产权地域限制，建立双边或国际的一体化保护制度。其主要途径是：通过政府间的双边或多边协商，订立国际协定或国际条约，形成相对一致的知识产权保护标准与规则，并通过缔约方的国内法加以推行。

二、知识产权国际保护制度的基本原则

法律原则负载着法律制度的价值，是各个具体规则的来源和依据，是对上述制度价值与制度规则的抽象和概括。依据法律原则的普遍适用性与层次性，知识产权国际保护制度的原则分为两个类型：一是构建该项法律制度而具有基础性意义的准则；二是存在于该项法律制度之中且本身可以直接适用的原则。在前者的意义上，有的学者将其概括为：国家主权原则、平等互利原则、共同发展原则、国际合作原则[②]；或者表述为：国家主权原则、国际协调与合作原则、公平正义原则。[③] 在后者的意义上，学者们多将其归纳为：国民待遇原则、最低标准原则、独立性原则（工业产权）、独立保护原则（著作权）、强制实施专利发明原则（专利权）、优先权原则（工业产权）等。[④]

---

① 参见郑成思：《知识产权法》，118 页，北京，法律出版社，1997；刘文华主编：《WTO 与中国知识产权制度的冲突与规避》，43～44 页，北京，中国城市出版社，2001。

② 参见唐青阳：《知识产权国际保护的理论与实践》，42 页，重庆，西南师范大学出版社，1998。

③ 参见万鄂湘主编：《国际知识产权法》，42 页，武汉，湖北人民出版社，2001。

④ 参见刘文华主编：《WTO 与中国知识产权制度的冲突与规避》，45、48 页，北京，中国城市出版社，2001；张玉敏主编：《知识产权法教程》，49～51 页，重庆，西南政法大学出版社，2001。

笔者主张在后者的意义上来说明知识产权国际保护制度的原则。这种原则应规定在国际公约之中，其本身具有直接适用性，但不应是某一专门制度所特有，而应具备整个知识产权国际保护制度的普遍适用性。基于上述理由，笔者认为，知识产权国际保护制度的基本原则应包括国民待遇原则、最低保护标准原则、公共利益原则。

1. 知识产权国际保护制度基本原则之内容

知识产权国际保护制度的基本原则，包括国民待遇原则、最低保护标准原则、公共利益原则。

（1）国民待遇原则。该原则是众多知识产权公约所确认的首要原则。其基本含义是指在知识产权保护方面，各缔约国（成员）之间相互给予平等待遇，使缔约国国民与本国国民享受同等待遇。所谓国民待遇包含两方面的内容：1）各缔约国依本国法已经或今后可能给予其本国国民的待遇；2）各该条约所规定的特别权利，即各该条约规定的最低保护标准。关于缔约国国民与本国国民享有同等待遇，国际公约对此有不同的表述，或称为“不低于”“不歧视”，或称为“不应较为不利”，但总的说来，并不意味着只能给予其他缔约国国民“等同于”本国国民的待遇。换言之，缔约国可以根据本国经济发展的实际状况，给予其他缔约国国民高于本国国民的待遇。国民待遇原则是不同社会经济制度和不同发展水平的国家都能接受的一项原则。这一原则既不要求各国法律的一致性（不涉及知识产权保护水平问题），也不要求适用外国法的规定（不涉及国家主权的地域限制问题），只是要求每个国家在自己的领土范围内独立适用本国法律，不分外国人还是本国人而给予平等保护。《知识产权协定》第3条规定了国民待遇原则，即每一成员给予其他成员的待遇不得低于本国国民的待遇。根据协定的规定，享受国民待遇的外国国民即其他成员的国民之范围，应根据知识产权的类型不同，分别依《巴黎公约》《伯尔尼公约》《保护表演者、录音制品制作者和广播组织公约》（以下简称《罗马公约》）、《集成电路知识产权条约》（以下简称《华盛顿公约》）等规定的资格标准来确定。在工业产权领域，《巴黎公约》第2、3条规定，在工业产权的保护上，每个缔约国必须以法律给予其他缔约国国民以本国国民所享受的同等待遇。即使对于非缔约国的国民，只要他在任何一个缔约国国内有法律认可的住所或有实际从事工商业活动的营业所，也应给予其相同于本国国民的待遇。在著作权领域，《伯尔尼公约》实行的是“双国籍国民待遇原则”，即无论是作品的“国籍”或是作者的国籍符合规定的，均可按缔约国的国民对待。该公约第 5 条规定，缔约国应给予以下三种作者的作品以相当于本国国民享受的著作权保护：其他缔约国的国民；在任何缔约国有惯常居所的人；在任何缔约国首次发表其作品的人（即使他在任何缔约国中均无国籍或惯常居所）。在邻接权领域，《罗马公约》对表演者、录音制品制作者和广播组织分别作出了规定。表演者获得国民待遇的条件是：表演发生在另一缔约国境内；表演被录制在根据该公约规定受保护的录音制品上；表演未固定在录音制品上，但由根据该公约规定受保护的广播传送。录音制品制作者获得国民待遇的条件是：录音制品制作者是另一缔约国的国民（国民标准）；声音的首次固定发生在另一缔约国（录制标准）；录音制品首次在另一缔约国出版（出版标准）。广播组织获得国民待遇的条件是：广播组织的总部设在另一缔约国，广播由位于另一缔约国的发射装置发射。在集成电路布图设计专有权方面，《华盛顿公约》对能在某一缔约国享受国民待遇的人员规定了以下两项条件：1）任何其他缔约国的国民或在任何其他缔约国的领土内有住所的自然人；2）在任何其他缔约国的领土内为创作布图设计或生产集成电路而设有真实的和有效的实体的法人或自然人。

归纳起来，关于外国人即其他缔约国国民享有国民待遇的问题，国际公约主要采取了以下三种标准：一是国籍标准。即任一缔约国的国民（其国籍属于该缔约国），在公约所规定的某一种知识产权或几种知识产权方面都可以在其他缔约国享有国民待遇。《知识产权协定》以及《巴黎公约》《伯尔尼公约》《罗马公约》《华盛顿公约》都规定了这一标准。二是居住地标准。即以任一缔约国的国民的“住所”和“惯常居所”为标准，确认其享有国民待遇的资格。其中，《巴黎公约》《华盛顿公约》采取的是“住所”标准，而《伯尔尼公约》规定了“惯常居所”标准。三是实际联系标准。即以特定外国人或其行为与某一缔约国之间的某种联系为标准，以此确定其享有国民待遇的资格。例如，《罗马公约》关于确认唱片制作者国民待遇的录制标准、发行标准的规定，《伯尔尼公约》关于电影作品、建筑作品的作者享有国民待遇所确认的标准，都属于此类。

（2）最低保护标准原则。该原则是指各缔约国依据本国法对该条约缔约国国民的知识产权保护不能低于该条约规定的最低标准，这些标准包括权利保护对象、权利取得方式、权利内容及限制、权利保护期间等。《伯尔尼公约》从第 6 条至第 18 条，列举了作者享有的各种精神权利和经济权利，以及权利保护期限、保护方法等。第 19 条、第 20 条的规定则体现了最低保护标准原则，即某一缔约国的本国法律可以提供较该公约更广泛的保护，或有关缔约国通过双边或多边协议给予作者比该公约所规定的更多的权利。这说明，《伯尔尼公约》缔约国规定的著作权保护标准，可以超出但不能低于公约规定的标准。《知识产权协定》第 1 条规定了缔约国必须履行的义务，即“成员均应使本协定的规定生效”，这些规定包括“有关知识产权的效力、范围及利用的标准”“知识产权执法”“知识产权的获得与维持及有关当事人之间的程序”“争端的防止与解决”等。在此前提下，“成员可在其域内法中，规定宽于本协定要求的保护，只要其不违反本协定”。可以看出，按照《知识产权协定》规定的标准保护知识产权并使协定的有关规定生效，是缔约国的义务。

最低保护标准原则是对国民待遇原则的重要补充。前者基于各国经济、科技、文化发展不平衡的现状，承认各国知识产权制度的差异，从而保证了知识产权制度国际协调的广泛性和普遍性。但是这种国际协调不仅要求有普遍性，而且要求做到有效性。如果将国民待遇原则推向极端，将导致各国在知识产权保护水平方面差异过大，造成缔约国之间权利、义务的不平等，进而使国际条约的有效施行成为不可能。[①] 因此，在知识产权制度的国际协调体系中，仅有国民待遇原则是不够的，为了避免因制度差异而给国际协调带来的不利影响，国际公约遂规定了最低保护标准原则。最低保护标准原则与国民待遇原则在知识产权制度国际协调体系中既有区别，又相互统一。两者的区别在于：国民待遇原则是对各条约的缔约国知识产权立法自主权的尊重，而最低保护标准原则是对这种立法自主权的限制。两者的统一性表现在：接受知识产权保护的最低标准，正是各国行使知识产权立法自主权的表现。[②] 遵守上述两项原则，是知

① 参见罗文正、古祖雪：《试析国际知识产权法的基本原则》，载《湖南社会科学》，2002（4）。

② 参见罗文正、古祖雪：《试析国际知识产权法的基本原则》，载《湖南社会科学》，2002（4）。

识产权国际公约缔约国必须履行的基本义务。换言之，该原则对公约的缔约国有直接适用的效力，不属于缔约国可以声明保留的条款。

最低保护标准原则，旨在促使缔约国在知识产权保护水平方面统一标准。缔约国以立法形式将知识产权国际公约（国际法）的相关规定转化为该国知识产权制度（本国法）的具体规范，遵循的即是最低保护标准原则。正是这一原则的适用，才使各国知识产权制度出现统一保护标准成为可能，学者们将上述状况称为知识产权立法的“一体化”或“国际化”。在知识产权保护标准问题上，国际公约采取了“可就高不就低”的做法。所谓“不就低”，就是采取“最低保护标准”，各缔约国必须遵从之；所谓“可就高”，即是否超出最低标准，各缔约国可自行选择之。超国际标准保护有两种途径：一是由缔约国的国内法自行决定，即单方保护模式；二是缔约国之间进行双边协商，即双边条约保护。① 这种超国际标准的例外规定，是对最低保护标准原则的重要补充。

（3）公共利益原则。该原则是指知识产权的保护和权利行使，不得违反社会公共利益，应保持公共利益和权利人利益之间的平衡。公共利益原则既是一国知识产权制度的价值目标，也是知识产权国际保护制度的基本原则。它包括两方面的内容：一是利益平衡的法律观念。即当事人之间、权利主体与义务主体之间、个人与社会之间的利益应当符合公平的价值理念，实现公共利益目标。二是权利限制与利用的法律制度。即出于公共利益的考虑，对权利人的专有权利予以必要的限制，以保证社会公众对知识产品的合理利用。《知识产权协定》在题为“原则”的第 8 条中规定：1）成员可在其国内法律及条例的制定或修订中，采取必要措施以保护公众的健康与发展，以增加对社会经济与技术发展至关重要之领域中的公益，只要该措施与本协定的规定一致；2）可采取适当措施防止权利持有人滥用知识产权，防止国际技术转让中的不合理限制贸易行为或具有消极影响的行为，只要该措施与本协定的规定一致。世界知识产权组织《版权条约》在序言中宣称：承认有必要按《伯尔尼公约》所反映的保持作者的权利与广大公众的利益尤其是教育、研究和获得信息的利益之间的

① 关于知识产权国际保护的四种途径，可参见刘文华主编：《WTO 与中国知识产权制度的冲突与规避》，43～44 页，北京，中国城市出版社，2001。

平衡。世界知识产权组织《表演与录音制品条约》在序言中就表演者、录音制品制作者与社会公众之间的利益平衡也作出了与《版权条约》相同的表述。与上述国际公约不同，以往知识产权国际公约多是通过知识产权限制的有关制度来体现公共利益原则的。例如，《巴黎公约》第 5 条规定的强制许可制度，《伯尔尼公约》第 10 条规定的合理使用制度等。

公共利益原则的实现，涉及权利人利益与社会公众利益的平衡。就制度设计而言，直接关系到知识产权的保护与限制。在知识产权国际公约中，公共利益的目标表述为公共健康、社会发展、表现自由、公共教育等。这一目标的实现，在知识产权制度内部，是通过权利的限制与利用的相关规定得以保证的。当然，这种权利的限制与利用是在保护权利人利益基础上的必要限制和合理利用。正如美国学者所指出的那样，知识产权之存在首先应有利于公共利益，其次才是使权利人本人受益。① 公共利益原则是知识产权国际保护制度的重要原则，它与前述国民待遇原则、最低保护标准原则有着密切的关联性。如果说，最低保护标准原则在确定的标准范围内，统一了缔约国的国内立法，从而对体现国民待遇原则的立法自主权构成限制，那么公共利益原则则限定了缔约国国内立法的范围，以例外规定的方式产生了对最低保护标准原则的反限制。这就是说，在缔约国知识产权立法中适用最低保护标准时，可以根据相关国际公约规定的公共利益原则，规定对知识产权限制的若干例外情形。②

2. 知识产权国际保护制度基本原则与相关原则之关系

知识产权国际保护制度的基本原则，体现了整个法律制度的价值目标。一方面，它要反映国际法的最高准则，以此作为构建国际知识产权法的原则基础；另一方面，它要对各项知识产权制度规则进行抽象，以此作为相关具体制度运行的基本依据。下面分述之。

与国际法原则的关系。国际法原则是指被各国公认的，适用于国际法的一切领域，构成国际法基础的基本的准则。在现代国际法中，《联合国宪章》以

---

① 参见［美］奥德丽·R·查普曼：《将知识产权视为人权：与第 15 条第 1 款第 3 项有关的义务》，载《版权公报》，2001（3）。

② 参见《知识产权协定》第 8 条第 1 项的规定。

及联合国大会通过的一系列文件，形成了一个系统化的原则体系，为建立现代经济、文化、科技、贸易领域中的国际秩序奠定了法律基础。[①] 知识产权国际保护制度，实际上是知识产权领域里一种比较完整且相对独立的国际法律体系，可以视为国际法或国际经济法中的组成部分，因此，其制度构建离不开国际法的基石。具体来说，国际法的下列原则与国际知识产权法的基本原则之间的联系最为重要：(1) 主权原则。主权原则是一项传统的国际法原则。它是整个国际法律体系的基础，其核心内容是主权国家的平等。主权原则是指各国应互相尊重主权，国家有决定其政治、社会、经济和文化制度的权利。就知识产权国际保护而言，主权原则的作用与影响表现在以下两个方面：首先，这一原则体现为各国有权根据本国的实际情况选择知识产权法律制度，提供与本国经济、科技水平相适应的知识产权保护。国民待遇原则的适用反映了主权原则的精神，它不涉及缔约国主权的地域限制（即不要求适用外国法的规定），只是要求各缔约国在自己的领土范围内独立适用本国法律，不论是外国人还是本国人均给予平等保护。其次，国家主权的自我限制来源于国际公约的约束力，而不能是个别国家的强权压力，这是对知识产权保护进行国际协调的重要前提。最低保护标准原则的适用，使得国际公约（国际法）的相关规定转化为缔约国知识产权（国内法）的具体规范，体现了各国以主权的必要限制来换取国际经济利益的追求。问题在于，发展中国家的这种要求在知识产权国际保护制度中并没有得到充分的满足。从本质上讲，“知识产权国际保护制度是知识产权利益分配的国际机制”[②]。在经济全球化的今天，知识产权保护既是发展中国家参与国际贸易的先决条件，更是发达国家维持其贸易优势的法律工具。这种国家间利益的严重失衡，其实就是对处于弱势地位的国家的主权的严重损害，国际社会对此应给予高度关注。(2) 发展权原则。发展权原则是一个“有关新国际经济秩序的国际法原则”[③]。发展权是第三代人权即集体人权的重要内容，按国际人权公约的说法，是所有人民“自由谋求他们的经济、社会和文化的发

---

① 参见杨泽伟：《新国际经济秩序研究》，43～44页，武汉，武汉大学出版社，1998。

② 万鄂湘主编：《国际知识产权法》，44页，武汉，湖北人民出版社，2001。

③ 杨泽伟：《新国际经济秩序研究》，65页，武汉，武汉大学出版社，1998。

展”的权利[①]，反映了第三世界民族主义的出现以及它对权力、财富以及其他重要资源在全球范围内分配的要求。[②] 1974年的《各国经济权利和义务宪章》对发展权作了明确诠释：发展权是普遍的权利，即“每个国家有权分享科学技术进步和发展的利益，以加速其经济与社会发展”；发展权对发展中国家尤为迫切和重要，该宪章要求“所有国家应促进发展中国家取得现代科学和技术成果”，“帮助发展和改造发展中国家的经济”。然而，发展中国家的发展权并没有在知识产权国际保护体系中得到充分的实现。1978年在日内瓦召开了关于制定《技术转让国际守则》的国际会议，由于知识产权的利益分歧等问题，发达国家与发展中国家未能达成协议；反之，1994年《知识产权协定》的生效，则实现了发达国家建立一个较高标准和有力保障的知识产权制度的战略目标，进一步维系了发达国家在国际贸易中的技术优势——一个以知识产权为后盾的技术优势。发展权原则对知识产权国际保护制度中公共利益目标的实现是有着指导意义的。在一国范围内，通过知识产权的保护与限制，以协调各方的知识财产利益关系，这些制度构建在不违反国际公约所规定的最低保护标准的前提下是不难做到的。问题在于，知识产权国际保护制度是否妥善顾及发达国家与发展中国家之间权利、义务的适当平衡，这是值得反思的。在现今国际贸易体制中，“知识产权已经成为发达国家维护技术垄断地位、保护贸易利益、强化国家竞争优势的强大武器”[③]。在这种情况下，在国际公约中强调发展权原则的指导意义，并为公共利益原则的实现提供有效措施，是十分必要的。

与世界贸易组织总原则的关系。最惠国待遇原则是包括《知识产权协定》在内的所有关贸总协定和世界贸易组织协定的共同基本原则，旨在保证贸易的公平竞争，从而构成整个国际贸易体制的基石。[④] 按照联合国国际法委员会拟定的《最惠国条款草案》的说法，所谓最惠国待遇是指给惠国给予受惠国或者与受惠国有确定关系的人或物的优惠，不低于该给惠国给予第三国或者与第三

① 参见1966年《公民权利和政治权利国际公约》和1966年《经济、社会和文化权利国际公约》。

② 参见夏旭东等主编：《世界人权纵横》，116页，北京，时事出版社，1993。

③ 袁泳：《知识产权法与技术、文化创新》，载《北京大学学报（哲学社会科学版）》，1997（5）。

④ 参见汤宗舜：《知识产权的国际保护》，177页，北京，人民法院出版社，1999；张乃根：《国际贸易的知识产权》，115页，上海，复旦大学出版社，1999。

国有同样关系的人或物的待遇。在传统的知识产权公约中，一般不涉及国际贸易中的最惠国待遇问题。《知识产权协定》将这一原则直接移植到知识产权领域，这是知识产权国际保护制度的重要变化。该协定第4条规定：在知识产权保护方面，某一成员给予另一成员国民的任何利益、优惠、特权或豁免，都应立即和无条件地给予所有其他成员的国民。这就是说，不应优待某一特定国家的国民而歧视其他国家的国民。《知识产权协定》规定最惠国待遇的适用是立即和无条件的，但同时也规定了一系列免除这一义务的例外：(1)由一般性司法协助及法律实施的国际协定引申出且并非专为保护知识产权的；(2)《伯尔尼公约》1971年文本或《罗马公约》所允许的不按国民待遇而按互惠原则提供的；(3)本协定中未加规定的表演者权、录音制品制作者权及广播组织权；(4)《建立世界贸易组织协定》生效之前已生效的知识产权保护国际协议中产生的，且已将该协议通知"与贸易有关的知识产权理事会"，并对其他成员之国民不构成随意的或不公平的歧视。在知识产权国际保护方面，国民待遇原则与最惠国待遇原则都是针对外国人的主体资格所设定的规则，但两者有所不同：前者意在给予外国人与本国人以同等待遇，解决的是"内外有别"的不平等待遇问题；后者意在给予其他外国人与特定外国人以同等待遇，解决的是"外外有别"的歧视性待遇问题。在《知识产权协定》中，国民待遇原则是首要原则，而最惠国待遇原则是其补充。后者的意义在于，它是一种无差别的平等待遇，旨在使某一成员将给予另一成员国民的知识产权保护，同时给予所有其他成员的国民。奉行最惠国待遇原则，概与20世纪下半叶知识产权国际保护的一些实际做法有关。当时的双边条约保护，常常出现一方给予某些优惠的情形。例如，80年代中期，在美韩双边协议中，韩国承诺保护其本国法本来不予保护的美国药品和农业化学产品专利，而这一承诺构成了对欧盟国家相关专利的歧视。90年代初期，在中美知识产权谅解备忘录中，中国承诺对美国药品和农业化学物质产品专利给予行政保护，也引起欧盟国家及日本的同样要求。《知识产权协定》关于最惠国待遇原则的规定，旨在防止此类问题的发生。值得指出的是，目前一些发达国家在多边条约保护体系之外，通过双边协商途径，谋求得到高出《知识产权协定》保护水平的更多利益或优惠。例如，美国与欧盟、日本、澳大利亚之间的谈判，即产生或可能产生超出《知识产权协定》的高水平保护。根据最惠国待遇原则，这一优惠或利益应惠及所有缔约国。不过，发展中国家对此应保持谨慎态度，高水平保护可能是一种受益，但更多的是一种义务。对经济技术落后的国家来说，不宜在最低保护标准之外，寻求高水平知识产权保护。

与知识产权国际保护制度具体原则之关系。在知识产权国际保护领域，缔约国都要奉行国民待遇原则、最低保护标准原则和公共利益原则，除此之外还要遵循相关公约规定的若干具体原则。在工业产权保护领域主要有下列原则：一是独立性原则。它指缔约国国民就同一项发明或商标在数国（包括缔约国和非缔约国）取得的专利权或商标权，相互独立，各不相涉。这种独立性源于知识产权保护的地域性。在一个缔约国被授予的专利或取得的商标注册，对其他缔约国相关权利的存废没有任何约束力。独立性原则与国民待遇原则的精神相一致，即要求各缔约国在自己的领土范围内独立适用本国法律，外国人取得某一缔约国的专利权或商标权是独立的，但它与该缔约国国民享有的利益是平等的。二是强制实施原则。它是指在缔约国取得专利授权的人，必须在一定期限内在该缔约国境内实施其发明，否则国家将采取强制许可或撤销专利的措施。这一原则旨在督促专利技术应用，防止专利非法垄断。强制实施原则最早为《巴黎公约》所确认，《知识产权协定》将其作为实现公共利益目标的重要举措。根据世界贸易组织《多哈宣言》的精神，出于维系公共健康的需要，缔约国有实施“强制许可”的权利，并且有权决定实施“强制许可”的理由。可以说，强制实施原则事关专利技术的利用，其调整对象已从专利权人（许可人）与专利使用人（被许可人）之间的私人法律关系，演变为不发达国家与发达国家之间的国际法律关系。在这种情况下，强制实施原则的实施，应充分体现公共利益原则的立法意图。此外，在著作权保护领域主要有下列原则：一是自动保护原则。它指享有和行使著作权，不需要履行任何手续。也就是说，可享受国民待遇的作品不必像专利、商标那样履行一定的申请或注册手续，而是随着作品的产生或首次发表自动地在所有缔约国中获得保护。自动保护原则涉及著作权的取得方式，在《伯尔尼公约》和《知识产权协定》中是作为最低保护标准的基本要求而加以规定的，各缔约国必须遵循。需要指出的是，美国规定有版权登记制度，“但这种登记不是版权保护的条件”，而是作为“提起版权侵权诉讼的必备条件”[①]，当然，这一规定不适用于起源国不是美国的《伯尔尼公约》的作品。可以认为，在版权登记方面，《伯尔尼公约》缔约国国民的待遇高于美国国民的待遇，但这是国际公约最低保护标准所规定的起码待遇。二是独立保护原则。它是指各缔约国在遵守有关公约规定的最低限度保护标准的前提下，可自行确定本国著作权的保护对象、范围、期限、权利内容及其限制、侵权行为及补救方法等。与工业产权制度的独立原则一样，著作权的独立保护原则是符合国民待遇原则精神的，在此不再赘述。

3. 知识产权国际保护制度基本原则之实施

知识产权国际保护制度的基本原则，在其负载的价值理念中，蕴涵着丰富的制度内容，指导着各方面的制度运行。具言之，基本原则的实现，反映了国际社会进行利益协调的过程，昭示了国际知识产权制度发展变革的走向。

关于国民待遇原则。国民待遇原则是对知识产权保护进行国际协调的首要原则，其功用在于克服基于各国主权的地域限制所带来的知识产权的地域限制，建立双边或国际间一体化保护制度，以消除地域限制对国际经济贸易秩序的妨碍。在外国人主体资格方面，各国法一般都确认国民待遇原则，但对外国人所享有的权利范围则有所限制。例如，外国人不得取得土地权、采矿权、捕鱼权等，这就是有限制的国民待遇。与一般民事权利制度不同，知识产权法采取的是有条件的国民待遇原则，只要外国人具有前述的国籍标准、居住地标准或实际联系标准，就可以与本国人享有同等的待遇，而在权利的范围和内容上不加限制。国际公约所确认的国民待遇原则，是“法律面前人人平等”思想在国际法上的体现。这一原则将外国人与本国人同化为国民，使前者在其选择保护的国家享有与该国国民同等的权利。这就是说，每一合格主体不仅在本国享有知识产权，而且在任何一个缔约国也享有相应权利。自19世纪下半叶《巴黎公约》与《伯尔尼公约》缔结以来，国民待遇原则已为各国立法所普通接受。时至今日，该原则在实际运作中已有诸多变化：一是国民待遇原则的延伸。由于某一缔约国的国民在其他缔约国享有的权利与在本国享有的权利不尽一致，从而产生权利享有的不平衡问题。因此，国际公约要求各缔约国相关立

---

① 张乃根：《国际贸易的知识产权》，89页，上海，复旦大学出版社，1999。

法必须达到公约要求的最低保护标准，其结果是，本国人与外国人所享有的待遇“内外有别”，即对外国作品给予特殊保护以达到国际公约的最低保护要求。例如，我国政府在修改《著作权法》之前，颁布了《实施国际著作权条约的规定》，对外国人的计算机软件、实用艺术作品等提供较本国人相关作品更高标准的保护；又如，美国版权法关于以作品注册作为侵权诉讼条件的规定，不适用于《伯尔尼公约》缔约国的作品。这些都是适用国民待遇原则的例外。二是国民待遇原则的限制。这种限制首先来自互惠原则，即针对缔约国之间保护水平的悬殊，实行“利益均衡对等”，在某些方面不适用国民待遇原则。① 例如，关于作品延续权的保护，目前仅有法、德、意等少数欧洲国家有明文规定。根据互惠原则，其他国家作品不能享有这一利益。这说明，在有的情况下，知识产权在权利要求国的保护状态，可能受制于权利起源国的相关规定，从而就使得国民待遇原则受到互惠原则的某种限制。其次是由于保留条款的出现，影响了国民待遇原则的适用。在以往的国际公约的缔结或加入中，缔约国可以对公约规定的某项权利或几项权利申明保留，这种保留条款实际上是对国民待遇原则的一种限制。不过《知识产权协定》取消了这种限制。该协定第 72 条规定，未经其他缔约国同意，不得对该协定的任何条款作出保留。其潜在含义是，缔约国欲在其国内法就该协定作出保留时，必须征得其他缔约国的同意。从一定意义上说，该协定所规定的保留条款实为禁止保留条款。三是国民待遇原则的冲突。以特别的立法形式规避国民待遇原则的适用，这种例外规定并非是国际公约的要求，而是某一缔约国国内立法的创制。就其实质而言，是相关国家为了规避国际保护义务而采取的实用主义性质的保护方式，这在一定程度上构成了对国民待遇原则的挑战。② 例如，一些西方国家鉴于现代传播技术迅速发展的特殊情况，修改其著作权法或在该法之外创设了一些新权利，最有代表性的当推“公共借阅权”与“复制权”。前者尚未得到国际公约的认可，当然无法适用国民待遇原则；后者虽是国际公约承认的基本权利，但有关国家以公共资

---

① 参见曹新明：《试析国际著作权公约中的国民待遇原则》，载《法商研究》，1995（1）。

② See S. M. Stewart, International Copyrights and Neighboring Rights, Butterworth and Copublishers Ltd., 1983.

金或税款作为复印补偿的方式，这就使得外国作品事实上不能享有国民待遇。

关于最低保护标准原则。最低保护标准为缔约国提供了保护知识产权的一致性标准，其功用在于克服缔约国之间权利、义务的失衡，以保证知识产权国际协调的有效性。国际公约所规定的最低保护标准原则是知识产权制度国际化、一体化产生的基础。所谓国际化、一体化，实际上意味着知识产权保护的基本标准在全球范围内的普遍适用性。从 19 世纪下半叶的《巴黎公约》《伯尔尼公约》到 20 世纪末的《知识产权协定》《因特网条约》[①]，都提供了各缔约国普遍适用的最低保护标准，从而导致知识产权制度一体化现象的发生。但是，当代法律的一体化潮流有着自己的显著特征：其一，国际法高于国内法，是适用最低保护标准的基本要求。19 世纪下半叶签订的知识产权国际公约确立了知识产权保护的基本标准，并在强调国民待遇原则的基础上承认国内法保护知识产权方面的优先地位。在这一时期，法律的一体化主要表现为国家间法律（国际法）的形成以及国际法与国内法的相互影响。而在当代，国际公约特别是《知识产权协定》拟定了新的知识产权保护的国际标准，并以此作为各缔约国国内立法的原则和依据。这一时期法律的一体化，则表现为国内法遵从国际法，以及国内法与国内法之间的一致性。其二，从实体规则到程序规则，是现今最低保护标准的崭新内容。世界知识产权组织管理的《巴黎公约》和《伯尔尼公约》，主要规定了知识产权国际保护的实体内容，较少涉及知识产权实施程序的规定，尤其是缺乏必要的执法措施和争端解决机制，以至于一些条约成为没有足够法律约束力的“软法”。在知识产权实施方面，上述公约并无统一的国际规则可供遵循，主要是由各缔约方通过国内立法采取不同措施，制裁侵权行为。这就使得知识产权往往不能得到充分有效的保护，而且因国而异，即不是一体的保护。与上述情形不同，世界贸易组织作为“经济联合国”性质的国际组织，超越各国立法者的主权管辖，成为知识产权保护规则的新的主导者和制定者。其管辖的《知识产权协定》改变了以往国际公约注重协调的传统，从实体到程序都实现了知识产权保护规则的一体化。在实体性规范方面，

① 国际知识产权界将世界知识产权组织《版权公约》和世界知识产权组织《表演与录音制品条约》合称为《因特网条约》。

《知识产权协定》规定了知识产权保护的制度标准，主要表现为：（1）拓展权利范围；（2）延长保护期限；（3）对权利限制进行限制。在程序性规范方面，《知识产权协定》强化了知识产权的执法程序和保护措施，主要内容有：（1）司法复审制度；（2）民事程序；（3）损害赔偿；（4）临时措施；（5）边境措施。[①] 总之，《知识产权协定》首次将原来属于国内立法的知识产权保护的实施程序，转化成为公约规定的国际规则，从而使它们与实体规范一起成为各缔约国必须严格遵循的国际标准。其三，知识产权保护的高水平，是当代最低保护标准的显著特点。国际公约所规定的最低保护标准，其实质意义在于各缔约国在保护标准上的一致性，与知识产权保护水平的高低并无绝对的关联性。国际公约由于类型不同，所处的历史背景不同，因而在一致性标准的基础上，有的保护水平较低，有的保护水平很高。例如，1886 年欧洲国家倡导的《伯尔尼公约》与 1952 年美国主导的《世界版权公约》都规定有最低保护标准，但就著作权保护水平而言，前者明显高于后者。与知识产权国际保护制度的草创阶段不同，以《知识产权协定》为代表的当代国际公约所确认的最低保护标准，体现了权利范围的高度扩张和权利内容的高水平保护，更多地顾及和参照了发达国家的要求和做法。换言之，现今的最低保护标准即一致性标准，绝不是低水平的，它在很多方面超越了许多发展中国家的经济、科技和社会发展阶段。从国际保护领域来看，现代知识产权制度的一体化，即最低保护标准的制度设计，实际上是由发达国家积极主导、发展中国家被动接受的制度安排。

关于公共利益原则。公共利益原则是知识产权国际保护制度不可或缺的重要原则，体现了知识产权制度的最高价值目标；这一原则的实现，也是推动当代知识产权国际保护制度改革的直接动因。为了实现公共利益目标，构建个人权利与社会利益的平衡状态，各国在私法领域中采用了禁止权利滥用原则。与这一原则精神相一致，知识产权制度也确立了自己的公共利益目标。美国宪法含有知识产权保护的三项政策性条款，即促进知识传播、公共领域保留、保护创造者。[②]

---

① 参见吴汉东：《知识产权国际保护制度的变革与发展》，载《法学研究》，2005（3）。

② See L. Ray Patterson，Stanley W. Lindberg，The Nature of Copyright：A Law of Users' Right，The University of Georgia Press，1991，pp. 49－55.

美国众议院在就美国1988年《伯尔尼公约》实施法令所作的报告中宣称：“著作权立法须作如下考虑：除作品创作及专有权的保护期限外，国会尚须权衡公众因对个别权益的保护所付出的代价和取得的利益。宪法规定设立版权的目的在于促进思想的传播以及推广知识。”① 以上说明，保护创造者利益与促进知识传播应是知识产权立法的双重目标。从这一目标出发，知识产权国际保护制度确立公共利益原则并保证其真正实施是非常重要的。值得注意的是，本章述及的三大基本原则，其推行效果和所处命运是各不相同的。主张无差别的国民待遇原则和高水平的最低保护标准原则，在当代国际公约的实施过程中得到有力的贯彻，而公共利益原则却遭到不应有的忽视。当代知识产权国际保护制度改革的一个重要话题，即是协调知识产权与人权的关系，平衡发达国家与发展中国家的利益。说到底，也就是公共利益原则的有效实施问题。

三、知识产权国际保护制度的历史分期

知识产权国际保护制度已经走过了一百多年的历程。世界各国和国际组织先后缔结和制定了三十多个全球性或区域性、综合性或专门性的国际知识产权条约和示范法。以上述国际公约及相关国际组织为基础，知识产权国际保护制度可以划分为以下三个阶段：

1. 巴黎联盟与伯尔尼联盟时期：知识产权国际保护制度的形成

知识产权国际保护制度的建立，始于1883年《巴黎公约》与1886年《伯尔尼公约》。两大公约生效后，《巴黎公约》的缔约国组成巴黎联盟，《伯尔尼公约》的缔约国组成伯尔尼联盟。两个联盟分别设有自己的执行机构，称为“国际局”（International Bureau）。两个国际局各自管理上述国际公约，并置于瑞士联邦政府的监督之下。

1893年，瑞士联邦政府决定将两个国际局合并，称为“保护工业产权和文学艺术产权联合国际局”，后来该机构名称几经变化，最后定名为“保护知

① Berne Convention Implementation of 1988, H. R. Rep, No. 60, P100, Cong, 2d sess, 23 (1988).

识产权联合国际局”（BIRPI）。联合国际局不仅管理《巴黎公约》和《伯尔尼公约》，而且还管理在《巴黎公约》下缔结的“专门协定”。作为知识产权保护的国际组织，联合国际局的主要任务是促进各国对知识产权的保护，准备公约的修订并加以改进等。第二次世界大战以后，联合国于 1945 年成立。作为联合国专门机构的教科文组织主持缔结和管理了一些重要的国际公约，也成为一个促进知识产权国际保护的机构。

巴黎联盟与伯尔尼联盟时期，是知识产权国际保护制度的产生与形成阶段。这一阶段的主要特点是：第一，联合国际局着力于各国政府之间全球性或区域性的多边协商，促使保护知识产权的国际协调始终朝着整体化和全面化的方向发展。[①] 通过《巴黎公约》与《伯尔尼公约》的有效运作，在联盟内实现了相对统一的知识产权保护制度。第二，国际社会所缔结的一系列工业产权公约，概以《巴黎公约》为主导：或是制定实体性保护条约但只向巴黎联盟成员国开放，如 1891 年《减少虚假或欺骗性商品来源标志马德里协议》；或是制定隶属于《巴黎公约》之下的程序性条约，如 1891 年《商标国际注册马德里协议》、1925 年《外观设计国际注册海牙协议》；或是制定基于《巴黎公约》实施需要的国际分类的专门协定，如 1957 年《商标注册用商品与服务国际分类尼斯协定》、1958 年《保护原产地名称及其国际注册里斯本协议》。第三，联合国教科文组织在促进知识产权国际保护方面也发挥了积极作用。它的活动主要体现在著作权领域，先后主持缔结了 1952 年《世界版权公约》与 1961 年《罗马公约》。基于前者，产生了与《伯尔尼公约》相并列的另一著作权保护体系；基于后者，邻接权国际保护制度开始创立。

2. 世界知识产权组织时期：知识产权国际保护制度的发展

世界知识产权组织的建立，意味着知识产权国际保护制度进入新的发展阶段。1967 年，《巴黎公约》和《伯尔尼公约》的缔约国在瑞典斯德哥尔摩签订了《建立世界知识产权组织公约》；1970 年，世界知识产权组织成立，并设立“知识产权国际局”取代原两大联盟的联合国际局；1974 年，总部设在瑞士日内瓦的世界知识产权组织成为联合国组织系统的特别机构之一。

---

① 参见张乃根：《国际贸易的知识产权法》，54 页，上海，复旦大学出版社，1999。

世界知识产权组织的建立，使得基于巴黎联盟和伯尔尼联盟所成立的联合国际局脱离瑞士联邦政府而独立，改名为知识产权国际局，并成为联合国的专门机构。创设者认为这可能有两个好处：“一是世界知识产权组织的特权和任务是处理知识产权的事实可以得到全世界的承认，二是世界知识产权组织可能或多或少有与联合国一样多的成员，尤其是许多发展中国家会参加该组织（原来参加保护知识产权联合国际局的发展中国家很少）。”①

世界知识产权组织的建立，推动了知识产权立法一体化的进程。自 1967 年以来，在世界知识产权组织及其前身保护知识产权联合国际局的主持下，先后缔结了二十多个国际条约，其中有提供实质性权利保护的条约，还有便于多国获得知识产权保护的条约以及建立国际分类的条约。这些条约通过各缔约国的国内立法加以实施，从而在国际上形成了相对统一的知识产权保护制度。与此同时，在世界知识产权组织的有效运作与影响下，更多的国家接受了《巴黎公约》与《伯尔尼公约》。在 1967 年时，参加上述两大公约的国家分别为 78 个和 60 个，而到 2013 年时，两大公约的缔约国分别达到 175 个和 166 个。这就大大扩展了知识产权国际保护体系的范围。

世界知识产权组织建立后，注意向发展中国家提供援助。其援助工作主要是提供咨询意见、培训和提供文件及设备。具体而言，包括帮助发展中国家制定知识产权法律或使这种法律现代化；集体的或个别的培训，使政府、工业和执法部门拥有更多的专家；提供专利信息服务等。值得指出的是，世界知识产权组织通过专家委员会或有关国家政府，制定了《为发展中国家制定的突尼斯样板版权法》（1976 年）、修订了《发展中国家保护发明示范法》（1974 年），连同此前联合国际局起草的《发展中国家商标、商号和不正当竞争行为示范法》《发展中国家外观设计示范法》等，改善和提高了发展中国家相关立法的水平，为知识产权国际保护制度的推行，发挥了重要的作用。

世界知识产权组织的建立，为发展中国家争取知识产权利益提供了国际舞台。自 20 世纪 60 年代以来，发展中国家通过世界知识产权组织这一讲坛，呼吁修改知识产权国际公约的有关规定，建立新的知识产权国际保护制度，以维

---

① 汤宗舜：《知识产权的国际保护》，27 页，北京，人民法院出版社，1999。

护其经济利益和促进本国文化、科学技术的发展。在工业产权方面，他们主张修改《巴黎公约》关于国民待遇的规定。例如，要求发达国家的专利权人给付比本国人更高的专利费，要求给予外国人比本国人更短的保护期，要求外国人承担更严格的实施发明专利的义务，要求延长发展中国家申请专利的优先权期限等。在著作权方面，他们要求消除发展中国家获得外国作品的障碍，增加对发展中国家的优惠条款。例如，主张对发达国家的作品提供较低水平的保护，主张发展中国家为了教育与科研目的而采取强制许可方式使用著作权作品等。

3. 世界贸易组织时期：知识产权国际保护制度的变革

世界贸易组织的建立与《知识产权协定》的形成，标志着知识产权国际保护制度进入一个高水平保护、一体化保护的新的历史时期。1994 年 4 月 15 日，关税及贸易总协定发起的“乌拉圭回合”谈判的最后文件在摩洛哥的马拉喀什签署。“乌拉圭回合”谈判的一揽子协定有两项主要成果：一是宣布建立世界贸易组织，结束了关税及贸易总协定的临时适用状态；二是达成包括《知识产权协定》在内的“一揽子协定”，并由世界贸易组织管辖。

世界贸易组织在新的知识产权国际保护体制中发挥了主导作用。在“乌拉圭回合”谈判之前，知识产权保护体系在国内与国际上虽已普遍建立，但从总体看来存在明显不足：一是许多国家尤其是发展中国家的知识产权制度不甚健全，保护水平较低；二是许多知识产权国际公约的缔约国数目太少，相关条约缺少有效机构保证其实施，各公约之间缺乏协调机制等。以往的关贸总协定在知识产权国际保护领域基本上没有发挥作用。由于《知识产权协定》的形成并将这一协定置于世界贸易组织的管辖之下，上述问题得到显著改善：规定了较高的保护标准的《知识产权协定》，是世界贸易组织法律框架的重要组成部分；世界贸易组织成员广泛，遵守《知识产权协定》是“入世”的必备条件，从而大大扩展了知识产权国际保护制度的适用范围；世界贸易组织建立了比较有力的监督执行机制，保证了《知识产权协定》在各缔约国的实施。这一状况将对 21 世纪新的国际贸易体制与知识产权国际保护制度产生深远的影响。

世界知识产权组织在保护知识产权的国际协调中注重与世界贸易组织的合作。1995 年 12 月 22 日，上述两个国际组织的总干事在日内瓦签署《世界知识产权组织与世界贸易组织间的协定》。协定规定了该两个国际组织之间在法律和规章的交流与利用方面所进行的合作；对于落实《巴黎公约》关于不得作为商标进行注册的徽章和官方印记的规定作出了安排；对发展中国家的法律技术援助和技术合作、国际局与世界贸易组织秘书处之间的合作、信息的交流作出了安排。在寻求合作的同时，两个国际组织就知识产权国际保护还分别做了大量工作：世界知识产权组织致力于全面提高知识产权保护的国际水平，先后主持制定了包括《商标法条约》《版权条约》《表演与录音制品条约》在内的一些新条约，解决了《巴黎公约》《伯尔尼公约》未能涉及的一些问题；世界贸易组织则着力于落实缔约国关于《知识产权协定》的履行，并在协调不发达国家与发达国家在知识产权利益的分享方面，在对地理标志、传统知识、生物多样化的知识产权保护安排多边谈判方面，都作出了努力。

第二十一章

世界知识产权组织管理下的知识产权国际公约

世界知识产权组织是缔约国在相互尊重主权和平等基础上谋求共同利益，增进了解与合作，加强知识产权国际保护而建立的隶属于联合国的专门机构和国际组织。简言之，世界知识产权组织是负责全球性的知识产权保护的政府间组织。在世界知识产权组织框架下所建构的知识产权国际保护制度，具有系统性、全面性、权威性的重要特点：第一，确立知识产权国际保护的原则体系。包括国民待遇原则、最低保护标准原则和公共利益原则，是各知识产权国际公约共同奉行的基本原则，即使在世界知识产权组织之外所缔结的区域性、国际性协议或条约，也不能否认或违背上述准则。第二，构建了知识产权国际保护的系统制度。《巴黎公约》在于保护工业产权，《伯尔尼公约》旨在保护著作权，《成立世界知识产权组织公约》则涵盖了迄今为止人们通常理解的知识产权范围。可以说，世界知识产权组织建立了内容完整、制度体系完备的国际协调机制。第三，形成了世界性的知识产权国际保护联盟。世界知识产权组织的成员限于国家，但具有很强的广泛性、包容性，目前成员国已经占世界国家总数的90%以上。

世界知识产权组织作为联合国组织下辖的16个专门机构之一，专门负责管理全球知识产权事务，其所管理的国际公约，构成了知识产权国际保护制度的主要内容。

一、世界知识产权组织管理的联盟及其国际公约

世界知识产权组织管理的国际联盟，在工业产权方面主要有巴黎联盟、马德里联盟、专利合作联盟等，在著作权方面则是伯尔尼联盟。该组织通过其国际局管理的国际公约如下表所示：

序号	条约名称	缔结时间与地点	是否生效
1	《保护工业产权巴黎公约》，简称《巴黎公约》	1883 年于巴黎缔结，1967 年最后修订、1979 年修正完毕	是
2	《制裁商品来源的虚假或欺骗性标志马德里协定》	1891 年于马德里缔结，1958 年最后修订，1967 年再次补充	是
3	《商标国际注册马德里协定》，简称《马德里协定》	1891 年于马德里缔结，1967 年最后修订，1979 年个别修正，1989 年增加议定书	是
4	《工业品外观设计国际备案协定》	1925 年于海牙缔结，1967 年最后修订，1975 年增加议定书，1979 年个别修正	是
5	《商标注册用商品与服务国际分类尼斯协定》，简称《尼斯协定》	1957 年于尼斯缔结，1977 年最后修订，1974 年个别修正	是
6	《保护原产地名称及其国际注册协定》，简称《里斯本协定》	1958 年于里斯本缔结，1967 年最后修订，1979 年个别修正	是
7	《工业品外观设计国际分类协定》，简称《洛迦诺协定》	1968 年于洛迦诺缔结，1979 年个别修正	是
8	《专利合作条约》	1970 年于华盛顿缔结，1979 年、1984 年个别修正及更改	是
9	《国际专利分类斯特拉斯堡协定》	1971 年于斯特拉斯堡缔结，1979 年个别修正	是
10	《商标图形要素国际分类协定》，简称《维也纳协定》	1973 年于维也纳缔结	是
11	《国际承认用于专利程序的微生物保存布达佩斯条约》，简称《布达佩斯条约》	1977 年于布达佩斯缔结，1980 年个别修正	是
12	《商标注册条约》	1980 年于维也纳缔结	是
13	《商标法条约》	1994 年于日内瓦缔结	是

续前表

序号	条约名称	缔结时间与地点	是否生效
14	《保护植物新品种国际公约》	1961 年于日内瓦缔结，1991 年最后修订。现生效的是 1978 年文本	是
15	《欧亚专利公约》，系世界知识产权组织主持下缔结，由国际局主管，其成员均为原苏联加盟共和国	1994 年于日内瓦缔结	是
16	《保护文学和艺术作品伯尔尼公约》，简称《伯尔尼公约》	1886 年于伯尔尼缔结，1971 年最后修订，1979 年个别修正	是
17	《保护表演者、录音制品制作者和广播组织公约》，简称《罗马公约》	1961 年于罗马缔结	是
18	《保护录音制品制作者防止未经许可复制其制品公约》，简称《录音制品公约》或《唱片公约》	1971 年于日内瓦缔结	是
19	《印刷字体的保护及其国际保存协定》	1973 年于维也纳缔结	是
20	《发送卫星传输节目信号的布鲁塞尔公约》，简称《卫星公约》	1974 年于布鲁塞尔缔结	是
21	《避免对版权使用费收入重复征税多边公约》	1979 年于马德里缔结	是
22	《视听作品国际登记条约》	1989 年于日内瓦缔结	是
23	《科学发现的国际登记条约》	1978 年于日内瓦缔结	否
24	《保护奥林匹克会徽条约》	1981 年于内罗毕缔结	是
25	《集成电路知识产权条约》	1989 年于华盛顿缔结	否
26	世界知识产权组织《版权条约》	1996 年 12 月 20 日于日内瓦缔结	是
27	世界知识产权组织《表演与录音制品条约》	1996 年 12 月 20 日于日内瓦缔结	是
28	《视听表演条约》，又称《北京条约》	2012 年 6 月于北京缔结	否
29	《关于为盲人、视力障碍者或其他印刷品阅读障碍者获得已出版作品提供便利的马拉喀什条约》，又称《马拉喀什条约》	2013 年 6 月 27 日于马拉喀什通过	是

此外，由联合国教科文组织管理的公约有《世界版权公约》（1952 年 9 月 6 日于日内瓦签订，1971 年修订）。

上述国际公约按其性质可以分为三类：一是提供实质性知识产权保护的条

约，如《巴黎公约》《伯尔尼公约》《日内瓦公约》等；二是为了便于在多国获得知识产权保护的条约，如《专利合作条约》《马德里协定》《布达佩斯条约》等；三是建立相关国际分类的条约，如《尼斯协定》《维也纳协定》等。

二、《巴黎公约》

《巴黎公约》是知识产权领域第一个世界性的多边公约。到 2013 年 6 月，《巴黎公约》的成员国共有 175 个，中国于 1985 年 3 月正式加入该公约。

《巴黎公约》规定，由缔约国组成保护工业产权联盟，称为“巴黎联盟”，该联盟组织由大会、执行委员会和国际局组成。联盟的每一成员国还应设立专门的工业产权机构和中央服务机构。《巴黎公约》规定了工业产权的保护范围，即发明、实用新型、外观设计、商标、服务标记、厂商名称、货源标记或原产地名称以及制止不正当竞争。

《巴黎公约》确立了以下基本原则：

1. 国民待遇原则。即巴黎联盟内任何成员国的国民，在保护工业产权方面，可在联盟其他成员国国内享有各该国法律现在或今后给予该国国民的各种利益。非成员国的国民如果在成员国领土内有住所或真实、有效的工商业营业所的，也享有与成员国国民同等的待遇。

2. 优先权原则。即成员国的国民向一个缔约国首次提出申请后，可以在一定期限（发明和实用新型为 12 个月，外观设计及商标为 6 个月）内，向所有其他缔约国申请保护，并以第一次申请的日期作为在后提出申请的日期。

3. 共同遵守的规定。在专利方面：主要有专利独立，发明人在专利证书中的署名权，不授予专利权的条件，在一定条件下授予强制许可，船只、飞机或车辆上使用专利发明而暂时进入另一国家不认为是侵犯专利权等规定；在商标方面：主要有商标权独立和例外，不得因商品性质而影响商标注册，对驰名商标的保护，禁止作为商标使用的标记等规定。

除了遵守上述原则或规则外，各成员国在保护工业产权方面可以自由立法，包括：决定属于一定技术领域的发明不能取得专利权；决定授予专利权前是否要对新颖性或其他专利性条件进行审查；确定专利权期限；决定商标权是否可以通过使用或注册取得；决定是否应审查商标和外观设计的注册申请以判定该申请是否与现有申请相抵触；确定外观设计的保护期限；确定一切程序和管理的细节等。

三、主要专利国际条约

专利国际条约，除《巴黎公约》外，主要还有《专利合作条约》《工业品外观设计国际保存海牙协定》（简称《海牙协定》)、《国际承认用于专利程序的微生物保存布达佩斯条约》（简称《布达佩斯条约》)、《国际专利分类斯特拉斯堡协定》（简称《斯特拉斯堡协定》)。

《专利合作条约》只对《巴黎公约》的成员国开放。到 2013 年 7 月为止，已有 148 个成员国。我国于 1994 年 1 月成为该条约的成员国。中国专利局即成为该公约的受理局、国际检索单位和国际初步审查单位。《专利合作条约》的宗旨是：通过简化国际专利申请的手续和程序，加快技术信息的传递和利用，强化对发明创造的法律保护，促进各缔约国的科技进步和经济发展。该公约规定的手续和程序包括以下几个方面：（1）统一申请。国际专利申请是指在一个地方（即受理局），采用一种语言，使用一种格式，支付一种货币的费用，提交一份申请，即可以在其他的成员国国内取得相当于受理局国家专利申请的效力。（2）两个阶段。国际专利申请分为国际阶段和国内阶段。国际阶段处理专利申请的受理、公布、检索和初步审查，即由国际检索单位对申请进行检索后提出国际检索报告，并由世界知识产权组织国际局在一定期限内公布申请及报告，并将该申请连同报告送交指定国专利局。国内阶段则进入实质审查和授权，即由指定国专利局依照本国法律对该申请进行审批。申请人至此可委托指定国的代理人，缴纳该国的申请费用，提交申请译本。上述运行机制有助于避免查找资料的重复劳动，加强成员国就专利批准之前进行审查工作的合作。同时便于申请人通过一次申请就可以在几个甚至所有成员国取得专利权。

《海牙协定》的缔结旨在便于申请人在多国获得外观设计的保护。该协定的宗旨是，规定一件工业品外观设计在数个国家受到保护的必要手续，避免各国专利局保存和登记注册程序的重复，同时可以减轻申请人费用开支的负担。

《海牙协定》规定，申请人如果要在成员国国内获得工业品外观设计的保护，只需在世界知识产权组织国际局进行一次保存即可。这就是说，申请人向国际局提交一份申请书和有关附件，必要时还要求提供样品；申请书须指明请求保护的国家，指定该外观设计需与何种工业品相结合加以保护。在上述情形下，该申请人所提出的国际保存即具有与在各个指定国分别保存的同等效力。

《布达佩斯条约》的主旨在于解决微生物样品保存的问题，避免各国专利机构重复而复杂的微生物保存程序，减少申请人的费用负担。在此条约产生之前，专利申请涉及微生物发明时，除作出文字说明外，还须提交微生物样品，而保存微生物需要有专门的机构和特殊的设施。如果一件微生物专利申请同时向几个国家提出时，则会对各受理国及申请人带来许多负担。为此，《布达佩斯条约》确认一个保存微生物的国际保存机构，以一处保存微生物代替多处保存，从而在微生物领域内实现了专利的国际合作。

《斯特拉斯堡协定》适用于专利的国际分类。该协定制定了国际专利分类表，共分 8 个部、20 个分部、118 个大类、617 个小类和 55 000 多个组。由专利局确定后标在申请文件和专利上的分类号，即由代表部、大类、小类、组的符号结合构成。国际专利分类表是检索现有技术时查找专利文献所必需的。目前，全世界已有七十多个国家和地区使用该分类法。我国虽未加入该协定，但在专利文献上也使用了这一分类法。

四、主要商标国际条约

商标国际条约，除《巴黎公约》外，主要还有《商标国际注册马德里协定》（简称《马德里协定》）、《商标法条约》《商标注册用商品与服务国际分类尼斯协定》（简称《尼斯协定》）、《商标图形要素国际分类协定》（简称《维也纳协定》）。

《马德里协定》只对《巴黎公约》的成员国开放。到 2013 年 5 月为止，已有 91 个成员国。我国于 1989 年 10 月正式成为该协定的成员国。《马德里协定》是对《巴黎公约》关于商标国际保护的补充，其主旨在于解决商标的国际注册问题。该协定规定，凡成员国的国民，须在本国注册商标后，才可以向设在日内瓦的世界知识产权组织国际局申请国际注册。注册经批准后，由国际局公布，并通知申请人要求保护的那些成员国，这些成员国可以在 1 年内声明对该商标不予保护，但需要说明理由；申请人就此可向该国主管机关或法院提出申诉，如果 1 年内该国未作出上述声明，则国际注册就在该国具有国内注册的效力，期限为 20 年。在国际注册后 5 年内，原先国内注册如被撤销即可导致国际注册的撤销。该协定还规定，申请人在其所属国办理了某一商标的注册手续后，只需要用一种语言向国际局提出一次申请并交纳一定费用，就可以要求在各成员国取得保护。

《商标法条约》的主要目标在于使各国商标注册制度更加简化和协调。该条约共有 25 条，主要规定了由三个阶段组成的商标注册程序：(1) 注册申请阶段。条约规定，商标注册申请应包括以下所有或部分内容：注册请求；申请人以及代理人的姓名、地址；有关商标的各个因素；商品或服务分类等。各缔约国应允许属于尼斯国际分类的商品或服务的商标申请。各缔约国所规定的商标申请要求不得超出本条约明确规定的范围。(2) 商标注册后的改变。条约对商标持有人的姓名或地址、注册所有权变动等都作了明确规定。同样，各缔约国的相关制度不能超出该条约的已有规定。(3) 注册的有效期。条约规定每次续期为 10 年。到目前为止，中国尚未加入该条约。

《尼斯协定》主旨是解决商标注册用的商品和服务统一的分类问题。该协定按照商品或服务的用途、原料等，将商标注册用商品分为 34 个类别、服务项目分为 8 个类别。这一分类方法为各国提供了国际通用的分类标准，不仅便于商标的检索，也有利于商标使用管理及商标国际交流合作。该协定允许《马德里协定》成员国及非《尼斯协定》成员国采用上述国际分类。我国于 1989 年开始适用《尼斯协定》。

《维也纳协定》编订有商标图形要素国际分类，包括 29 个大类、三百多个小类及三千多条项目。所有商标图形均按上述分类方法办理。《马德里协定》要求商标图形分类应按照该协定的规定进行。目前，我国也采用这个图形分类法。

五、主要著作权国际条约

著作权国际条约，主要有《伯尔尼公约》《世界版权公约》《保护表演者、录音制品制作者和广播组织公约》（简称《罗马公约》）、《保护录音制品制作者防止未经许可复制其制品公约》（简称《日内瓦公约》或《唱片公约》）、《发送卫星传输节目信号的布鲁塞尔公约》（简称《卫星公约》）。

《伯尔尼公约》是世界上第一个著作权国际公约。到2012年12月为止，已有166个成员国，我国于1992年10月参加该公约。《伯尔尼公约》的主要内容是：（1）基本原则。一是国民待遇原则，即所有成员国国民的作品，或在某一成员国首先发表的作品，在其他任何成员国内部享有该国法律给予本国国民的作品的同等保护；二是自动保护原则，即享受国民待遇的作者在成员国获得的保护不需要履行任何手续；三是独立保护原则，即成员国按照其本国著作权法保护其他成员国的作品，而不论该作品在其本国是否受保护。（2）最低限度的保护规定。各成员国立法给予著作权人的保护水平不得低于公约规定的标准。其具体规定有：1）受保护作品。公约规定保护文学、科学和艺术领域的一切作品，而不论其表现形式或表现方法如何。2）保护的权利内容。公约规定的财产权利包括翻译权、复制权、表演权、改编权、广播权、公开朗诵权、摄制电影权等；人身权利包括作者身份权、作品完整权。3）保护期限。人身权利的保护在作者死亡后仍然有效，至少至其财产权利保护期届满为止。财产权利的保护期，一般作品为作者有生之年加死亡后50年，电影作品为作品放映或完成后50年，实用艺术作品和摄影作品不得少于创作完成后25年。（3）对发展中国家的特殊规定。为了使发展中国家在不过分增加经济负担的情况下获得对外国作品的合法使用，公约规定了对发展中国家的优惠条款，即翻译和复制的强制许可使用等。

《世界版权公约》是与《伯尔尼公约》相并列的著作权公约。到2007年4月为止，已有100个成员国。我国于1992年10月加入该公约。《世界版权公约》的主要内容为《伯尔尼公约》所覆盖，且保护水平略低于后者。其区别表现在：（1）国民待遇原则。《世界版权公约》规定，缔约国可依本国法律将在该国有惯常住所的任何人视为本国国民。与《伯尔尼公约》不同，是否给予在本国有住所的外国人以国民待遇，该公约缔约国有选择的权利。(2) 权利主体与客体。《世界版权公约》规定著作权主体为“作者及其他版权所有人”，与《伯尔尼公约》将主体限定为作者不同。同时，《世界版权公约》并未像《伯尔尼公约》那样详细列出受保护作品的种类，其客体范围的规定较为笼统。(3) 权利内容与期限。《世界版权公约》未明确规定作者的人身权利，是否保护人身权利由各国立法决定；对财产权利也未详细列举，仅强调了复制权、表演权、广播权、翻译权等。此外，《世界版权公约》规定的保护期较短，一般作品为作者有生之年加死后 25 年，实用艺术作品和摄影作品的保护期不得少于 10 年。(4) 版权标记。《世界版权公约》要求作品在首次发表时，其每一复制件均须注明著作权标记“©”、著作权人姓名、首次出版时间。此外，《世界版权公约》还规定其不具有追溯力，且成员国对公约规定不得声明保留。

《罗马公约》是世界上第一个保护邻接权的国际公约，只对《伯尔尼公约》和《世界版权公约》的成员国开放。到 2013 年 4 月为止，已有 91 个成员国。我国未加入《罗马公约》。该公约是关于邻接权保护的国际公约，其主要内容有：(1) 邻接权与著作权保护的关系。该公约给予的邻接权保护将不改变也不影响文学、艺术作品的著作权保护。凡依据著作权法使用作品而需要取得作者许可时，这种许可不因《罗马公约》而受影响。(2) 对表演者权利的保护。表演者是指演员、歌唱家、音乐家、舞蹈家以及其他表演文学、艺术作品的人。表演者的权利主要有：不得未经表演者同意而广播或向公众传送“实况”表演、不得未经表演者同意对表演实况进行录制、不得复制未经表演者同意而录制的原始制品或是复制品超出他们允许的范围。(3) 对录音制作者权利的保护。录音制品是指专门用于听觉的表演声音或其他声音的录制品。录音制作者是指首次将表演的声音或其他声音录制下来的自然人或法人。凡录音制作者有权许可或禁止对他们的录音制品进行直接或者间接的复制。(4) 对广播组织权利的保护。广播是供公众接收的声音或图像和声音的无线电波播送，包括广播电台和电视台的播放，但不涉及有线播放。广播组织有权许可或禁止转播其广播节目、对其广播节目进行录制、复制未经许可的广播节目录制品或为非法目的复制合法制作的广播节目录制品、在向公众收费的场所传送广播节目。(5) 邻接权保护期限。上述三项权利的保护期不少于 20 年。

《日内瓦公约》是关于录音制品保护的邻接权公约。到 2013 年 2 月为止，已有 78 个成员国。我国于 1993 年 4 月正式加入了该公约。公约规定，未经制作者许可，不得以向公众发行为目的复制或进口制作者的录音制品。录音制品只指专门用于听觉的录制品，不包括电影或录像。该公约的实施方法由成员国国内立法确定，可以通过对录音制品给予著作权或邻接权或者适用反不正当竞争法以及刑法加以保护。公约规定录音制品的最低保护期限同于《罗马公约》的相关规定。

《卫星公约》是关于广播节目保护的邻接权公约。我国尚未加入该公约。公约规定，缔约国有义务采取适当的行动制止任何广播组织在本国转播由卫星发射的、但并非为该组织专门提供的载有节目的信号。公约不适用于从卫星上直接传送、用户可以直接接收到发射的信号，而是适用于地面广播组织接收卫星信号后再播出的间接信号。公约规定，由各成员国自行决定采取何种法律形式制止上述侵权行为。

六、《版权条约》和《表演与录音制品条约》

1996 年 12 月，世界知识产权组织在日内瓦通过了《版权条约》和《表演与录音制品条约》（合称为《因特网条约》）。《版权条约》共计 25 条，其中实质性条款 14 条，程序性条款 11 条；《表演与录音制品条约》共计 33 条，其中实质性条款 23 条，程序性条款 10 条。两个条约的程序性条款基本相同。上述两条约的制定，主要是为了解决由于新传播技术，尤其是在数字技术和网络环境下使用作品所引起的版权和邻接权问题，这两个条约的通过是近二十年来国际版权和邻接权领域中最为重要的事件：首先，它们适应了信息传播技术发展的需要，提高了对版权和邻接权的保护水平；其次，发展中国家越来越重视对版权的保护，并在国际版权保护领域中发挥着越来越重要的作用。

世界知识产权组织的《版权条约》和《表演与录音制品条约》合称为《因特网条约》，已分别于 2002 年 3 月和 2002 年 5 月正式生效。

《版权条约》的实质性条款主要包括以下几方面的内容：

1. 序言。序言指出颁布该条约的目的是尽可能以有效和一致的方式发展和维护作者对文学和艺术作品的权利，承认有必要采用新的国际规则并澄清对某些现有规则的解释，以提供解决因经济、社会、文化和技术发展新形势所带来的新问题的适当办法，承认信息和通讯技术的发展和交流对文学和艺术作品的创作与使用所产生的深刻影响，强调版权保护作为文学和艺术创作促进因素的重要意义，承认有必要保持作者的权利与广大公众的利益尤其是教育、研究和获得信息的利益之间的平衡。

2. 与《伯尔尼公约》的关系。该条约是《伯尔尼公约》下面的一个专门协议，不得与除《伯尔尼公约》以外的条约有任何关联，也不得损害依其他任何条约产生的任何权利和义务。

3. 版权的保护范围。版权保护延及表达，而不延及思想、过程、操作方法或数学概念本身，在保护时应比照适用《伯尔尼公约》第 2 条至第 6 条的规定。计算机程序应作为文字作品受到保护；数据库无论采用何种形式，只要其内容的选择或编排构成智力创作，即受到保护。

4. 经济权利。该条约第 6 条规定了发行权：文学和艺术作品的作者应享有授权通过销售或其他所有权转让的形式向公众提供其作品或复制品的专有权。将发行权和复制权分开规定是对权利的细化，提高了保护水平。第 7 条规定了出租权：计算机程序、电影作品和唱片的作者享有出租作品原件或复制件的专有权，但不适用于程序并非是出租主要对象的计算机程序。另外，在商业出租导致广泛复制而严重损害其复制权的情况下，出租权将不适用于电影作品。第 9 条规定了向公众传播的权利：作者有权以有线或无线方式向公众传播其作品，包括将作品向公众提供。该条将原《伯尔尼公约》规定的音乐作品的传播权扩大适用到所有的作品，它确认了在网络环境下的传播权。

5. 摄影作品的保护期限。摄影作品的保护期限与一般作品相同。

6. 权利的限制与例外。允许在一定条件下缔约方可对权利规定限制和例外，但不得与作品的正常使用相抵触，也不得无理损害作者的合法利益。

7. 关于技术措施的义务。条约规定他人针对权利人保护措施所采取的“解码”行为系违法行为，缔约方应采取有效的救济措施。

8. 关于权利人管理信息的义务。条约规定对作品的电子信息不得擅自改动，并确认这种行为违法。该规定的目的在于保证网络上作品信息的真实性和准确性。

9. 其他规定。条约在适用的时限上采用《伯尔尼公约》第 18 条的规定。条约要求缔约方采取必要的措施保证该条约的适用。

《表演与录音制品条约》的实质性条款主要包括以下几方面的内容：

1. 序言。序言基本与《版权条约》相同。

2. 与其他公约的关系。该条约的任何内容不得减损缔约方依《罗马公约》已承担的义务，不得触动对版权的保护，不得与其他条约有任何关联。

3. 定义。该条约通过对“录制”“唱片”“传播”等概念的解释，将录制限定在对声音的录制而非音像的录制，将传播限定在声音的传播而非音像的传播，这实际上将表演者的权利限定在声音的表演而排除了表演者在图像中的权利。会议决定另行制定文件解决表演者在图像中的权利。

4. 本条约的受益人。本条约的受益人为表演者和唱片制作者。本条约适用国民待遇原则。

5. 表演者的权利。表演者享有的精神权利包括表明表演者身份的权利和保护其表演形象不受歪曲、篡改的权利。表演者享有的经济权利包括对尚未录制的表演的广播权和录制权，对已录制的表演的复制权，对录制表演的唱片的发行权、出租权、传播权和因广播和传播其表演而获得一次性报酬的权利。传播权的规定有利于解决网络传输的邻接权问题。

6. 唱片制作者的权利。唱片制作者享有对唱片的复制权、发行权、出租权、提供唱片的权利和因唱片的广播和传播而获得一次性报酬的权利。

7. 保护期限。表演者权利的保护期限和录音制品制作者权利的保护期限至少应为 50 年。

8. 权利的限制与例外。此条允许在一定条件下缔约方可对权利规定限制和例外，但不得与唱片的正常使用相抵触，也不得无理损害表演者和唱片制作者的合法利益。

9. 关于技术措施的义务。条约规定他人针对权利人保护措施所采取的“解码”行为系违法行为，缔约方应采取有效的救济措施。

10. 关于权利人管理信息的义务。条约规定对表演或唱片的电子信息不得擅自改动，并确认这种行为违法。该规定的目的在于保证网络上信息的真实性和准确性。

11. 其他规定。条约规定在享有和行使权利上无须履行任何手续，在适用的时限上采用《伯尔尼公约》第18条的规定。条约要求缔约方采取必要的措施保证该条约的适用。该条约规定除第15条第3款的规定外，不允许对条约有任何保留。

七、《视听表演条约》

2012年6月，世界知识产权组织在北京召开外交会议，通过了《视听表演条约》(亦称《北京条约》)。有关表演者权利保护的国际立法始于20世纪下半叶，1961年签订的《罗马公约》是最早对表演者权利进行保护的国际公约，但其规定的权项较为有限，即未经表演者同意，不得广播和向公众传播他们的表演（表演直播的权利）；不得录制他们未曾录制过的表演（表演录制的权利）；不得复制他们的表演的录音（表演者录音复制的权利）。1996年通过的世界知识产权组织《表演与录音制品条约》（WPPT）保护的表演，主要包括表演者的现场表演以及被录制在录音制品中的表演，未涉及被录制在视听制品中的表演。2012年《视听表演条约》的通过，弥补了原有公约对表演者保护权项的不足，从而与《罗马公约》、WPPT一起构筑了表演者权利的国际保护体系。

《视听表演条约》规定有序言以及实质性条款共计30条，可分为四个部分。现分述如下：

1. 序言。序言的主要内容强调该条约的目的和宗旨："出于以尽可能有效和一致的方式发展和维护表演者对其视听表演的权利的愿望"，"承认有必要采用新的国际规则，以提供解决由经济、社会、文化和技术发展所提出的问题的适当方法"，"承认信息与通信技术的发展和交流对视听表演的制作与使用的深刻影响"，"承认有必要保持表演者对其视听表演的权利与广大公众的利益，尤其是教育、研究和获得信息的利益之间的平衡"，"承认1996年12月20日在日内瓦签订的《世界知识产权组织表演与录音制品条约》（WPPT）对表演者的保护不延伸到其以视听录制品录制的表演方面”。序言的上述规定，描述了缔约背景，即应对新传播技术的影响而保护表演者权利；缔约原则，即维持表演者权利与公共利益的平衡；缔约目的，即与 WPPT 共同建立视听制品与录音制品的表演者权体系。

2. 总则性规定。该条约第 1 条至第 4 条是总则性规定。述及：(1) 条约“与其他公约和条约的关系”。除 WPPT 外，该条约与《罗马公约》等其他条约并不存在任何实质性关联，是一个独立的国际条约，因此对该条约的履行，不得损害其他条约所规定的权利、义务。(2)“定义”。关于表演者、视听录制品、广播和向公众传播的定义，沿袭 WPPT 第 2 条的释义方法，不同的是，将保护对象规定为视听表演而非单纯的声音表演。(3)“保护的受益人”。采取表演者国籍与居所双重原则，凡符合其中一者即为条约保护的受益人。(4)“国民待遇”。该条约与 WPPT 的规定相同，将国民待遇限于条约授予的专有权和获取合理报酬的权利。但不同之处在于，该条约作出了互惠性保留，即缔约国有权将其“给予另一缔约方国民的保护限制在其本国国民在该另一缔约方享有的那些权利的范围和期限之内”。

3. 表演者权利。条约第 5 条至第 11 条是关于表演者对视听表演享有各种权利的规定，包括：(1)“精神权利”。条约规定了两项权利，一是“要求承认其系表演的表演者，除非因使用表演的方式而决定可省略不提其系表演者”(即表演者身份权)，二是“反对任何对其表演进行的将有损其声誉的歪曲、篡改或其他修改”(即表演形象完整权)。(2)“经济权利”。条约规定了两个方面的权利，一是表演者对其尚未录制的表演，享有广播和向公众传播的权利以及录制权；二是表演者对录有其表演的视听制品所享有的权利，包括复制权、发行权、出租权、提供已录制表演的权利，以及广播和向公众传播的权利。上述权项与 WPPT 关于表演者对其声音表演所享有的权项规定类似。需要指出的是，该条约规定的“广播和向公众传播的权利”，包括授权广播和传播，并从授权广播和传播中获取报酬的权利；而 WPPT 规定表演者仅是享有“因广播或向公众传播获取报酬的权利”。但是，《视听表演条约》缔约国可以对该项规定的权利进行保留而选择与 WPPT 相类似的规定。

4. 表演者权的转让。关于权利转让的规定，是各方讨论最为激烈、最为棘手的问题，也是最后达成妥协意见的结果。根据该条约第 12 条的规定，表演者一旦同意将其表演录制于视听录制品中，其享有的各项经济权利，可采取三种方式处理：或由该视听录制品制作者所有，或由该制作者行使，或由表演者向制作者转让。缔约国可在国内法中择一规定。在上述情形中，表演者与视听录制品制作者之间按国内法规定有任何相反合同约定的除外。此外，条约还规定了报酬条款，即与上述转让规定无关，国内法或是具有个人性质、集体性质或其他性质的协议可以规定，表演者有权因表演的任何使用而获得合理的报酬。

5. 其他规定。该条约第 13 条到第 30 条，规定了“限制与例外”“保护期”“关于技术措施的义务”“关于权利管理信息的义务”“手续”“保留和通知”“时间上的适用范围”“关于权利行使的条款”以及条约的参加、管理、退出等有关事项。其中，“限制与例外”条款与 WPPT 相关规定类似，即允许缔约国在其国内立法中对表演者权的保护，规定与文学、艺术作品版权保护相同种类的限制或例外，但是这些限制或例外不应与表演的正常使用相抵触，也不应无理地损害表演者的合法利益。关于表演者权的保护期，应自表演录制之年年终算起，至少持续到 50 年期满为止。其保护期与 WPPT 保护一致，但高于《罗马公约》规定的水平。针对网络环境下视听表演的传播特点，关于视听表演的技术措施和权利管理信息，条约参照 WPPT 的规定，要求缔约国提供适当的法律保护和有效的法律补救方法。

第二十二章

世界贸易组织框架下的《知识产权协定》

经济全球化的出现和新的国际贸易体制的形成，是 20 世纪下半叶世界经济发展的重要潮流。这一潮流深刻地影响到 21 世纪的格局。[①] 在推动经济全球化进程方面，关贸总协定及其后续组织——世界贸易组织扮演着重要角色。与以往的国际组织和国际公约不同，世界贸易组织及其《知识产权协定》将知识产权保护纳入国际贸易体制之中，知识产权制度一体化、国际化呈现出新的发展趋势。

《知识产权协定》是《巴黎公约》建立知识产权国际协调机制以来，覆盖面最广且最具约束力的综合性知识产权条约。第一，《知识产权协定》涵盖了几乎所有知识产权的相关主题。其知识产权保护对象，不仅包括传统的专利、商标和版权，还涉及外观设计、地理标志、布图设计、商业秘密等。第二，《知识产权协定》规范和扩展了缔约方的国际义务。其采取“应当遵守”“不得减损”义务的规定，通过纳入手段，将《巴黎公约》《伯尔尼公约》《罗马公约》《华盛顿公约》等许多实体义务纳入缔约方的义务范畴。第三，《知识产权协定》强化了知识产权的执行机制与争端解决机制。由于该协定属于世界贸易组织“一揽子”协定的一部分，国际贸易体制与国际知识产权保护体制相联

① 参见许明主编：《当代中国亟待解决的 27 个问题》，11 页，北京，今日中国出版社，1997。

结，知识产权保护实体规范与秩序规范相结合，从而加强了协定的国际拘束力。

以《知识产权协定》生效为标志，知识产权制度进入了一个高水平保护、高效率推行的新阶段。该协定对当今国际知识产权体系带来了巨大的范式变革，也引发了招致争议的体制弊端。

一、《知识产权协定》与世界贸易组织其他协定的关系

《知识产权协定》与《货物贸易协定》、《服务贸易协定》构成世界贸易组织制度框架中的三大主体制度。世界贸易组织法是一个由组织法、货物贸易法、服务贸易法和多边贸易协定组成的庞大法律体系。《知识产权协定》作为有关世界贸易组织一系列协定中的一个分协定，是这一法律体系中的重要组成部分，并与其他相关协定产生紧密的联系。

1.《知识产权协定》与其他相关协定的统一

《知识产权协定》规制的是与贸易有关的知识产权保护事项。它既要与世界贸易组织协定这一基本法保持一致，又要与其他同为部门法的多边贸易协定有所协调。其具体表现在：首先，世界贸易组织的成员资格与多边协定的缔约资格相一致。按照《建立世界贸易组织协定》的规定，只有同时接受该协定和其附录一、二、三的多边贸易协定，包括明确接受《关税和贸易总协定》基本文件的，才能成为世界贸易组织的原始缔约成员；只有同时接受该协定和其附录一、二、三的多边贸易协定，才具有世界贸易组织的成员资格。[①] 这就是说，一国只能是“一揽子协定”的缔约国，不能只接受世界贸易组织章程而不接受《关贸总协定乌拉圭回合谈判结果最后文件》（简称《最后文件》）附件一的多边贸易协定，反之亦然；同时，一国只可能同时具有世界贸易组织成员资格与多边协定缔约资格。如果不具备或退出各项多边协定的缔约国资格，也就意味着丧失世界贸易组织的成员资格，反之亦然。其次，知识产权理事会与世界贸易组织总理事会的协调。依《知识产权协定》规定所设立的“与贸易有关

① 参见《建立世界贸易组织协定》第 11 条、第 12 条的规定。

的知识产权理事会”是世界贸易组织总理事会之下的一个机构，负责督促《知识产权协定》的运作和实施。这表明，知识产权保护的管理机制是相对独立的，但与世界贸易组织的管理机制依然保持一致。最后，《知识产权协定》对世界贸易组织的基本原则与争端解决机制的适用。在基本原则方面，《知识产权协定》遵循世界贸易组织所确定的共同基本原则，如非歧视性原则、优惠待遇原则、透明度原则等。非歧视性原则实际上属于国民待遇原则的范畴，它作为世界贸易组织的基本原则，亦是《知识产权协定》的首要原则；优惠待遇原则是世界贸易组织处理发达国家与发展中国家之间关系的基本准则，《知识产权协定》对此也作了原则性规定；透明度原则是世界贸易组织争端解决机制中的基本原则，《知识产权协定》亦有相应的具体规定。[①] 此外，根据《知识产权协定》的规定，世界贸易组织争端解决机制的具体做法，也毫无例外地适用该协定下争端的磋商和解决机制。

2.《知识产权协定》与其他相关协定的冲突

在世界贸易组织框架内规范知识产权，势必涉及总协定所形成的规则和多边贸易体系。《建立世界贸易组织协定》第 16 条对此作出规定：“当本协定的某一规定与任何多边贸易协定的某一规定发生冲突时，本协定规定应在冲突的范围内优先。”从上可见，相关冲突及其处理规则如下：第一，《知识产权协定》与《建立世界贸易组织协定》。在世界贸易组织的法律体系中，世界贸易组织的章程是基本法，其地位高于其他部门法。这就是说，其他多边贸易协定，包括《知识产权协定》在内，都属于部门法，不得与作为世贸组织章程的基本法相抵触，如有与世贸组织章程相抵触者，应以章程的相应规定为准。第二，《知识产权协定》与 1994 年《关税和贸易总协定》。1994 年总协定的基本内容与 1947 年总协定相比并无多大变化，对知识产权问题也未涉及。《知识产权协定》所确立的是与贸易有关的一种全新法律制度，该协定下的争端解决适用关贸总协定中有关争端解决的规则和程序，除此之外，其规范概与关贸总协定无涉。第三，《知识产权协定》与其他贸易协定。在世界贸易组织章程之下

---

① 有关国民待遇原则、优惠待遇原则、透明度原则之规定，参见《知识产权协定》第 3 条，第 65～67 条，第 63 条。

的各多边贸易协定，包括《知识产权协定》，在该法律体系中处于平行地位，在冲突发生时无优劣之分。[①]

二、《知识产权协定》与其他知识产权国际公约的关系

《知识产权协定》是世界贸易组织体制下多边贸易规则的有机组成部分，也是现今国际知识产权保护体系中的重要法律文件。《知识产权协定》与传统知识产权国际公约存在着许多差别，为此协定的制定者就该协定与原有国际公约的适用性问题制定了相应的规则及原则[②]，以防止和解决该协定与相关公约之间的冲突。这里讲的"原有国际公约"，是指由世界知识产权组织管理的四个公约，即《巴黎公约》、《伯尔尼公约》、《罗马公约》和《集成电路知识产权条约》。《知识产权协定》与原有国际公约之间的关系表现在以下几个方面：

1. 《知识产权协定》对原有公约的继承与保留

《知识产权协定》强调协定必须与世界知识产权组织管理的四个公约所确认的现有义务保持一致。上述规定体现了协定对原有公约的继承与保留。这就是说，凡协定的缔约方，不论其是否为这些公约的成员国，都应遵守该类公约的实质性规定。换言之，涉及知识产权的效力、范围、取得与保护等问题时，协定的规定是以上述公约的实质性规定所产生的现有义务为起点，表现为对原有公约相关内容的一种肯定。此外，对于世界知识产权组织管理的其他公约，如《巴黎公约》的"子公约"，《知识产权协定》条文本身并未明确指出其效力问题，但协定第 2 条第 1 款强调在协定第二、三、四部分的范围内，全体成员均应符合《巴黎公约》第 19 条的规定。关于协定与《巴黎公约》之"子公约"之间的效力问题，学术界有不同认识：一种观点认为协定承认这些"子公约"的有效性，其成员应遵守"子公约"所产生的现存义务[③]；另一观点认为，协

① 有关《知识产权协定》与其他相关协定的统一与冲突，相关资料可详见曾令良：《世界贸易组织法》，武汉，武汉大学出版社，1996；古祖雪：《国际知识产权法》，北京，法律出版社，2002。

② 参见《知识产权协定》第 2 条、第 9 条、第 35 条的规定。

③ 参见郑成思：《关贸总协定与世界贸易组织中的知识产权：TRIPs 详解》，44 页，北京，北京出版社，1994。

定所承认的不是“子公约”的有效性，而是《巴黎公约》第19条的有效性，因此成员没有遵守“子公约”的义务。[①] 笔者认为，该协定第2条第1款要求成员遵守《巴黎公约》第19条的规定。该规定是指，在与《巴黎公约》不相冲突的情况下，缔约国可缔结一些保护工业产权的专门保护条约。实际上，由世界知识产权组织所管理的工业产权公约中，除《保护植物新品种国际公约》外，基本上都是依《巴黎公约》第19条而产生的专门条约，包括《专利合作条约》《商标国际注册马德里协定》《保护原产地名称及其国际注册协定》等。《知识产权协定》强调的不是成员必须遵守这些《巴黎公约》的“子公约”，而是允许成员在不违反其最基本义务和知识产权保护的最低标准的范围内，得以就工业产权保护签订专门条约。

2.《知识产权协定》对原有公约的修正与补充

《知识产权协定》在继承与保留原有公约的“合理内核”的基础上，就知识产权国际保护的制度设计与规范制定有了新的突破与发展，这是协定区别于原有公约的最为重要之处。具体说来表现在两个方面：一是就同一事项对原有公约的相关规定进行修正。在这种情况下，协定的缔约方必须适用《知识产权协定》的新规定。二是对原有公约未能涉及的某一事项进行补充规定。在这种情况下，缔约方毫无疑问地应适用协定所作出的规定。《知识产权协定》对原有公约的突破与发展表现在各个方面，包括基本原则、实质性义务、保护措施与执法程序、对发展中国家和最不发达国家的优惠等。[②]《知识产权协定》作为新的知识产权保护制度，其特点将在下文述及。

3.《知识产权协定》对原有公约的回避与否定

《知识产权协定》对于原有公约规定的现有义务主要是继承和发展，仅就个别内容不予确认，具体说来表现在两个方面：一是否定《伯尔尼公约》第6条第2款所规定的作者精神权利。关于其立法动因，协定制定者未予说明。学者们认为，其缘由有二：首先，世界贸易组织框架下的知识产权保护，皆为与

---

① 参见张汉林、黄玮：《智慧财产的卫士——知识产权国际保护的比较研究》，60页，北京，中国经济出版社，1997。

② 参见孔祥俊：《WTO知识产权协定及其国内适用》，101页，北京，法律出版社，2002。

贸易有关的知识产权。《知识产权协定》强化了全球市场的思想，即在全球市场中，受知识产权保护的无体商品与商品和服务共同纳入考虑范围。这种状况带来的结果是，协定强调著作权的商业和经济内容，同时作者的精神权利放置于次要地位。其次，英美法系国家关于作者精神权利的保护制度与大陆法系国家相关法律存在明显差异。由于著作权立法传统的差异，英、美等国长期不保护作者精神权利，后因参加《伯尔尼公约》的需要而在其国内法中增列了该项制度，但保护水平较低。[①] 可以说，《知识产权协定》的这种规定比较适合于美国的传统做法。二是否定《罗马公约》第 20 条关于“无追溯力”的规定。根据《罗马公约》第 20 条的规定，一方面，《罗马公约》不影响在某个成员国参加该公约之前已经受到保护的那些权利；另一方面，《罗马公约》也不要求成员国对其参加该公约前已发生的表演、广播或录音制品给予保护。《知识产权协定》基本上肯定《罗马公约》的效力，但是同时规定《伯尔尼公约》1971 年文本第 18 条关于“追溯力”的规定适用于表演者权及录音制品制作者权。《伯尔尼公约》规定的“追溯力”，是指各成员国不仅要保护其参加公约之后来源于其他成员国的受保护作品，而且还要保护其参加公约之前就已经存在于其他成员国而在其来源国又尚未进入公有领域的作品。这就意味着，《知识产权协定》的成员不能再援引《罗马公约》的“无追溯力”条款，只要表演、广播或录音制品在来源国尚处于专有领域，新参加协定的成员都必须给予追溯保护。[②]

三、《知识产权协定》的基本特点

《知识产权协定》是乌拉圭回合谈判形成的最终文件之一，也是世界贸易

---

① 英国 1956 年《版权法》已有了反假冒署名的规定。1988 年《版权法》虽专章规定了精神权利，但对此设置了诸多限制，例如署名权的行使须以事先申明为前提；擅自修改作品只有在造成作者声誉损害时才构成对作品完整权的侵害；精神权利可以放弃。美国 1990 年颁布的《视觉艺术家权利法》，严格限制精神权利的保护范围，诸如文学、戏剧、音乐作品、视听作品以及电子出版物均被排除在外；精神权利保护仅仅及于作品原件和 200 件以内签名编号的复制品。

② 参见《知识产权协定》第 70 条第 2 款。

组织的基本文件之一。在历史上，该协定不仅是第一个明确与国际贸易相联系的知识产权公约，而且也是第一个将著作权、专利权、商标权等各项知识产权制度融为一体的国际公约。根据《知识产权协定》的内容，可以将其基本特点作如下概括。

1. 与国际贸易体制紧密结合

该协定的全称应为《与贸易有关的知识产权协定》，顾名思义，该协定与国际贸易有关。其实，该协定的基本条款并未直接涉及贸易问题，而全部是知识产权保护的内容。从一定意义上说，“与贸易有关的知识产权协定”是名不副实。[①] 尽管如此，学者们普遍认为，《知识产权协定》不同于传统的知识产权公约，其本身即是新国际贸易体制的重要组成部分，并以推进经济全球化与立法一体化为主要目标。首先，该协定确立了期望减少国际贸易中的扭曲与阻力，促进对知识产权充分、有效的保护，并保证知识产权执法措施与程序不至于变成合法贸易的障碍之目的。[②] 这就是说，该协定提升知识产权保护水准和统一知识产权保护制度的主要意图，在于推进世贸体制下知识产权的一体保护，使所有成员的保护水平达到以往只有发达国家才具备的标准。这样，通过世界贸易组织体制的有效运作，知识产权保护得以成为国际贸易制度的一部分。其次，协定将关贸总协定与世界贸易组织关于货物贸易的原则和机制延伸到知识产权保护。例如，最惠国待遇原则作为国际贸易领域的首要原则，第一次被引入知识产权公约，成为协定各成员必须履行的基本义务；透明度原则原为关贸总协定为实现贸易行为的公平性而要求缔约方承诺实施的基本规则，而在协定中引用这一原则则在于公开各成员的司法体系及制度，避免法律说明和冲突；世界贸易组织体制下的争端解决机制不仅直接适用于一般贸易的纷争，而且延伸适用于知识产权纠纷。这种制度化的多边争端解决机制，有助于防止诸如美国“301 条款”之类的单方报复行为。[③]

2. 构建了新的知识产权保护体系

《知识产权协定》不是就某一具体知识产权保护所缔结的国际公约，它涉

---

① 参见孔祥俊：《WTO 知识产权协定及其国内适用》，2 页，北京，法律出版社，2002。

② 参见《知识产权协定》序言。

③ 参见孔祥俊：《WTO 知识产权协定及其国内适用》，8 页，北京，法律出版社，2002。

及著作权、商标权、地理标志权、工业品外观设计权、专利权、集成电路布图设计权、商业秘密权等知识产权各个领域。在该协定达成以前，所有的知识产权国际公约仅是涉及某一类型或某些类型的知识产权保护。例如，《巴黎公约》只涉及有关工业产权的规定，不涉及著作权和邻接权；《伯尔尼公约》则只涉及文学、艺术作品的版权保护问题；《罗马公约》仅是有关邻接权保护的专门公约。从协定所构建的知识产权体系来看，它不仅包含有著作权、专利权、商标权等传统知识产权制度，也囊括了植物新品种权[①]、集成电路布图设计权等新兴知识产权制度，甚至将从未被专门国际公约承认的商业秘密也置于知识产权体系之中。值得注意的是，协定没有规定《成立世界知识产权组织公约》所认可的发明权、发现权，也未规定《巴黎公约》保护的商号权。笔者或许可以认为，前者不具有私人产权形式，后者与贸易联系不多，故而协定未予考虑。尽管如此，《知识产权协定》仍为迄今为止构建知识产权体系最为完善、健全的一部国际公约。

3. 提升了知识产权保护水平

从《知识产权协定》的内容来看，无论是保护标准还是保护期限，基本上顾及和参照了发达国家的要求和做法。其具体表现为：（1）权利范围的拓展。在著作权与邻接权领域，将计算机软件和数据库作为文字作品给予保护，新增加了计算机软件、电影作品、录音制品的出租权；在商标权领域，规定具有“识别性”的任何标志或其组合在一般情况下均应能获得商标注册，对驰名商标予以特别保护，并将驰名商标的适用范围扩大到服务商标；在地理标志权领域，要求成员负有禁止混淆地理标志（尤其是在酒类与酒精类商品上）的义务；在外观设计权和专利权领域，授予权利人以进口权；在集成电路布图设计权领域，规定的保护范围超出了布图设计和由布图设计构成的电路本身，进而延伸到使用布图设计的物品；在商业秘密权领域，规定此类知识产权保护应涉及药品和农业化学产品。（2）保护期限的延长。包括计算机软件在内的著作权保护期限至少为50年，专利权保护期限不少于20年，工业品外观设计权保护

---

① 根据《知识产权协定》第27条的规定，成员对植物新品种可采取专利保护或专有权保护，或两者的组合保护模式。

期限不少于 10 年，集成电路布图设计权保护期限亦不少于 10 年。（3）保留条款形同虚设。该协定第 72 条规定，未经其他成员同意，不得对协定的任何条款作出保留。这一规定与以往国际公约的保留条款不同，其潜在含义是，成员如欲在其国内法就该协定作出保留，必须征得其他成员同意。从一定意义上说，协定所规定的保留条款实为禁止保留条款。（4）对权利限制进行限制。尽管协定允许成员基于社会公益、防止权利滥用等考虑，对知识产权进行限制，但同时又对这种权利限制给予反限制，即明确要求权利限制不得与权利的正常使用相冲突，不得不合理地损害权利人的利益，不得损害第三人的合法利益。

4. 强化知识产权的执法程序和保护措施

为促使各成员加强知识产权保护制度的实施，《知识产权协定》详细规定了有关行政和司法程序的具体义务、临时措施、边境措施等，这是协定的一大特色和重要革新，是世界知识产权组织管辖的各国际公约所没有的。具体说来，主要有如下内容：（1）司法复审制度。即对于行政性的终局决定以及至少是对案件的初审司法判决的法律问题，诉讼当事人有权提请司法复审。（2）民事程序。即实行公平、公正的民事程序，要求保障被告的诉讼权利，允许当事人聘请律师参与诉讼，保证当事人的证明权，对秘密信息进行识别和保护。（3）损害赔偿。即司法当局有权命令侵权人向知识产权人支付足以补偿其损失的损害赔偿金。（4）临时措施。即司法当局或行政当局对于“即发侵权”之类可预见到又并非无根据地推断出来的侵权准备活动，采取诉前禁令、财产保全和证据保全的“临时措施”。（5）边境措施。即由司法当局或行政当局对进、出口的侵权产品采取由海关执行的中止放行的措施。

第二十三章

知识产权国际保护与国际人权保护

《知识产权协定》作为世界贸易组织的基本法律文件，对知识产权的国际保护作了新的制度安排，是迄今为止知识产权保护范围最广、保护标准最高的国际公约，堪称“知识产权保护的法典”[①]。同时，《知识产权协定》作为当代知识产权国际保护的核心法律制度，在其推行过程中也显见种种不足。从多哈会议通过的《关于〈与贸易有关的知识产权协定〉与公共健康问题的宣言》（也称《多哈宣言》），到坎昆会议前夕达成的关于该宣言第 6 段的实施决定，表明《知识产权协定》的法律框架在不断发展和完善，其推动力主要是知识产权与人权的冲突及其平衡。[②]

一、国际知识产权与国际人权的冲突

自进入后《知识产权协定》时代，国际社会十分关注知识产权与基本人权的关系问题。其实，国际贸易领域的知识产权问题与国际政治领域的人权问题，被喻为当代国际关系的两大热点问题。2000 年，联合国人权促进保护小组委员会发表了《知识产权与人权》的报告，审查了《知识产权协定》对国际

① 曹建明等：《世界贸易组织》，312 页，北京，法律出版社，1999。

② 参见张乃根：《论 TRIPs 协议框架下知识产权与人权的关系》，载《法学家》，2004（4）。

人权带来的影响，宣称："由于《知识产权协定》的履行没有充分反映所有人权的基本性质和整体性，包括人人享有获得科学进步及其产生利益的权利、享受卫生保健的权利、享受食物的权利和自我决策的权利，所以，《知识产权协定》中的知识产权制度作为一方与另一方的国际人权法之间存在着明显的冲突。"[①] 可以认为，国际知识产权公约的履行，应全面考虑国际人权公约所规定的义务；各国立法保护知识产权，其社会作用应符合国际人权义务。

依照国际人权标准，知识产权国际保护制度有以下现实的或潜在的问题：

1. 精神权利与对作者权利保护的缺失

承认创造者通过智力劳动而获得精神利益和物质利益的权利，这是将知识产权视为人权的重要考量标准。《伯尔尼公约》对作者的经济权利和精神权利即"一体两权"给予同等保护，规定作者身份权和作品完整权的保护期应不少于经济权利的保护期。世界知识产权组织在 1994 年举办的"未来版权与邻接权研讨会"上指出：《伯尔尼公约》中无论是对作者精神权利的保护，还是对其经济权利的保护，都是当作"人权"来保护的，因此与《世界人权宣言》一致。[②]《知识产权协定》将《伯尔尼公约》等主要国际知识产权公约的实体条款纳入其中，并作为该协定的基础性条款，但又声称"对于伯尔尼公约第 6 条之 2 规定的权利或对于从该条引申的权利，不受本协定保护，各缔约方应免除其权利和义务"[③]。这即是明确排除《伯尔尼公约》保护的精神权利。可以说，《知识产权协定》照顾了美国版权制度的固有传统，却背离了国际人权法的一贯主张。这一规定造成两种后果：一是权项体系的失衡。《知识产权协定》强调与"贸易"有关的知识产权保护，而忽视"非贸易"的特别是不能用经济价值衡量的知识产权的存在。二是权利、义务的不平等。兼为《知识产权协定》和《伯尔尼公约》的缔约方有义务保护精神权利，而仅为《知识产权协定》的缔约方却可以以未参加《伯尔尼公约》为由免除该项义务。其后果是，当后者

---

① UN Commission in Human Rights: Intellectual Property and Human Rights, 2000, E/CN1. 4/Sub. 2/2000/7.

② 转引自郑成思：《世界贸易组织与贸易有关的知识产权》，96 页，北京，中国人民大学出版社，1996。

③ 《知识产权协定》第 9 条第 1 款。

对精神权利造成损害时，该案件不能适用世界贸易组织的争端解决机制。

2. 表现自由与对专有权利限制的限制

表现自由是世界各国普遍认可的宪法权利，意为表达思想和见解的自由。这是国际人权公约承认的公民应享有的一项政治权利。表现自由与著作权有着密切的联系，这是因为作为表现自由所涉及的信息包括消息、知识、资料、数据、观念、意见等，在著作权法中往往表现为享有专有权利的作品。当两种法益发生冲突时，如何确定其优先保护的位阶？一般认为，表现自由在基本人权体系中占有突出重要的地位。相对于经济自由等权利，表现自由应当具有"优越地位"，即被看作是具有优先性的法价值。[①] 表现自由优于经济自由的原则在各国宪法理论与实践中都得到了承认。在这里即是说，著作权的专有属性不应构成思想表现和信息交流的障碍。对此，学者们认为："著作权提供的保护可以对抗非法的竞争者，但不能阻碍公众对作品的合理使用"，"资讯的公开传播非常重要，因此不能使自由之公益和民主社会屈从于传统著作权观念下的私人独占权"[②]。虽然合理使用是各国著作权法的普遍制度，但现在发展的趋势是国际社会对这种专有权利的限制进行了严格的反限制。《知识产权协定》没有重复《伯尔尼公约》关于合理使用的有关规定，只是重申和强调了专有权利限制和例外的严格条件，即此等限制或例外：(1) 应限于某些特殊情况；(2) 应不与作品的正常利用相冲突；(3) 不应不合理地损害权利持有人的合法利益。1996年世界知识产权组织的《因特网公约》，更是将限制合理使用的原则推及网络空间。上述公约的规定十分严格，但也比较笼统，何种限制或例外为合理，何种限制或例外不被允许，各缔约方自有不同理解。总的说来，发达国家力主对印刷作品、电子作品以至数字作品的合理使用实行严格的限制，而发展中国家则注重让公众通过网络技术获得更多的信息。

3. 隐私权与信息数据库权利的扩张

隐私权是公民对其私人生活安宁与私人信息享有的不被非法侵扰、知悉、

① 参见杜钢建：《论表现自由的保障原则》，载《中外法学》，1995 (2)。

② Harry N. Rosenfeild: The American Constitution, Free Inquiry, and the Law, Fair Use and Free Inquiry, Ablex Publishing Co., 1980, p. 302；［日］古泽博：《关于利用他人的著作权问题》，载日本《独协法学》，1977-10-22。

搜集、利用和公开的一种权利。它既是民法所规定的人格权，也是国际人权法所承认的基本人权。《世界人权宣言》第12条规定："任何人的私生活、家庭、住宅和通信不得任意干涉。"《公民权利和政治权利国际公约》第17条规定："任何人的私生活、家庭、住宅或通信不得加以任意或非法干涉。"关于隐私权保护的立法理由，1973年联合国秘书长在题为《尊重个人隐私》的报告中作出了说明："大量的侵犯隐私的行为妨碍了人们的自由，而且经常是有意的。"这些行为"使人们产生了一种普遍的不安全感，它压抑着人们，使人们丧失责任心，迫使人们由于悲惧而趋于同一"[①]。与上述立法文件相似，学者将隐私权的内涵概括为三个方面：（1）基于宪法秘密通讯自由及其他于此规定，而由法律加以保护之隐私利益；（2）本于安适生活之需要，求为不受干扰之隐私利益；（3）基于现代自动化资讯处理之发达与普遍，为控制关于自己之资料之隐私利益。[②] 自19世纪美国人沃伦和布兰代斯凭据私人信件法律保护提出隐私权这一概念以来，隐私权已从传统的"个人生活安宁不受干扰"的消极权利演变为现代的具有积极权利意义的"信息隐私权""资讯隐私权"。但与此同时，"社会不是在向着有利保护公民个人隐私的方向发展，相反，现代科技尤其是电子信息技术的发展以及大众传播媒介对市民生活深刻而广泛的影响，使得公民隐私权的保护变得更为迫切"[③]。隐私的道德基础的关键，是控制有关自己信息的权利，但是这一权利在数字技术进步的过程中正处于危险的境地。其主要原因是：在信息社会里，信息已经成为一种商品。诸如个人偏好、通讯记录、疾病记录、性格倾向、信用记录、违法记录、雇佣资料等可以进行数字化处理并存储到数据库中。上述信息如不进行有效控制，个人隐私就会在信息的商品化中变得透明。信息商品化在知识产权领域即是数据库问题。国际版权界认为对数据库提供汇编作品保护是一种"弱保护"，因为任何人可以自由地使用原汇编作品的材料，用以制作与其竞争的数据库。在这种情况下，一些发达国家正努力构建数据库的特殊权利保护，也就是一种独立于著作权的专门权利

① 转引自王利明等主编：《人格权与新闻侵权》，405～406页，北京，中国方正出版社，1995。

② 参见许文义：《个人资料保护法论》，54页，台北，三民书局，2001。

③ 张新宝：《隐私权的法律保护》，26页，北京，群众出版社，1997。

制度，其目的在于保护数据库投资者的利益。[①] 在著作权界注重数据库投资者与利用者之间利益协调的同时，不能忘记从人权角度考量数据库来源者（即被他人作为信息收集的数据主体）与所有者之间的权利冲突。概言之，这即是隐私权与著作权的冲突。解决这一问题的关键在于加强个人数据的法律保护，即扩充隐私权的内涵，赋予公民以信息控制权或资讯自决权。具言之，即个人资料收集之限制、资料之精确、查询及更正之权利、接受资料收集通知的权利及确知资料存在之权利，不仅应使其不受他人干扰，更在于对其所有之资料能加以控制与支配。[②] 总之，在创设数据库权利制度、促进信息产业发展的时候，立法者必须对于数据主体即隐私权主体的利益给予更多的关注。

4. 健康权与药品专利利用的障碍

健康权是指有生命的主体依法享有健康的权利。它作为一项普遍接受的人权，得到众多国际人权公约的承认。1948 年《世界人权宣言》第 25 条规定，人人有权享受为维护本人和家属的健康和福利所需的生活水准，包括食物、衣着、住房、医疗和必要的社会服务。1966 年《经济、社会和文化权利国际公约》第 12 条承认人人有权享有能达到的最高标准的身体和心理健康，同时规定缔约方为充分实现这一权利而应采取的目标步骤。按照国际人权公约的人权标准，现今知识产权制度对健康权的实现已经带来消极影响。[③] 其主要表现是：第一，由于专利权的垄断性，权利持有人可以控制药品的生产和销售。专利药品的昂贵价格通常超出贫穷患者的承受限度，从而影响不发达国家的居民获得治疗。第二，由于专利实施的限制性条件，权利持有人可以阻止他人获得药品专利技术，甚至在其政府的支持下限制贫困国家及其人民获得强制许可。第三，由于专利权的利益推动，制药业的研发投资者首先投向市场上最有利润回报的疾病，而不会当然考虑贫穷国家的需求。第四，由于专利授予适用于具

---

① 目前，数据库特别权利保护正在三个层次上推进，即美国试图建立的国内保护、欧盟已经建立的区域保护、世界知识产权组织拟议的国际保护。参见薛虹：《网络时代的知识产权法》，94 页，北京，法律出版社，2000。

② 参见刘江彬：《资讯法论》，214 页，台北，三民书局，1989。

③ 参见［美］奥德丽·R·查普曼：《将知识产权视为人权：与第 15 条第 1 款第 3 项有关的义务》，载《版权公报》，2001（3）。

有新颖性但疗效与在先专利药品相似的产品，从而导致某类专利药品的生产和分配日益集中于少数企业之中。上述情况表明，新药品创造者的专利权与该药品的消费者的健康权存在明显的冲突。联合国人权专家认为，这两种权利之任何一种在其自身的背景中都是有价值的，都是国际社会承认的人权。但是遵循人权优先性的尺度，在特定的情况下，某些人权可以优先于其他人权。具言之，"那些同人生死攸关的产品一经产生，便成为全世界的财产，但创造者因而有权获得补偿"①。在这种例外情形中，健康权应高于包括专利权在内的知识产权。围绕着专利权与公共健康问题上的争端，在第三世界国家的力争下，世界贸易组织部长会议于 2001 年 1 月在多哈通过了《关于〈与贸易有关的知识产权协定〉与公众健康问题的宣言》。在多哈会议上，以南非为代表的发展中国家关于尊重人的生命权、健康权、维护公共利益的呼吁，得到发达国家在知识产权领域的善意回应。《多哈宣言》确认使许多发展中国家和最不发达国家遭受痛苦的公共健康问题的严重性；强调知识产权保护对于新药品开发的重要意义，也承认这种保护对价格的影响所产生的后果；同意《知识产权协定》不应成为缔约方采取行动保护公众健康的障碍。维护公众健康的"行动"，是通过阐释《知识产权协定》关于公共利益的灵活性条款来实现的：(1) 缔约方有实施"强制许可"的权利，并且有权决定实施"强制许可"的理由；(2) 缔约方有权认定何种情况构建"国家处于紧急状态以及其他极端紧急的情况"，诸如艾滋病、结核病、疟疾等传染病造成的公众健康危机，即构成这种"紧急状态"；(3) 缔约方有权在遵守最惠国待遇和国民待遇条款的前提下，构建自己的"权利用尽"制度；(4) 发达国家应促进和鼓励其企业组织向最不发达国家转让技术。最不发达国家对于药品提供专利保护的时间可推迟到 2016 年。《多哈宣言》的诞生是国际知识产权领域发生的重大事件。宣言秉承公共利益原则，以人权优先性的尺度，协调药品专利权与健康权之间的冲突，这一做法无疑是后《知识产权协定》时代对知识产权制度的重要调整。

5. 发展权与专有技术转让的阻滞

发展权是第三代人权即集体人权的重要内容，按国际人权公约的说法，是

---

① ［斯里兰卡］威拉曼德里主编：《人权与科学技术发展》，209～210 页，北京，知识出版社，1997。

所有人民“自由谋求他们的经济、社会和文化的发展”的权利[①]，反映了第三世界民族主义的出现以及它对权力、财富以及其他重要资源在全球范围内分配的要求。[②] 1974年的《各国经济权利和义务宪章》对发展权作了明确诠释：发展权是普遍的权利，即“每个国家有权分享科学技术进步和发展的利益，以加速其经济与社会发展”；发展权对发展中国家尤为迫切和重要，该宪章要求“所有国家应促进发展中国家取得现代科学和技术成果”，“帮助发展和改造发展中国家的经济”。然而，发展中国家的发展权并没有在知识产权国际保护体系中得到充分的实现。1978年在日内瓦召开了关于制定《技术转让国际守则》的国际会议，由于知识产权的利益分歧等问题，发达国家与发展中国家未能达成协议；反之，1994年《知识产权协定》的生效，则实现了发达国家建立一个较高标准和有力保障的知识产权制度的战略目标，进一步维系了发达国家在国际贸易中的技术优势——一个以知识产权为后盾的技术优势。资料统计显示，在全球经济中，工业化国家当前拥有全部专利的97%，另外70%的版权和许可证收入为发达国家的跨国公司所获得。[③]《知识产权协定》虽然对促进技术转让和知识传播作了原则规定，并强调发达国家应鼓励其企业和机构对最不发达国家进行技术转让，但《知识产权协定》实施后的事实表明，这些原则规定并没有真正得到落实。国际人权专家认为，在知识产权高水平保护的条件下，主要受益者将是外国的跨国公司，而不一定会刺激当地的研究和革新。此外，由于发展中国家往往缺乏利用先进技术的设施和力量，无力充分地分享科学技术进步带来的利益，从而在社会发展问题上总是处于不利的地位。[④]

二、国际知识产权与国际人权的协调

国际政治领域的人权问题与国际经贸领域的知识产权问题，是当代国际社

---

① 参见1966年《公民权利和政治权利国际公约》和1966年《经济、社会和文化权利国际公约》。

② 参见夏旭东等主编：《世界人权纵横》，116页，北京，时事出版社，1993。

③ 联合国开发计划署：《1999年人类发展报告》。转引自［美］奥德丽·R·查普曼：《将知识产权视为人权：与第15条第1款第3项有关的义务》，载《版权公报》，2001（3）。

④ 参见［美］奥德丽·R·查普曼：《将知识产权视为人权：与第15条第1款第3项有关的义务》，载《版权公报》，2001（3）。

会中的两大热点问题。现存的知识产权国际保护制度与国际人权制度存在着明显的冲突，必须通过国际法律的规制，由冲突达致平衡，即“建立一个符合人权目标的知识产权体制”[①]。

处理知识产权与人权的关系，必须奉行以下两个基本原则：

1. 法益优先保护原则

所谓法益优先保护原则，即在权利或权益体系中，不同法益发生冲突时，处于重要或基本价值的法益较之其他法益应处于优先保护的地位。前述各项人权，或是人作为主体存在所不可欠缺的自由，或是人之生存发展的必需条件，相对于知识产权这一财产权利而言，此类基本人权应属于权利体系的最高位阶。2000 年，联合国人权促进保护小组委员会在通过的《知识产权与人权问题》的决议中，“提醒各国政府人权义务优先于经济政策和协议”[②]。这一规定表明，人权义务优先于知识产权义务。具言之，知识产权是一项私人财产权利，或者说是一项政府经济政策，当其与人权发生冲突的时候，即不具有法律约束力，而应让位于必须履行的人权义务。上述原则在国际法律中有着明确的规定。《联合国宪章》第 103 条强调，缔约国对该宪章所承担的义务优先于根据其他国际条约所承担的义务。这意味着，国际人权法律在法律位阶上高于其他国际法律。由此我们可以认为，现代知识产权法不仅要符合国际知识产权公约的规定，而且不得与国际人权公约相冲突。

2. 利益衡平原则

所谓利益衡平原则，即在权利或权益体系中，应在发生冲突的法益之间寻求平衡，以求得各种法益均衡、协调的发展，即实现权利衡平。《经济、社会和文化权利国际公约》第 15 条规定了缔约国必须承认的三项权利，即人人有权参加文化生活，有权享有科学进步及其应用所产生的利益，对其本人的科学、文学或艺术作品所产生的精神上的和物质上的利益享有保护的权利。由此可见，国际人权公约在承认创造者权利的同时，也强调了社会公众参加文化生

① 郑万青：《全球化条件下的知识产权与人权》，218 页，北京，知识产权出版社，2006。

② UN Commission in Human Rights：Intellectual Property and Human Rights，2000，E/CN1. 4/Sub. 2/2000/7.

活以及由于知识创造而获取利益的权利。笔者认为，在传统的人权体系中，知识产权本身也是一项人权，进而言之，包括知识产权在内的私人财产就是实现人权的基础性权利。这是我们寻求权利协调的一个重要条件。根据利益衡平原则的要求，知识产权制度应确定私人独占的合理范围，其目标是既能刺激创造者从事知识创新的激情，又能确保社会公众分享知识进步的成果。因此，在知识产品方面，要求当事人之间、个人与社会之间的利益分配应符合公平的价值理念。“知识产权应当有利于人权的实现，应当与人权和谐发展。”[①]。而在制度层面，它实际上同一定形式的权利限制、权利利用制度相联系。这就是说，出于公共利益的目标，出于对基本人权的尊重，在一定情况下应对知识产权进行必要的限制，以保证社会公众对知识产品的合理利用。

对于知识产权与人权的冲突，已经引起国际组织的高度关注，同时也引发了多数国家对《知识产权协定》不足的深刻反思和完善知识产权国际保护制度的强烈愿望。可以认为，遵循“法益优先保护”原则和“利益衡平”原则，协调知识产权与人权的关系，平衡发达国家与发展中国家的利益，将是当代知识产权国际保护制度改革的重要话题。世界贸易组织部长会议通过的《多哈宣言》，其内容之一即在于解决公共健康与知识产权利用的问题，这是一个重要的标志，但也仅是一个良好的开端，后《知识产权协定》时代的制度改革尚任重道远。

当前，为解决知识产权国际保护体制与国际人权保护体制之间的冲突，各国政治家和学者都提出了不少建议和构想。笔者认为，国际社会应对以下几个问题给予关注：

1. 采取法律措施促进人权规则的完善。国际人权公约必须改变目前存在的无实施规则和保障措施的“软法”状态。其实，知识产权国际公约的法律约束力也有一个发展的过程。在前《知识产权协定》时期，相关国际公约主要规定知识产权国际保护的实体内容，较少涉及实施程序的规定，尤其是缺乏必要的执法措施和争端解决机制，以至于一些条约成为没有足够法律约

① Paul L. G. Torremans, Copyright and Human Right, Kluwer Law International, 2004.

束力的"软法"[①]。世界贸易组织的《知识产权协定》第一次将本属于国内立法的知识产权保护的实施程序转化为公约规定的国际规则，从而使它们与实体规范一起成为各缔约国必须严格履行的国际义务。由此，传统的"软法"有了强硬的法律约束力。相形之下，人权公约多具宣示性，大抵为柔性条款，包含诸多灵活机制。国际人权制度的改革应朝着下列两个方向发展：一是加速经济、社会和文化权利的法理化进程。"知识产权对人权的影响，无疑会促使人权机构在国际人权文书框架内发展一套清晰的、可以明确解释的权利规则，以便同《知识产权协定》中所规定的那套准确而精致的规则相抗衡。"[②] 二是强化缔约国违反国际人权义务的法律责任。在国际人权公约的框架内，改变原有的"鼓励、推动、作成建议"等非强制性的人权责任，代之以可执行的、有强制力的人权措施，要求缔约国像履行保护知识产权国际义务那样，通过国内立法来保障人权的实现；同时，规定违反人权义务所承担的法律后果，即在知识产权滥用行为损害人权时，国际人权机构可以为受害者提供"衡平救济"[③]。

2. 保护社会公众利用知识产品权利的实现。社会公众对知识产品的利用，既是其基本人权的行使，也是对他人知识产权的限制。在知识产权国际公约中，诸如公共健康、经济发展、表现自由、公共教育等基本人权，都涉及公共利益的目标问题。实现公共利益原则，其基本路径在于平衡权利人利益与社会公众利益。关于两者的关系，美国学者曾经指出，知识产权之存在首先应有利于公共利益，其次才是使权利人本人受益。[④] 在《知识产权协定》的实施过程中，无差别的"国民待遇原则"和高水平的"最低保护标准原则"在各国得到有力的贯彻，而公共利益原则却遭到不应有的忽视。鉴于此，国际社会有必要

---

① 孙皓琛：《WTO 与 WIPO：TRIPs 协议框架中的冲突性因素与合作契机之探讨》，载《比较法研究》，2002 (2)。

② 郑万青：《全球化条件下的知识产权与人权》，245 页，北京，知识产权出版社，2006。

③ 国际人权学者认为，有关人权损害的"衡平救济"措施包括侵害调查、赔偿或其他赔偿、终止侵害、阻止后续侵害、侵害国法律修订等。See Lauren E. Godshall, "Making Space for Indigenous Intellectual Property Rights Under Current International Environment Law", Geo. Int' L Envtl. L. Rev., 2003, 15, p. 497. 转引自严永和：《论传统知识的知识产权保护》，82 页，北京，法律出版社，2006。

④ 参见［美］奥德丽·R. 查普曼：《将知识产权视为人权：与第 15 条第 1 款第 3 项有关的义务》，刘跃伟译，载《版权公报》，2001 (3)。

从两个方面予以改进：一是完善知识产权限制和利用的行为规范，对私权化的知识产权予以必要限制和合理使用；二是细化社会公众使用知识产品的权利规则，使一般意义上的“参入权”“分享权”等基本人权变为具有私权意义的“使用者权”①。

3. 推动国际知识产权制度的变革。知识产权国际保护制度的未来走向，应是改革与创新。在后《知识产权协定》时代，国际社会必须着手解决下列几个问题：一是权利限制制度的缺陷有待修补。如前述的公共健康问题、技术转让和利用问题、公众充分利用信息问题等，都需要通过修订国际公约来予以解决。二是权利制度扩张必须遏制。一些发达国家通过双边谈判，形成所谓的“TRIPs-plus”协定，谋求高出《知识产权协定》保护水平的更多利益或优惠。这种抬高知识产权保护标准的做法，有可能加剧国际知识产权领域的利益失衡局面，国际社会和国际人权机构对此必须予以遏制。三是新的财产制度面临突破。传统知识、遗传资源等新型财产权制度，已经引起一些国际组织的高度重视。除世界知识产权组织成立专门机构着手开展研究、世界贸易组织召开专门会议有所涉及外，在有关人权、文化、贸易、粮农、土著权利、劳工标准、可持续发展、土地、环境与生物多样性等问题的国际论坛上，诸如联合国教科文组织、联合国环境计划署、联合国粮农组织、联合国货币与发展会议、联合国开发计划署、世界卫生组织等国际机构对传统知识和遗传资源的保护问题也都进行了广泛的讨论。但是，这一问题的提出，并没有得到一些发达国家的积极回应；要使相关保护措施成为各国共同遵行的国际规则，还需要国际社会作出更多的努力。

---

① 美国学者将依法利用他人享有独占权利的知识产品之利益，称为使用者权利，以此与创造者权利、传播者权利并称。代表性著述有：Paul Goldstein，Copyright Principles：Law and Practice，Little，Broun and Company (Canada) Limited，1989，p. 182；L. Ray Paterson，Stanley W. Lindberg，The Nature of Copyright：A Law of Users' Right，The University of Georgia Press，1991，pp. 2，4，193。

第二十四章

知识产权保护与《生物多样性公约》

在生物技术专利与遗传资源之间，建立一种惠益分享制度，防止跨国生物技术公司对他国遗传资源的掠夺及不公平、不公正、不尊重性的使用，是国际社会努力完善、修改当代知识产权国际保护制度的一大举措，这也是《生物多样性公约》（The Convention on Biological Diversity，简称 CBD）产生的动因。早在 1984 年，国际自然保护同盟大会就探讨了制定一项保护地球生物多样性公约的可能性，并在 1988 年发布了名为“国际生物多样性就地保护及其基金机制的法律文书（草案）”的文件。国际自然保护同盟在 1992 年起草了《生物多样性公约》，同年 5 月 22 日，各国代表在内罗毕就其最后文本达成一致意见，并于 1992 年 6 月 5 日在里约热内卢联合国环境与发展大会上开放签署，1993 年 12 月 29 日正式生效。《生物多样性公约》确立了“遗传资源国家主权原则”，在一定程度上尊重了发展中国家的利益，因此得到了广大发展中国家的拥护。现在该公约的签字国已达到 190 个，有 168 个国家批准了该公约。①

① 参见《生物多样性公约》国际网站，http：//www. cbd. int/default. shtml.，2007 年 10 月 21 日访问。

一、《生物多样性公约》概述

1.《生物多样性公约》的主要内容

《生物多样性公约》确立了以下三个目标：(1) 保护生物多样性。公约认识到生物多样性蕴涵的生态、遗传、社会、经济、文化等价值，承认对其保护关系到人类福祉，并把生物多样性的保护提到关系人类文明进步和生命系统维系的高度，号召对其保护应成为全人类共同关切的事项。(2) 生物多样性组成成分的可持续利用。《生物多样性公约》并非只是注重对生物多样性与遗传资源消极的保护，而是更注重积极的开发和利用。《生物多样性公约》把传统的保护努力和可持续利用生物资源的经济目标联系起来。(3) 以公平合理的方式共享遗传资源的商业利益和其他形式的利用。《生物多样性公约》是一个涉及利益分配的公约，其确定的发展中国家“公平合理地分享遗传资源的商业利益”，反映了发展中国家的利益诉求。

《生物多样性公约》确立了以下三个原则：(1) 国家主权原则。《生物多样性公约》是第一个确立“遗传资源国家主权”原则的国际公约，在其序言中即明确提出：“保护生物多样性是全人类共同关切的问题，各国对它自己的生物资源拥有主权权利。”“遗传资源国家主权”原则的确定，不但是《生物多样性公约》的基石，更是“知情同意”“利益分享”等制度得以确立的基础。(2) 互惠、合作原则。《生物多样性公约》第 15 条要求“每一缔约国应致力于创造条件，便利其他缔约国取得遗传资源用于无害环境的用途”；此规定为发达国家遗传资源的获取提供了方便。《生物多样性公约》特别注重在遗传资源开发与利用中的国际合作，第 18 条专门就“技术与科学合作”的有关事项作出规定。互惠、合作原则照顾了发达国家和发展中国家的利益，是《生物多样性公约》得以缔结与通过的前提。在互惠基础上的合作与合作利益的公平分享，是《生物多样性公约》的一大特点。(3) 差别待遇原则。《生物多样性公约》注重对发展中国家和最不发达国家的利益保护，并在序言中明确规定“有必要订立特别条款，以满足发展中国家的需求”。公约要求缔约国就遗传资源的保护、教育和培训、转让技术、信息交流、利益分享等要兼顾发展中国家的特殊需要。

差别待遇原则为《生物多样性公约》注入了活力，得到广大发展中国家的拥护。

《生物多样性公约》共有42条和两个附件，其中第1条至第5条是“一般性规定”，主要规定了保护目标、原则、用语、管辖、合作等内容；第6条至第21条是“实质性规定”，此部分包含了公约的主要议题；第22条至第42条是“程序性规定”，其中第23、24、25条规定了公约的组成和运作机构，其他各条主要规定了缔约国加入、保留、退出公约的程序内容。

公约处理的议题包括：（1）生物多样性保护和可持续利用的措施和激励手段；（2）遗传资源的获取；（3）包括生物技术在内的技术取得和转让；（4）技术和科学上的合作；（5）影响评估；（6）教育和公众意识；（7）资金来源；（8）履行公约义务的国家报告。

2.《生物多样性公约》的运作与发展

《生物多样性公约》的最高权力机构是缔约方大会（COP），它由批准公约的各国政府组成，这个机构检查公约的进展，为成员国确定新的优先保护重点，制订工作计划并可以从公约建立的其他机构获得知识支持。缔约方大会下设有专门机构，如科学、技术和工艺咨询附属机构（SBSTTA），该机构是一个专家组，主要向COP提供技术咨询和建议。缔约方大会还下设一个秘书处，具有负责组织会议、起草文献、提供信息等职能。此外，COP在其认为适当时可成立专门委员会或机制，COP于1996年至1999年间成立了生物安全工作组，并成立了土著知识和地方社区工作组。[①]

COP的历次决议成为附属于《生物多样性公约》的规范性文件。1994年、1995年和1996年三年，COP每年均召开一次一般性会议，此后每两年召开一次。目前COP已经召开了8次一般性会议和一次特别会议，其中多次讨论了生物多样性和知识产权议题，特别是遗传资源的获取和利益共享问题。其中需要特别提出的是，在1999年哥伦比亚卡塔赫纳举行的第一次特别会议（ExCOP1）上[②]，通

① 参见中国国家生物多样性信息交换所网站，http://www.biodiv.gov.cn/dyxgy/200402/t20040226_88571.htm.，2007年10月21日访问。

② 第一次特别会议分为两个部分，分别于1999年和2000年在哥伦比亚卡塔赫纳和加拿大蒙特利尔举行。

过了旨在保护生物安全的《卡塔赫纳生物安全议定书》。同时为履行《生物多样性公约》关于遗传资源获取与惠益分享的规定，公约秘书处已主持召开3次政府间会议，商讨一项旨在制定遗传资源获取与惠益分享国际准则的计划，并在德国波恩达成《关于获取遗传资源并公正和公平分享通过其利用所产生的惠益的波恩准则》(简称《波恩准则》)。《波恩准则》致力于为缔约方和利益相关者提供一个透明的框架以促进遗传资源的获取。《波恩准则》还对“知情同意机制”和“利益共享机制”有明确、具体的规定。

3. 对《生物多样性公约》的评价

《生物多样性公约》是一个以可持续发展为主旨，集生态和环境保护、遗传资源保存与开发为一体的全球性公约，是生物多样性保护进程中具有划时代意义的公约，是全面探讨生物多样性的第一个全球性协议，是世界各国保护生物多样性、可持续利用生物资源和公平地分享其惠益的承诺。[①]

总体来看，《生物多样性公约》有以下特点：首先，它是一个有机、独立的公约，有自己的组织和运作机构，并不断地发展变化和完善。其次，它是一个保护范围广泛的条约，其对国际生物多样性的保护已经从单纯的物种保护延伸到遗传资源的保护，从区域性保护扩展到全球保护。最后，它是一个适当尊重发展中国家利益的条约，其所确立的“国家主权原则”和“差别待遇原则”受到了国际社会的极大欢迎和支持。

但是，《生物多样性公约》并不完美。首先，它只是一个框架型公约，很多规定过于原则化。其次，虽然《生物多样性公约》向发展中国家有了一定程度的倾斜，但是其对发展中国家利益的关注不彻底；虽然竭力平衡发达国家与发展中国家的利益，但是实际上发展中国家仍然处于不利境地。最后，公约无溯及力，对于其生效之前已经流入发达国家的遗传资源束手无策。

《生物多样性公约》毕竟是发达国家与发展中国家谈判妥协的产物，为了使其能够顺利地获得通过，必定要在两者的利益之间作出权衡。笔者认为，《生物多样性公约》的宣示意义与其规范意义同样重要。一方面，它是发展中

---

① 资料来源：http：//www.zhb.gov.cn/natu/swdyx/jianbao/200305/t20030531 _ 62365.htm.，2007年10月21日访问。

国家精诚团结与合作的结果，是它们在知识产权保护问题上争取规则制定权的一次重大胜利。另一方面，它也昭示着广大发展中国家在知识产权保护上从外源性立法到自主立法的转变。不少国家已经就遗传资源与传统知识的保护进行专门立法。[①] 对遗传资源的保护，已经成为众多国际性组织和机构的重要议题。

二、《生物多样性公约》与《知识产权协定》的冲突与协调

《知识产权协定》是乌拉圭回合谈判的成果之一，通过设定知识产权的最低保护标准，极大地推动和导致了知识产权立法的“一体化”和“国际化”。但是，《知识产权协定》的制定是以抑制源于20世纪70年代后期兴起的贸易保护主义为背景，以发达国家推行知识产权的全球保护和发挥技术的比较优势为主要驱动，是发展中国家与发达国家博弈妥协的结果。《知识产权协定》缺乏对精神权利、传统知识、公共利益等的关怀，对生物多样性和遗传资源的保护更是只字未提。

《生物多样性公约》主张以“保护生物多样性，可持续地利用生物多样性，公平合理地分享使用多样性资源的利益”为目标。而相形之下，《知识产权协定》凸显其本身的不当之处。

1.《生物多样性公约》与《知识产权协定》的冲突

从条约的具体条文来看，《生物多样性公约》与《知识产权协定》有四点冲突。

（1）《生物多样性公约》序言、第15条第1款与《知识产权协定》第27条的冲突。《生物多样性公约》在序言和第15条中确立了国家对其境内遗传资源的“国家主权原则”，即确认各国对其自然资源拥有的主权权利，因而可否取得遗传资源的决定权属于国家政府。一国使用他国的遗传资源必须经主权国的同意。但《知识产权协定》第27条第1款规定只要满足“三性”要求，一切技术领域内的任何发明都可以被授予专利。《知识产权协定》第27条第3款规定各国可以自由

① 例如印度、哥斯达黎加等国家。

决定是否授予动物、植物以专利，但微生物不能被排除于专利之外。

可见，《知识产权协定》的规定为“生物海盗”大开方便之门，如果有人未经遗传资源主权国家的同意而获取该资源，并在其他国家申请专利，该项专利是有效的。《知识产权协定》第 27 条的规定与《生物多样性公约》确立的“国家主权”原则存在实质冲突。

（2）《生物多样性公约》序言、第 18 条第 4 款、第 8（j）条与《知识产权协定》第 27 条第 1 款的冲突。《生物多样性公约》确立了遗传资源收益的“利益共享”原则，即“认识到许多体现传统生活方式的土著和地方社区同生物资源有着密切和传统的依存关系，应公平分享从利用与保护生物资源及持续利用其组成部分有关的传统知识、创新和实践而产生的惠益”。而协定是以保护知识产权人的利益为宗旨，在此理念下不会出现遗传资源所有人与受让人公平、合理地分享收益的情况。

（3）《生物多样性公约》序言、第 16 条与《知识产权协定》第 27、31 条的冲突。《生物多样性公约》序言与第 16 条授予成员国采取适当的立法、行政和政策措施获得技术的权利，其中包括采用强制许可的手段，即“每一缔约国应酌情采取立法、行政或政策措施，以其根据共同商定的条件向提供遗传资源的缔约国，特别是其中的发展中国家，提供利用这些遗传资源的技术和转让此种技术，其中包括受到专利和其他知识产权保护的技术”。而《知识产权协定》第 31 条却对强制许可施加诸如“紧急状态”“公共利益”等条件的限制。

（4）《生物多样性公约》序言、第 16 条第 5 款与《知识产权协定》第 27 条第 2 款的冲突。《生物多样性公约》关注人类生存境况，把对环境和遗传资源的保护和利用与可持续发展挂钩，把对生物多样性的保护提高到人类生存权的高度。公约在序言中指出，“确认保护生物多样性是全人类共同关切的问题”，同时在第 16 条第 5 款中规定：“缔约国认识到专利和其他知识产权可能影响到本公约的实施，因而在这方面遵照国家立法和国际法进行合作，以确保此种权利有助于而不违反本公约的目标。”可见，公约把公共健康、人的生存、人的发展等基本人权放在高于知识产权的位置，知识产权和其他权利的行使不得阻碍人权的实现。而协定第 27 条第 2 款对公共健康等的关注只是知识产权保护中的例外规定，或限定在“避免对环境的严重破坏所必需”的范围内。

总之，《生物多样性公约》与《知识产权协定》在目标取向、权利设计、制度安排等方面都有极大的不同，并存在某种冲突。国际社会，特别是发展中国家为促使二者间的对话作出了不懈的努力，但效果甚微。

2.《生物多样性公约》与《知识产权协定》的对话与协调

根据世界贸易组织组成机构的权限设置，《知识产权协定》理事会有监测该协定的运作与审查其条款的职责。协定第 23 条及其与遗传资源的保护和可持续利用成为历次审查的重点。2001 年在卡塔尔举行的世界贸易组织第四次部长级会议上，通过了《部长宣言》，其中第 19 条宣布审查《生物多样性公约》与《知识产权协定》的关系。在对二者关系的讨论中，发展中国家与发达国家针锋相对，各自提出了自己的主张。总结各国的发言，关于公约与协定的关系大致有三个阵营、三种主张：发展中国家的"多边主义"方案、以美国为首的"双边主义"方案和以欧盟为首的"折中主义"方案。发展中国家多主张在世界贸易组织体制内解决公约与协定的冲突问题，修改协定，并增加遗传资源权利化的"知情同意"、"标示来源"和"利益共享"机制。美国等发达国家则认为修改《知识产权协定》、增加针对遗传资源的专利授权条件的要求，会加大专利申请人的负担，并且不符合该协定第 27 条规定的"不同技术领域无区别对待"原则。它们认为对遗传资源的利用与获取应通过所有方与使用方的双边协议解决，并用合同法、许可证制度等国内法加以规范。瑞士和欧盟等倡导第三条道路，它们对"知情同意"和"利益共享"机制并不关心，却对"标识来源"情有独钟，并认为发展中国家与发达国家在此问题上存有严重分歧，为避免谈判陷入僵局，应转由世界知识产权组织机制来解决。[①]

其实各国立场是与其国内遗传资源所有、使用的状况相一致的。发展中国家的生物遗传资源量约占全球的 80%，为了对付疯狂的生物海盗行为，在世界贸易组织体制范围内，通过修改《知识产权协定》的方法使《生物多样性公约》的目标和任务得以实现是一个不错的选择，因为协定有其执法措施和争端解决机制，所以世界贸易组织比世界知识产权组织更能胜任对生物资源保护的

① 其中欧盟和瑞士的观点不尽相同，参见张小勇：《WTO 关于〈与贸易有关的知识产权协议〉和〈生物多样性公约〉的关系的审查进展和观点综述》，载《世界贸易组织动态与研究》，2007（1）。

职责；即使发达国家通过与资源国签订双边协议的方式规范生物资源的利用，其协议也必须符合《知识产权协定》的规定。可见多边机制是优于双边机制的一种生物资源保护策略。但遗憾的是，至今在世界贸易组织的多边体制内对公约与协定的协调没有取得实质性进展。虽然 2002 年多哈会议通过的两个宣言曾给予人们妥善解决分歧的希望，但 2004 年的坎昆部长级会议中，此希望几近破灭。在 2006 年香港会议中，印度等国对生物多样性保护的提议又一次遭到美国、加拿大等国的回绝。

其实，在知识产权问题上美国一直倾向于推行双边主义以达到其预定的“TRIPs-plus”目的。[①] 美国主张用《知识产权协定》之外的双边体制来解决公约与协定的冲突，其目的是很明显的，因为双边协定可以绕开协定中的选择性条款和例外规定。由于美国经济实力雄厚，在双边协定的谈判中有更强的谈判能力和讨价还价的自由，因而美国的双边主义策略往往非常有效。据国际遗传资源行动组织（GRAIN）统计，截至 2001 年，国际上已经有 23 个针对生命遗传物质的双边协定，它们全部都超过了《知识产权协定》的保护标准，或是要求对生物技术进行高标准保护，或是要求相对方用专利法保护植物、动物等发明。在关于生物遗传资源的获取与利益分享上，双边协定也大行其道。[②]

发达国家双边协定的成功，意味着希望以多边体制手段解决协定与公约的冲突的发展中国家阵营的缩小和谈判力量的下降。有学者对多边体制下发展中国家的谈判力量感到担忧，主张发展中国家应结成联盟，否则必会被发达国家一个个地收拾掉（pick off）。[③]

---

① 对美国双边主义政策的论述，参见 Peter Drahos，“Bilateralism in Intellectual Property,” http：//www. oxfam. org. uk/what _ we _ do/issues/trade/downloads/biltateralism _ ip. rtf.，2007 年 10 月 21 日访问。

② GRAIN，“TRIPs-plus” Through the Back Door：How Bilateral Treaties Impose Much Stronger Rules for IPRs on Life than the WTO，GRAIN PUBLICATIONS，July 2001，http：//www. grain. org/briefings/? id=6，2007 年 10 月 21 日访问。

③ See Peter Drahos，“Bilateralism in Intellectual Property”，http：//www. oxfam. org. uk/what _ we _ do/issues/trade/downloads/biltateralism _ ip. rtf，2007 年 10 月 21 日访问。美国密歇根州立大学法学院教授、中南财经政法大学知识产权中心兼职研究员 Peter K. Yu 也赞同此主张，参见［美］Peter K. Yu：《TRIPs 协议：欠发达国家的不满及应对》，载《知识产权年刊》（2006 年号），60 页，北京，北京大学出版社，2007。

形势已非常紧迫，但发展中国家不能轻易放弃对建立生物多样性、遗传资源多边保护机制的希望和追求。目前似应做好以下两点：首先，注重对协定与公约中弹性条款和开放性条款的研究，比如《知识产权协定》第8、27、31、71条和《生物多样性公约》第1、3、15、16条等，以探求二者顺利对接和协调的可能性与具体方法。其次，对遗传资源的客体属性和权利形态进行研究和界定，探求对其的最佳保护机制。2003年，世界知识产权组织召开会议，提出《关于遗传资源和传统知识有关的公开要求问题的技术研究报告草案》，明确指出："生物技术日益重要，与生物技术相关的发明和专利授权数量不断增加。由此可见，遗传资源及相关传统知识作为原材料对某些生物技术发明具有潜在的价值。"[①] 1992年《生物多样性公约》和2001年《粮食和农业植物遗传资源国际公约》提出"遗传资源权"和"农民权"两种保护形态，表明遗传资源法律框架的构建取得了一些进展。但是，上述权利具有何种属性，应归类于何种制度体系，国际上并未形成共识。

三、遗传资源权的主体类型

权利主体是法律关系中的利益承担者。权利主体的确定，受法律和社会环境的制约。随着法律从人身到契约的转变，"主体"经历了一个从受压迫到被解放、从拟制主体的出现到主体多元化的过程。

在古罗马，奴隶虽然是事实上的人，却不是法律上的人，不是主体，而只能是权利标的。文艺复兴后出现了人的解放运动，人的主体性被充分发掘，意志是成为主体的唯一要件。黑格尔指出，人的本质是人格，人格就是意志的自由。权利既是意志的体现又是意志的发展。[②] 法律上的人是一种具有内在特质的人，即理性意志的人。近代民法秉持黑格尔的主体论立场，把个人看成是唯一的主体。《奥地利民法典》起草人蔡勒说："理性的存在只有在决定自己的目

① 世界知识产权组织秘书处：《关于遗传资源和传统知识有关公开要求问题》，载国家知识产权局专利法研究所编：《专利法研究》（2004），北京，知识产权出版社，2005。

② 参见［德］黑格尔：《法哲学原理》，范扬、张企泰译，45、50～59页，北京，商务印书馆，1961。

的，并具有自发地予以实现的能力时，才被称为法律人格。”[①] 随着社会的发展，各种组织、公司大量出现，它们在事实上享有权利并承担义务，却不是法律上的主体。为了规范此类组织，法律把它们拟制为主体。拟制主体的出现意义重大，它把“肉体”转为组织体，把“理性意志”转为意志机关。

现代社会，随着经济全球化的发展，出现了利益多元化和利益主体的多元化。在国际上，全球化使得国家认同出现了分散和下降，地方、族群、区域组织的认同上升。[②] 反映在国内法中，不少国家已经把“社区”“集体”作为传统知识和遗传资源的主体。参照《生物多样性公约》的规定，遗传资源权的主体包括国家、社区和个人。

1. 国家

国家对遗传资源享有的是主权或所有权[③]，以及由此衍生的规则制定权、知情同意权等。1966 年《经济、社会和文化权利国际公约》早就确立了国家对其自然资源的控制权地位。该公约第 1 条规定了民族自决权，“所有民族得为本身的目的，自由处置其自然资源与财富”。1974 年 4 月，联合国大会第六届特别会议通过“77 国集团”起草的《关于建立新的国际经济秩序的宣言》，其中规定各国对自己的自然资源和一切经济活动拥有充分和永久的主权。此宣言明确规定了国家对其自然资源的主权地位，其中包括国家对自然资源的控制权、损害赔偿权、利用权和管理权。[④]

自然资源范围广泛，联合国出版的文献对其含义解释为：“人在其自然环境中发现的各种成分，只要它能以任何方式为人类提供福利的都属于自然资源。”[⑤] 遗传资源无疑属于自然资源的范围。《生物多样性公约》所确定的“国家主权”原则正是对《经济、社会和文化权利国际公约》与《关于建立新的国

---

① ［日］星野英一：《私法中的人——以民法财产法为中心》，载梁慧星主编：《民商法论丛》，第 8 卷，北京，法律出版社，1997。

② 参见俞可平：《全球化与国家主权》，97～98 页，北京，社会科学文献出版社，2004。

③ 其中不同国家间的规定有所不同，具体可参见《巴西保护生物多样性和遗传资源暂行条例》与《印度生物多样性法》的区别。

④ 参见杨泽伟：《主权论》，95～99 页，北京，北京大学出版社，2006。

⑤ 资料来源：http：//jspxdj. 83. dnscnc. com/ReadNews. asp? NewsID＝1762，2007 年 10 月 20 日访问。

际经济秩序的宣言》的坚持与发展，并具有重要的意义。首先，公约在遗传资源上确立的“国家主权”原则是开创性的。长期以来，遗传资源被视为“全人类的财产”，任何国家、个人都可以无限制的获取和利用，这一认识在1983年意大利罗马缔结的《关于植物遗传资源的国际约定》中有集中反映。此种观点反映了发达国家的立场，无视广大发展中国家和遗传资源拥有国的利益，不利于物种的丰富和可持续发展。公约确立的主权原则不仅反映了公平、正义的理念，而且能激励遗传资源国的保护、可持续开发和再创造。其次，公约发展并细化了“国家主权”原则。公约规定“遗传资源的取得须经提供这种资源的缔约国事先知情同意”，各国可“采取立法、行政或政策性措施”保护本国资源，确立了资源国的知情同意权、立法权和管理权。① 我国国内法对“知情同意”也有所规定，例如《人类遗传资源管理暂行办法》第17条规定：“我国境内的人类遗传资源信息，包括重要遗传家系和特定地区遗传资源及其数据、资料、样本等，我国研究开发机构享有专属持有权，未经许可，不得向其他单位转让。获得上述信息的外方合作单位和个人未经许可不得公开、发表、申请专利或以其他形式向他人披露。”该条规定了遗传资源的知情同意权，并且把国家规定为知情同意权的主体。

这里的知情同意权具有重要意义，实际上已经把对遗产资源的国家主权和所有权定位为一种在先权利，是一种积极的防御措施、一种有效的保护手段。②

2. 社区

“社区”③ 这一概念一般认为是社会学家滕尼斯在其名著《社区与社会》中提出的。滕尼斯认为社区表示的是任何基于协作关系的有机组织形式，强调其成员之间唇齿相依的感情与有机的紧密联系性。④ 其实这种有机的，以血缘、感情、伦理为纽带的共同体，在古罗马与日耳曼法律中已经获得法律人格。在古罗马，数个人因具有为同一合法目标而联合的意图就可建立具有法律

---

① 参见《生物多样性公约》第15条。

② 《生物多样性公约》确立的事先知情同意权实际上否定了欧盟国家提出的事后赔偿权。

③ 德文为“Gemeinschaft”，有的译为“共同体”、“公社”等。

④ 参见贾春增主编：《外国社会学史》，64～66页，北京，中国人民大学出版社，2000。

人格的主体，并有基于特定的人群而设的特定权利主体，如“市镇人”“移民区人”等，其中“罗马人民”（populus romanus）自古就被承认为权利主体。马可·奥勒留还赋予团体以解放奴隶的权利。[①] 在日耳曼，家庭和氏族已成为事实上的主体，氏族之间是平等的，同时“家庭作为日耳曼社会内部的基本的法律单位，是一种同伙关系和信赖关系的共同体”[②]。自近代以来，个人主义方兴未艾，人们出于对中世纪宗教团体的深恶痛绝，对团体大多持不信任和拒绝的态度。这一现象也反映在了法律之中（例如，1804 年《法国民法典》仅规定个人作为唯一的法律主体）。

在遗传资源的权利主体问题上，“群体权”（group rights）或“社区权”也遭到了个人主义的非难。[③] 但是支持社区权的学者认为，这种非难并不是基于合理的论证，反而是基于未经证实的偏见。[④] 就遗传资源的保护而言，社区作为主体与个人相比具有不可比拟的优点，因为外国生物技术公司资金实力雄厚，其在发展中国家的基因探测手段隐秘并具有欺骗性，个人很难识别。[⑤] 把社区定位为遗传资源的主体之一，并通过法律设置管理主体，加强对遗传资源的监管，可以防止对遗传资源的不当窃取。

从理论上来说，社区作为遗传资源权的主体合理、可行。

第一，从遗传资源与知识产权的关系来看，把社区定位为遗传资源的主体之一体现了公平、正义的理念。现今发达国家与发展中国家分别处于生物资源的两极，全世界 80％的生物资源都在发展中国家；同时，社区和群体为保持、繁衍此生物资源做了大量的工作，而很多发达国家的科研机构或公司通过生物勘探手段进行生物海盗行为，从社区中盗取遗传信息并申请专利，却没有声明

---

① 参见［意］彼德罗·彭梵得：《罗马法教科书》，黄风译，51～53 页，北京，中国政法大学出版社，1992。

② ［美］伯尔曼：《法律与革命》，贺卫方等译，75 页，北京，中国政法大学出版社，1993。

③ See Joan L. McGregor, “Genome Justice: Genetics and Group Rights,” 35 J. L. Med. & Ethics 352, Fall, 2007.

④ See Laura S. Underkuffle, “Human Genetics Studies: The Case For Group Rights”, 35 J. L. Med. & Ethics 383, Fall, 2007.

⑤ 国外公司多采用“免费体检”、“有偿献血”等形式骗取发展中国家的基因资源，我国的“长寿基因”与“哮喘病基因”被盗案即是如此。

社区的贡献；此外如果社区成员要使用此专利，仍要向专利权人支付费用，此极不合理。把社区设定为遗传资源权的主体，则其可通过法律诉讼手段维护自己的权益。

第二，从国际、国内立法来看，群体或社区作为权利主体或资源主体已经非常普遍。1998 年非洲国家制定的《承认和保护地方社区、农民和育种者权利及生物资源获取规则示范法》，规定了地方社区对生物遗传资源及其衍生物的权利。2002 年秘鲁颁布的《原住民生物资源集体知识产权保护制度引入法》，即是将“原住民集体”规定为权利主体。2001 年巴西出台了《巴西保护生物多样性和遗传资源暂行条例》，也承认了地方社区作为遗传资源所有者的地位。

第三，从社区的结构和功能来看，其完全具备作为法律拟制主体的要件。近代以来，个人理性和个人意志是个人成为主体的要件，原因在于个人能够自主、自愿地表达意志。随后，法人也被拟制为法律主体，原因在于法人的群体意志被发掘出来。法人通过章程把个人联结为集体，并通过“多数决定”程序形成凌驾于个人意志之上的集体意志。此种形式给予“社区权”论学者很大启发，不少人把具有身份认同性或集体意志性作为社区的要件之一。[①] 社区因为传统、情感、血缘、伦理等因素而联结为具有共同意志的集体。

滕尼斯对社区的共同意志和群体意志有更加深刻的认识。在他看来，“社区”和“社会”两种生活形式之所以不同，是因为把人们联系起来的共同意志不一样。他把共同意志分为本质意志（Wesenswille）和选择意志（Kürwille），前者指的是情感动机，是人们在传统的和自然的感情纽带基础上的一致性和融洽性；后者主要指思想动机，即排除感情因素的理智思维、个人目的性与自私性。最后，滕尼斯指出“社区”导源于本质意志，“社会”导源于选择意志。“公社”的有机统一性是本质意志的表达，个人意志根植于整体（社区）意志之中；“社会”的机械统一性是选择意志的表达，个人目的和个人意志是其出

---

① See Joan L. McGregor, “Population Genomics and Research Ethics with Socially Identifiable Groups”, 35 J. L. Med. & Ethics 356, Fall, 2007.

发点。[①]

可见，社区强调共同意志和集体荣誉，社区内的个人与集体共存共荣。在遗传资源的保护问题上，将社区作为遗传资源权的主体之一，目的在于对其共同意志和集体荣誉感的尊重。这主要体现在社区对标示来源权能的行使上。

公约并没有对遗传资源权的标示来源权能作出规定。标示来源权来自国际社会协调《生物多样性公约》与《知识产权协定》冲突的努力。在开始阶段，“标示来源”只是一种程序性规定，要求专利申请人在申请生物技术专利时，对其所使用的遗传资源的来源地的信息进行披露，以标示其来源。后来，“标示来源”逐渐发展成为遗传资源权的一项权能。“标示来源”是对传统社区主体地位的承认，是对传统社区及其组成人员为保存、维护生物遗传资源所作出的劳动的尊重。

3. 个人

按照《生物多样性公约》的说法，遗传资源是指具有实际或潜在价值的遗传材料，包括来自植物、动物、微生物或其他来源的任何含有遗传功能单位的材料，例如植物遗传资源、动物遗传资源、人类遗传资源等。对于人类遗传资源，个人因其“享有”该资源而成为当然主体，国家则对本国境内的人类遗传资源享有主权和管理权，如我国《人类遗传资源管理暂行办法》第 6 条规定：“国家对人类遗传资源实行分级管理，统一审批制度。”对于其他遗传资源，个人因其“保存”而成为主体，此种资源是一国主权管辖下的自然资源范畴，国家享有所有权与管理权，个人因其对遗传资源的保存、养护的突出地位应成为使用权的主体。

《波恩公约》把个人定位于“利益相关者”（stake holder）的地位，并参与遗传资源利益分享。[②] 目前，关于遗传资源的获取和利益分享多用双边协定的方式确定，如美国与秘鲁于 2006 年 4 月签订的自由贸易协定中就包含有“遗传资源”条款，规定“双方承认，遗传资源或者传统知识的获取，以及利

① 参见贾春增主编：《外国社会学史》，67～68 页，北京，中国人民大学出版社，2000。

② 以约瑟夫·斯蒂格利茨为代表的新经济发展理论提出了“利益相关者理论”（stake holder theory)，该理论的重要思想即是“利益应由创造者与贡献者共享”。

用该资源或知识所得惠益进行的公平分享，能够通过反映了使用者和提供者相互达成一致的条件的合同加以充分处理”[1]。个人对遗传资源的使用权与利益的分配权的设定，不仅是对其保护、保存遗传资源劳动的回报，更是对其维护生物多样性努力的激励。

总之，遗传资源权利主体的确定是一个从不合理到合理、从形式正义到实质正义的过程。遗传资源权利主体先后经历了从“全人类遗产”、“国家”、“社区”到“个人”的四个阶段。其中“全人类遗产”的观点已经被国际社会，特别是《生物多样性公约》所抛弃，而“国家”、“社区”和“个人”则因行使遗传资源权的不同权能而被公约承认为主体，而主权在“国”、所有权属“地”、使用权归“人”。国家对遗传资源获取的知情同意权是遗传资源权的基本前提，社区对遗传资源利用的标识来源权是遗传资源权的重要内容，个人对遗传资源商业利益的共享是遗传资源权的实质要素。

四、遗传资源权的客体属性

在民法学理论范畴中，民事权利的分类是以权利所体现的利益作为标准的。或者说，客体的差异性是民事权利分类的基础。德国学者拉伦茨将权利客体分为两种：一种是指支配权或利用权的标的，又称第一顺位的权利客体；另一种是指主体可以通过法律行为予以处分的标的，亦称第二顺位的权利客体。[2] 在拉伦茨看来，第一顺位的权利客体，是不依法律规定而事实存在的标的物，包括有体物与无体的精神产物，前者如动产和不动产物，后者如作品和发明。

遗传资源显然属于第一顺位的权利客体，但它究竟是有体物还是无体的精神产物，抑或是其他有价值的物体？关于客体类型的分析，是判明遗传资源权利形态的基本前提。按照《生物多样性公约》的论述，遗传资源是指具有实际

---

① 资料来源：http://www.sipo.gov.cn/sipo/ztxx/yczyhctzsbh/zlk/gglf/200705/t20070531_173769.htm，2007年10月21日访问。

② 参见［德］卡尔·拉伦茨：《德国民法通论》，王晓晔等译，377～378页，北京，法律出版社，2003。

或潜在价值的遗传材料，包括来自植物、动物、微生物或其他来源的任何含有遗传功能单位的材料，例如植物遗传资源、动物遗传资源、人类遗传资源等。[①] 由此可见，遗传资源与有体物具有某种关联性，它作为一种“人类自然遗产”，是传统部族独有的、具有稀缺性的物质资源。遗传材料这一概念本身，表明它是以生命体或生物体为载体的特殊物质，具有客体物的某种属性；同时遗传资源与精神产物也具有一些相似性。它的“实际或潜在价值”，在于其具有遗传功能，含有遗传信息。这种“由遗传规律产生的，遗传基因多样性、物种多样性及群落多样性与环境共同作用决定的遗传密码信息”，“具有自然信息资产的特征”[②]。美国学者迈克尔·巴克兰德认为信息有三种说法，即“作为过程的信息”（information-as-process）、“作为知识的信息”（information-as-knowledge）、“作为事物的信息”（information-as-thing）[③]。根据这种分类，知识产权的客体即智力成果，可以归类于知识信息，而遗传信息作为“诸如数据和文献的物体”，应属于一种“事物信息”。两者类型不同，但具有相同要素，即“信息的形式——符号，信息的内容——意义，信息的载体——媒介”。

需要说明的是，遗传资源既不是传统所有权意义上的“有体物”，也不属于现代知识产权意蕴中的“智力成果”，它是一种特殊性质的客体。

第一，遗传资源存在形式的实物性。遗传信息存在于遗传物质之中，遗传物质又存在于生物资源载体之中。遗传资源最初是作为一般种类物来利用的，即作为人类所需要的食物、燃料、建材、药物来使用；而遗传资源的当代利用，在于破译遗传密码，掌握遗传功能，发挥其“实际或潜在价值”。十分明显，“遗传资源（材料）不是一般的物质，而是含有全部生物遗传信息的特殊物质”。同时，遗传物质“不能脱离生命体或生物体而独立存在，它是依托生命体或生物体而存在并发挥功能和作用的”[④]。这就是说，在遗传资源这一特殊客体中，作为载体的遗传物质具有唯一性，且遗传信息与这种载体不可分离。而知识产权的客体即智力成果，其客观存在形式具有多样性。例如，作品

---

① 参见《生物多样性公约》第 2 条。

② 徐海根等：《外来物种入侵·生物安全·遗传资源》，342～343 页，北京，科学出版社，2004。

③ 转引自周庆山等：《信息法》，2～3 页，北京，中国人民大学出版社，2003。

④ 徐海根等：《外来物种入侵·生物安全·遗传资源》，317 页，北京，科学出版社，2004。

表现为文学著述、舞台表演、绘画、雕塑、音像制品等；发明创造表现为文字叙述、设计图表、形状构造等。此外，智力成果的非物质性表明，知识形态的精神产品虽具有内在的价值和使用价值，但没有外在的形体。受法律保护的智力成果虽然具有非物质性，但总是要通过一定的客观形式表现出来，这种客观表现形式是智力成果成为知识产权客体的条件之一。但是，智力成果的客观形式是载体，绝不是智力成果本身，即客观表现形式是保护的条件，而不是存在的要件，智力成果本身与其客观表现形式可以相对分离。这一特点与遗传资源有明显的不同。

第二，遗传资源价值实现的信息性。遗传资源的价值是通过特殊信息、性状、功能和作用，以间接、直接或未来利用形式体现出来的。作为遗传资源的遗传材料（DNA 或 RNA），记录着生命体或生物体的遗传信息，并且传递给子代，从而使子代显现出与亲代相类似的遗传性状。人类利用生命体或生物体的遗传信息，是遗传资源价值实现的目的所在。换言之，遗传资源的价值，不在于提供了遗传材料本身，而在于提供了遗传材料中所蕴涵的遗传信息，这种遗传信息随时有可能转化为生物技术并带来经济效益。遗传资源的价值是一种自然存在的价值，而不是人类劳动创造的价值。在生态经济学理论看来，这是自然生物的一种自组织系统的本质特性，是自组织系统在进化过程中“有目的地”维持繁殖后代而固定在稳定结构中的成果，以及它向更高水平进化的超越性体现。[①] 从信息学理论的角度来看，遗传信息是一种自然存在的“资源型信息”，其本身没有介入人的智力劳动。智力劳动是一个对载于有体物上的信息进行一系列分析、综合、对比等加工活动，进而产生另一个结论性或成果性的信息，并将其固定于某一有体物载体上的过程。[②] 智力劳动的产物即是“创造性信息”，该类信息正是知识产权的保护对象，它有别于自然存在的遗传信息。经济学家汪丁丁对此有另一种说法，颇有启迪之处。他说，“知识是理解了的信息”，“所以，信息，如果你知道它包含着知识，但不能理解它，那么它就只

---

① 参见薛达元：《生物多样性经济价值评估》，北京，中国环境科学出版社，1997。

② 参见冷福海：《市场信息资源与市场信息行为》，北京，北京图书馆出版社，2000。

能是信息，而不能是知识”[①]。

第三，遗传资源对于生物技术的本源性。当代生物技术产生的特点之一，就是对资源的依赖性与资源的信息化。正如有的学者所言，这就决定了在生物技术时代，谁掌握了地球上有限的遗传资源，谁就能在生物经济的发展中取得主动，从而成为新的财富拥有者。[②] 就遗传资源与生物技术的关系而言，它们是一种本源性与依赖性的必然对应关系。遗传资源是某一生物种群经过亿万年的遗传变异演化而来的关于其生命体征的遗传信息的集合体，具有不可再生性（或稀缺性）。现代生物技术源于遗传信息的破译，而遗传信息破译的关键在于对遗传资源物质的研究并绘制基因序列图表。可以说，研究者发现了遗传资源物质表达的遗传信息，并且找到了利用该遗传信息的方法，这就是现代生物技术即基因技术。基因技术的成果，是根据生物体上某一遗传信息片段与某一特定生物体征之间的对应关系而提取的载体。不容否认，基因技术包含了人的智力劳动，因而其成果受到知识产权的保护。但是，这种智力成果是以遗传资源为物质基础才能产生的。脱离遗传资源提供的遗传信息，人们不可能想当然地绘制基因序列，更不可能了解与该基因序列对应的遗传性状。简而言之，遗传资源的破译和基因技术的获取，有赖于对遗传资源的占有。

综上所述，在“原地条件”[③] 下的遗传资源，即是遗传信息与生物材料的结合体，它既不是一般意义上的有体物（传统所有权的客体），也不是特殊意义上的智力成果（现代知识产权的客体），因此现行财产权制度对遗传资源无法提供有效的保护。

五、遗传资源权的权利形态

关于遗传资源权利的法律属性，国际上较为流行的观点是将其排斥在知识

---

① 汪丁丁：《制度分析基础讲义Ⅱ》，178～179页，上海，上海人民出版社，2005。

② 参见朱雪忠等：《基于遗传资源所产生的知识产权利益分享机制与中国的选择》，载《科技与法律》，2003（3）。

③ “原地条件”是《生物多样性公约》规定的专门术语，是指遗传资源生存于生态系统和自然环境之内的条件。

产权体系之外，也有人主张将其改造成为一种新型的知识产权。[①] 对于前者，遗传资源权利究竟是何种财产权，目前尚无确定的说法；对于后者，理论界则普遍认为难以接受。

遗传资源不适用传统所有权的保护。其理由主要包括：第一，关于遗传资源的客体属性。如前所述，遗传资源固然是一种遗传材料，与生物资源的物质载体有关，但遗传资源的核心意义在于其含有的遗传信息。也就是说，法律保护的对象即权利标的指向的利益，是附着于遗传材料上的遗传信息，而不是离开遗传信息的遗传材料本身。第二，关于遗传资源的占有与收益方式。通常情况下，对遗传资源的直接占有将导致同时占有其附着的遗传信息，这就意味着研究者必须接触遗传材料才可能获取其附着的遗传信息。但是，遗传信息一经破译，便成为具有“创造型信息”属性的生物技术，不再依赖于原有遗传材料就可以利用。这时，遗传材料只能作为一般种类物来看待，不再具有遗传资源的本质特征，丧失了信息财产的潜在价值。在所有权模式中，虽占有物件但失去对信息的控制，对于遗传资源的所有人来说是没有任何利益的。第三，关于遗传资源所有人的权利实现模式。生物技术虽基于遗传资源而产生，但在其利用中不再以原遗传资源为要件。因此，把遗传资源看作是普通的有体物，适用所有权的保护方法，将使得遗传资源权利的实现局限于遗传资料本身，而难以拓展到遗传资源衍生出的知识财产利益。需要进一步指出的是，遗传资源的利益分享，有赖于生物技术知识产权价值的实现。在现实生活中，遗传资源所有权与生物技术知识产权的双方主体经常处于信息极不对称的状况，遗传资源与生物技术的客观联系即必然对应关系很容易被人为地割裂，即遗传资源所有人很难举证证明本人占有的遗传资源与他人拥有的生物技术之间的必然对应关系，从而难以主张对他人的生物技术知识产权分享利益。上述情况说明，在生物工程领域，遗传资源与生物技术是一种源与流的关系；就其产权链接来说，遗传资源权利是生物技术知识产权的在先权利。无论如何，我们不宜对遗传资源权利作出归类于所有权的简单诠释。

遗传资源也不能作为现代知识产权的保护对象。其理由主要是：第一，关

---

① 有关观点可参见詹映等：《国际法视野下的农民权问题初探》，载《法学》，2003（8）。

于客体的性质。中外学者对知识产权客体有着不同的说法：德国哲学家黑格尔将诸如精神技能、科学知识、技术以及发明等，称为“内部的精神的东西”[①]。日本法学家北川善太郎曾提出“知识财产”的说法。[②] 我国学者对其称谓不一，早期著述称为“智力成果”“知识产品”“精神产品”[③]；近年来也有学者认为知识产权的对象是以“形式”为存在方式的知识，或是将知识产权的客体描述为知识财产和与其相关的精神权益。[④] 尽管上述说法不一，但是其共同点在于：知识、技术、信息等与人的智力活动有关，产生于知识或精神领域。遗传资源则不同，遗传物质不是主观世界的精神产物，它具有某种客观实在性。遗传信息是一种自然生存的“资源型信息”，没有人的智力劳动的直接介入，因此遗传资源不能归类于知识产权客体的范畴。第二，关于权利的本质。知识产权具有支配权之绝对性、排他性的基本特征。知识产权作为舶来语，其原意应为“知识（财产）所有权”，区别于物的所有权。法国学者根据知识产权的客体及内容的特点，将该项权利称为一种“垄断权”或“独占权”[⑤]。在这个意义上，知识产权与所有权具有相同的属性。但是，知识产权的独占性具有自己的表现形态，即对于同一项智力成果，不允许有两个或两个以上相同的知识产权并存。形象地说，这一特点叫做“合法垄断、赢家通吃”。遗传资源保护制度的设定，本意不在于“独占”与“垄断”。《生物多样性公约》的目标是：“从事保护生物多样性、持续利用其组成部分以及公平合理分享由利用遗传资源而产生的惠益；实施手段包括遗传资源的适当获取及有关技术的适当转让，但需顾及对这些资源和技术的一些权利，以及提供适当的资金。”[⑥] 由此可见，遗传资源权利制度的要义，在于分享生物技术知识产权保护所产生的惠益。这是一种利益分享权，即由遗传资源的利用方与提供方，按照共同商量的条件，公平分享基于研究和开发此种资源的成果以及商业和其他方面利用此种资源所

---

① ［德］黑格尔：《法哲学原理》，范扬、张企泰译，第 43 节附译，北京，商务印书馆，1961。

② 参见［日］北川善太郎：《技术革新与知识产权法制》，国家科委政策法规与体制司译，1998。

③ 郑成思：《信息、新型技术与知识产权》，北京，中国人民大学出版社，1986；吴汉东等：《知识产权法概论》，北京，中国政法大学出版社，1987。

④ 参见蒋志培：《论知识产权的概念、历史发展及其法律保护的含义》，见 www.civillaw.com.cn。

⑤ 尹田：《法国物权法》，56～58 页，北京，法律出版社，1998。

⑥ 《生物多样性公约》第 1 条。

获得的利益。根据自然资源国家主权原则[①]，遗传资源归属于国家主权，而社会群体或个人有权使用遗传资源，并且参与遗传资源相关利益的分享。所谓相关利益分享，包括知识产权共有，知识产权利益的物质或者非物质的补偿等。这说明，遗传资源的权利与知识产权有关，但绝对不是具有独占属性的知识产权本身。第三，关于制度的功能。现代知识产权制度的宗旨是保护知识产权人的私权利益，以“合理垄断”与利益补偿的法律机制来刺激和鼓励科技创新、知识传播。知识产权制度的功用在于，在“个人创造—他人传播—社会使用”的过程中，在个人利益与社会福利之间寻找平衡点，从而达到利用智力成果以推动社会发展的目的。十分明显，知识产权制度可以对智力创新给予激励，而无法对智力源泉提供涵养。拘泥于制度功能，遗传资源的所有人无法依据知识产权制度得到任何物质上的补偿和精神上的尊敬。尽管知识产权制度“可以为发明者或使发明资本化的公司提供激励，但它没有认识到在知识产权登记之前最初对该项产品进行培育的其他人的贡献”[②]。遗传资源保护制度对于知识产权制度有着功能补充之作用。《生物多样性公约》关于遗传资源的保护措施作了如下说明：“着重、保存和维持土著和地方社区体现传统生活方式而与生物多样性的保护和持续利用相关的知识、创新和实践并促进其广泛利用，由此等知识、创新和实践的拥有者认可与参与下并鼓励公平地分享利用此知识、创新和做法而获得惠益。”[③] 根据上述条文，遗传资源保护制度的功能，可以概括为对遗传资源的“保护”（protection）、“保存”（conservation）和“利用”（utilization）[④]。综上所述，遗传资源权利是一种新的制度工具，其保护对象有别于智力创新成果的智力源泉，该类权利的要义是利益分享而不是独占和垄断。将遗传资源权利说成是一种新型的知识产权，在理论上将会倾覆知识产权

① 1962年联合国《自然资源永久主权宣言》规定：“确认各国对其自然资源拥有的主权权利。”这即是自然资源国家主权原则的国际法规定。

② Graham Dutfield，“TRIPs-Related Aspects of Traditional Knowledge”，33 Case Western Reserve Journal of International Law，2001，p. 233. 转引自［美］Bryan Bachner：《法律与生物多样性：重新思考全球化时代的知识产权》，武汉大学2003年博士学位论文。

③ 《生物多样性公约》第8条。

④ 唐广良：《遗传资源、传统知识及民间文学艺术表达国际保护概述》，载《知识产权文丛》，第8卷，北京，中国方正出版社，2002。

制度的原有根基，在实务上也难以在国际社会形成合作与博弈。

关于遗传资源的保护，有必要建立一种新型的特别的专有权制度。如前所述，遗传资源虽具有客观实在性，但其包含的基因信息无法受到所有权的保护；同时，遗传资源不是典型意义上的智力成果，没有智力劳动介入的资源型信息不能成为知识产权客体。笔者认为，这种专有权是一种新型的财产权，它是生物技术知识产权的在先权利，也是生物体所有权的类似权利。

遗传资源专有权应在财产权体系中占有一席之地。财产权体系表现了私的财产制度的内部结构。财产利益基本属性的同一性决定了各种财产权的共同指向，它既是财产权制度之间联系的纽带，也是财产法一体化构建的基础。同时，财产利益表现形态的差异性既是我们划分不同财产权类型的标准，也是新的财产权制度建立的依据。正如有的学者所言，财产利益形态可以分为物质实体、知识本体及其他价值实体。[①] 鉴于罗马法以来私权制度的发展与变化，笔者主张建立一个开放的财产权体系，它包括三个部分：一是以所有权为核心的有体财产权制度，二是以知识产权为主体的无体财产权制度，三是以债权、继承权等为内容的其他财产权制度。[②] 遗传资源专有权应归类于无体财产权。这是因为，具有财产价值意义的对象是遗传材料所蕴涵的遗传信息。在信息法理论中，作为相关法律关系的客体“由信息及物质载体组成”。由此产生一种“信息权利”（或者说信息产权），这是典型的“无体财产权”[③]。

从一定意义上说，知识产权也是一种信息产权。在当代信息社会里，知识产权的范围有向“信息产权”扩充的趋势。以微机革命、网络革命和通信革命为主流的新技术革命，将人类社会推进到一个信息化时代，信息本身成为促进经济、技术和社会发展的重要资源，也成为人们不可或缺的无体财产。知识产权所涉及的对象可以视为非物质形态的知识信息。专利权保护的“新技术”方案提供了某一领域最新技术的信息；商标权保护的“识别性标记”本身就是区别不同商品或服务的信息；而著作权保护的“独创性表达”，通过报刊、书籍、

① 参见徐瑄：《知识产权与财产权一体化构建》，载《暨南学报（哲学社会科学版）》，2002（6）。

② 参见吴汉东：《论财产权体系》，载《中国法学》，2005（2）。

③ 周庆山等：《信息法》，10～11页，北京，中国人民大学出版社，2003。

广播电视、计算机网络等各种媒介的传播，成为人们最主要、最广泛的信息源。在这个意义上说，知识产权法可以成为信息保护法。[①] 但是，知识产权并不能简单地等同于信息产权。一般说来，信息财产有三种类型：一是智力劳动创造的知识信息；二是原处于非专有领域的公共信息；三是自然生存的资源信息。第一类信息可作为智力成果，受到传统知识产权的保护；第二类信息虽缺乏独创性，但由于投入了人力、资金，可以数据库名义得到专门法的保护[②]；第三类信息没有人的劳动介入，具有生物体的自组织系统的本质特征，有待创设新的权利制度予以保护，这即是遗传资源专有权。

从逻辑概念的角度说来，信息产权或无体财产权都应是知识产权的上位概念。非物质性的财产权，主要是知识产权，但不限于知识产权。在无体财产权体系中，诸如商誉权、信用权、形象权等，都是一种具有非物质属性但又不能归类于知识产权范畴的财产权；在信息产权体系中，遗传资源权利是具有无体财产特征而不属于创造性成果权的特殊权利。这里，信息产权、无体财产权、知识产权三个概念中的“信息”“无体”“知识”指称的概为权利客体，是对权利内容的限定。正是在这个意义上，我们说遗传资源专有权是一种信息产权或者是无体财产权。

在遗传资源之上设定何种权利，尽管在国际社会存有争议，但是一些国家和国际组织并没有停止制度构建的尝试。近年来，它们力图通过所谓的“社区权”“社区所有权”“传统资源权”制度，对本地区的遗传资源及传统知识给予保护。例如，非洲联盟组织制定的《承认和保护地方社区、农民和育种者权利及生物资源获取规则示范法》，菲律宾、厄瓜多尔、巴西、委内瑞拉等国的宪法和法律都有关于“社区权”的制度。[③] 这种保护制度在国际上备受关注，但实际施行进展甚微，笔者认为，上述权利更多的具有宪法上的宣示作用，缺乏相应的公法管理与私权保护的相关制度加以推行。参照《生物多样性公约》的有关规定，融合公法与私法的相关规则，笔者主张建立一种多级权利

---

① 参见［日］中山信弘：《多媒体与著作权（一）》，载《电子知识产权》，1997（5）。

② 参见 1996 年《欧盟关于数据库保护指令》。

③ 参见［阿根廷］Carlos M. Correa：《传统知识与知识产权》，国家知识产权局译，见 www. biodiv-ip. gov. cn。

体系：

1. 国家主权与知情同意权能的行使

各国对其境内的自然资源享有主权，其含义为各国基于国家主权，在其领土（包括领土、领海、领空以及沿海国家的大陆架与专属经济区）内享有对自然资源的开发、利用、管理、养护等权利，该行为在不违反国际法的情况下不受其他国家的干涉。

国家可以设置专门的中央行政机关，对外国机构获取、利用本国遗传资源的申请作出审查并决定同意与否。该获取、利用行为不需征得地方机关与社区以及个人的同意，但是要尊重地方的文化习俗以及本地社区或者居民在遗传资源保护与利用方面的贡献。此外，国家有权规定提供和转让遗传资源的应用范围和用途性质；国家有权创设转让遗传资源的具体条件；国家有权设置在遗传资源转让和使用过程中各种权益的界定以及利益的分配方案。

2. 国家或地方社区所有权和标示来源权能的行使

遗传资源的所有权归属，应该与其所在土地的所有权归属相同。依照遗传资源的自然栖息地的不同，由国家或者地方社区享有对遗传资源的所有权。当遗传资源的自然栖息地不明确或者丧失时，该遗传资源的原产地或者发源地应被认定为该遗传资源的所有权附着地。当该地域范围过大，无法明确界定所有权归属时，其原有自然栖息地所在国家为所有权获得者。移地保护国通常情况下不具有遗传资源所有权；对保护遗传资源有贡献的移地保护国，可以参与利益分配。

国家或地方社区在他人利用遗传资源时享有标示来源权，即基因专利或者植物新品种的审批，应当注明遗传资源的来源国，并证明其获取行为业已征得来源国的同意。

3. 群体或个体的使用权和利益分配权能的行使

使用权和所有权的分离机制，使得社区群体或者个人有权使用遗传资源，并且参与遗传资源相关利益的分享。

遗传资源以及相关知识产权的利益分配方案主要以合同方式确定，合同的内容可由国家通过立法规定相关条款，或者参照国际公约或国际组织提供的合同样本。有关遗传资源利益分享合同的签订必须经过国家有关部门的审查，以确保公平、合理的利益分享，包括知识产权共有、知识产权利益的物质或者非物质的补偿等方式。如果群体或个人对保护、利用遗传资源有特殊贡献的，国家应当予以奖励。

六、我国对生物多样性的保护与展望

对传统资源保护的制度选择，既涉及一国自身利益的考量，又事关国际协调机制的运作。在国际领域，它不仅反映了一种新的利益格局的形成，同时也昭示着后 TRIPs 时代知识产权制度的发展走向。中国已经于 1992 年在里约热内卢签署了《生物多样性公约》，负有保护生物多样性的义务。我国对生物遗传资源的保护，包括战略选择、国际协调与国内法安排三个方面。

1. 合理确定我国生物基因资源的保护战略

我国人口众多、地理纬度跨度大，物种遗传资源丰富但保护不力。我国的生物技术已经有较高水平，水稻技术居世界前列，同时我国也是人类基因组计划的参加国之一。但技术的产业化程度不高，没有形成一批技术雄厚、规模较大、影响范围广的生物技术公司。总之，我国生物物种资源和遗传资源丰富，但保护不力；生物技术水平较高，但产业化不够。

从基本国情出发，我们不能像某些国家那样只重视生物技术的保护，而否定生物多样性的保护，否则我国的物种资源将会严重流失并有枯竭的危险；同时，我们也不能像那些资源丰富而技术落后的国家那样对生物技术持完全否定的态度。我们应致力于遗传资源与生物技术的协调发展与良性互动。第一，加强生物多样性的保护，实现物种遗传资源的总量积累，对生物技术进行源头保护，以实现其可持续发展。第二，完善我国生物技术与植物品种保护制度，做大做强一批生物技术公司，同时注重成果转化。第三，在国内，使生物多样性保护与生物技术保护接轨；在国际上，争取《生物多样性公约》与《知识产权协定》的合理对话。

2. 多边解决《生物多样性公约》与《知识产权协定》冲突的国际努力

目前，经过广大发展中国家的努力和非政府组织的协调，对公约与协定的冲突已经产生了两种协调方式。其一是在世界贸易组织框架下，在《知识产权协定》内部实现二者的“和谐共处”，此为“直接方式”。其主要方法是修改《知识产权协定》第 27 条，增加专利申请人的“知情同意”、“标示来源”和“利益共享”义务。此方式的优点是可以使问题得到彻底解决，如果世界贸易组织成员国能够对协定的修改达成一致意见，则生物多样性保护可以借助协定的争端解决机制和影响力形成一种全球标准。但是对于这种直接方式，目前除了多哈会议形成了一定的阶段性成果之外，其他没有任何进展。特别是坎昆会谈的破裂，已经为这种直接方式的适用前景蒙上了阴影。其二是在世界知识产权组织框架下，通过世界知识产权组织的协调，把“信息披露”制度融入其管理下的《专利合作条约》，以对资源国或社区的贡献表示尊重，此为“间接方式”。此方式的优点是世界知识产权组织作为专门的知识产权机构，可以很好地做好对生物多样性保护的技术性问题（如术语解释）的解决和国际行动的协调工作，且世界知识产权组织一向重视对发展中国家利益的维护和立法帮助。但此方式也有弊端：首先，世界知识产权组织不像世界贸易组织那样具有影响力，也没有一个像世界贸易组织争端解决机构那样的执行机制。其次，世界知识产权组织对《生物多样性公约》与《知识产权协定》的协调大多以“软法”的形式出现，其效力有限。

笔者认为，世界贸易组织体制下的多边机制仍是解决公约与协定冲突的最理想场所，虽然目前关于修订《知识产权协定》的谈判陷入僵局，但我们可以通过国际协调实现二者对话。首先，针对“间接方式”，加深世界知识产权组织与世界贸易组织间的沟通。如果国际社会能够寻求世界知识产权组织规则在世界贸易组织框架内通过一定的程序得到承认的途径和通道，则公约与协定就可以很好地协调。其次，针对“直接方式”，加强《生物多样性公约》与《文化多样性公约》的协调。《文化多样性公约》已得到包括法国、欧盟、加拿大等大多数国家和国际组织的拥护，如果国际社会能够通过修改和解释《文化多样性公约》第 20 条的“关系条款”，把《生物多样性公约》与《文化多样性公约》进行“捆绑”，使得二者相互承认，则《生物多样性公约》与《知识产权协定》在世界贸易组织体制下的协调也不成问题。因为《文化多样性公约》在世界贸易组织成员国内有绝对的影响力。①

中国作为世界上最大的发展中国家，积极参与了上述条约的制定工作。我国还应该积极参与《生物多样性公约》与《知识产权协定》的协调工作，争取遗传资源国际规则的制定权。

3. 对我国遗传资源保护的国内法安排

实现遗传资源的多边保护机制并不是短时间内可以完成的，很多国家通过国内专门立法规定了《生物多样性公约》确定的“知情同意”、“标示来源”和“利益共享”制度。我国也有所规定，例如《种子法》第 8 条和《人类遗传资源管理暂行办法》第 6、17 条分别规定了“国家知情同意”制度；《野生动物保护法》第 3 条和《野生植物保护条例》第 16、20、21 条规定了“国家主权”原则。但是上述规定很不完善。首先，立法位阶太低。一国境内的遗传资源蕴涵极高的经济、文化、伦理价值，并包含国家主权事项内容，根据《立法法》应由全国人大制定专门法律进行保护。其次，现行立法规定不统一。在上述规定中，很多并不是专门针对遗传资源的立法，而且管理机构和制度也很不一致。最后，现行立法规定不完整。上述立法没有对“标示来源”和“利益共享”制度作出规定。

由上面的论述可知，遗传资源权有其自身的特点：在权利主体上，主权在“国”、所有权属“地”、使用权归“人”，揭示了遗传资源制度应采用专门管理与权利保护相结合的方式；在权利客体上，遗传资源存在形式的实物性、价值实现的信息性、使用开发的伦理性等特点，宣示着对其法律调整方法的特殊性，即保护和保存共存、开发与维护并重；在权利形态上，遗传资源权作为一种资源信息权、利益分享权，昭示着其权利定位应在知识产权之外、无体财产权之中。或许我们可以借鉴巴西和哥斯达黎加等国家的做法，制定保护生物多样性和遗传资源的专门法律，并采取专门管理（公法）与权利保护（私法）相结合的法律模式，明确宣示我国对遗传资源的国家主权原则；参照上述遗产资源权的主体类型和权利形态，具体落实国家主权与知情同意权、国家或地方社区所有权和标示来源权及群体或个体的使用权和利益分配权，并统一我国遗传

① 《文化多样性公约》得到世界贸易组织 150 个成员国中的 148 个国家的支持。

资源的独立主管机构；可以规定主管机构对利益分享合同的审查机制、利益分享的比例和利益分享的方式等。

总之，CBD的通过是发展中国家的一大机遇，研究并运用该公约实现本国生物多样性保护是当务之急。我国作为生物遗传资源大国，应从两个方面作出努力，即在国际上争取国际规则的制定权和国际谈判中的话语权；在国内充分行使对遗传资源的国家主权，落实知情同意权、标示来源权及利益分配权。

第二十五章

知识产权保护与《文化多样性公约》

2005年10月19日，在法国巴黎举行的第33届联合国教科文组织大会上以绝对多数票通过了《保护和促进文化表现形式多样性公约》(以下简称《文化多样性公约》)。联合国教科文组织认为，《文化多样性公约》与《世界遗产公约》、《保护非物质文化遗产公约》为国际社会保护文化多样性提供了一个有力的行动框架。① 在一年的时间内，美洲议会联盟、欧盟先后批准了这一公约，并呼吁其成员国支持该公约。中国于2006年12月批准加入《文化多样性公约》。该公约于2007年1月正式生效。

一、《文化多样性公约》的简要分析

1.《文化多样性公约》的制定——“经济属性”与“文化属性”的较量

《文化多样性公约》的制定背景可追溯到20世纪90年代。其间加拿大和欧共体（特别是法国）强烈反对将以美国大片为代表的视听作品也作为世界贸易组织法律体制规制的对象，并主张将文化产品作为一种“文化例外”条款写入协定。但是“文化例外”只是一种消极的例外，而非一种积极的政策，因而

① 参见联合国新闻服务中心：《保护文化多样性公约》，见 http：//www.un.org/chinese/News/fullstorynews.asp? newsID=6987，2006年12月21日访问。

被有些国家认定为贸易保护主义，以至于《建立世界贸易组织的马拉喀什协定》通过后，“文化例外”宣告失败。

“文化例外”的失败，使得有关国家认识到消极否定文化产品与服务的“经济”属性是不可取的，它们转而倡导其与“经济”属性并列的“文化”属性，并认识到联合国教科文组织在实现这一目的时的重大作用。1991年联合国教科文组织建立世界文化和发展委员会，后者于1995年出版了《我们创造性的多样性》报告。根据其建议，于1998年召开了斯德哥尔摩文化政策发展会议，该会议通过了一项行动计划，指出：“文化产品和服务不应像其他商品一样处理。”2001年，联合国教科文组织以鼓掌的方式通过了《世界文化多样性宣言》及《行动纲领》，提出“深入开展与文化多样性问题有关的辩论，尤其要推动对制定一份关于文化多样性的国际法律文件是否可行进行思考”。2003年联合国教科文组织于巴黎召开第32界成员国大会，通过了《拟定一份关于文化多样性的国际准则性文件的可行性》文件，委托执行局就制定一份文化多样性准则性文件的可行性，对相关的技术与法律问题进行初步研究。[①] 后来，召开了三次专家会议，为总干事提供了建议和条约草案文本，并于2004年到2005年间召开三次政府间专家会议，对草案进行审议和修改。2004年3月30日至4月3日举行的第二次专家会议讨论并提出“文化财产和文化服务业的文化价值先于其商业价值”[②]。后来，《保护文化内容和艺术表现形式多样性公约初稿》（经起草委员会修订的文本）第10条规定，“确信文化产品与服务具有经济和文化双重性质，但由于它们传递着特性、价值观和含义，故不应被视为普通的商品或消费品”[③]。最后，第三次政府间会议将最终文本呈递给总干事，并于2005年通过《文化多样性公约》，确认“经济属性”与“文化属性”是并列的和互补的。

2.《文化多样性公约》的内容——“文化霸权”与“文化平等”的博弈

《文化多样性公约》由序言、正文和附件组成。正文有7章，分别为宗旨

① UNESCO，32 C/52.

② UNESCO，CLT/CPD/2004/CONF. 201/1.

③ UNESCO，CLT/CPD/2004/CONF. 607/6.

与指导原则、适用范围、词语定义、缔约方的权利和义务、与其他文书的关系、有关机关及最后条款。

首先，关于《文化多样性公约》的适用范围。公约第 3 条规定了其适用范围包括缔约方可以采用政策和措施来保护文化表达的多样性。公约要求各国认识到文化活动、文化内容、文化产品和服务的特殊性。其中，"文化活动"将发展中国家未受到知识产权保护的传统文化包含在内。一些世界贸易组织成员曾对此种广泛的保护范围表示担忧，但最终这一规定因大多数国家的支持而保留下来。

其次，关于国家主权原则。公约第 5 条规定，"缔约国拥有为实现本公约的宗旨而制定和实施其文化政策、采取措施以保护和促进文化表现形式多样性及加强国际合作的主权"。但是，公约最终通过文本与草案文本有极大不同。草案文本规定："同时承认有义务在其境内和全球范围内保护和促进这种多样性。"可以认为，此种关于国家义务的规定能够极大地提高《文化多样性公约》的法律地位，直到"起草委员会"于 2004 年 12 月 14 日至 17 日讨论时，该规定仍得到绝大多数国家的赞同[①]，但遗憾的是，其最终被公约最终文本的第 5 条所取代。

最后，关于《文化多样性公约》与其他国际文件的关系。美国认为《文化多样性公约》与其他公约，特别是与有关贸易的国际公约的关系是模糊的和模棱两可的，要求对公约重新起草。[②] 公约草案初稿审议时，一直有两种方案：一种方案要求公约条款不得影响"缔约国从其他现行国际文件中享有其衍生权利和承担其衍生义务，除非行使这些权利和义务将严重损害或危及文化表现形式的多样性"；另一种方案为"本公约任何内容不得影响缔约国在其所签署的其他现行国际文件中所享有的权利和承担的义务"[③]。成员国未能就上述方案达成一致，因而主席建议提出另一个替代性方案。该方案应当避免使国际文书

① UNESCO，CLT/CPD/2004/CONF. 607/6.

② See John R. Crook，United States Supports New UNESCO Instruments on Doping in Sports and on Bioethics；Votes Against New Convention on Cultural Diversity，100 Am. J. Int'l L. 229，January，2006.

③ UNESCO，CLT/CPD/2005/CONF. 203/6.

有高低之分，相反，应有助于它们相互补充。[①]

在谈判过程中，针对文化多样性的不同领域，法国、加拿大、中国、非洲及拉美国家组成的同盟与以美国、日本、印度为代表的另一同盟针锋相对。直到2005年联合国教科文组织成员大会召开前的四个月内，美国共提出28个条约修正案，但全部被拒绝。[②] 公约通过时，只有美国与以色列投了反对票，一方面可见公约的影响力，另一方面也显示了公约是国家间博弈的结果。

3.《文化多样性公约》的定位——"孤立观点"与"协调观点"的对立

《文化多样性公约》已经生效，其制定过程已成为历史，但如何对其理解和诠释是当务之急。

第一，对于文化多样性，公约倡导的是不同文化之间的合作与交流，而非孤立与封闭。这主要体现在对"国家主权原则"的理解上。"国家主权原则"在《文化多样性公约》中的体现是反对文化霸权的一种需要，但也容易成为文化封闭与"文化部落主义"的借口。我们应对"国家文化主权"与文化多样性的关系作出合理解释，使得国家的文化政策和文化措施既有利于维护本国文化主权、保护本国脆弱文化，又有利于国际文化交流及世界范围内文化多样性的可持续发展。

第二，对于《文化多样性公约》，应注意其与其他公约的"相互支持、相互补充和互不隶属"的关系。这主要体现在对文化权利等人权概念的理解上。在执行局对拟定文化多样性国际文件的可行性进行论证时，曾提出四种方案作为教科文组织可能制定的新文件涉及的范围，这四种方案是：关于文化权利的新的综合性文件；关于艺术家地位的文件；佛罗伦萨协定的新议定书；保护文化内容和艺术表现形式。[③] 大会最终选择了最后一种方案，并通过了第32C/34号决议，将"文化内容和艺术表现形式多样性作为公约草案的核心内容，同时牢记《世界宣言》所包含的所有适用范围"[④]。可见，"文化权利"曾是联合国

① UNESCO，CLT/CPD/2005/CONF.203/6.

② See Eireann Brooks，"Cultural Imperialism VS. Cultural Protectionism：Hollywood's Response to UNESCO Efforts to Promote Cultural Diversity"，5 J. Int'l Bus. & L. 112，Spring，2006.

③ UNESCO，32 C/ 52.

④ UNESCO，CLT/CPD/2004/CONF.201/1.

教科文组织的首要选择，并在草案文本和最后文本中都把文化权利等人权内容作为保护文化多样性的一个方面。

第三，对于知识产权，应认识到《文化多样性公约》与知识产权保护之间的相关联系，同时《文化多样性公约》对知识产权保护提出了新的要求与期待。这主要体现在对传统知识的保护上。

首先，以保护和激励知识创造为使命的知识产权丰富了文化多样性。公约草案规定，“强调推动和革新文化表现形式的创造行为的关键作用，以及艺术家和其他创作者的关键作用，其作品应当享有足够的知识产权”[①]。《文化多样性公约》也认识到“知识产权对支持文化创造的参与者具有重要意义”。其次，现行知识产权制度忽略了对传统文化的保护，《文化多样性公约》对其提出了新的要求与期待。其中《保护文化内容和艺术表现形式多样性公约初稿》（经起草委员会修订的文本）在第 4 条关于“文化产品与服务”的定义中，指出“它们产生或可能产生知识产权，不论其目前是否受到现有知识产权法律的保护”。此款有三种可行的替代方案：方案一，它们产生知识产权，这种知识产权应能够容纳在有关知识产权的现有或未来法律标准之内；方案二，它们构成或可能构成知识产权，不论其目前是否受到现有知识产权立法的保护；方案三，它们产生或可能产生某种个人或集体权利，不论其是否有资格受到现有知识产权立法的保护。[②]《文化多样性公约》序言中也“承认作为非物质和物质财富来源的传统知识的重要性，特别是原住民知识体系的重要性”。可见传统文化的保护问题在公约的起草过程中受到一定程度的重视。

总之，关于文化多样性保护与知识产权保护，我们应该秉持一种互补的观点，而非对立的观点。有学者提出，“《文化多样性公约》应该像当年世界人权公约确立‘人权高于主权’的普世伦理”，“将文化多样性的重要性置于知识产权保护之上”[③]。笔者认为，对于中国而言，自进入世界贸易组织后，在《知识产权协定》的框架下过多强调知识产权的弱保护已无多少意义，关键在于我

① UNESCO，CLT/CPD/2004/CONF. 201/2.

② UNESCO，CLT/CPD/2004/CONF. 607/6.

③ 傅谨：《〈文化多样性公约〉与中国的国家立场》，载《博览群书》，2004（10）。

们如何利用国际协调机制对抗发达国家超越协定标准、超出我国国情的知识产权强保护要求，发挥传统文化与资源大国的优势，争取国际规则制定的话语权。[①] 虽然《文化多样性公约》有利于保护我国传统文化，但短期内仍不能改变我国的文化弱势地位。《文化多样性公约》已经生效，我国是其缔约国之一，目前我们的首要任务不是反对该公约，而是合理解释和利用公约，为保存和发展我国文化创造条件，此必然涉及文化多样性保护与主权范围下的文化政策、人权范围下的文化权利、私权范围下的知识产权相互之间的关系。

二、文化多样性与国家文化主权

国家文化主权是《文化多样性公约》提出的一个重要法律问题，涉及各缔约国保护和促进文化表现形式多样性的政策目标和指导原则。公约第1条“目标”第8款规定：“重申各国拥有在其领土上维持、采取和实施它们认为合适的保护和促进文化表现形式多样性的政策和措施的主权。”第2条“指导原则”第2款“主权原则”规定：“根据《联合国宪章》和国际法原则，各国拥有在其境内采取保护和促进文化表现形式多样性措施和政策的主权”。这里所讲的“主权”，即是各缔约国拥有的文化主权。

包括文化主权在内的主权原则，是国际社会共同接受的国际关系准则。从本源上讲，权力是与国家相伴而生的概念，有国家就会有相应的国家权力。主权虽为国家权力的一种表现形式，但并非生而有之，而是一个历史的概念。从古代社会到中世纪时期，国家与国家之间的关系奉行的是弱肉强食法则，国家主权没有产生的基础和条件。只有到了近代，随着民族国家的兴起，国家才逐渐形成主权的观念。从17、18世纪开始，主权原则首先在西欧确立起来，主权自此成为国家最高权力的体现。[②] 第二次世界大战以后，主权概念和原则从以往有限的地域逐步扩展到整个世界，成为各国建立联合国时的重要主张。

---

① 参见吴汉东：《后TRIPs时代知识产权的制度变革与中国的应对方略》，载《法商研究》，2005（5）。

② 参见刘杰：《秩序重构：经济全球化时代的国际机制》，190页，北京，高等教育出版社，1999。

1946年《联合国宪章》在关于联合国基本原则的规定中，第1条就明确宣布："本组织基于各成员国主权平等之原则。"时至人类社会走向经济全球化的今天，国家主权仍然是维系当代国际关系的基本出发点。维护国家主权的基本宗旨在于实现主权平等，其要义是指各国应当相互尊重主权，各国有决定其政治、社会、经济和文化制度的权利。《文化多样性公约》提出"主权原则"(principle of sovereignty)，其内容即是文化主权原则。这说明，主权原则作为一项传统的国际法原则并没有过时，它依然是现代国际关系的法律基础。

文化主权与经济主权是现代国家主权原则的新的内涵。近代国家主权原则自提出以来，不仅在地域适用范围上扩展到整个世界，而且在内容构成方面也有所变化，即从政治领域发展到了经济、文化和社会生活等领域。在主权构成方面，国家主权最初主要指政治和安全上的独立权和平等权。《联合国宪章》规定："各会员国在其国际关系上不得使用威胁或武力，或以与联合国宗旨不符之任何其他方法，侵害任何会员国或国家之领土完整与政治独立。"20世纪60年代以后，发展中国家基于发展民族经济的需要，提出了维护经济主权的主张。1962年联合国大会通过《关于天然资源之永久主权宣言》，宣布"各民族及各国家行使其对天然财富与资源之永久主权"。1966年联合国大会通过了《经济、社会和文化权利国际公约》，该公约规定："所有人民得为他们自己的目的自由处置他们的天然财富和资源。"这即是以天然资源永久主权为主要内容的经济主权原则。主权概念延伸到文化领域始自20世纪90年代，尽管这一时期尚无正式的国际文件对文化主权加以准确界定，然而它已在许多国家成为一个被频繁使用的概念，用来指称国家维护本民族传统价值观和生活方式的至高无上的权力。[①] 联合国教科文组织在近六十年的历程中一直致力于"保护和促进丰富多彩的文化多样性"和"制定必要之国际协定，以便于运用文字与图像促进思想之自由流通"[②]。2001年该组织首先通过《世界文化多样性宣言》

① 参见刘杰：《秩序重构：经济全球化时代的国际机制》，235页，北京，高等教育出版社，1999。

② 转引自《总干事关于制定〈保护文化内容和艺术表现形式多样性公约草案〉所取得的进展情况的报告·附件三》，见http://unesdoc.unesco.org/images/0013/001388/138884C.pdf，2006年3月1日访问。

及其《行动纲领》。该宣言参照教科文组织颁布的国际文件中有关文化多样性和文化权利的条款，专章讨论了文化权利与人权的关系，但并未涉及文化主权问题。2005 年 10 月，联合国教科文组织正式通过《文化多样性公约》，基于保护和促进文化表现形式的立场，第一次以国际公约的形式确认了文化主权原则。① 可以说，正是由于经济主权和文化主权的形成，使得主权观念发展成为涉及政治、安全、经济、社会生活、文化传统和价值观念等方面的原则规范体系。

文化传统保护与文化发展选择是文化主权原则的基本内容。一般而言，文化主权原则是指“一个国家的文化主权神圣不可侵犯，一个国家的文化传统和文化发展选择必须得到尊重，包括国家的文化立法权、文化管理权、文化制度和意识形态选择权、文化传播和文化交流的独立自主权等”②。文化主权原则在公约中表现为缔约国采取有关保护和促进文化表现形式多样性的政策和措施的主权。根据公约的解释，“文化政策和措施”是指地方、国家、区域或国际层面上针对文化本身或针对个人、群体或社会的文化表现形式产生直接影响的各项政策和措施，包括与创作、生产、传播、销售和享有文化生活、产品及服务相关的政策和措施。缔约国根据公约第 6 条的规定，得以制定和实施文化政策、采取措施的主权行为有：(1) 为了保护和促进文化表现形式的多样性所采取的管理性措施；(2) 以适当方式在本国境内为创作、生产、传播和享有本国的文化活动、产品与服务提供机会的有关措施，包括其语言使用方面的规定；(3) 为国内独立的文化产业和非正规产业部门活动能有效获取生产、传播和销售文化活动、产品与服务的手段采取的措施；(4) 提供公共财政资助的措施；(5) 鼓励非营利组织以及公共和私人机构、艺术家及其他文化专业人员发展和促进思想、文化表现形式、文化活动、产品与服务的自由交流和流通，以及在

---

① 2005 年 1 月 31 日至 2 月 11 日举行关于公约草案初稿的第二次政府间会议，会议在“国家层面的权利和义务”这一条款中“增加了一项关于国家主权的新原则”。参见 2005 年 8 月 4 日《总干事关于应该制定一项规章的情况和该规章可能涉及的范围的初步报告》，及《保护文化内容和艺术表现形式多样性公约》（草案初稿），见 http://www.sipo.gov.cn/sipo/ztxx/yczyhctzsbh/zlk/gjhywj/200510/P020060403598672034715.pdf，2006 年 8 月 4 日访问。

② 胡惠林：《文化产业学》，149 页，北京，高等教育出版社，2006。

这些活动中激励创新精神和积极进取精神的措施；（6）建立并适当支持公共机构的措施；（7）培育并支持参与文化表现形式创作活动的艺术家和其他人员的措施；（8）旨在加强媒体多样性的措施，包括运用公共广播服务。上述措施涉及文化管理措施、文化设施建设措施、文化资助措施、文化激励措施、文化产业机构的建立和支持措施、文化人员的培养和支持措施等，这些政策措施可根据缔约国自身的特殊情况和需求在其境内采取，但应与公约所规定的保护和促进文化表现形式多样性之目标相符。对此，加拿大政策文化顾问、加拿大文化多样性国际交流委员会主席 Garry Neil 评价说，条约关于缔约国权力和义务的规定，是公约的核心内容。但是公约第四章即“权力和义务”规定的重点放在权力而不是义务，最主要的一点是缔约国基于文化多样性保护和促进的目的可以在其境内采取适当的文化政策和措施。[①] 值得注意的是，公约还规定了缔约国对“脆弱文化表现形式”得以确认和采取适当保护措施的权力。所谓“脆弱文化表现形式”是指“文化表现形式属于面临消亡危险，受到严重威胁，或是需要紧急保护的特殊情况”。缔约国有权确认受紧急保护的特殊情况，但应向政府间委员会报告应对该类情况所采取的有关措施，后者可以对此提出合适的建议。

文化多样性的保护与发展实质上是一个国家特殊的文化主权形态。文化多样性与文化主权有着内在的联系。首先，对文化多样性的尊重，即是对国家文化主权的尊重。与经济全球化相伴而生的文化全球化，并不能消解文化的民族性和多样性。当今世界的情况是，一万多个不同的社会群体生活在两百多个国家中。对一国内部而言，许多国家都是多文化、多民族的，维护文化的多样性，即主要在于对少数人群体权利的尊重；但对国际社会而言，文化的多样性意味着语言、宗教以及生活方式的差异性，承认这种文化多样性就是承认不同国家文化主权的独立性和自主性。“尊重不同文化的平等地位，尊重不同文化的多样性和它们丰富的活力，尊重完成发展的不同路径”[②]，这是实现文化多

---

① See Garry Neil, Assessing the Effectiveness of UNESCO's New Convention on Cultural Diversity, Global Media and Communication [1742—7665 (2006) 2: 2] volume2 (2): 257 - 262.

② 前联合国秘书长、世界文化与发展委员会主席佩雷斯·德奎利亚尔语。引自联合国教科文组织、世界文化与发展委员会：《文化多样性与人类全面发展》，3 页，广州，广东人民出版社，2006。

样性的伦理基础[①]，也是国家文化主权原则的法律要求。其次，捍卫文化主权的独立性和自主性，才能有效地保护和发展文化的多样性。国家不分大小，民族不分强弱，都应有维护自己文化传统和选择文化发展路径的权力。必须看到，“传统的经典式的属于少数人的精英文化对话语权的垄断和对大众文化的一种霸权，在当代国际关系中，已经演变成一种少数文化产出国对其他国家的文化霸权”[②]。可以说，文化产业的全球化和文化霸权的形成，使得民族国家的文化主权不断弱化和传统文化走向边缘化。文化多样性和文化主权之间的关联性说明：一方面，保护和发展文化多样性，有助于形成民族的文化认同感和民族的精神凝聚力，从而维系国家的文化安全（国家文化主权）。在这个意义上说，保护和发展文化多样性就成为有效维护国家文化主权和文化安全的政策选择。另一方面，尊重国家文化主权平等，承认各国文化发展的独立性和自主性，才可能保持不同民族、种族文化的存在，在国际间实现文化生态平衡，化解经济全球化与世界文化多元化之间的矛盾和冲突。

保护和发展文化多样性的文化主权原则与世界贸易组织规则，从根本上来讲，并不是矛盾和冲突的。公约第 20 条规定了公约与其他条约之间的关系，即“相互支持、互为补充和互不隶属”。公约强调，“本公约的任何规定不得解释为变更缔约国在其为缔约国的其他条约中的权利和义务”。这说明，《文化多样性公约》与世界贸易体制在本质上应是一致的。美国对于公约提出一个重要的反对意见，即认为公约对于已经建立的国际贸易体系具有潜在的破坏性。“美国政府担心，缔约国可能对公约错误解读，将一部分贸易、服务和农产品与文化的表达方式相关联，对其进行保护从而形成新的贸易壁垒。”[③] 其实不然，根据公约第 4 条的“定义”，“文化活动、产品与服务是指从其具有的特殊属性、用途或目的考虑时，体现或传达文化表现形式的活动、产品与服务，无

① 世界文化与发展委员会认为，多元化（pluralism）是全球伦理的基本原则，其意思是指“文化多元化是人类社会的基本特征，而且无处不在、无时不在。民族认同是对抗全球化压力的一个正常的健康有益的反映”。联合国教科文组织、世界文化与发展委员会：《文化多样性与人类全面发展》，3 页，广州，广东人民出版社，2006。

② 胡惠林：《文化产业学》，151 页，北京，高等教育出版社，2006。

③ “The Convention on the Protection and Promotion of the Diversity of Cultural Expressions”，http：//geneva. usmission. gov/Press2005/1011Unesco. htm. ，2006 年 10 月 11 日访问。

论它们是否具有商业价值”。联合国教科文组织“独立专家会议”认为，公约的保护对象是以文化活动、产品与服务为载体的文化表现形式；文化活动、产品与服务具有商品内涵和文化内涵的双重禀赋。[①] 这种解释是有意义的：在国际贸易协定（包括世界贸易组织《货物贸易协定》《服务贸易协定》《与贸易有关的知识产权协定》）中，文化活动、产品和服务的交易，涉及的是文化财产属性与知识产权问题；而公约强调的是文化多样性的保护，国家采取有关保护的政策措施，是文化主权行为的表现。“独立专家会议”认为，这里的“保护”一词在任何情况下都不成为缔约国闭关自守的遁词。关于文化表现形式的交流，专家们既强调了市场的力量，也指出了市场的缺失。无限制的文化市场和绝对的文化贸易自由，有可能造成文化生态的失衡。在一些文化表现形式处于弱势的情况下，国家干预对保护文化多样性是必要的。[②] 从世界贸易组织相关政策文本的解读中，我们也可以得出相同的结论。世界贸易组织所形成的诸多协定，广泛涉及文化的各个领域。它所确立的国际文化贸易原则，实质上是当今国际社会一种新的国际文化关系准则，成为处理国家与国家之间文化贸易关系和争端的规范。世界贸易组织在它的政策系统中不仅包括“市场准入”、“透明度”、“非歧视”和“最惠国待遇”等原则，而且也规定了“涉及保持传统文化的艺术品和文化”“允许例外和实施保障措施”“维护国家安全”等原则和规则。这就为世界贸易组织成员尤其是发展中国家行使文化主权，保护和发展文化多样性留下了必要的制度空间。这意味着，任何国家都可以在世界贸易组织框架内消解文化产品贸易壁垒、开展自己的对外文化贸易，同时也可以根据例外条款保护本国文化传统和文化利益。在这里，文化市场的对外开放，是贸易自由使然；同时，文化市场也应是双向开放，须以文化多样性的存在为基础。可以认为，世界贸易组织的文化产品贸易，应是一个基于文化多样性平台而平

---

① 参见 2005 年 3 月 31 日“总干事关于制定《保护文化内容和艺术表现形式多样性公约草案》所取得的进展情况报告”，附件三，见 http：//unesdoc. unesco. org/images/0013/001388/138884c. pdf.，2006 年 12 月 9 日访问。

② 参见 2005 年 3 月 3 日“关于总干事的初步报告，其中附有两份《保护文化内容和艺术表现形式多样性公约》草案初稿”，见 http：//portal. unesco. org/culture/fr/file _ download. php/b1d0ee4fd7fb9be2157db6455d171836203 _ 6 _ reportch. pdf.，2007 年 2 月 1 日访问。

等进行的国际文化贸易。正如有的学者指出的那样，“世界贸易组织的原则是保护本国文化的个性化，支持各国文化的多样并存，维护世界文化的丰富性和多样性”[①]。世界贸易组织所主张的文化贸易自由，并不应该是对保护文化多样性之文化主权的否认。

三、文化多样性与文化权利

人权和基本自由是《文化多样性公约》提出的一个核心法律问题，是关于保护文化表现形式多样性这一国际文件框架得以形成的基础。公约在序言中指出：“颂扬文化多样性对充分实现《世界人权宣言》和其他公认的文书主张的人权和基本自由所具有的重要意义。”公约第2条第1款规定了首要指导原则，即“尊重人权和基本自由原则”：“只有确保人权，以及表达、信息和交流等基本自由，并确保个人可以选择文化表现形式，才能保护和促进文化多样性。”公约强调了基本人权和文化多样性的本质联系。在这里，基本人权涉及的主要是文化权利。

基于文化多样性的文化权利是一项国际人权。关于人权的国际文件并没有对文化权利有着明确的定义说明，但是依据相关国际人权公约对该类权利的列举式规定，我们可以将文化权利解释为公众参加文化活动并从中享有利益的权利。在20世纪以前，人权问题均由一国权利宣言或宪法类文件加以确认。对文化自由与知识传播的权利问题，往往根据国家政治、经济、文化等制度的具体情况，以宪法性文件加以规定，是为国内人权。1789年法国《人权宣言》宣称：“文化交流思想和意思是最珍贵的人权之一。”美国宪法的制定者提出了著名的“3P”文化政策，其中含有“促进知识”（the promotion of learning）的政策。[②] 加拿大《权利法案》有两项涉及文化权利的规定：一是每个人都拥有自由参加社会文化生活的权利，以享受艺术与分享科技进步的利益；二是每

---

① 胡惠林：《文化产业学》，166页，北京，高等教育出版社，2006。

② 其他两项政策分别是“公共领域保留”的政策（the preservation of public domain）、“保护作者”的政策（the protection of the author）。See L. Ray Patterson，Stanley W. Lindberg，The Nature of Copyright：A Law of User's Right，The University of Georgia Press，1991，pp. 49～55.

个作者都有权利维护其科学、文学及艺术作品所产生的精神利益和物质利益。[①] 进入20世纪以后，以《联合国宪章》为开端，产生了一系列的国际性、地区性的人权宪章，使人权成为国际法的调整对象之一，文化权利的相关问题因此具有了国际人权意义。1948年《世界人权宣言》第27条宣布了两项权利：(1) 人人有权自由参加社会的文化生活，享受艺术，并分享科学进步及其产生的福利；(2) 人人对于由于他所创作的任何科学、文学或美术作品而产生的精神的和物质的利益，有享受保护的权利。《世界人权宣言》宣示的"权利"，在1966年《经济、社会和文化权利国际公约》中得到进一步发展，该公约第15条将文化权利确认为：(1) 参加社会文化生活的权利；(2) 享受科学进步及其产生的利益的权利；(3) 对自己的智力成果所产生的精神上的和物质上的利益享有被保护的权利。从上述人权文书中，我们可以看出：文化自由是文化多样性的必要条件，文化权利是文化多样性的法律保障。正如联合国教科文组织的一份文件所指出的那样，"言论自由、传媒多元化、语言多元化，所有文化平等享有艺术表现形式和科学技术知识，所有文化都有利用表达和传播手段的机会等"，这些都是文化多样性的实现途径[②]，当然同时也是文化权利保障的法律要求。

文化多样性的权利和自由属于集体人权的范畴。现代人权主体观念的一个重要变化，便是由过去单纯的个人人权发展成为"以种族、民族为构成内容的集体人权"[③]。它是"集体的权利，即群体或人民的权利"[④]。民族（或人民）的自决权是最早和最广泛地被接受的一项集体人权。作为不同的生活共同体，每个民族都有自由的相对稳定的生活地域，在历史发展中形成了自己独特的语

① See A. A. Reyes, Copyright and Fair Dealing in Canada: Fair Use and Free Inquiry, Ablex Publishing Co., 1980, p. 213.

② 引自联合国教科文组织执行局：《指定一份文化多样性准则性文件的可能性：对相关的技术与法律问题的初步研究》（2003年3月12日），见 http://unesdoc.unesco.org/images/0012/001297/129718c.pdf，2006年3月1日访问。

③ 徐显明：《人权主体之争引出的几个理论问题》，载《中国法学》，1992 (5)。

④ 英国国际法学者斯塔克语。转引自李泽锐：《国际人权法论》，载《人权论集》，318页，北京，首都师范大学出版社，1992。

言文字、宗教信仰、风俗文化。[①] 基于此，这些特定的社会群体对内形成了自己的文化认同和民族认同，对外则产生了争取社会理解和认可的政治法律诉求。1966 年《公民权利和政治权利国际公约》和《经济、社会和文化权利国际公约》用相同的措辞确认了民族自决权，即“所有人民都有自决权。他们凭这种权利自由决定他们的政治地位，并自由谋求他们的经济、社会和文化的发展”。民族自决权对保护文化多样性的权利实现，有着基础性的作用。1952 年联合国大会通过的《关于人民和民族自决权的决议》指出：“人民和民族应是享有自决权，然后才能保证充分享受一切基本人权。”1955 年不结盟国家亚非会议发表的《万隆宣言》重申：“自决是充分享受一切人权的先决条件。”上述国际人权文书表明，民族自决权首先是政治自决，但也包括经济、社会、文化发展的自决。文化多样性的问题，实质上涉及文化传承、文化发展的自由选择。这种文化权利的行使，当以自决权的存在为前提。民族自决权是一项集体人权，隐含着文化生活方式自决的内容。其实，文化权利和自由如同发展权一样，既属于个人的人权，也属于集体的人权；但在文化多样性保护方面，文化权利和自由主要是集体人权。在这里，文化权利作为集体人权与该集体的个人人权并不是对立的：集体人权是为了保障个人人权而从其中推导出来的权利，而且集体人权和个人人权有着同样的道德价值。世界文化与发展委员会关于《文化多样性与人类全面发展》的报告，深刻地阐述了文化权利与自由的基本内涵：第一，“文化自由是一种集体自由，它指的是人类群体自由选择生活方式的权利”。第二，“真正的文化自由是整体自由的保证。它不仅保证集体的利益，也保护集体之中每个人的权利”。第三，“通过保护不同的生活方式，文化自由鼓励创造性、尝试和多样性”，“正是多文化社会所产生的多样性，以及多样性赖以生存的创造性，使这些社会更具有创新能力，更有活力，生存繁衍更加久远”。第四，“文化的核心是自由，特别是决定什么是有价值的东西，寻求我们所期望的那种生活方式的自由”[②]。可以说，文化多样性实质上是文化方

① 参见曲相霏：《人权主体论》，载徐显明主编：《人权研究》，第 1 卷，31～32 页，济南，山东人民出版社，2001。

② 联合国教科文组织、世界文化与发展委员会：《文化多样性与人类全面发展》，5 页，广州，广东人民出版社，2006。

式和文化发展自由选择的结果，这种文化自由乃是基于文化认同之群体的权利。

文化保护和人权保护具有“相似性”，“它们交织在一起，不可分离”[①]。美国学者所说的“相似性”，是指某些文化活动、文化行为，既是保护文化多样性的必要措施，也是保障文化权利的基本要求。《文化多样性公约》和有关人权公约用不同的措辞表述了相同的观点。国际人权文书提出了“参加文化生活的权利”、“享有科技进步利益的权利”和“作者权益保障的权利”，这是一般意义上的文化权利。在文化多样性领域，相关文化权利具体表现为以下几个方面：(1) 享有自身文化尊严和文化自由。2001 年《世界文化多样性宣言》认为，保护文化多样性与尊重人的尊严是密不可分的。“它要求人们必须尊重人权和基本自由，特别是尊重少数人群体和土著人民的各种权利。”尊重人权和基本自由，即要求尊重他人文化的尊严，尊重他人文化选择的自由。这是保护文化多样性的基本要求。在此不作赘述。此外，《文化多样性公约》特别强调了少数人群体（含土著人民）的权利问题。在国际上，该群体是指那些处于社会边缘、自身比较脆弱的群体，他们生活在多数人群体及其占统治地位的文化意识形态的影响之中。[②] 根据《文化多样性与人类全面发展》报告的划分，少数人群体包括四类人群，即土著人民、地域型少数人群体、非地域型少数人群体或游牧民族、移民。[③] 1992 年联合国《属于民族、种族、宗教和语言少数人群体的权利宣言》，列举的权项有文化自由、宗教自由、语言自由和参与文化、宗教、社会、经济和公共生活的权利。这些权利和自由是必需和重要的。可以认为，提升少数人群体异质文化的地位，防止民族同化趋势的出现，是文化多样性的可靠保证。(2) 参与文化生活的权利及其选择自由。《世界文化多

① Eiream Brooks, “Cultural Imperialism vs. Cultural Protectionism: Hollywood's Response to UNESCO Efforts to Promote Cultural Diversity”, The Journal of International Business & Law, Spring, 2006.

② 根据人种学家的研究，在构成国际社会的 180 个主权国家中，生活着 3 000 个～5 000 个在人种、种族、宗教、语言或文化方面不同于所在国多数人的所谓少数人群体。参见［奥］曼弗雷德·诺瓦克：《民权公约评注》，毕小青等译，475 页，北京，三联书店，2003。

③ 参见联合国教科文组织世界文化与发展委员会：《文化多样性与人类全面发展》，18 页，广州，广东人民出版社，2006。

样性宣言》规定："每个人都应当能够用其选择的语言，特别是自己的母语来表达自己的思想，进行创作和传播自己的作品；每个人有权接受充分尊重其文化特性的优质教育和培训；每个人都应当能够参加其选择的文化生活和从事自己所特有的文化活动。"这里列举的权利主要是语言多样性的权利、文化教育的权利以及文化活动选择与参加的自由。按该宣言的说法，上述权利为文化多样性提供了有利条件。(3) 文化表达与传播的平等权利。文化多样性是所有人的文化多样性，也是人类社会所有文化的多样性。《世界文化多样性宣言》规定："在保障思想通过文字和图像的自由交流的同时，务必使所有的文化都能表现自己和宣传自己的言论自由、传媒的多元化、语言多元化、平等享有各种艺术表现形式、科学和技术知识——包括数码知识——以及所有文化都有利用表达和传播手段的机会等。"《文化多样性公约》的任务，即是保障多样性的文化都有利用不同表达和传播手段的机会。不同文化平等享有这种权利，意味着文化多样性实现的可能。

以基本人权为基础的文化多样性，有助于实现人类的全面发展。文化多样性与经济、社会发展的关系，涉及文化权利和发展权利这两项基本人权之间的协调和互动。发展权原则是一个"有关新国际经济秩序的国际法原则"[①]，发展权是第三代人权的重要内容。1974 年《各国经济权利和义务宪章》对发展权作了明确阐释：发展权是普遍的权利，即"每个国家有权分享科学技术进步和发展的利益，以加速其经济和社会发展"。发展权对发展中国家尤为迫切和重要。该宪章要求："所有国家应促进发展中国家取得现代科学和技术成果"，"帮助发展和改造发展中国家的经济"。这一诉求反映了第三世界民族主义的出现以及它们对权力、财富以及其他重要资源在全球范围内进行分配的愿望。[②]发展权的实现，有赖于一种社会秩序和国际秩序的建构。按照 1986 年《发展权利宣言》的说法，关于社会秩序，即要求各国在本国采取一切必要措施实现发展权利，确保所有人在获得基本资源、教育、保健服务、粮食、住房、就业、收入公平分配等方面的机会均等。关于国际秩序，即要求各国加强合作，

---

① 杨泽伟：《新国际经济秩序研究》，65 页，武汉，武汉大学出版社，1998。

② 参见夏旭东等：《世界人权纵横》，16 页，北京，时事出版社，1993。

以确保发展，清除发展的障碍；单独或共同采取措施，制定国际发展政策，以期充分实现发展权利。① 关于发展的基本内涵以及文化与发展的关系，上述国际人权文书并没有作出回答。世界文化与发展委员会认为，"没有人文背景的发展，只是一种没有灵魂的经济增长而已，经济的繁荣本身就是人类文化发展的一部分"。他们所主张的发展观，是"人的全面发展"思想。"与只注重经济增长的发展观不同，它是从文化条件来看待经济增长和社会进步的。"发展是为了消除贫困。但是，贫困不仅是物质生活贫乏，同时也意味着，在社会生活方面缺乏选择的权利，包括接受教育和获取知识的机会、政治和社会自由、参加文化活动的权利等。"人的全面发展"观，不仅强调"物质生活资料的丰富"，而且注重"人类不断增长的选择能力和选择范围"。该委员会的结论性意见是："文化是人类进步与创造力的源泉"，"必须把文化发展纳入到发展概念的整体之中"②。文化与发展的关系告诉我们，在基本人权体系中，文化权利与发展权利不应是相互孤立、彼此隔绝的。一方面，保障文化权利，尊重文化生活方式选择的自由，促进文化多样性的发展，即是发展权实现"人的全面发展"目标的重要内容；另一方面，保障发展权，建构新的社会秩序和国际秩序，加速经济、社会发展，可以为各国特别是发展中国家的文化发展提供重要的物质基础和社会环境，从而实现文化多样性领域的人权目标。在当代世界，文化国力已经成为综合国力的重要指标体系之一。文化经济是硬实力，文化影响则是软实力。少数发达国家的发展战略之一，即是在全球范围内不断扩大其文化影响力和文化出口贸易额。在这种以合法形式进行的文化垄断下，发展中国家的多样性文化在生存和发展方面遭遇着前所未有的困境。必须认识到，发展的实质在于发展中国家的发展，发展权的核心是发展中国家促进"人的全面发展"的发展权。对于发展中国家而言，以文化权利和发展权利为法律武器，推进文化发展与经济发展，或者说文化与经济综合发展，有着特别重要的战略意义。

---

① 参见［挪威］A. 艾德：《人权对社会和经济发展的要求》。转引自曲相霏：《人权主体论》，载徐显明主编：《人权研究》，第1卷，36页，济南，山东人民出版社，2001。

② 联合国教科文组织、世界文化与发展委员会：《文化多样性与人类全面发展》，1～4页，广州，广东人民出版社，2006。

四、文化多样性与知识产权

《文化多样性公约》对知识产权并没有作出专门规定，仅在序言中确认："知识产权对支持文化创造的参与者具有重要意义。"以文化主权和文化权利的形式来解决文化多样性的保护问题，是该公约采取的基本举措。但是公约所述及的"文化表现形式"即"文化活动、产品与服务"，《世界文化多样性宣言》强调的作者和艺术家的权利等，无一不与知识产权有关。

文化表现形式以及体现或传达文化表现形式的活动、产品与服务，可以受到知识产权保护。文化多样性保护，强调的是文化表现形式的独特性、多元性的文化特征；知识产权保护，着眼于具有不同特性的文化表现形式的本身及其载体。公约将"文化表现形式"解释为"个人、群体和社会创造的具有文化内容的表现形式"。有学者认为，文化多样性是人类在长期发展过程中形成的生活方式。其表现形式可以是有形的，如村落、庙堂、建筑、饮食、舞蹈、传统的加工活动（如烹调、编织、舂米、雕刻）、实物（如衣服、家具、农具、生活用具、民间工艺品等）、礼仪活动等，也可以是无形的，如语言、文字、音乐、戏剧、舞蹈、信仰意识等。[①] 上述表现形式，符合保护条件的，可以视为知识产权的客体。此外，公约规定多样性的文化表现形式应能平等享有各种传播手段，其涉及的领域包括电影、电视、有线电视、广播、摄影、视觉艺术、网络、出版、通信、娱乐游戏等。这些传播手段都涉及知识产权保护问题。联合国教科文组织执行局认为，对上述文化表现形式，该国际组织已颁布两项著作权公约，即 1952 年《世界版权公约》和 1961 年《罗马公约》。此外，公约的适用范围通过世界贸易组织批准的《知识产权协定》（1994 年）和世界知识产权组织通过的《因特网条约》（1996 年）而有了新近的更新。基于此，教科文组织认为在著作权方面没有必要考虑新的准则性行动。[②] 这说明，符合条件

① 参见刘冬雪：《文化全球化与文化多样性》，载《社会科学辑刊》，2003 (1)。

② 参见联合国教科文组织执行局：《指定一份文化多样性准则性文件的可能性：对相关的技术与法律问题的初步研究》，见 http：//unesdoc. unesco. org/images/0012/001297/129718c. pdf.，2003 年 3 月 12 日访问。

的文化表现形式，可以受到现代知识产权法的保护，但这种保护是有限的。

《文化多样性公约》强调采取包括知识产权在内的文化政策和措施，以鼓励和支持艺术家和参与创造活动的其他人员。《世界文化多样性宣言》率先对此作出了原则性宣示，即“应当特别注意创作意愿的多样性，公正地考虑作者和艺术家的权利”。公约多个条款涉及上述问题，要求缔约国努力承认艺术家以及参与创作活动的其他人员在培育文化多样性方面的核心作用，采取文化政策与措施鼓励和支持他们“发展和促进思想文化表现形式或文化活动、产品、服务的自由交流和流通”[①]。联合国教科文组织执行局认为有关艺术家及参与创作活动的其他人员的权利，在联合国教科文组织、世界知识产权组织、世界贸易组织制定的一系列国际公约中已作出系统规定。在此情况下，教科文组织应该考虑保护与扶持艺术家的其他问题。这些问题涉及“对艺术的资助，对创造活动的补贴，艺术教育，艺术与新技术，艺术家的工作条件，艺术家的纳税与健康，集体谈判的权利和艺术家的流动”。1980 年联合国教科文组织《关于艺术家地位的建议》，对上述问题作出了原则性阐述，但这是一个非强制性文件，对缔约国的文化政策并无约束力。1997 年在巴黎召开的“关于艺术家地位的世界大会”，建议采取协调一致的措施并通过具有强制性的国际文件。这就是说，公约鼓励和支持艺术家的有效措施，尚有待其他国际文件的配合和补充。关于艺术家地位的有关规定，包括但不限于知识产权保护，其内容涉及一国的整个文化政策。在这里，艺术家及参与创作活动的其他人员的权利，不仅是作为人权的文化权利，同时也是作为私权的知识产权。世界文化与发展委员会的报告认为，在文化多样性方面，“保护艺术家的权利至关重要”。其原因有两个方面：一是新传播技术的出现。“技术发展为艺术家的创造活动拓展了新的领域，但同时又危害着他们的权利。”[②] 在数字压缩、虚拟影像和各种多媒体产品层出不穷的情况下，知识产权制度的任务应是更好地保护艺术家的权利，同时确保更多的人有机会接触艺术产品。二是新国际贸易体制的形成。知

① 《文化多样性公约》第 6 条第 5 款、第 7 款，第 7 条第 2 款。

② 联合国教科文组织、世界文化与发展委员会：《文化多样性与人类全面发展》，165 页，广州，广东人民出版社，2006。

识产权国际保护成为当代国际经济、文化、科技贸易领域的重要法律秩序。以《知识产权协定》为核心的国际知识产权制度，使得版权保护朝着以贸易为中心而不是以作者为中心的方向变化，这不仅使得艺术家的精神利益得不到有效保护，造成作者权利的缺失，而且由于文化产品进出口贸易的不平衡，损害了发展中国家艺术家的创造积极性和这些国家文化产业的发展。在文化多样性的保护与发展过程中，鼓励多样性的文化创造活动，离不开知识产权保护；同时，文化自由与艺术创造之间的联系又超越了知识产权问题，绝不限于私权保护本身。鉴于此，世界文化与发展委员会的报告建议，探索建立一套新的知识产权法律体系，以确保艺术家的合法权益得到有效保障；而且也应采取特殊的社会、法律、财政和制度性的措施来维护艺术家的特殊地位。[①]

传统文化表现形式或者说传统知识的保护，是现代知识产权制度尚未解决的难点问题。公约在序言中宣称："承认作为非物质和物质财富来源的传统知识的重要性，特别是原住民知识体系的重要性"；强调"文化表现形式，包括传统知识表现形式的多样性"，在思想表达与信息分享方面的重要价值。尽管公约在"指导原则"中"强调尊重少数民族和原住民的文化"，在"促进措施"中主张对"少数民族和原住民的特殊情况和要求给予应有的重视"，但公约并没有提出一个有效施行的制度方案。从文化视角看，"传统知识是一种文化要素，即是文化多样性的有机组成部分"[②]。从法律角度看，传统知识是知识产权对象的智力创造源泉。传统知识是传统部族在千百年来的生产、生活实践中创造出来的知识、技术、经验的总称。按照世界知识产权组织的说法，传统知识是指基于传统所产生的文学、艺术或科学作品，表演，发明，科学发现，外观设计，标记，名称及符号，未公开的信息，以及一切来自产业、科学、文学艺术领域内的智力活动所产生的基于传统的创新或创造。[③] 传统知识的具体类型几乎囊括了《成立世界知识产权组织公约》所规定的一切知识财产形式，但

---

① 参见联合国教科文组织、世界文化与发展委员会：《文化权利与人类全面发展》，165页，广州，广东人民出版社，2006。

② 严永和：《论传统知识的知识产权保护》，49页，北京，法律出版社，2006。

③ See WIPO Intergovernmental Committee on IP and GR，TK and F，Sixth Session（Geneva，March 15 to 19，2004），Revised Version of TK Policy and Legal Options，p. 6.

它与现代知识产权客体有明显的区别，即传统知识这个概念深刻地表明了该类知识的本源性（基于传统产生而不是新的智力创造）和知识的文化性（附属于特定部族或地域而不是个人的智力成果）。长期以来，传统知识一直被简单地归属于共有领域，任由他人自由而无偿地获取、利用。近年来，国际社会十分重视传统知识的保护问题，并对这种制度安排进行了有益的探讨：（1）采用现行制度保护。根据世界知识产权组织对一些国家的调查，许多国家包括北美、西欧的一些发达国家认为现行知识产权制度原则上可适用于传统知识保护。[①] 知识产权现有形式下的保护方式包括：著作权及邻接权（以民间文学艺术表达为主的传统知识为保护对象）[②]、专利权（以遗传资源的利用、开发有关的产品和方法为保护对象）、植物品种权（以改进原生状态物种的植物新品种为保护对象）、外观设计权（以传统的手工艺产品为保护对象）、商标权（以含有传统知识的商品或服务所采用的个体或团体标记为保护对象）、地理标志权（以各类天然、传统和工艺品所采用的社区标志为保护对象）、反不正当竞争（以未公开的传统知识为保护对象）。[③] 必须看到，现行知识产权制度无法对所有形式的传统知识提供保护，且在实施过程中在主体确认、客体保护条件、权利保护期限、利益分配等方面存在着诸多困难。因此，适用现行制度保护，只能是应急之策，恐怕难为长远之计。（2）采用专门制度保护。一些学者和非政府组织强烈建议的方法是建立一种专门制度，即为适应传统知识的本质和特点而创设独立的法律制度。制定专门法的途径，有两种制度选择：一是单一保护制度，即建立一种涵盖传统知识保护各个方面的综合性制度。一些国家和某些区域性的政府间组织和机构，尝试创设所谓的“社区权”“社区知识权”“传统资

---

① 参见朱雪忠：《传统知识的法律保护初探》，载《华中师范大学学报人文社会科学版》，2004（3）。

② 联合国教科文组织与世界知识产权组织合作，为非洲国家制定了《突尼斯著作权示范法》，着力保护一些民间风俗和原始工艺品，而不考虑民间风俗是否能够被固定于有形物质之上。《突尼斯著作权示范法》在法律实践中对非洲一些国家如布隆迪、喀麦隆、加纳、几内亚、马里、刚果等产生了重大影响。See Eiream Brooks，“Cultural Imperialism vs. Cultural Protectionism：Hollywood's Response to UNESCO Efforts to Promote Cultural Diversity”，The Journal of International Business & Law，Spring，2006.

③ 参见［阿根廷］Carlos M. Correa：《传统知识与知识产权》，国家知识产权局译，见 www. biodiv ip. gov. cn。

源权”制度，对土著文化社区的传统知识给予保护。例如，安第斯组织正在起草的“保护传统知识的共同制度”，太平洋岛国拟议中的“传统知识和文化表达的示范法”，以及菲律宾、厄瓜多尔、巴西、委内瑞拉等国的宪法和法律中关于“社区权”的相关制度。这种保护制度受到国际社会的关注，但其实际施行进展甚微。鉴于此，一些发展中国家建议构建专门的“数据库保护制度”，即将传统知识在整体上作为特殊的数据库加以保护。这种特殊数据库除获得一般数据库的作者权外，还包括对数据库实际记录的知识本身所享有的权利，对已经登记的知识表达形式复制和对具体内容利用所享有的权利。① 这种保护制度是著作权与未公开信息保护制度相结合的产物，既可保护思想表达，又可保护思想内容，有其合理性。二是多种保护制度。考虑到单一保护制度要处理传统知识的不同主题（如作品、技术或标志等），较难对其制定共同规则，一些国际组织以及部分国家建议对传统知识中易限定的部分（特别是民间艺术创作、传统医药等）先行给予专门保护。例如，1996 年世界知识产权组织在其《表演与录音制品条约》中将民间文艺列入受保护的表演范畴；2000 年，欧洲委员会提出《关于知识产权法下民间文化表现形式的国际保护报告》以及泰国制定的《传统泰药知识法》、中国制定的《传统工艺美术保护条例》等。这种制度保护对象明确，权利界定清楚，其立法有可资借鉴之处。关于专门制度的法律属性，即是否属于知识产权保护机制的范畴，国际上有不同的认识。有的人认为这是一种“专门的知识产权制度”，尽管它的学理基础、规范方法与典型的知识产权制度有较大的差异；也有的人认为，这种制度“处于现行知识产权体系的保护之外，它实际上归属于国际社会正在讨论的一个更为宽泛的权利系统——传统资源权”。“如果说现行知识产权制度是对智力创新的激励，那么传统资源权就是对智力源泉的涵养。”② 可以认为，传统知识保护是当代知识产权国际保护制度发展过程中的新问题，也是文化多样性保护必须面对的重要法律问题。

---

① 参见宋红松：《传统知识与知识产权》，载《电子知识产权》，2003（3）。

② 龙文：《论传统知识产权权利的实现形式》，载国家知识产权局条法司编：《专利法研究》（2004），北京，知识产权出版社，2005。

以知识产权的形式对文化多样性进行保护是必要的，但当代国际知识产权制度在这一方面存在明显的不足。《知识产权协定》在序言中宣示“知识产权为私权”。在诸多知识产权公约中，《知识产权协定》第一次明确界定了知识产权的本质属性，即以私权名义强调知识财产私有的法律形式。在西方国家，私权神圣是一项基本的法律原则。承认知识产权为私权，意味着知识产权与其他财产权一样都处于同样的私权地位，从而在理念和制度上可以为知识产权提供有力的法律保障。知识财产私权化在国内法和国际法领域的扩张造成的后果值得我们重视：一方面，知识财产私权化在国内法领域的拓展，导致原来人们所共有的生产、技术、市场知识和技能开始划归私人领域，知识财富的公有领域相对缩小，从而造成知识创造者的个人利益与知识利用者的公众利益之间的冲突。[①] 另一方面，知识产权在国际法领域的加强，迫使经济、技术、文化处于落后地位的发展中国家不得不接受以扩大私权保护范围、提高私权保护水平为发展方向的国际知识产权保护新体制，这势必造成它们与发达国家之间在知识财产利益方面的不平衡。知识产权的理念与制度，张扬的是神圣的私权，这与作为普遍人权、集体人权的文化权利是不同的。与《文化多样性公约》的宗旨不同，以《知识产权协定》为核心的知识产权国际保护制度，极力保护的是文化表现形式的独创性、新颖性，而忽视了文化表现形式的多样性。我们看到，现代欧美文化类型以其“现代性”为特征称雄于世界。从文化的角度看，欧美文化对各地原住民文化、传统文化的同化，日益蚕食着世界文化的多样性；从法律的角度看，西方国家主张的法律精神及其制度准则，已经成为国际社会生活的指南。[②] 在知识产权领域，欧美文化类型在知识产品的现代化生产中，以各种“智力创新”的形式得到欧美国家主导的国际知识产权制度的周延保护。与此相反，知识产权制度对不同的文化类型即“智力源泉”却缺乏必要的法律涵养，这一制度“只能保护知识财产上的财产利益而难以保护其同时存在的文

① 参见袁泳：《知识产权法与技术、文化创新》，载《北京大学学报（哲学社会科学版）》，1997（5）。
② 参见严永和：《论传统知识的知识产权保护》，61～62页，北京，法律出版社，2006。

化利益”[①]。在国际社会，以知识产权名义所进行的文化创作、生产、传播行为，对他种类型的文化表达和知识形式等进行不当占有和利用，往往损害了文化的多样性，特别是非主流文化、传统部族文化、少数人群体文化的存在和发展。其常见形式有：(1) 对他种类型的文化赋予不同的意义而并入另一种类型中，损害特定文化生存的独立性；(2) 以文学、艺术作品形式失真地编排他种类型的文化生活，损害传统部落文化表现形式的真实性；(3) 对他种类型的文化表现形式如歌曲、舞蹈、戏剧、医药等进行占有和利用，既不标示来源，又不支付报酬，损害传统文化资源的合法权益；(4) 利用电视、电影、网络、音像、广播、出版等技术控制文化传播手段，扩展单一文化的传播空间和时间，损害弱势文化得以平等表达的机会。我们看到，发展中国家经过千百年实践积累下来的传统知识、传统文化表达，正被一些发达国家无偿地利用，甚至成为这些国家的知识产权。这一情形表明，以知识产权为后盾的西方主流文化在不断张扬，而以文化权利为表征的文化多样性却日趋弱化。《知识产权协定》立足于知识财产的私权属性，着力于与贸易有关的知识产权保护，未能顾及文化创作的源泉——文化多样性的问题，实质上是对文化权利这一基本人权的忽视。关于知识产权所保护的作品与文化多样性的关系，《世界文化多样性宣言》作出了明确的阐述。其第 1 条强调：“文化多样性是交流、革新和创作的源泉，对人类来讲就像生物多样性对维持生态平衡那样必不可少。”第 7 条指出：“每项创作都来源于有关的文化传统，但也在同其他文化传统的交流中得到充分的发展。因此，各种形式的文化遗产都应当作为人类的经历和期望的见证得到保护、开发利用和代代相传，以支持各种创作和建立各种文化之间的真正对话。”鉴于此，《文化多样性公约》在序言中宣称“文化多样性是人类的共同遗产”，并在“指导原则”中赋予保护文化多样性以基本人权的意义。上述规定说明了文化传统对智力创作成果的本源意义，表述了文化多样性对创作意愿选择的存在价值。没有文化传统多样性的存在，文化创作就成为无源之水，文化创作自

① 有学者认为，知识产权不能充分保护文化多样性。对于文化类型之间占有和利用中引起的财产损害，知识产权法作出了回应；而所造成的文化损害，知识产权法则没有相应补偿机制。See Rebecca Tsosie，“Reclaiming Native Story：An Essay on Cultural Appropriation and Cultural Rights”，Spring，2002，34 Ariz. St. L. J. 299.

由也就无法实现。可以认为，在文化领域，《文化多样性公约》是对《知识产权协定》的一个有益的补充，它着力于克服现行知识产权制度保护智力成果而忽视智力源泉的弊端，为实现文化权利与知识产权之间的平衡与协调提供了可能。

五、文化多样性的权利协调与制度安排

文化多样性领域的多元权利形态，发挥着各自的制度功能，服务于共同的缔约目标，它们并不是相互孤立和隔绝的，也不应是彼此冲突和对立的。多元权利形态如何实现缔约目标，多元权利形态之间关系应该如何处理，这涉及法律原则遵循和法律制度安排的诸多问题。

1. 文化主权的正当行使、自动限制与文化多样性的缔约目标

文化传统保护与文化发展选择，是《文化多样性公约》的缔约目标，也是国家文化主权的基本内容。在本国领土范围内采取措施保护文化多样性，应是国家享有的文化主权；同时，致力于文化多样性发展的双边、多边合作，则是国家应尽的国际义务。文化多样性缔约目标的实现，与文化主权的行使有着密切的联系。在这里，首要的问题是维护文化主权。在文化全球化和文化产业全球化的今天，我们面临着一个“风险文化的时代”。英国学者斯科特·拉什为此警告说：“始料不及的风险和危险将不再是由工业社会的物质化生产过程中所产生的风险和危险，而是从信息领域、从生物技术领域、从通讯和软件领域产生出的新的风险和危险。”① 当今时代的“文化风险”，即表现为民族国家文化主权的弱化和传统文化的边缘化。在全球范围内，许多民族、部落的传统文化与所谓的主流文化、强势文化一直存在着某种紧张状态，这一情况，不仅存在于东、西文化之间，而且也表现在欧美文化内部。“法国对好莱坞电影在全球畅通无阻感到不妥和恐惧，为抑制美国娱乐业的入侵，法国在欧共体内寻求建立欧洲及国家定额管理制度。澳大利亚的文化产业委员会也感到不安，他们建议政府在遵守世界贸易组织规则的基础上，建立和创建‘文化防火墙’制

① ［英］斯科特·拉什：《风险社会与风险文化》，载《马克思主义与现实》，2002（4）。

度。加拿大在世界贸易组织裁决其对美国杂志采取的限制措施有悖自由贸易原则之后，采取了‘论坛应变’（form shifting）的措施，建立起多元文化网。”[①]在《文化多样性公约》生效之后，民族国家根据公约规定，采取必要并适当的文化管理措施、文化资助措施、文化鼓励和扶持措施等，应视为一种文化主权行为。这种文化主权是文化多样性存在和发展的法律基础。上述所言即是主权的正当行使。与此相关的另一个问题是文化主权的自动限制。文化产品贸易与文化服务贸易是世界贸易组织框架内国际贸易的重要内容。参与国际贸易体制本身不仅意味着国家不能完全按照自己的利益愿望制定经济、文化政策等，在对外经济、文化交往中会受到有关国际规则的制约；而且由于文化霸权在国际上的出现，使得许多国家客观上保护和发展民族文化的主权能力有所下降。[②]前者表现了国家以主权的必要限制来换取国际经济利益，后者则意味着文化霸权对他国文化主权的侵蚀。笔者认为，国家文化主权的自由限制来源于国际公约的约束力，而不应是个别国家的政治强权、经济强势和技术强力，这是对文化多样性保护进行国际协调的重要前提。当然，国家的文化主权行为应有着合理的边界，即应符合文化多样化的缔约目标，不得侵犯受到国际法保障的人权和基本自由，不得影响缔约国在其他公约中所承担的国际义务。上述所言即是主权的自动限制，其出发点都应是保护文化多样性的缔约目标。

2. 文化权利基本内涵的实现途径以及对文化主权的影响

《文化多样性公约》将“文化多样性”定义为“各群体和社会借以表现其文化的多种不同形式”。“文化表现形式”则是个人群体和社会创造的“源于文

① 薛晓源：《全球化与文化产业研究》，载林拓主编：《世界文化产业发展前沿报告》（2003—2004），9～10页，北京，社会科学文献出版社，2004。

② 以政治、经济、科技优势为后盾所形成的“文化霸权主义”，危及多样性文化的进程。有学者认为，信息交往首先需要确定双方都能够解码的信息代码。目前网络上通行的是英文，首先是“ASCII”（American Standard Code for Information Interchange），即“美国信息交换标准代码”，它虽冠名“美国”但实际上是国际交换标准代码。这种以某种语言为主导的跨国信息交流有可能压抑他种语言形式从而限制文化的多样性发展。更为严重的是，信息的流向远非对等，多由发达国家流向发展中国家，随着经济、科技信息的流入，同时也会发生意识形态、价值观念、宗教信仰等文化的“整体移入”，以致使其他国家的原有文化受到压抑。参见乐黛云：《全球化时代的多元文化发展问题》。转引自中华孔子学会、云南民族学院编：《经济全球化与民族文化多元发展》，87页，北京，社会科学文献出版社，2003。

化特征或表现文化特征的象征意义、艺术特色和文化价值”等文化内容的表现形式。公约的目标即是保护“文化表现形式”的多样性。这里的“保护”意指为“保存”（preservation）、“维护”（safeguarding）和“加强”（enhancement）文化表现形式多样性而采取措施。根据相关国际公约和一些国家的做法，文化多样性的保护措施主要有：（1）有体文化财产的物理保护和无体文化财产的固化保护。国际公约确认国家、民族或部族对于文化遗产物（如古人类遗址物、墓葬物、神圣物等）及其他文化财产的物理表现形式的所有权，以及对非物质文化遗产（如民俗、民歌、民间舞蹈、口头传说）的管领和控制权。上述即是自身文化享有权。缔约国有义务资助“收集整理文化多样性的各种有体无形表现形式，并以适当的方式加以保存，从而满足将来可能发生的文化需求”①。（2）对文化身份认证权利的保护和对文化表达形式选择自由的保护。国际公约确认各民族、部族以及少数人群体有权维护自己的文化身份和文化尊严，有权表达和信奉其语言、宗教、传统、风俗（违反国家法律和国际标准的习俗除外）等。上述即是文化表达的选择权。缔约国有义务采取立法措施提供必要条件，以维护各民族、部族的文化特征。在这里，应特别注意创造条件使少数人群体学习其母语或以其母语接受教育，鼓励社会人群对少数人群体历史、语言和文化的了解。②（3）对传统文化生存和加强之权利的保护。国际公约确认不同民族、部族有权对其文化传统享有全部经济利益，平等享有文化的各种表现形式和利用各种传播手段，以维持自身文化存在，推进文化多样性，促进传统文化繁荣。上述即是文化生存和延续的发展权。缔约国有义务提供和创造适当的社会条件，推动民族文化产业发展；采取必要的政策和法律措施，保障文化主体充分实现其文化价值和获取经济利益，为文化多样性的存在、发展孕育所需的物质基础和经济资源。保护文化表现形式的多样性，是个人、群体或社会享有的文化权利，也是对国家正当行使文化主权的法律要求。文化主权与文化权利的关系，有一个不断发展与变化的过程，实际上表现为国际人权机制对国家主权行为的影响以至于干预。“国际人权机制自第二次世界大战后形成并逐

① 严永和：《论传统知识的知识产权保护》，80～81页，北京，法律出版社，2006。

② 参见1992年联合国大会《关于民族或种族、宗教和语言上属于少数的人的权利宣言》。

渐作用于实践，它的每一步都伴随着其超国家性的不断增强。”[①]《联合国宪章》在将人权纳入国际规范时，只是将联合国的人权责任界定为“鼓励、推动、作成建议”等非强制性权力。《世界人权宣言》仅是要求“努力通过教诲和教育促进对权利和自由的尊重”。但在《公民权利和政治权利国际公约》中，对缔约国的人权要求则有了提升，规定“每一缔约国尽最大能力采取步骤或经由国际援助和合作”，尤其包括用立法的方法来促进权利的实现。该公约还特别设立“人权事务委员会”，授权其“接受和审议一缔约国指控另一缔约国不履行它在本公约下的义务的通知”。《经济、社会和文化权利国际公约》则进一步规定，缔约国对于人权保护所采取的措施和取得的进度，应向联合国秘书长提出报告，并由后者转交联合国经济和社会理事会进行审议，该委员会可以提请联合国其他机构（包括它们的辅助机构、专门机构）对有关人权事项予以注意，以决定在各自的权限内是否采取旨在有助于履行公约的国际措施。缔约国违反国际人权义务，应承担何种法律后果，相关人权公约未作具体规定。但据一些学者的研究，如果有关国家侵犯了受害人（包括个人或群体）的权利，“人权委员会”可为受害者提供“衡平救济”（equitable remedies）以及其他保护措施，例如侵害调查、赔偿或其他赔偿、终止侵害、阻止后续侵害、侵害国法律修订等。[②]这些说明，由于国际人权机制的影响，缔约国的文化主权行为须以基本人权的实现为目标，并在文化权利方面自动限制其主权的排他性效力。

3. 知识产权与文化权利的价值目标取向及其权利之间冲突的协调

知识产权制度是以保护私人创作成果，促进信息自由传播为其立法宗旨的。对此，国际人权公约强调了保护文化多样性与上述目标的关联性。《世界文化多样性宣言》认为，“文化多样性是交流、革新和创作的源泉”，“每项创作都来源于有关的文化传统，但也在同其他文化传统的交流中得到充分的发展”。在这里，宣言描述了作品创造性与文化多样性的关系。可以说，文化多

---

① 刘杰：《秩序重构：经济全球化时代的国际机制》，217页，北京，高等教育出版社，1999。

② See Lauren E. Godshall, “Making Space for Indigenous Intellectual Property Rights under Current International Environmental Law”, 2003, 15 Geo. Int’L Envtl. L. Rev., p. 497. 转引自严永和：《论传统知识的知识产权保护》，82页，北京，法律出版社，2006。

样性为作品创造性提供了必要的智力源泉和文化土壤；同时，文化的创作和传播也有助于多样性文化之间的交流和发展。《文化多样性公约》在“开放和平衡原则”中进一步指出：“在采取措施维护文化表现形式多样性时，各国应寻求以适当的方式促进向世界其他文化开放，并确保这些措施符合本公约的目标。”公约重视“表达、信息和交流等基本自由，并确保个人可以选择文化表现形式”，并以此作为保护和促进文化多样性的人权基础。可以认为，文化多样性固然是对“文化霸权主义”的一种反抗，但并非意味着对“文化孤立主义”的承认。“文化孤立主义”或称“文化部落主义”，反对文化交往和沟通，在一个封闭的环境中虚构自己的“文化原貌”，固守排他性、封闭性的本土文化。[①] 这些并不是公约所倡导的文化多样性保护。笔者认为，知识产权与文化权利在鼓励文化创造和交流方面有着相通和共融的地方，但是两种权利形态也是有区别的：知识产权是一项私权，着眼于保护私人智力创造。从国际范围来看，知识产权资源并不为一切人所实际享有，也并不由各个国家均衡掌控。在文化产业和版权业扩张的今天，这一权利多为发达国家具有文化传播实力的出版大亨、传媒巨头、影视公司老板所把持；而文化权利是一项集体人权，致力于维护文化多样性。发展中国家拥有丰富的传统知识和文化资源，但其民族、部族的文化权利难以有效地实现。以知识产权为后盾的文化全球化和全球化的文化产业正挤压着多样性文化的生存空间，这即是知识产权与基本人权的冲突。自进入后《知识产权协定》时代以来，国际社会十分关注知识产权与基本人权的关系问题。国际贸易领域的知识产权问题与国际政治领域的人权问题，被喻为当代国际关系的两大热点问题。2000 年，联合国人权促进保护小组委员会发表了《知识产权与人权》的报告，审查了《知识产权协定》对国际人权带来的影响，宣称：“由于《知识产权协定》的履行没有充分反映所有人权的基本性质和整体性，包括人人享有获得科学进步及其产生利益的权利、享受卫生保健的权利、享有食物的权利和自我决策的权利，所以，《知识产权协定》中的知识产权制度作为一方与另一方的国际人权之间存在着明显的

---

① 参见乐黛云：《全球化时代的多元文化发展问题》。转引自中华孔子学会、云南民族学院编：《经济全球化与民族文化多元发展》，82～83 页，北京，社会科学文献出版社，2003。

冲突。"[1] 对此，前任 GATT/WTO 法律顾问 Patesmann 教授提出尖锐的批评：《知识产权协定》没有参照人权法，其根源在于"制定贸易政策的政治家宁愿选择避免人权对话，从而使得政治化的贸易关系不具有民主色彩"[2]。国际社会十分重视知识产权与文化权利的关系，并努力改革现有的国际知识产权制度，使之符合国际人权的标准。《文化多样性公约》的缔结即是一个良好的示范。根据国际公约的原则规定和国际人权的一般理论，我们可以得出处理知识产权与文化权利之间关系的一般性结论：一是关于权利的冲突，即奉行"法益优先保护"的原则。保护文化多样性的文化权利是国际公约承认的基本人权，上述权利是民族、部族或其他社会群体维护其文化身份和文化尊严所不可或缺的重要权利，也是个人、群体和社会选择文化表达的基本自由。相对于知识产权这一财产权利而言，上述权利应当具有优越地位，即应看作是具有优先性的法价值。实行"法益优先保护"原则，意味着现代知识产权制度不仅要符合国际知识产权公约的规定，而且不应与国际人权标准相冲突。立法者在为知识产权提供法律保护时，应符合其必须遵守的国际人权义务。二是关于权利的协调，即实行"利益平衡"的原则。其实，知识产权与文化权利在本质上可以达到一致。包括知识产权在内的私人财产权是基本人权实现的基础。这是我们实现权利协调的一个重要条件。"利益衡平"是民法精神和社会公德的要求，也是"人权思想和公共利益原则"的反映。[3] 它要求当事人之间、权利与义务主体之间、个人与社会之间的利益应当符合公平的价值理念。知识产权法所强调的利益衡平，实际上是与一定形式的权利限制、权利利用制度相联系的。也就是说，出于保护文化多样性这一公共利益目标，出于对文化权利等基本人权的尊重，在一定情况下应对知识产权进行必要限制。

---

① UN Commission in Human Rights，Intellectual Property and Human Right，2000，E/CN1. 4/sub. 2/2000/7.

② E. U. Patesmann，"The WTO Constitution and Human Rights"，Journal of International Economic Law，Vol. 3，2000. 转引自孙皓琛：《WTO 与 WIPO：TRIPs 协议框架中的冲突性因素与合作契机之探讨》，载《比较法研究》，2002（2）。

③ 参见［美］奥德丽·R·查普曼：《将知识产权视为人权：与第 15 条第 1 款第 3 项有关的义务》，载《版权公报》，2001（3）。

第二十六章

知识产权国际保护制度的非现代性问题

知识产权国际保护制度现正处于知识经济的崭新时代。知识经济是以科学技术为第一生产要素的智力经济，它的出现不仅给以往资源经济时代形成的价值观念、分配原则、生活方式、管理机制、政府政策等带来了冲击，而且会引起有关法律规范这一“游戏规则”在国际范围的重构。当代知识产权的国际保护，不仅凸显出现行制度的改革（如新增基因专利、网络版权、网络商标），而且面临着全新制度的突破（如在传统知识、遗传资源、保护领域）。

在知识产权国际保护制度的发展与创新方面，世界知识产权组织发挥了积极作用。1996 年，世界知识产权组织主持制定了《版权条约》和《表演和录音制品条约》（合称为《因特网条约》），这个以信息网络传播权为中心的《因特网条约》对各国立法产生了直接影响；1999 年，世界知识产权组织公布了关于国际因特网域名问题的最终研究报告，对全球域名系统的整体性改革提出了一系列的措施；2000 年，世界知识产权组织成立了“知识产权与遗传资源、传统知识和民间文学艺术”的政府间专门委员会，着手探索有别于现代知识产权的传统知识保护问题。对于这一问题，世界贸易组织也给予了高度重视，2001 年多哈会议的“部长声明”第 18～19 条已将传统知识问题列为下一次多边谈判考虑的议题。除此之外，在有关人权、文化、贸易、粮农、土著权利、劳工标准、可持续发展、土地、环境与生物多样性等问题的国际论坛中，诸如联合国教科文组织、联合国环境规划署、联合国粮农组织、联合国贸易和发展会议、联合国开发计划署、世界卫生组织、世界粮食计划署等国际机构对传统知识和遗传资源的保护问题也都进行了广泛的讨论。

在知识产权国际保护的法律框架中，地理标志的知识产权保护制度，其建立从《巴黎公约》到《知识产权协定》已有一百二十多年的历史，但这一制度并没有多少进展，反而在国际社会一直存在着争论；而有关传统知识、遗传资源的保护则是制度空白，是否给予保护，给予何种权利保护，如何进行保护，在国际范围内并没有形成一致的意见。上述三类标的概与最新的知识形态有别，是非现代的并与“传统”相关联的特殊财产。国际论坛上对此类问题的争议，不仅反映了一种新的利益格局的形成，同时也昭示着国际知识产权制度未来发展的走向。现分述之。

一、传统知识形态问题（一）：传统知识保护

传统知识是传统部族在千百年来的生产、生活实践中创造出来的知识、技术、经验的总称。按照世界知识产权组织的说法，传统知识是指基于传统所产生的文学、艺术或科学作品，表演，发明，科学发现，外观设计，标记、名称及符号，未公开的信息，以及一切来自产业、科学、文学艺术领域内的智力活动所产生的基于传统的创新和创造。[①] 所谓基于传统，意思是说上述知识体系，创造、创新和文化表达，通常附属于特定的民族或地区，世代相传并且为适应环境而不断发展。传统知识的具体类型包括农业知识，科学知识，技术知识，生态知识，医学知识，有关生物多样性的知识，民间文学艺术表达，名称、标记及符号，以及其他未固定的文化财产。[②] 从其范围来看，几乎囊括《建立世界知识产权组织公约》所规定的一切知识财产形式，包括知识产权法

---

① See WIPO Intergovernmental Committee on IP and GR，TK and F，Sixth Session（Geneva，March 15 to 19，2004），Revised version of TK policy and Legal Options，p. 6.

② See WIPO，Intellectual Property Needs Expectations of Traditional Knowledge and Holders，WIPO Report on Fact-Finding Missions on Intellectual Property and Traditional Knowledge（1998—1999），Geneva，April 2001，p. 25.

所保护的作品、技术、标记等各种类型。两者的区别在于，传统知识这个概念深刻地表明了该类知识的本源性（是基于传统而不是新的智力创造）和知识本身的文化特性（附属于特定部族或地区，而不是个人的智力成果）。

长期以来，传统知识一直被简单地归属于公有领域，任由他人自由而免费地获取、利用。现行知识产权制度的保护对象限于最新知识即智力创造成果本身，而不能涵盖传统知识即智力创造源泉。这种保护机制忽视了对文化与知识多样性保护的原则，导致一些国家或地区、一些民族或种族应有权利的丧失。近年来，国际社会十分重视传统知识的保护问题，并对这种制度安排进行了有益的探讨。

一是采用现行制度保护。如何保护传统知识的知识产权利益，是目前法律和政策领域最复杂和最富有争议的一个问题。[①] 为此，国外学术界提出了一些传统知识的知识产权保护制度的设想。卡路斯·M. 科瑞（Carlos M. Correa）认为，现行知识产权机制、特别知识产权制度、习惯法、反不当占有机制等，构成了这一架构的框架。[②] 达里尔·A. 波塞（Darrel A. Posey）和格雷厄姆·杜特费尔德（Graham Dutfield）所讨论的架构则涉及西方传统的财产权体系、合同和契约、现行知识产权体系、具有法律约束力的国际公约（如《生物多样性公约》）、国际性“软法”（如《世界人权宣言》）、传统社区习惯法以及他们提出的传统资源权体系。[③] 传统知识的知识产权保护，包括对现行知识产权制度的运用、对传统知识产权制度的修改与扩张、建立特别知识产权制度三种途径。[④] 笔者认为，传统知识的知识产权保护制度架构，包括现行知识产权制度以及知识产权制度创新两个方面。现行知识产权制度的保护方式，涉及著作权、专利权、商标权、地理标志权等各种领域（参见本书第二十五章“四”）；

---

① See Rosemary J. Coombe, Steven Schnoor & Mohsen Ahmed, “Distributive Justice and Intellectual Property: Bearing Cultural Distinction: Informational Capitalism and New Expectation for Intellectual Property”, 40 U. C. Davis L. Rev. 891, March, 2007.

② 参见［美］卡路斯·M. 科瑞：《传统知识与知识产权：与传统知识保护有关的问题与意见》，载国家知识产权局条法司编：《专利法研究》，456页以下，北京，知识产权出版社，2003。

③ 参见［美］达里尔·A. 波塞、格雷厄姆·杜特费尔德：《超越知识产权——为原住民和当地社区争取传统资源权利》，许建初等译，46页以下，昆明，云南科技出版社，2003。

④ See document WIPO/GRTKF/IC/6/4 Rev, at paragraph p. 34.

知识产权制度创新的主要内容，包括传统知识专有权利的特别保护制度、专利申请中的传统知识披露制度等。

二是采用专门制度保护。一些学者和非政府组织强烈建议的方法，是建立一种有别于知识产权的专门制度，即为适应传统知识的本质和特点而创设独立的专门法律制度。邓尼尔·J. 乔万斯（Daniel J. Gervais）提出在现行知识产权机制之外，可采取特别保护机制、共有财产权（communal property）、不公平受益（unjust enrichment）、不合理占有和利用（misappropriation）、合同等。[①] 舒伯哈·高希（Shubha Ghosh）认为传统知识保护有公共领域模式、商业利用模式、信托模式和所有权模式四种。[②] 世界知识产权组织知识产权与遗传资源、传统知识、民间文学艺术政府间委员会（简称 WIPO-IGC）认为传统知识法律保护的制度框架包括：排他性财产权、事先知情同意制度、补偿责任制度（compensatory liability）、反不正当竞争制度、传统社区习惯法等。概括说来，制定专门法的途径有两种选择：或是建立一种涵盖各种传统知识保护的综合性法律（如“社区权”“社区知识产权”“传统资源权”制度等），或是对特定传统知识进行单一立法保护（如民间文学艺术保护、传统医药保护等制度）。

对传统知识提供法律保护，是世界各国主要是发展中国家关注的重要问题。各国对其境内的传统知识有保护的义务，即传统知识应在各自所在的国家范围内得到本国法的保护，故传统知识保护首先应是国内保护。但是，自 19 世纪末 20 世纪初开始，特别是《知识产权协定》生效以来，国际保护成为知识产权及相关权利保护的根本特征。从当下现实来看，传统知识的利用者和受益者主要是发达国家的商业机构和商业性研究者。因此，传统知识的保护，如果仅由内国法作出规定，仅提供一种内国法上的保护，则难以防范跨国公司和跨国商业研发机构对传统知识的不合理利用，难以为传统知识提供真正的法律保护。因此，立法者应吸取知识产权国际保护的经验，推出传统知识保护国际

① See Daniel J. Gervais, “The Internationalization of Intellectual Property: New Challenges from the Very Old and the Very New”, 12 Fordham Intell. Prop. Media & Ent. L. J. 929, Spring, 2002.

② See Shubha Ghosh, “Traditional Knowledge, Patents and the New Mercantilism” (Part Ⅱ), 85 J. Pat. & Trademark Off. Soc'y 885, November, 2003.

机制，供各国加入和批准，然后将该机制转化为内国法，为传统知识提供国际保护。

二、传统知识形态问题（二）：遗传资源保护

在国际公约的有关文件中，遗传资源是与传统知识相关联并经常出现的一个专用术语。按照《生物多样性公约》的说法，遗传资源是指具有实际或潜在价值的遗传材料，包括来自植物、动物、微生物或其他来源的任何含有遗传功能单位的材料，例如植物遗传资源、动物遗传资源、人类遗传资源等。世界知识产权组织秘书处在其文件中有着“遗传资源及相关传统知识”的表述，显见两者的含义是有区别的：传统知识由基于传统所产生和发展的知识构成，或者说是一种与传统有关的知识体系，是传统部族创造的且有价值的文化资源；而遗传资源是具有遗传功能、含有遗传信息的物质材料和资料，它作为一种“人类自然遗产”，则是传统部族独有的、具有稀缺性的物质资源。在传统资源名义的统领下，传统知识与遗传资源也有着密切的联系：遗传资源特别是人工培育的动植物物种资源，往往是某些传统知识的物化载体，是利用后者所产生的结果；而传统知识特别是传统医药知识、农业知识、生态知识等，则可能是某些遗传资源的价值体现，是前者存在或发展的条件。可以说，包括传统知识和遗传资源在内的传统资源，是社会财富的重要组成部分。

关于遗传资源的保护，有着深刻的国际背景。2003 年，世界知识产权组织召开会议，提出“关于与遗传资源和传统知识有关的公开要求问题的技术研究报告草案”，明确指出，“生物技术日益重要，与生物技术相关的发明的专利授权数量不断增加。由此可见，遗传资源及相关传统知识作为原材料对某些生物技术发明具有潜在的价值；然而，有大量技术可用遗传资源作为投入，并可对传统知识加以利用，因此其重要性和价值不仅限于生物技术本身”[①]。生物技术产生的特点之一是资源依赖性与资源信息化。正如有的学者所言，这就决

---

① 世界知识产权组织秘书处：《关于与遗传资源和传统知识有关公开要求问题》，载国家知识产权局条法司编：《专利法研究》(2004)，北京，知识产权出版社，2005。

定了在生物技术时代，谁掌握了地球上的有限遗传资源，谁就能在生物经济的发展中取得主动，从而成为新的财富拥有者。[①] 为了保护遗传资源，制裁“生物剽窃”行为，国际社会作出了一些重大努力。1992 年《生物多样性公约》的实施、2001 年《粮食和农业植物遗传资源国际条约》的通过，表明遗传资源保护法律框架的构建取得了一些进展。以上述公约为基础，其保护机制与产权设定主要有以下两种形式。

一是国家主权与“事先知情同意保护机制”。《生物多样性公约》秉承 1962 年联合国《天然资源之永久主权》的精神，“确认各国对其自然资源（包括遗传资源）拥有的主权权利”[②]。这意味着遗传资源由国家主权控制，对它们的处置、开发和利用的决定权属于国家政府，并依照国家法律行使。国家主权不具有私权性质，为此一些国家的相关立法将这一原则延伸至私法领域。有的国家规定了对生物资源及有关的传统知识的“国家所有权”，如菲律宾；有的国家则规定主权控制下的国家、私人土地主或传统部族的“分别所有权”（如哥斯达黎加）。在《生物多样性公约》中，与遗传资源归属的国家主权制度相关联，有一个遗传资源获取的国家保护机制，即“事先知情同意保护机制”，它包括三个方面的内容：（1）事先知情同意。《生物多样性公约》规定：“遗传资源的取得须经提供这种资源的缔约方事先知情同意，除非该缔约方另有规定。”[③] 这就是说，非权利人在获取遗传资源、对遗传资源进行商业性利用前，必须事先通知有关国家和传统部族社区，使其知晓该类利用的有关情况，并须获得依该国法律确定的有关政府部门或部族社区的同意。有关申请及授权许可，应当采用书面文件形式。（2）标明来源。《生物多样性公约》缔约方大会作出决定，“如申请的主题涉及或在开发中使用了遗传资源，在知识产权申请中鼓励公开遗传资源的原产国”。世界知识产权组织秘书处编拟的相关文件对此要求是，“专利申请人在向专利局递交的发明说明书中公开促成发明的生物

---

① 参见朱雪忠等：《基于遗传资源所产生的知识产权利益分享机制与中国的选择》，载《科技与法律》，2003 (3)。

② 《生物多样性公约》第 15 条第 1 款，着重号为笔者加注。

③ 《生物多样性公约》第 15 条第 5 款。

样品的国家来源"[①]。上述规定说明，非权利人对利用遗传资源作出的发明而提出专利申请时，要在有关文件中标明所使用的遗传资源的来源国或社区的名称。（3）利益分享。《生物多样性公约》提出惠益分享约定制度，即遗传资源的利用方与提供方，应按照共同商定的条件，"公平分享研究和开发此种资源的成果以及商业和其他方面利用此种资源所获的利益"[②]。传统部族社区参与遗传资源商业化利用过程中的利益分享是该公约的宗旨之一。"国家主权原则"为这种利益分享设定了权利基础，而"事先知情同意原则"则为利益分享提供了制度保障。关于利益分享的具体方式和比例，公约未作规定，而交由缔约方的国内法来解决。

二是农民权与粮农植物遗传资源保护机制。根据《粮食和农业植物遗传资源国际公约》的规定，农民权是指农民，特别是原产地和粮农植物多样性中心的农民，源于过去、现在和将来在保存、改良和提供植物遗传资源方面所作的贡献而产生的权利。权利由缔约方政府，按照其国内法采取措施保护，包括：（1）传统知识保护权。即保护农民享有与植物遗传资源有关的传统知识的权利。（2）利益分享权。即平等地参与分享因利用植物遗传资源而产生的利益的权利。（3）决策参与权。即在国家层面上就与植物遗传资源的保护和可持续利用的有关事项参与决策的权利。[③] 这种规定似乎不是农民权内容的全部，为此一些缔约方和学者提出建议：除上述权利外，还应包括"事先知情同意权""标示来源权"以及公约已有规定的农民特权（主要是储存、利用、交换和销售种子或繁殖材料的权利）。[④]

关于遗传资源权或农民权的法律属性，国际上较为流行的观点是将其排斥在知识产权体系之外，也有人主张将其改造成为一种新型的知识产权。[⑤] 应该承认，将遗传资源视为精神产物，并相应地将该项权利归类于知识产权体系，

---

① 世界知识产权组织秘书处：《关于与遗传资源和传统知识有关公开要求问题》，载国家知识产权局条法司编：《专利法研究》（2004），北京，知识产权出版社，2005。

② 《生物多样性公约 》第 15 条第 7 款。

③ 参见《粮食和农业植物遗传资源国际公约》第 9 条第 2 款。

④ 参见［阿根廷］Carlos M. Correa：《传统知识与知识产权》，国家知识产权局译，见 http：www. biodiv-ip. gov. cn。

⑤ 有关观点可参见詹映等：《国际法视野下的农民问题初探》，载《法学》，2003（8）。

这种观点在理论上还难以为人接受。这是因为，遗传资源所附载的生物体与一般有体物的法律属性无异，而遗传资源所含有的遗传信息在分解后可能成为生物技术样态的知识。可以说，在“原地条件”[①]下的遗传资源，即是遗传信息与生物材料的结合体，它既不是一般意义上的物，也不是特殊意义中的知识，因此现行物权和知识产权制度无法提供保护。但是，将上述权利与知识产权完全隔绝也是不恰当的。笔者认为，至少有两点值得考虑：第一，遗传资源及有关的传统知识，如果符合保护条件的，其本身即可取得知识产权，如专利权、植物新品种权。第二，遗传资源及有关的传统知识，对生物技术发明或新品种培育有重要价值，就其产权链来说，遗传资源权或农民权往往是某些知识产权的在先权利。因此，我们可以在物权、知识产权以及其他专有权的相关法律框架内，对该类权利进行学理研究和制度构建。

三、传统知识形态问题（三）：地理标志保护

地理标志是标示产品来源地的商品性标记。按照《知识产权协定》的说法，地理标志是指标明某商品来源于某一缔约方的地域或该地域的某一地区或地点的标志，并且该商品的特定质量、信誉或其他特征与该地理来源有实质上的关联。地理标志的核心构成要素是客观存在的“地理名称”。这种“地理名称”从其存续时间来看，是“传统”的而不是新近的；从其存在状态来看，是客观的而不是臆造的。从某种意义上说，地理标志也是一种与现代知识有别的“传统资源”。一般而言，地理标志的构成主要有两种形式：一是由具体的地理名称与商品名称组合而成，如“瑞士手表”“北京烤鸭”等；二是以具体的地理名称直接作为地理标志，如香槟（champagne）既是法国的一个省名，又是产于该地的一种起泡白葡萄酒的地理标志。因此，地理标志具有地缘性、客观性、永久性的特点。

地理标志是各国知识产权的共同保护对象，但由于受历史、经济、文化等因素的影响，各国在立法模式上的选择并不相同。

---

① 《生物多样性公约》规定的“原地条件”，意指遗传资源生存于生态系统和自然环境之内的条件。

一是专门法保护。即将地理标志作为一种特殊工业产权看待，采用专门立法的方式给予保护，其代表性法律首推《法国原产地名称法》。[①] 在专门法保护模式下，地理标志权被认为是一种“集体财产权利”[②]，由国家颁布法令规定地理标志的检测方式和程序；地理标志不被认为有通用性，该标志以及任何使人产生与其联系的理解的其他说明都不得在任何类似商品上使用；地理标志权不能被视为公产，并且不受时效限制。

二是商标法保护。即将地理标志作为证明商标、集体商标，纳入商标法体系。美国及一些普通法系的国家采用这一方式。在商标法保护模式下，地理标志不能作为普通商标注册，但可将其注册为证明商标、集体商标，从而取得专用权保护；主管机关对地理标志即证明商标、集体商标的主体有明确的资格限制，一般应是对商品特有品质有检测和监督能力的法人组织；证明商标权和集体商标权归注册人所有，其中，集体商标注册人可以在自己经营的商品上使用该商标，而证明商标只能由注册人授权符合使用条件的经营者使用该商标。

在地理标志保护制度的历史发展过程中，由于各国在传统产业、传统工艺、传统产品方面的差异，对地理标志的保护亦有强弱之分。有些学者认为，在历史较为悠久的国家，如欧洲国家及一些传统产品较为出名的国家，存在着许多世界知名的商品，因而很早就倾向于通过对地理标志的严格保护来维护其固有的经济利益。反之，美国、加拿大、澳大利亚等新兴国家的经济发展中没有太多的传统地理和人文因素，地理标志并未给其带来较大的经济利益，故这些国家并未特别强化对地理标志的保护，而仅仅出于防止消费者受欺诈的动因作出规定。[③] 鉴于世界各国在地理标志保护方面的不同态度，国际上很早就开始了协调行动。1883 年《巴黎公约》率先将地理标志列入工业产权保护的范围，并对防止假冒地理标志的行为作了一些实质性规定。1891 年《制止商品

---

① 该法于 1919 年颁布，1990 年、1996 年先后两次修改。该法规定了原产地名称的概念、主管机构设置、认定程序以及法律诉讼程序等。参见马晓莉：《地理标志立法模式之比较分析——兼论我国地理标志的立法模式》，载《研究与探讨》，2003（1）。

② 董炳和：《地理标志知识产权制度研究》，中南财经政法大学 2004 年博士学位论文。

③ See Lee Bendekgey，Caroline H. Mead，“International Property of Appellation of Origin and Other Geographic Indications”，TMR.，vol. 82，p. 765. 转引自方彬彬：《产地标记之保护》，29 页，台北，三民书局，1995。

产地虚假或欺骗性标记马德里协定》和 1958 年《保护原产地名称及其国际注册里斯本协定》，则分别对禁止利用假冒地理标志实施不正当竞争行为，以及地理标志的国际注册程序和要求作了具体的规定。在世界贸易组织《知识产权协定》框架中，地理标志是"与贸易有关的知识产权"之一。值得注意的是，在《知识产权协定》的谈判过程中，发达国家的立场和目标基本上是一致的，它们联合向发展中国家施加压力；但在地理标志保护的问题上出现了严重分歧，欧盟及瑞士与美国有着不同的主张。《知识产权协定》关于地理标志的保护措施，尤其是对葡萄酒、烈性酒的特别保护，满足了欧盟及其他欧洲国家的基本诉求[①]，但也顾及了美国等国家对某些地理标志长期使用的现状，对地理标志的保护规定了多项例外。[②] 上述规定实际上是发达国家两大利益集团妥协的结果。

《知识产权协定》的形成，并没有完全解决不同国家关于地理标志保护问题的矛盾。为此，协定启动了有关谈判和审议机制，为某些缔约方之间就"单个地理标志"进行谈判奠定了法律基础。从具体实施的情况来看，"单个地理标志"问题，实际上是要解决在一些缔约方一般已被作为通用名称使用的葡萄酒和烈性酒地理标志的保护问题，显然这是历史"遗留"问题，而不是未来保护问题。在这种情况下，地理标志成为 2001 年 11 月第四届世界贸易组织部长级会议（多哈会议）的一个重要议题。多哈回合的相关谈判议题有三：一是建立葡萄酒和烈性酒地理标志的多边注册制度，二是扩大关于葡萄酒和烈性酒地理标志特别保护的适用范围，三是《知识产权协定》理事会对实施有关地理标志规定的评审。[③] 对前述两个问题，美国与欧盟存有分歧：欧盟主张建立一种有法律效力的、类似于《里斯本协定》所规定的国际注册制度，而美国不赞成建立多边注册制度，并提出即使建立这种制度也应只具有信息通报功能，即建立的是地理标志的数据库，而不是注册体系；关于酒类产品地理标志的特别保护措施，欧盟主张扩大其适用范围，美国则表示反对。由于美、欧之间存在严

---

① 参见《知识产权协定》第 22、23 条。

② 参见《知识产权协定》第 24 条。

③ See DOHA WTO Ministerial 2001：Ministerial Declaration，http：//www. wto. org/thewto/ministerial/doha/index. htm. ，2003 - 06 - 28.

重的分歧，因而直至世界贸易组织第五届部长级会议（坎昆会议）召开之前，各缔约方关于地理标志问题的谈判依然没有取得实质性进展，这也成为2003年9月坎昆会议无果而终的重要原因之一。

国际社会注意到，从多哈会议到坎昆会议，发展中国家在地理标志谈判中的立场、观点发生了“分化”。在以往的知识产权问题上，发展中国家与发达国家各自作为一个整体而处于某种程度的对抗状态，但在地理标志问题上，众多发展中国家出于自己的利益需要，站在了不同的阵营：一部分站在美国一边（主要是中美及南美国家），另一部分站在欧盟一边（主要是中东欧及亚洲国家）。这就说明，地理标志的知识产权保护与各国的经济水平发展无涉，但与产业或产品的“传统”有关。

综上所述，在地理标志保护方面，不再是以往的南北国家间的矛盾，而是所谓“新世界”国家与“旧世界”国家之间的矛盾。“新”“旧”两个世界中既有发达国家，也有发展中国家。[①] 美、欧之间的矛盾与分歧，以及发展中国家的分化，使得国际知识产权领域出现了一种新的更加复杂的利益格局。地理标志保护制度的建立已有一百余年的历史，不同的保护理念与不同的保护模式一直并存于两大法系的不同国家之中。如今这项老制度又出现了新的问题，这不仅影响到《知识产权协定》在缔约方国内的实施，也使后《知识产权协定》时代国际知识产权制度的发展增加了变数。

四、知识产权制度的非现代性问题：“传统资源权”

现代知识产权制度的保护对象是新知识、新技术，其对智力成果私权化进行了精心的法律规范设计，应该指出的是，这一制度可以对智力创新给予激励和保障，却无法对智力源泉提供滋养和庇护。在现代化语境下，现代知识占据了主流地位而成为知识产权保护的对象，而传统知识即智力创新的源泉被现代化制度搁置在公共领域，这即是知识产权制度的非现代性问题。前述三个问题是知识产权国际论坛的重大话题。这三个主题所涉及的对象都与“传统”有

① 参见董炳和：《地理标志知识产权制度研究》，中南财经政法大学2004年博士学位论文。

关。正如有的学者所认识的那样，其相似之处在于：它们的主体均不是特定的自然人，同时，受保护的对象与现有的知识产权客体有很大不同。因此，可以将它们，尤其是传统知识和遗传资源作为知识产权的“新客体”[①]。需要指出的是，地理标志的保护尽管存有争议，但很早就被纳入知识产权制度体系；而传统知识、遗传资源却属于某种意义的“共同遗产”（common heritage）。从现有的法律理念来说，该类“共同遗产”的核心要素，“即无形要素都已处于公有领域，属于人人可以自由使用的对象”[②]。其主要原因是：传统知识不具备现代知识的新颖性标准，遗传资源则属于缺乏创造性的客观物质材料；此外，它们或者是主体难以确定，或者是没有书面文献记载权利，或者是存续期限过于久远，而这些都与知识产权保护个体创新的现存基本理念不符。现行知识产权制度的缺憾在于，它虽有效地保护了智力创新，却忽视了保护这种创新的智力源泉。为此，国际社会正在讨论一个新的权利系统——“传统资源权”。该项权利制度保护的是一种新型的“传统”财产，即“任何人对于特定群体所拥有的知识、发明和实践及其土地和领土上保存的生物资源的进一步使用和开发，应当通过协商达成公平的利益分享”[③]。

传统资源权是一种保护“传统”（即维护文化和生物的多样性）的“新制度”。这种制度与现存的知识产权有关但又有区别，它可采取专门管理（公法）与权利保护（私法）相结合的法律模式：对于前者，即设立国家或社区的传统资源管理委员会，其管理职责主要是“保护”（protection）、“保存”（conservation）和利用（utilization）传统资源；对于后者，则建立“社区权”或国家、社区及部族的“分别所有权”，该项权利的主要内容表现为对传统资源利用的“知情同意”、“标示来源”以及“利益分享”。

对传统资源保护的制度选择，既涉及一国自身利益的考量，又事关国际协调机制的运作。对于中国而言，自加入世界贸易组织以来，在《知识产权协

① 郑成思：《传统知识与两类知识产权的保护》，载《知识产权》，2002（4）。

② 唐广良：《遗传资源·传统知识及民间文学艺术表达国际保护概述》，载《知识产权文丛》，第8卷，北京，中国方正出版社，2002。

③ 龙文：《论传统知识财产权利的实现形式》，载国家知识产权局条法司编：《专利法研究（2004）》，北京，知识产权出版社，2005。

定》的框架下过多强调知识产权的弱保护已无多少意义，而关键在于我们如何利用国际协调机制对抗发达国家超越协定标准、超出我国国情的知识产权强保护要求，发挥传统文化与遗传资源大国的优势，争得国际规则制定的话语权，为保存与发展传统资源争取有利条件。在国际上，中国与发展中国家应致力于制度创新，对传统资源采用与现行知识产权制度有别的保护机制，避开倾覆知识产权制度根基的法律变动。同时，我国应借用地理标志保护所形成的利益格局，争取更多国家的理解和支持，在达成共识的基础上逐步建立起传统资源知识产权利用与保护的法律制度体系。

第二十七章

后 TRIPs 时代知识产权的国际立法活动

知识产权是当今国际社会关注的焦点问题，也是知识经济时代的主要制度基础。在国际上，随着各国间在经济、科技、文化领域交往的广泛展开，知识产权保护制度成为一个具有普遍约束力的游戏规则。世界贸易组织《知识产权协定》（TRIPs）的生效，使知识产权从传统的智力创造领域直接融入国际经贸秩序之中，并标志着知识产权制度进入一个高水平保护的新阶段。尽管《知识产权协定》已经有效实施，且被认为是“20 世纪最重要的知识产权条约”，但同时它也是“最受争议的国际公约”[①]。进入“后 TRIPs 时代”以来，南北国家基于各自的立场，对于知识产权利益的协调与分享提出了新的要求，围绕《知识产权协定》发动的国际磋商以及绕过《知识产权协定》出现的双边、多边保护机制，使得国际知识产权制度出现了新的变革态势。以一种全局性、战略性、前瞻性的思维方式，解读知识产权国际立法中的重大问题，探求中国运作知识产权政策的基本方略，具有重要的现实意义。

① Peter Drahos，John Braithwaite，“Economic Politics Law and Health：Intellectual Property，Corporate Strategy，Globalization：TRIPs in Context”，20 Wis. Int'l L. J. 452.

一、多极化与碎片化中的知识产权国际立法

进入后 TRIPs 时代特别是 21 世纪以来，围绕着《知识产权协定》的实施，南北国家存有不同的立场和态度：发展中国家对《知识产权协定》在推行过程中的合理性和适当性问题提出质疑。2003 年，联合国开发计划署发布关于世界贸易体系的报告，认为“对大部分发展中世界来说，《知识产权协定》的适当性是高度令人怀疑的”，并建议发展中国家就“采用替代性的知识产权范式取代《知识产权协定》开始对话，在过渡期内，修改《知识产权协定》被解释和执行的方法”[①]。相比之下，发达国家对《知识产权协定》施行的有效性提出批评，对《知识产权协定》规定的保护水准表示不满。它们寻求建立保护水平更高、执法水平更严的新的国际公约，并绕过《知识产权协定》，利用区域协议和双边协议的方式，推行新的知识产权国际保护标准。具体而言，后 TRIPs 时代知识产权国际立法有以下特点。

1. *新的国际条约磋商*

进入 21 世纪以来，世界贸易组织、世界知识产权组织、国际植物新品种联盟、亚太经合组织、亚欧会议等国际组织就知识产权制度改革组织了一系列国际磋商、谈判。其中，作为 WTO 多哈回合的新一轮磋商，未能就公共健康、地理标识、遗传资源、传统知识等问题达成协议。WTPO 动议在现有著作权体制下对视听表演者提供保护，于 2012 年 6 月在 50 多个国家的支持下得以签署《视听表演北京条约》。总之，现有国际组织的多边磋商机制在知识产权国际立法方面并没有多少新的突破。

在上述情势下，发达国家试图通过“体制转换”方式，组织发达国家之间的知识产权条约磋商，再次提高知识产权的保护标准。2011 年，欧洲议会通过的《反假冒贸易协定》（ACTA），即是在美国的倡导下，由欧盟、日本、加拿大、澳大利亚、瑞士、韩国等国积极参与的新的知识产权条约。该协定目的

---

① Laurence R. Helfer, “Mediating Interactions in an Expanding International Intellectual Property Regime”, 36 Case W. Res. J. Int'l L. 4.

在于“减少版权和商标盗用行为”。据联合国经发组织估计，全球假冒和盗版商品贸易额已由 2000 年的约 1 000 亿美元增加到 2007 年的约 2 500 亿美元。这项协定在民事执法、刑事执法、边境执法、信息共享、国际合作以及执法监督等六个方面对知识产权保护作出更为严格、更为细致、更为明确的规定。概言之，这是一个具有知识产权强保护色彩的新的国际条约。该协定从讨论到原则通过，始终缺乏发展中国家的广泛参与，与其说《反假冒贸易协定》是一部后 TRIPs 时代推动知识产权国际保护的贸易公约，不如说是发达国家用以制裁发展中国家的贸易武器。《反假冒贸易协定》的倡导者意图说服发展中国家，特别是中国、俄罗斯等发展中大国能够参加该协定，使得知识产权保护的新标准从多边化走向国际化，使得该执法标准像《知识产权协定》一样成为国际性标准。虽然，主要由于来自欧盟的原因导致《反假冒贸易协定》未能生效，但发达国家在知识产权国际立法方面表现出一个重要趋向，即绕开世界贸易组织、世界知识产权组织等多边体制，选择利益诉求相同的国家开展区域或双边谈判，以寻求超出《知识产权协定》的新规则。

2. 区域协定与双边协定的重现

在世界贸易组织体制外的知识产权国际造法，主要是以自由贸易协定为载体，以区域/双边磋商为机制实现的。自由贸易协定是双边以至区域贸易安排的一种主要形式，早在世界贸易组织的前身《关税与贸易总协定》形成之初就长期存在。自由贸易协定作为国际贸易规则的特例，通过政府间磋商实现局部市场的自由贸易，其奉行的“对内自由、对外保护”的立场与多边体制的“最惠国待遇原则”多有相悖。[①] 尽管如此，自由贸易协定具有促进一定区域内自由贸易的一般功能，对多边体制和全球自由化进程有补充作用。为此，“关税与贸易协定”体制的设计者对自由贸易区的合法性予以有条件认可。[②]

进入 21 世纪以来，世界贸易组织以多边体制和全球自由贸易为主轴作出了诸多努力，但收效甚微，而区域/双边自由贸易协定的重现，似乎成为世界

---

① 参见杨静：《自由贸易协定知识产权条款研究》，9 页，北京，法律出版社，2013。

② 关于自由贸易区合法性条件的规定，参见《关税与贸易协定》（1947）第 24 条规定以及（1994）对 24 条的解释。

经济领域新的主角。据《2011年世界贸易报告》显示，世贸组织成员在WTO框架之外共签署300多个双边和地区自由贸易协定。在区域贸易一体化的进程中，美国和欧盟一直扮演着重要或主导的角色。美国出于“本国利益优先”原则，采取多边体制谈判、区域机制谈判和双边机制谈判的多重贸易政策，通过签署双边和区域自由贸易协定，以确定区域经济一体化的“美国模式”，进而掌控国际贸易规则（包括知识产权国际保护规则）制定的主导权。欧盟是当今世界规模最大、一体化程度最高的区域性经济贸易组织。在多边体制止步不前的情势下，欧盟对贸易政策进行了重大调整，提出以增强欧盟全球竞争力为导向的自由贸易协定战略，与欧盟以外的50多个伙伴国缔结自由贸易协定，在区域经济一体化过程中产生了极大的示范效应。上述区域/双边自由贸易协定，多是贸易规则、投资规则和知识产权保护规则的“一揽子协议”，几近成为当下国际知识产权造法的风向标，可能会对未来知识产权国际保护制度变革带来影响。现择主要区域协定而述之。

（1）NAFTA与USMCA。美国、墨西哥、加拿大于1992年8月签署《北美自由贸易协定》（NAFTA），宣告当时世界上最大的区域自由贸易组织成立，并首开在贸易协定中将投资、贸易与知识产权挂钩之先河。[①] 2018年11月，美国与墨西哥、加拿大达成新的贸易协定，定名为《美国-墨西哥-加拿大协定》（USMCA）。新的协定文本包括市场准入、农业、贸易救济、投资、数字贸易、争端解决、知识产权等30多个章节。

（2）TPP与CPTPP。《跨太平洋伙伴关系协定》（TPP），被称为“经济北约”，是目前重要的亚太自由贸易组织。2015年10月5日，美国、日本等12个泛太平洋国家就协定达成一致意见，并于2016年2月4日正式签署。2018年3月，特朗普执政的美国退出该协定改由日本主导。2018年12月30日，在对原协定作出修改的基础上，《全面与进步跨太平洋伙伴关系协定》（CPTPP）正式生效。美国主导下的“TPP”含有“超知识产权协定”保护标准的“TRIPs-Plus”条款：例如，商标注册不以可视性为条件，驰名商标保护不以

---

① 参见詹映：《国际贸易体制区域化背景下知识产权国际立法新动向》，载《国际经贸探索》，2016（4）。

是否注册为前提，商标许可不以备案为效力标准等；专利授权范围延至已知产品的新用途，使用产品的新方法或新工序，对实验数据特别保护，对药品专利的额外保护期等；延长著作权保护期，规定作者、表演者和录音制品制作者的临时复制权，表演者和录音制品制作者的向公众传播权等，以及边境执法、侵权信息披露、侵权货物处理和刑事处罚等。这些条款，反映了以美国为代表的发达国家对知识产权国际立法的新诉求。尽管后来的“CPTPP”对知识产权条款作出修改，但各缔约方表示，一旦美国重返“TPP”，知识产权保护还将恢复当初达成的“TPP”标准。

（3）RCEP。《区域全面经济伙伴关系协定》（RCEP）是 2012 年由东盟发起，成员包括东盟 10 国、中国、日本、韩国、印度、澳大利亚和新西兰共 16 方而制定的协定，旨在通过削减关税及非关税壁垒，建立统一市场的自由贸易区。该协定文本除包括货物、服务、投资三大市场准入问题外，还涉及知识产权、电子商务、法律机制等问题。中国积极参与与推进“RCEP”谈判，为推动经济全球化和区域经济一体化以及知识产权国际保护规则变革而作出努力。

3. 发展中国家“南南合作”的兴起

发展中国家开展“南南合作”，积极通过各种渠道，在遗传资源、传统知识和知识共享等优势领域寻求符合自身利益的知识产权国际保护策略。

发展中国家寻求从人权视角看待与解释知识产权，确立一种同经济、社会与文化相协调的和谐发展路径。近些年，得益于发展中国家争取自身发展空间的努力，协调、和谐发展的理念与举措逐步得到国际社会的认同和关注。联合国经济和社会理事会作为《经济、社会和文化权利国际公约》的推动者与解释者，于 2001 年首次提出以人权的视角来解释知识产权，发布了《人权与知识产权报告》，该报告初步分析了公约对于知识产权的意义，主张应在经济与社会权利的整体框架下看待知识产权。2006 年，该理事会又就知识产权与人权问题发表评论，指出《经济、社会和文化权利国际公约》所规定的权利以及其他人权与知识产权制度内承认的大多数权利的区别；强调人权是基本的，而且是人们与生俱来的；相比之下，知识产权则是国家激励发明创造、鼓励知识传播的工具。[1] 以上文件和报告都包含了对《知识产权协定》以及知识产权扩张的中肯批评，但同时也认可了人权与知识产权两种国际规则之间的共同目标和其他相通之处。

发展中国家通过联合国教科文组织，倡导对“文化多样性”问题的重视。2005 年 10 月，联合国教科文组织通过了《文化多样性公约》。该公约主要由法语语系的发达国家与发展中国家共同提出，最初旨在联合法语语系国家维护自身特有的文化传统。公约认为，保护文化多样性是对诸如表达自由、信息与交流自由等人权的尊重，是对开放性与平衡原则的尊重，这种开放性与平衡表现在对本国文化的保护与对外来文化的接纳上。加强文化产品与服务在不同国家之间的流动，可以促进文化多样性与一国国内文化产业的发展。在公约制定过程中，其关键争议在于如何正确定义“文化多样性”，这也是美国强烈反对该公约的原因。美国认为，《文化多样性公约》可能造成该概念在某些国家的滥用，因而有悖于联合国教科文组织的宗旨。该公约与主张自由贸易的《知识产权协定》确实存在“矛盾”之处，公约允许缔约国为本国文化产品的生产、发行、传播与消费提供差别待遇。《文化多样性公约》可以被视为发展中国家为保护本国文化产业，从自身发展阶段出发来构建本国知识产权制度的一次尝试。

发展中国家借助非政府组织的力量，尝试解决自身的“公共健康”问题。2005 年由国际间的非政府组织、公共健康专家、经济学家与法学家在世界卫生组织大会上提出的《医学研究与发展条约（草案）》（The Medical Research and Development Treaty，draft），旨在通过建立一个新的法律框架，脱离既有的药品专利和垄断，促进医药业的研究与发展，在各国政府之间合理分担药品开发的成本，并与发展中国家分享医药研发的成果。在知识产权保护问题上，条约草案要求缔约国为涉及药品研究的专利设定最低限度的例外，并主张对于基于公共领域内的素材作出的发明，缔约国应承诺在一定期限内不得申请专利。同时，为了保证条约草案能顺利通过并实施，条约草案还规定了与其他国

① See Committee on Economic，Social and Cultural Rights Thirty-fifth Session Geneva，7－25 November 2005 General Comment No. 17（2005）E/C. 12/GC/17，12 January 2006.

际公约的衔接问题，并表示在知识产权问题的争端解决机制上尊重《知识产权协定》。虽然条约草案能否获得通过和实施还是一个未知数，但是其反映了发展中国家在药品与公共健康的知识产权需求方面所作出的努力。

发展中国家以世界知识产权组织为平台，积极实现知识产权国际立法从“促进知识产权保护”向“以非财产权的方式促进创造”转型。鉴于《知识产权协定》的负面影响，发展中国家更多地借助世界知识产权组织来实现其对知识产权国际立法的主张。在 2004 年 10 月，世界知识产权组织大会采纳了来自阿根廷和巴西的提议，建立了一个新的“发展议程”，反映了发展中国家组成的“发展之友”这一组织和其他非政府组织的观点，其最终成果表现在《日内瓦宣言》（Geneva Declaration）之中。宣言认为，人类正面临全球范围内知识、技术与文化的管理危机。因此，世界知识产权组织应致力于避免垄断特权在知识产权领域的扩大，并重点关注以下几个问题：（1）知识产权保护带来的经济与社会成本；（2）如何修改既有的知识产权规则；（3）非产权化的创新机制，如“维基百科”、知识共享、自由软件和远距离教学工具等。同时，在上述“发展议程”中，还有另一项关于发展中国家知识产权的议题，即部分非政府组织代表提倡的《知识接触条约》。《知识接触条约》是“知识接触运动”（Access to knowledge Movement）的重要成果。与既有知识产权国际公约推崇的“最低保护标准”相对，上述条约草案主张建立一种“最高保护标准”，旨在为知识产权的扩张设定一种限制。这种限制的真正目的，最终在于保证文化、教育等公共事业能够分享知识财产带来的进步。

二、知识产权立法的国际动向与中国立场

知识产权国际保护制度的形成具有一定的历史必然性。尽管《知识产权协定》是发达国家及其产业利益集团推动的产物，但同样也是发达国家与发展中国家博弈合作的结果，客观上它在一定程度上反映了全球知识经济发展的内在要求。当下知识产权国际立法平台既有世界知识产权组织、世界贸易组织两大中心体制，也有区域/双边自由贸易协定的多元立法机制。谋取话语权、掌握主动权，是发展中国家参与国际立法活动的基本立场。

通过区域/双边自由贸易协定，进行知识产权国际造法活动，是为“后TRIPS”时代知识产权国际变革的一大景观。新的体制转换、新的问题领域、新的动力机制等，既是对WTO立法机制与TRIPs国际规则的重要补充，同时也对已有的中心体制及其标准规则带来某种挑战。（1）多元化的参与主体。在传统国际立法体制中，知识产权立法概为主权国家，立法中心是为WTO和WIPO。在后TRIPs时代，两大国际组织依然具有主导性地位，并建立了分工合作机制。[①] 与此同时，其他诸多国际组织和国际立法机构也十分关注知识产权问题，由此出现了一个从“中心化”到“多元性”转变的立法机制。导致这一现象的重要原因是非国家实体的出现，包括联盟团体、私人集团、跨国界网络组织、非政府机构等[②]成为了知识产权国际立法的重要主体。（2）扩张性的保护客体。尽管TRIPs是保护水平最高、范围最广、效力最强的知识产权国际条约，但协定依然存在着立法的滞后性，具言之，该协定未及反映后来的新技术、新知识、新业态的诸多变化。诸多区域/双边自由贸易协定的知识产权条款，对遗传基因、商业方法、实验数据、网络域名、角色形象、数据编程等新兴客体进行了立法选择，是对《知识产权协定》的有益补充。（3）交换式的制度安排。自由贸易协定的磋商谈判，往往通过议题挂钩和议题交换实现各方利益，最终形成知识产权的制度安排。[③] 制度选择上的实用主义立场和功利性取向，造就各种“超TRIPs条款”（TRIPs-Plus）。其中，既有发达国家主张客体授权范围、增加权项内容、延长保护期间、提高执法水平以及缩小权利限制和例外范围等知识产权高标准保护的诸多规定，也有发展中国家倡导有关传统知识、遗传资源、民间文学艺术、基本药品获取、可替代创新模式等知识产权补充保护的一些条款。

中国作为世界上最大的发展中国家，亦是世界贸易组织的重要成员，拥有全球发展最快、规模较大的国内市场，拥有大量知识产权专业人才和较强的国

① 1995年世界贸易组织与世界知识产权组织，就知识产权问题的一系列合作事宜达成共识，并形成协议。

② See Peter K. Yu，The Global Intellectual Property Order and Its Undetermined Future，The WIPO Journal，Vol. 1，2009.

③ 参见杨静著：《自由贸易协定知识产权条款研究》，法律出版社2013年版，第17页。

际谈判能力，理应积极参与知识产权国际规则的制定。这是我国作为负责任大国应负的国际责任，也事关我国在世界舞台上彰显软实力的国际形象。笔者认为，中国在知识产权国际立法中应秉持以下方略：

1. 坚持发展中国家的基本立场。在中国加入世界贸易组织的谈判过程中，国际社会曾就中国究竟是发展中国家还是发达国家的地位问题存有争议。中国以发展中国家的身份加入世界贸易组织，既是中国的政治选择，也反映了中国当时的经济水平。① 尽管“入世”十多年来，中国经济取得了长足的进步，但人均 GDP 和经济社会发展综合指标依然不高，仍处于发展中国家行列。这就说明，坚持发展中国家立场，代表广大发展中国家的利益与意志，是中国参与知识产权国际规则制定的必然选择。

2. 树立世界大国的应有信心。当今中国已经在世界政治、经济、科技、文化、教育等方面居于重要地位，21 世纪的第二个十年，是中国从世界大国走向世界强国的关键发展期。中国在国际知识产权舞台上，必须树立大国形象，充分利用自己的谈判力量，维护自身合法利益，并为广大发展中国家谋求建立一个更为公平、合理的国际知识产权法律秩序。

3. 成为发展中国家的领导力量。在国际知识产权事务中，巴西、印度等国十分活跃，被视为发展中国家对抗发达国家知识产权“侵袭”的“排头兵”，无论是在《知识产权协定》的谈判中还是在《知识产权协定》理事会的后续会议上，上述发展中大国一直努力坚持自己的知识产权立场，极力表达知识产权制度改革的各种主张。在发展中大国中，中国的国际地位更高，国际影响力更大，应该作为发展中国家的领导力量，团结和联合发展中国家，在国际知识产权事务中发挥更大的作用。

4. 推动国际体制的适当转换。国际体制概念是国际关系学者于 1982 年提出的，其意指参与者预期集中于一个给定问题领域的原则、标准、规则和决策程序。② 在国际关系理论中，体制转换是在权力约束既定的情况下，国家和非

① 参见梁业倩、陆大生：《龙永图：以发展中国家加入世界贸易是中国的政治选择》，见 http：//news. sina. com. cn/c/293551. html，2012 年 11 月 3 日访问。

② See Stephen D. Krasner，Structural Cause and Regime Consequences：Regime as Intervening Variable，International organization，36（3），p. 186，1982.

国家参与者采用的使国际体制更精确地反映其利益而演化的策略，即通过条约协商、立法动议或标准制定等活动，从一个国际舞台转向另一个而改变现状的努力。可以说，体制转换为国家和非国家参与者提供了产生“反体制标准”的机会。[①] 体制转换在知识产权国际立法中屡见不鲜：20 世纪 50 年代的美国，通过体制转换在联合国教科文组织体制下制定《世界版权公约》而长期拒不加入世界知识产权组织所管辖的《伯尔尼公约》；80 年代以来，美国等发达国家将知识产权国际立法的重心，从世界知识产权组织转向关贸总协定而建立以《知识产权协定》为核心的新秩序；就现阶段而言，相对于世界贸易组织、世界知识产权组织等传统体制而言，包括中国在内的发展中国家，可以利用生物多样性、文化多样性、公共健康、国际人权和发展等多个国际论坛，创建具有道义优势的新体制，以推动知识产权国际保护制度的变革。

三、中国应对知识产权国际立法的主要举措

中国既是一个传统的发展中国家，也是一个新兴的工业化国家，在知识产权制度的国际化进程中应针对我国不同发展阶段制定不同的战略措施。就现阶段而言，既要考虑现实利益，又要具有超前眼光；既要遵循国际公约规定，保护外国高新技术，也要从本国立场出发，保护具有本土优势的知识产权资源。具言之，我国在知识产权制度的国际化方面应注意以下几个问题：

1. 国内规范与国际规范的接轨

通过缔结、修改有关国际公约，确立和规范各国知识产权保护的基本原则、最低要求和一般要求，是知识产权制度国际化的前提。自 1980 年正式加入《建立世界知识产权组织公约》以来，中国已陆续加入了多个知识产权国际保护公约（见下表）。

---

① See Laurence R. Helfer, “Regime Shifting: The TRIPs Agreement and New Dynamics of International Intellectual Property Lawmaking”, 29 Yale J. Int’ L. 10 - 17.

中国加入的主要知识产权国际公约

加入时间（年）	公约名称
1980	《建立世界知识产权组织公约》
1985	《保护工业产权巴黎公约》
1989	《商标国际注册马德里协定》、《集成电路知识产权条约》
1992	《保护文学和艺术作品伯尔尼公约》、《世界版权公约》
1993	《保护录音制品制作者防止未经许可复制其制品公约》、《保护表演者、录音制品制作者和广播组织公约》、《专利合作条约》
1994	《商标注册用商品与服务国际分类尼斯协定》
1995	《国际承认用于专利程序的微生物保存布达佩斯条约》
1996	《工业品外观设计国际分类协定》
1997	《国际专利分类斯特拉斯堡协定》
1999	《保护植物新品种国际条约》
2001	《与贸易有关的知识产权协定》
2007	《世界知识产权组织版权条约》、《世界知识产权组织表演与录音制品条约》
2012	《视听表演条约》

为了适应信息技术和通信技术的发展，保护互联网领域版权人的利益，2007 年 3 月 6 日，中国政府向世界知识产权组织正式递交关于《世界知识产权组织版权条约》（WCT）和《世界知识产权组织表演与录音制品条约》（WPPT）的加入书，这两个条约已于 2007 年 6 月 9 日在中国生效。2012 年 6 月 26 日，中国政府签署《视听表演条约》。上述情形表明我国对知识产权的保护迈入了更高标准阶段。

中国根据本国国情和国际发展趋势，并以相关国际公约为依据，制定和完善各项知识产权法律法规，至今已形成了适应自身发展需要且符合国际标准的保护知识产权法律体系。中国知识产权保护范围和保护水平基本符合国际公约的规定，在有些方面，我国知识产权保护水平甚至超过了国际公约的要求。

笔者认为，为了实现国内规范与国际规范的接轨，目前似应注重对知识产权国际公约中弹性条款和开放性条款的研究。例如，我们可以利用《与贸易有关的知识产权协定》第 8 条（有关公共健康问题和限制知识产权滥用）、第 27 条（有关成员在设定可专利性主题时可考虑“公序良俗”）、第 31 条（专利强制许可）、第 71 条（“与贸易有关的知识产权理事会”对知识产权协定的实施情况进行审查）等规定，以探求国内规范与国际规范的顺利对接和协调的可能性与具体方法。中国应当考虑本国的经济、科技与文化的发展水平，现阶段立法不应过于攀高，只要达到国际公约规定的最低保护水平即可，以最大限度地实现法律的本土化与国际化之间的协调。

2. 多元立法机构的参与和双边协定机制的应对

当前，由发达国家控制的世界贸易组织和世界知识产权组织在知识产权国际立法中继续发挥主导作用，两大国际组织分工合作，它们在当今乃至未来知识产权国际规则制定方面仍扮演着最重要的角色。作为这种主导体制的补充，其他诸多国际组织和国际立法机构也十分关注知识产权问题，由此产生了一个多元的立法机制，即知识产权国际立法的“两个中心，多种渠道，南北对弈，趋向平衡”的格局。这种格局能够多方面、多角度地反映各主权国家、各非国家实体、知识产权所有人以及社会大众在知识产权领域的不同立场、观点和利益诉求。中国应充分利用多元立法机制，谋求知识产权国际立法的话语权。

与此同时，中国应合理应对双边协定机制，防止知识产权的过高保护。进入后 TRIPs 时代以来，鉴于发展中国家在世界贸易组织等多边谈判机制中的联合自强和在多元立法领域中的共同努力，特别是在 2001 年 WTO 西雅图部长会议和 2003 年坎昆多边贸易会议中因发展中国家反对而导致谈判失败，故以美国和欧盟成员国为代表的发达国家开始通过双边机制，来寻求比《知识产权协定》标准更高、范围更广、效力更强的知识产权保护。这种双边机制主要针对发展中国家，同时也涉及其他发达国家。比如，美国与智利（2003 年）、新加坡（2003 年）、澳大利亚（2004 年）、中美洲 5 国（2004 年）、摩洛哥（2004 年）、巴林（2004 年）和韩国（2007 年）等国家签署了自由贸易协定；欧盟及其成员国亦与斯里兰卡（1995 年）、巴解组织（1997 年）、突尼斯（1998 年）、南非（1999 年）、墨西哥（2000 年）、约旦（2002 年）、叙利亚（2004 年）等国家缔结了双边条约。这些与知识产权有关的双边协定，或延长《知识产权协定》中的最低保护期、扩展知识产权保护的新领域、附加知识产权执法的新手段，或忽视公众健康、生物多样性和传统知识的法律保护，排斥公共利益原则和知识产权的限制与例外条款。面对发达国家主导的双边自由贸易协商机制，中国应警惕其所带来的知识产权风险，避免因双边协定不合理地提升我国知识产权的保护水平。

3. 国内机构同国际组织的交流

开展知识产权国际交流与合作的目的，首先在于推动知识产权国际保护制度的改革，改变目前南北国家知识产权利益失衡的局面；其次在于通过国际的人员培训、信息交换、协同行动等方式，使中国获得知识产权法制经验，促进知识产权事业健康发展。

我国非常注重与国际组织在知识产权领域的交流与合作，已经参与了世界贸易组织、世界知识产权组织、亚太经合组织等国际组织在知识产权领域的各项活动，并加强与其双向交流和合作；同时，还建立了“中欧知识产权对话机制”、“中美知识产权工作组”、“中日韩知识产权双边及三边对话与合作机制”，并与香港、澳门以及巴西、墨西哥、东盟等国家和地区开展了多种形式的保护知识产权交流与合作。2002 年国家知识产权局和世界知识产权组织在北京签署了《合作框架协议》。[①] 2008 年，我国还与世界知识产权组织联合举办了“2008 国际版权论坛”，与德国联合举办了“中德知识产权法研讨会”，与欧盟委员会联合举办了“中欧地理标志保护高层论坛”等活动。[②]

通过国际知识产权交流与合作，我国可以表明知识产权保护的决心和举措，妥善应对某些发达国家在知识产权保护方面日益突出的诉求；可以增加与国际社会在知识产权保护方面的互信与认同，使自己积极融入国际知识产权保护体制之中；此外，还可以借鉴国际知识产权保护和管理的经验，利用知识产权国际规则推动国内规范的发展与完善。

4. 国内人员对国际立法的参与

当代国际知识产权保护的游戏规则主要是由发达国家制定的，我们必须在积极参与和深入了解的基础上参与相关国际立法活动。当新中国知识产权立法启动之时，主要国际知识产权制度已经建立和完成。在一百多年的知识产权立法进程中，中国对知识产权国际立法的被动接受多于主动参与。

20 世纪 90 年代后，国际经济关系和环境发生了很大的变化。1990 年 11

---

① 参见中华人民共和国国家知识产权局：《2002 年中国知识产权保护状况》。

② 参见国家保护知识产权工作组办公室：《2008 年中国保护知识产权行动计划》。

月，在关税与贸易总协定（乌拉圭回合）多边贸易谈判中，达成了《知识产权协定》草案，它标志着保护知识产权的新的国际标准的形成。中国政府积极参与了这一谈判进程，并为推动该协定的达成作出了极大的努力。

进入新世纪初年，我国以更加积极的姿态参与到国际法规则的制定之中。在联合国教科文组织《文化多样性公约》的制定过程中，我国文化部、新闻出版总署、国家知识产权局等多部门组成"参与《文化多样性公约》制定领导小组"，积极参加《文化多样性公约》的谈判，取得了对我国较为有利的成果。此次谈判不但成功巩固了文化多样性的"主权原则"，还争取到了《文化多样性公约》与其他国际公约不相隶属的独立地位。通过我国参与谈判的努力，弱化或删去了《文化多样性公约》中与我国有关政策、法律规定不一致的条款。① 需要特别指出的是，世界知识产权组织主持制定的《视听表演条约》（又称《北京条约》）于 2012 年 6 月在北京举行的外交会议上通过。世界知识产权组织总干事弗朗西斯·高锐评价说，它是国际著作权立法的又一个里程碑，弥补了国际版权体制对试听表演者保护的空白，并体现了多边进程的合作性质。至此，国际版权体制对表演者的保护得以完整无缺。② 北京条约是以中国城市命名的第一个知识产权国际公约，是国际组织与中国以及其他成员国共同努力的结果。

目前，有关《知识产权协定》的修改、地理标志保护的国际谈判，在世界贸易组织的框架下仍在进行之中；同时，世界贸易组织也已启动有关知识产权的新一轮磋商，讨论将"生物多样化""传统知识"纳入知识产权范围的问题。我们应积极参与有关谈判和立法，使相关制度中能够增加有利于发展中国家的内容。

5. 国内制度创新与国际制度变革的互动

当代知识产权国际保护的变革，不仅凸显出现行制度的改革（如基因专利、数字版权、网络商标），而且面临着崭新制度的突破（如传统知识、遗传

---

① 主要是其中的"媒体多元化"等可能涉及资本结构多元化的条款。参见范帆、杨颖：《〈保护和促进文化表现形式多样性公约〉谈判通过始末》，载《中国出版》，2006（2）。

② See WIPO, WIPO Beijing Treaty on Audiovisual Performance is Concluded, http://www.wipo.int/pressroom/en/articles/2012/, 2012-06-28.

资源）。其中，传统知识、遗传资源等新型的财产权制度的出现，对国际知识产权制度的发展产生了重大的推动作用，使得发展中国家在知识产权资源的国际竞争中取得优势地位成为可能。

对传统资源保护的制度选择，既涉及一国自身利益的考量，又事关国际协调机制的运作。在国际领域，它不仅反映了一种新的利益格局的形成，同时也昭示着后 TRIPs 时代知识产权制度的发展走向。面对外来压力，我们应善于利用国际协调机制对抗发达国家超越协定标准、超出我国国情的知识产权强保护要求，发挥传统文化与资源大国的优势，争得国际规则制定的话语权，为保存与发展传统资源争取有利条件。① 在各种国际场合，中国与发展中国家应致力于制度创新，对传统资源采用与现行知识产权制度有别的保护机制，避开动摇知识产权制度根基的法律变动；同时，中国应争取世界大多数国家的理解和支持，在达成共识的基础上逐步建立起传统资源利用与保护的法律制度体系，使发展中国家具有优势的知识产权资源得到国际法律制度的有力保护。

我国现行知识产权法律基本符合国情并达到国际规则的要求，但也存在一些不完善的地方。我们应关注国际立法动态，立足本土现实需要，尽快修改商标法、著作权法、反不正当竞争法，出台商业秘密保护法等单行法；与此同时，在其他领域的立法保护方面亦应有所作为。例如，世界知识产权组织 2000 年拟定了《保护民间文学表现形式/民间传统文化的核心目标和原则》（草案），内容涉及保护传统文化的国家政策目标、具体知识产权模式的选择、非知识产权保护方式的可行性等。联合国教科文组织 2005 年通过的《文化多样性公约》，强调文化多样性是人类的一项基本特性，应该为了全人类的利益对其加以珍爱和维护；并从保护文化多样性的角度，将未受到现代知识产权保护的传统文化，作为一种文化活动、文化内容、文化产品和服务，纳入公约的调整范围。我国是世界文明古国，有着丰富多彩的传统文化资源，理应加快制定民间文学艺术保护条例等行政法规，在传统知识、非物质文化遗产等优势领域实现国内立法的综合保护。

---

① 参见吴汉东：《后 TRIPs 时代知识产权的制度变革与中国的应对方略》，载《法商研究》，2005（5）。

第二十八章

知识产权制度的国际变革与全球治理

自 21 世纪第二个十年以来，在逆全球化思潮泛滥之下，以世界贸易组织（WTO）为中心的多边体制和以《知识产权协定》（TRIPs）为中心的知识产权国际保护体制受到严重的挑战，国际贸易纠纷和知识产权冲突引发了国际社会的高度关注和沉重思考。面对国际形势的复杂变化和中国发展的内在需求，我们必须践行知识产权全球治理观、发展观和法治观，立足于构建以合作共赢为核心的新型国际关系，推动知识产权保护的国际秩序与全球治理体系朝着公正合理的方向发展。

一、知识产权国际法治规则的基本要求

知识产权保护是国际社会关注的焦点问题。国际经贸规则，包括国际贸易规则、国际投资规则和国际知识产权保护规则，构成了各国科技、文化和经济交往的法律秩序。以世界知识产权组织、世界贸易组织等国际组织为制度运行平台，知识产权领域形成了国际性法律规则和秩序。

在知识产权国际保护体系中，世界贸易组织及其《知识产权协定》发挥了主导作用。现代知识产权法律一体化格局有以下三个特点：首先是国际法律体系与国际贸易体制的一体化。知识产权保护是国际经贸体制的重要组成部分，

是在 WTO 框架下成为缔约方必须遵守的“贸易规则”。这就是说，任一缔约方在国际贸易体制内享有无差别的最惠国待遇，但同时需要承诺对知识产权提供充分、有效的保护，并保证知识产权执法措施与程度不至于变成合法贸易的障碍。[①] 以此为基础，继而实现法律保护标准在缔约方之间的一体化。根据国际公约的“最低保护标准原则”，各缔约方根据其本国法提供的知识产权保护不能低于该公约规定的最低标准。“最低保护标准”即“一致性标准”，涉及知识产权对象、取得、内容以至保护等基本规范，是各缔约方国内立法的准据规则。正是这一原则的普遍适用，导致知识产权法律一体化的格局形成，即在知识产权保护领域，国际法高于国内法、内国法同于内国法、国内法服从国际法。最后是国际保护制度从实体规则到程序规则的一体化。以往的国际公约主要规定知识产权国际保护实体内容，缺乏有约束力的执法措施和有效力的争端解决机制，以至于被称为“软法”[②]。TRIPs 协定强化了执法程序和保护措施，规定了司法复审、民事程序、损害赔偿、临时措施、边境措施等；同时，设计了磋商、斡旋、裁定、上诉、执行的纠纷调处程序，为知识产权保护“安上了 WTO 争端解决机制的牙齿”[③]。在 WTO 贸易体系及其执行机制和争端解决机制的约束之下，知识产权保护既是高水平的，也是高效率的，这即是知识产权法律一体化的实质要义。

从上述特点可以看出，以 WTO 为中心的多边体制蕴含着对各缔约方的基本要求：各缔约方在国际贸易体制内享有最惠国待遇，但需以保护知识产权为条件；缔约方保护知识产权的承诺，是以“最低保护标准”为准则的；缔约方之间的知识产权纠纷应诉请争端解决机制，不允许采取单边主义。

二、知识产权国际法治领域的重要变化

世界正处于大发展、大变革、大调整时期。国际法治领域发生了一系列重

① 参见《知识产权协定》序言。

② 古祖雪：《国际知识产权法》，62～63 页，北京，法律出版社，2002。

③ Tuan N Samahon, “TRIPs Copyright Dispute Settlement After the Transition and Moratorium: Nonviolation and Situation Complaints Against Developing Countries”, 31 Law & Pol' y Int' l Bus. 1055.

要变化，其中受影响最深、受冲击最烈的首推知识产权，表现出错综复杂且多极发展的基本态势。

1. 知识产权保护的国际秩序发生变化。在知识经济和全球化时代，国际政治秩序、国际经贸秩序、国际知识产权秩序是国际秩序的三大构成且相互影响。知识产权作为国际利益分配的一种重要机制，决定了一个国家的财富创造和积累。一些发达国家主张较 TRIPs 协定更高水平、更高效率的知识产权保护，建立有利于己的知识产权国际秩序，以维护其政治和经济的优势地位；包括中国在内的大多数国家则主张在接受 TRIPs 协定知识产权标准的基础上进行部分条款的修改和调整，以更为合理、更加公平为目标，建立一种适度的国际知识产权规则。在这里，知识产权保护的不同诉求，其对抗或是妥协都会导致国际秩序的重构。

2. 知识产权立法的国际机制发生变化。世界贸易组织和世界知识产权组织在知识产权立法中继续发挥主导作用。在主导机制之外，许多国际人权组织和国际立法机构正在并已经扮演着重要角色，因而出现一个多元的立法机制，包括国际人权组织、联合国经发组织、教科文组织、粮农组织、世界卫生组织等的立法活动，许多都与知识产权保护有关。这一多元立法机制，即是知识产权国际立法的“两个中心，多种渠道，南北对弈，趋向平衡”的格局。[①] 同样应该承认，这种格局是健康的、有益的，它能够多方面、多角度地反映各主权国家、各非国家实体、知识产权所有人以及社会大众在知识产权领域的不同立场、观点和利益诉求，防止国际知识产权制度进程偏袒某些发达国家及其知识产权所有人的利益，忽视知识产权保护对公权力、社会公共利益、国际人权等方面的消极影响。对于发展中国家而言，既要在世界贸易组织、世界知识产权组织这些主导机制中谋求话语权，也要在多元立法机制和场所中掌握主动权。

3. 知识产权争端的国际解决机制发生变化。世界贸易组织建立了一个有效的多边争端解决机制，具有“很高的统一性”和“一定程度的强制性”[②]。但自该组织成立以来，其缔约方已签署了 300 多个双边、多边自由贸易协定。

---

① 参见刘笋：《知识产权国际造法新趋势》，载《法学研究》，2006（3）。

② 曾令良：《世界贸易组织法》，166 页，武汉，武汉大学出版社，1996。

这些协定是对世界贸易组织规则的重要补充，同时也动摇了世界贸易组织规则的权威地位。其间所发生的知识产权争端，绝大多数是通过双边、多边自由贸易协定加以解决的。更为值得注意的是“单边主义”的复活，即通过单边制裁方法来处理双边知识产权冲突。例如，美国依据其国内法，启动“301 调查”和“特别 301 调查”（针对作为贸易对手的国家）、“377 调查”（针对进入美国市场的企业）、“恶名市场调查”（针对外国电商和实体市场）。这种“单边主义”老调在近年间高调重谈，是“逆全球化”的贸易保护主义做法，引起受制裁国家和整个国际社会的高度关注。

4. 知识产权力量的国际格局发生变化。国际力量对比发生深刻变化。随着新兴市场经济体的崛起和一大批发展中国家整体实力的增强，它们成为重构知识产权全球版图的重要力量。它们正在寻求将本国价值理念和国家战略融入既有的国际制度并作出有利于本国的新的制度安排。[①] 以中国、印度、巴西等为代表的新兴经济体，其科技、经济水平迅速提高，竞相以知识产权作为创新发展的基本方略，从而改变了知识产权国际秩序的动力结构。

知识产权国际法治领域的深刻变化告诉我们：知识产权制度的国际化是全球化的伴生物，它实现了知识产权保护规则的普遍适用性，也导致了制度风险的全球性。在知识产权国际领域，不同类型的国家表现出不同的权利诉求，从而产生国家立场对峙、主体组织对立、个体价值利益对抗等问题，保护主义、单边主义的做法给多边体制及其法律体系带来诸多威胁。在知识产权保护方面以国际规则为基准，在知识产权事务方面以合作为主题，在知识产权冲突方面以磋商为机制，这些是知识产权国际法治必须坚守的基本规则。

三、知识产权全球治理的中国选择

面对深刻复杂的世界局面，我们必须学习领会并贯彻落实习近平全球治理法治思想。其中，“构建人类命运共同体”“走和平发展道路”“构建以合作共赢为核心的新型国际关系”“推动国际秩序和全球治理体系朝着更加公正合理

---

① 参见吴志成、董柞壮：《国际制度转型与中国的应对》，载《当代世界》，2016（5）。

方向发展”等重要思想，不仅是中国对外交往和参与全球治理的先进理念指导，也是中国参与知识产权全球治理体系建构和应对知识产权国际制度变革的正确方向引领。在后 TRIPs 时代，我们不仅要遵守“TRIPs 标准”、实施 TRIPs 协定，也要站在参与知识产权全球治理的高度，重新认识知识产权法律一体化的格局变化，并进行相应的路径选择。

1. 维护“TRIPs 标准”与推动“体制转换”的一致立场。以 WTO 为主导的国际贸易体系和以 TRIPs 协定为中心的国际知识产权保护体制，在推进经济全球化和维护知识产权国际秩序方面发挥了重要作用。“TRIPs 标准”为知识产权法律一体化提供了最重要的基础。时至今天，新兴经济体已普遍接受“TRIPs 标准”，不仅将这一标准作为国内立法的根据，而且将其作为参与区域和双边知识产权合作的基准。与此同时，新兴经济体还推动“国际体制适当转换”。如前所述，在国际关系理论中，“体制转换”是在权利约束既定的情况下，国家和非国家参与者采用的使国际体制更精确地反映其利益而演化的策略，即通过条约协商、立法动议、规则制定等活动，从一个国际舞台转向另一个而改变现状的努力，“体制转换”在知识产权国际秩序建构中屡见不鲜。就现阶段而言，相对于 WTO、WIPO 等传统体制而言，包括中国在内的发展中国家，可以利用生物多样性、文化多样性、公共健康、国际人权和发展等多个国际论坛来创建具有道义优势的新体制，以推动知识产权国际保护制度的变革；此外，也可以通过区域和双边自由贸易协定的知识产权条款设计，克服“TRIPs 标准”的制度局限，解决对高新兴技术客体的保护和对传统知识、遗传资源的保护等问题。无论是在世界贸易组织框架，还是在“体制转换”的区域或双边场合，中国都应从构建“人类命运共同体”的基本理念出发，致力于“建立平等相待、互商互谅的伙伴关系”，“营造公道正义、共建共享的安全格局”，“谋求开放创新、包容互惠的发展前景”，“促进和而不同、兼收并蓄的文明交流”[①]。这就是说，反对制度强加、规则主导的霸权行为，共商共建共享知识产权国际保护体系。

---

① 习近平：《携手构建合作共赢新伙伴 同心打造人类命运共同体——在第七十届联合国大会一般性辩论时的讲话》，载《人民日报》，2015-09-29，2 版。

2. 发展中大国与知识产权大国的共同角色。我国是一个发展中大国，在中国加入 WTO 的谈判过程中，国际社会曾就中国究竟是发展中国家还是发达国家的地位问题存有争议。中国以发展中国家身份加入 WTO，既是中国的正确政治选择，也反映了中国当时的经济水平。尽管“入世”近 20 年来，中国经济取得了长足的进步，在世界创新体系中占有重要位置，但人均收入和经济社会发展综合指标依然不高，总体仍处于发展中国家行列。这就说明，坚持发展中国家立场，反映广大发展中国家的利益与意志，是中国参与知识产权全球治理的基本角色定位。同时，我国也是一个发展中新兴大国，在世界政治、经济、科技、文化、教育等方面居于重要地位，成为名副其实的知识产权大国。“负责任大国”的外交政策，正在由“韬光养晦、有所作为”转向“奋发有为”“积极有为”。在知识产权外交方面，我国应秉持合作、避免对抗的原则，与美欧发达国家“求同存异”，与新兴经济体“合作共赢”，对欠发达国家“普惠包容”。在知识产权保护领域，我国应从国际规则的遵循者、跟随者转变为参与者、建设者、维护者，其重大的举措包括：推动知识产权全球治理体系改革，扩大发展中国家在国际事务中的代表性和发言权；在知识产权国际规则制定中，更多提出中国方案、贡献中国智慧；促进南北对话和南南合作，妥善解决知识产权国际争端。

3. 中国 FTZ 与国际 FTA、WTO/WIPO 的互动机制。在后 TRIPs 时代，WTO 和 WIPO 提供了多边主义的合作平台，TRIPs 协定与其他知识产权国际公约统领着各缔约方关于知识产权保护的最低标准。作为区域和双边自由贸易协定，也将知识产权条款作为其重点议题，因此，知识产权法律一体化格局呈现出一个在双边、区域主义和多边主义之间循环往复的动态过程。在这种情况下，我国参与知识产权全球治理已经形成了一种互动性、关联性的运作机制，即国内自由贸易区（FTZ）→国际自由贸易区（FTA）→世界贸易组织（WTO）、世界知识产权组织（WIPO）的立体网络。其中，FTZ 是联结知识产权国内制度与国际制度的试验园区和重要纽带。自由贸易试验区旨在先行先试，主动与国际贸易规则接轨，实行准入前国民待遇和负面清单，以营造国际化、市场化、法治化的营商环境。FTA 是我国实现知识产权政策主张、法律方案的谈判场所和重要平台。双边和区域机制以合作共赢为主题，通过国际对话机制，推动知识产权国际保护的制度创新。WTO、WIPO 的多边机制是我国参与知识产权全球治理和应对知识产权国际事务的最终舞台和权威机构。经济学家普遍认为，多边贸易体制优于双边或区域自由贸易协定。[①] 对于知识产权制度而言亦是如此，WTO、WIPO 认定的知识产权保护标准才具有全球范围的普遍适用性。中国适用和参与的上述机制并不是相互孤立的，而是有着相当的关联性，它们是一种互动机制，共同服务于我国参与知识产权全球治理的总体战略。

结　语

知识产权国际保护制度已有一百多年历史，经历了“巴黎联盟与伯尔尼联盟时期”、“世界知识产权组织时期”与“世界贸易组织时期”。它是国际经济贸易关系不断发展的产物，也是知识产权制度自身变革的结果。知识产权国际保护制度的原则，具有直接适用性和普遍适用性，主要是国民待遇原则、最低保护标准原则、公共利益原则。世界知识产权组织作为负责知识产权国际保护的政府间组织，管理巴黎联盟、伯尔尼联盟、马德里联盟、专利合作联盟等国际组织，并通过其国际局管理《巴黎公约》《伯尔尼公约》等近三十个国际公约。世界贸易组织框架下的《知识产权协定》，与《货物贸易协定》《服务贸易协定》共同构成该组织的三大主体制度，也是当代最重要的国际知识产权公约。《知识产权协定》将知识产权保护与国际贸易体制紧密结合，构建了新的知识产权体系，提升了知识产权保护水平，对各国知识产权立法产生了深远影响。现今，国际知识产权制度与国际人权制度产生冲突，也与其他国际知识产权公约存有分歧，必须进行新的改革与不断完善。此外，在知识产权国际论坛上，诸如传统知识、遗传资源、地理标志保护问题的争议，促进了国际知识产权领域中新的利益格局的形成，从而引发了知识产权国际保护制度的创新与发展。1992 年签署的《生物多样性公约》和 2005 年通过的《文化多样性公约》，是国际社会努力完善、改革当代知识产权国际保护制度的重要举措。面对国际

① 参见世界银行：《全球经济展望》（2005），125 页，北京，中国财政经济出版社，2005。

形势的复杂变化，我们必须从构建“人类命运共同体”的目标出发，共商共建共享全球知识产权治理体系。在知识产权制度国际化的进程中，中国应坚持发展中国家立场，从国际、国内两个层面进行应对，既团结发展中国家推动国际体制适当转换和国际知识产权制度改革，同时立足本土现实需要，完善相关国内立法，提高知识产权保护水平。

主要参考文献

1. ［奥］曼弗雷德·诺瓦克．民权公约评注．毕小青等译．北京：三联书店，2003

2. ［澳］彼得·达沃豪斯，约翰·布雷斯韦特．信息封建主义．刘雪涛译．北京：知识产权出版社，2005

3. ［德］阿道夫·迪茨．欧洲共同版权是幻想吗．法学译丛，1986（4）

4. ［德］迪特尔·梅迪库斯．德国民法总论．北京：法律出版社，2000

5. ［德］黑格尔．法哲学原理．范扬，张企泰译．北京：商务印书馆，1961

6. ［德］卡尔·拉伦茨．德国民法通论．王晓晔等译．北京：法律出版社，2003

7. ［德］康德．法的形而上学原理——权利的科学．沈叔平译．林荣远校．北京：商务印书馆，1991

8. ［德］马克斯·韦伯．新教伦理与资本主义精神．于晓，陈维纲等译．北京：三联书店，1987

9. ［德］米·科斯特．私法自治及其限制．见：中德经济法研究所年刊．南京：南京大学出版社，1994

10. ［德］乌尔里希·贝克．“9·11”事件后全球风险社会．王武龙编

译．马克思主义与现实，2004（2）

11. ［德］乌尔里希·贝克．从工业社会到风险社会——关于人类生存、社会结构和生态启蒙等问题的思考（上篇）．王武龙编译．马克思主义与现实，2003（3）

12. ［德］乌尔里希·贝克．风险社会．何博闻译．南京：译林出版社，2004

13. ［德］乌尔里希·贝克．世界风险社会．吴英姿译．南京：南京大学出版社，2004

14. ［法］卢梭．社会契约论．何兆武译．北京：商务印书馆，1980

15. ［法］孟德斯鸠．论法的精神（上册）．张雁深译．北京：商务印书馆，1982

16. ［法］茹利欧·莫兰杰尔．法国民法教程．见：外国民法资料选编．北京：法律出版社，1983

17. ［法］萨伊．政治经济学概论．陈福生等译．北京：商务印书馆，1963

18. ［荷兰］亚瑟·S·哈特坎普．荷兰民法典的修订：1947—1992．外国法译评，1998（1）

19. ［美］道格拉斯·诺思，罗伯斯·托马斯．西方世界的兴起．厉以平，蔡磊译，北京：华夏出版社，1999

20. ［美］E. W. 鲍曼，L. 克拉克·汉密尔顿．现代版权概念和版权制度的比较分析．外国法学研究，1998（3）

21. ［美］E. 博登海默．法理学：法律哲学与法律方法．邓正来译．北京：中国政法大学出版社，2004

22. ［美］R. H. 科斯等．财产权利与制度变迁：产权学派与新制度学派译文集．陈剑波等译．上海：上海三联出版社，1994

23. ［美］奥德丽·R·查普曼．将知识产权视为人权：与第 15 条第 1 款第 3 项有关的义务．版权公报，2001（3）

24. ［美］波斯纳．法律之经济分析．台北："商务印书馆"，1987

25. ［美］弗兰克·费希尔．公共政策评估．北京：中国人民大学出版

社，2003

26. ［美］格雷．论财产权的解体．经济社会体制比较，1994（5）

27. ［美］哈罗德·J·伯尔曼．法律与革命．北京：中国政法大学出版社，1993

28. ［美］吉利思·达维斯．权利集体管理中的公共利益．版权参考资料，1990（2）

29. ［美］康芒斯．制度经济学．北京：商务印书馆，1962

30. ［美］肯尼斯·万德威尔德．19世纪的新财产：现代财产权概念的发展．社会经济体制比较研究，1995（1）

31. ［美］劳伦斯·弗里德曼．法律制度．李琼英等译．北京：中国政法大学出版社，1994

32. ［美］罗伯特·考特，托马斯·尤伦．法和经济学．张军等译．上海：上海三联书店，上海人民出版社，1994

33. ［美］罗伯特·默顿．社会研究和社会政策．林蒙仁译．北京：三联书店，2011

34. ［美］罗尔斯．正义论．何怀宏，何包钢，廖申白译．北京：中国社会科学出版社，1998

35. ［美］罗纳德·波斯顿．美国财产法的当前发展趋势．外国法译评，1994（3）

36. ［美］罗纳德·科斯．社会成本问题．见：财产权利与制度变迁．上海：上海三联书店，1994

37. ［美］迈克尔·D·贝勒斯．法律的原则——一个规范的分析．北京：中国大百科全书出版社，1996

38. ［美］曼纽尔·卡斯特．网络社会的崛起．夏铸九等译．北京：社会科学文献出版社，2003

39. ［美］米勒．戴维斯．知识产权法概要．周林等译．北京：中国社会科学出版社，1997

40. ［日］阿部浩二．各国著作权法的异同及其原因．法学译丛，1992（1）

41. ［日］北川善太郎．技术革新与知识产权法制．国家科委政策法规与体制司译．1998

42. ［日］丹宗昭信等编．现代经济法入门．谢次昌译．北京：群众出版社，1985

43. ［日］富田彻男．市场竞争中的知识产权．廖正衡等译．北京：商务印书馆，2000

44. ［日］吉藤幸朔．专利法概论．宋永林，魏启学译．北京：专利文献出版社，1990

45. ［日］满田重昭．知识财产法．东京：青林书院，1997

46. ［日］胜本正晃．权利的合理使用．独协法学，1977（10）

47. ［日］我妻荣．物权法．东京：岩波书店，1995

48. ［日］我妻荣．债权在近代法中的优越地位．北京：中国政法大学出版社，1999

49. ［日］小岛庸和．无形财产权．东京：创文社，1998

50. ［日］星野英一．私法中的人——以民法财产法为中心．见：梁慧星主编．民商法论丛．第8卷．北京：法律出版社，1997

51. ［日］中山信弘．多媒体与著作权（一）．电子知识产权，1997（5）

52. ［斯里兰卡］C. G. 威拉曼德里主编．人权与科学技术发展．北京：知识出版社，1997

53. ［苏］В. Л. 格里巴诺夫等主编．苏联民法（上）．北京：法律出版社，1984

54. ［苏］Е. А. 鲍加特赫等．资本主义国家和发展中国家的专利法．见：国外专利法介绍．第1册．北京：知识出版社，1980

55. ［苏］Т. М. 尚巴．法律秩序与民主．常玢等译．法学译丛，1987（4）

56. ［意］彼德罗·彭梵得．罗马法教科书．黄风译．北京：中国政法大学出版社，1992

57. ［英］斯科特·拉什．风险社会与风险文化．马克思主义与现实，2002（4）

58. ［英］F. H. 劳森，B. 拉登．财产法．北京：中国大百科全书出版社，1998

59. ［英］安东尼·吉登斯，克里斯多弗·皮尔森．现代性——吉登斯语谈录．尹宏毅译．北京：新华出版社，2001

60. ［英］安东尼·吉登斯．第三条道路及其批评．北京：中共中央党校出版社，2002

61. ［英］安东尼·吉登斯．失控的世界：全球化如何重塑我们的生活．周红云译．南昌：江西人民出版社，2000

62. ［英］冯·哈耶克．个人主义与经济秩序．邓正来译．北京：三联书店，2003

63. ［英］冯·哈耶克．哈耶克文集．邓正来译．北京：首都经济贸易大学出版社，2001

64. ［英］洛克．政府论（下篇）．叶企芳等译．北京：商务印书馆，1964

65. ［英］梅因．古代法．沈景一译．北京：商务印书馆，1959

66. ［英］斯科特·拉什．经济全球化时代的风险文化与风险社会．见：薛晓源等主编．全球化与风险社会．北京：社会科学文献出版社，2005

67. ［英］亚当·斯密．国民财富的性质和原因的研究（上册）．郭大力译．北京：商务印书馆，1972

68. ［英］约翰·亚格纽．竞争法．徐海等译．南京：南京大学出版社，1992

69. ［英］安东尼·吉登斯，斯科特·拉什．自反性现代化．赵文书译．北京：商务印书馆，2001

70. 蔡吉祥．无形资产．深圳：海天出版社，1996

71. 曹建明等．世界贸易组织．北京：法律出版社，1999

72. 曹士兵．反垄断法研究．北京：法律出版社，1996

73. 曹新民．试论“均衡原理”对著作权法律制度的作用．著作权，1996（2）

74. 曹新明．试析国际著作权公约中的国民待遇原则．法商研究，1995（1）

75. 曾陈名汝．专利商标法选论．台北：自版，1977

76. 曾令良．世界贸易组织法．武汉：武汉大学出版社，1996

77. 曾世雄．民法总则之现在与未来．台北：三民书局，1983

78. 曾世雄．损害赔偿法原理．台北：三民书局，1996

79. 陈朝璧．罗马法原理（上册）．北京：商务印书馆，1936

80. 陈传夫．论知识产权制度的政府策略．科技与法律，2000（1）

81. 陈传夫．高新技术与知识产权法．武汉：武汉大学出版社，2000

82. 陈谊，汪天亮．试论知识产权法的价值定位——创新．行政与法，2004（9）

83. 陈允，应时．罗马法．北京：商务印书馆，1931

84. 陈志刚．马克思的工具理性批判思想．科学技术与辩证法，2001（6）

85. 成伯清．“风险社会”视角下的社会问题．南京大学学报（哲学社会科学版），2007（2）

86. 邓正来．哈耶克方法论个人主义的研究．见：［英］冯·哈耶克．个人主义与经济秩序．邓正来译．北京：三联书店，2003

87. 董安生．民事法律行为．北京：中国人民大学出版社，1994

88. 董炳和．地理标志知识产权制度研究．中南财经政法大学 2004 年博士学位论文

89. 董炳和．论形象权．法律科学，1998（4）

90. 董炳和．数据库法律保护在中国——兼评中国法院审理的两起涉及数据库的案件．见：郑成思主编．知识产权研究．第 8 卷．北京：中国方正出版社，1999

91. 董开军．所有权转换现象研究．法律科学，1991（1）

92. 杜钢建．论表现自由的保障原则．中外法学，1995（2）

93. 杜颖．论商品化权．见：梁慧星主编．民商法论丛．第 13 卷．北京：法律出版社，2000

94. 段瑞林．知识产权法概论．北京：光明日报出版社，1988

95. 范帆，杨颖．《保护和促进文化表现形式多样性公约》谈判通过始末．中国出版，2006（2）

96. 方彬彬．产地标记之保护．台北：三民书局，1995

97. 方兴东主译．微软罪状——美国法院政府诉微软一案事实认定．北京：中国友谊出版公司，2000

98. 冯晓青．知识产权法基础理论若干问题研究．湘江法律评论，2001（4）

99. 冯晓青．著作权法中的公共领域理论．湘潭大学学报（哲学社会科学版），2006（1）

100. 冯晓青．知识产权利益衡平理论．北京：中国政法大学出版社，2006

101. 付静坤．法律移植与法律文化——以民法修订为中心．深圳大学学报（人文社会科学版），2003（6）

102. 傅谨．《文化多样性公约》与中国的国家立场．博览群书，2004（10）

103. 高富平．寻求数字时代的版权法生存法则．知识产权，2011（2）

104. 高建伟等．论基因的专利法律保护．政法论坛，2000（4）

105. 高明亮．论比较法学中的价值理性．比较法研究，2006（5）

106. 高胜．正义是社会制度的首要价值．中国对外贸易，2002（4）

107. 公丕祥．法制现代化的概念架构．法律科学，1998（4）

108. 公丕祥．全球化与中国法制现代化．法学研究，2000（6）

109. 古祖雪．国际知识产权法．北京：法律出版社，2002

110. 关令华．精神损害的认定与赔偿．北京：人民法院出版社，1996

111. 郭德忠．专利许可的反垄断规制．北京：知识产权出版社，2007

112. 郭庆存．知识产权的属性、范围及有关问题的哲学思考．北大知识产权评论．第1卷．北京：经济出版社，2002

113. 国家工商行政管理总局商标局等编．外国商标法．北京：中国社会科学出版社，1984

114. 韩立余．反垄断法规范知识产权滥用的特点和局限——以欧美微软案为视角．暨南学报（哲学社会科学版），2007（2）

115. 何孝元．工业所有权之研究．台北：三民书局，1997

116. 洪峰．法的世界化与本土化之争及其超越．福建法学，2005（1）

117. 侯霞．网络环境中新型不正当竞争行为的法律规制．安徽工业大学学报（社会科学版），2010（1）

118. 胡惠林．文化产业学．北京：高等教育出版社，2006

119. 胡锦光，韩大元．当代人权保障制度．北京：中国政法大学出版社，1993

120. 黄勤南主编．新编知识产权法教程．北京：中国政法大学出版社，1995

121. 黄文艺．多元法律文化互动的多元透视．吉林大学社会科学学报，2001（1）

122. 黄亚钧等．知识经济论．太原：山西经济出版社，1998

123. 季卫东．中国法文化的蜕变与内在矛盾．见：李楯主编．法律社会学．北京：中国政法大学出版社，1999

124. 贾春增主编．外国社会学史．北京：中国人民大学出版社，2000

125. 江平．罗马法精神与当代中国立法．中国法学，1995（1）

126. 江平主编．民法学．北京：中国政法大学出版社，2002

127. 蒋言斌，蒋美仕．论知识产权的权利体系．知识产权，1997（4）

128. 蒋志培．TRIPs 肯定的知识产权侵权赔偿的归责原则和赔偿原则．法律适用（国家法官学院学报），2000（10）

129. ［美］杰力恩·达维斯．权利集体管理中的公共利益．冯晓东译．版权参考资料，1990（2）

130. 金渝林．论“同一作品的两种不同表现形式”．见：中国版权研究会学术年会论文选编．西安：西北大学出版社，1993

131. 靳宝兰等主编．民事法律制度比较研究．北京：中国人民公安大学出版社，2001

132. 孔祥俊．WTO 知识产权协定及其国内适用．北京：法律出版社，2002

133. 孔祥俊．反垄断法原理．北京：中国法制出版社，2001

134. 冷福海．市场信息资源与市场信息行为．北京：北京图书馆出版社，2000

135. 黎德扬等主编．科学技术的进化．武汉：湖北教育出版社，1990

136. 李发耀．多维视野下的传统知识保护机制实证研究（自序）．北京：知识产权出版社，2008

137. 李京文．迎接知识经济新时代．上海：上海远东出版社，1999

138. 李开国．民法基本问题研究．北京：法律出版社，1997

139. 李龙主编．良法论．武汉：武汉大学出版社，2001

140. 李明德．美国反不正当竞争法研究．北京：中国方正出版社，2003

141. 李明德．美国知识产权法．北京：法律出版社，2003

142. 李声炜．中国传统法律文化现代化转型若干动因考察．见：张文显主编．法学理论前言论坛．第2卷．北京：科学出版社，2003

143. 李双元等．中国国际私法．北京：海洋出版社，1991

144. 李顺德．试论反不正当竞争法的客体和法律属性．知识产权研究．第8卷．北京：中国方正出版社，1999

145. 李锡鹤．民法哲学论稿．上海：复旦大学出版社，2000

146. 李小伟．知识产权国际保护体制的变化及其影响．信报：财经月刊，1996（3）

147. 李泽锐．国际人权法论．见：人权论集．北京：首都师范大学出版社，1992

148. 联合国教科文组织，世界文化与发展委员会．文化多样性与人类全面发展．广州：广东人民出版社，2006

149. 联合国教科文组织编．版权基本知识．北京：中国对外翻译出版公司，1984

150. 梁慧星．从近代民法到现代民法．中外法学，1997（2）

151. 梁慧星．民法总论．北京：法律出版社，1996

152. 梁上上．论商誉和商誉权．法学研究，1993（5）

153. 梁治平．中国法的过去、现在与未来．见：李楯编．法律社会学．北京：中国政法大学出版社，1999

154. 梁治平编．法律的文化解释．北京：三联书店，1994

155. 林炳辉．知识产权制度在国家创新体系中的地位和作用．知识产权，2001（3）

156. 林拓主编．世界文化产业发展前沿报告（2003—2004）．北京：社会科学文献出版社，2004

157. 刘波林等．侵害著作权的过错责任．著作权，1996（4）

158. 刘春田，刘波林．著作权的若干理论问题．法律学习与研究，1987（2）

159. 刘春田主编．知识产权法．北京：高等教育出版社，2000

160. 刘春田主编．知识产权法教程．北京：中国人民大学出版社，1995

161. 刘冬雪．文化全球化与文化多样性．社会科学季刊，2003（1）

162. 刘海霞等．开放存取研究进度述评．图书与情报，2006（1）

163. 刘华，周莹．我国知识产权建设的层次与目标．知识产权，2006（3）

164. 刘华等．我国公民知识产权意识调查报告．见：吴汉东主编．中国知识产权蓝皮书．北京：北京大学出版社，2007

165. 刘华．知识产权制度的理性与绩效分析．北京：中国社会科学出版社，2004

166. 刘家瑞等．知识产权地域性冲突法评述．中央政法管理干部学院学报，1998（6）

167. 刘剑文主编．现代中国知识产权法．北京：中国政法大学出版社，1993

168. 刘江彬．资讯法论．台北：三民书局，1989

169. 刘杰．秩序重构：经济全球化时代的国际机制．北京：高等教育出版社，1999

170. 刘茂林．知识产权法的经济分析．北京：法律出版社，1996

171. 刘铁光．风险社会中技术规制基础的范式转换．现代法学，2011（4）

172. 刘挺．网络社会的法律控制．宁夏大学学报（人文社会科学版），2008（5）

173. 刘文华主编．WTO与中国知识产权制度的冲突与规避．北京：中国城市出版社，2001

174. 刘星．重新理解法律移植．中国社会科学，2004（5）

175. 刘友华．专利制度的未来模式：替代、革新抑或全球化．华南师范大学学报（社会科学版），2011（4）

176. 刘作翔．法律文化理论．北京：商务印书馆，1999

177. 龙文．论传统知识财产权利的实现形式．见：专利法研究（2004）．北京：知识产权出版社，2005

178. 卢海君．版权客体论．北京：知识产权出版社，2011

179. 罗文正，古祖雪．试析国际知识产权法的基本原则．湖南社会科学，2002（4）

180. 吕来明．从归属到利用．法学研究，1991（6）

181. 吕世伦．黑格尔法律思想研究．北京：中国人民公安大学出版社，1989

182. 吕忠梅等．经济法的法学与经济学分析．北京：中国检察出版社，1998

183. 马文耀主编．知识产权法评述和展望．北京：专利文献出版社，1997

184. 马晓莉．地理标志立法模式之比较分析——兼论我国地理标志的立法模式．研究与探讨，2003（1）

185. 梅雪芹．关于约翰·洛克“财产”概念的一点看法．世界历史，1994（6）

186. 梅永红．自主创新与国家利益．求是，2006（10）

187. 孟奇勋，李昌钰．知识产权文化建设探讨．知识产权，2006（3）

188. 孟祥娟．论版权侵权的构成．著作权，2000（6）

189. 米良译．越南民法典．昆明：云南大学出版社，1998

190. 聂卫东．商业名称的法律保护．法律科学，1999（3）

191. 宁立志等．美国反托拉斯法中的专利权行使．法学评论，2005（5）

192. 潘大松．中国近代以来法律文化发展考察．见：李楯编．法律社会学．北京：中国政法大学出版社，1999

193. 彭万林主编．民法学．北京：中国政法大学出版社，1994

194. 丕之，汝信．黑格尔范畴论批判．上海：上海人民出版社，1961

195. 钱俊生主编．自主创新与建设创新型国家．北京：中央党史出版社，2006

196. 钱明星．物权法原理．北京：北京大学出版社，1994

197. 乔克裕，黎晓平．法律价值论．北京：中国政法大学出版，1991

198. 丘汉平．罗马法．上海：上海会文堂新记书局，1935

299. 屈茂辉．中国民法典的基本理念．求索，2002（5）

200. 曲三强．传统财产理论与知识产权观念．见：知识产权研究．西安：西安交通大学出版社，2002

201. 曲相霏．人权主体论．见：徐显明主编．人权研究．第1卷．济南：山东人民出版社，2001

202. 阮方民．欧盟竞争法．北京：中国政法大学出版社，1998

203. 王先林．知识产权与反垄断法——知识产权滥用的反垄断问题研究．北京：法律出版社，2001

204. 阮方民．欧盟竞争法．北京：中国政法大学出版社，1998

205. 邵建东编．竞争法教程．北京：知识产权出版社，2004

206. 沈文庆．科技发展与知识产权．中国科学基金，2005（3）

207. 沈宗灵．法·正义·利益．中外法学，1993（5）

208. 史尚宽．民法总论．台北：正大印书馆，1980

209. 世界知识产权组织编．知识产权纵横谈．北京：世界知识出版社，1992

210. 世界知识产权组织秘书处．关于遗传资源和传统知识有关公开要求问题．见：国家知识产权局专利法研究所编．专利法研究（2004）．北京：知识产权出版社，2004

211. 宋红松．传统知识与知识产权．电子知识产权，2003（3）

212. 宋慧献等．冲突与平衡：知识产权的人权视野．知识产权，2004（2）

213. 宋元放等．中国出版史．北京：中国书籍出版社，1991

214. 宋志国．我国知识产权法律移植中的递减效应原因探析．政治与法律，2006（5）

215. 孙法泊．论生物技术国际知识产权保护．政法论丛，2007（6）

216. 孙国华．论法律上的利益选择．法律科学，1995（4）

217. 孙国华．论法与利益之关系．中国法学，1994（4）

218. 孙皓琛．WTO与WIPO：TRIPs协议框架中的冲突性因素与合作契机之探讨．比较法研究，2002（2）

219. 孙宪忠．德国当代物权法．北京：法律出版社，1997

220. 孙颖．论反不正当竞争法对知识产权的保护．政法论坛，2004（6）

221. 汤宗舜．知识产权的国际保护．北京：人民法院出版社，1999
222. 汤宗舜．专利法教程．北京：法律出版社，1996
223. 唐广良．遗传资源、传统知识及民间文学艺术表达国际保护概述．见：知识产权文丛．第 8 卷．北京：中国方正出版社，2002
224. 唐青阳．知识产权国际保护的理论与实践．重庆：西南师范大学出版社，1998
225. 唐要家．研发创新中的知识产权与反垄断．科学管理研究，2006（9）
226. 陶鑫良，袁真富．知识产权总论．北京：知识产权出版社，2005
227. 陶鑫良．网络时代知识产权保护的利益平衡思考．知识产权，1999（6）
228. 佟柔主编．民法总则．北京：中国人民公安大学出版社，1990
229. 万鄂湘主编．国际知识产权法．武汉：湖北人民出版社，2001
230. 汪丁丁．制度分析基础讲义Ⅱ．上海：上海人民出版社，2005
231. 王家福主编．民法债权．北京：法律出版社，1991
232. 江平主编．民法学．北京：中国政法大学出版社，2000
233. 王立君．法律移植的界定．法学论坛，2004（2）
234. 王利明编．侵权行为法．北京：法律出版社，1996
235. 王利明等主编．人格权与新闻侵权．北京：中国方正出版社，1995
236. 王利明主编．民法·侵权行为法．北京：中国人民大学出版社，1993
237. 王利明．民商法研究．第 3 辑．北京：法律出版社，1999
238. 王利明．物权法论．北京：中国政法大学出版社，1998
239. 王娜加．论侵害商誉权及其法律救济．内蒙古师大学报，1999（1）
240. 王曙光．知识产权人拒绝交易的反垄断法分析．北京工商大学学报（社会科学版），2007（1）
241. 王太平．知识产权制度的未来．法学研究，2011（3）
242. 王先林．日本关于知识产权滥用的反垄断控制及其借鉴意义．知识产权，2002（2）
243. 王先林等．反垄断执法与知识产权保护之间的平衡．知识产权，2007（6）

244. 王先林．竞争法学．北京：中国人民大学出版社，2009

245. 王先林．知识产权与反垄断法——知识产权滥用的反垄断问题研究．北京：法律出版社，2001

246. 王晓晔．知识产权滥用行为的反垄断法规制．法学，2004（3）

247. 王晓晔．欧共体竞争法．北京：中国法制出版社，2001

248. 王学忠．技术社会风险的法律控制．科技与法律，2008（4）

249. 王源扩．浅论与知识产权有关的反竞争行为及其法律控制．政法论坛，1996（4）

250. 王泽鉴．民法学说与判例研究（2）．北京：中国政法大学出版社，1997

251. 王泽鉴．民法学说与判例研究（5）．北京：中国政法大学出版社，1998

252. 王哲．西方政治法律学说史．北京：北京大学出版社，1998

253. 韦之．论不正当竞争法与知识产权法的关系．北京大学学报（哲学社会科学版），1999（6）

254. 魏振瀛主编．民法．北京：北京大学出版社，2000

255. 文希凯．制止不正当竞争与工业产权．知识产权，1991（3）

256. 郑成思．关贸总协定与知识产权．中国法学，1993（3）

257. 吴峰．知识产权、人权、发展．上海理工大学学报（社会科学版），2005（3）

258. 吴汉东，王毅．中国传统文化与著作权制度略论．法学研究，1994（1）

259. 吴汉东，闵锋编．知识产权法概论．北京：中国政法大学出版社，1987

260. 吴汉东．财产的非物质化革命与革命的非物质财产法．中国社会科学，2003（4）

261. 吴汉东．知识产权的多元属性及研究范式．中国社会科学，2011（5）

262. 吴汉东．知识产权的制度风险与法律控制．法学研究，2012（4）

263. 吴汉东．科技、经济、法律协调机制中的知识产权法．法学研究，2001（6）

264. 吴汉东．论财产权体系．中国法学，2005（2）
265. 吴汉东．论商誉权．中国法学，2001（3）
266. 吴汉东．论网络服务提供者的著作权侵权责任．中国法学，2011（2）
267. 吴汉东．论信用权．法学，2001（1）
268. 吴汉东．无形财产权的若干理论问题．法学研究，1997（4）
269. 吴汉东．无形财产权制度研究．北京：法律出版社，2001
270. 吴汉东．知识产权保护论．法学研究，2000（1）
271. 吴汉东．知识产权国际保护制度的变革与发展．法学研究，2005（3）
272. 吴汉东．知识产权立法体例与民法典编纂．中国法学，2003（1）
273. 吴汉东等．知识产权法概论．北京：中国政法大学出版社，1987
274. 吴汉东等．西方诸国著作权制度研究．北京：中国政法大学出版社，1998
275. 吴汉东等．走向知识经济时代的知识产权法．北京：法律出版社，2002
276. 吴汉东主编．工业产权法的理论与实践．北京：中国政法大学出版社，1989
277. 吴汉东主编．知识产权法学．北京：北京大学出版社，2000
278. 吴汉东主编．知识产权国际保护制度研究．北京：知识产权出版社，2007
279. 吴鸣．公共政策的经济学分析．长沙：湖南人民出版社，2004
280. 伍启元．公共政策（上册）．台北："商务印书馆"，1985
281. 夏淑华．商标法要论．北京：中国政法大学出版社，1989
282. 夏旭东等主编．世界人权纵横．北京：时事出版社，1993
283. 肖庆．"风险社会"理论视角下的国家文化安全问题．文化艺术研究，2011（4）
284. 肖尧辉．法律移植及其本土化现象的关联考察．见：何勤华主编．法的移植与法的本土化．北京：法律出版社，2001
285. 谢怀栻．论民事权利体系．法学研究，1996（2）
286. 谢晖．价值法律化与法律价值化．法律科学，1993（4）

287. 信春鹰．法律移植的理论与实践．北方法学，2007（3）

288. 熊文聪．后现代主义视角下版权正当性及其边界——从个体权利到基于商谈的共识．政治与法律，2010（6）

289. 徐爱国．英美侵权行为法．北京：法律出版社，1999

290. 徐国栋．民法典草案的基本结构．法学研究，2000（1）

291. 徐海根等．外来物种入侵·生物安全·遗传资源．北京：科学出版社，2004

292. 徐孟洲，孟雁北．竞争法．北京：中国人民大学出版社，2008

293. 徐显明．人权主体之争引出的几个理论问题．中国法学，1992（5）

294. 徐瑄．知识产权与财产法一体化构建．暨南学报（哲学社会科学版），2002（6）

295. 徐玉玲．营业秘密的保护．台北：三民书局，1993

296. 徐中起主编．越南法研究．昆明：云南大学出版社，1997

297. 许春明．阻止专利大棒——浅谈专利权滥用的法律规制．中国发明与专利，2007（8）

298. 许斗斗．技术知识与风险社会．中共福建省委党校学报，2005（9）

299. 许明主编．当代中国亟待解决的 27 个问题．北京：今日中国出版社，1997

300. 许文义．个人资料保护法论．台北：三民书局，2001

301. 许志晋等．论风险社会的科学技术发展．中国科技论坛，2007（2）

302. 薛达元．生物多样性经济价值评估．北京：中国环境科学出版社，1997

303. 薛红．网络时代的知识产权法．北京：法律出版社，2000

304. 薛晓源．全球化与文化产业研究．见：林拓主编．世界文化产业发展前沿报告（2003—2004）．北京：社会科学文献出版社，2004

305. 薛晓源等．全球风险世界：现在与未来——德国名社会学家的风险社会理论创始人乌尔里希·贝克教授访谈录．马克思主义与现实，2005（1）

306. 严存生．公平、改革、法律．法律科学，1990（2）

307. 严存生主编．新编西方法律思想史．西安：陕西人民教育出版

社，1999

308. 严存生．法律的价值．西安：陕西人民出版社，1991

309. 严永和．论传统知识的知识产权保护．北京：法律出版社，2006

310. 杨崇森．著作权法论丛．台北：华欣文化事业中心，1983

311. 杨春福．风险社会的法理解度．法制与社会发展，2011（6）

312. 杨红军．版权许可制度论．中南财经政法大学 2007 年博士学位论文

313. 杨立新．人身权法论．北京：中国检察出版社，1996

314. 杨明．试论反不正当竞争法对知识产权的兜底保护．法商研究，2003（3）

315. 蒋慧．论竞争法对知识产权的兜底保护．学术论坛，2007（2）

316. 杨时展主编．中华会计思想宝库．第 1 辑．北京：中国财政经济出版社，1992

317. 杨雪冬．风险社会理论述评．国家行政学院学报，2005（1）

318. 杨泽伟．新国际经济秩序研究．武汉：武汉大学出版社，1998

319. 易继明．财产权及其哲学基础．政法论坛，2000（3）

320. 易继明．私法精神与制度选择．北京：中国政法大学出版社，2003

321. 易军．个人主义方法论与私法．法学研究，2006（1）

322. 尹田．德国物权法．北京：法律出版社，1998

323. 尹田．法国物权法．北京：法律出版社，1998

324. 余能斌，马俊驹主编．现代民法学．武汉：武汉大学出版社，1995

325. 余先予主编．俄罗斯民商法与冲突法．北京：世界图书出版公司，1995

326. 俞可平．全球化与国家主权．北京：社会科学文献出版社，2004

327. 俞荣根．对中国古代法文化的反思．见：李楯编．法律社会学．北京：中国政法大学出版社，1999

328. 俞荣根．自然法学说献疑．台湾研究，1990（1）

329. 袁秀挺．知识产权在财产权体系中的定位．华中科技大学学报（社会科学版），2003（2）

330. 袁泳．知识产权法与技术文化创新．北京大学学报（科学社会科学

版），1997（5）

331. 袁志刚．论知识的生产与消费．经济研究，1999（6）

332. 翟云岭等．中国法学会民法经济法研究会 1999 年年会综述．中国法学，1999（6）

333. 张汉林，黄玮．智慧财产的卫士——知识产权国际保护的比较研究．北京：中国经济出版社，1997

334. 张和生．知识经济学．沈阳：辽宁人民出版社，1992

335. 张静．著作权法评析．台北：水牛图书出版事业有限公司，1983

336. 张俊浩主编．民法学原理．北京：中国政法大学出版社，1991

337. 张明楷．市场经济下的经济犯罪与对策．北京：中国检察出版社，1995

338. 张乃根．论 TRIPs 协议框架下知识产权与人权的关系．法学家，2004（4）

339. 张乃根．国际贸易中的知识产权法．上海：复旦大学出版社，1999

340. 张平．网上知识产权及相关法律问题透析．广州：广州出版社，2000

341. 张瑞萍．反垄断法应如何对待知识产权．清华大学学报（哲学社会科学版），2001（4）

342. 张文显主编．马克思主义法理学．北京：高等教育出版社，2004

343. 张文显主编．马克思主义法理学——理论、方法和前沿．北京：高等教育出版社，2003

344. 张文显．法哲学范畴研究．北京：中国政法大学出版社，2001

345. 张新宝．民事活动的基本原则．北京：法律出版社，1986

346. 张新宝．名誉权的法律保护．北京：中国政法大学出版社，1997

347. 张新宝．隐私权的法律保护．北京：群众出版社，1997

348. 张新宝．中国侵权行为法．北京：中国社会科学出版社，1998

349. 张新红等．聚焦第四差别：中欧数字鸿沟比较研究．北京：商务印书馆，2010

350. 张秀兰．认识风险——社会科学的视角．见：[英] 尼克·皮金等编

著．风险的社会放大．北京：中国劳动社会保障出版社，2010

351. 张艳梅．国际知识产权条约体系下的国际公共领域研究．当代法学，2011（4）

352. 张玉敏主编．知识产权法教程．重庆：西南政法大学出版社，2001

353. 张中秋．中西法律文化比较研究．南京：南京大学出版社，1999

354. 赵秉志主编．新刑法教程．北京：中国人民大学出版社，1998

355. 赵震江主编．科技法学．北京：北京大学出版社，1998

356. 赵中孚等．1999年民商法研究的回顾与展望．法学家，2000（1）

357. 郑成思．传统知识与两类知识产权的保护．知识产权，2002（4）

358. 郑成思．关贸总协定与世界贸易组织中的知识产权：TRIPs详解．北京：北京出版社，1994

359. 郑成思．侵害知识产权的无过错责任．中国法学，1998（1）

360. 郑成思．信息、新型技术与知识产权．北京：中国人民大学出版社，1986

361. 郑成思主编．知识产权法教程．北京：法律出版社，1993

362. 郑成思．版权法．北京：中国人民大学出版社，1990

363. 郑成思．版权公约、版权保护与版权贸易．北京：中国人民大学出版社，1992

364. 郑成思．世界贸易组织与贸易有关的知识产权．北京：中国人民大学出版社，1996

365. 郑成思．信息、新型技术与知识产权．北京：中国人民大学出版社，1986

366. 郑成思．知识产权法．北京：法律出版社，1997

367. 郑成思．知识产权教程．北京：法律出版社，1990

368. 郑杭生等主编．人权史话．北京：北京出版社，1994

369. 郑万青．全球化条件下的知识产权与人权．北京：知识产权出版社，2006

370. 郑万青．知识产权与人权的关联辨析．法学家，2007（5）

371. 郑新建．试论商誉权的法律属性．河北法学，2000（1）

372. 郑友德，万志前．德国反不正当竞争法的发展与创新．法商研究，2007（1）

373. 郑友德，万志前．论商标法和反不正当竞争法对商标权益的平行保护．法商研究，2009（6）

374. 郑友德等．欧盟知识产权滥用的反垄断问题研究．法学评论，2006（6）

375. 中华孔子学会，云南民族学院编．经济全球化与民族文化多元发展．北京：社会科学文献出版社，2003

376. 周庆山等．信息法．北京：中国人民大学出版社，2003

377. 周一良等主编．世界通史．北京：人民出版社，1962

378. 周枏．罗马法原论（上册）．北京：商务印书馆，1994

379. 朱姝等．论商誉权的法律保护．现代法学，1996（1）

380. 朱雪忠．传统知识的法律保护初探．华中师范大学学报（人文社会科学版），2004（3）

381. 朱雪忠等．基于遗传资源所产生的知识产权利益分享机制与中国的选择．科技与法律，2003（3）

382. 庄友刚．网络时代与风险社会．淮阳师范学院学报，2004（4）

383. 庄友刚．风险社会理论研究述评．哲学动态，2005（9）

384. ［美］Peter K. Yu. TRIPs 协议：欠发达国家的不满及应对．见：知识产权年刊（2006 年号）．北京：北京大学出版社，2007

385. Reyes. Copyright and Fair Dealing in Canada：Fair Use and Free Inquiry. Ablex Publishing Co.，1980

386. Anupam Chander，Madhavi Sunder. The Romance of the Public Domain. 92，Calif. L. Rev

387. Berne Convention Implementation of 1988. H. R. Rep. No. 60. Cong. 2d sess. 23（1988）

388. Committee on Economic. Social and Cultural Rights Thirty-fifth Session Geneva. November 2005 General Comment No. 17（2005）E/C. 12/GC/17. 12 January 2006

389. E. U. Patesmann. The WTO Constitution and Human Rights. Journal

of International Economic Law. Vol. 3，2000

390. Edward W. Ploma. L. Clark Hamilton. Copyright：Intellectual Property in the Information Age. Routledge and Kegan Paul ltd，1980

391. Eiream Brooks. Cultural Imperialism vs. Cultural Protectionism：Hollywood's Response to UNESCO Efforts to Promote Cultural Diversity. The Journal of International Business & Law，Spring，2006

392. Garry Neil. Assessing the Effectiveness of UNESCO's New Convention on Cultural Diversity. Global Media and Communication [1742—7665 (2006) 2：2] volume2 (2)

393. Graham Dutfield. TRIPs-Related Aspects of Traditional Knowledges. 33 CaseWestern Reserve Journal of International Law，2001

394. Grain. TRIPs-Plus Through the Back Door：How Bilateral Treaties Impose Much Stronger Rules for IPRS on Life Than the WTO. Grain Publications，July，2001

395. Harry N. Rosenfieid：the American Constitution. Free Inquiry. and the Law. Fair Use and Free Inquiry. Ablex publishing Co，1980

396. Henry C. Mitchell. The Intellectual Commons：Toward an Ecology of Intellectual Property. Maryland Lexington Books，2005

397. Jean L. Cohen. AndrewArato. Civil Society and Political Theory. Press of MIT，1992

398. Joan L. McGregor. Genome Justice：Genetics and Group Rights. 35 J. L. Med. & Ethics 352，Fall，2007

399. Joan L. McGregor. Population Genomics and Research Ethics with Socially Identifiable Groups. 35 J. L. Med. & Ethics 356，Fall，2007

400. Joseph M. Reisman. Physicians and Surgeons as Inrentors：Reconciling Medical Process Patent and Medical Ethics. Berkeyley Technology Law. California University

401. L. Ray Patterson，Stanley. W. Lindberg. The Nature of Copyright：A Law of Users' Right. The University of Georgia Press，1991

402. Laura S. Underkuffle. Human Genetics Studies：The Case For Group Rights. 35 J. L. Med. & Ethics 383，Fall，2007

403. Laurence R. Helfer. Mediating Interactions in an Expanding International Intellectual Property Regime. 36 Case W. Res. J. Int'l L. 4

404. Lee Bendekgey. Caroline H. Mead. International Property of Appellation of Origin and Other Geographic Indications. TMR. vol. 82

405. Pierre N. Leval. Toward a Fair Use Standard. Harvard Law Review. Vol. 103，1990

406. Melvin F. Jager. Trade Secrets Law. Clark Boardman Company. ltd，1985

407. Paul Goldstein. Copyright principles：Law And Practice. Little Broun and Company (Canada) Limited，1989

408. Paul L. G. Torremans. Copyright and Human Right. Kluwer Law International，2004

409. Peter Drahos. John Braithwait. Economic Politics Law and Health：Intellectual Property. Corporate Strategy. Globalisation：TRIPS in Context. 20Wis. Int'l L. J. 452

410. Peter Drahos. A Philosophy of Intellectual Property. Dartmouth Publishing Company Limited，1996

411. Rebecca Tsosie. Reclaiming Native Story：An Essay on Cultural Appropriation and Cultural Rights. Spring. 2002. 34. Ariz. St. L. J. 299

412. Russ Versteeg. The Roman Law Roots of Copyright. Maryland Law Review，2000

413. S. M. Stewart. International Copyrights and Neighbouring Rights. Butterworth and Copublishers Ltd.，1983

414. S. M. Stewart. International Copyrights and Neighboring Rights. Butterworth And Copublishers Ltd.，1983

415. Basic Proposal for the Substantive Provisions of the Treaty on Intellectual Property in Respect of Databases. WIPO Doc. CRNR/DC/6 (Aug 30. 1996). Article 1

416. Database Investment and Intellectual Property Antipiracy Act of 1996. H. R. 3531. 104th Cong. 2d Sess

417. Stephen D. Krasner. Structural Cause and Regime Consequences：Regime as Intervening Variable. International organization. 36（3）：186（1982）

418. W. R. Cornish. Intellectual Property：Patents. Copyoight. Trade Marks And Allied Rights.（fourth edition）. London. Sweet & Maxwell，1999

419. Willam F. Party. Fair Use Privilege in Copyright Law. The Bureau of National Affairs. Inc. Washington D. C，1986

420. WIPO Intergovernmental Committee on IP and GR，TK and F. Sixth Session（Geneva. March 15 to 19. 2004）. Revised version of TK policy and Legal Options

图书在版编目（CIP）数据

知识产权总论/吴汉东著．--4版．--北京：中国人民大学出版社，2020.1
（中国当代法学家文库．吴汉东知识产权研究系列）
ISBN 978-7-300-27884-1

Ⅰ.①知… Ⅱ.①吴… Ⅲ.①知识产权—研究 Ⅳ.①D913.404

中国版本图书馆CIP数据核字（2020）第010192号

首届中国出版政府奖（图书奖）
首届中国法学优秀成果奖（专著类）二等奖
“十三五”国家重点出版物出版规划项目
中国当代法学家文库·吴汉东知识产权研究系列

知识产权总论（第四版）

吴汉东　著

Zhishi Chanquan Zonglun

出版发行	中国人民大学出版社		
社　　址	北京中关村大街31号	**邮政编码**	100080
电　　话	010－62511242（总编室）		010－62511770（质管部）
	010－82501766（邮购部）		010－62514148（门市部）
	010－62515195（发行公司）		010－62515275（盗版举报）
网　　址	http://www.crup.com.cn		
经　　销	新华书店		
印　　刷	北京联兴盛业印刷股份有限公司	**版　　次**	2005年3月第1版
规　　格	170 mm×228 mm　16开本		2020年1月第4版
印　　张	33 插页4	**印　　次**	2024年4月第3次印刷
字　　数	507 000	**定　　价**	220.00元